세계문제와 자본주의 문화

Global Problems
and
the Culture of Capitalism

세계문제와 자본주의 문화
— 생산·소비·노동·국가의 인류학

리처드 로빈스 지음 | 김병순 옮김

2014년 3월 10일 초판 1쇄 발행
2017년 3월 20일 초판 3쇄 발행

펴낸이 한철희 | 펴낸곳 돌베개 | 등록 1979년 8월 25일 제406-2003-000018호
주소 (10881) 경기도 파주시 회동길 77-20 (문발동)
전화 (031) 955-5020 | 팩스 (031) 955-5050
홈페이지 www.dolbegae.co.kr | 전자우편 book@dolbegae.co.kr
블로그 imdol79.blog.me | 트위터 @Dolbegae79

편집 소은주
표지디자인 이혜경 | 본문디자인 정운정·이은정·이연경
마케팅 심찬식·고운성·조원형 | 제작·관리 윤국중·이수민
인쇄·제본 영신사

ISBN 978-89-7199-586-0 (93300)

이 도서의 국립중앙도서관 출판시도서목록(CIP)은 e-CIP 홈페이지
(http://www.nl.go.kr/ecip)에서 이용하실 수 있습니다.(CIP제어번호: CIP2014005904)

책값은 뒤표지에 있습니다.

생산·소비·노동·국가의 인류학

세계문제와
자본주의 문화

Global Problems and the Culture of Capitalism

리처드 로빈스 지음 / 김병순 옮김

돌베개

Global Problems and the Culture of Capitalism

차
례

서문

지난 400∼600년 동안 유럽을 중심으로 무역과 상품 소비가 더 나은 삶을 위한 궁극적 원천이라는 사상을 끊임없이 유포해온 문화와 사회가 이제 전 세계로 퍼지기 시작했다. 여러모로 볼 때 이 문화와 사회는 우리 역사상 일찍이 볼 수 없었던 거대한 성공을 거두었다. 그것이 이룩한 기술과 부, 영향력은 성공의 기념비로 당당하게 서 있다. 하지만 그것이 전 세계로 확산되면서 사회경제적 불평등의 확대, 환경파괴, 대량아사, 사회불안과 같은 여러 가지 문제점이 나타났다. 이 사회와 문화의 구성원 대다수는 이런 문제들을 자신들과 상관이 없거나 앞으로 먼 훗날에나 일어날 수 있는 문제라고 인식한다. 그러나 어쩌면 이 문화가 이루어놓은 모든 성과를 허사로 돌릴지도 모를 이런 문제들은 그 문화 자체에 내재해 있는 본질일 수도 있다. 우리는 이 책에서 그런 가능성을 탐색해볼 것이다.

이 책은 몇 년 전 내가 뉴욕 주립대학 플래츠버그 캠퍼스의 동료 교수 제임스 암스트롱, 마크 코언과 세계문제와 관련한 강의를 새로 준비하면서 그 대강의 틀이 나왔다. 우리는 학생들이 대중매체를 통해 접하는 세계의 주요 문제들, 말하자면 인구폭발, 기아와 기근, 환경파괴, 새로운 질병의 등장과 확산, 인종갈등과 대량학살, 테러리즘, 사회적 저항과 같은 문제들을 제대로 이해하도록 도울 수 있는 강의를 만들고 싶었다. 하지만 그 강의를 성공적으로 수행하기 위해서는 학생들에게 이미 내재화되어 있고 전 세계에서 일어나는 일들을 다루는 언론매체를 통해 더욱 강화된 자민족중심주의 사고를 가장 먼저 극복해야 했다. 우리는 또한 학생들에게 우리가 검토하는 문제들의 핵심을 정확하게 이해시키기 위해서 인류학과 역사학, 경제학과 같은 모든 중요한 학문적 배경을 가르쳐야 할 필요를 느꼈다. 끝으로 우리가 검토한 문제들이 학생들과 실제로 관련된 일이며 그들에게 직·간접적으로 영향을 미치고 현재와 미래에 그들이 어떻게 행동하느냐에 따라 이런 문제들의 원인을 찾는 것은 물론이고 그 문제들을 해결할 수 있는 범위가 결정될 것이라는 점을 보여주어야 했다. 따라서 이 책의 구성은 이런 방식으로 학생들을 가르치려는 우리의 노력을 바탕으로 강의실에서 학생들과 토론한 결과물이다.

이 책의 중심 내용

이 책에서 우리가 접근한 방식을 요약하면 다음과 같다. 잘살기 위해서는 무역과 상품 소비가 중요하다는 믿음이 지배하는 문화와 생활방식이 지난 5~6세기 동안 이 세상에 나타났다. 서유럽에서 꽃피운 이 문화는 미국에서 열매를 맺어 일부 인류학자, 사회학자, 역사학자들이 '세계체계'world system라고 부르는 것을 창조하면서 전 세계로 퍼져나갔다. 사람들은 대부분 이 세계체계에 대한 기본적인 생각에는 동의하지만 그 체계가 발전하기 위해 필요한 핵심 요소가 무엇인지에 대해서는 서로 생각이 다르다. 게다가 그 체계가 우리 역사에서 필연적이었다는 생각에도 동의하지 않는다. 다만 여기서 무엇보다 중요한 것은 오늘날 세계체계의 확산을 초래한 원동력이 산업과 기업 자본주의였으며, 세계체계의 확산이 여러 측면에서 세계를 부국과 빈국 혹은 부유한 중심부의 개발 산업화 지역과 그에 종속된 주변부 저개발 비산업화 지역으로 분리시킨 것과 관련이 있다는 가정이다.

자본주의 세계체계는 특수한 형태의 사회적 관계, 세상을 바라보는 방식, 식량 생산방식, 서로 다른 고유한 식생활, 보건과 질병의 유형, 환경 문제 등을 수반하면서 확산되었다. 그러나 이 문화의 확산이 아무런 저항도 받지 않고 일사천리로 진행된 것은 아니다. 정치적·종교적·사회적 반발 그리고 혁명과 같은 직·간접적 형태의 다양한 저항이 있었다. 자본주의 문화가 어떻게, 왜 발전했으며 일부 집단들은 왜 그것에 저항했고 지금도 그 발전에 끊임없이 저항하고 있는지는 이 책이 제기하고 있는 문제들 가운데 하나다.

이런 문제들에 대한 답변은 몇 가지 가정을 바탕으로 한다. 첫째, 인류학에서 가장 중요하게 생각하는 것은 개인과 사회적·문화적·역사적 요소들이 어떤 현상에 대해 가질 수 있는 개인의 견해를 결정한다고 하는 사실이다. 더군다나 자본주의 문화 속에서 전 세계의 수많은 사건에 대한 우리의 공통된 견해를 생성해내고 있는 사람들에게는 더더욱 그렇다. 따라서 이런 견해들은 어느 정도 자민족중심주의로 흐르지 않을 수 없다. 이를테면 그들은 특정한 문화적 관점으로만 여러 사건을 설명하고 평가하고 결론을 내린다. 인류학의 중요한 목적 가운데 하나가 사람들이 자민족중심주의를 극복하고 이른바 인류학자들이 **문화적 상대주의**라고 부르는 관점으로 다른 사람들의 믿음과 행동을 이해하는 법을 가르치는 것이다. 자민족중심주의를 완전히 극복할 수는 없지만, 언론인이든 경제학자든 사회학자든 인류학자든 지구상에서 일어나는 사건들을 해석하는 일을 하는 사람들은 자신이 쓴 글을 통해 다른 사람들이 그 사건들을 올바르게 이해하도록 해야 한다. 따라서 문화적 편견을 최소화하기 위해서는 어떤 사건을 바라보는 우리의 견해가 부분적으로 자기가 속한 문화의 영향을 받은 것이며, 그 때문에 우리 자신의 문화도 분석 대상이 되어야 한다는 사실을 인정해야 한다.

둘째, 세계에서 일어나는 사건들을 올바르게 이해하려면 당대의 어떤 문화나 사회도 인류학자들이 세계체계라고 부르는 것과 무관하게 존재할 수 없으며 그것들은 모두 세계체계 속에서 중심부나 주변부 가운데 하나에 속한다는 사실을 인정해야 한다. 우리가 세계의 분할 상태를 구분하기 위해 이런 용어를 쓰는 것은 **개발**이나 **저개발**, **근대**나 **전통**, 또는 **제1·제2·제3세계** 같은 용어들이 은연중 암시하는 가치 판단을 피하기 위해서다. 세계체계론자들은 대개 제3의 범주로 반半주변부를 둔다. 그것은 중심부를 향해 이동 중이거나 중심부에서 이탈한 국민국가 또는 지역들을 의미한다. 예를 들면 세계체계론자들이 지난 4세기 동안 이 세상을 지배했다고 생각하는 네덜란드와 영국, 미국, 이 세 국민국가는 모두 반주변부에서 시작해 세계체계로 나아갔다.

셋째, 지구상에서 일어나는 사건과 행동들은 그것들에 앞서 일어난 사건들을 생각하지 않고는 제대로 이해할 수 없다. 따라서 역사적 관점을 가져야 한다. 예컨대 우리는 크게 봐서 이미 400~500년 전에 시작된 사건들, 이를테면 **산업혁명**이라는 거대한 역사의 물줄기 속에서 현재를 살고 있는 것이다. 우리 모두는 그 역사의 오직 특정한 한 국면을 살아왔기 때문에 세계가 언제나 지금과 같았다고 여기는 경향이 있다. 그러나 오늘날 산업사회의 세계질서는 지나온 장구한 역사에 비하면 아주 최근의 사건이다. 우리는 인간의 생물학적 한계, 즉 수명의 한계 때문에 60~80년 정도를 긴 세월로 생각하지만 인류 역사의 관점에서 그것은 순간에 불과하다. 인간이 지금까지 존재했던 기간의 대부분은 사실 채취와 수렵으로 살아왔으며 한곳에 정착해서 농사를 짓고 산 지 정말 얼마 안 된다. 더군다나 기업가와 임금노동자가 등장한 것은 더욱 최근의 일이다. 하지만 산업혁명은 세계와 인간사회를 완전히 바꾸어놓았다. 지금까지 한 번도 경험하지 못한 그런 변화였다. 따라서 산업혁명의 과정과 발생 원인에 대한 정확한 이해가 없이는 오늘날 세계에서 일어나는 사건과 쟁점, 문제들을 제대로 이해하기 어렵다.

자본주의의 등장이 여러 면에서 가장 성공적인 문화, 즉 수많은 개인이 상대적으로나 절대적으로 안녕과 풍요를 누릴 수 있게 했다는 것은 분명한 사실이다. 하지만 모든 부분이 다 그렇게 성공한 것은 아니었다. 아직 풀지 못한 중요한 숙제가 많이 남아 있다. 자본주의는 수많은 사람들의 먹고사는 문제를 해결하고(물론 완전히 해결한 것은 아니다), 보건과 의약 부문에서 전례 없는 발전을 이룩했다(이 또한 모든 사람이 그런 혜택을 받은 것은 아니다). 또 놀랄 정도로 복잡한 기술을 개발하고 과거에는 생각지도 못한 통신의 발달도 이루었다. 그리고 과거 어떤 문화도 추구하지 못한 공통된 목적을 중심으로 사람들을 하나로 묶었다. 그러나 일부 사람들이 주장하는 것처럼 자본주의가 '진보'의 축도임을 입증하는 날이 언제일지는 좀더 지켜봐야 할 것이다.

개정 5판에서 바뀐 부분

우리는 개정 4판을 발간한 뒤, 거대한 세계 금융위기를 겪음과 동시에 중국과 인도의 경제력이 끊임없이 성장하는 것을 목도하고 1918년 세계가 전율했던 전염병인 스페인독감에 버금가는 조류독감의 위협도 직접 경험했다. 개정 5판에서는 이 세 가지 중요한 변화가 책 전반에 걸쳐 반영되었다. 나머지 바뀐 중요한 내용은 다음과 같다.

- 독자의 이해를 돕기 위해 이 책에 나오는 나라와 지역들을 찾아볼 수 있는 지도를 삽입했다.
- 1부 머리말에서는 금융과 화폐 공급의 증가에 대해 좀더 자세하게 설명했다.
- 1장 '소비자의 탄생'에서는 중국과 인도의 소비 증가와 그 발생과정으로 논의를 확대했다.
- 3장 '상인, 기업가, 금융업자의 성장과 몰락'에서는 금융의 역사와

금융붕괴에 대한 자료를 추가했다. 2007년에 시작된 금융위기에 대한 논의는 따로 한 절을 마련했다. 또한 끊임없이 성장을 추구해야 하는 경제논리에 관한 추가자료를 덧붙였다.

- 5장 '인구증가문제'에서는 인구의 연령 분포가 바뀌는 문제의 중요성에 대한 논의를 추가했다.

- 7장 '환경과 소비'에서는 중국과 인도, 그리고 환경에 대한 자료들을 추가했다. 경제성장과 지속가능성, 환경문제와 관련한 국민국가의 역할에 관한 논의는 따로 한 절을 마련했다.

- 8장 '건강과 질병'에서는 질병과 인간생태학을 한 절로 따로 떼어냈다. 특히 유행성 감기의 기원과 '조류독감', '돼지독감'의 위협을 중심으로 다루었다.

- 끝으로 13장 '시민행동가 육성'에서는 지속적인 경제성장과 대안 금융체계의 개발 가능성, 정부와 기구 개혁을 부추길 수 있는 가능한 조치들에 대한 새로운 논의자료를 덧붙였다.

나는 이번 개정 5판을 통해 일반 독자나 대학 재학생들이 현재 전 세계에서 발생하는 복잡한 문제들의 중요성을 지나치게 단순화하지 않으면서 그 문제들의 본질과 기원을 정확하게 이해할 수 있도록 하려고 노력했다.

나는 언제나 독자들이 보내주는 제언과 의견들을 환영한다. 내 메일 주소는 richard.robbins@plattsburgh.edu이다. 또한 홈페이지 http://faculty.plattsburgh.edu/richard.robbins/legacy에는 이 책과 관련된 읽을거리와 온라인 비디오자료, 참고자료들이 있으니 활용하기 바란다.

Global Problems and
the Culture of Capitalism

1

끊임없이 성장하는 사회 속의

소비자 · 노동자 · 자본가와 국민국가

◎　　세상을 서로 다른 개별적인 사회와 문화가 합쳐진 것이 아니라 하나의 전체, 통일체 또는 하나의 시스템으로 봤다면, 또 시간이 흐르면서 이런 통일체가 어떻게 발전했는지 더 잘 이해했다면, 그리고 인간이라는 집합체가

1910년 12월 무렵, 소설가 버지니아 울프는 인간의 본성이 바뀌었다고
썼다.* 프랑스인 앙드레 지그프리드(1928; Leach 1993, 266쪽도 참조)도
미국을 여러 차례 드나들면서 이와 비슷한 말을 했다. 그는 "미국 사회
는 새롭게 활기를 띠었다. 1901년이나 1904년까지만 해도 그 현상은 분
명하지 않았다. 하지만 1914년 들어 눈에 띄게 두드러지더니 1919년과
1925년에 이르러서는 명백해졌다"라고 말했다. 1920년대 저널리스트이
자 철학자인 새뮤얼 스트라우스(1924, 1927; Leach, 1993, 266쪽도 참조)
는 "인류가 더욱더 많은 것을, 즉 올해는 지난해보다 더 많이, 내년은 올
해보다 더 많이 생산하는 데 전념케 하고 다른 어떤 가치보다도 '생활수
준'을 가장 중요하게 생각하는 생활철학"을 가진 사람을 탄생시킨 새로운
생활방식을 정의하는 용어로 **소비주의**라는 말을 제시했다.
　스트라우스는 이어서 다음과 같이 말했다.

---

* 널리 인용되는 문구로(예컨대 Fjellman, 1992, 5쪽; Lears, 1983)『선장의 임종과 기
타 평론집』에 실린 "미스터 베네트와 미시즈 브라운"에 나오는데, 사실 이 문구는 울프가
1924년 5월 18일 케임브리지 대학 내의 '이단자'라는 토론모임에서 발표한 소논문 내용의
일부였다. "1910년 12월 무렵, 인간의 본성은 바뀌었다. (……) 그 변화는 느닷없이 찾아
온 것도 아니고 확실하지도 않았다. (……) 하지만 변화가 일어난 것은 틀림없으며 비록 자
의적이기는 하지만 그런 변화가 시작된 해를 1910년쯤이라고 해두자."(Woolf, 1950)

미국인들은 자신들의 생활수준을 어떤 신성한 소유물로 생각하게 되었다. 그들은 어떤 대가를 치르더라도 그것을 지키려고 한다. 이것은 그들이 그런 생활수준을 유지하기 위해서 상당한 수준의 지적 양보, 심지어 도덕적 양보도 용인할 준비가 되어 있다는 것을 의미한다.

1880년부터 1930년까지 반세기 동안 미국의 상품 소비, 바로 코미디언 조지 칼린이 "쓸데없는 물건 또는 쓰레기"라고 불렀던 것의 생산, 사용, 폐기의 속도와 수준에 두드러진 변화가 일어났다는 것은 의심할 여지가 없는 사실이다. 1899~1905년 식량 생산은 거의 40퍼센트 늘어났다. 1890~1900년 남녀 기성복과 모조 보석류의 생산도 2배로 증가했다. 유리제품과 전등의 생산은 1890년에 8만 4,000톤에서 1914년에 25만 563톤으로 늘었다. 1890년에 미국 전역에서 팔린 피아노는 3만 2,000대였는데 1904년에는 37만 4,000대로 급증한다(Leach, 1993, 16쪽).

이 기간에 향수산업은 미국에서 열 번째로 큰 산업이 되었다. 한 백화점에서 화장품 판매액은 1914년에 8만 4,000달러에서 1926년에는 52만 2,000달러로 증가했다. 시계 생산량은 10년 동안 3,400만 개에서 8,200만 개로 늘었다. 1920년대 말 미국인 6명 가운데 1명이 자동차를 소유했다.

물론 이런 수치는 오늘날 미국을 비롯해 전 세계가 소비하는 규모와 비교한다면 작은 수치에 불과하다. 세계와 미국 국내 소비는 20세기에 유례없는 속도로 확대되어 민간과 공공 소비지출이 1998년에 24조 달러에 이르렀다. 이것은 1975년에 비해 2배고 1950년에 비하면 6배나 되는 규모다. 1900년에 실질 소비지출은 1조 5,000억 달러밖에 안 되었다(United Nations Development Programme, 1997). 예컨대 오늘날 미국에는 자동차도 많고 운전면허증을 가진 사람도 많다. 더군다나 그 밖의 다른 나라들도 미국을 따라잡기 위해 안간힘을 쓰고 있다. 21세기에는 중국과 인도만 놓고 보더라도 서양의 소비자들이 바라는 것만큼이나 많은 소비를 요구하는 중산층 소비자들이 적어도 5억 명에 이른다.

20세기 초는 소비율이 오늘날만큼 높지 않았지만 어니스트 겔너(1983, 24쪽)가 **끊임없이 성장하는 사회**와 새로운 문화 형태, 즉 소비자본주의의 탄생이라고 부른 시대가 시작된 때라는 점에서 중요한 의미가 있다.

　끊임없이 성장하는 사회와 자본주의 문화의 등장은 15~19세기 초 어느 시점에선가 시작된(발단 시점이 있다고 말할 수 있는 한에서) 지속적인 세계사의 흐름이 새로운 단계로 접어들었음을 알리는 것이었다. 이 단계를 특징짓는 인간형인 **소비자**의 탄생은 곧이어 역사적으로 유례가 없는 두 가지 인간 범주, 즉 **자본가**와 **노동자**의 등장을 초래했다. 물론 이미 수천 년 전에도 상인이 있었고 사람들은 상품을 생산하기 위해 노동을 했으며 자신들이 생산한 것을 어느 정도 소비도 했다. 그러나 그 이전의 역사에서 자본을 투자해 이익을 축적하는 것을 유일한 목적으로 삼는 자본가와 자신의 노동력을 팔아 생계를 꾸릴 수밖에 없는 노동자, 끊임없이 상품과 서비스를 구매하고 소비하는 소비자라는 세 범주의 사람들로 구성된 사회가 존재한 적은 한 번도 없었다.

　사람들은 누구나 살다 보면 실제로 소비자나 노동자, 자본가의 역할을 하기 마련이다. 소비자로서 물건을 사기도 하고 노동자로서 임금을 받고 일하며 자본가로서 은행과 보험, 연금, 증권(미국 전체 가구의 절반 이상이 직접 또는 투자계좌를 통해 주식시장에 참여하고 있다), 교육 또는 여러 수익사업에 투자도 한다. 이런 역할을 하나로 묶어주는 것, 실제로 그런 문화 전체가 바로 돈이다.

　모든 문화는 자기 나름의 고유한 형태나 요소, 의례 또는 구성원들의 삶에서 가장 중요한 것으로 상징되는 물건들이 있다. 서아프리카의 도곤족은 예술을 통해, 인도네시아의 발리족은 연극과 음악을 통해 자신들의 존재를 정의한다. 파푸아뉴기니의 트로브리안드 군도 사람들은 얌을 열심히 모으고 조개껍데기 목걸이와 팔찌를 교환하는 의식을 거행한다. 고대 멕시코의 아즈텍인들은 인간을 희생양으로 바치는 제례의식이 있었다. 아메리카 평원지대의 원주민들에게 문화생활의 핵심 요소는 버펄로였다. 하지만 자본주의 문화의 핵심 요소는 돈이다. 소비자들은 할 수 있는 한 많은 돈을 쓰고 싶어한다. 노동자들은 가능한 한 많은 돈을 벌고 싶어한다. 자본가들은 돈을 투자해서 더 많은 돈을 회수하고 싶어한다. 잭 웨더포드(1997, 11쪽)가 지적한 것처럼 돈은 인간들 사이의 많은 관계를 규정한다. 시장에서는 구매자와 판매자의 관계, 일터에서는 고용주와 노동자의 관계를 규정한다.

돈은 부모와 자식, 친구 사이, 정치가와 유권자, 이웃 간, 성직자와 교인 사이의 관계도 규정한다. 돈은 오늘날 시장과 경제의 중심이 되는 제도를 형성한다. 그리고 그것을 중심으로 가족·종교·정치제도들이 종속된다. 돈은 오늘날 세계의 상업 언어다.

경제학자 로버트 구트만(1994, xvii쪽)은 "사랑과 공포를 제외한다면, 어쩌면 돈보다 우리 삶을 더 강렬하게 자극하는 힘은 없을 것이다"라고 말한다. 돈은 우리가 합법적으로 상품과 서비스, 재산을 소유할 수 있는 유일한 수단이다. 돈을 쓰려면 계속해서 돈을 벌기 위해 서로 경쟁해야만 한다. 자본주의 문화가 어떻게 작동하는지 개념화하는 가장 좋은 방법 가운데 하나는 자본가와 노동자, 소비자가 서로 어떤 관계를 맺고 있는지를 살펴보는 것이다. 그들은 돈을 추구한다는 점에서 공통적이고 서로 의존적이지만 대개 상대편에게 압박을 가하는 갈등관계에 있다. 이런 관계를 조절하는 것이 〔그림 1-1〕에 나오는 제4의 요소로 국민국가다. 이 같은 문화적 구도에서 국민국가는 무

〔그림 1-1〕 자본주의 문화에서 관계의 유형

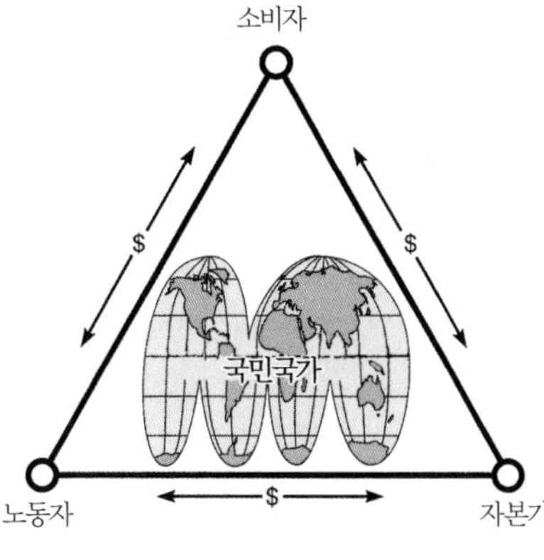

엇보다도 돈을 찍어내고 유통하는 일을 관리하며 상호작용하는 규칙을 만들고 강제하는 중재자 역할을 한다([그림 I-1]은 극도로 단순화된 모형이 지만 자본주의 문화를 구성하는 주요 특징과 독특한 양식을 잘 표현하고 있다).

그러나 돈이 이 자본주의 문화를 이해하기 위한 열쇠인 것은 분명하다. 제이컵 니들먼(1991, 40~41쪽)은 다른 시간과 공간에서도 모든 사람이 무엇보다 돈을 원했던 것은 아니라고 지적했다.

> 사람들은 구원, 아름다움, 권력, 힘, 쾌락, 번영, 화해, 음식, 모험, 정복, 안녕을 바랐다. 그러나 지금 여기서는 모든 사람이 돈을 원한다. 꼭 무엇을 사기 위해 그런 것만은 아니다. (……) 따라서 인간의 삶을 이해하고자 한다면 오늘날 역사와 문명에서 돈이 무엇을 의미하는지 반드시 이해해야 한다.

돈은 교환수단으로 필요하다. 오늘날 자본주의 체제가 작동하기 위해서는 돈의 공급이 꾸준히 늘어나야 한다. 다시 말해 돈이 끊임없이 많아져야 한다. 경제학자들조차도 그 이유를 확실하게 말하지 못하지만, 어쨌든 돈의 공급이 늘어나지 않는다면 전 세계의 경제·정치·사회체계는 모두 혼란에 빠져 붕괴할지도 모른다. 따라서 실제로 이 책에서 논의되는 모든 쟁점은 돈과 돈을 획득하거나 돈의 부족을 보충하려는 사람들의 다양한 노력이나 방식과 관련되어 있다.

이 책의 1부는 소비자·자본가·노동자와 국민국가의 출현을 설명하고, 우리 사회를 작동시키기 위해 각각 어떻게 기능해야 하는지 개요를 말한다. 2부에서는 경제학자들이 **시장 외부효과**라고 부르는 것, 즉 소비자·노동자·자본가와 국민국가 사이의 상호작용이 초래한 전혀 의도하지 않은 결과를 검토한다. 끝으로 3부에서는 이런 시장 외부효과에 대한 광범위한 저항을 살펴본다.

그러나 먼저 사회를 움직이는 중심 역할을 하는 화폐의 특성에 대한 기본 개념부터 시작해 화폐가 어떻게 중요해졌고 우리 삶을 지배하게 되었는지를 살펴보자.

화폐에 대한 기본 개념: 현자의 돌

우리는 보통 화폐를 단순히 표준화된 교환수단으로만 생각한다. 상품과 서비스의 가치를 나타내고 서로 주고받을 수 있는 실체, 이를테면 도구인 셈이다. 그러나 이런 식으로만 화폐를 보는 것은 화폐의 진정한 중요성을 감소시킨다. 현자의 돌에 대해 생각해보라. 옛날에 마술사나 연금술사는 현자의 돌을 찾으려고 애썼다. 그것이 구리나 쇠 같은 비금속을

연금술사들은 현자의 돌이 가치 없는 것을 가치 있는 것, 즉 가치 없는 금속을 황금으로 변형시킬 수 있다고 믿었다. 자본주의 문화는 지폐를 교환수단으로 채택함으로써 또 다른 종류의 마법사들이 찾아낸, 어느 모로 보나 아주 강력한 현대판 현자의 돌을 발명했다.

금으로 바꿀 수 있는, 즉 가치 없다고 생각하는 것을 가치 있는 것으로 전환시킬 수 있는 신비한 힘을 가졌다고 생각했기 때문이다. 화폐는 오늘날 현자의 돌과 같은 것이다.

화폐의 신비를 올바로 평가하기 위해 가장 중요하게 고려해야 할 점은 **자본주의 문화의 지상과제가 경제성장을 끊임없이 유지해야 한다는 것이**다. 사람들은 작년보다 올해, 올해보다 내년에 더 많은 것을 사고 생산하고 투자하고 이익을 내야 한다. 지속적으로 성장을 유지하지 못한다면 경제·사회·정치기반, 더 나아가 사회 전반의 안정이 위협받을 것이다. 성장 중단이 초래할 몇 가지 명백한 결과를 예로 든다면 사람들은 빚을 갚을 수 없고, 은행은 파산하고, 수백만 명이 일자리를 잃고, 수많은 기업이 도산할 것이다. 19세기에 주기적으로 발생한 불경기처럼 두드러진 경제불황기, 1930년대의 세계적인 대공황, 1980년대 초의 경기침체, 1997년 아시아의 금융붕괴, 2007/2008년 경제위기를 제외하고 세계는 전반적으로 경제성장을 어느 정도 잘 유지해왔다. 물론 역사적으로 지역에 따라

〔표 I-1〕 1인당 GDP 성장 속도와 비율: 세계와 주요 지역(1~1998년)

지역	성장 속도 (1990년 국제 달러화 기준)				연간 평균성장률		
	1	1000	1820	1998	1~1000	1000~1820	1820~1998
서유럽	450	400	1,232	17,921	-0.01	0.14	1.51
서유럽 분기 지역 (미국, 오스트레일리아)	400	400	1,201	26,146	0.00	0.13	1.75
일본	400	425	669	20,413	0.01	0.06	1.93
라틴아메리카	400	400	665	5,795	0.00	0.06	1.22
동유럽과 구소련	400	400	667	4,354	0.00	0.06	1.06
아시아 (일본 제외)	450	450	575	2,936	0.00	0.03	0.92
아프리카	425	416	418	1,368	-0.00	0.00	0.67
세계	444	435	667	5,709	-0.00	0.03	0.95

Maddison(2003, 28쪽) 자료 활용.

〔그림 I-2〕 지역별 1인당 GDP 성장률(1~1998년)

범례:
- 서유럽
- 서유럽 분기 지역
- 일본
- 라틴아메리카
- 동유럽과 구소련
- 아시아(일본 제외)
- 아프리카
- 세계

차이가 있었던 것은 당연한 일이다. 경제성장은 전통적으로 일정 기간 생산되고 팔린 모든 상품과 서비스의 화폐가치를 의미하는 국내총생산 GDP이 얼마나 증가했는지를 보고 평가한다. 〔표 I-1〕과 〔그림 I-2〕는 지난 2,000년 동안 전 세계의 GDP가 얼마나 증가했는지를 보여준다.

장기간에 걸쳐, 특히 지난 2세기 동안 세계 경제에서 GDP는 놀랄 정도로 급격하게 상승했다. 그 가운데 유럽에서 분기된 지역(예컨대 미국과 오스트레일리아)과 일본의 상승세가 두드러졌다. 소비되는 상품의 양과 생산되는 제품의 수, 축적된 부가 300배나 증가했다. 오늘날 전 세계 사람들은 200년 전에 비하면 거의 9배나 더 부유해졌다. 일부 지역은 같은 기간에 25배나 더 부유해진 곳도 있다.

앞으로도 계속해서 성장이 지속된다고 보고 당신이 2010년 한 해에 3만 달러를 벌고 소비했다고 가정해보자(기업은 3억 달러를 벌었다고 가정하자). 경제가 안정성을 유지하기 위해서는 연성장률이 3퍼센트는 되어야 한다. 그렇다면 2015년 당신(또는 기업)은 3만 4,855달러(또는 3억 4,855만 달러), 2035년에는 6만 4,507달러(또는 6억 3,507만 달러)를 벌고 소비해야 한다.

연도	3퍼센트 소득 증가 (인플레이션 증가 0퍼센트)		6퍼센트 소득 증가 (인플레이션 증가 0퍼센트) 또는 3퍼센트 소득 증가와 3퍼센트 인플레이션 증가	
	개인	기업	개인	기업
2010	30,000	300,000,000	30,000	300,000,000
2015	34,855	348,550,000	40,494	404,940,000
2020	40,495	404,950,000	54,661	546,661,000
2025	47,048	470,480,000	73,783	737,830,000
2035	63,507	635,070,000	134,434	1,344,340,000

게다가 인플레이션 상승률 3퍼센트를 가산한다면 그 수치는 훨씬 더 높아진다(〔표 I-2〕 참조).

물론 이런 성장은 화폐 공급이 꾸준히 증가할 때만 일어날 수 있다. 화폐 공급의 증가가 없다면 더 많이 구매할 수 있는 수단이 없어지고 따라서 고용주들은 임금을 지불할 수단이 없어지며 자본가들은 더 많은 이익을 내지 못할 것이다. **그렇다면 화폐 공급은 어떻게 증가하는가? 돈은 어디서 나오며, 무엇이 또는 누가 그런 신비한 힘을 제공하는가?** 역사적으로 오늘날 현자의 돌과 같은 화폐가 출현하기까지 세 단계가 있었다.

1단계: 상품화폐의 발달

교환수단으로서 어떤 물건을 사용하는 것은 교역의 역사만큼이나 오래되었다. 따라서 전 세계에 걸쳐 조개껍데기나 모피, 각종 귀중한 물품들이 소규모 지역사회에서 화폐로 널리 사용된 것은 익히 알려진 사실이다. 귀금속을 교환수단으로 사용한 것은 5,000년 전 메소포타미아까지 거슬러 올라갈 수 있으며 동전을 화폐로 쓴 것은 기원전 7세기의 일이었다. 이런 것들을 바로 **상품화폐**라고 한다. 상품화폐는 그 자체가 교환가치 이상의 가치를 지니고 있다. 따라서 동전을 주조하기 위해 사용된 귀금속은 보석이나 다른 예술작품을 만드는 데 쓸 수도 있었다. 대개 동전의 가치는 그 동전을 주조하는 데 쓰인 금속의 가치와 동일하다. 그처럼 교역에서 동전의 사용은 어떤 가치 있는 물건(예컨대 셔츠 한 장)을 그에 상응하는 가치의 다른 것(예컨대 셔츠 한 장의 가치에 해당하는 금의 양)으로 교환하는 것을 의미한다.

그러나 동전은 큰 단점이 있었다. 무엇보다도 저장하거나 가지고 다니기가 어려웠다. 더 나아가 동전을 녹여서 다른 목적으로 사용하는 일이 다반사였다. 따라서 화폐 유통이 원활하게 이루어질 수 없었다. 이것이 바로 첫 번째 마법이 시작된 지점이다. 사람들은 동전 대신에 지폐를 쓰기 시작했다. '교환' 또는 '약속' 어음(가치 있는 상품, 즉 금이나 은으로 바꿀 수 있다고 인증된 종이)은 12세기에 중국에서 최초로 쓰였고 14세기와 15세기에는 유럽에서도 일반화되었다(Williams, 1997). 따라서 이제 밀라노의 무역업자는 브뤼주의 상인에게서 직물을 사고는 종이 어음을 발행해 대금을 지불할 수 있게 되었고, 브뤼주의 상인은 그것을 제3자에게 주고 금으로 바꿀 수 있었다. 대개는 은행과 정부가 교환 어음이나 지폐를 발행했지만 실제로는 누구나 그렇게 할 수 있었다. 중요한 것은 이론적으로 이런 어음들은 어떤 귀금속, 대개 금이나 은의 특정한 양을 나타냈으며 어음 소지자는 필요할 때 곧바로 어음을 귀금속으로 바꿀 수 있다는 점이었다.

지폐 발행은 경제성장을 가속화하는 거대한 진전이었다. 화폐를 제한 없이 발행할 수 있는 가능성을 열었기 때문이다. 이것은 화폐의 마법을 보여주는 첫 번째 단계였다. 종이는 본질적으로 가치가 없었지만 이제는 금이나 은, 여러 가지 다른 귀금속과 동일한 가치가 생겼다. 경제학자 한스 빈스방거는 『돈과 마법』*Money and Magic*(1994)이라는 훌륭한 저서에서 바이마르공화국의 재무상을 역임했던 요한 볼프강 폰 괴테가 『파우스트』(1808년과 1832년 두 번에 걸쳐 출간)에서 산업 경제에 대해, 특히 화폐의 본성에 대해 어떻게 설명했는지 잘 보여준다. 파우스트는 본디 마법사이자 연금술사였다. 괴테의 작품에서 파우스트는 악마인 메피스토펠레스와 거래관계를 맺고 공모해 지폐를 바탕으로 하는 새로운 사회를 창

지폐 발행은 경제성장을 가속화하는 거대한 진전이었다(© scphoto2.com).

조한다. 빈스방거는 납을 금으로 변환하려던 연금술사의 시도는 실패했다고 주장한다.

> 그것이 헛된 시도여서가 아니라 여태까지와는 다른 형태의 연금술이 성공한 덕분에 더는 실험실에서 힘들게 금을 만들어내지 않아도 되기 때문이었다. 부를 늘린다는 의미에서 볼 때, 납을 실제로 금으로 변환시키는 것은 연금술이 지향하는 본질적인 목적이 아니다. 아무 가치가 없는 물질이 가치 있는 물질로 변환된다면, 예컨대 종이가 화폐가 된다면 그것으로 목표는 충분히 달성된 것이다(Binswanger, 1994, 9쪽).

그러나 상품화폐에는 몇 가지 문제가 있었다. 첫째, 한 지역에서 통용되는 상품화폐가 다른 지역에서도 동등한 가치가 있다는 보장이 없었다. 따라서 한 지역에서 어떤 금액에 해당하는 금이 다른 지역에서는 그 금액이 달라질 수 있었다. 둘째, 이론적으로 누구나 통화를 발행할 수 있었다. 예컨대 19세기에 미국에서는 은행부터 약국에 이르기까지 여러 기관에서 발행해 유통되던 통화가 무려 3만 종이나 되었다. 문제는 이런 통화들의 가치와 신뢰성을 보장할 수 없었다는 것이다. 그것들은 대개 쓸모없는 것으로 입증되었고 결국 사람들은 지폐를 신뢰하지 않게 되었다.

셋째, 은행과 화폐를 발행하는 다른 개인이나 기관들은 자신들이 찍어낸 지폐 금액에 상응하는 만큼의 금이나 은을 보유하고 있어야 할 의무가 있었지만 그런 경우는 거의 없었다. 실제로 모든 은행은 이익을 내기 위해 자신들이 보유한 예금을 훨씬 초과해 대출 형식으로 통화를 발행했다. 이것은 특히 무역과 상업이 성행하면서 일반적인 관행으로 자리 잡았고 예금자들이 모두 동시에 자신들의 금을 인출하지 않는 한 아무 문제도 없었다. 은행들은 대출을 통해 이자 수익을 얻고 사람들은 점점 더 많은 돈을 소비했다. 그러나 경제가 갑자기 큰 호황을 맞았다가 거품이 꺼지면서 예금자들이 금을 인출하기 시작하자 그동안 드러나지 않았던 문제들이 터져 나왔다. 은행들은 자신들이 보유한 금의 액수를 초과해 어음을 발행했기 때문에 예금 인출을 요구하는 모든 사람에게 금을 돌려줄 수 없게 되었다. 마침내 은행들은 파산하고 사람들은 예금한 돈을 허공에 날리고 말았다. 따라서 특정한 상품과 연계된 지폐는 자체적으로 약점이 있었다. 우선 서로 다른, 때로는 서로 호환할 수 없는 통화가 무수히 많았다. 예금자들이 지폐를 금으로 바꾸려고 몰려들면 은행들은 파산하고 말았다. 그리고 화폐 공급도 받아들이기 어려울 정도로 들쭉날쭉했다. 게다가 화폐가 어떤 특정한 상품과 연계되어 있다면 화폐 공급은 해당 상품(즉 금이나 은)의 공급이 꾸준히 증가할 때만 늘어날 수 있고 그래야 경제도 성장할 수 있었다. 결론적으로 끊임없는 경제성장이 가장 중요한 목표라면 상품화폐는 문제가 있었다.

1913년 미국 정부는 화폐 공급을 조절하고 안정화하기 위해 연방준비제도이사회를 창설함으로써 이런 문제들을 처리하려고 애썼다. 당시 지폐는 여전히 금과 연계되어 있었고 개인은 지폐를 금으로 바꿔 인출할 수 있었다. 그러나 이제 연방준비제도이사회의 탄생으로 은행들은 화폐를 충분히 보유하거나 즉각 필요한 화폐를 확보할 수 있게 되어 제때에 인출 요구에 응할 수 있었다. 대신에 은행들은 언제나 고객 예금액의 10퍼센트에 해당하는 금을 보유하고 있어야 했다. 은행들은 그런 식으로 금의 인출 요구에 응하는 반면에 사람들에게 돈을 빌려주는 명목으로 화폐를 새로 찍어낼 수 있었다. 따라서 은행과 그 밖의 다른 대출기관들은 1달러 예금을 받을 때마다 9달러의 새로운 화폐를 찍어내어 대출을 해줄 수 있게 되었다. 하지만 연방준비제도이사회는 여전히 특정한 상품에 화폐를 속박함으로써 경제성장에 부과된 제약을 걷어낼 수 없었다. 이 문제를 풀기 위해서는 정부가 개입하는 또 다른 형태의 새로운 마법이 필요했다.

2단계: 상품화폐에서 명목화폐 또는 신용화폐로의 이동

화폐의 진화에서 그다음 단계는 1931년에 일어났는데 미국 정부는 전국 은행에서 지폐를 금으로 환전하는 것을 금지했다. 화폐가치는 여전히 금의 가치에 구속되어 있었고 외국 정부와의 외환거래는 금으로 이루어졌다. 그러나 1971년 미국 정부는 더는 금본위제와 관련된 어떤 통화정책도 지지하지 않는다고 선언했다. 이것은 미국의 통화가 상품화폐에서 명목화폐 또는 신용화폐로 이동함을 의미했다. 이제 지폐는 경제적 가치를

〔표 I-3〕 미국의 화폐 공급량 증가 추이(1959~2009년, 단위: 10억 달러)

연도	현금통화	M1	M2	M3	비M2 M3	M3 변화율
1959~1970	416.1	1959.1	5074.2	5256.1	202.0	–
1971~1980	731.6	2910.3	10252.8	11905.2	1652.6	127
1981~1990	1661.3	6102.2	24088.3	31002.9	6916.4	160
1991~2000	3681.8	10550.1	37696.1	49151.9	11428.7	59
2001~2009	6175.0	11896.0	58268.5	140701.3(1)	31993.3(2)	186

M1 = 통화량, 여행자수표, 요구불예금, 기타 당좌예금
M2 = M1, 단기금융자산투자신탁, 저축성예금, 소액정기예금
M3 = M1, M2, 고액정기예금, 환매조건부채권, 유로달러와 머니마켓펀드(http://www.federalreserve.gov/releases/h6/hist/h6histb.txt)
(1) 연방준비은행은 2006년부터 M3 공개를 중단했다. 2006~2009년 데이터는 http://www.shadowstats.com/alternate_data 자료를 바탕으로 추정했다.
(2) 2006~2009년 데이터는 추정자료다.

표시하는 청구권으로 사용되지만 법적으로는 다른 어떤 것으로 상환될 수 없었다. 누구나 예상하듯이 금본위제의 철폐는 화폐 공급을 급속하게 증가시켰다. 따라서 이론적으로는 화폐 공급이 현재나 앞으로 발생할 경제성장과 보조를 맞추거나 그것을 초과할 수도 있었다. 더욱 중요한 것은 미국의 중앙은행 구실을 하는 연방준비제도이사회와 다른 나라들의 중앙은행들이 화폐 공급을 조절하는 방법을 개발할 수 있게 되었다는 사실이다. 따라서 경제성장을 따라잡을 수 있을 정도로 충분히 화폐 공급 속도를 높이면서도 인플레이션이 발생할 정도는 아닐 정도로 조절할 수 있었다. 그러나 상품과 서비스의 공급이 화폐 공급을 초과한다면 가격이 하락하면서 판매자들은 통화량 부족으로 경쟁할 수밖에 없게 되고 결국 디플레이션을 초래하게 된다. 따라서 구매할 수 있는 상품과 서비스의 양과 유통되는 화폐의 양을 균형 있게 조절하는 일은 미국의 연방준비제도이사회 같은 중앙은행들이 해야 할 중요한 임무였다.

보통 화폐라고 하면 지폐와 동전을 떠올리기 쉽다. 그러나 그것은 공급되는 화폐량 가운데 아주 일부(5~10퍼센트)일 뿐이다. 나머지는 은행의 장부나 컴퓨터, 또는 다른 금융기관의 기록에 있는 숫자로만 존재한다.

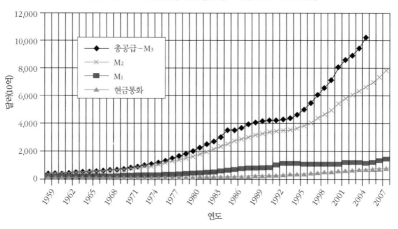

〔그림 I-3〕 미국의 통화 형태별 공급량 추이(1959~2008년)

예컨대 신용화폐는 돈을 빌린 사람이 미래의 어느 시점에 빌린 돈을 갚을 거라는 단순한 약속을 나타내는 것이다.

〔표 I-3〕과 〔그림 I-3〕은 미국에서 유통되는 통화 또는 통화량의 종류와 1959년부터 그것들이 얼마나 증가했는지를 보여준다.

요컨대 2009년에 화폐 공급은 1959년보다 46배 이상 증가했다. 어쩌면 이제 당신은 화폐가 어떻게 해서 이런 마법과 같은 신비한 과정을 보여주는지 알 수 있을지도 모른다. 명목화폐 또는 신용화폐는 국민국가의 강제력으로 뒷받침될 뿐이지만 온갖 종류의 상품과 서비스로 전환될 수 있기 때문에 본질적으로 가치가 없는 것(종이)을 가치 있는 것(종이로 얻을 수 있는 모든 것)으로 바꾸고자 했던 연금술사의 목적을 달성한 것이다.

그러나 파우스트가 악마와의 거래에서 깨달은 것처럼 현자의 돌을 얻으려면 치러야 할 대가가 있다. 그것은 바로 우리의 연금술에서 거쳐야 할 세 번째 단계다.

3단계: 비화폐자본에서 화폐자본으로의 필연적 전환

가치를 지닌 어떤 물질과 화폐를 연계하지 않는다고 해도 또 다른 문제가 하나 남아 있었다. 화폐를 가지고 바꿀 수 있는 것들에 한계가 있다는 점이다. 화폐가 무제한으로 공급된다고 해도 사람들이 화폐를 가지고 살 수 있는 상품과 서비스는 무제한으로 공급되지 않는다. 그러나 해마다 경제가 성장하고 화폐 공급이 증가해야 한다면(건실한 경제를 유지하기 위해서는 적어도 3퍼센트의 성장률을 유지해야 한다면) 화폐로 살 수 있는 것들도 그에 맞춰 공급이 늘어나야 한다. 화폐가 금과 같은 상품에 구속되거나 제한되었을 때 화폐 공급은 지속적으로 가용 상품과 서비스의 양을 따라잡으려고 애썼다. 그런데 가치를 지닌 어떤 물질에 화폐가 구속되지 않고 무한대로 증가할 수 있게 되면서 상황은 바뀌어 상품과 서비스 공급이 화폐 공급을 따라가느라 바빠지기 시작했다. 따라서 과거에는 금을 점점 더 많이 공급할 필요가 있었지만 이제는 상품이 점점 더 많이 필요하게 되었다. 달리 말하면, **건실한 경제를 유지하려면 화폐 공급이 꾸준히 증가해야 하며 그러기 위해서는 화폐로 살 수 있는 상품과 서비스의 공급이 지속적으로 늘어나야 한다.** 이 책에서 논의하는 많은 문제가 바로 이런 단순한 사실에서 나온다.

예컨대 경제성장을 지속하기(더 많은 화폐와 더 많은 물건을 만들어내기) 위해서는 화폐가치가 없는 것들을 화폐가치가 있는 것들로 끊임없이 전환해야 한다. 즉 지속적인 상품화가 필요하다는 말이다. 비금전적 상품이나 가치가 금전적 가치가 있는 것들로 전환되는 과정을 통해서만 화폐가 늘어날 수 있기 때문이다(예컨대 Bourdieu, 1986, 243쪽 참조). 이런 전환과정에 자본주의의 진수가 담겨 있다. 또한 그 안에 우리의 파우스트가 악마와 거래한 비밀이 들어 있다. 자본주의 문화는 무수히 많은 규칙과 규제, 가치, 법률의 운영을 통해 본질적으로 금전적 가치가 없지만, 그럼에도 다른 면에서는 가치 있고 심지어 없어서는 안 될 항목과 활동들이 시장에서 사고팔 수 있는 것들로 전환되도록 장려한다. 따라서 숲이나 호수, 산 등도 시장에서 팔릴 수 있는 것으로 전환되어야 한다. 보육, 취사, 교육과 같이 한때 가정생활과 관련되었던 활동들도 금전적 활동으로 전환되어야 한다. 심지어 자유라는 것도 돈을 주고 살 수 있다([그림 I-4] 참조).

우리는 이런 자본의 전환과정을 13장에서 좀더 자세히 다룰 것이다. 여기서는 이런 전환이 끊임없는 경제성장이라는 목표를 달성하기 위해 왜 필요한지 이해하는 수준으로 충분하다.

부채라는 개념이 암시하는 또 하나의 중요한 결론은 다음과 같다. 화폐는 부채를 통해 생성되기도 하고 또 그 부채는 이자를 낳기 때문에 빌려준 원금뿐 아니라 추가로 이자까지, 그것이 5, 10, 20퍼센트 또는 그 이상이든 새로 화폐를 찍어내야 한다. 그러므로 돈을 빌려준 사람이 이자를 받는다면 화폐 공급은 증가할 수밖에 없다. 달리 말하면 어떤 사람이나 기관이 돈으로 돈을 벌게 되는 순간 경제는 지속적으로 성장하게 된다. 따라서 경제가 침체되면서 나타나는 현상 중에서 첫 번째는 채무자가 빚을 갚을 수 없고 채권자는 원금이나 이자를 받을 수 없어 은행과 기업은 파산하고 사람들은 일자리를 잃게 되는 것이다. 결국 부채는 지속적인 성장을 위한 필수조건이라는 말이다. 이것 역시 우리가 앞으로 살펴볼 많은 문제와 밀접한 관련이 있다.

요약하면 우리 문화는 본질적으로 아무 가치도 없는 화폐가 끊임없이 양적으로 증가한다는 신비한 원칙 위에서 움직인다. 하지만 동시에 우리는 점점 더 많은 비금전적 자본을 이런 화폐로 살 수 있는 것들로 전환하려고 일하고 있다. 물론 이것은 사회체제가 원활하게 돌아가기 위해 마땅히 이루어져야 할 모든 것을 아주 단순화시킨 것이다. 다음에 이어질 네 개의 장에서는 소비자, 노동자, 자본가, 국민국가가 이런 마법 같은 신비한 활동을 지속하기 위해 어떻게 움직이는지 설명할 것이다.

〔그림 I-4〕 자연자본, 정치자본, 사회자본의 화폐로의 전환

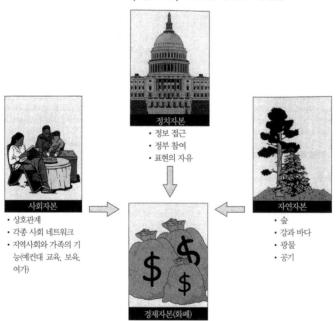

1부 끊임없이 성장하는 사회 속의 소비자·노동자·자본가와 국민국가

Global Problems and the Culture of Capitalism

소비자의 탄생

민족학적으로 볼 때 소비자혁명은 종의 역사에서 기이한 사건이다. 인류 역사상 처음 겪는 일임에도 인간 공동체는 종교와 무관하게 사회 변화를 이끈 동인을 기꺼이 받아들였다. 그리고 그것이 실제로 사회생활 의 모든 특징을 지속적이고 체계적으로 변환시킬 수 있게 허용했다.

—그랜트 매크레켄, 『문화와 소비』Culture and Consumption

우리 시대를 관통하는 숨겨진 메시지는 상품 형태가 당연하고 불가피하다는 것이다. 우리는 특정한 상품 들의 구매를 통해서만 잘(또는 완벽하게) 살 수 있다. 따라서 우리 삶에서 중요한 관심사는 어떻게 하면 시장에서 그런 상품들을 살 수 있는 자격을 얻느냐 하는 것이다. 더 나아가 우리는 모든 형태의 삶의 수단 이 상품일 때만 쓸모가 있다는 것이 옳고 정당하다고 배웠다. 역사와 인간의 본성, 신에 의해 이미 그렇게 규정되었다. (……) 오늘날 미국인들은 시장의 이익을 위해 생성되고 시장에서만 통용되는 욕구들로 가득 찬 지나치게 상품화된 세상에서 살고 있다.

—스테판 펠만, 『비닐 잎사귀』Vinyl Leaves

자본주의 문화는 상품의 생산과 판매를 촉진하는 데 몰두한다. 자본가들은 그 문화를 통해 이익을, 노동자들은 임금을, 소비자들은 상품을 더욱더 축적한다. 달리 말하면 자본주의는 사람들이 학습된 규칙에 따라 행동하면서 반드시 그렇게 행동해야만 하는 것처럼 행동하는 여러 인간 집단을 규정한다.

이런 행위에 당위성은 전혀 없다. 사람들이 부를 축적하고자 하는 행위가 당연한 것은 아니다. 실제로 그런 축적에 반대하는 사회들도 있다. 인류가 선천적으로 상품을 축적하는 성향이 있는 것은 아니다. 다시 말하지만 그런 축적을 거부하는 사회도 많다. 사람들은 일에 내몰리지 않는다. 실제로 일반적인 생각과 반대로 자본주의 문화에서 사는 사람들은 수렵과 채취로 살아가는 사람들보다 훨씬 더 많은 일을 한다(예컨대 Schor, 1999 참조). **인류학의 관점에서 볼 때, 문화는 어떻게 사람들이 저런 식이 아니라 이런 식으로 행동하도록 촉진하는가? 특히 자본주의 문화는 이익과 임금, 상품의 축적을 어떻게 촉진하는가? 요컨대 자본주의 문화는 지속적인 성장과 변화를 어떻게 촉진하는가?**

문화가 사람들의 삶에 어떤 영향을 끼치는지 설명하는 것은 쉽지 않다. 인류학자들은 문화가 학습된 모든 믿음과 행위, 우리 삶을 정하는 규칙, 인류가 자신들의 세계와 그 안의 자기 위치를 해석하기 위해 만들어 놓은 의미들로 구성되어 있다고 지적했다. 그러나 이렇게 추상적인 설명으로는 문화가 우리의 세계관 형성에 얼마나 깊이 관여하는지 이해하기 어렵다. 따라서 또 다른 문화 풍습에서 문화를 어떻게 상징하는지 살펴본다면 이를 이해하는 데 도움이 될 것이다. 여기서는 미국 남서부 지역 원주민 나바호족의 모래그림을 예로 들겠다.

나바호족 인디언들 사이에는 주술사가 색깔 있는 모래와 옥수수 가루 또는 다양한 물질의 부스러기를 이용해 땅바닥에 우주를 축소한 모형

나바호족의 모래그림은 치유를 위한 무대의 기능을 한다. 우주에서 한 개인이 차지하는 위치가 거기서 의식에 따라 정의되고 규정된다.

을 그려 아픈 사람을 치유하는 풍습이 있다. 이런 모래그림들은 종류가 천차만별이지만 그림 속에는 반드시 들어가야 할 요소들이 있다. 그것은 나바호족이 일반적으로 살아가는 데 필요한 생존조건이다. 나바호족의 공간 개념은 우주의 방향을 가리키는 상징들과 나바호족의 가옥(호건 hogan), 신화적 존재들의 배치에 따른 사회생활을 표시하는 상징들로 구성된다. 그 상징들이 지닌 의미는 각각의 모래그림과 관련된 이야기나 노래 속에 나온다. 나바호족의 생존에 꼭 필요한 물질적인 것들(예컨대 말이나 의례 물품 등)도 모래그림에 표현된다. 그림이 완성되면 환자는 그 모래그림 위나 안에 들어가 앉는다. 치료의식은 반복되는 노래와 기도 속에서 진행된다. 나바호족은 사람이 병에 걸리는 것은 우주에서 자기가 있어야 할 자리를 이탈한 결과라고 말한다. 따라서 치료의식의 목표는 환자가 자기 자리를 되찾게 하는 것이다. 의식이 끝나고 환자와 우주의 조화가 복원되면 모래그림을 그린 주술사는 그 그림을 지워버린다.

나바호족의 모래그림에는 인류학자들이 대개 **문화**라는 용어로 부르는 모든 요소가 들어 있다. 문화는 모래그림처럼 우주를 한 집단의 사람들을 위해 존재하는 것으로 정의한다. 모래그림에는 사람들이 물리적·사회적 공간에서 자기 자신을 찾기 위해 사용하는 핵심 요소와 상징들이 들어 있다. 그것은 창조된 세계 속에서 개인의 자리가 어디이며 사람들의 삶을 지배하는 가치가 무엇인지를 확인한다. 모래그림처럼 특정한 문화적 표현들은 우리가 누구이고 무엇이며 거대한 만물의 질서 속에서 우리 모습이 어떤지를 알려주는 치유의 좌표 구실을 한다. 이런 표현들은 어떤 문화적 정의에 내재된 현실과 자아에 대한 모순이나 모호함을 해명하도록 도와주기 때문에 치유의 효능을 발휘한다.

더 나아가 모든 사회에는 그런 모래그림을 그리는 사람들이 있다. 그들은 우주를 다른 사람들에게 보여주도록 지정된 사람이거나 그런 책임을 가진 사람들이다. 그들은 다른 사람들이 자기 정체성을 찾고 정리하는 데 반드시 필요한 요소들을 정의할 줄 아는 힘이 있다. 나바호족의 경우처럼 어떤 사회에서 그는 치유자이며 주술사이고 신화를 만드는 사람이자 이야기꾼이지만, 또 어떤 사회에서는 목사이며 시인이고 작가이며 예술가이고 소리꾼이며 춤꾼이다. 자본주의에서 모래그림을 그리는 사람은 교회와 유대교 회당, 이슬람 성전, 극장, 텔레비전, 스포츠 경기장, 상점가에서 일한다. 그곳에서 소비자들은 그들의 세계관을 구성하는 가장 중요한 요소인 풍요로운 미래상을 재확인한다. 오늘날의 모래그림을 그리는 사람들이라고 할 수 있는 마케팅 전문가, 광고업자, 정부 관료, 기업 홍보 전문가, 연예인, 언론인 등은 상품의 생산과 소비를 최대화하도록 고안된 세계관을 창조한다. 그들은 가장 중요한 요소가 상품이고 그 상품을 구매하는 것이 ("지쳐 쓰러질 때까지 물건을 사라"는 자동차 범퍼스티커가 널리 유행하는 것처럼) 소비자의 첫 번째 의무인 문화를 만드는 데 도움을 주었다. 실제로 그런 문화에서는 일하고 쉬고 자기에게 맡겨진 사회적 책임을 수행하는 우리의 모든 일과가 상품을 중심으로 일어난다. 여기서 상품을 사는 일은 모래그림의 역할처럼 치유활동의 구실을 한다. 이런 현대판 모래그림을 그리는 사람들은 모든 개인이 적어도 한두 번쯤은 자신을 소비자라고 생각하게 하는 문화를 만든다. 그렇다면 가장 먼저 답해야 할 질문이 있다. **소비자의 세계와 소비자 그 자체는 어떻게 창조되었을까?**

소비의 재구성

20세기 초 미국에서 본격적으로 소비자가 나타난 것은 물론 아니다. 특정한 상품, 특히 담배나 아편, 럼과 진 같은 술, 커피, 차 등 중독성 물품의 대량소비가 산업혁명에 불을 지핀 것은 물론이고 심지어 유럽이 아시아와 라틴아메리카, 아프리카를 식민통치하게 한 것은 두말할 필요도 없는 사실이다. 이런 소비는 또한 나중에 상품을 생산, 유통, 소비하는 수단들을 정의했다(예컨대 Trocki, 1999 참조). 그러나 이런 물품들은 실제로 중독성이 강하고 따로 마케팅을 하지 않아도 되었기 때문에 상인들은 소비자들에게 상품의 판촉활동을 하거나 전시하는 방법에 별로 관심을 기울일 필요가 없었다. 사람들이 필요하면 무조건 살 거라고 생각한 것이다. 이런 태도에 큰 변화가 찾아온 것은 한 세기 전 미국에서였다.

이런 변화가 자연스럽게 온 것은 아니었다. 실제로 19세기 미국 문화는 끝없는 소비가 아니라 절제와 극기를 중요하게 생각했다. 특히 노동자들은 검소하고 저축하는 생활을 하도록 장려되었는데 그중에서도 사치품을 사는 데 돈을 쓰는 것은 '낭비'라고 생각했다. 사람들은 오직 기본적인 먹을거리, 의복, 가정용품이나 설비 같은 필수품만을 사거나, 되도록 기초 물품은 서로 나누어 썼다. 1870~1880년 미국 가정이 소유한 물품 목록을 살펴본다면 오늘날과는 전혀 딴판일 것이다. 1870년 인구의 53퍼센트가 농촌에 살면서 자기가 소비할 것 가운데 많은 것을 스스로

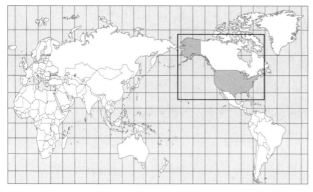

미국

생산했다. 버몬트 주의 농촌에 사는 한 주부는 1년에 파이 421개, 케이크 152개, 도넛 2,140개, 빵 1,038덩어리를 만들었다고 한다(Sutherland, 1989, 71쪽). 가정용품은 식탁, 나무의자, 침대, 카펫이나 깔개 정도로 비교적 단순했다. 주방 설비로는 요리용 화로, 달걀을 휘젓는 젓개, 사과 깎는 칼, 콩 까는 도구, 커피분쇄기 등이 있었지만 대개 부엌일은 맨손으로 했다. 수동으로 돌리는 세탁기는 1870년대 말까지 나오지 않았다. 아주 가난하거나 외진 곳에 사는 사람들을 빼고 사람들 대다수는 기성복을 사 입기도 했지만 옷 대부분을 집에서 만들어 입었으며 대개 실용적인 옷이었다. 게다가 미국 가정 대부분은 농촌에서 살았기 때문에 가족 자본을 대개 농기구나 농사용 비품을 사는 데 투자했다. 물론 예외는 있었다. 부유한 사회 구성원들은 수세기 동안 그랬던 것처럼 서로 경쟁적으로 자신들의 부와 사치를 과시했다. 그러나 그럴 수 있는 사람들은 극소수에 불과했다.

물론 그때까지 미국에는 아직 전기가 보급되지 않았고 자동차도 없었으며 화폐 공급도 오늘날보다 훨씬 제한되어 있었다. 그럼에도 상품을 구매하는 사회적 관습이 바뀌려면 사치품은 필수품으로 전환되어야 했다. 미국에서 이것은 크게 네 가지 방식으로 완성되었는데 마케팅과 광고혁명, 주요 사회기관들의 재편, 정신적·지적 가치의 획기적인 변화, 공간과 계급의 재구성이 바로 그것이다.

마케팅과 광고

먼저 상품의 의미와 그것을 표현하고 보여주는 방식에서 중대한 변화가 일어났다. 18세기와 19세기 전반에 걸쳐 소매상들은 상품을 어떻게 보여줄지에 관심이 없었다. 최초의 백화점인 봉마르셰가 1852년 파리에서 문을 열자 사람들은 상품을 사지 않고도 가게를 둘러볼 수 있게 되었다. 로절린드 윌리엄스가 말한 것처럼 봉마르셰 같은 기업들은 "자유로이 떠다니는 욕망을 자극"하는 일에 몰두했다(McCracken, 1988, 25쪽에서 인용). 상품을 진열하는 행위는 부르주아의 문화와 가치, 태도, 열망을 상품으로 바꾸어 형태를 만들고 변형해 부르주아 문화를 정의하는 데 이바지했다(Miller, 1994).

그러나 봉마르셰는 특별한 경우였다. 미국 상점들은 대부분의 제품을 대량으로 진열했다. 제품들을 잘 팔기 위해 특별히 신경을 써서 배치하는 것에는 전혀 무관심했다. 아이보리 비누와 퀘이커 오트밀이 시장에 처음 나온 1870년대까지만 해도 제조사 상표가 찍힌 포장된 제품은 존재하지도 않았다(Carrier, 1995, 102쪽). 그런 제품이 있다고 하더라도 상점의 진열창은 안쪽 방이나 창고에 몇 년 동안 쌓여 있었던 물품들로 가득 채워졌다. 19세기 중반까지만 해도 알렉산더 터너 스튜어트가 뉴욕에 세운 마블 백화점 같은 대형 백화점들조차 상품 진열에 그다지 관심을 기울이지 않았다. 소매상들이 대중에게 상품을 어떻게 보여줄지에 주목하기 시작한 것은 미국에서 백화점이 주요 소매점으로 떠오르기 시작한 1890년대 들어서였다.

백화점은 차츰 상품들을 진열하는 것 자체가 목적인 장소로 진화했다. 1902년 마셜필드 백화점이 시카고에서 개장했는데, 각 층마다 현악 오케스트라의 선율이 가득하고 아메리칸뷰티 장미와 다양한 생화, 종려나무 화분 등을 갖고 모든 판매대를 장식했다. 그리고 개장 첫날에는 상품을 팔지 않기로 방침을 정했다. 지역 상인들은 자기 종업원들이 백화점을 방문할 수 있도록 가게 문을 닫았다. 나중에 매장에서는 공들인 무대 공연이 펼쳐지고 수공예품들도 전시되었다. 미국에서 가장 창의적인 생각을 가진 사람들은 고객이 사고 싶은 마음이 들도록 상품을 전시하는 방법을 고안해냈다. 백화점은 이제 사람들이 어떻게 옷을 입고 집에 어떤 가구를 들여놓고 여가를 어떻게 보내야 할지 알려주는 문화적 뇌관이 되었다(Leach, 1993).

광고는 소비자를 탄생시키는 데 영향을 끼친 또 다른 혁명적 발전이었다. 광고주의 목표는 소비자를 더욱 매력적인 사람으로 바꾸는 힘을 가지고 소비자의 욕망을 적극적으로 구체화하고 고취함으로써 상품에 가치를 부여하는 것이다. 1880년대 말 이전까지 광고는 경멸의 대상이었으며 P. T. 바넘(19세기 말 미국에 서커스 전성기를 가져온 흥행사 — 옮긴이)이 하는 식의 속임수와 관련이 있다고 여겨졌다. 1880년 미국에서 광고하는 데 들어간 돈은 3,000만 달러에 불과했다. 그러나 1910년에는 석유, 식품, 전기, 고무 등 신사업에서 광고비로 지출한 돈이 6억 달러로 전체 국민소득의 4퍼센트에 이르렀다. 1929년 광고산업은 110억 달러 규모의 사업으로 크게 성장했으며, 1998년 전 세계는 광고비로 4,370억 달러를 지출했다. 마침내 2009년에는 미국 한 나라만 해도 3,000억 달러에 이르는 광고비를 썼다.

20세기 초 미국 전역에서는 광고전이 벌어지기 시작했고 유명 연예인들을 고용해 그들이 광고하는 상품을 좋아하는 것처럼 보이도록 했다. 광고엽서, 카탈로그, 신문광고는 이제 미국인의 일상생활에 자리잡았다. 광고게시판이나 간판, 벽보 같은 옥외광고는 어디서든 볼 수 있었다. 네온사인과 점멸등 간판 같은 전기를 이용한 광고도 시장에 등장했다. 브로드웨이는 '불야성의 거리'로 이름을 떨쳤다. 오늘날 광고는 우리 삶의 구석구석에 스며들어 심지어 우리 옷에 광고가 새겨지거나 수놓아졌어도 그것을 인식하지 못할 정도가 되었다.

유행이라는 개념은 상품의 판매 촉진에 또 다른 긍정적인 영향을 주었다. 물건을 소유하고자 하는 끊임없는 열망의 분출은 '새로운' 현상이거나 '최근의' 일이 아니었다. 유행은 사람들이 필요 때문이 아니라 스타일 때문에, 즉 누구나 다른 사람들이 '최신 유행'이라고 하는 것을 욕망하도록 만들어 물건을 사게 했다.

미국 의류산업이 유행의 창조를 선도했다는 사실은 놀라운 일이 아니다. 1900년대 초 의류산업의 성장은 다른 산업보다 두세 배는 앞섰다. 1915년 미국에서 의류산업은 철강산업과 석유산업의 바로 다음 순위에 있었다. 1915년 의류 생산은 10억 달러를 넘어섰다. 뉴욕에서만 1만 5,000개 업체가 여성 옷을 만들었다. 『보그』나 『코스모폴리턴』, 『딜리니에이터』 같은 새로운 패션잡지들이 유행의 기준을 정하고 특권층이나 부자, 유명연예인들을 모델로 써서 사회적으로 의식 있는 여성들이 무엇을 입어야 할지 규정했다. 1903년 미국에서는 에리히 브라더스가 뉴욕 시에서 처음으로 패션쇼를 열었다. 1915년 패션쇼는 실제로 미국의 크고 작은 모든 도시에서 열리는 단골 행사가 되었다. 이런 대중적 인기에 힘입어 1923년 존 파워스가 뉴욕에 최초의 패션모델 회사를 설립했다(Leach, 1993, 309쪽). 연예산업은 유행의 중요한 자리를 차지했고 1920년대 미국 여성들은 클라라 보 같은 영화배우들을 모방하려고 난리였다.

소비자를 유인하는 또 하나의 마케팅 전략은 서비스였다. 상점들은 외상거래나 할부판매와 같은 신용거래를 허용하고 종업원들은 소비자들의 비위를 맞추려고 애썼다. 소비자는 고객이 되었다.

윌리엄 리치는 서비스가 새로운 소비자 사회에서 가장 중요한 특징 가운데 하나였을 수 있다고 주장했다. 그는 서비스가 그 당시 미국에 만연한 불평등과 가난, 노사분쟁을 가리는 구실을 했다고 말했다. 또한 소비자 사회가 어떻게 발전했는지 알고 싶다면 서비스의 발전과정을 보라고 주장했다. 미국에서 경제불평등이 확대되고 노사분쟁이 늘어나자 미국인들은 서비스를 '미국의 약속'과 연관 지어 생각했다. 서비스는 사람들에게 모든 것이 잘되고 있으며 걱정할 것은 아무것도 없고 그들을 기다리는 것은 안전과 서비스라는 생각을 심어주었다. 리치는 서비스에 대해 다음과 같이 표현했다.

> 서비스는 자본주의의 '자애로운 측면', 즉 사람들이 기업에 확실한 이익의 흐름을 보장하는 대가로 기업이 사람들에게 주는 자본주의적 특성으로 더 좋고 안락한 생활방식이다. 이렇게 볼 때 자본주의는 단순히 '이익만 추구'하지 않고 "서비스를 효과적으로 제공함으로써 타인들의 욕구를 충족"시키고자 했다. 20세기로 전환하는 시점에 한 경제학자는 "자본은 섬김으로써 지배한다"고 말했다(Leach, 1993, 146~147쪽).

사회기관의 변화

미국인의 구매 습관을 바꾼 두 번째 방식은 미국 사회를 뒷받침하는 주요 기관들의 변화를 통해 소비를 촉진하도록 기능을 재정립하는 것이었다. 교육기관, 문화기관, 정부기관, 금융기관과 심지어 가족 자체까지도 상품 소비를 촉진하기 위해 그 의미와 기능을 바꿨다.

1900년 이전 대학이 자본주의 경제에 기여한 것은 대개가 물건을 '만드는' 방법, 즉 상품 생산과 관련이 있었다. 실제로 물건을 어떻게 팔고, 판매한 물건에 대한 정보를 기록하는 일에는 전혀 관심이 없었다. 예컨대 미국의 전문학교나 대학에서는 그때까지 대량소매와 신용제도, 금융에 대한 체계적인 연구를 진행하지 않았다. 그러나 20세기에 들어서면서 상황은 바뀌었다. 이를테면 뉴욕 시에서는 좋은 디자인 또는 산업예술운동이 일어났다. 프랫 인스티튜트와 뉴욕의 파인앤드어플라이드 아트스쿨(현 파슨스 디자인학교) 같은 전문학교들이 생겨나 떠오르는 판매와 디자인 부문, 대형 백화점에서 일할 인재들을 길러내기 시작했다. 펜실베이니아 대학의 와튼 스쿨과 하버드 비즈니스 스쿨은 회계(실제로 이전까지는 없었던 분야), 마케팅, 판매 관련 연구 프로그램을 소개했다. 1919년 뉴욕 대학의 소매 관련 대학원이 문을 열었다. 1920년대 중반에는 하버드 대학과 스탠퍼드 대학이 경영대학원을 설립했고 곧이어 노스웨스턴과 미시건, 캘리포니아, 위스콘신의 대학들도 그 뒤를 따랐다. 오늘날 실제로 2년제 대학이든 4년제 대학이든 경영학과 관련된 교과과정이 없는 대학은 한 곳도 없다.

박물관들도 소비자 문화의 발전을 위해 자신들이 해야 할 일을 재정립했다. 뉴욕 맨해튼에 있는 미국자연사박물관과 메트로폴리탄 미술관을 비롯해 브루클린 박물관과 뉴어크 박물관(모두 J. P. 모건과 같은 부자들이 거액을 기부한 곳들)은 기업들과 제휴하기 시작했다. 전시책임자들은 디자이너들에게 페루 직물이나 원시 장식 예술에 대해 강의했다. 미국자연사박물관 관장인 모리스 드캠프 크로퍼드는 인류학 분야의 책임자인 클라크 위슬러의 도움을 받아 기업인과 디자이너들에게 박물관을 방문할 것을 권했다. 패션과 의복의 역사와 관련한 특별 전시가 마련되었다. 위슬러는 그 전시를 위해 뉴욕에 있는 백화점들의 매장상품 진열기법을 차용했다(사실은 1893년 인류학자 프란츠 보애스가 시카고 만국박람회에서 외국 문화 관련 전시를 하면서 마네킹을 썼던 착상을 나중에 매장상품 진열 디자이너들이 모방했다). 잡지 『위민스 웨어』*Women's Wear* 편집장은 미국자연사박물관을 "디자이너의 발전에 가장 혁신적인 영향을 끼치는 기관"이라고 칭송했다(Leach, 1993, 166쪽).

소비자 문화 발전에 영향을 끼친 두 번째 부류의 기관은 지방과 연방 정부 기관들이었다. 국가는 하나의 실체로서 국내 상업에 오랫동안 깊이 관여했다(3장에서 세계 자본주의 확장의 역사를 살펴보면서 이 사실을 확인할 것이다). 그러나 20세기 이전까지 국가의 관심은 상품 제조, 기업조직, 노동 통제, 상품 이동에 주로 초점을 맞추었다. 국가기관이 경기순환에서 소비 부문에 관심을 두기 시작한 것은 20세기 들어서다. 실제로 정부가 다른 어떤 사회기관들보다도 소비자의 탄생에 더 많은 기여를 했다고 말한 것은 과장이 아니다.

1921년 상무부 장관이 되어 마침내 1928년 대통령이 된 허버트 후버 시절 미국 상무부의 비약적인 성장은 연방정부가 국내의 소비 촉진에 얼마나 큰 역할을 했는가 하는 것을 단적으로 보여주는 좋은 사례다. 1932년 상무부 건물이 워싱턴에 세워졌을 때, 그것은 세계에서 가장 큰 관공서 건물이었다(10년 뒤 국방부 건물이 건립되기 전까지 그 건물보다 더 큰 관공서 건물은 없었다). 그때 상무부 건물에는 실제로 특허청을 비롯해 당시 가장 중요한 부서였던 내외통상국BFDC까지 기업과 관련된 모든 정부 부처가 한자리에 모였다. 의회가 BFDC에 배정한 예산은 1921년 10만 달러에서 1930년 800만 달러로 8,000퍼센트 증가했다. 그동안에 BFDC의 직원 수 역시 100명에서 2,500명으로 늘었다.

후버는 상무부를 철저하게 미국 기업의 부속물로 활용할 생각이었다. 상무부의 중심 목표는 상품 소비를 진작하는 것으로, 1926~1928년 BFDC는 후버의 지시로 이후 10년마다 시행될 유통 센서스('소비 센서스'라고도 부름) 조사를 처음으로 실시했다(그때까지 이런 조사를 실시한 나라는 없었다. 영국을 비롯한 다른 나라들은 1950년대까지 정부가 후원하는 소비자 조사를 실시하지 않았다). 그 조사에는 소비자들이 어디에 있으며 얼마나 많은 양의 상품을 소비하는지 자세히 기술되어 있다. 또한 상품들이 어느 지역에 '과잉공급'되었고 어떤 상품이 어느 상점에서 가장 잘 팔리는지도 찾아냈다. 상무부는 소매광고와 협동광고를 지원하고 상인들에게 서비스 전략, 유행, 방식, 온갖 종류의 진열방법에 대해 자문을 아끼지 않았다. 상무부는 소매상들에게 상품을 소비자들에게 배달하고 상점가를 재개발하고 소비자들을 끌어들이기 위해 주차장과 지하수송체계를 정비하고 색전구를 달고 소비자의 '마음을 사로잡는 방식'으로 상품을 진열하는 가장 좋은 방법이 무엇인지 조언했다. '소비자와 상품 사이에 있는 모든 장벽'을 허물어뜨리는 것이 미국 상무부의 목표였다(Leach, 1993, 366쪽).

또한 후버는 개인의 주택 소유를 강조했다. 그는 회고록에서 "모든 미국 가정의 가장 중요한 권리는 적어도 한 번은 자기가 꿈에 그리던 새집을 짓는 것이다. 더 나아가 사람이면 누구든 자기 집을 소유해 스스로 가재도구와 방, 주변 환경들을 정리하고 싶은 본능이 있다"라고 썼다(Nash, 1988, 7쪽 인용). 상무부는 영화 〈즐거운 나의 집〉과 함께 '당신의 집을 소유하라'는 제목의 홍보전단을 제작해 '주택 구입'을 장려하며 전국에 뿌렸다. 그 내용은 공동주택보다는 단독주택을, 도시 거주보다는 교외 거주를 옹호하는 것이었다. 또한 "나이를 불문하고 두 아이를 한 침대에 재우는 것은 바람직하지 않다"라고 주장하면서 아이들마다 개인 침실을 따로 마련해주라고 권고했다. 이런 권고의 이유가 무엇이든 상관없이 상무부가 제작한 자료들은 모두 최대한의 소비를 독려했다. 따라서 정부는 교육기관만큼이나 상품 소비를 촉진하는 데 크게 이바지했다.

소비자 경제를 만들어내는 또 다른 조치는 노동자들에게 더 큰 구매력을 제공하는 것이었다. 경제적 관점에서 볼 때 이것의 장점이 무엇인지 파악하기는 쉽지 않다. 기업가나 고용주의 입장에서 가장 이상적인 상황은 지속적으로 생산원가를 낮추고 이익을 늘리기 위해 되도록 임금을 낮게 유지하는 것이다. 그러나 상품 생산자들은 저마다 다른 생산자들이 높은 임금을 지불하기를 바란다. 그래야 다른 생산자들이 고용한 노동자들이 자기 상품을 더 많이 살 수 있기 때문이다. 임금을 더 많이 주면 노동자들이 더 열심히 일할 것이고 그들을 소비자로 만들 것이라는 생각은 공장주나 투자자들에게 상대적으로 늦게 인식되었다. 그들은 노동계급이 본디 기본적인 생활을 유지할 정도까지만 열심히 일하기 때문에 더 많은 임금을 지불하면 일을 덜 할지도 모른다고 생각했다. 따라서 때때로 경제가 호황을 맞아 노동자들의 소비 수준이 높아지면 중류계급과 상류계급은 노동자들이 검소하지 못하다고 비난하곤 했다.

노동자가 소비자로 바뀌는 과정에서 경제권력이 발생한 것은 우연한 일이었다. 기업들은 효율성을 늘리기 위해 새로운 수단들을 개발했다. 헨리 포드는 자동차를 제작하는 공정에 매우 혁신적인 기술 가운데 하나인 일관작업 체계를 도입했다. 노동자들은 작업라인에서 자기 자리를 배정받아 움직이지 않고(포드는 "왔다 갔다 하는 것은 채산성이 맞지 않는 활동이다"라고 말했다) 단일 작업만 수행했다. 그것은 특별한 훈련이 필요하지 않고 포드가 말한 것처럼 "아주 멍청한 사람들도 이틀이면 익힐 수 있는" 공정이었다. 말하자면 노동자들은 모두 하루에 9시간씩 동일한 동작을 10초마다 반복해야 했다.

노동자들은 이렇게 멍하니 지루하게 일하는 공정에 반발했다. 포드가 처음으로 이런 일관작업 체계를 도입하자 장기 결근자들이 늘어나고 직장을 옮기는 사람들도 급증했다. 1913년 공장을 돌리기 위해서는 1만 3,000~1만 4,000명이 필요했지만 그해에 그만둔 사람이 5만 명에 이르렀다. 그러나 포드는 그 문제를 해결했다. 그는 업계 평균 하루에 2~3달러 하던 임금을 5달러로 올리고 근로시간도 하루 8시간으로 줄였다. 그러자 곧바로 이직률이 5퍼센트로 떨어지고 포드 공장에 취업하려는 노동자들이 줄을 섰다. 게다가 포드 자동차 T모델의 생산가가 1,950달러에서 290달러로 떨어지면서 소비자가도 떨어졌다. 하지만 무엇보다 중요한 것은 임금 상승이 포드 노동자들을 포드 자동차의 소비자로 만들었다는 사실이다. 그리고 다른 제조업자들도 뒤이어 포드 자동차의 선례를 따르면서 자동차산업은 더욱 성장했다. 1929년 미국인이 소유한 자동차 수는 2,300만 대였는데 1950년에는 4,000만 대가 넘었다. 오늘날은 소형 트럭을 포함해 한 사람당 평균 1.3대의 자동차를 소유하고 있다. 임금 상승으로 통화량이 늘어난 것 말고도 신용거래의 확대는 구매력을 높이는 구실을 톡톡히 했다. 물론 신용거래는 경제성장과 소비문화의 발전에 핵심적인 요소다. 그것은 국민과 기업, 정부가 당장 돈을 내지 않아도 미래 어느 시점에 돈을 지불한다는 약속만으로 상품과 서비스를 살 수 있다는 것을 의미하기 때문이다. 게다가 신용거래가 일어날 때마다 그 주체가 상점이든 은행이든 또는 기업이나 개인, 정부든 상관없이 화폐가 새롭게 만들어지며 더 커다란 구매력이 경제로 유입된다. 하지만 미국에서 신용으로 물건을 사는 것, 즉 빚을 지는 일이 항상 용납되었던 것은 아니다. 19세기에 미국인들은 신용거래를 극도로 거부했다. 미국 사회에서 신용거래를 받아들이기 시작한 것은 1920년대에 들어서였다(Calder, 1999). 이로써 자동차와 주택 구매의 전성기가 도래했다.

주택담보대출을 받기가 쉬워지면서 1940~1960년대의 주택 건설 경기는 호황을 이루었다. 그것은 이어서 가정용품, 가구, 도로 건설과 같은 관련 산업의 활성화에도 불을 붙였다. 1960년 전체 미국인의 62퍼센트가 자기 주택을 소유했다. 1940년 44퍼센트였던 것에 비하면 크게 늘어난 셈이다. 2008년 미국의 주택 소유자들이 담보대출을 받은 금액은 10조 달러가 넘었다. 더군다나 주택담보대출은 노동자들이 대출금을 갚기 위해 묵묵히 일할 수밖에 없게 함으로써 노동력을 길들이는 구실까지 했다. 동시에 주택 소유자들은 인플레이션을 막는 구실을 하는 고정자산을 얻었다. 자동차담보대출 역시 소비자의 빚을 추가로 늘렸지만 상점가, 고속도로, 휴가여행과 같은 관련 분야의 활성화에 불을 붙이는 성과를 가져왔다. 신용카드를 소지한 사람은 회전신용대출(일정 기간이나 신용한도 내에서 몇 번이고 돈을 빌리거나 갚을 수 있는 대출제도 — 옮긴이)을 통해 물품을 구매할 수도 있었다. 2008년 미국 가구가 부담해야 할 빚은 13조 달러를 넘었다. 미국 가정의 20퍼센트가 자산보다 빚이 많았다. 자산 가운데 부동산을 제외한다면 그 비율은 40퍼센트로 늘어났다. 이런 빚은 현실에서 실제 통화량으로 존재하지 않기 때문에 미래의 경제에 대한 큰 신뢰 없이는 불가능한 일이었다. 하지만 우리 경제에서 돈을 빌려주는 주체들은 사람들이 빚을 갚을 때가 되면 그 돈이 현실화된다고 단순하게 믿는다.

그러나 이 가운데 어떤 것도 정부가 이자율을 제한하고('이자율 한도'), '공정대부법'을 통과시키고, 여성이나 소수자 집단과 같은 특정 집단이 돈을 빌리기 쉽게 조치하고, 학자금 융자를 제공하는 금융정책을 실시하지 않았다면 가능하지 않았을 것이다. 따라서 신용거래는 소비자의 빚을 더 늘어나게도 했지만 소비재 구매를 활성화하는 '대량판매 시장'을 창조함으로써 경제성장을 더욱 자극하는 구실도 했다(Guttmann, 1994 참조).

노동자들을 바라보는 관점이 바뀌고 신용거래가 확대되는 것 말고도 소매업체들의 조직방식에도 변화가 있어야 했다. 소비자의 출현은 소매연쇄점의 급격한 성장을 수반했다. 그전까지 상품 유통은 주로 소규모 상점이나 대가족이 소유한 백화점이 담당했다. 그러나 1920년대 들어 대형 복합 소매업체가 등장했다. 1886년에는 오직 두 곳의 연쇄점업체가 기껏해야 5개가 넘는 상점을 운영했을 뿐이다. 하지만 1912년에는 177곳의 연쇄점업체가 2,235개의 계열 판매점을 운영했고, 1929년에는 거의 1,500곳의 연쇄점업체가 7만 개의 계열 판매점을 운영했다.

정신적·지적 가치의 전환

소비를 자극하는 마케팅 기법과 사회기관들의 변화와 더불어 검소와 절약 같은 가치들을 강조하던 것에서 소비와 허식을 장려하는 가치체계를 중시하는 정신적·지적 가치의 변화가 일어났다. T. J. 잭슨 리어스는 1880~1930년에 검약과 자기부정을 강조하던 것에서 정기적인 여가와 강박적인 소비, 자아실현을 선호하는 것으로 미국의 가치관이 바뀌었다고 주장했다(Lears, 1983). 리어스는 미국인의 삶에서 이런 가치관의 변화는 신체적·심리적 건강을 강조하는 새로운 치료적 분위기 덕분에 가속화되었다고 말했다. 미국이 작은 도시들이 모여 있는 땅에서 점점 대도시 국가로 변모하면서 개인들이 느끼는 자율성과 소외감의 증대도 이런 가치관의 변화에 일조했다. 광고업자들은 제품을 광고하는 방식을 바꿈으로써 이런 변화를 자본화했다. 그들은 제품 자체의 특징을 강조하기보다는 제품과 연관된 부수효과와 좀더 풍요롭고 윤택한 생활에 대한 약속을 더 많이 강조했다. 단순히 어떤 비누나 신발, 방취제의 품질이 좋다고 광고하는 것이 아니라 그 제품이 구매자의 심리와 신체, 사회적 행복에 얼마나 큰 기여를 하는지 광고한 것이다(Lears, 1983, 19쪽).

옷이나 향수, 방취제 등은 사랑을 매개하는 수단을 제공할 것이다. 알코올음료는 우정을 돈독히 해줄 것이다. 안전한 자동차 바퀴나 보험증권은 가족에 대한 책임을 충족시키는 수단을 제공할 것이다. 상품은 만족의 원천이며 자기표현의 중요한 수단이 될 것이다. 다음은 40세 남성이 자기가 소유한 값비싼 포르쉐 자동차와의 관계를 설명한 글이다.

> 때때로 나는 나 자신을 시험하곤 한다. 나는 낡은 구식 푸조 자동차가 한 대 있다. 나는 일주일 내내 그 차를 거의 쉬지 않고 몬다. 그래서 주행거리가 꽤 된다. 그러나 아름다운 여성 옆에 갈 때면 나는 언제나 안경 쓴 얼간이가 된다. 그때는 포르쉐 자동차를 몬다. 그 차는 굉음을 내며 빨리 움직인다. 언덕길도 시속 130킬로미터로 달린다. 노는 여자들 앞에 차를 세우면 (……) 그 여자들은 팅기는 표정으로 나를 본다. 그러면 나는 마치 먹이를 찾아 서성대는 수컷 고양이처럼 느껴진다. (……) 나트륨등 불빛이 붉은 와인색의 차체에 반사되고 차 안에서 황갈색 글러브 가죽 냄새가 나고 (……) 독일제 명품 오디오인 블라우풍트에서 더 셔를스의 노래가 머리를 쿵쿵 울릴 정도로 크게 흘러나오는 포르쉐 928을 몰고 야간에 선셋을 한 바퀴 도는 것보다 내 인생에서 더 멋진 일은 없다. 하지만 앞으로는 값비싼 자동차 때문에 나를 마흔 살 먹은 얼간이 작가가 아니라 아무 걱정 없는 부잣집 멋진 사내처럼 바라보는 여자들을 옆에 태우는 일은 결코 없을 것이다(Belk, 1988, 148쪽 인용).

19세기 말에 **마음의 치유**라고 알려진 일련의 종교운동이 등장했다. 1902년 윌리엄 제임스는 『종교적 경험의 다양성』*Varieties of Religious Experience*에서 마음의 치유운동에 주목했다. 하지만 그 용어는 그가 처음 쓴 것이 아니었다. 이런 운동들, 즉 신사상운동, 교회일치운동, 기독교과학운동, 신지학운동 등은 사람들이 단순히 의지와 신념에 따라 행동하기만 한다면 질병을 고치고 지상천국을 이룰 수 있다고 주장했다.

최근에 유행하는 복을 가져다주는
인형인 추추펫은 빌리켄 인형의 뒤
를 이어 인기를 독차지하고 있는데,
사람들의 걱정과 근심을 몰아내고
세상이 만인에게 풍족한 좋은 곳이
라는 확신을 심어주는 구실을 한다.

또한 윌리엄 리치가 표현한 것처럼(1993, 225쪽) "희망에 차 있고 낙관적
이며 밝은 면만 보고 환호와 자신감을 압축시켜놓았지만 인생의 비극적
전망은 전혀 볼 수 없었다." 마음의 치유를 신봉하는 어떤 사람이 말했
듯 거기에는 죄악도 사악함도 어둠도 없으며 오직 '햇볕 내리쬐는 건강'
만이 있을 뿐이었다.

  이 운동들은 구원을 얻는 것은 내세가 아니라 이 세상이라고 주장했
다. 마음의 치유는 종교적이든 법률적이든 죄라는 개념을 깨끗이 무시했
다. 신은 신성한 힘, 치유하는 힘이 되었다. 마음의 치유를 지지하는 사
람들은 미국인들이 의무와 자기부정의 생각을 떨쳐버려야 한다고 주장
했다. 20세기 초 어느 신봉자는 이렇게 말했다.

  인생을 최대한 활용하고 싶다면 당신은 행복하기 위해 태어났고 자신이
  그저 노동하는 기계가 아니라 행복을 추구하는 기계라고 인정하면 그
  만이다. 그렇게 될 때까지 과거를 잊고 미래를 생각하지 마라. 오직 현
  재에서 모든 가능성을 뽑아내라. 긍정적이고 창조적이며 행복한 생각을
  하라. 그러면 당신은 좋은 일들을 풍성하게 수확할 것이다(Leach, 1993,
  229쪽).

이런 신흥 종교들은 사람들에게 고통과 고난을 벗어난 지상천국이 바로 상품의 세계에 있다는 생각을 널리 퍼뜨렸다. 사람들은 이제 한 종교사가가 말한 것처럼 '상품' goods을 통해서 '선'good을 찾게 되었다.

대중문화도 마음의 치유 이데올로기를 확산시키는 데 이바지했다. 이를테면 L. 프랭크 바움의 『오즈의 마법사』를 그 예로 들 수 있다. 리치는 이것을 "아마도 마음의 치유와

포만감의 분위기가 충만한 빌리켄 인형

관련해 지금까지 나온 문학 가운데 가장 뛰어날 것이다"라고 했다. 그리고 가부좌한 부처상을 닮은 양성적 이미지의 빌리켄 인형은 '반드시 존재해야 하는 물건들의 신'을 상징했다. 이 인형은 장난감업계에서 유례를 찾아볼 수 없을 정도로 큰 성공을 거두었으며, 미국인들을 인형에 열광하게 만들었다. 빌리켄 인형은 사소한 골칫거리나 근심을 멀리 쫓아버린다고 알려져 있다. 한 신문은 그것을 이렇게 말했다. "포만감의 분위기가 빌리켄 인형에 충만하다. 그 인형을 보고 근심에 빠질 수 있는 사람은 없다."

빌리켄 인형의 인기는 정신적 가치의 변화가 일어났음을 알리는 신호였다. 이제 이 세상에서 자아실현을 추구하고 인간이 만든 상품에서 만족할 만한 요소를 찾는 것이 가능해졌다. 세상은 좋은 곳이었다. 어떤 괴로움도 없었다. 가난과 불의, 불평등은 오직 마음속에만 있었다. 모든 사람에게 부족함이 없는 세상인 것이다.

이런 변화는 미국에만 한정된 것이 아니었다. 다른 나라들에서도 똑같은 변화가 일어났는데 그 가운데서도 영국과 독일, 프랑스가 가장 두드러졌다(Carrier, 1995). 이제 전 세계가 바뀌고 있었다. 20세기 초 소비자 혁명은 그와 같은 변화의 첫 번째 현상은 아니지만 미국에서 가장 강렬하고 빠르게 일어났다.

따라서 리자베스 코언(2003)이 지적한 것처럼 1930년대 들어 소비자는

개인을 규정짓는 하나의 범주로서 '시민'을 대체했으며, 자아를 실현하고 바람직한 경제적 행위로서 지속적인 상품 소비를 찬양하는 정신적·지적 구조를 채택했다. 그것은 가난과 불의를 종식시킬 도덕적 명령이었다.

시간, 공간, 계급의 재구성

소비자가 만들어지는 것은 1930년에 끝나지 않았다. 그때부터 우리 사회, 특히 기업을 중시하는 미국의 기관들은 사람들의 본성이 끊임없이 상품 소비를 요구하는 세상에 사는 모래그림들을 새롭게 창조하는 데 점점 더 능숙해졌다. 소비 욕구는 시간을 재구성하고 삶의 공간을 재구축해서 소비를 장려하는 새로운 공간을 창조하고, 우리가 서로를 바라보는 방식을 바꿨다.

19세기 초부터 미국은 해마다 의미 있는 날을 경축하는 휴일을 지정했다. 대개가 종교적 성격이지만 일부는 세속적 성격의 경축일도 있었다. 예컨대 워싱턴 탄생일은 가장 중요한 경축일 가운데 하나였다(Schmidt, 1995, 47쪽 참조). 그러나 경축일은 대개 선물을 주고받거나 소비를 촉진하는 날이 아니었다. 실제로 사람들 대다수, 특히 상인들은 휴일과 축제가 오히려 일하는 데 방해만 된다고 보았다. 그래서 그들은 휴일 일수를 줄이려고 애썼다.

그러나 19세기 말 상인들은 휴일이 상업적으로 가능성이 있음을 깨닫기 시작했다. 1897년 상인들이 보는 잡지인 『드라이구즈 이코노미스트』*Dry Goods Economist*는 휴일을 '특별판매와 소비자의 마음을 사로잡는 상품 진열'의 기회로 생각하지 않고 '장사에 방해되는 것'으로 보는 사람들을 조롱했다. 그들은 오늘날 상인들이 장사에 도움이 되지 않는 '휴일은 절대 없다'는 것을 잘 알고 있다고 말했다. 따라서 리 에릭 슈미트는 "휴일은 경제발전을 억제하는 걸림돌이라기보다는 오히려 소비와 이익 증진을 위한 결정적 요소로 생각되었다"라고 말한다(Schmidt, 1995, 37쪽).

밸런타인데이가 좋은 예다. 14세기까지도 성 밸런타인은 '고난의 순교 앞에서도 흔들리지 않는 신앙심'을 보여준 사람으로 널리 알려져 있었다. 영국 시인 제프리 초서는 최초로 성 밸런타인을 연인들의 사랑과 결부시킨 사람으로서 시 「새들의 의회」에서 새들이 성 밸런타인 기념일에 서로의 짝을 골랐다고 썼다(Schmidt, 1995, 40~42쪽). 따라서 성 밸런타인은 연인들의 수호성인이 되었다. 스코틀랜드에서는 밸런타인데이에 젊은 여성들이 장래의 짝을 알아내려고 애쓴다. 하지만 상류층 젊은이들 사이에서는 그날이 낭만적인 시와 선물을 주고받는 날이 되었다. 특히 장갑을 선물하는 것이 유행이었다. 1840년대와 1850년대 미국에서는 카드를 교환하는 풍습이 널리 퍼졌다. 그러다가 19세기 후반에 이르러서는 **밸런타인**이라는 용어 자체의 의미가 바뀌었다. 한 사람의 연인이나 약혼자를 뜻하던 것에서 어떤 상품, 즉 다른 것들과 마찬가지로 소비될 수 있는 상업 제품과 연계된 의미로 바뀐 것이다. 19세기 말 백화점들은 밸런타인데이가 오면 연인들이 주고받을 카드와 장신구, 그 밖의 선물들로 매장 진열대를 가득 채웠다. 1910년에 조이스 C. 홀이라는 한 외판원은 밸런타인 카드를 특화한 우편엽서 사업을 시작해 그 유명한 홀마크 카드로 발전시켰다. 1990년대 홀마크 카드는 미국 축하카드 시장의 40퍼센트를 점유했다(Schmidt, 1995, 100쪽). 크리스마스 등 다른 경축일들이 곧바로 밸런타인데이처럼 대량소비를 견인하는 날이 된 것은 당연한 일이었다. 1920년대 초 어머니날을 위한 꽃은 경축일에 판매되는 최고의 선물로 확고하게 자리잡았다. 따라서 우리의 시간, 즉 경축일이 표시된 달력은 소비를 촉진하기 위한 것으로 재구성되었다.

소비자를 창출하고자 하는 욕구는 공간에 대한 개념도 재정립했다. 예컨대 주택 소유, 특히 단독주택을 소유하고 싶어하는 바람은 사람들을 도시 중심부에서 도시 바깥의 교외로 이끌어냈다. 따라서 도로도 새로 깔아야 하고 자동차도 더 늘어날 수밖에 없었다. 결국 대중교통은 쇠퇴하고 말았다. 상인들과 부동산 개발업자들은 이런 새로운 공동체에 내재된 다양한 가능성을 금방 눈치 챘다. 그들은 사람들이 끝없이 소비하고자 하는 욕구가 있다는 것을 알았다. 뉴욕의 대형 백화점 메이시스 이 사회 의장인 잭 이소도어 스트라우스는 "우리 경제는 지속적으로 성장하고 있다. 우리의 소비 능력이 끝없기 때문이다. 소비자들은 자신이 얼마나 많이 가졌는지와는 무관하게 끊임없이 소비한다. 오늘 사치품인 것이 내일은 일용품이 된다"라고 말했다(Cohen, 2003, 261쪽 인용). 그러나 교외 거주자들이 물건을 사러 도시 중심부로 나가기를 꺼린다는 것 역시 사실이었다. 이 문제를 푸는 방법은 시장을 사람들에게 가져가는 것이었다. 상인들과 부동산 개발업자들은 물건을 사고파는 공간을 도시 중심부에서 교외의 널따란 쇼핑센터와 상점가로 옮겼다. 소비자들이 물건 구매를 도심에서 교외의 쇼핑센터로 옮긴 것은 여러 가지 이유가 있지만 그 가운데 가장 중요한 이유는 편리성이었다. 접근하기 편리하고(쇼핑센터들은 언제나 고속도로가 새로 뚫린 지역 인근에 건설되었다) 주차하기 쉽고 상점 배치가 잘되어 있으며 상품을 편하게 구매하고 신용카드로 결제를 단순화하고 사고 싶은 상품을 쉽게 구할 수 있는 것이 매력이었다. 시장 전문가들은 소비자들이 쇼핑센터의 편의성과 '진취성'에 매료되었다고 결론지었다. 소비자들은 쇼핑센터가 오늘날의 소비방식이라는 부동산 개발업자들의 생각에 동의한 것처럼 보인다(Cohen, 2003, 268쪽).

그러나 이런 새로운 상품 구매의 편의성은 어느 정도 비용이 발생할 수밖에 없었다. 교외의 쇼핑센터는 도시 중심부와 달리 쇼핑센터의 소유주가 정치력을 발휘할 수 있는 사적 공간이었다. 또한 쇼핑센터는 자동차가 있는 사람들만이 쉽게 올 수 있기 때문에 사회계층의 밑바닥에 있는 사람들을 교외에서 몰아냈다. 게다가 쇼핑센터는 사회적 상호작용의 본질을 새롭게 정의했다. 다음은 지그문트 바우만이 쇼핑센터에 대해 언급한 내용이다.

사람들을 끊임없이 움직이고 돌아보게 하고 끝없이 관심을 끌어모으면서 계속해서 즐기고 놀 수 있게 하지만, 어떤 것 하나를 오랫동안 보지 못하게 구성되었다. 또한 쇼핑센터에서는 진열된 대상들 이외에는 어떤 것도 멈춰서 서로 바라보고 생각하고 고민하고 이야기를 나눌 수 없다. 상업적 가치가 없는 방식으로 시간을 허비하는 것을 허용하지 않기 위해서다. (……) 따라서 공적 영역이 제거된 영역은 기준을 따지거나 가치를 비교하거나 이해가 상충되어 협상할 수 있는 여지를 전혀 제공하지 않는다(Bauman, 1998, 25쪽).

기업의 마케팅 전문가들은 우리가 일상생활에서 물건을 사고파는 시간과 공간을 규정할 뿐 아니라 사람들의 범주도 새로 정의했다. 광고 초창기 시절인 1960년대까지 제조업자와 상인들은 새로운 제품을 내놓거나 형태를 바꾸어가며 지속적으로 소비자들의 수요를 자극하면서 자신들이 만든 제품과 서비스를 마구 팔았다. 그러나 1950년대에 새로운 마케팅 이론이 도입되면서 판매자들은 거대한 불특정 중산계층을 대상으로 상품과 서비스를 무차별 판매하는 것이 아니라 시장을 차별화하고 세분화해서 특정 집단별로 그들의 필요와 욕구에 호소하는 방식으로 바뀌기 시작했다.

소비자의 행동양식과 가치관을 심리학적으로 측정하는 사이코그래픽스라는 새로운 연구 분야가 등장하면서 소비자 분석은 매우 정교해졌다. 슈피겔 컴퍼니의 최고경영자는 이제 소비자에 대한 정보로 완전무장한 "마케팅 전문가들은 소비자들이 스스로에 대해 아는 것만큼, 어쩌면 그것보다 더 많이 그들을 잘 아는 친구"라고 큰소리를 칠 정도였다(Cohen, 2003, 299쪽). 특정 시장을 겨냥한 표적마케팅은 대상에 맞는 제품 전략을 짜기 위해 어린이와 소수자집단을 추려냈다. 마케팅 담당자들은 상품 자체보다는 소비자의 특정한 생활양식과 연계해서 제품을 파는 '라이프스타일 브랜딩' 전략을 구사했다. 광고 전문가들은 계층과 소득, 그다음에는 성과 나이에 따라 시장을 세분화했다. 그들은 소비자들을 정밀한 통계분석에 따라 범주를 나누었다. 그러고는 '냉혈 자산가집단', '소총과

픽업트럭 집단', '라틴계 미국인 혼성 거주집단'과 같은 브랜드를 붙여 각 집단별로 차별화된 직접 판매, 통신 판매, 인터넷 판매를 실시했다.

리자베스 코언(2003, 299쪽)은 "오늘날 마케팅 전문가들은 정교한 사이코그래픽스 기술을 이용해 대중에게 상품을 무조건 많이 팔기보다는 특정한 생활양식별로 소비자집단을 구분한 다음, 상품의 형태로 구현된 그들의 이상적인 라이프스타일을 팔기 시작했다"라고 말한다. 잡지는 아마도 시장 세분화를 가장 잘 보여주는 상품의 예일 것이다. 1930~1950년대를 풍미했던 잡지들(『라이프』, 『룩』, 『새터데이 이브닝 포스트』)과 오늘날 흔히 볼 수 있는 잡지 진열대를 살펴보고 그 변화에 주목하면 금방 알 것이다. 우리는 시장 세분화가 사회적·문화적 분열을 얼마나 조장하고 악화시켰는지 궁금할 수도 있다. 시장 세분화가 없었다면 그런 분열도 없었을 테고 사람들을 점점 더 고립시키지도 않았을 것이다.

코언(2003, 318쪽)이 지적한 것처럼, 마케팅과 광고 전문가들의 의도를 전형적으로 보여주는 시장 세분화는 바로 나이에 따라 시장을 세분화하는 것이었다. 맨 먼저가 10대 청소년을 대상으로 하는 시장이고 그다음이 어린이 대상의 시장이었는데, 그들은 정부와 학교, 그 외 기관들의 도움을 받아 어린이 시절 자체를 새롭게 정의했다.

미국의 어린이 문화: 소비자로서의 어린이

자본주의에서 어린이의 역할

인류학은 어린이가 다른 문화요소들과 마찬가지로 사회적으로 창조된 것임을 가르쳐준다. 따라서 어린이와 그것을 정의하는 방식은 사회마다, 또 시대마다 다르다. 19세기 미국의 어린이는 오늘날과는 매우 달랐다. 19세기 이전에 자본주의 경제에서 어린이의 주요 역할은 노동자로서의 역할이었다(Leach, 1977, 14~16쪽). 정도의 차이는 있을지언정 어린이를 고용하지 않은 기업이 거의 없었다. 어느 집이든 아이들은 농장이나 공장에서 일을 해서 경제적으로 가정에 도움을 주어야 했다. 그러나 20세기 들어 미국에서 이런 현상이 바뀌기 시작했다. 수십 년 동안 아동노동을 제한하기 위해 진행된 사회운동은 마침내 주정부와 연방정부가 아동노동을 불법으로 규정하는 법안을 승인하는 결실을 맺었다. 이로써 어린이를 노동자에서 소비자로 전환하는 발판이 마련되었다. 이는 그런 사회운동을 이끈 개혁가들이 의도한 것은 아니었지만, 어린이들은 과거 노동자였을 때보다 지금 소비자로서 국가경제에 훨씬 더 도움이 되고 있다.

상인들이 어린이를 구별된 소비자집단으로 대상화하기 시작한 것은 20세기 초였다. 1890년까지만 해도 어린이를 대상으로 하는 시장이 돈이 된다고 생각하는 사람은 없었다. 어린이는 그저 부모가 만들어준 음식을 먹고 옷을 입고 놀았을 뿐이다. 당시에 독일은 세계에서 가장 큰 어린이 장난감 제작국이었지만, 미국에는 어린이 옷을 생산하는 공장이 거의 없었다. 유아나 어린이용 식품을 파는 시장도 없었다. 그러나 1915년에 아기 옷을 생산하는 산업은 뉴욕 주 한 곳에만 공장이 일흔다섯 군데나 있을 정도로 미국에서 가장 큰 산업 가운데 하나였다. 1905~1920년 장난감 생산은 1,300퍼센트가 증가했다. 1차 세계대전으로 독일의 장난감 공장이 모두 파괴되었기 때문이기도 하지만, 태엽으로 감으면 춤추고 팔짝 뛰는 앨라배마 쿤 지거 같은 인종차별 성향의 흑인 인형이 전 세계적으로 선풍을 불러일으키면서 미국에서 장난감산업이 새롭게 발전했기 때문이기도 하다. 그러나 무엇보다 중요한 점은 상인들이 어린이용 상품이 돈이 된다는 것을 이해하기 시작했다는 사실이다.

또한 상인들은 심리학자들이 찾아낸 '어린이들'의 상품과 장난감에 대한 '자연적 욕구'에 주목하기 시작했다. 그들은 "엄마가 아이들에게 보이는 모든 관심은 결국 엄마를 상점으로 이끈다"라는 심리학자들의 조언을 따랐다. 또한 아이들을 소비자로 양성한다면 "아이 때처럼 평생 소비자가 될 것이다"라는 심리학자들의 소견을 마음에 새겼다. 산타클로스는 장난감을 팔기 위한 중요한 수단 가운데 하나가 되었다. 산타클로스의 상품화는 1920년대에 절정을 이루었다.

또한 아동심리학과 가정학을 연구하는 학자들은 부모들에게 아이들이 운동하거나 기분을 풀기 위해서는 장난감이 필요하다고 조언했다. 그들은 아이들이 자기만의 놀이공간이 있어야 한다고 말했다. 부모에게 장난감의 교육적 가치에 대해 조언한 전문가들은 다시 백화점에 가서 강연했다. 이렇게 어린이가 소비자로서 새롭게 강조되면서 1926년 미국은 세계에서 가장 큰 장난감과 놀이기구의 생산자가 되었다. 뒤뜰에서, 캠핑 장소에서, 해변에서 가지고 놀 장난감들이 생산되었고 "모든 아이가 자기 개성을 살리기 위해 꼭 필요한 작은 개인 놀이공간"을 위한 장난감들도 시장에 나왔다. 그런 전문가들은 놀이를 "아이들의 일이다. 장난감은 아이들이 일하는 데 쓰이는 도구다"(Leach, 1993, 328쪽)라고 주장했다.

연방정부는 어린이를 새로 정의하는 데 중요한 역할을 했다. 1929년 허버트 후버는 백악관에서 열린 아동 건강과 보호와 관련한 회의를 후원했다. 이 회의의 결과보고서인 『가정과 어린이』는 어린이들이 저마다 자기 고유의 관심사를 가지고 있는 독립적인 존재라고 결론지었다. 보고서는 어린이를 다음과 같이 묘사한다.

> 대개 가정에서 어린이는 어떤 가구나 설비들을 살지 고민할 때 따돌림을 당하기 일쑤다. 어린이를 고려한 공간은 어디에도 없다. 다만 어린이는 어른들의 환경에 순응해야 한다. 의자와 탁자는 아이들에게 너무 크고 높다. 아이들이 책을 읽고 장난감을 갖고 놀기에 적합한 곳은 어디에도 없다. 아이들의 욕구를 전혀 배려하지 않는 세상에서 아이들은 움직인다. 그 결과, 대개 아이들의 신체와 정신, 사회적 발달은 지체되기 마련이다(White House, 1931).

이 보고서는 부모들에게 자녀들의 나이와 키에 알맞은 '가구와 식기'

를 사주라고 조언했다. 더 나아가 실내에 놀이공간을 마련하고 뒤뜰에 "장난감, 세발자전거, 톱질할 때 받치는 나무토막, 수레, 외바퀴 손수레, 미끄럼틀, 애완동물을 키울 장소"도 마련해주라고 충고했다. 또한 보고서는 "일반적으로 개인 침실을 만들어주는 것이 바람직하다"라고 주장했다. 아이들은 "점점 나이가 들고 더욱 사회적인 존재가 되면서 친구들과 함께 즐기는 놀이와 장난감을 원한다"라고 했다. 가정에서 구성원들이 공동으로 쓸 '가구나 악기'를 구입할 때 아이들의 의견을 듣는 것이 중요하므로 아이들 '물건'을 사러 갈 때는 본인을 가게에 데려가서 "스스로 자기 물건을 고르도록 하라"고 권했다.

> 아이들은 그런 경험을 통해 개성을 계발한다. (……) [이런] 경험은 아이들에게 소유에 대한 개인과 가족의 자긍심을 불러일으켜서 마침내 **개인의 특성은 자신이 소유한 물건을 통해 표현될 수 있다고 가르치는** 결과를 초래한다(White House, 1931[강조는 인용자]; Leach, 1993, 371~372쪽도 참조).

따라서 약 30년 동안 미국인의 삶에서 어린이의 역할은 매우 극적으로 바뀌었다. 그들은 소비자 경제를 떠받치는 기둥이 되었고 지금까지도 성인의 경제력과 비견될 정도의 영향력을 발휘한다. 어린이는 광고의 주요 대상이 되었다. 한 마케팅 전문가는 『월스트리트 저널』에서 이렇게 말했다. "두 살짜리 아이들의 옷도 상표가 중요하며 여섯 살 어린이면 충분히 소비자라고 부를 만하다."(Durning, 1992, 120쪽) 마케팅 연구자들은 2~14세의 어린이들이 부모의 소비에 직접 영향을 끼치는 금액이 1,880억 달러에 이르고 간접적으로 영향을 끼치는 금액은 3,000억 달러에 이르는데, 그들 자신이 소비하는 금액도 250억 달러나 된다고 추정한다. 10대 청소년들의 소비만 놓고 보더라도 1994년 630억 달러에서 1998년 940억 달러, 2003년 1,750억 달러, 2007년 2,000억 달러 이상으로 껑충 뛰었다

(Market Research Portal, 2006; McNeal, 1999; Zollo, 1999).

인류학자와 심리학자를 포함한 광고나 마케팅 전문가들은 어린이를 대상으로 하는 모든 선전활동을 자문하는데, 대개는 그들이 전달하는 광고메시지 때문에 비난받기 일쑤다. 그러나 일부 광고 담당 임원들은 자신들이 추구하는 목적에 대해 매우 솔직하게 말한다. "감수성이 강한 청소년들에게 어떤 영향을 줄지에 대해 걱정하는 사람은 아무도 없어요. 난 그저 사람들이 필요하지도 않은 물건을 사고 싶어하게 하는 일만 하고 있을 뿐이죠."(『비즈니스 위크』, 1997년 8월 11일자, 35쪽) 광고 전문가들은 '내그 팩터'nag factor(아이들이 떼쓰는 것 때문에 부모들이 물건을 사는 현상―옮긴이) 등을 연구하면서 부모가 패스트푸드 음식점이나 비디오가게, 아이들 옷가게에 가는 이유 가운데 3분의 1 정도가 아이들이 떼를 써서 어쩔 수 없이 간다고 설명한다(Ruskin, 1999). 광고 전문가들은 노골적으로 아이들의 욕구를 부추기고 그들이 남들에게 '뒤처질까 봐' 두려워하는 마음을 이용한다. 한 광고회사의 사장은 이렇게 말했다. "아이들은 매우 예민하죠. 아이들에게 무엇을 그냥 사라고 하면 오히려 거부해요. 하지만 그것을 사지 않으면 다른 애들한테 따돌림을 당할 거라고 말하면 그때는 관심을 보이죠. 감성적으로 약한 부분을 건드리세요. 아이들은 감성이 가장 약해서 그렇게 하면 아이들을 다루기가 정말 쉽지요."(Harris, 1989)

전문학교와 대학들이 새로운 교과과정과 학술 프로그램으로 사람들의 소비를 조장하는 일에 적극 참여한 것처럼 초등학교와 중학교들도 기업이 아이들에게 접근하는 길을 열어주었다. 채널원은 마케팅 전문회사로 1만 2,000개 학교의 800만 명에 이르는 학생에게 날마다 10분씩 텔레비전 뉴스를 제공하는데 학생들은 그사이에 2분 동안 광고방송을 시청해야 한다. 채널원의 전임 사장이었던 조엘 배빗은 "이 광고의 가장 큰 장점은 아이들에게 강제로 2분 동안 광고를 보게" 하는 것이라고 말한다. 배빗은 또 이렇게 말했다(Ruskin, 1999 인용).

아이들은 그 방송을 하는 동안에는 화장실에도 못 가고 자리를 바꿀 수도 없고 엄마가 소리치는 것에도 귀 기울일 수 없고 닌텐도 게임을 할 수도 없고 헤드셋을 쓸 수도 없어요.

사회가 만들어낸 어린이

20세기 초반 소매업계, 특히 신설 백화점들은 어린이 세계를 새롭게 구성하는 데 앞장섰다. 백화점들은 어린이 대상의 자체 라디오 프로그램을 공들여 제작해서 방송했다. 1920년대 말 세계에서 가장 큰 장난감 백화점이던 메이시스는 어린이 대상 단막극을 임시 공연장이나 백화점 행사장 같은 곳에서 공연했다. 당시 백화점에서 가장 인기 있었던 공연은 〈오즈의 마법사〉였다. 〈오즈의 마법사〉가 시카고의 필즈 백화점에서 공연되었을 때 어린이들은 '에메랄드 시티'를 더 잘 감상하기 위해 옅은 녹색 안경을 썼다.

금세기 들어 어린이의 재구성을 가장 상징적으로 보여주는 행사는 크리스마스다. 크리스마스는 1840년대 미국에서 선물을 주는 날이 되었다. 1870년대 소매업체들은 크리스마스 행사를 상품을 파는 하나의 수단으로 이용했다. 당시 사람들은 이미 크리스마스가 지나치게 상업화되었다고 비난하기 시작했다(Carrier, 1995, 189쪽). 그러나 소매업체들이 크리스마스를 특별히 아이들의 마음을 사로잡는 호화로운 구경거리로 바꾼 것은 20세기 초에 이르러서였다. 1920년대 중반 미국의 도시 대부분은 크리스마스 때가 되면 '라디오'에서 산타클로스 관련 방송이 흘러나왔다. 뉴욕의 짐벨스 백화점은 산타클로스에게 부친 수천 통의 편지를 받았다. 백화점 직원들은 편지 한 통 한 통마다 세심하게 답장을 썼다. 편지를 보낸 아이들의 이름은 나중에 활용하기 위해 신중하게 색인 작업을 거쳤다(Leach, 1993, 330쪽). 1924년 메이시스 백화점은 처음으로 추수감사절 축하 행진을 시도했다. 145번가에서 출발해 서쪽으로 34번가까지 행진이 끝나면 34번가 메이시스 백화점 건물의 커다란 차양 위에서 산타클로스가 밑에 있는 군중에게 손을 흔들며 등장하면서 절정에 달하는 행사였다.

추수감사절은 선물을 사는 크리스마스 시즌의 시작을 알렸다. 미국인들은 크리스마스 선물을 사는 데 소득의 4퍼센트를 쓰며 백화점은 한 해 동안 판매하는 전체 장난감의 40퍼센트와 사탕, 화장품, 세면도구, 문구류, 성탄엽서, 책의 25퍼센트를 크리스마스 시즌에 판다(1990년대 초 미국인들은 크리스마스카드를 사는 데 약 370억 달러를 썼는데, 이것은 당시 전 세계 45개 나라의 국민총생산을 합한 것보다 더 큰 금액이었다[Restad, 1995, 160쪽 참조]. 2006년에도 미국인들은 크리스마스를 포함해서 '겨울 휴가철' 동안 1인당 700달러, 총 4,574억 달러가 넘는 돈을 썼다[Roysdon, 2006]). 정부도 크리스마스 시즌을 집중적으로 선물을 구매하는 시기로 만드는 데 한몫했다. 오하이오의 페더레이티드 백화점 사장이 된 프레드 래저러스 2세는 1939년에 당시 대통령이었던 프랭클린 루스벨트를 설득해 추수감사절을 11월 30일에서 11월 23일로 앞당김으로써 선물 구매 시기를 크리스마스 시즌까지 한 주 더 늘렸다. 그리고 1941년 연방의회는 그것을 공식적으로 승인했다. 따라서 추수감사절은 11월 마지막 주 목요일에서 넷째 주 목요일로 바뀌었고 결국 아무리 늦어도 11월 28일을 넘기지 않게 되어 흥청망청 선물을 사고팔 수 있는 기간이 적어도 4주는 보장된 셈이었다(Restad, 1995, 162쪽).

산타클로스는 자본주의 문화의 안 좋은 특징들을 사회 구성원들, 특히 아이들이 알지 못하도록 현혹하며 감추는 매우 정교한 방식 가운데 하나다. 산타클로스 이야기는 소비자와 자본가, 노동자들의 이상화된 세계를 상징했다. 산타의 작업장에서 일하는(북극에는 어떤 공장도 없고 중국의 조립공장도 분명 없다) 행복한 꼬마요정들이 선물용 상품들(크리스마스 장난감들)을 만들면 장식 달린 모피 옷을 입은 뚱뚱한 할아버지가 그것을 가지고 가서 착한 아이들에게 나누어주었다. 오늘날의 산타클로스 모습은 1862년 정치 풍자 만화가인 토머스 내스트가 그린 것인데, 그가 모델로 삼은 산타클로스 복장이 당시 부자 집안인 애스터 가에서 입었던 장식 달린 모피 옷이었다는 사실은 역설이 아닐 수 없다(Carrier, 1995, 189쪽).

또한 내스트는 산타의 작업장도 새롭게 창조했는데 그것은 아마도 본격적으로 공장이 등장하기 이전의 생산에 대한 향수에서 탄생한 것인지도 모른다. 1870년대 초 저술가들은 이상화된 크리스마스와 장난감 생산의 역설을 인정했다. 1873년 한 잡지는 산타의 꼬마요정들이 어느 신비한 작업장에서 갖가지 인형, 장난감 보트, 팽이, 장난감 병정을 만드는 장면을 논평하면서 공장에서 일주일에 6일씩 일하는 가난한 노동자들의 현실과 비교했다(Restad, 1995, 149쪽). 윌리엄 웨이츠는 『오늘날 미국의 크리스마스』The Modern Christmas in America(1992)에서 산타클로스의 가장 중요한 역할은 공장제 산업이 뒤집어쓴 오명을 제거하여 크리스마스 선물을 깨끗하게 '정화하는' 것이라고 주장했다(Waits, 1992, 25쪽).

물론 어린이가 지닌 의미를 변환시키는 데 중요한 구실을 한 요소들이 여러 가지가 있다. 하지만 그런 요소들을 확인하기 위해서는 L. 프랭크 바움과 그의 에메랄드 시티에 관한 이야기에서 시작해 마침내 월트 디즈니월드로 정점에 이르기까지 이런 변환의 궤적을 따라가는 것보다 더 좋은 방법은 없다.

어린이의 전유, 1부: 바움의 에메랄드 시티   1900년 이전에 나온 동화는 오늘날의 동화와 매우 달랐다. 가장 대표적인 것이 야코프와 빌헬름 그림의 동화들이다. 그림 형제는 대개가 식인 풍습이나 근친상간, 살인과 같은 매우 끔찍하고 기괴한 줄거리로 구성된 전통적인 유럽의 민간설화를 어린이들을 사회화하는 도구로 활용하기 위해 고쳐 썼다. 고쳐 쓴 동화들은 도덕적 교훈을 담은 이야기들이었다. 그러나 19세기에 종교기관, 정부, 경제기관들이 그랬던 것처럼 이런 동화들은 소비를 촉진하기 위해 필요한 정신적 풍토를 만들어낼 힘이 없었다. 따라서 이제 세상이 그림 동화에 담긴 어둠을 깨끗이 몰아내고 희망이 가득 찬 행복한 곳으로 바뀌었다는 것을 나타내는 새로운 이야기들이 등장할 필요가 있었다. 이렇게 어린이 세계를 새롭게 재구성한 선두주자가 바로 바움이었다.

바움은 뉴욕 주의 부유한 가문 출신으로 1880년대 말에 아내인 모드 게이지(그녀의 어머니는 마틸다 조슬린 게이지로 19세기의 유명한 여권운동 지도자였다)와 사우스다코타 주의 애버딘으로 이사했다. 그는 거기서 대형 소매상점(바움 상점)을 열었다. 1891년 애버딘에 경제불황이 몰아닥치면서 바움은 파산했다. 그는 가족과 함께 시카고로 집을 옮기고 자신을 단번에 유명하게 만들어준 동화들을 쓰기 시작했다. 또한 바움은 매장의 상품 진열에도 조예가 깊어서 시카고 대형 백화점들의 상품 진열을 자문하는 일을 했다.

바움은 연극을 매우 좋아했다. 그래서 그는 상품의 장점을 가장 잘 보여줄 수 있도록 쇼윈도를 장식하는 일을 연극 연출에 응용하는 데 관심을 가졌다. 바움에게 상품의 품질은 중요하지 않았다. 중요한 것은 상품이 소비자에게 어떻게 보이느냐 하는 것으로 그것이 바로 상품의 '판매력'이었다. 그는 곧바로 전국 쇼윈도 장식가 협회를 창립하고 관련 전문가를 육성하기 위한 교재를 개발했다. 나중에는 쇼윈도 장식을 전문으로 다루는 기관지 『쇼윈도』도 창간했다(1920년대에 『디스플레이 월드』로 제호가 바뀌었고 오늘날에는 『비주얼 머천다이징』*Visual Merchandising*이라는 이름으로 남아 있다). 바움은 쇼윈도 장식이 "상품을 보는 사람에게 그것을 갖고 싶다는 욕망을 불러일으킬 수 있도록 최고의 기술을 이용"하는 것이라고 주장했다(Leach, 1993, 60쪽).

바움이 개인적으로 생각하고 있었던 것은 19세기 말과 20세기 초의 다양한 마음치유운동들과 비견될 수 있다. 1890년 그는 『애버딘 새터데이 파이어니어』*Aberdeen Saturday Pioneer*에 "사람들은 도덕적으로 죄를 짓지 않았으며 따라서 죄의식을 느낄 필요가 없다"고 썼다. 또한 "인생에서 좋은 물건들은 쓰라고 있는 것이다"라고 말했다. 바움의 주장에 따르면 '만일의 경우'를 대비해 저축하는 것은 맞는 얘기지만 그렇다고 자신의 안락을 포기하면서까지 저축할 일은 아니었다. 그는 이렇게 물었다.

> 최후 심판의 날이 다가왔을 때 과연 누가 승자가 될 것인가? "나는 잘 살았다!"라고 말할 수 있는 사람일까? 아니면 "나는 돈을 잘 모았다!"라고 말할 수 있는 사람일까? (……) 딱딱한 나무 열매에서 속에 든 맛있는 과육을 꺼내 먹는 것이 지혜의 요체다. 따라서 "먹고 마시고 결혼하라. 내일 당신은 죽는다."(Leach, 1993, 247쪽 인용)

바움의 책은 상품과 기계 발명품 그리고 과일과 케이크, 과자 같은 먹을 것들이 가득한 풍경, 즉 세상이 좋은 곳이라고 독자들을 확신시키기 위한 모든 것으로 꽉 차 있다. 윌리엄 리치는 그것들이 의미하는 것은 모두 긍정적인 미국식 우화들이라고 말했다. 실제로 바움의 뚜렷한 목표는 아동문학을 완벽하게 바꾸는 것이었다. 다음은 그가 쓴 『오즈의 마법사』 초판의 서문이다.

> 마귀, 난쟁이, 요정과 같은 틀에 박힌 이야기들과 아이들에게 도덕적 교훈을 주기 위해 창작해낸 끔찍하고 잔혹한 사건들이 제거된 새롭고 '경이로운 이야기들'이 등장할 시기가 도래했다. (……) 『오즈의 마법사』는 오늘날의 아이들에게 오직 기쁨을 주기 위해 쓰인 책이다. 경이로움과 즐거움만 남고 고통과 악몽은 사라진 현대화된 우화가 되기를 간절히 바란다(Leach, 1993, 251쪽).

『오즈의 마법사』는 사람들이 저도 모르게 사실이라고 믿게 만드는 환상과 마법을 창조할 줄 아는 우리의 능력에 대한 찬사라고 할 수 있다. 바움의 이야기에서 마법사는 어떤 특별한 능력도 없는 허풍선이가 '보통 사람'으로 나온다. 그러나 그는 다른 사람들이 자신들이 원하는 일을 하도록 하고 믿을 수 없는 일을 믿게 만드는 힘이 있다. 그는 사기꾼이기도 하다. 심지어 사람들은 마법사가 기구를 타고 오즈 대륙을 빠져나와 "우리를 위해 아름다운 에메랄드 시티를 세운" 사람이라고 기억하며 그를 받들었다. 윌리엄 리치는 바움이 한 명의 친절한 사기꾼, 즉 소비사회의 자본가 유형을 창조했다고 말했다. 『오즈의 마법사』는 소비를 통한 자아실현의 꿈이 합리화되고 소비가 끼치는 어떤 부정적 영향도 사라진 어린이 세계를 귀감으로 삼는 새로운 영적·윤리적 사회 분위기를 묘사했다. 요컨대 바움의 작품은 자본주의를 상징하는 모래그림들 가운데 하나, 즉 인생의 목표가 소비인 세계를 아이들을 통해 나타낸 것에 불과하다.

그러나 사람들이 물건을 사도록 조장하는 사회 분위기를 창조하는 능력에서 바움만큼이나 정교하고 뛰어난 거장이 있었으니 그가 바로 월트 디즈니였다.

어린이의 전유, 2부: 월트 디즈니와 디즈니월드의 창조　　아이들을 소비자로 전환시키기 위해 창조해낸 어린이 세계가 언제부터 어른들을 부추기기 시작했는지는 잘 모른다. 어쩌면 광고에서 '청춘 남녀'를 찬미하며 10대를 어린이까지 포함하는 연령 계층으로 확대한 것이 바로 이런 현상을 설명하는 단서가 될지도 모르겠다. 어쨌든 모든 연령층을 대상으로 소비를 적극 권장하고 자본주의를 합리화하는 수단으로 어린이를 전유하는 현상은 월트 디즈니월드의 창조로 절정에 달했다. 디즈니를 비롯한 주요 미국 기업들은 셜리 스타인버그와 조지프 킨첼로(Kincheloe, 1997 참조)가 **어린이문화**kinderculture라고 부르는 것을 창조했는데, 그것은 아이들과 마찬가지로 어른들의 소비도 부추기는 쾌락적 사회 분위기를 널리 확산시켰다.

월트 디즈니월드는 자본주의 문화를 궁극적으로 표현하는 모래그림이다. 한 명의 주술사가 화려한 색깔의 모래와 곡식 낟알을 이용해 단 한 사람이 들어갈 만한 크기의 모래그림을 그리는 반면에 기업은 수백만 톤의 콘크리트와 목재, 플라스틱, 유리를 이용해 천진난만한 기대를 조장하고 사람들이 '현실 세계'를 떠나 디즈니의 손안에 스스로 들어가도록 권장하는(실제로는 강요하는) '어린이의 고향'이라는 모형 세계를 창조해냈다. 다음은 스테판 펠만(1992, 13쪽)의 경고다.

> 이런 손들은 주시할 필요가 있다. 그들이 만들어낸 물건의 형태 안에 위험이 도사리고 있기 때문이다. 단순히 우리 행동이 어떤 보상을 바라고 그것에 구속되기 때문에 위험하다는 것이 아니다. 중요한 것은 우리 생각이 구속된다는 사실이다. 우리 생각은 디즈니 자체를 위해서뿐만 아니라 디즈니와 동맹을 맺고 있는 대기업들, 그들이 유지하는 권력체제 그리고 그들의 생명에 흐르는 피와 같은 상품 세계를 위해 모든 방향이 맞춰진다.

펠만은 우리가 즐겁게 놀고 즐기는 것의 너머를 본다면 주변 환경이 모두 통제되어 있으며, 이런 모형 세계에서 작동하는 질서가 파시스트 국가의 질서와 비견될 만한 것이라는 사실을 알 수 있다고 강조한다. 그리고 그 통제는 실존한다. 디즈니 사는 월트 디즈니월드를 창조하면서 은밀하게 (맨해튼 면적의 2배에 해당하는) 플로리다 중부지방의 부동산 약 104제곱킬로미터를 사들였다. 그리고 플로리다 주정부는 디즈니 사에 그 땅에 대한 거의 절대적인 지배권을 주었다. 디즈니월드는 그 세계를 다스리는 자체 정부가 있다. 스스로 규칙을 정하고 사람들에게 전달되는 메시지를 통제한다. 그렇다면 디즈니월드라는 모래그림이 전하고자 하는 메시지는 무엇인가? 이 질문에 대답하기 위해 디즈니월드의 두 가지 측면을 살펴보겠다. 다시 말해 디즈니월드가 미국의 역사를 어떻게 그리며, 진보와 미래를 어떻게 설명하는지를 알아보는 것이다.

마이크 월리스(1985)가 디스토리district(디즈니의 이야기라는 의미―옮긴이)라고 부른 역사는 월트 디즈니월드의 어디를 가든지 있다. 그곳은 어린 시절처럼 우리에게 디즈니의 메시지를 일방적으로 전달한다. 물론 그 역사는 고도로 이상화되어 있다. 디즈니월드에서 토머스 제퍼슨이나 데이비드 크로켓, 벤저민 프랭클린, 마크 트웨인 같은 역사적 인물들은 디즈니의 대변인에 불과하다. 디즈니는 그들의 권위를 자신의 메시지를 전달하기 위한 수단으로 이용한다. 대개 가장 많이 인용되는 에이브러햄 링컨의 연설 일부는 로봇이 읽어준다. 디즈니가 예언자적 몽상가의 모델로 삼는 레오나르도 다빈치는 어디든 존재한다. 디즈니월드에서는 자본주의의 역사를 아무런 흠이 없는 것처럼 보여주려고 의도적으로 애쓴다. 디즈니월드의 설계자들은 자신들의 의도를 감추려고 하지도, 미안해하지도 않는다. 디즈니월드를 대변하는 한 사람은 이렇게 설명한다. "우리는 실제로 현실에 등장한 역사가 아니라 우리가 이상으로 꿈꾸는 역사를 말하고 있어요."(Fjellman, 1992, 31쪽) 디즈니월드의 또 다른 '기획자'(설계자의 또 다른 명칭)는 '디즈니식 사실주의'를 "부정적이고 바람직하지 않은 요소들을 모두 빼고 긍정적인 요소들로만 구성한 일종의 이상적 세계"라고 설명한다(Wallace, 1985, 35쪽 인용).

디즈니월드와 캘리포니아에 최초로 세운 디즈니랜드의 중앙은 메인 스트리트다. 그곳은 새로운 세기의 도래와 더불어 당연히 바뀌어야 할 새로운 삶이 꿈틀거리는 고도로 이상화된 소비자 천국이다. 실제 크기의 8분의 5로 축소 제작된 모형 거리인데, 거리와 광장은 상점과 선술집이 꽉 들어차 있다. 그곳의 사람들은 그들이 무엇을 파는지에 따라 정의된다. 메인 스트리트는 계급이나 범죄, 갈등이 없는 상상 속의 과거에 대한 향수, 즉 끊임없는 소비의 시대, '즐거운 슈퍼마켓'을 지속적으로 그려낸다.

한편으로 디즈니월드는 1890년대 L. 프랭크 바움이 기획한 쇼윈도의 상품 진열을 확대한 것이다. 또 다른 한편으로는 오늘날 쇼핑몰의 명백한 모델이 아닐 수 없다. 도시계획가 제임스 라우스는 디즈니의 메인 스트리트를 기반으로(Wallace, 1985, 42쪽; Kowinski, 1985도 참조) 수많은 도시 설계와 역사적인 쇼핑몰들(보스턴의 퍼네일 홀, 볼티모어의 하버플레이스, 뉴욕의 사우스 스트리트 시포트)을 기획했다.

디즈니월드는 방문객들이 마법의 왕국 안에 있는 대통령 기념관에서 29분이면 미국의 역사를 모두 훑어볼 수 있게 만들어놓았다. 디즈니는 어떤 의미에서 미국의 역사가 그다지 완벽하지 않다는 것을 인정한다. 어쨌든 디즈니월드를 찾아오는 보통의 성인 방문객은 교육 수준이 높은 사람들로 미국이 과거에 저지른 역사적 불의에 대해 모르고 있을 리가 없다. 따라서 디즈니월드는 프레더릭 더글러스가 흑인 노예들을 억압하는 것에 반대하는 연설을 하고, 인디언 추장 조지프가 아메리카 원주민을 대표하고, 수전 B. 앤서니가 여성문제를 제기하고, 존 뮤어가 방문객들에게 발전이 대개 환경을 파괴한 대가로 얻어진다는 사실을 일깨워주는 장면을 연출한다. 그러나 그것들을 하나하나 깊이 파고들어가면 사실은 인종주의와 남녀차별, 환경파괴문제를 교묘하게 제거한 고도로 조작된 상징들이다. '디스토리, 즉 디즈니의 이야기'에서 이런 인물들은 우리가 사회구조 속에서 끊임없이 제기되는 문제들을 떠올리지 못하게 한다. 그 문제들은 오히려 장벽을 뛰어넘을 기회로 제시된다. 이것이 비록 명백한 거짓은 아닐지라도 저급한 역사인 것만은 부정할 수 없다.

예컨대 디즈니는 미국 역사에서 아메리카 원주민에 대해 다루면서 조지프 추장과 네즈퍼스족의 이야기를 자기 입맛에 맞게 바꾸었다. 1877년 미국 정부는 이전에 네즈퍼스족이 거주하는 땅을 보장해주기로 맺었던 협정을 일방적으로 고쳐 그들을 워싱턴의 왈라왈라 계곡에 있는 좁은 면적의 인디언 보호구역으로 이주시키려고 했다. 추장 조지프와 전쟁지휘관 루킹 글래스(거울)가 이끄는 네즈퍼스족의 한 무리는 미국 정부의 강제조치를 거부했다. 그때 일부 젊은 전사들이 인디언들에게 불량 위스키를 판 혐의가 있는 백인 상인을 죽이는 일이 발생하자 그들 무리는 그 지역을 떠나 동쪽으로 방향을 잡아 아이다호, 와이오밍, 몬태나를 거쳐 캐나다로 가려고 했다. 그러자 올리버 O. 하워드 장군이 지휘하는 추격대가 그들을 뒤쫓았다. 조지프가 이끄는 무리는 추격대와 맞붙을 때마다 그들을 무찌르거나 그들의 허를 찔렀다. 인디언 전쟁사에 길이 남을 가장 치열하고 영웅적인 혈투 가운데 하나는 마침내 조지프와 그가 이끄는 무리의 생존자들을 도중에서 사로잡기 위해 파견된 3개 군사령부 가운데 한 사령부가 포위함으로써 막을 내렸다. 조지프는 1877년 10월 5일 심한 눈보라가 치는 날씨 속에서 캐나다 국경을 불과 60킬로미터가량 남겨둔 곳에서 미군 지휘관들을 만나 항복했다. 미국 역사에서 가장 유명한 연설 가운데 하나가 될 그의 항복 연설을 한 미군 중위가 받아썼다. 오늘날 월트 디즈니월드에 가면 추장 조지프의 모습을 한 로봇이 그의 연설을 되풀이해 말하는 모습을 볼 수 있다. 거기서 들을 수 있는 연설 내용은 다음과 같다(Fjellman, 1992, 104쪽 인용).

당신들 말은 들을 만큼 충분히 들었습니다.

당신들의 새로운 새벽을 위해 우리 부족은 고통스러운 마지막 일몰을 맞이해야 합니다.

우리의 처지를 생각하면 가슴이 찢어질 듯 아픕니다.

우리 부족이 무법자 취급을 받거나 동물처럼 총에 맞아 쓰러지는 모습을 보았습니다.

우리를 둘러싼 하나의 나라, 모두를 위한 하나의 정부와 더불어 우리 모두가 형제가 되기를 기원합니다.

지금 이 순간 태양이 머문 자리에서 나는 이제 영원히 싸우지 않을 것입니다.

그러나 유명한 마지막 줄을 빼고 나머지는 추장 조지프가 한 말이 아니었다. 1877년 그날에 기록된 진짜 연설 내용은 다음과 같다(Beal, 1963, 229쪽 인용).

하워드 장군에게 내가 그의 마음을 안다고 전하시오. 그가 전에 내게 말한 것을 기억하고 있습니다. 나는 싸움에 지쳤습니다. 많은 우리 지도자들이 죽었습니다. 루킹 글래스도 죽었습니다. 노인들은 모두 죽었습니다. 가부를 결정하는 사람은 젊은이들입니다. 그 젊은이들을 이끌었던 사람도 죽었습니다. 날씨는 춥고 우리는 담요 한 장 없습니다. 어린아이들은 지금 얼어 죽고 있습니다. 부족 가운데 일부는 언덕 위로 달아났지만 담요도 먹을 것도 하나 없습니다. 그들이 지금 어디에 있는지 아무도 모릅니다. 아마도 얼어 죽었겠지요. 우리 아이들을 찾을 시간이 필요합니다. 그들 가운데 얼마나 찾을 수 있을지 모릅니다. 어쩌면 죽었을지도 모릅니다. 형제들이여, 내 말을 들으시오. 나는 지쳤습니다. 가슴이 아프고 쓰립니다. 지금 이 순간 태양이 머문 자리에서 나는 이제 영원히 싸우지 않을 것입니다.

디즈니월드의 로봇이 말한 내용과 전장에서 직접 기록된 내용 사이에는 큰 차이가 있다. 디즈니는 조지프의 항복 연설을 얼어 죽는 아이들, 노인들의 죽음, 수많은 미군 병사와 네즈퍼스족 전사들의 죽음만을 남기고 끝난 군사작전 대신에 사해동포주의와 국민국가를 기념하는 내용으로 바꾸어놓았다.

디즈니는 역사를 '마땅히 그래야 했던 것으로' 이야기하면서 미국의 과거를 누구나 자랑스러워할 수 있으며, 아무리 지나친 것도 수용할 수 있다고 교활하게 합리화하는 그림을 그린다. 오즈의 대륙에서처럼 모든 일은 더 좋은 것을 위해 일어났다는 것이다.

엡콧(Experimental Prototype Community of Tomorrow, 실험적 미래사회)센터는 디즈니월드에서 환상의 나라를 비롯한 그 어느 테마파크보다도 성인들의 마음을 사로잡는 공간이다. 엡콧센터는 1966년 12월 월트 디즈니가 죽을 때까지 그가 특히 좋아한 프로젝트였다. 그곳은 2만 명이 넘는 사람이 거주할 이상향의 도시로 전 세계 도시계획가와 실험자들의 이목을 집중시켰다. 그러나 월트 디즈니가 죽은 뒤 디즈니 사는 1939년 뉴욕 세계박람회를 지표로 삼아 자사를 알리고 기업의 발전사를 설명하는 전시관들을 그곳에 유치함으로써 엡콧센터를 거대한 기업 광고의 장으로 바꾸었다. 따라서 오늘날 엡콧센터에서는 엑슨이 에너지의 역사를 보여주고 에이티앤드티AT&T가 통신의 역사를 전시한다. 제너럴모터스는 교통, 크래프트는 토지, 제너럴일렉트릭은 주택, 코닥은 상상력의 역사를 보여준다. 하지만 그보다 훨씬 더 흥미로운 것은 개별 기업 전시관의 중앙에 있는, 모래그림과 흡사하게 구성된 탈것이다. 관람객들은 그것을 타고 터널들을 통과하면서 로봇이나 비디오, 홀로그램이 동원된 다양한 기술적 경이로 가득 찬 축소 모형들을 두루 구경한다.

엡콧센터에 설치된 전시관들이 전반적으로 관람객들에게 전하고자 하는 메시지는 이것이다. 기술은 발전을 의미한다. 그리고 발전은 자연스러운 결과다. 어쩌면 미국답다고까지 말할 수 있다. 그 과정에서 몇몇 문제가 있었다. 기업의 전시관들은 이렇게 말한다. '우리'는 잘못을 저질렀다. 그러나 '우리'(기업들)는 그런 문제들을 해결하기 위해 애쓰고 있다. '우리'는 대기를 오염시키고 환경을 남용했다. 따라서 기획자들은 과거에 문제가 있었음을 인정하지만 기업들을 생태운동의 최전선에 배치함으로써 그것에 대한 기업의 책임은 거부한다. 우리는 역사를 "인간이 자연을 지배하기 위해 상품들을 발명해낸 기록"이라고 정의한다(Wallace, 1985, 44쪽). 발전은 아무런 제한 없이 소비재를 살 수 있음을 의미한다. 엡콧센터에 조성된 미래 세계는 자본주의의 발전이 필연적인 것임을 보여주면서 역사는 발명가와 기업인들이 만들고 기업은 이런 과거의 상속받은 주체임을 널리 퍼트린다. 그것은 마이크 월리스(1985, 47쪽)가 말한 것처럼 "시민들은 이제 느긋하게 앉아서 소비할 수 있다"고 우리에게 속삭인다.

그러나 디즈니월드는 도대체 누구를 위한 것인가? 대개는 어린이를 위한 것이라고 생각하기 쉽지만 사실 디즈니월드는 어린이를 내세워 소비를 부추긴다. 하지만 그보다 더 중요한 것은 디즈니월드가 소비자들이 기업 자본주의의 부정적 측면을 깨닫지 못하도록 은폐하기 위한 수단이라는 사실이다. 월트 디즈니월드는 오늘날 전 세계에서 가장 많은 관광객이 찾아오는 관광명소가 되었다. 또한 해마다 미국 인구의 약 10분의 1이 방문한다. 그러나 그곳은 아무나 찾아갈 수 있는 곳이 아니다. 대개 그곳을 찾는 이들은 상대적으로 소득이 높은 사람들이다. 그들 가운데 75퍼센트 정도가 전문 직업인이거나 기업체 관리자들이다. 흑인은 3퍼센트, 라틴계 미국인은 2퍼센트밖에 안 된다. 또한 방문객의 71퍼센트가 플로리다의 외부에서 찾아온 사람들이다. 다음은 월리스(1985, 53쪽)의 말이다.

자신이 어느 계급에 속하는지 확인하는 과정이 현재 진행되고 있는 듯하다. 디즈니월드는 확실히 이런 계급에 대한 확신을 심어주고 그 계급이 역사적 계보가 있음을 보여주려는 의도를 가진 것 같다. 엣콥센터의 1970년대식 자유주의적 국가조합주의는 전문가와 기술 관료들을 위해 맞춰진 것처럼 보인다. 노동문제에는 전혀 관심이 없고 생태를 깨끗이 잘 관리하는 것에는 관심이 많다. 개별적 해결과 좋은 레스토랑을 중시하고, 그들의 히피적 감수성에 어울리는 과거만을 제공한다. **따라서 어쩌면 전문가들과 기업체 관리자들은(그들 대다수는 대개 자본의 하수인 역할을 한다) 그것이 바로 자신들의 세계를 승인하기 때문에 그곳으로 몰려드는지도 모른다.** 어쩌면 그들은 과거든 현재든 현실을 알고 싶어하지 않는지도 모른다. 그들은 편안하고 그럴듯한 고정관념을 더 좋아할지도 모른다[강조는 인용자].

또한 오툴 핀탄(1998, 21쪽)은 이렇게 말했다.

디즈니월드와 같은 곳은 자신들의 생활방식을 유지하려면 착취와 폭력이 필요하다는 사실을 이미 알고 있지만 행복을 위해서는 그런 지식과 문명화된 거리를 유지하는 것이 필요한 관람객들의 문제를 해결하고자 애쓴다.

월트 디즈니월드는 자본주의적 생산과 소비의 불쾌한 부작용을 감추기 위해 자본주의 발전의 필연성을 보여주는 상징물 가운데 하나일 뿐이다. 사람들은 때때로 다른 사람에게 해가 되는 일을 하기로 마음먹을 때도 있지만 그것을 마치 '올바른' 선택인 것처럼 보이게 만드는 문화적 논리에 따라 그렇게 하는 것이다. 우리 문화는 때로는 우리가 선택한 것이 파괴적인 결과를 초래하더라도 그것을 감추어줌으로써 선택을 훨씬 더 편하게 할 수 있게 한다. 따라서 자본주의 문화는 어쩌면 소비를 위축시킬지도 모를 진실을 소비자가 알지 못하게 격리하는 과정을 수행한다. 이런 부정은 여러 가지 방식으로 우리의 세계관을 결정한다. 다른 말로 하면, 소비자의 관점으로 바라보는 세계는 노동자나 자본가 또는 다른 문화권 사람들의 관점으로 바라보는 세계와 매우 다르다. 이 책의 목적 가운데 하나가 바로 독자들이 이런 다양한 관점을 올바르게 인식할 수 있도록 돕는 것이다.

소비자 수출

서양의 산업국가에서 소비자라는 새로운 인간형이 탄생하는 데 100년이라는 시간이 걸렸다. 하지만 그 나머지 지역에서 소비자가 만들어지는 데는 10년도 걸리지 않고 있다. 최근 연구에 따르면 전 세계 인구의 27퍼센트에 해당하는 17억 명이 소비자 사회의 일원으로 분류될 수 있다. 미국과 캐나다에서 2억 7,000만 명, 서유럽에서 3억 5,000만 명, 일본에서 1억 2,000만 명이 소비자집단으로 분류된다. 나머지 소비자들은 개발도상국에 사는데 중국에 2억 4,000만 명, 인도에 1억 2,000만 명이 있다. 2006년 중국은 한 해에 자동차 매출이 37퍼센트 증가함으로써 세계에서 두 번째로 큰 자동차시장이 되었다. 중국 정부는 이런 개발을 전폭적으로 지원하고(자동차들이 다닐 수 있도록 거리를 넓히기 위해 고대 도시 중심부를 불도저로 밀어버린다) 전 국토를 연결하는 고속도로망을 건설할 계획이다. 만일 이런 속도로 성장이 지속된다면 중국은 2015년에는 미국보다도 더 많은 자동차를 도로에서 볼 수 있을 것이다(Gallagher, 2006; Halweil and Mastny, 2004, xvii쪽, 3쪽).

윌리엄 리치(1993, 388쪽)는 자본주의가 "특히 공산주의가 무너져 내리면서 새로운 차원의 힘과 세계에 대한 영향력을 얻었다"라고 썼다. 또한 그는 이렇게 결론지었다.

> 세계의 많은 나라들이 미국을 유행을 선도하는 시장으로 보는 만큼이나 자본주의는 정치에서 문화에 이르기까지 미국인 생활의 전반을 거의 완벽하게 지배하고 있는 것처럼 보인다. 소비주의의 끊임없는 영향력 확대가 미국인이라는 의미 또는 미국이라는 나라를 점점 더 타락의 구렁텅이로 밀어 넣고 있다고 생각하는 미국인들도 있다. 하지만 나머지 대다수 미국인은 이런 발전이 미국의 매력을 한껏 높였다고 생각한다. 모든 사람이 에메랄드 시티나 축제, 백화점에 초대받고 누구든 그곳에 갈 수 있는 권리가 있다는 것을 더욱더 분명히 했다고 생각하기 때문이다. 미국의 도시들이 한때 국내 시장에 대한 소비자의 욕구를 불러일으키는 역할을 했던 것처럼 오늘날 미국은 전 세계를 대상으로 그런 역할을 한다.

오늘날 전 세계 사람들이 소비자본주의를 모방하고 싶어하는 현상은 조지프 나이(2003)가 '소프트파워'(군사력이나 경제력과 같은 물리적 힘을 의미하는 '하드파워'에 대응하는 교육, 예술, 학문 등 인간의 이성과 감성적 능력을 포함하는 문화적 영향력—옮긴이)라고 부르는 것을 설명한다. 우리는 이 힘을 문화산업을 지배하고 있는 할리우드에서 본다. 인도, 홍콩 등은 할리우드의 스타일을 모방하려 애쓰고 있다. 그들의 관객을 위해 그들이 얻고자 하는 생활양식과 가치들을 본받는다. 전 세계의 정보산업은 영미계 언론이 장악하고 있다. 사람들은 앉아서 세상 돌아가는 소식을 듣는다.

AP, 로이터, CNN, NBC를 통해 정보를 얻기 때문이다(Sisci, 2002). 또한 우리는 미국의 스포츠 스타들이 전 세계에서 점점 인기가 올라가는 것에서 이런 소프트파워를 보기도 한다. 마이클 조던과 타이거 우즈는 중국이나 인도네시아의 국가 지도자들보다도 그 나라 국민에게 더 친숙한 이름이다(예컨대 LaFeber, 1999 참조).

전 세계적으로 이런 급격한 소비자 변환과정은 세계에서 가장 인구가 많은 두 나라, 모두 합해 전 세계 인구의 3분의 1이 넘는 인도와 중국에서 가장 두드러지게 나타나고 있다. 인도 콜카타 시에 사는 라제시 줄카의 예를 들어보자. 서른네 살인 줄카는 1996년 자신의 10년 된 텔레비전을 새것으로 교체할 돈이 없었다. 아버지는 은퇴한 지 얼마 안 되었고 어머니는 비좁은 아파트 1층의 방 하나를 미용실로 개조해 생계를 꾸려가느라 애쓰고 있었다. 당시 줄카는 실직 상태였고 인도 여성들의 몸에 두르는 사리 제조사업을 준비 중이었다. 그러나 7년 뒤인 2003년 그는 인드라짓 바수가 '인도의 여피족'이라고 부르는 계층에 속하게 되었다. 줄카는 결혼해서 아이를 하나 두었고 10만 달러짜리 콘도를 한 채 보유하고 있으며 석 달에 한 번꼴로 휴대전화를 바꾼다. 그는 지난 4년 동안 자동차 세 대를 새로 샀고 최근에는 싱가포르로 휴가를 갔다가 2,500달러짜리 노트북을 한 대 샀다. 그는 "새로운 전자제품이 나오면 사지 않고는 못 배겨요"라고 말한다. 집에는 텔레비전이 세 대나 있다.

라제시 줄카는 소비자 의식이 막 싹트고 있는 인도의 중산층을 대변한다. 그들의 숫자는 약 4억 4,500만 명까지 늘어났는데 미국의 전체 인구보다도 더 많은 수치다. 중산층은 새로운 소비 형태를 개발하고 있다. 1999~2002년 그들이 식료품을 사는 데 쓴 돈은 소득의 4퍼센트밖에 안 되었지만 외식과 휴가를 즐기는 데 쓴 돈은 5퍼센트가 넘었다. 같은 기간에 개인 생활용품에 지출한 돈은 2.5퍼센트 상승했지만 저축과 투자에 들어간 돈은 7퍼센트 정도 하락했다. 인도 인구의 45퍼센트 이상이 19세 미만이기 때문에 소비 수준은 다른 산업국들보다 훨씬 더 빠른 속도로 상승할 것이다. 2001~2002년에 인도의 소비자 지출은 선물 구입이 130퍼센트, 휴대전화 구매가 108퍼센트, 영화 관람이 68퍼센트 증가했다. 인도의 소비자는 1년 동안 옷을 사는 데 58퍼센트 이상을 소비하고 먹는 데는 55퍼센트 이상, 휴가를 보내는 데는 22퍼센트 이상을 썼다(Bidwai, 2003).

오늘날 인도에서 급속도로 확산되고 있는 소비자 문화를 가장 잘 상징하는 것은 고급 유행상품을 파는 작은 상점들과 레스토랑, 디스코텍, 주점, 극장들이 들어찬 쇼핑몰이다. 화려하고 냉방장치를 갖췄으며 크롬처리된 금속과 유리로 지어졌다. 기존에 있는 20개의 쇼핑몰 말고도 현재 240개의 새로운 쇼핑몰이 건설 중인데 그 가운데 43개가 부자들이 사는 델리의 교외 지역 중 한 곳에 집중되어 있다(Bidwai, 2003).

미국에서 소비자를 창조했던 전략은 인도에서도 똑같은 효력을 발휘했다. 해럴드 윌하이트(2008, 148쪽)는 인도 케랄라 주의 주도인 트리반드룸에 있는 거의 모든 가정에 믹스마스터(전기믹서)와 기도실, 텔레비전, 이 세 가지가 반드시 있다는 사실에 주목한다. 트리반드룸에서는 텔레비전으로 케이블 방송을 볼 수 있게 된 1995년부터 저녁시간에 연속극을 시청하지 않는 사람이 없을 정도가 되었다. 그동안 가장 인기 있는 오락 행위가 영화를 보는 것에서 텔레비전을 시청하는 것으로 바뀌었다. 여성들은 하루 평균 4시간 정도 텔레비전을 본다고 한다. 2009년 인도에서는 한 여성이 자신이 가장 좋아하는 연속극을 남편이 보지 못하게 했다는 이유로 이혼 소송을 제기했는데, 법원이 그것을 받아들인 일도 있었다(BBC, 2009). 텔레비전은 미국에서와 마찬가지로 사람들이 광고를 시청하는 시간을 엄청나게 늘렸다.

텔레비전은 주변 국가들로 소비를 수출하는 데 가장 중요한 역할을 하는 매개체 가운데 하나라고 볼 수 있다. 줄리엇 쇼어(1999)는 한 연구에서 미국인 한 사람이 텔레비전을 한 시간 볼 때마다 200달러를 쓰는 셈이라고 주장했다. 또 다른 연구자들은 어린이 한 명이 17세가 될 때까지

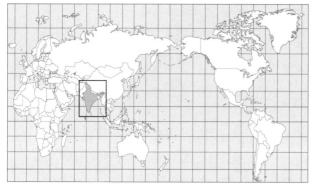

인도

텔레비전을 시청하는 시간은 1만 5,000~1만 8,000시간에 이른다고 추산한다. 그때까지 아이들이 학교에서 보내는 시간이 모두 1만 2,000시간이라는 사실과 비교하면 엄청나게 많은 시간을 텔레비전 앞에 앉아 있는 셈이다.

텔레비전 시청이 인도에 끼친 영향이 얼마나 큰지 측정하기가 쉽지 않은 것은 사실이다. 하지만 월하이트는 한 연속극의 주요 광고주가 그 연속극이 방영되던 2년 동안 매출이 300퍼센트 오른 것을 보았다고 했다. 월하이트는 사람들이 광고를 보고 즐기면서 상품을 사고 싶다는 생각을 떠올린다고 말한다. 미국에서와 마찬가지로 인도에서도 텔레비전은 어린이를 표적으로 삼는데 아이들은 텔레비전 광고로 본 것의 75퍼센트를 부모에게 사달라고 조른다고 한다.

오늘날 인도에서 일어나고 있는 일이 세계에서 가장 인구가 많은 나라인 중국에서도 일어나고 있다. 중국은 10년이 넘는 동안 국내총생산 성장률이 8퍼센트에서 10퍼센트로 올라갔다. 2008년 국내총생산은 8조 달러였는데 같은 해 미국의 국내총생산 14조 달러의 절반을 약간 넘는 규모다. 이후 경제성장과 소비자 지출은 하늘을 찌를 듯이 끊임없이 치솟고 있다. 2008년 소매 매출은 총 1조 5,900억 달러로 전년도 대비 22퍼센트나 증가했다.

미국에서 소비자를 양성해내는 구실을 한 도구들이 중국에서도 똑같이 작용하고 있다. 2006년 중국에서 지출한 총 광고비는 570억 달러로 2002년 110억 달러와 비교할 때 한 해에 약 20퍼센트씩 증가했다. 1950년대에 미국인들이 그랬던 것처럼 중국인들도 자기 집을 소유하기 시작했다. 그동안 국가가 소유했던 엄청나게 많은 주택을 거기 살고 있던 인민들에게 80퍼센트까지 할인된 가격으로 넘겨주는 주택 개혁이 시행되었다. 사유재산권을 인정하는 법률 제정이 뒤따랐다. 주택 소유는 재산이 없는 세입자들을 주택 소유자로 전환시키고 그들이 냉장고와 난로, 에어컨, 자동차를 사도록 유도하고 있다.

중국 소비자들도 미국에서처럼 주택이나 자동차담보대출, 신용카드, 소비자 금융을 이용해 투자하고 있다. 그 가운데 신용카드는 아주 초보적인 단계로 2003년에 발행된 신용카드는 100만 장에 불과했다. 인구 1,300명당 1장 발급한 꼴이었다. 그러나 2008년에는 1억 4,000만~1억 5,000만 장의 신용카드가 발급되어 한 해에 97퍼센트 이상 증가했다. 주택담보대출은 2000년, 자동차담보대출은 2001년에 이르러서야 비로소 가능해졌다. 자동차 소유는 신용구매로 불이 붙어 폭발적으로 증가했다. 1997년에 중국은 인구 1,000명당 자동차 2대꼴이었지만 2010년에 이르러서는 1,000명당 40대로 급상승했다(미국의 경우는 인구 1,000명당 765대 수준이다).

중국과 인도 양쪽에서 소비의 급격한 상승을 주도하는 주체는 미국에서도 소비에 불을 붙였던 베이비붐 세대(2차 세계대전이 끝나면서 태어난 사람들)라는 공통점이 있다. 아시아에만 10억 명의 베이비붐 세대가 있다. 게다가 미국에서 1950년부터 자식들이 부모의 집을 떠나기 시작한 것처럼 아시아에서도 자식들이 부모의 집을 나가고 있다. 이런 새로운 가구 형태는 냉장고와 난로, 취사도구, 토스터와 스테레오의 수요를 늘렸다(Berthelsen, 2003; Wilhite, 2008).

이런 추세에 따른 반응은 미국에서와 마찬가지였다. 경제가 성장하면

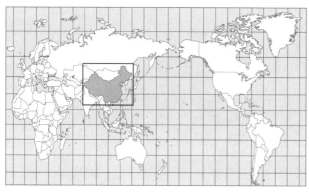
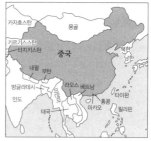

중국

서 소비자 지출도 늘고 슈퍼마켓, 연쇄점, 쇼핑몰도 점점 많아졌다. 월마트와 까르푸는 이제 중국에 50개의 연쇄점을 거느리고 있는데 이런 현상은 이미 아시아 전역에 걸쳐 영세상인들에게 치명적인 피해를 입히고 있다. 미국에서 지난 10년 동안 그랬던 것처럼 태국에서도 월마트 같은 대형 할인매장에 대한 반대운동이 일어나기 시작했다(Berthelsen, 2003).

결론

2001년 9월 11일 알카에다의 특수요원들이 두 대의 비행기를 납치해 세계무역센터를 들이박아 무너뜨리고, 또 다른 한 대의 비행기로 미 국방부 건물에 충돌하고 난 이틀 뒤에 미 의회는 공포에 빠진 국민을 진정시키기 위한 대책을 마련하기 위해 의원들을 소집했다. 한 상원의원은 "우리는 국민이 다시 밖으로 나가 평소처럼 일하고 물건을 사고 상점에 갈 수 있도록, 그래서 추수감사절과 크리스마스를 맞이할 준비를 할 수 있도록 자신감을 심어주어야 합니다"라고 말했다. 그는 대통령이 국민에게 한 말을 되풀이했다. "밖으로 나가서 활동하고 참여하십시오."(CNN, 2001) 미국 역사에서 가장 충격적인 사건 가운데 하나가 터진 뒤 정부 관리들이 국민에게 평소처럼 물건을 사고 일할 것을 촉구하고 나섰다는 사실은 경제뿐 아니라 실제로 우리 사회 전반에 걸쳐 소비가 끼치는 영향이 얼마나 큰지를 잘 보여준다. 정부와 기업이 경제의 지속적 발전과 자본 축적을 이룰 수 있는 원동력으로 기대하는 주체가 바로 소비자다.

앞서 이미 말했듯이 자본주의 문화에서 명백하게 드러난 소비 규모는 역사상 유례가 없는 현상이며 자연스러운 것도 아니다. 다시 말해 인간이 물건을 계속해서 더 많이 소유하고 싶어하는 욕망은 선천적인 것이 아니다. 실제로 모든 사람이 이런 소비에 동의하는 것은 아니다. 제임스 B. 트위첼(2002, 2004) 같은 학자들은 인류가 역사를 통해 물질적 사치를 추구해왔으며 비록 실제로 과소비가 어두운 측면이 있는 것은 사실이지만 밝은 측면도 있다고 주장한다. 그는 이렇게 설명한다. "물건을 사고 소비하는 것은 사람들이 가장 열렬히 추구해온 것이며, 오늘날 우리는 그것에 가장 큰 상상력을 쏟아붓고 있다."(2004, 17쪽) 그는 전 세계 사람들이 자본주의 문화의 소비지향적인 생활양식을 모방함으로써 서로 점점 더 가까워지고 있다고 주장한다.

트위첼은 물질적 사치를 변호하는 논증을 잘 이끌어냈다. 그리고 이는 모든 사람이 그 물질적 사치를 누릴 수 있는 한 고려해야 할 중요한 문제이기도 하다. 그러나 바로 그것이 문제다. 자본주의 문화의 구성원들이 누리는 부의 수준을 (200년 전 시민들이 누렸던 것보다 평균 25배 더 커졌다는 사실을 기억할 때) 과연 극히 일부만 빼고 모든 사람이 누릴 수 있을까? 만일 그럴 수 있다면 우리는 그 대가로 얼마나 많은 것을 희생해야 할까? 프란체스코 시치(2002)는 이런 딜레마를 다음과 같이 잘 표현한다.

소프트전쟁(문화전쟁)에서 미국의 승리는 전 세계 사람들에게 미국의 가치와 부, 안전을 보호받는 미국인이 되고 싶다는 욕망을 불러일으킨다. 그러나 미국이 아메리칸드림을 꿈꾸는 국내외의 모든 사람에게 그 꿈을 실현시켜줄 수는 없다. 충족될 수 없는 욕망을 불러일으키는 것은 그것이 특정한 제품이든, 특정한 문화생활이든 상관없이 이후에 격렬한 반발로 이어질 위험이 있다. 저항과 불만의 물결은 다시 자기 자신의 역사로 회귀하고자 하는 바람으로 나타날 것이다.

2

자본주의 문화와 노동자

나는 E. P. 톰슨이 쓴 『영국 노동계급의 형성』*The Making of the English Working class*을 읽고 18세기 말 영국에서 노동조합을 결성하려고 했던 최초의 한 남성이 체포되어 선동죄로 유죄 판결을 받고 광장에서 사지를 견인용 말에 묶인 채 사방으로 잡아당겨져 능지처참당했다는 사실을 알았다. 그러고 나서 사람들은 그의 배를 가르고 내장을 꺼내 불살랐다. 그러고도 모자랐는지 남은 시신을 거둬 장대에 매달았다. 우리는 이 사실을 통해 유산계급이 조직된 노동자라는 개념을 얼마나 받아들이고 싶어하지 않았는지를 알 수 있다.

—로버트 해스, 『워싱턴 포스트』, 1999년 9월 5일

자본주의 체제에서는 사람들이 자신이 무엇을 하고 있는지, 자신이 처한 위험과 압제, 절망과 굴욕이 얼마나 심각한지 깨닫지 못하게 하는 일을 아주 쉽게 할 수 있다. 그들의 생활방식은 다른 사람들에게도 암시하는 바가 크다.

—에드먼드 윌슨, 『빛의 해안』*The Shores of Light*

❖ ❖ ❖

자본주의 문화를 이끌고 가는 사람은 소비자라고 볼 수도 있지만 노동자가 없다면 그들이 소비할 상품은 존재하지 않을 것이다. 그러나 노동자, 즉 자신의 노동력을 팔아 살아가는 사람의 출현은 최근에 나타난 역사적 현상이다. 지난 수백 년 동안 사람들 대다수는 토지를 이용해 자기가 먹을 곡식을 키웠고 남는 것이 있으면 내다 팔았다. 또한 판매나 거래를 위해 여러 가지 물품을 생산하기 위한 도구들(예컨대 물레나 철제기구)을 손수 만들어 썼다. 따라서 자본주의를 이해하려면 사람들이 왜 자기 노동력을 팔기로 했는지, 왜 팔 수밖에 없었는지를 살펴볼 필요가 있다. 그러나 그런 검토에 들어가기 전에 자본주의 경제가 근본적으로 어떻게 돌아가는지를 먼저 살펴보아야 한다.

자본주의라는 용어는 정의하기가 쉽지 않다. 1861년에 자본주의라는 용어를 처음으로 쓴 피에르 프루동은 그것을 "소득의 원천인 자본이 실제로 자기 노동력을 통해 자본을 움직이는 사람들에게 속하지 않는 경제사회적 체제"라고 불렀다(Braudel, 1982, 237쪽). **자본주의**라는 용어는 1902년에 독일 경제학자 베르너 좀바르트가 사회주의에 반대되는 말로 언급하기 전까지만 해도 널리 쓰이지 않았다. 그러나 그런 여러 가지 정의만 가지고 자본주의 경제처럼 복잡한 실체의 역동성을 충분히 이해하기는 어렵다. 우리는 자본주의가 하나의 경제문화 체제로서 우리 삶에 어떻게 스며들어왔는지 알기 위해 자본주의의 주요 특징들을 이해해야 한다.

자본주의의 진수가 상품, 즉 사람들이 사서 소비하는 유용한 물품을 생산할 수 있는 능력에 있다는 것을 부인할 사람은 찾아보기 어렵다. 하나의 제품, 즉 사람이 언젠가 한 번은 사서 신는 운동화를 예로 들어 자본주의로의 짧은 여행을 떠나기 위해 세계 최대의 운동화 제조업체인 나이키를 살펴보자. 오늘날 우리가 신고 입는 운동화와 옷 대부분은 해외에서 제조되는데 나이키 같은 대기업은 제조공장을 자기 나라가 아닌 주변의 다른 나라들로 이전시켜왔다. 결론적으로 우리가 입는 옷과 보고 듣는 텔레비전, 스테레오, 콤팩트디스크CD, 컴퓨터들은 모두 적어도 어느 부분인가는 세계의 다른 지역에 있는 사람의 손길이 닿아 생산된 것이다. 이런 상황은 우리 문화와 다른 문화가 어떻게 다른지를 밝힐 수 있는 문화의 다양성을 무너뜨린다. 이런 공장들이 다른 나라에 끼치는 영향은 자본주의 경제의 두드러진 특징들, 자본주의 초기에 서양 사회가 받은 충격과 비슷한 특징들을 잘 보여준다. 하지만 잠깐 이야기를 돌려서 먼저 자본주의의 경제논리와 특히 그런 경제체제 안에서 노동의 역할에 대해 간단히 살펴보자.

자본주의 구성요소에 대한 기본 개념

자본주의 경제와 발전에 대한 핵심적인 기본 개념을 대강 살펴보자. 간단히 말해 자본주의 경제는 다음의 다섯 가지 요소가 상호작용하면서 성장했다.

1. 상품(C): 기본적으로 자본재와 소비재, 두 가지 형태의 상품이 있다. 토지, 원재료, 도구, 기계, 공장 등 자본재는 다른 사람들에게 판매될 소비재(예컨대 텔레비전, 비디오 녹화기, 컴퓨터, 주택)를 생산하기 위해 쓰인다.
2. 화폐(M): 화폐는 무엇보다도 표준화된 교환수단이다. 모든 상품과 물품을 표준가치로 환산하는 역할을 한다. 어떤 것(예컨대 숲)에 화폐가치를 매김으로써 그것을 다른 상품(예컨대 국채)과 비교할 수 있다. 따라서 화폐는 상품 교환이 활발하게 이루어지도록 한다.
3. 노동력(lp): 노동력은 어떤 형태의 상품을 다른 형태의 상품으로 바

꿰주는 작업이다(예컨대 강철을 자동차로 바꾼다).

4. 생산수단(mp): 다른 말로 자본재라고 하는데 다른 상품들을 생산하기 위해 필요한 기계, 토지, 도구들을 뜻한다.

5. 생산(P): 노동력과 생산수단을 합쳐 상품을 생산하는 것을 말한다.

자본주의 이전의 사회나 자본주의가 아닌 사회에서도 사람들은 자본주의에서의 생산과 마찬가지로 먹을 것, 입을 것, 잠잘 곳 등 상품들을 만들거나 구해서 마련했다. 경제학자들은 이런 상품들이 **사용가치**가 있다고 말한다. 누군가 셔츠가 필요하면 사람들은 그것을 만든다. 먹을 것이 필요하면 그것을 채집하거나 사냥하거나 재배한다. 때때로 그들은 필요한 것들을 서로 교환하거나 심지어 살 수도 있다. 따라서 농부는 셔츠(C′)를 약간의 옥수수(C)와 맞바꾸거나 돈을 주고 살 수도 있다. 하지만 여기서 셔츠를 구하는 것은 그것을 사용하기 위한 것이 목적이다. 우리는 이런 교환 형태를 다음과 같이 표시할 수 있다.

$$C \rightarrow C' \ \text{또는} \ M \rightarrow C'$$

자본주의에서는 사람들이 그냥 사용하기 위해서가 아니라 교환을 목적으로 상품을 생산하거나 소유한다. 다시 말해 그들이 어떤 상품(C)을 생산하거나 구하는 목적은 또 다른 상품(C′)을 손에 넣기 위해서가 아니라 자본이나 화폐(M)를 얻기 위해서다. 여기서 상품은 **교환가치**라는 것이 생긴다. 따라서 어떤 사람이 어떤 상품을 사서 그것을 더 높은 가격에 팔 때 우리는 그 상품이 교환가치가 있다고 말한다.

$$M \rightarrow C \rightarrow M'$$

어떤 사람들은 이런 교환이 자본주의라고 주장하지만 사람들 대다수는 그것을 **상품거래**라고 부르며 자본주의 법칙으로는 불완전하다고 주장한다. 따라서 고유한 방식으로 노동력과 생산수단을 결합하는 한 단계 더 나아간 발전과정이 필요하다. 이런 관점에서 완전히 발전된 자본주의는 다음과 같은 양상을 보인다.

$$M \rightarrow C \rightarrow P \rightarrow C' \rightarrow M'$$

또는

$$M \rightarrow C \rightarrow \frac{mp}{lp} \rightarrow C' \rightarrow M'$$

따라서 제조업자나 생산자는 돈(M)으로 상품들(C: 원재료, 기계, 노동력 등)을 사서 그것들을 결합해(mp/lp) C보다 더 큰 가치를 지닌 상품(C')을 제조한다. 그리고 이 상품들을 팔아서 M보다 더 많은 돈(M')을 벌어 이익을 남긴다. 여기서 노동력은 원재료나 기계, 공장, 토지와 마찬가지로 돈을 주고 사거나 빌릴 수 있는 하나의 상품으로 취급된다. 즉 노동력은 원재료나 토지, 기계와 마찬가지로 생산의 한 요소가 된다. 더욱이 이렇게 축적된 부는 생산자본(원재료, 기계, 공장)을 점점 더 늘린다.

여기서 자본주의 기업의 대명사인 나이키를 예로 들어 이 공식에 적용해보자. 나이키는 돈(M)을 투자해 가죽, 고무, 직물을 짜는 기계, 공장(mp)과 같은 것들로 구성된 상품을 산 다음 그 상품들을 노동력과 결합해 운동화라는 또 다른 상품(C')을 디자인, 생산, 조립한 뒤 시장에 팔아 돈(M')을 번다. 이 모든 과정을 수행하는 목적은 투자한 돈 M보다 가능한 한 더 많은 돈 M'를 버는 것이다. 그것이 바로 이윤, 즉 손익계산서의 맨 아랫줄에 나오는 순이익이라는 것이다.

더 나아가 나이키는 단순히 M'를 유지하는 것에 만족하지 않는다. 원재료를 사는 데 재투자하고 노동력과 생산수단을 써서 운동화 생산을 반복하고 끊임없이 더 많은 돈을 벌고 이윤을 축적한다([그림 2-1]은 자본

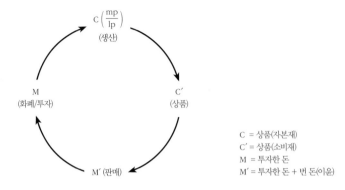

〔그림 2-1〕 자본주의 생산의 순환

$$C\left(\frac{mp}{lp}\right)$$
(생산)

M
(화폐/투자)

C′
(상품)

M′ (판매)

C = 상품(자본재)
C′ = 상품(소비재)
M = 투자한 돈
M′ = 투자한 돈 + 번 돈(이윤)

주의 생산의 순환적 특성을 보여준다).

 그러나 실제 경제 세계에서는 고려해야 할 다른 요소가 많다. 예를 들어 상품 생산자들은 대개 혼자 힘으로 생산의 순환을 시작할 돈(또는 자본)이 없다. 그들은 은행에서 돈을 빌리거나 투자자들에게 주식을 팔아 상품을 생산하는 데 필요한 생산수단을 구입하고 노동자들에게 임금을 지불한다. 결과적으로 이윤의 일부는 투자자들에게 빌린 돈을 갚기 위해 원금과 이자의 형태로 지출된다. 제조업자가 투자자들에게 지급하는 이자율이 높으면 높을수록 돈을 빌리기는 점점 더 쉬워진다. 게다가 생산자(예컨대 나이키)는 운동화를 팔아 남긴 이윤을 운동화를 더 많이 생산하는 데 반드시 재투자하지 않아도 된다. 훨씬 더 많은 이윤을 남기는 다른 곳에 그 돈을 투자할 수도 있다는 말이다. 달리 말하면, 운동화를 생산해서 판매할 경우 10퍼센트의 이윤을 남길 수 있지만 그것을 다른 곳에 재투자해서 12퍼센트의 이윤을 남길 수 있다면 그것은 더 좋은 일이다.

 이것은 나이키와 같은 상품 생산자들이 직면하는 한 가지 딜레마를 잘 보여준다. 이윤을 남기는 것만으로는 충분치 않다는 사실이다. 그들은 생산의 순환을 개시할 돈이나 자본을 공급하는 투자자들(은행, 주주 등)에게 그 밖의 어디에서도 얻을 수 없는 충분한 투자수익을 보장해야 한다. 만일 투자자들이 다른 곳으로 떠나간다면(모두가 아는 것처럼 오늘날 투자자들이 투자할 곳은 엄청나게 많다) 나이키는 새로운 투자자를 찾아 생산을 재개하기 위한 돈을 모으기가 더욱 어려워질 수 있다. 결국 생산자들은 더 높은 이자를 지불하고 제품가격을 더 올리는 방법을 찾을 수밖에 없다. 그러나 그럴 경우 아디다스나 리복 등 경쟁사들이 나이키보다 더 싼 가격으로 운동화를 판다면 나이키의 판매량은 떨어질 수도 있다.

이윤을 남기기 위해서는 공장이나 기계(mp), 노동력(lp)에 지출되는 돈을 가능한 한 적게 유지하는 것이 필수다. 실제로 일부 경제학자들의 주장에 따르면 생산수단과 노동력으로 구성된 생산원가를 최소화할 수 있느냐 없느냐가 회사의 성패를 좌우한다고 한다(이 문제는 잠시 후에 다시 거론할 것이다).

잠깐 곁길로 빠져서, 주식을 발행하지 않아 투자자의 눈치를 보지 않아도 되는 기업들은 회사 운영자본을 투자자와 은행에 크게 의존하는 기업들보다 노동자들에게 더 좋은 임금과 복리후생, 노동조건을 제공할 수 있다. 한 예로 오늘날 초콜릿산업의 강자인 마즈 컴퍼니는 시장에서 강력한 경쟁력을 가진 기업이지만 가장 윤리적인 경영 기준이 있는 회사로 손꼽힌다. 마즈는 아직도 가족 기업으로 남아 있으며 맥도널드보다 훨씬 많은 매출을 올리고 있는데도 지금까지 주식시장에 상장한 적이 없다. 창업자인 포레스트 마즈는 노동자들을 배려하고 고객들을 섬겨야 한다고 일관되게 주장했다. 마즈는 세후 3퍼센트의 이익만 남기는 것을 목표로 한다. 따라서 그들이 '동료'라고 부르는 직원들의 봉급은 다른 경쟁사들보다 더 높다. 반면에 임원들의 봉급은 다른 데 비해 낮다(Fernandez-Armesto, 2002, 199쪽).

그럼에도 자본주의 생산과정이 돈을 매우 많이 버는 일이라는 것은 틀림없는 사실이다. 투자자와 제조업자들은 생산과정의 한쪽 끝에서 돈을 투입해 반대쪽 끝에서 이윤이나 이자의 형태로 더 많은 돈을 얻는다. 그 가운데 가상의 장치 같은 것이 있는데, 시스템공학자들은 그것을 **블랙박스**라고 부른다. 시스템공학자들은 그 블랙박스가 무언가 중요한 것을 생산한다고 생각하지만 그것의 설계와 계획에 대해 주목할 뿐 그 안에서 그런 중요한 것들이 어떻게 생산되는지, 즉 블랙박스의 내부기능에는 관심이 없다. 그들은 단순히 (연료와 전기 같은) 무엇인가를 넣으면 (동력과 운동 같은) 다른 무엇인가가 나온다고 가정한다.

가장 일반적인 자본주의적인 생산자나 투자자들이 보기에 자본주의 그 자체 또는 기업, 은행, 채권, 주식 등 자본주의의 상징물들이 바로 블랙박스인 것이다. 한쪽 끝에서 돈을 투입하면 반대쪽 끝에서는 더 많은 돈이 나온다([그림 2-2] 참조).

물론 어디에 돈을 투입하고 얼마나 많이 투자해야 하는지 아는 것은 고도로 복잡한 일이다. 그러나 무엇보다 중요한 것은 이윤이 발생되는 방식이 아니라 얼마나 많은 이윤이 남는가 하는 문제다.

여하튼 상품들이 생산되고 소비되는 것은 블랙박스 안이다. 또한 돈이 더 많은 돈으로 바뀌는 것을 장려하거나 억제하는 사회, 정치, 경제, 생태, 이념적 삶의 형태를 발견하는 것도 블랙박스 안이다.

따라서 자본주의는 하나의 경제체제 이상을 의미한다. 자본주의의 작동은 사람들 존재의 거의 모든 측면에서 아주 깊숙한 곳까지 영향을 끼친다. 사람들 대다수는 어떤 방식으로든 우리 삶이 상품들을 생산하고 소비하도록 명령한다. 자본주의 체제를 돌아가게 하는 이윤과 이자를 발생시키는 것이 바로 그 상품들인 것이다. 그러나 비록 돈을 투자하는 사람들 대다수가 상품이 어떻게 생산되는지에 대해서는 관심이 없다고 해도 이런 신기한 전환과정의 영향을 받는 사람들은 대개 여러 가지 심오한 방식으로 그 과정을 개념화한다. 예컨대 콜롬비아의 영세농민들이 자

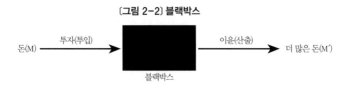

[그림 2-2] 블랙박스

돈(M) ──투자(투입)──▶ [블랙박스] ──이윤(산출)──▶ 더 많은 돈(M′)

블랙박스

본주의적 교환을 개념화한 방식은 자본주의를 구성하는 필수 요소와 비용을 이해하는 데 도움을 준다.

돈 세례식

콜롬비아의 저지대에 사는 영세농민들은 자신들의 땅을 대농장주에게 빼앗기고 어쩔 수 없이 임금노동자로 생계를 보충할 수밖에 없게 된 뒤부터 가톨릭교회에서 새로 태어난 갓난아기에게 세례를 줄 때 돈에다 세례를 주는 의식을 은밀히 행했다. 부모는 갓난아기가 신부 앞에서 세례를 받을 때 1페소짜리 지폐를 들고 있는데 갓난아기의 세례를 빙자해 신부의 축복이 지폐에 내리도록 하기 위해서다. 따라서 아이의 이름으로 세례를 받아 신비롭게 변화된 지폐는 끊임없이 돌고 돌아 더 많은 지폐를 집안으로 불러들임으로써 그 지폐를 가지고 있는 사람을 부자로 만든다. 달리 말해 그 지폐는 이자 딸린 자본이 되어 계속해서 점점 더 불어나게 된다. 농민들은 금전등록기에서 그런 지폐들이 빠져나갈 때마다 다른 지폐들도 함께 빠져나간다고 말한다. 어떤 가게 주인이 세례를 받은 두 장의 지폐가 금전등록기 서랍 안에 든 다른 지폐들을 서로 차지하려고 싸우는 소리를 듣고 자기 돈을 따로 빼냈다는 이야기가 떠돌기도 한다.

이처럼 돈이 살아 움직인다는 생각, 돈이 신기하게도 더 많은 돈을 가져올 수 있다는 생각은 처음에는 이상한 이야기처럼 들릴지 모른다. 하지만 마이클 타우시그(1977)는 콜롬비아 사람들의 돈에 대한 생각이 오늘날 우리와 매우 비슷하다고 주장한다. 다만 중요한 차이가 있다면 블랙박스와 관련된 그들의 생각이다.

자본주의의 주요 특징은 돈이 더 많은 돈을 버는 데 이용될 수 있다는 것이다. 그러기 위해 돈은 시장에 팔 수 있는 상품에 투자되거나 그런 상품을 만드는 공장에 투자되어야 한다. 그러나 우리는 대개 돈 자체가 돈을 번다거나 돈이 자기 생명력이 있는 것처럼 말한다. 달러화 하락을 '**축늘어진** 달러', 현금의 유출입을 '현금 **흐름**', 돈을 투자하는 것을 '돈에게

일을 시키다'라고 표현한다. 신문이나 방송 뉴스에서는 '기업 실적이 급격하게 성장했다'거나 '이자율이 **오르고**' 있다고 말한다. 심지어 우리는 공장을 '돈이 **자라는**grow **식물**plant'이라고 표현하기까지 한다.

달리 말하면, 이와 같은 말에는 자본이 본디 스스로 확장하는 특징을 가졌다는 생각이 담겨 있음을 의미한다. 자본이 스스로를 끊임없이 재생산하는 살아 있는 생물인 것처럼 생각하는 것이다(콜롬비아 농민들이 세례를 받은 지폐가 살아서 자신을 재생산할 수 있다고 믿는 것과 같다).

돈이 자기 생명력이 있다는 믿음은 벤저민 프랭클린의 유서 깊은 서간집 『젊은 상인을 위한 조언』*Advice to a Young Tradesman*(1748)에 보면 아름답게 묘사되어 있다. 프랭클린은 이렇게 조언한다.

> 돈은 스스로 점점 많이 불어나고 새로 생겨나는 특성이 있다는 것을 명심하십시오. 돈이 또 돈을 낳을 수 있어요. 새로 생긴 돈은 더 많은 돈을 낳을 수 있습니다. 5실링이 한 바퀴 돌면 6실링이 되고 또 한 바퀴 돌면 7실링 6펜스가 되어서 나중에는 100파운드가 됩니다. 돈이 많아질수록 돈을 돌릴 때마다 더 많은 돈이 생깁니다. 그래서 이윤은 점점 더 빨리 늘어납니다. 종자 암퇘지를 죽이는 사람은 만대까지 이어질 모든 자손을 죽이는 것입니다(Taussig, 1977, 140쪽 인용).

벤저민 프랭클린이 보여준, 우리의 일상생활에서 나타나는 이런 태도는 마르크스가 **상품의 물신화**라고 불렀던 것이다. 물신화는 생명이 없는 대상인 인형이나 나무토막, 장소 혹은 자본주의에서는 돈이나 다른 상품에 생명과 자치, 권력을 부여하는 것을 말한다. 그러나 상품의 물신화는 거기다 또 다른 기능을 수행한다. 돈에다 생명을 불어넣어줌으로써 돈이 마치 스스로 돈을 만들어내는 것처럼 환상을 불러일으켜 실제로 돈이 불어나는 방식, 즉 노동과 토지, 인간에 대한 착취를 숨긴다. 우리는 이런 신비한 사고방식으로 배나무에 배가 달리고 돼지가 새끼를 낳는 것처럼 돈을 새로운 가치를 창출하고 이자를 낳을 수 있는 존재로 인식하기 시작한다. 자본을 투자하고 이윤을 내고 값싼 노동력을 찾는 전 과정은 아주 자연스러워 보인다. 이윤과 자본주의의 경제 외적인 결과가 대개는 눈에 보이지 않기 때문이다.

그러나 돈은 스스로 돈을 만들어내지 못한다. 그러려면 다른 것들이 필요하다. 돈에 세례를 준다는 콜롬비아 농민들의 믿음에 매우 깊은 뜻이 담겨 있다는 것은 바로 이 부분이다. 더 많은 돈을 벌어들이기 위해 돈에 세례를 주는 콜롬비아 농민들의 관습은 돈에 대한 우리의 견해를 합리적으로 해석한 것이다. 다만 한마디 덧붙이자면 콜롬비아 농민들에게 그 과정은 부도덕하다. 세례를 받은 대상이 아이가 아니라 돈이기 때문에 부도덕한 것이다. 이윤은 오직 아이의 영혼을 팔아야만 생길 수 있다. 콜롬비아의 농민들은 지난 세기에 세계체계가 확장하면서 자신들의 사회에 강요했던 자본주의를 이런 식으로 비판하고 있는 것이다.

또한 콜롬비아 농민들은 아주 중요한 문제를 제기하고 있다. **자본주의는 어떻게 돈이 더 많은 돈을 벌게 하는가? 또 우리는 그것 때문에 얼마나 큰 대가를 치러야 하는가?**

노동자계급의 성립과 해체

1부의 머리말에서 지적한 것처럼 자본주의는 세 집단의 사람들, 소비자와 노동자, 자본가의 상호작용을 수반한다. 세 집단은 저마다 하기로 되어 있는, 실제로는 해야만 하는 것을 한다. 소비자는 크게 봐서 20세기에 생겨났다고 말할 수 있다. 19세기는 노동자계급이 부상한 시기였다. 소비자집단이 꽃을 피운 곳이 미국이라면 노동자집단은 영국 경제의 창조물이었다. 노동자집단의 탄생은 시간이 흐르면서 영국에서 전 세계로 점점 확산되었다.

노동자계급의 특징

새로 등장한 노동자계급은 이전에 존재했던 어떤 사회계급과도 달랐다. 이 새로운 인간집단은 네 가지 두드러진 특징이 있다. (1) 이 계급의 구성원들은 필연적으로 이동성이 커서 노동자들을 필요로 하는 곳이면 어디든 재산이나 가족관계에 구애받지 않고 자유롭게 이동했다. (2) 그들은 인종, 민족, 나이, 성에 따라 세분화되거나 나뉘었다. (3) 그들은 새로운 종류의 규율과 통제에 복종해야 했다. (4) 그들은 대개 자신들이 처한 조건을 개선하기 위해 저항하는 투쟁적 성격이 있었다. 이제 이들 특징을 하나씩 살펴보자.

노동이동성　첫째, 새로 등장한 노동자들은 지리적으로 이동성이 매우 컸다. 일시적이든 영구적이든 일자리를 찾아서 이동했다. 그들 대다수는 강제로 땅을 빼앗기거나 그들이 생산한 제품이 더는 팔리지 않아서 다른 곳으로 이동할 수밖에 없었다. 이탈리아 노동자의 상황을 예로 들어 보자. 1870년대 초반 공유지와 교회 소유 토지의 매각은 대지주들이 더 많은 땅을 소유할 수 있는 조건을 창출해냈다. 반면에 소지주들은 러시아에서 밀을 대량으로 수입한 탓에 농산물가격이 하락하면서 파산하고 말았다. 포도밭은 마름병으로 황폐해지고 값싼 수입 상품 때문에 국내 수공업은 몰락했다. 1860년대에 1만 6,000명 정도가 다른 나라로 영구 이주했다. 1870년대에는 이주민 수가 36만 명으로 늘어났다. 그러더니 1881~1901년에는 그 수가 200만 명으로 급증했다. 그들 가운데 80퍼센트가 농민이었다.

　이탈리아 이주민들은 대개 오스트레일리아와 캐나다, 미국으로 분산되었는데 대다수가 당시에 공장, 철도, 광산, 가축 사육장, 유전이 급속도로 커지면서 값싼 노동력이 긴급하게 필요해진 미국으로 건너갔다. 1820~1860년에는 아일랜드(200만 명), 남서 독일(150만 명), 영국 제도(75만 명) 사람들이 주로 이주해왔다. 그 뒤 1860~1890년에는 더 많은 영국, 스웨덴, 독일 사람들이 미국으로 건너갔다. 그러자 미국과 러시아의 값싼 밀 수입 때문에 자기 토지에서 쫓겨난 농민들이 그들의 자리를 대신했다(오늘날 멕시코 농민들이 값싼 미국산 옥수수 수입 때문에 자기 땅에서 내몰리고 있는 상황과 마찬가지다).

1890년 이민자들 가운데 남유럽과 동유럽 출신이 많아졌다. 그들은 대개 이탈리아, 오스트리아-헝가리 제국, 발칸 제국, 폴란드에서 쫓겨난 소농들과 러시아 출신의 유대인들이었다.

1890년 이전까지만 해도 펜실베이니아 지역의 탄광 광부들은 대개가 영국, 아일랜드, 독일에서 이주해온 사람들이었지만 그 이후로는 폴란드, 슬로바키아, 이탈리아, 헝가리 이주민이 점점 더 많아졌다. 1890년 이후부터는 뉴잉글랜드 지역의 직물공장을 운영하는 사람들이 프랑스계 캐나다인, 영국인, 아일랜드인에서 포르투갈인, 그리스인, 폴란드인, 시리아인으로 바뀌었다. 의류업계에서 일하는 사람들도 독일인, 체코인, 아일랜드인에서 러시아인, 유대인, 이탈리아인들로 주류가 바뀌었다.

1849~1874년에 도제계약을 맺은 약 9만 명의 중국인 노동자가 페루로 갔다. 1852~1875년에는 20만 명이 넘는 중국인 노동자들이 미국으로 가서 과일을 재배하거나 사금을 가공, 채취하거나 철로 까는 일을 했다. 약 1만 명에서 1만 4,000명에 이르는 중국인들이 캘리포니아의 센트럴퍼시픽 철도를 건설하는 일에 동원되었다. 따라서 19세기는 인류 역사에서 그 이전까지 보지 못했던 인류의 대이동이 일어난 때였다. 더는 자기 땅에서 먹고살 수 없었던 수백만 명의 사람이 자신의 노동력을 팔기 위해 이동한 것이다.

세분화   노동자계급의 두 번째 특징은 그들이 인종, 종교, 민족, 나이, 성에 따라 나뉘고 세분화되었다는 것이다. 새로운 노동자계급은 크게 두 범주로 나뉘는데 하나는 노동조합과 정치적 영향력을 통해 자신에게 필요한 것들을 더 잘 방어할 수 있는 노동 귀족이고, 다른 하나는 저임금과 불안정한 노동조건을 받아들일 수밖에 없는 하층 노동자다. 이런 구분은 대개 성이나 인종, 민족차별을 통해 흑인이나 세기 초의 아일랜드인처럼 특정 집단을 가장 낮은 임금에 시달리는 노동자로 격하시킴으로써 더욱 강화되었다. 자본주의는 이런 인종차별과 민족차별을 직접 만들어내지는 않았지만 그런 차별과 그것이 끼치는 경제적 영향력을 명백히 보여주고 강화하는 역할을 했다(Wolf, 1982, 380쪽).

역설적이지만 새로운 이주민집단의 민족적 정체성은 그들의 자기정체성과 거의 일치하지 않았다. 처음에 그들은 자신들을 독일인이라기보다는 하노버 사람, 바이에른 사람으로 생각했다. 폴란드인이 아니라 시골어느 마을 사람으로, 이탈리아인이 아니라 시칠리아 사람이나 나폴리 사람이나 제노바 사람으로, 그리고 '니아살랜드인'(지금의 말라위인―옮긴이)이 아니라 통가족이나 야오족으로 생각했다. 실제로 이주민들이 자신들을 특정한 인종집단의 일원으로 보기 시작한 것은 그들이 새로운 사회에 어울려 살며 부딪치기 시작한 사회화과정을 거친 뒤부터였다. 그들은 울프가 말했듯이(1982, 381쪽) "자본주의 양식 아래서 노동시장의 세분화가 만들어낸 역사적 산물"이었다.

자본주의 문화가 창출하거나 강화시킨 민족이나 인종에 따른 집단화는 대개 그들이 부족한 일자리와 자원을 두고 경쟁하면서 서로 갈등관계로 접어들었다. 영국과 미국에 있는 아일랜드인의 예가 그런 상황을 잘 보여준다. 19세기 중반 마르크스(1972, 293~294쪽)는 영국인 노동자와 새로 이주해온 아일랜드인 노동자 사이의 관계에 대해 다음과 같은 소견을 말했다.

오늘날 영국의 모든 산업과 상업 중심지들은 하나의 노동자계급을 두 개의 적대적인 집단, 즉 영국 프롤레타리아와 아일랜드 프롤레타리아로 분리시켰다. 보통의 영국 노동자는 아일랜드인들이 일자리를 빼앗아가는 경쟁자라고 생각하면서 그들 때문에 자신의 생활수준이 나빠졌다고 분노한다. 그들은 아일랜드 노동자와 관련해 자신이 지배국의 국민이라고 생각한다. 따라서 자신을 아일랜드에 맞서는 자기 나라 귀족들과 자본가들의 도구로 여기고 스스로 자신에 대한 귀족과 자본가들의 지배를 강화한다. 그는 아일랜드 노동자에 대한 종교적·사회적·민족적 편견을 마음에 품는다. 그리고 지난날 미국에서 노예제를 지지했던 주들이 흑인을 '깜둥이'라고 비하했던 것처럼 아일랜드 노동자를 '가난뱅이 백인'이라고 경멸하는 태도를 보인다. 아일랜드 노동자는 영국 노동자에게 이자까지 얹어서 빌린 돈을 갚는다. 그는 영국 노동자가 아일랜드를 지배하는 영국의 멍청한 수단이자 공범자라고 생각한다. (······) 영국 노동자계급이 노동조합이 있는데도 무기력한 이유는 바로 이런 적개심 때문이다.

미국에서도 이와 똑같은 수준의 인종 간 적개심이 발전했는데 특히 아일랜드인과 흑인들 사이에서 심했다. 19세기 초 아일랜드의 지도자들은 대개 노예제를 강하게 비판하고 노예제 폐지를 적극 지지했다. 그러나 미국에서 흑인들이 백인들에게 멸시당한 것처럼 자기 나라에서 영국 지배자들에게 모진 대우를 받았던 아일랜드인들은 미국으로 이주하자마자 노예제를 찬성하고 흑인들을 적대시하는 사람들로 바뀌었다. 이런 태도 변화를 어떻게 설명할 수 있을까?

노엘 이그나티예프는 『아일랜드인들은 어떻게 백인이 되었나』*How the Irish Became White*에서 미국은 19세기 초 반세기 동안 노예가 아닌 흑인들은 북부 지역의 경우 상대적으로 좋은 일자리를 얻는 것이 수월했다고 말한다. 아일랜드인들이 대거 미국으로 이주하기 전까지 자유로운 상태와 노예 상태의 차이는 노예를 재산으로 소유하거나, 일정 기간 계약을 맺고 노예생활을 하거나, 빚을 갚지 못해 노예처럼 징역을 사는 중간 형태의 노동조건들 때문에 그다지 분명하지 않았다. 그러나 미국 독립전쟁 이후 이런 중간적 경제범주는 사라지고 흑인과 노예, 백인과 자유인을 동일시하는 경향이 굳어졌다. 만일 흑인들과 똑같은 일을 할 수 있게 된다면 아일랜드인들은 흑인들과 똑같은 사회적 범주에 들어가게 될 것이다. 실제로 미국인들은 아일랜드인을 흑인보다 더 낮은 신분으로 생각하고 있었다. 흑인은 아일랜드인이 가지고 있지 않은 노예로서의 가치가 있었기 때문이다. 앨라배마에 있는 하역회사의 한 임원은 이렇게 말했다. "깜둥이들은 여기서 매우 쓸 만한 가치가 있어서 다치면 안 돼요. 하지만 아일랜드 애들은 갑판에서 떨어지거나 등이 부러져도 손해 볼 사람은 아무도 없죠."(Ignatiev, 1995, 109쪽) 결국 아일랜드인들은 노예제를 지지하는 것을 포함해 가능하면 최대한 흑인들과 거리를 두려고 애썼다. 그러나 무엇보다 아일랜드인들이 신경을 썼던 부분은 흑인들이 자신들이 하는 일과 똑같은 일을 하지 못하게 하는 것이었다.

그러나 신부들의 장려로 흑인들이 했던 천한 일을 서서히 하기 시작하면서 많은 아일랜드인이 비숙련 노동자 대열에 속하게 되었다. 1855년 뉴욕 시의 비숙련 노동자 2만 3,000명 가운데 87퍼센트가 아일랜드인이었다. 1851년 미국의 흑인사회문제를 중점으로 다루는 잡지인 『아프리칸 레포지토리』*African Repository*에는 이런 내용이 나와 있었다(Ignatiev, 1995, 111쪽 인용).

뉴욕을 비롯한 동부 도시들에 백인 노동자들이 마구 들이닥치면서 일반 노동 현장에서 흑인들 대부분이 쫓겨났다. 이제 더는 건물 안에서 흑인들이 일하는 모습을 볼 수 없다. 흑인이 짐수레를 끌거나 대중교통수단을 운전하는 것도 금지되었다. 백인들은 흑인과 함께 일하지 않는다.

"백인들은 흑인과 함께 일하지 않는다"라는 말은 흑인들의 일자리를 뺏어서 아일랜드인들에게 넘겨준다는 소리나 마찬가지였다. 프레더릭 더글러스는 이렇게 말했다. "[아일랜드인들은] 우리의 일자리를 강탈해가 놓고는 우리의 신분 하락을 당연한 것으로 생각했다."

이제 어떤 일을 하느냐가 흑인과 백인을 구별하는 열쇠가 되었다. **백인**은 '백인의 일'을 하고 **흑인**은 '흑인의 일'을 한다. 그 구별은 자의적인 것이었다. 아일랜드인들이 하면서부터 백인들의 일이 된 많은 일자리가 사실은 이전에 흑인들이 했던 일이기 때문이다. 이그나티에프가 지적한 것처럼 '백인'은 신체적 특징에 대한 묘사가 아니라 사회관계를 나타내는 용어였다. 이런 구별은 아일랜드인들이 '백인'이 되기 위해서는 흑인들이 배제된 일자리에서 일해야만 하는 상황을 초래했다(Ignatiev, 1995, 111쪽). 따라서 분업은 인종과 민족을 구별하는 것으로 굳어졌다.

물론 노동력은 여러 가지 다른 방식, 가장 두드러지게는 성과 나이에 따라 세분화되었다. 다음에서 살펴보겠지만 여성과 어린이는 가장 낮은 임금을 받으며 가장 천한 일이 주어졌다.

규율　　새로운 노동자계급은 이동성이 있고 인종과 민족, 성, 나이에 따라 세분화되었다. 게다가 새로운 규율에 적응해야 했다. 이런 과정에서 가장 중요한 것이 공장이었다. 공장은 대개 18세기 말과 19세기 초 유럽에서 발달한 비교적 최근에 생긴 역사적 현상이다(물론 직물을 생산하는 공장은 15세기 초에도 있었다). 그 이전에는 대개의 일(예컨대 베를 짜고 물레를 돌리고 도자기를 굽는 일)이 가정이나 작은 공방에서 이루어졌다. 그러나 제조업자들은 일이 여러 도시와 가정으로 분산되자 생산 표준을 유지하고 노동자들에게 원재료를 조달하는 데 어려움을 겪었다. 이런 문제를 해결한 것이 바로 공장이었다.

최초의 공장들은 징역장이나 감옥을 본떴다. 방적 공장은 4~5층 높이의 벽돌 건물에 수백 명의 노동자들을 모아놓고 일을 시켰다. 금속산업의 철공소는 여러 개의 용광로와 대장간, 대규모 인력을 한곳에 수용해야 했다(Beaud, 1983, 66쪽). 이런 장치들은 생산효율성을 높일 수 있었다. 그러나 노동자들에게 요구되는 새로운 직무훈련은 이후 몇 년 동안 여러 곳에서 내전으로 치닫는 듯한 상황을 초래할 노동자와 고용주 사이의 긴장관계를 새롭게 만들어냈다.

예컨대 이런 공장환경은 노동자들에게 새로운 시간 개념을 요구했고 따라서 노동자들은 그것에 적응하기 위한 훈련이 필요했다. 우리가 당연하게 생각하는 시간은 또 하나의 문화적 산물이다. 우리의 시간은 대체로 시간을 측정하는 수단인 시계의 지배를 받는다. 그러나 어떤 사회에서 시간은 노동행위나 자연현상의 지배를 받기도 한다. 마다가스카르의 경우 시간은 밥을 짓는 것으로 측정된다(약 1시간 반이 걸린다). 17세기 칠레에서는 달걀을 요리하는 데 걸리는 시간이 아베마리아 기도를 크게 암송하는 시간과 같았다. 버마에서 승려들이 기상하는 시간은 그들의 손에서 정맥을 볼 수 있을 정도로 날이 밝았을 때였다. 해안 지역에서는 시간의 흐름을 가늠하는 사회적 기준이 밀물과 썰물이었다. 영국 인류학자 E. E. 에번스프리처드(1940, 103쪽)는 수단 지역에 사는 누에르족의 생활을 이렇게 설명했다.

누에르족은 '시간'을 표현하는 말이 없다. 따라서 그들은 우리처럼 시간을 말할 줄 모른다. 시간은 실재하는 어떤 것으로 시간이 흐른다거나 시간을 낭비하거나 절약할 수 있다고 말할 줄 모른다는 것이다. 나는 그들이 주로 느긋한 성격인 자신들의 행동을 기준으로 모든 것을 평가하기 때문에 우리가 보통 말하는 시각을 다룬다는 의미를 전혀 이해하지 못한다고 생각하지는 않는다. 모든 사건은 필연적인 질서를 따른다. 하지만 사람들의 활동이 아무런 자율성 없이 어떤 판단 기준에 따라 정확하게 움직여야 하는 그런 추상적인 체계가 그 사건들을 지배하는 것은 아니다. 그런 의미에서 누에르족은 운이 좋다.

역사가 E. P. 톰슨(1967)은 근대적인 시간 개념이 등장하기 전까지만 해도 노동의 형태는 고된 노동과 나태, 둘 중 하나로 나뉘었다고 말한다. 적어도 사람들이 자신의 노동하는 삶을 스스로 통제할 수 있었다는 의미다. 심지어 그는 그런 노동의 형태가 오늘날에도 지속되고 있다고 주장하지만 그것은 예술가, 작가, 소규모 자영농 등 일부 자유업에 종사하는 사람들과 대학생에게만 해당하는 말이다.

그렇다고 산업혁명 이전의 노동 형태가 편했다는 의미는 아니다. 톰슨(1967, 58쪽)은 1636년에 한 농장노동자의 전형적인 일상을 이렇게 묘사했다. 그는 새벽 4시에 일어나 말을 돌보고 6시에 아침을 먹었다. 그런 다음 오후 2시나 3시까지 밭일을 하고 점심을 먹었다. 다시 오후 6시까지 말을 돌보고 저녁을 먹은 뒤 밤 8시까지 다른 허드렛일을 하고 소를 돌본 다음 일을 끝냈다. 그러나 이것은 1년 중 가장 바쁠 때 농장의 일상을 말한다. 톰슨은 아마도 그중에서 가장 고된 일을 한 사람은 바로 농부의 아내였을 거라고 말한다.

시간과 일에 대한 서양의 개념이 언제부터 바뀌기 시작했는지 정확하게 말하기는 쉽지 않다. 마을마다 교회에 시계가 하나씩 달려 있기는 했지만 17세기까지 유럽에 널리 퍼져 있지는 않았다. 오늘날과 같은 시간 개념이 성립된 것은 1800년대 초반이었다.

시간은 낭비해서는 안 되는 것이었다. 벤저민 프랭클린이 『가난한 리처드의 달력』*Poor Richard's Almanac*에서 썼듯이 "시간은 돈이다." 아마도 같은 시기에 게으름은 부도덕한 짓이라는 생각이 널리 퍼지기 시작했을 것이다. 다음은 1689년에 『유스스 모니터』*Youth's Monitor*에 나온 기사다. "시간은 너무나 귀중한 필수품이라서 경시해서는 안 된다. (……) 이것은 육중한 영원이 연결되어 있는 황금 사슬이다. 시간 낭비는 참을 수 없는 일이다. 시간은 되돌릴 수 없기 때문이다."(Thompson, 1967, 58쪽 인용) 대개 여가시간이 공격을 받았다. 어떤 종교단체에서는 오락을 즐기는 행위를 죄악시했다. 생산에 도움이 되지 않는 것은 모두 환영받지 못했다.

동시에 학교는 새로운 시간과 직업훈련을 가르치는 곳이 되었다. 18세기 말 사회개혁가들은 가난한 아이들이 구빈원에 보내져 거기서 일하고 학교생활은 기껏해야 하루에 2시간 정도밖에 못 한다고 주장했다. 어떤 사람은 이렇게 말했다.

> 그들의 생계에 도움이 되든 그렇지 않든 상관없이 적어도 하루에 12시간을 고용된 상태에 있는 그들은 어쨌든 꽤 쓸모가 있다. 이렇게 해서 자라나는 세대들이 그런 지속적인 고용 상태가 자신들에게 맞고 재미난 일이라고 확신하며 잘 적응하기를 바라기 때문이다(Thompson, 1967, 84쪽 인용).

따라서 19세기 중반 새로운 시간질서는 노동의 감시, 벌금, 종소리와 시계, 상여금, 설교, 학교교육을 통해 사회 전반에 광범위하게 부과되었으며, 특히 노동자들을 대상으로 강요되었다.

저항   끝으로 새로운 노동자계급은 노동의 이동성과 세분화, 규율 외에도 세상을 '세계혁명'으로 이끌 새로운 투쟁성을 특징으로 가지고 있었다. 1848년 초 프랑스 정치사상가이자 미국 민주주의 연대기 기록자인 알렉시스 드 토크빌은 프랑스 하원에서 많은 유럽인이 무엇을 두려워하는지에 대해 연설했다. "우리는 화산이 분출할 것 같은 상황에서 잠을 자고 있습니다. (……) 여러분은 대지가 다시 흔들리고 있는 것을 느끼지 못합니까? 혁명의 바람이 불고 폭풍이 지평선 위에 있습니다." (Hobsbawm, 1975, 9쪽)

비슷한 시기에 서른 살의 카를 마르크스와 스물여덟 살 먹은 그의 친구 프리드리히 엥겔스는 1948년 2월 런던에서 출간될 『공산당선언』 초안을 작성하고 있었다. 그즈음 며칠 사이에 프랑스의 혁명가들은 새로운 공화국 제정을 선포했다. 그해 3월, 혁명의 불길은 독일과 헝가리, 이탈리아로 번져나갔다. 몇 주 사이에 오늘날 프랑스, 독일, 오스트리아, 이탈리아, 체코슬로바키아, 헝가리, 폴란드 일부, 벨기에, 스위스, 덴마크, 구 유고슬로비아를 하나로 에워싸는 지역의 정부들이 모두 전복되었다. 그러나 6개월도 지나지 않아 그 운동은 주춤거리더니 18개월쯤 되었을 때 새로운 정부가 구성된 나라는 프랑스밖에 없었다. 그마저도 새로운 정부 지도자들은 반란 선동자들과 거리를 두려 애쓰고 있었다. 유일하게 오랫동안 지속된 변화는 합스부르크 왕가 시절의 농노제 폐지였다.

비록 여러 나라에서 중도주의자들과 자유주의자들의 지지를 받았지만 반란자들이 이끄는 운동은 기본적으로 홉스봄(1975, 15쪽)이 말한 것처럼 "가난한 노동자들의 사회혁명"이었다. 이런 혁명은 부자와 가난한 자 사이의 갈등이 점점 하나의 유형으로 발전하고 있음을 보여주었다. 각 집단은 저마다 자신들을 대변할 인물들을 배출했다. 한편에서 프랑스의 장바티스트 세, 영국의 데이비드 리카도와 토머스 로버트 맬서스 등은 가난한 사람들이 처한 조건은 스스로의 책임이 크다고 주장했다. 다른 한편에서 카를 마르크스, 프리드리히 엥겔스, 로버트 오언, 앙리 생시몽, 샤를 푸리에 등은 빈곤이 노동 착취 때문이라고 비난했다. 당시의 논쟁은 오늘날에도 끊이지 않는 빈곤의 고통을 덜기 위한 국가의 역할과 복지문제 같은 쟁점들과 다르지 않다. 예를 들어 맬서스는 이렇게 주장했다.

> 가난한 사람들에게 일자리와 먹을 것을 제공하는 것은 부자들의 권한 밖 일이다. 따라서 당연히 가난한 사람들은 부자들에게 이런 것들을 요구할 권리가 없다. (……) 설사 부자들이 희생할 수 있다고 해도, 특히 돈을 써서 한다고 해도 그것으로 사회의 하층민들 사이에서 빈곤이 재발하는 것을 막을 수는 없다(Beaud, 1983, 78쪽 인용).

맬서스는 가난한 사람들이 자기 자식들을 적절하게 먹여 살릴 수 없다면 아이를 낳지 말아야 하며 그것은 도덕의 문제라고 주장했다. 맬서스에 따르면 이런 도덕률을 위반하는 사람에게 동정이란 있을 수 없다.

따라서 그런 사람은 자연의 징벌, 결핍의 징벌을 받게 내버려둬야 한다. 그는 아주 명백하고 정확한 경고가 있었음에도 잘못을 저질렀다. 그런 잘못이 어떤 결과를 초래했는지 안다면 자기 말고 다른 사람에게 책임을 전가할 정당한 이유가 있을 수 없다. 어떤 구빈정책도 지원되지 말아야 한다. 다만 민간에서 하는 불확실한 자선행위야 어쩔 수 없는 일이다. 그는 자연의 법칙, 즉 하느님의 율법이 자신과 가족들에게 거듭 경고했음에도 그것을 무시한 대가로 고통받게 되었음을 알아야만 한다. (……) 어떤 특별한 죄도 저지르지 않은 어머니와 자식들이 아버지의 잘못된 행동 때문에 고통을 받아야 한다는 것이 이해하기 어려워 보일지도 모른다. 하지만 그것은 피할 수 없는 자연의 법칙 가운데 하나다 (Malthus, 1826, 343쪽).

한 프랑스 기업가는 "노동자들의 운명이 그다지 나쁜 것은 아니다. 그들의 노동시간이 13시간을 넘지 않기 때문에 지나치게 혹사당하는 것은 아니다. (……) 동정을 받아야 할 사람은 오히려 이윤이 별로 남지 않는 제조업자다"라고 무덤덤하게 썼다(Beaud, 1983, 101쪽 인용).

가난한 사람들이 최소한의 생활을 유지할 수 있도록 해야 한다는 것에 반대하는 사람들은 그들에게 먹을 것과 잠잘 곳을 제공한다면 그들이 열심히 일할 생각을 하지 않을 거라고 걱정했다.

반면에 마르크스와 엥겔스 같은 부류는 인간사회가 두 개의 적대적인 진영과 계급, 부르주아와 프롤레타리아로 분리되고 있다고 믿었다.

공장으로 몰려드는 노동자 대중은 군인처럼 조직되고 있다. 그들은 산업군의 병사들처럼 장교와 하사관으로 이어지는 완벽한 위계질서하에 배치된다. 그들은 부르주아 계급과 부르주아 국가의 노예일 뿐 아니라 날마다 시시각각 기계와 감독관, 무엇보다도 부르주아 제조업자 개인에 의해 노예화된다. 이런 압제는 이익이 최종 목적이라는 사실이 점점 더 분명해질수록 더욱더 비열하고 증오스럽고 잔인해진다(Marx and Engels, 1848/1941, 14쪽).

마르크스와 엥겔스의 주장에 따르면 프롤레타리아트는 현실 속에서 그 고통을 구체적으로 인식하고 압제에 맞서 들고일어나 마침내 한 계급이 다른 계급을 착취하는 일이 없는 사회를 건설해야 한다. 프롤레타리아트는 스스로 자유로워야 한다. 그러나 그것은 오늘날 사회의 비인간적인 조건을 뛰어넘을 때만 가능하다. 애덤 스미스와 데이비드 리카도가 자본주의의 출현에 대한 과학적 이론을 창조하기 위해 애썼던 것처럼 마르크스는 자본주의의 몰락에 대한 과학적 이론을 창조하기 위해 글을 썼다. 그 결과, 마르크스의 저작은 노동조합 조직가들과 혁명가들의 청사진이 되었을 뿐 아니라 20세기 들어 본격적으로 전투를 시작할 자본주의와 사회주의라는 두 개의 이상향을 추구하는 이데올로기를 창조했다.

이것들은 19세기에 확립된 노동과 자본의 관계, 노동자계급의 특징 가운데 일부다. 이 밖에도 노동자들은 자본가의 압제에 더욱 취약해지고 점점 더 가난에 매몰될 위험에 노출되었다. 노동자계급이 어떻게 형성되었는지 더 잘 이해하기 위해 당시의 세계로 돌아가보자. 19세기에 노동자가 형성되었던 과정은 오늘날에도 전 세계적으로 많은 나라에서 되풀이되고 있다. 우리는 해외에 조립공장들이 증가하는 모습에서 이런 현상을 가장 잘 볼 수 있다.

해외 조립공장의 증가
자본주의에서 이윤과 이자는 제품의 생산원가와 판매가격 사이의 차이에 따라 달라진다. 누군가 어떤 제품을 독점하고 있다면, 그리고 사람들이 그 제품을 찾는다면 생산자는 이윤을 유지하거나 늘리기 위해 가격을 올릴 것이다. 그러나 다른 회사에서 같은 제품을 생산한다면 회사가 책정할 수 있는 제품의 가격은 경쟁사가 가격을 얼마로 하느냐에 따라 달라진다. 따라서 나이키는 운동화 한 켤레에 200달러를 받을 수 있지만 경쟁사들이 동종의 운동화를 50달러에 판다면 가격을 더 낮춰야 할 것이다. 그러지 않으면 파산할지도 모르기 때문이다. 결국 나이키는 판매가격 인상이 아니라 제품의 생산원가를 줄여 이윤을 남길 수밖에 없다. 생산비용을 줄이기 위해서는 원재료나 기계, 즉 생산수단의 비용을 줄이거나 노동비용, 즉 임금을 낮춰야 한다.

노동활동은 모든 사회에 공통적이다. 수렵채취사회에서 남녀 모두는 야생의 먹을거리를 채집하고 동물을 사냥하는 데 많은 시간을 보냈다. 유목사회에서는 가축을 기르고 보살피면서 시간을 보냈다. 또 농경사회에서는 밭에서 작물을 재배하고 곡식을 수확하고 저장하는 일을 했다. 그러나 자본주의라는 블랙박스 안에서의 노동은 다른 형태를 취한다. 실제로 일부 경제학자들은 돈이 어떻게 더 많은 돈을 만들어내는지 알려면 노동이 생산과정에서 어떤 역할을 하는지 이해하는 것이 중요하다고 생각한다. 그들은 이윤이 이른바 **노동의 잉여가치**라는 것에서 발생한다고 주장한다.

앞서 언급한 것처럼 상품을 생산하기 위해서는 노동력을 사서 생산수단과 결합해야 한다. 예컨대 옷감을 사서 셔츠를 만들어 팔려고 한다고 하자. 2달러를 주고 옷감을 사서 셔츠를 만들어 10달러에 판다면 8달러의 이윤이 발생한다. 그럼 그 이윤은 어디서 나오는가? 한 가지 명백한 사실은 옷감을 셔츠로 바꾼 것이 바로 노동력이라는 것이다. 따라서 이 경우에 우리는 노동력이 8달러의 가치가 있다고 말할 수 있다. 그러나 셔츠를 내가 직접 만들지 않고 다른 사람에게 2달러를 주고 시키고 셔츠 가격은 그대로 10달러였다고 하자. 그러면 셔츠를 만드는 데 들어간 노동력의 가치는 여전히 8달러지만 내가 고용한 노동자가 받은 돈은 2달러밖에 안 된다. 그래도 내 수중에는 아직 6달러가 남아 있다. 바로 이 돈이 **노동의 잉여가치**인 것이다.

따라서 기업이 이윤을 극대화하는 한 가지 방법은 노동의 잉여가치를 극대화하는 것으로 노동자에게 되도록 낮은 임금을 지불하는 것이다. 이윤을 올리는 또 다른 방법은 노동자가 같은 시간에 더 많은 제품을 생산하게 하는 것이다. 내가 셔츠를 만들기 위해 고용한 사람에게 시급이나 일급을 지불한다고 할 때 그들이 셔츠를 한 벌 만들 시간에 두 벌을 만들게 한다면 이윤은 2배로 껑충 뛸 것이다. 그렇게 하기 위해 나는 사람들이 더 빨리 일하도록 강요하거나 아니면 효율적으로 일하도록 기술을 개발하거나 제조공정을 개선할 수도 있다.

직물, 전자제품, 장난감 같은 상품을 생산하는 기업들은 노동집약적이다. 쉽게 말해 그들 기업은 제품의 제조기술을 향상시키는 것보다 인간의 노동력이 더 많이 필요하다. 따라서 언제나 노동자들에게 지불하는 임금을 최소화하려고 애쓴다. 자본주의의 경제적 논리를 인정한다면 우리는 그것을 아주 완벽하게 이해할 수 있다. 기업들은 노동비용을 절약할수록, 생산원가를 줄일수록 소비자들을 더욱 유인할 수 있을 것이다. 더 나아가 기업들이 더 많은 제품을 팔수록 그들의 이윤은 더욱 늘어나고 투자자와 주주들의 수익도 더 커진다. 따라서 자본주의의 블랙박스가 얼마나 많은 이익을 생성할 수 있는지 이해하려면 노동이 블랙박스 안에서 어떤 역할을 하는지를 반드시 알아야 한다.

생산자들이 노동비용을 줄일 수 있는 방법은 다양하다. 예컨대 주변부 국가에서 주로 저임금 노동력을 수입할 수 있다. 2008년에 미국 국민 16세 이상의 노동력 가운데 15.6퍼센트에 해당하는 2,410만 명이 외국 태생이었다(Bureau of Labor Statistics, 2008). 이들 노동자 가운데 상당수가 양계장이나 정육회사 노동자, 정원사, 호텔 잡역부, 재봉사, 식당 종업원, 건물철거 인부, 과수원이나 밭일을 거드는 일꾼으로 일했다(Greenhouse, 2000). 또한 기업들은 점점 늘어나는 감옥 수감자들을 노동력으로 활용하기 시작했다. 미국 감옥에는 전 세계 어느 나라보다도 많은 200만 명이 넘는 수감자가 있다. 오늘날 미국에서 민간 기업이 징역형을 받은 죄수를 노동력으로 활용하도록 허용된 곳은 30개 주에 이르며, 실제로 민간 기업에 고용된 죄수의 수는 8만 명이 넘는다. 또 노예노동도 있다. 케빈 베일스(1999, 8쪽)는 오늘날 전 세계에 2,700만 명의 노예가 있다고 추산한다. 대개 인도, 파키스탄, 방글라데시, 네팔에서 빚을 갚지 못한 사람들이 노예로 일한다. 이들은 돈을 빌리기 위해 스스로 자신을 담보로 잡히거나 가족에게 물려받은 빚 때문에 노예가 된다. 분명한 것은 값싼 노동력의 최대 원천이 주변부 국가들이라는 사실이다. 공식적으로 2007년에 그들 국가의 실업 인구는 1억 8,990만 명이 넘었으며 2008년에는 전 세계에 걸친 경제위기로 그 수가 500만 명 이상 더 늘어날 것으로 예상된다(Blankenburg and Palma, 2009, 532쪽). 기업들이 노동비용을 줄이기 위해 가는 곳이 바로 그곳이다.

미국과 같은 중심부 국가의 기업들은 19세기에 외국 노동력을 많이 활용했다. 앞서 살펴본 것처럼 그런 노동력의 대부분은 미국의 광산, 철도 건설 현장, 공장에서 일하기 위해 유럽과 아시아에서 미국으로 건너온 사람들이었다. 1900년 미국 인구의 14퍼센트가 외국 태생이었다(Haugerud, Stone and Little, 2000 참조). 그러나 일자리가 모두 채워지자 이미 일자리를 구한 이민자나 그들의 자손들은 추가로 더 많은 사람이 이주해와서 한정된 일자리를 두고 자신들과 경쟁하는 것을 원하지 않았다. 마침내 그들은 노동조합이나 교회, 정당들에 로비를 벌여 정부가 이민을 제한하는 법을 통과시키도록 압력을 넣었다. 중국인 노동자들이 대륙횡단철도를 건설하는 현장에서 일하기 위해 미국으로 건너왔을 때 노동기사단과 같은 집단들은 중국인들이 세탁소를 하는 것조차 반대하며 크게 반발했다. 그 결과, 미국 연방의회는 1882년 중국인 이민 금지법을 제정했고 서부 해안 지역에서는 중국인 이민을 반대하는 운동이 일어나면서 미국 인종주의 역사에 또 하나의 새로운 장을 열었다.

기업들은 한동안 해외에서 노동력 수입을 지속했지만, 이제는 할 수 있다면 세계체계 속에서 산업화를 통해 경제발전을 꾀하려는 주변부 국가들에 자신들의 제조공정을 이전함으로써 값싼 노동력을 훨씬 쉽게 활용할 수 있다는 것을 금방 알아챘다. 예컨대 조립공장 설립을 용이하게 하기 위해 인도네시아, 말레이시아, 과테말라, 멕시코 같은 나라의 정부들은 자국에 **자유무역지대**를 만들고 중심부 국가의 대기업들이 조립할 옷감이나 전자부품 같은 물품을 하역할 수 있도록 했다. 그리고 그 물품들이 조립된 나라에서 판매되지 않는다면 관세를 부과하지 않기로 했다. 그 대가로 나이키 같은 다국적 기업들은 해당 국가의 노동자들을 고용하는 데 동의했다. 미국 같은 중심부 국가는 자국의 기업들이 조립된 완제품을 다시 본국으로 가져올 때 그 제품 전체의 가치가 아니라 각 제품의 노동원가에 대해서만 수입관세를 물리는 법을 통과시켜 이런 국가 간 분업체계 형성에 이바지했다. 따라서 당신이 신은 운동화는 미국에서 기계로 재단된 부품이 인도네시아나 베트남으로 실려가 조립된 뒤, 다시 미국으로 가져와서 미국을 비롯한 전 세계로 유통되고 팔려나간 것이다. 이렇게 볼 때 하나의 경제제도로서 해외에 조립공장이 늘어나는 것은 거의 모든 사람에게 이익인 것처럼 보인다.

- 나이키와 같은 기업들은 미국 노동자들에게 지불해야 할 임금의 일부를 제3세계 노동자들에게 지불함으로써 다른 제조업자들과 경쟁할 수 있다.
- 제3세계 노동자들은 일자리를 얻는다.
- 소비자들은 옷, 전자기기, 장난감 같은 제품들을 싸게 산다.
- 투자자들은 더 높은 수익을 올린다.

여기서 유일하게 혜택을 보지 못하는 사람들은 자기 일자리를 빼앗긴 미국 노동자들인 것 같다(지난 25년 동안 약 500만 명 이상).
그 결과, 해외 조립공장은 매우 비약적으로 증가했다. 예컨대 1970년 말레이시아에서는 조립공장에서 일하는 여성이 1,000명쯤 되었다. 그러나 1980년에는 직물, 전자제품, 식품가공업에 종사하는 인력이 8만 명에 이르렀다. 또한 멕시코에서 조립공장을 의미하는 마킬라도라maquiladora는 1960년대에 생겨나서 1988년에는 1,279개 공장에서 32만 9,413명이 일하고 1999년에는 4,000개가 넘는 공장이 100만 명 넘는 노동자들을 고용했다(Hodder, 1999). 그러나 거기에는 몇 가지 문제가 있었다. 조립공장노동자들의 열악한 작업환경과 저임금, 노동조합 결성을 막는 외국 정부의 압력, 자유무역지대 주변의 자연환경을 크게 훼손하는 느슨한 환경규제 같은 문제는 많은 사람의 비난을 받았다. 게다가 중심부 기업들은 더 저렴한 노동력을 찾아 멕시코 같은 구 지역을 버리고 중국이나 베트남 같은 신생 지역으로 공장을 옮기기 시작했다. 그 결과, 멕시코의 마킬라도라에서 일하는 노동자의 수는 1999년 정점에 오른 뒤 계속 줄어들고 있는 추세다.

1995년 미국의 노동단체와 아동인권단체들은 방글라데시의 의류 제조공장에서 일하는 2만 5,000~3만 명쯤 되는 어린이들이 혹사당하고 있는 것에 항의하는 뜻으로 그곳에서 생산되는 모든 의류에 대한 구매반대운동을 전개했다. 미국은 방글라데시에서 생산되는 의류의 가장 큰 소비국으로 방글라데시의 전체 의류 수출액 16억 달러 가운데 거의 절반이 미국에서 발생한다. 또한 엘살바도르의 일부 조립공장에서는 여성들이 하루에 4달러 51센트 또는 한 시간에 56센트를 받고 일한다. 노동조합을 조직하려는 사람들은 대개 곧바로 해고된다. 화장실은 잠겨 있고 허락을 받아야만 갈 수 있다. 작업 중에 얘기를 나누는 것은 금지되어 있다. 과테말라의 노동자들은 예고도 없이 야근을 지시받기 일쑤고 거부하면 해고된다. 멕시코와 엘살바도르, 과테말라의 노조활동가들은 수시로 계획적인 폭력에 시달려왔다. 앞으로 살펴보겠지만 이런 조립공장들은 그것들이 있는 도시나 국가의 사회와 문화에 광범위하게 영향을 끼친다.

자유노동의 탄생

자본주의를 정의하는 한 가지 명확한 특징은 자기 노동력을 기꺼이 팔려고 하는 사람들이 하나의 계급으로 탄생했다는 것이다. 그들이 바로 노동자계급이며 그들은 일자리를 요구한다. 그러면 **사람들은, 특히 노동자들은 왜 자본주의를 위해 일하는가** 하는 중요한 문제를 제기하지 않을 수 없다. 예컨대 임금도 낮고 노동조건도 열악한데 **사람들은 왜 조립공장에서 일하는가?** 일부 사람들이 주장하는 것처럼 이들 노동자가 그런 일자리나마 얻은 것은 다행이 아닌가?

우리는 때때로 미국이 사실은 지금까지 사람들 대다수가 기업에 자기 노동력을 파는 임금경제였으며, 앞서 말한 것처럼 이른바 노동계급이 생겨난 것이 비교적 최근의 일이라는 것을 잊어먹곤 한다. 미국에서, 특히 말레이시아와 멕시코 같은 나라들에서 최근까지 사람들은 대부분 땅을 일구거나 자신이 직접 생산한 것을 팔아서 생계를 유지했다. 따라서 우리는 **사람들이 왜 농부나 장인과 같은 비교적 독립적인 삶을 버리고 임금노동과 같은 종속적인 삶을 택했는가** 하는 문제를 곰곰이 생각해볼 필요가 있다.

말레이시아와 멕시코처럼 산업화를 이루고 나이키 같은 외국 제조업체들을 끌어들이려고 애쓰는 나라의 정치인들은 19세기와 20세기 초의 도적으로 농민들을 땅에서 내쫓고 직물이나 철제도구 등 값싼 제품의 수입을 늘리는 데 몰두했다. 이것은 결국 국내 장인들의 몰락을 초래했다. 예컨대 19세기까지 말레이시아는 술탄들과 농민들에게서 공물을 상납받는 이른바 대인들이 다스리는 여러 개의 소국으로 구성되어 있었다. 농민들은 토지 사용권이 있었고 자신이 일군 토지가 무엇이든 상관없었지만 딱 그만큼만 자식에게 양도할 수도 있었다. 생활의 중심은 캄풍 kampung, 즉 농촌 마을이었다. 그러나 영국 식민지 지배자들은 농민들의 토지를 빼앗아 환금작물을 재배하기 위한 토지로 전환하고 자기 땅이 없는 농민들을 대규모 플랜테이션 농장에서 일하게 하거나 다른 일자리를 찾아 도시로 이주시켰다. 그래도 말레이시아에는 여전히 모든 사람이 농사를 지을 수 있을 정도로 많은 땅이 있었다. 하지만 식민지 지배자들은 그 땅을 현지인들이 먹을 식량을 재배하는 데 활용하지 않고 야자유

같은 수출용 작물을 재배하는 데 썼다.

멕시코도 마찬가지였는데 인구 대다수가 자신들이 먹을 식량을 생산할 땅을 빼앗겼다. 19세기 초 멕시코 인구의 대부분은 농촌에 살았다. 토지는 주민들이 나눠 경작했지만 공동 소유였다. 사람들은 저마다 자기에게 할당된 토지를 이용할 권리가 있었지만 그것을 팔 수 있는 권리는 없었다. 그러다가 19세기 중반 멕시코에서 마을 공동 소유의 토지가 불법이라는 법안이 통과되면서 정부는 농민들에게 자신이 소유한 토지에 대한 합법적 권리를 부여했다. 따라서 농민들은 자기 땅을 팔거나 빚을 갚기 위해 땅을 담보로 삼을 수 있었다. 그 결과, 미국인인 부자들이 대량으로 토지를 사들였다. 1910년 멕시코혁명이 일어난 해에 인구의 90퍼센트 이상이 자기 땅이 없었고 다른 대규모 농장에서 일하거나 일자리를 찾아 도시로 떠날 수밖에 없었다. 이후 50년 동안 멕시코 인구 대부분은 자기 땅에서 농사를 짓던 자율적인 농민에서 임금을 받고 일하는 종속적인 노동자로 바뀌었다.

이런 토지 박탈과정은 멕시코와 말레이시아뿐 아니라 전 세계 많은 나라에서 (앞으로 논의할 테지만) 오늘날까지도 계속되고 있다. 이것은 결국 팔 것이라고는 자기 노동력밖에 없는 땅 없는 사람을 대량으로 양산했다. 게다가 이른바 자유무역을 통해 미국을 비롯한 부자 나라 상품들이 이들 나라의 시장에 등장하면서 대규모 다국적 기업들의 상대가 되지 않는 현지 농민들과 수공업자들은 생계수단을 잃고 노동시장에 몸을 맡겨야 하는 신세가 되고 말았다. 그 결과, 이들 나라의 정부는 국민의 일자리를 빠르게 늘려야 하는 커다란 문제에 직면하게 되었다. 무엇보다 미국과 일본, 독일, 영국 기업들이 조립공장을 해외에 건설하게 된 것은 이런 상황과 맞물렸기 때문이다.

그러나 이런 조립공장들은 한 가지 역설을 수반한다. 멕시코와 말레이시아 같은 나라에서 전통적으로 임금노동자는 남성이었지만 나이키 같은 다국적 기업들이 고용하려고 하는 사람은 여성이었다. 여성들은 몇 가지 이유 때문에 생계에 필요한 수준보다 낮은 임금을 받으면서도 기꺼이 일했다. 따라서 우리는 이제 **왜 최저 생계 임금보다 낮은 임금을 지불하는 일자리가 존재하는지, 특정한 부류의 사람들이 왜 그런 일자리라도 구하려고 애쓰는지**를 알아봐야 한다.

노동력의 세분화
해외에 조립공장들이 늘어나면서 열여섯 살에서 스물네 살 사이의 젊은 미혼 여성들이 새로운 노동인구로 노동시장에 진입하기 시작했다. **조립공장들은 왜 젊은 여성들을 고용하는 걸까? 그 여성들이 열악한 노동조건에도 조립공장에서 일하는 이유는 무엇일까?** 이런 질문에 답하기 위해서는 노동력이 왜, 어떻게 여러 가지 다른 차원으로 세분화되는지를 알아야 한다.

말레이시아의 경우를 예로 들어보자. 아이화 옹(1987)은 말레이시아에 있는 일본과 미국 기업 소유의 조립공장들을 2년 동안 연구했다. 옹이 가졌던 첫 번째 의문은 이것이었다. 조립공장들은 왜 젊은 여성들을 더 고용하고 싶어할까? 그녀가 인터뷰했던 공장 관리자들은 수많은 이유를

베트남에 있는 나이키 조립공장에서 작업복 차림으로 일하고 있는 젊은 여성들이 해외 조립공장에서 일하는 대다수 노동자의 모습이다.

댔다. 한 일본인 관리자는 옹(1990, 396~397쪽)에게 이렇게 말했다. "여성들은 틀에 박힌 기계적인 일에 더 잘 집중할 줄 알아요. 그리고 젊은 여성들을 나이 든 사람들보다 선호하는 이유는 눈요기 때문이죠. 남성들이 아주 미세한 작업을 여덟 시간 동안 [쉬지 않고] 잘할 수 있을 거라고 기대할 수 없어요. 우리 작업은 여성들을 위해 고안되었지요. (……) 남성들을 고용하면 한두 달 안에 모두 달아날 거예요. (……) 서른 살 아래 젊은 여성들은 직무훈련을 시키기도 쉽고 일에 적응도 잘해요."

어쨌든 생물학적으로 볼 때 여성들이 조립공장의 일에 더 적합하다는 생각은 개발도상국들 사이에 널리 퍼져 있다. 예컨대 말레이시아에 외국인 투자를 유치하려고 만든 홍보용 소책자를 보면 말레이시아 여성노동자들에 대한 설명이 이렇게 나와 있다.

> 말레이시아 여성들은 손이 작아서 극도의 주의력이 요구되는 일도 빠르게 처리한다. 따라서 길게 늘어선 조립 생산라인에서 이 동양의 젊은 여성보다 더 효율적으로 일할 수 있는 **천성과 유전적 품성**을 갖춘 사람이 누가 있겠는가?(Ong, 1987, 152쪽[강조는 인용자])

멕시코 마킬라도라의 상황도 크게 다르지 않다. 마리아 파트리시아 페르난데스켈리(1983)도 조립공장들이 멕시코 여성들에게 끼친 영향에 주목했다. 페르난데스켈리는 이 연구를 위해 노동자들과 경험을 공유하고 여성들을 만나서 그들의 삶을 이해할 목적으로 한 마킬라도라에서 일자리를 구했다. 그녀는 거기서 기업들이 젊은 여성을 선호하는 이유가 여성들의 기술 수준이 더 높고, 온순하며, 단조롭고 반복적이며 고된 업무에도 잘 따른다고 믿기 때문이라는 사실을 알았다. 기업의 관리자들은 남성노동자들을 들떠 있거나 반항적이고 참을성이 없으며 노동조합을 만들려 하고 열악한 노동조건에 순응하지 않는 성향이 있다고 설명했다. 다음은 한 조립공장 관리자가 페르난데스켈리(1983, 181쪽)에게 설명한 내용이다.

> 우리는 대개 여성들을 고용해요. 그들은 남성들보다 더 믿을 만하고 섬
> 세한 손길과 정교한 근육으로 탁월하게 일을 처리하는 손재주가 있기
> 때문이죠. 또한 여성들은 하루에 똑같은 작업을 900번 반복해도 질려
> 하지 않거든요.

말레이시아의 조립공장이든 멕시코의 조립공장이든 미혼 여성을 더
선호했는데 나이 든 기혼 여성들은 회사 말고도 가정에서 해야 할 다른
일이 너무 많고 대개 야간 교대근무를 피하려고 하기 때문이었다. 그리
고 기혼 여성들은 호봉이 높아서 신규로 들어온 젊은 미혼 여성들이 받
는 것보다 더 많은 임금을 주어야 할 수도 있다.

또한 실업 상태에 있는 여성 인구가 매우 많아서 조립공장들이 종업원
을 고를 여지가 그만큼 많았다. 말레이시아와 멕시코에서는 새로 일자리
가 날 때마다 3명의 지원자를 받는다. 따라서 한 마킬라도라 관리자는
미국 상공회의소가 개최한 회의에 참석해 실업률이 30퍼센트인 시우다
드 후아레스에서 마음에 드는 종업원을 고르는 것은 매우 쉽다고 발표했
다. 게다가 말레이시아의 촌로들과 멕시코의 가장들은 벌이가 없는 여성
들을 조립공장에 보내고 싶어 안달이 나 있다.

그러나 조립공장의 고용 현실이 이렇게 된 데는 자본주의의 블랙박스
에 대해 훨씬 더 많은 것을 말해주는 또 다른 이유가 있다. 이를테면 여
성노동자나 어린이가 받는 임금은 남성노동자가 받는 임금만큼 많지 않
아도 된다. 또한 해외 노동자에게는 국내 노동자에게 주는 임금만큼 주
지 않아도 된다. 좀더 확대해서 말하면, 유색인종 노동자들은 백인 노동
자보다 임금을 더 적게 주어도 된다. 다시 말해 오늘날 멕시코나 말레이
시아와 같은 주변부 국가의 노동력은 19세기 북아메리카와 유럽의 노동
력이 그랬던 것처럼 이미 다양한 형태의 사회적 차별을 통해 세분화되어

있다. 자본주의 경제가 이런 형태의 차별을 만들어내든 말든, 혹은 그 차별을 강화하든 말든 그것은 중요하지 않다. 단순히 그런 차별이 존재하는 곳을 두고 논쟁을 벌이는 것도 문제가 되지 않는다. 중요한 것은 그런 사회적 차별과 편견, 즉 남녀차별과 인종주의, 이민자차별이 적어도 어느 정도 이익이 된다는 사실이다. 이것이 블랙박스의 중요한 비밀이다. 하지만 왜 그런 것인가?

경제학 원론으로 돌아가보자. 오늘날 산업은 크게 두 가지 형태로 나눌 수 있다. 첫 번째로 시장이 명확하고 이윤도 상대적으로 확실하게 보장되고 자본 투자도 높고 높은 임금과 적정한 노동조건을 보장하는 **1차 산업**이 있다. 전통적으로 자동차 제조, 통신, 에너지 같은 산업들은 1차 산업에 속한다. 거기서 일하는 사람들은 대개 보수가 높고 숙련되고 상대적으로 직무에 만족한다.

그다음으로 **2차 산업**이 있는데 패스트푸드, 농업, 전자 그리고 무엇보다도 의류·직물산업이 이에 속한다. 2차 산업은 내적으로 격심한 경쟁에 시달리며 불확실하거나 끊임없이 변하는 수요와 낮은 수익률, 비숙련 노동에 대한 의존성이 큰 특징이 있다. 2차 산업은 노동자들에게 가장 바람직하지 않은 일자리다. 여기에 속한 기업들은 경쟁력을 유지하기 위해 가장 낮은 임금을 지불하면서 노동자가 최대한의 산출물을 생산하도록 해야 하기 때문이다. 따라서 이들 기업은 대개 주변부의 가난한 나라에 공장을 세우고 그 나라에서 사회적으로 가장 취약하고 하층에 속하는 사람들을 직원으로 고용한다. 전통적으로 이런 사람들은 여성이나 어린이처럼 종속된 집단의 사람이었다. 따라서 기업들이 해외에 조립공장을 두는 것은 실제로 이렇게 노동자를 수탈하는 2차 노동시장 확대를 노리는 것이다.

물론 저임금의 노동집약적인 작업에 여성을 고용하는 것은 산업 자본주의 시절부터 오랫동안 이어져온 관행이었다. 여성과 어린이는 18세기 말과 19세기 초 산업혁명 초기에 공장노동력의 대부분을 차지했다. 1851년 영국 노동력의 31퍼센트가 여성이었으며 그들 가운데 45퍼센트가 제조업에 종사했다. 1840년 영국 직물산업의 경우에는 전체 노동력의 75퍼센트 이상이 여성과 어린이였다. 조립공장을 해외에 두는 것은 오래전부터 저임금노동을 확보하기 위해 사회적으로 취약한 노동력을 이용해오던 자본주의적 노동착취의 현대판 행태에 불과하다. 그러나 이런 2차 노동시장의 확대는 본국이나 해외에 있는 노동자와 기업들에게 다음과 같은 경제적 영향을 끼쳤다.

- 일자리가 해외로 이전되면서 본국에서는 실업자가 늘어났다.
- 미국에서 1차 노동과 2차 노동의 격차가 커졌다.
- 세계체계 아래 있는 주변부 국가들의 노동자 처지에서 보면 보수가 낮고 불안정하며 승진 기회가 거의 없는 일자리가 늘었다.

저임금 일자리를 가장 취약한 부문의 사회계층에게 맡기는 과정은 사회가 특정한 일에 부여하는 의미에 영향을 준다. 예컨대 숙련과 비숙련 작업을 나누는 것은 사람들이 흔히 생각하듯 대개 그 일의 본질적 특성 때문이 아니다. 오히려 그 일을 하는 사람이 누구인지가 그런 구분의 기준이 된다. 달리 말하면 조립공장에서 여성들이 하는 일이라고 해서 반드시 다른 일보다 숙련도가 떨어지는 것은 아니다. 그저 여성이 하는 일이기 때문에 비숙련 노동이라고 생각할 뿐이다. 페르난데스켈리는 멕시코 의류 마킬라도라에서 일하는 여성들의 재봉기술을 배우려고 애쓰다 그들의 일하는 속도를 거의 따라잡을 수 없다는 사실을 깨닫게 되었다. 그 재봉기술은 우리가 흔히 '숙련된' 노동이라고 하는 다른 일들과 거의 같거나 그보다 더 높은 수준이었다. 브라질 여성들은 선진국들이 바라는 크고 흠 없는 포도를 수확하기 위해 포도밭을 돌보는 일을 한다. 그 작업은 매우 숙련된 노동을 요구한다(예컨대 포도나무를 접목시키는 일). 그러나 여성들이 그 일을 하기 때문에 그 일을 설명할 때 그냥 '손재간과 섬세하고 빠른 손놀림'이 필요한 일이라고 말하는 것이다(Collins, 2000년, 102쪽). 따라서 여성이 하는 일은 그것이 단순히 여자가 하기 때문에 '비숙련' 노동이라고 부른다. 19세기에 흑인과 아일랜드인이 하는 일이면 무조건 '비숙련' 노동이라고 부르던 것과 마찬가지다.

그러나 기업의 관점에서 보면, 2차 노동을 저개발국가로 이전하고 값싼 노동력 저장소를 안전하게 확보하는 것은 기업주들이 노동자들에게 막강한 정치적·경제적 지배력을 행사할 수 있게 한다. 그래서 기업들은 감히 노동조합을 만들 생각을 하지 못하고 더 많은 임금이나 더 좋은 노동조건을 요구하지도 않는, 노동계급 가운데 사회적으로 가장 취약한 부문의 노동자들을 고용할 수 있다. 멕시코의 한 마킬라도라 노동자가 말한 것처럼 남성들은 단조로운 노동을 꺼리지만, 여성들은 겸손하고 온순하며 명령에 잘 따른다. 여성들은 협박하거나 강제로 일을 시키기가 쉽다. 또한 아주 쉽게 기강을 잡을 수 있다.

요약하면 기업의 입장에서 여성노동자들은 값싼 뜨내기 노동력의 주요 원천이다. 따라서 그들은 비록 전 세계 조립공장노동자 중 대부분을 차지하고 있지만 전문직이나 관리직에 오르는 사람은 거의 없다. 여성들의 지위는 가장 낮기 때문에 직물이나 신발, 플라스틱, 전기용품, 전자제품 같은 것들의 해외 수요에 따라 고용과 해고를 쉽게 반복할 수 있다.

조립공장에서 일하는 여성들이 저임금과 고된 노동조건에 시달리고 있는 현실에는 아랑곳없이 일부 경제학자와 정책입안자들은 여성들이 진정으로 더 나은 지위를 얻고 전 세계적으로 사회에서 종속된 위치를 바꾸고자 한다면 그런 고용 형태가 필요하다고 주장한다. 그들은 여성들이 번 돈은 그렇게라도 일하지 않았다면 소유하지 못했을 자원들을 통제할 수 있게 한다고 주장한다. 또한 여성들이 벌어오는 소득에 가족들이 의존하게 되면서 여성들의 사회적 지위도 향상될 것이라고 주장한다. 또 어떤 사람들은 이런 종류의 일자리 창출은 경제발전을 위해 필요한 단계이며, 마침내 우리 모두의 삶을 더욱 좋게 만들 것이라고 주장한다. 그러나 노동시장이 1차 산업과 2차 산업으로 여전히 분리되어 있다면 누군가는 반드시 저임금노동을 계속해야 한다는 사실을 기억해야 한다. 어쩌면 여성들이 그런 저임금 일자리를 벗어날 수도 있다. 하지만 19세기 아일랜드인들이 깨달은 것처럼 그러면 누군가 다른 집단이 그들의 자리를 대체하게 될 것이다.

통제와 규율

19세기 미국의 젊은 남성과 여성들이 갈수록 성장하는 도시의 공장으로 일자리를 찾아 몰려들자 그 도시의 시민들과 공장주들은 한 가지 문제에 직면하게 되었다. 과거에 이 젊은이들은 자신들이 살던 농촌 마을의 사회기관들에 통합되어 있었다. 그들은 가족과 교회의 구성원으로서 특정한 행동기준을 지키며 살아야 했다. 그런 기준을 위반할 경우 비난과 벌을 받는 것은 물론 심지어 사회에서 매장될 수도 있었다. 그러나 일자리를 찾아 옮겨온 도시에서 이주노동자들은 대개 그런 제약으로부터 자유로웠고 과거에 자신들이 부인했던 행위들을 자유롭게 시험해볼 수도 있었다. 결국 남성들은 '건달'이라거나 '깡패'라는 오명을 얻었고 여성들에게는 '부도덕하다'거나 '헤프다'는 꼬리표가 붙었다. 따라서 자유노동의 탄생은 한 가지 문제를 유발했다. **당신은 이 새로운 노동력을 어떻게 통제할 것인가?**

예컨대 20세기 벽두에 뉴욕 시에서는 수천 명의 젊은 여성들이 공장에 취직했다. 그들은 새롭게 눈뜬 자유를 만끽하며 자신들이 번 돈으로 쇼핑을 하고 데이트도 즐기고 춤추러 가기도 하고 코니아일랜드 같은 위락지구에 놀러가기도 했다. 그러나 그들의 행동은 그것을 부도덕하다고 본 일부 사람들에게 경종을 울렸다. 그래서 일부 사회개혁단체들은 여성노동자들이 이런 '유혹'에 빠지지 않도록 '보호'할 방법들을 제안하고 조직했다. 그들이 내놓은 해법 가운데 하나가 기독교여자청년회YWCA 같은 젊은 여성들을 위한 사회적·종교적 모임이나 협회를 결성하는 것이었다.

이런 단체들은 또 다른 기능을 수행했다. 부도덕한 도시의 유혹에 빠질까 봐 어린 딸들을 도시의 공장에 보내기를 주저했던 부모들은 이런 단체들 덕분에 그런 두려움에서 벗어날 수 있었다.

19세기 미국과 영국에서처럼 말레이시아나 멕시코 같은 나라의 젊은 남녀들도 일자리를 찾아서 고향을 떠나 새로 조립공장들이 세워진 도시로 이주했다. 그것은 그동안 그들을 짓눌렀던 가족과 교회가 부과한 전통적 제약에서 벗어날 수 있는 기회를 제공했고, 따라서 그들은 이제 전통에 얽매이지 않고 여가를 즐길 수 있었다. 말레이시아에 새로 설립된 조립공장에서 일하는 여성노동자들의 상황을 예로 들어보자. 여성노동자 대다수는 나이가 열여섯 살에서 스무 살 사이로 젊다. 고향에서 그들은 대부분 집에서 생활했을 것이고 어쩌면 일부는 학교에 다녔을지도 모른다. 그리고 대개는 어머니의 지시에 따라 다양한 집안 허드렛일을 했을 것이다. 사내아이들과 데이트는 거의 하지 못했을 테고 하더라도 부모의 철저한 감시 아래 있었을 것이다. 결혼은 대개 부모가 정해준 대로 했을 것이다. 그러나 공장노동은 이 젊은 여성들이 돈을 벌 수 있게 해주었고, 그들은 그 돈의 일부를 직접 관리할 수 있게 되었다. 비록 노동자들 대다수가 자기가 번 돈의 절반 또는 그 이상을 가족들에게 보내지만 그 나머지는 자유롭게 쓴다. 일부는 그 돈으로 공무원 시험을 준비하기 위해 타자학원이나 고시학원에 다니면서 앞날을 준비하기도 하고 '경력'을 쌓기도 한다. 또 일부는 소비자가 되어 시내로 가서 쇼핑을 하거나 영화를 보면서 "돈을 흥청망청 쓴다." 그들은 이제 전통 캄풍 복장을 벗어던지고 몸에 달라붙는 청바지와 티셔츠로 갈아입고 에이본 화장품을 사고 그들이 '일렉트릭 룩'이라고 부르는 헤어스타일로 멋을 부린다.

말레이시아의 여성노동자들은 이제 자기 결혼자금을 마련하기 위해 돈을 저축할 것이기 때문에(과거에는 전통적으로 집안 어른들이 결혼자금을 마련했다) 자신이 직접 신랑 될 사람을 고르는 것이 정당하다고 생각한다. 이혼이 늘어나는 것으로 볼 때 개인의 성생활이 점점 자유로워지고 있음을 알 수 있다. 여성들은 사회적 경계를 뛰어넘어 외간 남성들과 '부정한' 관계를 맺기도 하고 다른 민족집단의 남성(예컨대 중국인)과 결혼하기도 한다. 과거 전통 가정과 교회에서는 전혀 상상할 수도 없었던 일들이다.

말레이시아에서 여성노동자들의 수가 늘어나면서 공장에 다니는 여성들의 도덕성이 느슨해졌다고 비난하는 목소리가 줄을 잇고 있는데, 특히 이슬람 근본주의자들의 목소리가 크다. 말레이시아 언론들은 공장에 다니는 여성들을 쾌락을 추구하고 서양의 소비문화에 푹 빠진 낭비벽이 심한 사람으로 묘사한다. 매춘에 대한 기사는 '섹스에 빠진 공장 여성'이라는 선정적인 제목을 뽑는다.

이 모든 상황은 여성노동자들에 대한 통제를 더 강화할 것을 요구했다. 그러나 상류층 여대생들은 공장에 다니는 여성들이 하는 것과 똑같은 데이트나 영화 관람을 해도 사회로부터 그런 주시를 받지는 않았다. 심지어 학계나 종교계, 정부 인사들도 젊은 여성들의 도덕성 실종문제를 심각하게 받아들여야 한다고 주장하며 그 문제를 해결하기 위해서는 상담이나 레크리에이션 활동을 강화해야 한다고 제안했다. 또한 여성노동자들이 전통적으로 주로 가사에 전념하는 여성들보다 하루에 3시간을 더 일하는데도 여성노동자들의 여가시간을 통제해야 한다는 여론도 있었다.

어쨌든 공장노동자들이 새롭게 발견한 자유는 젊은이들만큼이나 기업인들에게도 환영받을 일이다. 그들이 벌어들인 새로운 소득과 그것의 일부를 자기 마음대로 쓰고자 하는 의지는 농촌의 젊은 남녀를 자신들이 만든 제품을 사는 소비자로 바꾸어놓았다. 그러나 새로운 자유는 또 다른 문제를 불러왔다. 자본주의 기업은 믿을 수 있는 훈련된 노동력을 요구한다. 옛날식 규율은 버리고 새로운 형태의 규율이 그것을 대체해야 한다. 그렇다면 그것은 어떻게 작동되는가?

공장 관리자들은 이제 가정과 교회가 젊은 노동자들의 생활과 무관하지만 자기 공장의 노동자들을 통제하기 위해서는 이런 전통적인 기관들을 다시 이용하지 않을 수 없다고 생각한다. 말레이시아는 이슬람 국가다. 이슬람 관습에 따르면 부모는 자식들을 열다섯 살 때까지 돌봐주어야 하고 반면에 자식들은 자기 부모를 보살펴야 한다. 따라서 어린이, 특히 여자아이들은 부모가 자신에게 베푼 보살핌을 부모에게 반드시 되돌려주어야 한다. 젊은 여성들이 공장주와 관리자에게 순응할 수밖에 없는 이유 가운데 하나는 부모에게 입은 은혜의 일부를 갚기 위해 돈을 벌어야 하기 때문이다.

또한 공장 관리자들은 여성노동자들의 고향 마을 사람들과 긴밀한 인간관계를 구축해서 노동자들을 통제할 때 그들의 도움을 받아 규율을 유지하려고 한다. 예컨대 관리자들은 자기 공장에서 일하는 사람들의 고향 마을에 있는 지역단체들에 기부를 한다. 그리고 그들은 부모들이 자기 딸들의 행동을 감시하는 것을 도울 수 있는 규칙을 만든다. 노동자들이 마을에서 공장으로 차를 타고 출퇴근할 경우에는 공장 버스로 집까지 데려다준다거나 부모들에게 잔업시간을 공지해서 자기 딸들이 저녁시간에 공장에 있는지 다른 곳에 갔는지를 알 수 있게 한다. 공장 관리자들은 이런 노력을 통해 마을 원로들의 신망을 얻는다. 마침내 마을 원로들은 공장에서 일하는 자기 딸들에 대한 공장주들의 사회적 통제를 도덕적 차원에서 지지하게 된다.

기업들은 노동자들이 회사 목표에 순응하도록 장려하기 위해 전통적인 가족의 가치를 이용한다(Ong, 1987, 169쪽). 관리자들은 노동자들에게 우리는 모두 '한 가족'이라고 말한다. 한 공장의 사훈을 살펴보자.

- 한 가족 만들기
- 노동자 양성
- 회사와 나라에 충성, 동료에게 신의

공장 관리자들은 스스로를 여성노동자들이 속한 지역사회보다 더 큰 공동체에서 부모와 같은 인물로 표현한다. 그래서 노동자들이 지나치게 심한 통제에 불평을 쏟아내도 부모들은 자기 딸들에게 공장을 그만두라고 절대로 말하지 않는다.

종교 역시 규율의 수단으로 이용된다(Ong, 1987, 185쪽). 말레이시아는 이슬람 국가이기 때문에 정부기관에 이슬람 율법에 따라 사법권을 집행하는 특별 부서들이 있다. 예컨대 현행 이슬람 율법에 따르면 이슬람교도들은 서로 가까운 친척이나 결혼한 사이가 아닌 남녀가 '사적 공간에 둘만 있는 경우'에 **할왓**khalwat이라는 죄명으로 체포될 수 있다. 반드시 섹스를 한 것도 아니고 그저 섹스를 제안한 것만으로도 벌금을 물거나 여러 달 동안 감옥에 들어갈 수 있다. **지나**zinah라고 하는 부정한 간음으로 체포된 사람들은 훨씬 더 큰 처벌을 받을 수 있다. 조립공장에서 일하는 젊은 여성들이 늘어나면서 노동자들이 주로 이용하는 허름한 여관이나 싸구려 호텔에 대한 정부의 종교 관련 특별 부서들의 급습도 더 늘어났다.

그다음으로 공장 자체의 규율이 있다. 앞서 말했듯이 18~19세기 공장들은 감옥을 본떠 만들어졌다. 오늘날 조립공장들도 그것과 크게 다르지 않다. 말레이시아 조립공장노동자들은 때때로 유리 칸막이가 있는 공간에서 일하며 감시를 받는다. 예를 들면 한 공장에서는 감독관 3명과 현장주임 12명이 530명의 직공들을 관리한다. 지나치게 감시가 심한 현장주임들은 여성노동자들이 기도실이나 진료실, 심지어 화장실에 가는 것까지 일일이 간섭하면서 공장의 규칙을 그야말로 강압적으로 적용한다. 일부 현장주임들은 여성노동자들의 생리현상이나 개인활동에 대해서도 모욕을 주며 문제 삼기까지 한다. 또 출근시간에 늦거나 할당된 생산량을 채우지 못한 벌로 여성노동자에게 조립공장 둘레를 여러 바퀴 돌게 한 사례들도 있다.

감옥에서처럼 복장은 규율을 적용하는 수단으로 쓰일 수도 있다. 말레이시아 노동자들은 너무 꼭 끼고 반드시 단추를 채워야 하는 작업복을 입어야 한다고 불평한다. 또한 그들은 무거운 고무장화도 신어야 한다.

이런 복장은 전통적으로 말레이시아인들이 일할 때 입는 헐렁한 옷이나 가벼운 샌들과는 매우 다르다.

그리고 조립공장은 말레이시아 노동자들에게 노동과 시간의 관계에 대한 서양의 공장 중심적 사고를 주입한다. 오늘날 조립공장의 노동자들이라면 누구든 반드시 순응해야 하는 사고다. 예컨대 전통적으로 말레이시아의 어린 소녀들은 가사나 밭일을 도왔다. 그들의 활동은 오늘날 공장에서 시행하는 노동시간이나 작업규칙과 비교해보면 상대적으로 자유로웠다. 그들은 대개 일하다가도 어머니의 눈을 피해 잠깐씩 사람들을 만나러 다닐 수 있었다. 물론 아버지나 오빠 같은 남성들의 눈치를 볼 필요는 전혀 없었다. 그들이 신경을 써야 할 일이 있다면 날마다 정해진 시각에 드리는 이슬람 기도시간이었다.

반면 공장에 다니는 여성노동자들은 날마다 8시간씩 계속해서 일해야 하는데, 중간에 두 차례 15분의 휴식시간과 30분간 점심시간이 주어진다. 또한 그들의 작업일정은 달마다 바뀐다. 여성들은 자신들의 생활을 '근무시간'과 '여가시간'으로 나누기 시작한다. 그들은 현장주임들의 지나친 감시에 시달린다. 화장실에 가려고 작업대를 잠시 비울 때는 허락을 얻어야 한다. 출근시간에 늦기라도 하면 (작업량에 따라 보수를 받는데도) 벌금을 물어야 한다. 이것은 일과 생활의 구분이 없고 일하다가 '중간에 잠시 말을 나누며 쉬는 것'이 전혀 문제가 되지 않던 전통적인 노동과정과는 극명하게 대조된다.

말레이시아 사람들은 전통사회의 시간 개념이 자본주의 시계의 시간 개념으로 바뀌고 있음을 알고 있다. 그래서 그것을 비판하기 위해 자기 나름의 방법들을 개발했다. 옹(1987, 112쪽)은 결혼한 부부 한 쌍의 사례를 들었다. 이웃들의 말에 따르면 아흐메드와 에다흐 부부는 부자가 되겠다는 일념에 사회적 의무를 포기하는 대신에 모든 시간을 자본을 축적하는 데 썼다. 이웃들은 그 부부가 이웃에게서 돈을 빼앗아가기 위해 영혼의 조력자인 토얄toyal을 불러냈지만, 그것이 그들 부부에게 시간에 대한 강박관념을 남겼다고 했다. 이웃 사람들은 마침내 그들 부부가 시간에 대한 강박관념 때문에 부를 축적하는 데 모든 시간을 쓰기가 점점 더 힘들어진 것을 보고 거꾸로 토얄이 그들 부부에게 복수했다고 결론지었다.

저항과 반란

자본주의는 규율에 복종하는 노동계급, 즉 기업이 이윤을 남기도록 임금을 받고 기꺼이 일할 준비가 되어 있는 사람들을 요구한다. 그러나 여기에는 한 가지 문제가 있다. 대개 사람들은 규율과 통제를 순순히 받아들이지 않으며 직·간접적으로 저항할 방법을 찾는다.

자본주의적 규율에 대한 저항은 노동자 항의나 노동조합 결성, 심지어 (뒷부분에서 다루어질) 혁명에 이르기까지 직접적인 형태를 띨 수 있다. 또한 저항은 아기의 영혼을 파는 대가로 돈에 세례를 줌으로써 자본 축적을 기원하는 콜롬비아 농민들의 사례처럼 도덕적 비판의 형태를 띠기도 한다. 그런 간접적 저항 형태는 세계체계의 주변부 국가에서만 볼 수 있는 것이 아니다. 예컨대 산업혁명 초기 유럽에서 전해져 내려온 이야기들 가운데 하나가 룸펠슈틸츠헨Rumpelstilzchen(독일 민간설화에 나오는 난쟁이—옮긴이)의 이야기다. 민간설화는 단순히 이야기 이상의 의미를 담고 있다. 그것은 민중의 믿음을 표현한 것이다. 대개 민간설화는 인간의 옳고 그른 행동에 따른 결과를 극적으로 표현한 도덕적인 이야기다. 예컨대 제인 슈나이더(1989)는 룸펠슈틸츠헨 설화가 근세 유럽의 아마포산업의 발전을 배경으로 한 이야기라는 데 중요한 의미가 있다고 주장했다. 실제로 그 이야기는 콜롬비아 농민들의 사례처럼 자본주의적 생산에 대해 다양한 방식으로 비판한다.

룸펠슈틸츠헨이 나오는 설화들 가운데 하나에서 어떤 사람이 자기 딸은 짚으로 황금을 자아낼 수 있다고 허풍을 떤다. 그 소문을 들은 왕은 그 딸이 왕궁에 와서 정말 짚으로 황금을 자아낸다면 왕후로 삼겠다고 제안한다. 그 딸은 짚으로 황금을 자아내려고 애써보지만 헛수고일 뿐이다. 그런데 딸 앞에 어떤 이상한 난쟁이가 나타나 자기가 짚으로 황금을 만들어줄 테니 그녀가 낳을 첫 아이를 자기에게 달라고 한다. 그녀는 그 제안을 받아들인다. 결국 룸펠슈틸츠헨은 황금을 자아내는 데 성공하고 그녀는 왕과 결혼해 아이를 낳는다. 난쟁이는 약속을 이행할 것을 요구하지만 눈물을 흘리며 비통해하는 그녀를 보고 마음이 약해져 다른 대안을 내놓는다. 만일 그녀가 자기 이름을 알아맞힌다면 그 약속은 없던 걸로 하겠다는 것이다. 물론 그녀는 룸펠슈틸츠헨의 이름을 알아맞힘으로써 그를 낙심하게 만든다.

우리는 이 설화가 16세기와 17세기 유럽의 농민들에게 무엇을 의미했는지 잊어버린 지 오래다. 예컨대 당시에 주요 산업 가운데 하나가 아마포 생산이었다. 아마포는 아마의 짚으로 아마실을 자아낸 것이었다. 아마실로 짠 옷감은 시장에서 황금 동전을 받고 팔았다. 따라서 이것은 결국 짚으로 황금을 자아낸 것이나 마찬가지였다. 게다가 실을 잣는 일은 대개 젊은 여성들의 몫이었다. 여성들의 물레 돌리는 솜씨는 돈벌이의 원천일 뿐 아니라 왕이 장래의 왕후를 정할 때 그랬던 것처럼 남성들이 아내를 고를 때 보는 자질 가운데 하나였다. 더 나아가 이 설화에는 악마와의 약속이라는 내용이 담겨 있다. 대가는 첫 번째 태어난 아기다. 따라서 우리는 여기서 부의 생성은 콜롬비아의 농민들이 돈 세례식을 통해 아이의 영혼을 팔아넘기는 것처럼 반드시 사회적·개인적 희생이 따르기 마련이라는 상징적 의미를 발견한다.

말레이시아 조립공장노동자들도 자본주의적 규율에 대한 자신들의 저항을 나타내는 정교하면서도 매우 상징적인 수단을 발견했다. 그것은 신들림의 형태를 띤다. 말레이시아는 이슬람 국가지만 이슬람교는 마법이나 혼령을 믿는 토착신앙과 동시에 존재한다. 따라서 1980년대 말레이시아의 조립공장 관리자들, 특히 미국인과 일본인 관리자들은 뜻밖에도 공장 안에서 신들림이 전염병처럼 퍼지는 상황에 직면했다(Ong, 1987년, 204쪽). 한 대규모 미국계 전자공장에서는 40명의 말레이시아 직공이 신들림에 걸렸다. 3년 뒤 또 다른 공장에서 120명의 노동자가 신들림에 걸렸다. 그 공장은 3일 동안 문을 닫았다. 한 주술사(보모bomoh)는 공장 구내에 있는 혼령을 위로하기 위해 염소 한 마리를 희생양으로 바치라고 지시했다.

또 다른 미국계 반도체 공장은 여성노동자 15명이 신들림에 걸리자 문을 닫고 말았다. 공장의 인사책임자에 따르면 신들린 여자애들이 흐느껴 울면서 발작적으로 소리를 지르기 시작했다고 한다. 공장 관리자들은 그런 현상이 점점 확산되는 것처럼 보이자 곧바로 다른 노동자들을 공장 밖으로 내보냈다. 그 여성들은 공장이 너무 '불결'해서 결국 다툭datuk(말레이시아 말로 조상을 뜻한다 — 옮긴이)이라고 부르는 귀신이 출몰했다고 설명했다.

말레이 세계는 오늘날에도 여전히 인간의 영역과 비인간의 영역을 오가는 혼령이 많다. 신들림은 불결, 분노, 치열한 경쟁이라는 주제를 표현하는 것처럼 보인다. 특히 신들림과 관련된 일화들 가운데 두드러진 것은 사람들이 부를 쌓도록 도와주는 토얄이라든가 갓 태어난 아기의 생명을 위협하는 폰티아낙pontianak 등 혼령들의 이야기다.

아이화 옹은 말레이시아 여성노동자들이 반발하는 것은 산업자본주의와 같은 추상적인 것이 아니라 인간적인 모멸감이나 인간관계의 혼란과 같은 구체적인 현실이라고 주장한다. 이것은 콜롬비아 농민들이 임금노동에 대해 아이의 영혼을 팔아 돈 세례식을 거행하는 것으로 대응하는 것과 매우 유사한 방식이다.

콜롬비아의 돈 세례식, 16세기와 17세기 유럽에서 첫 번째 태어난 아기의 희생, 말레이시아 공장노동자들의 신들림과 같은 현상에서 보이는 민중의 믿음은 새로운 자본주의 생산환경에 직면해 그것에 맞선 사람들 사이에서 널리 자본주의를 비판하는 사례들이다. 그런 믿음은 결국 자본주의 생산이 약간의 경제적 향상을 위해 매우 높은 사회적·개인적 비용을 치른다는 민중의 생각을 표현하고자 찾아낸 방식인 것이다.

결론

이 책의 중요한 전제는 자본주의 경제를 이해하지 않고는 오늘날 세계와 그 안에서 일어나는 문제, 즉 인구증가나 기아, 빈곤, 환경파괴, 보건, 전쟁, 종교적 격변 등을 이해할 수 없다는 것에서 출발한다. 더욱더 많은 부를 축적하는 것이 궁극적 목표인 자본주의 경제는 지난 4~5세기 동안 끊임없이 재편되었고 새로운 사회와 문화 형태를 창조했으며 전통 문화기관들을 그런 궁극적 목표에 기여하도록 탈바꿈시켰다. 여기서 자본주의는 자신의 특징을 블랙박스로 나타냈다. 블랙박스의 목적은 돈을 더 많은 돈으로 바꾸고 금전적 투자를 받아 그것에 이윤과 배당금, 이자를 덧붙이는 것이다. 대다수 사람이 볼 때 이런 과정은 콜롬비아 농민들이 세례를 받은 돈에 기대하는 행동만큼이나 신비로운 것이다.

우리는 블랙박스가 그런 전환과정을 어떻게 수행하는지 알기 위해 해외에 조립공장들이 증가하는 모습과 블랙박스가 가장 효율적으로 작동하는 데 필요한 노동력의 창출과 세분화, 통제에 대해 살펴보기 시작했다. 역사적으로 볼 때 자유노동은 민중을 자기 땅에서 쫓아내거나 그들이 생계를 꾸려나가던 소규모 산업을 파괴함으로써 생겨났다. 이것은 나라마다 서로 다른 방식으로 진행되었지만 결국 생계를 유지할 수 있는 유일한 방법이 자기 노동력을 파는 것밖에 없는 사람들을 만들어냈다는 점에서는 동일하다. 이것은 개발도상국이든 저개발국가든 선진국이든 똑같다. 실제로 임금노동에 의존하는 우리는 핵물리학자든 의류노동자든 모두 '자유'노동의 집합체를 구성한다. 이런 노동 집합체는 실제로 하나의 연속체다. 하지만 한편으로는 매우 숙련된 노동력을 필요로 하는 산업이나 기업에 있는 상대적으로 임금이 높고 선망받는 일자리들과 다른 한편으로는 고도로 경쟁적이고 값싼 노동력 공급이 절실한 상대적으로 임금이 낮고 피하고 싶은 일자리들로 점점 더 분리된다. 값싼 노동력 공급에 절대적으로 의존하는 산업이나 기업은 대개 노동비용을 최소화하고 노동력을 최대로 통제하기 위해 성, 인종, 나이, 출생국가에 따라 사회적 분리와 차별을 이용할 줄 안다.

자본주의 경제는 값싼 노동력의 공급을 늘리고 그것을 이용하기 위해 노동력을 규율에 따라 복종시킬 수 있는 방법을 개발해야 한다. 공장 조직을 이용할 수도 있고 시간 개념을 재정립할 수도 있으며 가정이나 교회 같은 전통적 사회기관을 활용할 수도 있다. 그러나 노동자들은 그런 새로운 형태의 규율이 존재함에도 속내를 감춘 간접적인 비판 형식, 돈 세례식이나 신들림, 룸펠슈틸츠헨 설화 같은 도덕적 이야기를 통하든 아니면 노동조합 결성 같은 직접적인 반발 형태를 취하든 자신들의 저항의지를 나타낸다.

물론 노동이동성, 세분화, 규율에 따른 노동력의 복종은 오늘날 자본주의의 특징 가운데 하나일 뿐이다. 또 이런 노동에 대한 이해는 블랙박스가 어떻게 돈을 더 많은 돈으로 전환시키는지 알기 위한 첫걸음일 뿐이다. 따라서 노동 이외에 다른 요소들을 추가로 살펴볼 필요가 있다. 그것을 위해 이제 다른 중요한 질문들을 던져보자. 자본주의 체제는 전체적으로 어떻게 발전했을까? 그 블랙박스는 오늘날과 같은 모습이 되기까지 어떻게 진화했을까? 무엇보다도 **상인은 어떻게 해서 그리고 왜 자본가로 발전했을까?**

Global Problems and the Culture of Capitalism

상인, 기업가, 금융업자의 성장과 몰락

15세기부터 유럽의 병사와 선원들은 자기 나라 왕실의 깃발을 나부끼며 전 세계 구석구석을 누비고 다녔다. 유럽 상인들은 베라크루스에서 나가사키에 이르기까지 그들의 창고를 지었다. 상인들은 전 세계의 항로를 지배하면서 기존의 독립적인 교역망들을 침범해 그것들을 하나로 연결했다. 그들은 '하느님과 이익'에 충성하면서 유럽인들이 바라는 생산물의 산지를 찾았고, 그 생산물들을 옮기기 위해 강압적인 체제를 만들었다. 이에 호응해 유럽의 수공업 공방들은 개별적으로 또는 서로 연합해서 대형 공장을 만들어 광범위한 군사력과 해상 지배력을 통해 해외 공급자들에게 제공할 상품을 생산하기 시작했다. 그 상품들은 해외 공급자들을 통해 유럽에서 팔 상품들과 교환되었다. 그 결과, 전 세계를 하나로 잇는 상업망이 탄생했다.

— 에릭 울프, 『유럽과 역사 없는 민중』

인구 1억 8,000만 명, 평균 연령 18세, 이슬람교의 금주 등 인도네시아를 생각하면 나는 천국이 어떨지 알 것 같다.

— 도널드 R. 키오, 전 코카콜라 사장

앞으로 5년 뒤, 사람들은 신용파생상품 시장의 탄생을 세계 금융시장의 발전에 있어 분수령을 이룬 사건으로 기억할 것이다.

— 블라이드 마스터스, J. P. 모건 파생금융상품 그룹

❖ ❖ ❖

인류 역사에서 지금처럼 자본가들에게 좋았던 적은 한 번도 없다. 우리는 기업, 은행, 펀드, 채권, 주식, 심지어 국가까지 투자 기회로 가득 찬 세상에 살고 있다. 우리는 그런 기회들을 이용해 돈을 투자해서 더 많은 돈을 벌어들일 수 있다. 나이키 기업 같은 이런 돈벌이 장치들은 전 세계 사람들이 사고 싶어 아우성치는 제품을 만드는 데 필요한 값싼 노동력과 자본, 원재료, 고급기술을 이미 확보하고 있다. 게다가 각국 정부들은 그들 기업을 유치하기 위해 법률을 개정하고 시장을 개방하는 협정을 체결하는 등 경쟁을 벌인다. 또한 그런 다국적 기업들이 상품을 싸게 생산하거나 서비스를 제공하고 경쟁력 있는 가격을 매길 수 있도록 생산 기반시설(도로, 공항, 전력시설, 금융제도, 통신망 등)을 확충하는 데 매진한다. 국민국가 체제는 투자를 보호하고 시장개방을 감시하기 위해 군대를 유지한다. 교육기관들은 지식과 기술이 있고 규율에 복종하는 노동자들을 양성하는 구실을 하며, 전문기관이나 대학 연구소들은 훨씬 더 좋고 값싼 제품을 만드는 신기술 개발에 매진한다. 정부와 교육기관, 언론과 방송 같은 대중매체들은 사람들에게 점점 더 많은 상품을 소비하라고 권장한다. 일반인들은 투자기관들이 하는 일에 적응하고 그곳에서 생산하는 금융상품을 얻기 위해 거기에 맞춰 자신의 사회적·경제적 삶을 배치한다. 거꾸로 투자기관들은 거액의 이익을 올리고 그 수익금을 특수한 금융상품들을 더 많이 만들어내기 위해 재투자하거나 일반 상품과 서비스를 더 많이 생산하는 다른 기업에 투자하기도 한다. 사람들은 과거 그 어느 때도 이처럼 거대한 부를 축적할 수 있는 기회를 가져본 적이 없었다. 1999년 미국에서 가장 부자인 400명 가운데 298명이 10억 달러가 넘는 재산을 보유했고 400명 전체의 순자산 가치는 1조 2,000억 달러에 달했다. 그 금액은 당시 미국 전체 국내총생산의 8분의 1에 해당하는 규모였다(Forbes, 2000b 참조).

그러나 그런 기업활동과 돈벌이는 경제와 환경, 사회에 막대한 영향을 끼친다. 오늘날 우리는 부자와 가난한 자 사이의 격차가 점점 커지는 세상에서 살고 있다. 일부 사람은 매우 부유하고 편안한 삶을 누리는 반면 10억 명이 넘는 인구는 끼니도 제대로 잇지 못하는 그런 세상에서 살고 있다. 기업활동이 환경에 끼치는 영향도 만만치 않다. 생산활동은 지구의 에너지 자원을 고갈시키고 환경을 파괴한다. 또한 이것은 인간 건강에도 지대한 영향을 끼치는데, 환경파괴 때문에 위생문제가 발생할 수도 있지만 너무 가난해서 병원에 갈 수 없는 사람들은 대개 그냥 건강을 무시하고 살기 때문이다. 정치적 영향도 크다. 정부는 기업과 투자자들에게 유리한 환경이라고 생각하면 그것을 유지하기 위해 군대까지 동원한다. 끝으로 때로는 전 세계 경제가 갑자기 쇠퇴하면서 수많은 사람이 일자리를 잃고 엄청난 부가 순식간에 사라지는 경제위기가 닥치기도 한다.

오랜 인류 역사의 관점에서 볼 때 이런 환경은 매우 최근에 형성된 것들이다. 사람들은 오랜 세월 동안 기껏해야 300~400명을 넘지 않는 아주 작고 상대적으로 고립된 주거지에서 살아왔다. 약 1만 년 전까지만 해도 사람들은 모두 수렵과 채취생활을 하며 먹고살았다. 일부 지역 사람들은 먹을거리를 야생에서 자라는 식물이나 동물에 의존하지 않고 곡식을 직접 재배하거나 가축을 사육하기 시작했다. 이것을 반드시 인류 사회가 발전한 것이라고 말할 수는 없다. 실제로 노동의 관점에서 보면 이것은 그동안 자연이 하던 일을 인간이 하게 된 것이기 때문이다. 더 열심히 일하게 된 것의 유일한 이점은 더 늘어난 노동이 더 조밀해진 인구를 먹여 살린다는 것이었다. 주거지는 크고 작은 도시에서 수백 명이 아니라 수천 명이 함께 모여 사는 규모로 커졌다. 직업이 점점 전문화되고 농촌 마을과 크고 작은 도시, 지역들이 서로 교역하고 통신할 필요가 생겼다. 정치관계는 점점 복잡해졌고 부족장은 왕이 되었으며 왕은 다시 여러 지역을 다스리는 황제가 되었다.

그 뒤 약 400~500년 전, 에릭 울프가 "아시아라는 거대한 땅덩어리에서 멀리 떨어진 작은 반도"라고 불렸던 유럽은 여행과 교통을 통해 전 세계를 하나로 잇는 교역망을 완성했다. 한 지역이 다른 지역들을 지배하는 것은 당시 세계에서 새로운 현상이 아니었다. 자기 주변 지역에 영향력을 행사했던 문명은 이전에도 많이 존재했다. 기원전 4세기의 중앙아메리카 마야 문명과 그리스 문명, 1세기와 2세기의 로마 문명, 8세기와 9세기의 이슬람 문명이 그것이다. 다만 여기에는 중요한 차이가 있었다. 이런 제국들의 건설은 크게 볼 때 정복과 군사적 지배라는 정치적 과정이었다. 유럽의 확장은 비록 군사적 침략이 있었던 것은 틀림없지만 대개가 경제적 수단, 즉 교역의 확대와 통제를 통해 이루어졌다.

이제 우리는 자본을 지배하고, 노동자를 고용하고, 상품 소비에서 이익을 얻는 사람들인 자본가(상인, 기업가, 금융업자)가 어떻게 발전해왔는지 살펴볼 것이다. 이런 발전은 오랜 역사의 과정을 거쳤다. 오늘날 전 세계에 존재하는 권력과 돈의 분포와 자본주의 문화의 기원을 이해하려고 한다면 그런 역사에 대한 이해가 반드시 필요하다.

잠시 지난 600년 동안 전 세계를 주름잡고 다녔던 기업가, 세계적 상인, 또는 모험상인*이라고 부르던 사람들의 역할을 추정해보자. 이제부터 우리는 1400년에 돈을 어떻게 벌었는지를 알기 위해 전 세계를 조사하기 시작할 것이다. 그리고 당시에 자본의 구성과 유통에 어떤 변화가 일어났는지 꼼꼼히 살펴보면서 2010년에 조사를 마무리할 것이다. 우리는 상인의 시각으로 세계를 바라보기 때문에 놓치는 것이 많다. 이를테면 다양한 정치 발전, 종교전쟁, 혁명, 자연재해와 같은 것들이다. 우리가 이런 사건들을 지나친다고 해서 그것들이 기업활동에 아무런 영향도 끼치지 않았음을 의미하는 것은 아니다. 사실 많은 경우 그것들은 심대한 영향

---

* 모험상인이라는 명칭은 16세기에 앤트워프와 베르헨옵좀, 그리고 나중에 함부르크에 근거지를 두고 네덜란드와 독일을 대상으로 직물거래를 하던 머천트 어드벤처러스Merchant Adventures(모험상인조합)라는 영국의 교역회사에서 유래되었다. 그 회사는 1809년에 문을 닫았다.

을 끼쳤다. 그러나 우리의 주요 관심사는 기업의 일상 활동방식에 가장 큰 영향을 끼친 사건들이며, 모험상인들의 이윤 추구가 전 세계 사람들에게 어떻게 영향을 끼쳤는가 하는 것이다. 우리의 역사 여행은 다음의 다섯 가지 문제에 집중할 것이다.

1. 자본이 어떻게 소수에게 집중되었고 세상은 어떻게 부자와 가난한 자로 나뉘게 되었는지에 대한 이해. 1400년에도 부자와 가난한 자는 분명 있었다. 그러나 당시에는 오늘날과 같은 중심부와 주변부 사이의 전 세계적인 거대한 차별은 존재하지 않았다. **부의 분배는 어떤 변화과정을 거쳤고 세계의 한 지역이 다른 지역들을 경제적으로 어떻게 지배하게 되었는가?**

2. 기업조직과 자본 구성의 변화에 대한 이해. 다시 말해 **누가 돈을 지배했는가?** 1400년 기업 대부분은 규모가 작고 가족을 중심으로 한 조직이었다. 자본은 이들 집단과 정부조직이 지배했다. 오늘날 우리는 다국적 기업들의 시대에 살고 있다. 그들 기업이 보유한 부는 대개 대부분의 나라가 보유한 부보다 크다. 우리는 자본력이 우리의 삶을 지배하게 된 발전과정과 1400년의 상인이 18세기와 19세기의 기업가로, 다시 20세기 말의 투자자와 금융업자로 변모한 과정을 밝혀낼 필요가 있다. **이런 자본 구성의 변화가 어떻게 그리고 왜 일어났는가?**

3. 세계 경제통합 수준의 상승. 모험상인의 관점에서 볼 때 한 지역에서 다른 지역으로 교역할 수 있는 기회를 되도록 제한하지 않기를 바라는 것은 당연하다. 제한이 적을수록 이윤을 남길 기회는 점점 더 커진다. 국제통화, 수출입 규제에 관한 국가 간의 협정, 지역 간 화폐와 상품의 자유로운 이전, 가능한 한 최소 임금을 주고 원하는 인력을 고용할 수 있는 자유 등은 모든 무역상이 바라는 것이다. 게다가 기업활동의 결과에 대한 정부의 규제가 극히 미미하거나 없다면 더할 나위가 없을 것이다. **세계 경제통합 수준은 어떻게 높아졌는**

가? 모험상인들에게 중요한 것들은 무엇이었는가?

4. 2007년 미국에서 시작해 전 세계로 확산되고, 때때로 발생하는 국가경제와 세계 경제의 붕괴현상을 어떻게 설명할 것인가? 그런 경기침체는 은행과 기업을 파산시키고 수조 달러의 부를 허공에 날려버리고 수많은 사람의 일자리를 앗아갈 뿐 아니라 정부의 안정과 시장경제의 기반 전체를 위협하기도 한다.

5. 무엇보다도 지속적인 경제성장의 필요성은 어디서 비롯되었는가? 다시 말해 작년보다는 올해, 올해보다는 내년에, 그렇게 끊임없이 더 많이 쓰고 벌고 생산해야 하는 경제는 어떻게 생겨났는가?

이런 의문을 마음에 새기고 1400년의 세계로 거슬러 올라가 교역을 시작해보자.

세계 무역상인의 시대

1400년 어느 무역상인의 세계 여행

만일 우리가 1400년 세계를 오가던 상인들처럼 돈을 많이 벌 수 있는 방법을 찾고 있었다면 세계의 한 지역에서 물건을 사서 다른 지역에 파는 원거리무역이 가장 좋은 기회였을 것이다(Braudel, 1982, 68쪽). 당시에 카이로, 말라카, 사마르칸트, 베니스와 같은 세계의 대도시들 가운데서 처음 교역을 개시할 곳을 골랐다면 아마도 중국의 항저우가 되었을 것이다. 1400년의 중국은 인구가 1억 명이 넘었고 세계에서 가장 기술이 발달한 나라였다. 중국은 700년에 종이를 발명했고 1050년에 목판 인쇄술을 개발했다. 1400년에는 제철산업이 번창하고 있어서 용광로를 데우는 데 엄청난 양의 석탄을 소비했다. 북중국에서만 사용된 석탄은 18세기 초 영국의 철강노동자들이 사용한 양의 70퍼센트에 맞먹었다. 중국은 650년에 이미 화약의 폭발력을 동력으로 이용했고 1000년경에는 군사용으로 쓸 간단한 폭탄이나 소화탄을 제조했다. 1300년에는 대포도 만들었으며 일부는 중국 군함에 장착되기도 했다. 14세기 중국은 탄약을 발사하는 총신이 금속으로 만들어진 총을 사용했다(Abu-Lughod, 1989, 322쪽 이하).

당시에 중국의 농촌 지역을 여행했다면 운하와 관개수로들이 서로 가로지르며 얽혀 있는 광경을 보고 충격을 받았을지도 모른다. 그 수로들은 모두 부유한 지주들과 국가가 관리했다. 중국은 한 명의 황제가 다스렸고 대개 납세 의무가 면제된 부유층에서 뽑힌 관리들이 행정을 담당했다. 국가 관료들은 누구나 볼 수 있는 과거시험을 통해 선발되고 승진했는데 다만 최하위 사회계층(예컨대 망나니, 노비, 거지, 뱃사공, 광대, 인부 [Hanson, 1993, 186쪽])은 응시 기회가 없었다. 또한 중국은 비단, 향신료, 도자기처럼 세계 사람들이 가장 갖고 싶어하는 물품들을 생산했다.

당시 중국의 경제환경은 무역상인에게 유리했다. 보석상, 도금사, 골동품상, 꿀이나 생강을 파는 상인, 환전상, 의사 등 다양한 상인 동업조합과 단체가 있었다. 중국은 자체의 통화체계가 있었다. 중동과 유럽의 정부들은 무게에 따라 가치를 매기는 귀금속으로 만든 주화를 화폐로 썼다. 반면 중국은 동전뿐 아니라 상인들에게 편리한 교환수단을 제공하기 위해 (정부 봉인이 찍힌 코튼지로 만든) 지폐도 제공했다. 중국 정부는 지폐를 통해서 나라 안팎으로 들락거리는 통화의 흐름을 통제할 수 있었다. 외국인들은 거래할 때 금이나 은 같은 귀금속을 교환수단으로 이용할 수 없었다. 따라서 외국 상인들은 자신들이 가지고 있는 금이나 은을 지폐로 바꿨다가 중국을 떠날 때 다시 지폐를 금이나 은으로 바꿔야 했다. 그들은 대개 다른 곳에 가서 팔 중국 상품을 샀기 때문에 중국을 떠날 때면 수중에는 그들이 처음 중국에 도착했을 때 가져온 금이나 은의 양보다 적게 남았다(Abu-Lughod, 1989, 334쪽).

또한 중국은 정치적으로 안정된 상태였다. 1368년 중국은 마침내 몽골의 지배에서 벗어나 명나라를 세웠다. 중앙아시아의 광활한 초원지대를

15세기와 16세기 중국의 부귀영화는 한 중국 관리의 테라스와 정원 풍경을 그린 이 판화에 아주 잘 나타나 있다(© Bettmann).

방랑하던 유목 기마민족인 몽골이 중국을 정복하고 자신들의 왕조인 원나라를 세운 때가 1276년이었다. 전 세계와 두루 열심히 교역하던 몽골은 아시아와 중동, 유럽 지역에 비교적 안전한 교역로를 만들었다. 명나라도 초기에 대규모 해군을 사절단으로 꾸려 인도양의 항구들로 파견한 것을 볼 때 적어도 처음에는 원나라 때의 교역을 유지하려고 했던 것으로 보인다.

항저우는 바다로 이어지는 첸탄 강의 기슭과 거대한 인공호수의 호반 사이에 있었다. 1340년대 항저우를 방문한 아라비아 무역상인 이븐바투타에 따르면, 항저우는 18제곱킬로미터가 넘는 큰 도시이며 그 둘레가 성벽으로 둘러싸여 있고 운하가 통과하는 관문이 다섯 군데나 있었다고 한다. 거대한 주도로가 끝나는 곳에 있는 열세 군데 성문은 도시로 진입하는 길이었다. 도시를 굽어보는 언덕 위에는 왕궁과 부유한 정부 관리들과 상인들의 집이 있었다. 거기서 정반대쪽에는 가난한 사람들의 집이 있었다. 개천이나 길가의 좁은 공터에 다닥다닥 달라붙은 3층에서 5층짜리 집들이 땅바닥 위에 지은 작업장들과 함께 즐비하게 늘어서 있었다. 시내의 주도로인 왕도는 길이가 약 5킬로미터에 폭이 55미터에 이르렀고 남자들이나 작은 말들이 끄는 수레와 마차들로 늘 붐볐다.

항저우는 무역상인의 지상천국이었다. 시내에는 시장이 열리는 곳이 열 군데나 있고 상인들은 찻집과 음식점 등에서 만나 거래를 했다. 도시 외곽에서는 어시장과 도매시장이 열렸다. 이븐 바투타는 항저우가 '지구상에서 가장 큰 도시'라고 했다. 도시는 전 세계에서 온 상인들이 무리를 지어 구역을 나누었다. 한 구역은 유럽에서 온 기독교 상인들이 차지했고 다른 한 구역은 이슬람 상인들이 차지했는데, 거기에는 이슬람 고유의 시장과 사원, 정오에 기도시간을 알리는 사람들이 있었다. 중국 상인들과 장인들이 여는 시장은 또 다른 구역에 있었다. 요약하자면 항저우는 유럽과 중동, 그 밖의 아시아 지역에서 온 물품을 팔기 좋고, 전 세계의 많은 사람이 즐겨 찾는 향신료나 비단 같은 상품을 쉽게 구할 수 있는 아주 이상적인 장소였다.

비단은 특히 외국 상인들이 많이 찾는 물품이었는데 가벼워서 운송하는 데 간편하기 때문이기도 했지만 중국 정부가 비단산업을 실질적으로 독점하고 있었기 때문이다. 13세기에 시리아 상인들은 누에를 중국 밖으로 밀반출하기도 했으며, 1400년에는 인도와 이탈리아에서도 비단을 살 수 있었다. 그러나 중국 비단의 품질은 그 어느 곳보다 우월했다. 중국 상인들이 직접 비단을 생산했기 때문에 그들에게서 직접 살 수도 있었다. 또한 배를 타고 교역하는 경우에는 중국 도자기도 많이 샀는데 중동이나 유럽으로 돌아갈 때 바다에서 배의 중심을 잡아주는 역할을 하는 바닥 짐으로도 아주 유용했기 때문이다(〔그림 3-1〕 참조).

이제 중국에서 거래가 다 끝났다면 중국에서 산 상품들을 다음 기착지까지 어떻게 운송해서 팔 것인지를 준비하는 일이 남았다. 베니스, 카

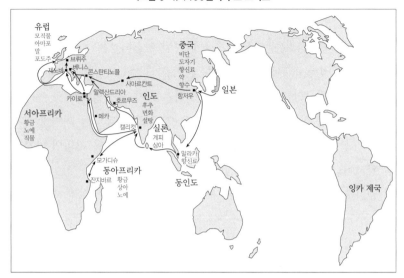

〔그림 3-1〕 1400년의 주요 교역로

이로, 브뤼주 같은 도시의 상인들에게서 중국 상품을 주문받았다고 가정해보자. 가장 먼저 해야 할 일은 지중해 지역으로 물건을 옮기는 일이다. 중국에서 육상 교역로로 중앙아시아와 북인도를 거쳐서 가는 방법이 있고, 흑해 연안의 항구들을 거쳐 베니스와 나폴리 같은 유럽 항구들로 가는 방법이 있었다. 아시아를 거쳐 유럽으로 가는 육상 여행은 짐을 나르는 동물들(사막은 낙타, 산악지대는 노새, 일반 도로는 우마차, 때때로 짐꾼이나 작은 배)을 이용하더라도 짧게는 275일이 걸렸다. 육상 교역로는 몽골이 정복을 통해 중앙아시아를 통일하고 상인들에게 안전통행권을 발행했던 13세기와 14세기에 인기가 높았다. 그러나 1400년에는 몽골 제국이 분열되면서 육상 통행은 몽골 기마병 무리들의 습격을 받을 위험이 높아졌다.

1400년에 안전한 교역로는 바닷길이었다. 중국의 동쪽 해안을 따라 말라카 해협을 지나 남인도로 가서 페르시아 만을 통해 이란으로 간 뒤, 육상을 통해 바그다드를 거쳐 지중해 지역으로 가거나 홍해를 거쳐 카이로로 가서 마지막으로 배를 타고 이탈리아로 갔다.

당시 말라카 해협을 거쳐 들어가는 동남아시아 국가들은 무장한 가신들과 친인척, 장인, 전문가들에게 둘러싸인 왕실의 강력한 지도자들이 다스리고 있었다. 농민들은 벼농사를 지어 자기 자신과 지도자들을 먹여 살렸다. 캄보디아의 앙코르톰과 앙코르와트를 세운 문명이 바로 여기서 싹텄다. 그러나 상인들은 주로 교역을 업으로 하는 말라카 해협에 산재해 있는 항구도시들을 더 잘 알았다. 때때로 이 항구들은 자바의 마자파힛 왕조처럼 내륙의 왕국에 통합되곤 했다. 1400년에 말라카는 그 지역의 중심도시였는데 마자파힛 왕조의 한 왕자가 반란을 일으켜 세운 해적도시였다. 그 왕자는 부유한 이슬람 상인들을 말라카로 끌어들이기 위해서 이슬람교로 개종했다. 1400년 말라카의 인구는 4만~5만 명에 이르렀고 그들과 교역하는 나라는 61개국이나 되었다. 100년 뒤 포르투갈인 토메 피레스는 "베니스로 가는 길목을 말라카의 군주가 장악하고 있다"라고 말했다(Wolf, 1982, 58쪽 인용). 상인들은 말라카에서도 서양으로 가지고 갈 물품들을 구했다. 향신료, 특히 계피(이집트에서는 한때 황금보다 더 귀한 것으로 여겼다)는 매우 귀한 물품이었다. 그것들은 운송하기가 쉬웠고 중동과 유럽에서 높은 값을 주고 팔 수 있었다.

말라카를 떠나 동남아시아 해안을 따라 항해하다 보면 인도가 나오는데 1400년의 인도는 중국에 맞먹는 부를 누리고 있었다. 인도의 동남부 지역은 직물산업이 번창했다. 농민들이 면화를 재배해 물레를 돌리는 방적공에게 넘기면 그들은 실을 뽑아 직조공들에게 넘겼다. 상인들이 방적공과 직조공에게 직접 면화와 실을 제공했으며 직공들에게 일한 대가를 지불했다는 것은 이미 입증된 사실이다. 또한 당시 인도는 정교한 기술을 보유하고 있었다. 수직 직조기, 목판 인쇄술 그리고 아마도 터키에서 도입된 것으로 추정되는 물레를 이용했다. 상인들이 인도에서 구할 수 있는 품목은 면화나 직물만이 아니었다. 염료와 타닌산, 향신료, 지방종자, 마약, 판재, 꿀, 상아 같은 것들도 거래되었다(Wolf, 1982 참조).

우리는 이제 인도를 떠나 동아프리카로 가서 반투족에게서 노예와 상아, 표범가죽, 짐바브웨에서 캐낸 황금과 (아직도 일부 지역에서는 최음제로 알려진) 무소뿔 등을 샀을 것이다.

우리는 동아프리카를 출발해 다시 해안선을 따라 위로 올라가서 홍해를 지나 카이로로 가거나, 페르시아 만을 거쳐 이라크를 지나 바그다드로 간 뒤 콘스탄티노플과 동지중해 지역에 도착했을 것이다. 그곳에는 상업활동에 우호적인 중동의 이슬람 국가들이 있었다. 그들 국가는 무역상사를 설립하고 채무상환을 연기해주는 법률을 포함해 교역과 관련된 정교한 법들을 구비하고 있었다. 거기서 사람들은 상품을 사서 나중에 그것을 더 높은 가격에 팔 수 있었는데, 이것은 이자를 받고 돈을 빌려주는 것을 금지하는 이슬람 율법을 우회하는 편리한 방법이었다. 겉에 가격이 표시된 황금 주화 주머니들은 화폐처럼 유통되었는데 아무도 그 안에 든 것을 의심하지 않았다. 또한 돈을 바꿔주고 예금을 받고 약속어음을 발행하고 여러 방식으로 채무를 연장해주고 대출을 해주는 은행가들도 있었다. 상인들은 장부에 대변과 차변을 나누어 기록했다. 따라서 정교한 경제의 기초가 되는 모든 요소, 즉 자본과 대출, 금융, 화폐, 회계가 이슬람 교역에는 이미 갖추어져 있었다(Abu-Lughod, 1989, 216쪽 이하).

우리는 카이로를 떠나 서아프리카로 가다가 도중에 사하라 사막을 통과해 남쪽으로 내려가는 대상과 만날 수도 있다. 그들은 서아프리카에서 직물제품을 팔고 노예나 황금을 얻었다. 실제로 유럽과 중동에서 유통되는 금 가운데 3분의 2가 서아프리카에서 나왔다. 어쩌면 그들은 카이로에서 가깝고 지금도 여전히 주요 도시인 알렉산드리아로 갔을 수도 있다. 거기서 배를 타고 지중해를 건너 베니스나 제노바 같은 이탈리아의 도시국가들 가운데 한 곳으로 갈 수도 있다. 이탈리아는 유럽과 지중해 교역의 중심지였다. 이탈리아 상인들은 유럽 시장에서 외국 상인들이 환전을 할 수 있도록 자체 요율과 주화를 구비한 은행(뱅크의 유래어인 방코banco)을 세웠다. 이탈리아 은행가들은 외환거래와 신용장 업무를 독점하고 **환어음**제도를 처음으로 시행했다. 환어음은 구매자가 판매자에게 나중에 다른 장소에서 판매자 나라의 통화로 대금을 지불하기로 동의한 증서다. 환어음은 널리 공인된 통화 없이도 해외무역이 활발하게 이루어지도록 했다(Abu-Lughod, 1989, 93쪽).

거기서 동양이나 중동산 비단과 향신료, 아프리카산 명반과 밀랍, 가죽, 모피, 스페인산 대추야자 열매와 무화과, 꿀, 중동산 후추와 깃털, 브라질우드 같은 물건들을 알프스 산맥을 넘어 서유럽과 북유럽 시장에 내다 팔기 위해 대상단을 구성한 제노바, 피사, 밀라노 상인들과 합류했을 수도 있다. 이 여정은 대개 5주 정도 걸렸다. 아니면 우리 물건들을 배에 실어 지중해와 북해를 거쳐 브뤼주 같은 교역 중심지로 보냈을 수도 있다.

북유럽이나 서유럽에 도착했을 때쯤이면 세계에서 가장 부유한 지역들은 이미 다 지난 셈이다. 서유럽은 로마 제국의 멸망 이후로 철과 목재, 노예를 얻기 위해 무차별로 수탈당하는 쇠락 지역이었다. 도시 지역은 기울고 직공들은 농촌 지역으로 되돌아갔다. 게다가 14세기에 유럽은 흑사병이 돌면서 초토화되었다. 14세기 중엽 유럽 인구는 약 8,000만 명이었다 (Abu-Lughod, 1989, 94쪽). 그러나 1400년에는 4,000만~5,000만 명 정도로 줄었다. 흑사병으로 인구의 45퍼센트가 죽은 것이다. 이 전염병은 아마도 중앙아시아나 중국에서 넘어온 것으로 보인다. 흑사병은 1320년에 중국의 여러 도시에서 발생했는데 교역로를 따라 전파되기 시작해 유럽에서는 1346년에 흑해 지역의 항구도시인 카파(오늘날 우크라이나의 페오도시야─옮긴이)에서 처음으로 발생했다. 이듬해인 1347년에는 흑해 지역의 이탈리아 항구들을 통해 알렉산드리아에도 흑사병이 퍼졌다. 알렉산드리아에서 흑사병이 최고조에 이르렀을 때는 하루에 1만 명이 죽었다. 마침내 알렉산드리아 한 곳에서 흑사병으로 죽은 사람이 인구 50만 중 20만 명에 이르렀다. 1348년에는 이탈리아로 확산되더니 프랑스와 영국에서도 환자가 발생했다. 그다음 해에는 독일과 스칸디나비아 반도까지 퍼졌다.

봉건제는 유럽에서 중요한 정치·경제체제로서 여전히 자리잡고 있었다. 왕들은 신하들에게 충성과 복종의 대가로 토지, 즉 봉토를 하사했다. 영주들은 농민들에게 봉토를 '빌려주고' 거기서 생산된 농작물의 일정 부분을 지대로 받았다. 그들은 그 가운데 일부를 왕에게 공물로 바치고 나머지는 자신이 소유했다.

모직물은 1400년에 북유럽과 서유럽에서 가장 중요한 제품이었다. 플랑드르(벨기에 서부 지역과 프랑스 북서 지역)는 북유럽 모직 생산의 중심지로 사실상 영국산 양모 수입을 독점했다. 플랑드르산 모직은 유럽을 비롯해 전 세계적으로 수요가 많았다.

이제 우리가 중국에서 사온 상품들을 팔아 상당한 이윤을 남겼다고 가정해보자. 그렇다면 그 **자본과 이윤을 가지고 무엇을 할 것인가?** 브뤼주에서 플랑드르산 모직을 사거나 정치적 이유 때문에 모직을 사러 영국으로 갔을지도 모른다. 또는 토지를 사거나 이익을 나누는 조건으로 다른 상인들에게 돈을 대는 방법도 있다. 한편 또다시 원거리교역을 하기로 결정했다면 동쪽으로 되돌아가는 것이 대안일 수도 있다. 그럴 경우 유럽의 해안을 따라 아래로 항해해 서유럽 직물을 찾는 사람들이 많은 서아프리카로 가서 직물을 팔고 노예와 황금을 살 수 있다. 그러나 당시 항해술로는 대서양 동부의 풍향 때문에 배를 타고 서아프리카로 갈 수는 있었지만 거꾸로 되돌아오는 것은 불가능했다. 따라서 올 때는 육상으로 북아프리카를 가로질러 되돌아올 수밖에 없었다. 대개는 이탈리아로 되돌아와 지중해를 지나 동쪽 인도로 가서 동인도를 거쳐 중국으로 가는 길이 일반적이었다.

한편 **바다를 건너 아메리카 대륙에 갈 수 있었다면 무슨 일이 벌어졌을까? 1400년에 거기서 무엇을 발견했을까?** 유럽인들이 아메리카 대륙에 도착하기 전에 신세계에서 인간의 삶이 어떠했는지를 기록한 사람은 아무도 없었다. 그러나 고고학자들은 유물 분석을 통해 한 가지 기록을 찾아냈다. 남아메리카에서 북아메리카로 뻗어나간 교역로와 멕시코 중부와 유카탄

반도에 형성된 위대한 문명의 흔적들을 발견한 것이다.

잉카는 1532년 피사로가 찾아낸 안데스의 제국으로 막 확장하고 있었다. 1400년의 잉카 사회는 지배집단의 친인척, 즉 잉카의 통치에 복종하는 지역 지배자들로 구성된 귀족계층인 잉카 왕조의 지배 아래 있었다. 지역의 지배층 남자들은 아이유ayllu라고 부르는 동일한 부계 혈통을 이어받은 집단을 이끌었다. 따라서 그들은 같은 씨족끼리만 결혼할 수 있었다. 이들 집단은 공공사업에 노역을 제공하거나 전쟁에 참여함으로써 잉카의 귀족층에게 충성했다. 여성들은 주로 옷감을 짜는 데 많은 시간을 보냈는데 충성스러운 백성에게 답례로 주고 기이한 의식과 의례의 중요성을 고취하기 위한 것이었다. 잉카 제국은 옥수수를 재배할 새로운 농지를 개간하면서 점점 영토를 확장해나갔다. 관개시설과 도로도 정비하고 사람이 직접 이곳저곳을 달리며 정보를 전달하는 우편체계도 갖추었다. 잉카의 통치에 반대하는 집단들은 대개 본국에서 멀리 떨어진 곳으로 강제 이주시켰다(Wolf, 1982, 62~63쪽).

남아메리카 대륙의 브라질 열대우림 지역에 들어간 상인들은 그곳 원주민인 투피남바족 사람들을 만났을 수 있다. 그들은 작은 농경지를 일구는 한편 숲에서 수렵과 채취생활을 하며 살았다. 16세기 칼뱅교 목사 출신의 탐험가 장 드 레리는 투피남바족이 프랑스의 보통 사람들보다 더 안락하게 살고 있었다고 주장했다(Maybury-Lewis, 1997, 13쪽 인용).

1400년 멕시코는 아즈텍족이 지배하고 있었는데 테노치티틀란을 수도로 정하고 거대한 제국을 건설한 지 20년이 지나 있었다. 카리브 지역은 중앙아메리카와 안데스 문명과 관련해 지배관계가 복잡했다. 1400년에 상인들은 멕시코에서 미국의 동남부와 동북부 지역으로 이어지는 교역로를 개척하며 나아갔을 것이다. 그들은 거기서 고고학자들이 미시시피기(미국에서 석탄기의 전반기를 지칭하는 용어—옮긴이)라고 불렀던 때부터 살았던 사람들의 후손들을 만났을 것이다. 그 사회에서 물건과 상품들은 신분과 계급을 나타내는 데 쓰였다. 또한 그곳에는 계단으로 올라가는 거대한 흙으로 쌓은 연단을 중심으로 의식을 거행하는 곳들과 작은 도시들이 있었다. 미시시피 사람들은 이로쿼이족이 '세 자매'라고 불렀던 옥수수와 콩, 호박을 경작하며 살았다. 오하이오 강 상류에는 이로쿼이족, 애팔래치아 산맥 남부에는 체로키족, 미시시피 강 하류에는 나체즈족, 미주리 강에는 포니족과 맨던족이 살았다. 그리고 미시시피 강 주변의 대초원에는 버펄로 사냥을 주로 하는 북서부 지역의 인디언들(대개 대초원의 인디언들이 타고 다녔던 말은 이후 100년이 지나서야 비로소 북아메리카 대륙에 등장했다), 북극과 아북극 지역에는 이누이트족이 살았다. 이들의 문명과 문화는 이후 수백 년 동안 인디언들을 파멸로 이끈 다른 사건들이 일어나지 않았다면 아마도 물건을 사고팔기 좋은 시장을 조성했을 것이다.

동서를 가로지르는 세계 여행이 끝날 무렵, 우리는 당시에 교역을 가로막는 장벽이 매우 많았다는 것을 알 수 있다. 예컨대 정치 지배자들 대다수는 교역을 장려하는 입장이 아니었다. 각국 정부는 무역업자들한테서 거둬들이는 세금이나 통행료, 지대 때문에 교역을 중요하게 생각했지만 상인들을 천시하는 태도는 여전했다. 군주들은 대개 교역을 무역업자와 상인들을 이용해 이익을 얻는 수단으로만 보았다. 심지어 일부 국가는 직접 교역을 관리하려고도 했다. 예컨대 중국은 소금 교역을 정부가 독점했다. 종교적 권위를 기반으로 세워진 유럽과 중동, 중국의 정권들은 교역을 방해하기 위해 높은 세금을 부과하거나 이자를 받고 돈을 빌려주는 행위를 금지했다.

무엇보다도 가장 큰 장벽은 지리적 요소였다. 동서를 오가는 교역을 완료하려면 적어도 몇 년이 걸렸다. 도로는 제대로 정비된 곳이 거의 없었고 배는 매우 작았다. 특히 풍향과 조류는 항로를 좌우하는 중요한 요소였다. 상인들의 안전도 중요한 문제였다. 상인들은 물품을 운송하다가 몰수당하거나 강탈당할 수 있고, 가는 도중에 지역 군주들에게 물품을 공물로 바쳐야 할 수도 있었다.

경제적으로도 여러 가지 제약요소가 있었다. 1400년의 세계는 오늘날

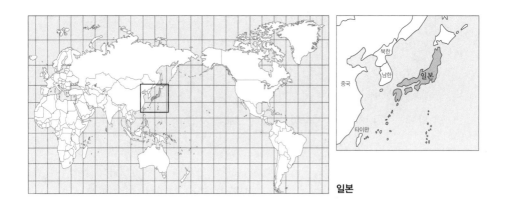

일본

의 소비자 경제와는 매우 달랐다. 세계 인구 대다수는 경제적으로 자급자족하며 살았다. 다시 말해 생존을 위해 필요한 것은 스스로 생산했다. 예컨대 유럽에서는 인구의 90퍼센트가 농촌에 살았는데 그들은 주로 철제 쟁기나 항아리, 직물제품을 샀다. 하지만 그것이 전부였다. 물품을 구매하는 소비자들은 대개가 도시에 사는 사람들로 성직자 혹은 귀족층이거나 수공업자, 상인, 관료들로 구성된 소수의 중류계급이었다. 게다가 더 많은 것을 사고 싶은 사람이 있어도 그렇게 할 수 있는 통화가 실제로 없었다. 유럽에서 유통되는 금과 은을 모두 합해도 1인당 2달러씩밖에 돌아가지 않는 양이었다(Weatherford, 1988, 14쪽).

따라서 전반적으로 1400년의 세계는 교역의 영향력이 그다지 크지 않았다. 당시 중국과 인도는 전 세계에서 가장 부유한 나라였다. 왕실의 군주가 농민과 수공업자, 상인에게서 받은 공물로 축적된 부의 대부분을 지배했다는 것은 의심할 여지가 없는 사실이다. 군주들은 그 가운데 많은 것을 다시 하사품과 접대, 자선의 형태로 재분배했다. 게다가 농사를 짓는 사람들은 세계체계의 변두리와 바깥에서 수렵과 채취생활을 하며 남아 있던 사람들처럼 먹을 것에 대해서는 걱정이 없었다. 주기적으로 기근이 와서 수천 명이 굶어 죽었다는 증거가 있기는 하지만, 1400년의 세계는 오늘날처럼 세계 인구 가운데 5분의 1에 가까운 사람들이 굶주리지는 않았던 것 같다. 따라서 교역체계가 발전하면서 세계 사람들이 서로 교류할 수 있는 기회가 더 늘어나기는 했지만 오늘날과 같은 전 세계적인 불평등으로 발전하지는 않았다. 그러나 앞으로 전개될 100년 동안 이런 상황은 급변하기 시작한다.

유럽의 경제부흥과 그것이 아프리카와 아메리카 대륙에 미친 영향

1400년 이후 두 가지 사건이 전 세계 교역 확대에 지대한 영향을 끼쳤다. 하나는 중국이 세계 교역망에서 점차 뒤로 물러나기 시작한 사건이고, 다른 하나는 바스코 다가마가 아프리카 남단을 선회한 사건이었다. 이 두 사건은 아시아 대부분을 차지하는 인구 1억 명의 나라가 오늘날 미국의 메인 주보다 약간 더 큰 지역을 차지하는 인구 100만 명의 나라에 세계 경제의 지배력을 넘겨주는 결과를 초래했다.

중국이 언제부터 그리고 왜 전 세계의 상업 지배력을 포기했는지는 아직도 수수께끼이며, 학계에서도 논란이 분분하다(예컨대 Frank, 1998; Landes, 1998 참조). 당시 중국을 지배하고 있던 명나라는 수도를 내륙으로 옮기고 강력하던 해군을 서서히 해체했다. 이런 정책을 택한 명나라의 의도가 무엇이었든 그 결과로 세계 교역에서 중국의 역할은 점점 약해진 반면에 당시 세계에서 가장 강력한 해군력을 보유하고 있던 포르투갈은 동인도에서 중국의 영향력 공백을 재빠르게 대체했다. 포르투갈은 자국의 막강한 해군력을 이용해 교역을 지배하고 다른 나라를 무력으로 침입함으로써 교역활동을 지원했다(Abu-Lughod, 1989, 243쪽).

일본 역시 중국이 동남아시아에서 교역활동을 축소하면서 기회를 잡았다. 15세기 일본은 영국과 같이 다이묘大名라고 불리는 영주들로 구성된 상류 귀족층과 그들의 가신인 사무라이侍 그리고 귀족들이 천시했던 상인계층인 조닌町人으로 신분이 나뉜 봉건사회였다. 16세기 중엽 일본과 유럽 사이에 접촉이 있었고 기독교 선교사들이 곧바로 일본에 자리를 잡았다. 1500년경 일본은 중국과의 교역에 몰두했다. 정련된 구리와 유

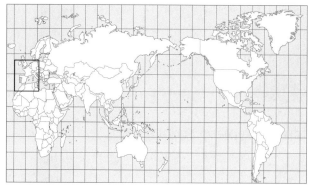

포르투갈

황, 쥘부채, 두루마리 그림, 무엇보다 중요한 검이 주요 교역 품목이었다. 일본 상인들은 한 차례 교역에서 1만 자루의 검을 중국에 팔았는데 일본으로 돌아갈 때는 엽전 꾸러미와 비단, 도자기, 그림, 약재, 책을 가져갔다. 따라서 15세기 일본은 중국이 떠나 공백이 생긴 지역을 중심으로 경제적 확장을 꾀하기 시작했다(Sanderson, 1995, 154쪽).

선박 건조기술의 발전은 포르투갈의 영향력을 넓히는 데 부분적으로 기여했다. 1400년경 유럽의 선박 건조기술자들은 기존의 유럽식 가로돛 범선에다 아랍식 커다란 삼각돛을 조합했다. 가로돛은 배가 달릴 때 속도를 높여주고 커다란 삼각돛은 풍향을 잘 이용해 항해할 수 있게 했다. 또한 그들은 선체에 구멍을 뚫고 배의 주갑판과 상갑판에 대포를 장착했다. 그 결과, 속도가 빠르고 조작하기 쉬우며 반은 전함이면서 반은 상선 역할을 하는 갤리언선이 완성되었다(Wolf, 1982, 235쪽).

선박기술 못지않게 포르투갈에 중요한 것은 위치였다. 포르투갈은 15세기 이전에 세계체계의 변방에 있었다. 지중해는 이탈리아 같은 도시국가들과 이슬람 세력들이 지배했다. 아메리카 대륙은 포르투갈 상인들이 그 존재를 알았다고 하더라도 너무 멀리 떨어져 있었다. 아프리카의 서해안은 배를 타고 갈 수는 없었다. 배를 타고 남쪽으로 내려가다 중간에 육로로 이동해야 했다. 그러나 인도와 중국을 향해 동쪽으로 가는 길이 막히

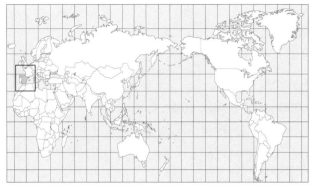

스페인

자 상인들은 대서양으로 방향을 틀었고, 아프리카와 아메리카 대륙을 손쉽게 갈 수 있게 되면서 포르투갈은 갑자기 세계 교역의 중심지가 되었다.

당시는 발견과 정복의 시대, 콜럼버스의 대항해 시대, 중국과 동인도로 가는 새로운 길을 모색하던 시대였다. 콜럼버스는 중국이나 지팡구(마르코 폴로가 일본을 소개할 때 중국식 발음으로 부른 것에서 유래한 지명—옮긴이)를 발견했다고 믿었다. 1638년 말 모피상인 장 니콜레는 미시간 호반에서 위네바고 인디언들과 만났을 때 중국의 황제를 만나면 입으려고 준비해두었던 중국식 두루마리를 입었다(Wolf, 1982, 232쪽).

사람들이 많이 읽는 문화나 역사책을 보면 마르코 폴로나 바스코 다가마, 크리스토퍼 콜럼버스 같은 초기 '탐험가'들의 모험심에 대한 이야기가 많이 나온다. 그러나 그들은 탐험가라기보다는 배를 타고 다니는 상인에 더 가까웠다. 그들이 탐험에 나선 목적은 대개가 경제적인 이유였다. 그들은 중국과 동인도의 부자들에게 갈 수 있는 새로운 길을 찾고 있었다. 유럽의 경제 지배가 아메리카 대륙에서 얻은 부로 불이 붙었다는 점에서 볼 때 중국과 일본, 인도로 가는 새로운 길을 찾다 우연히 두 대륙을 발견한 사건은 유럽의 세계 경제 지배에 지대한 영향을 끼쳤다.

16세기 포르투갈의 리스본을 출발한 무역상인은 전 세계 어디든 갈 수 있었다. 포르투갈 상인들은 자국의 해군력 덕분에 모든 교역로가 열려 있었다. 따라서 동쪽으로는 중동, 인도, 동남아시아로 갈 수 있고 남쪽으로는 아프리카 해안을 따라 항해하거나 콜럼버스가 개척한 항로를 따라 신세계로도 갈 수 있었다. 아니면 가깝게는 유럽 다른 나라들과 교역할 수도 있었다. 모든 교역로는 이익이 남는 장삿길이었다. 이제부터 포르투갈 상인이 되어 먼저 아프리카를 향해 남쪽으로 떠나보자.

당신에게 물건을 싣고 아프리카로 갈 배를 빌릴 자본이 있다고 가정하자. 지중해 지역의 포도주나 철제무기, (아프리카에서 많이 찾는) 말을 실어 나를 수도 있고 이집트에서 난 아마포나 면화로 짠 직물을 배에 실을 수도 있다. 그러면 반대로 **당신은 유럽에 내다 팔기 위해 어떤 종류의 상품을 아프리카에서 살 것인가?**

아프리카 사람들은 이미 유럽 사람들이 만드는 것, 즉 (아마도 당시에 최고의 품질을 자랑했던) 철강이나 고급 직물과 똑같은 것들을 생산하고 있었다. 당시 유럽 상인들은 유럽 시장에서 수요가 많은 아프리카산 직물에 관심이 있었다. 또한 서아프리카에서 채굴된 금을 사들이는 데도 열심이었다. 서아프리카는 그때까지 유럽과 중동에서 유통되는 금의 대부분이 생산되는 곳이었다. 그러나 무엇보다 가장 큰 관심을 둔 것은 노예였다.

노예제도는 옛날로 한참 거슬러 올라간다. 고대 그리스인들은 노예를 소유했다. 노예노동은 1500년 중동과 유럽 전역에서 널리 쓰였다. 이슬람인은 기독교인을 노예로 썼고 기독교인은 이슬람인을 노예로 썼다. 유럽인은 슬라브족 사람들과 그리스인을 노예로 삼았다. 17세기와 18세기에는 스코틀랜드의 광부들을 노예로 삼았다. 기간이 정해진 강제노역은 유럽에서 만연한 노동 형태였다. 그러나 아메리카 대륙에 건설되고 있었던 새로운 식민지에서는 과거 어느 때보다도 더 많은 노예노동을 필요로 했다.

노예무역의 특징은 오랫동안 역사학자들 사이에서 논란이 되어온 문제였다. 많은 사람은 아프리카에서 노예무역이 강요된 것이 직접적인 무력개입 때문은 아닐지라도 경제적 착취 때문이라고 생각한다. 유럽인들은 자신들의 권위를 유지하려는 지역의 지배자들에게 필요한 총과 말을 주고 그 대가로 노예를 받았다. 그러나 노예무역이 유럽인들에게는 무척이나 만족스러운 일이었을 아프리카의 오래된 관습이었다는 증거가 속속 드러나고 있다. 아프리카의 노예제는 유럽의 노예제와 달랐고 아메리카 대륙에서 진행되고 있었던 노예제와도 달랐다.

유럽에서 노예는 아리스토텔레스 시대로 거슬러 올라가는데, 아프리카에서도 전통적으로 노예를 주인에게 종속된 가족 구성원으로 보았다. 따라서 아프리카에서 노예는 종속된 가족 구성원이 했을 법한 그런 일을 했다. 아프리카의 노예제를 이해하기 위해서는 아프리카 사람들 사이에 사적 소유권에 대한 개념이 없었다는 것을 알아둘 필요가 있다. 예컨대 토지는 '통합된 친족집단'이 소유했다. 다시 말해 친척들끼리 공동으로 땅을 소유했다. 그들은 땅을 이용할 권리는 있지만 개인이 그것을 소유할 권리는 없었다. 하지만 노예는 아프리카 법에서 인정되는 유일한 형태의 수입을 창출하는 개인 재산이었다. 아프리카에서는 가족 구성원이 늘거나 아내를 맞이하거나 노예를 소유해 노동력이 새로 늘어날 경우 더 많은 토지를 이용할 권리를 주장할 수 있었다. 따라서 노예는 수입을 창출할 수 있는 수단이었다. 또한 아프리카 사람들의 소유 개념은 유럽에서는 세금이 토지를 기준으로 부과되는 반면에 아프리카에서는 사람의 '머릿수'로 부과된다는 사실에도 반영되어 있다(Thornton, 1992).

아프리카 사람들이 땅에 대한 소유권 개념이 희박하다는 사실은 아프리카 국가들의 국토 면적에서도 확인할 수 있다. 존 손턴(1992, 106쪽)에 따르면 아프리카 서부 해안 지역에 있는 나라들 가운데 30퍼센트만이 (뉴욕 주 크기만한) 5만 제곱킬로미터의 국토 면적을 가졌고 절반 이상은 500~1,000제곱킬로미터에 불과했다. 아프리카 사람들이 전쟁을 하는 이유는 유럽처럼 땅을 빼앗기 위한 것이 아니라 대개 노예를 얻기 위한 것이었다. 그래야 더 많은 땅을 일굴 수 있었기 때문이다.

아프리카 사람들의 땅과 노동력에 대한 이런 태도를 감안할 때, 유럽인들이 진출했을 무렵에는 이미 아프리카에 많은 노예인구가 있었고 노예시장도 번창했다. 노예는 중요한 투자 형태였다. 아프리카 부자들은 땅을 못 사는 대신 노예는 살 수 있었고, 남은 땅이 있는 한 더 많은 땅을 달라고 요구할 수 있었다. 게다가 노예는 소유물이었기 때문에 개인이 상속할 수 있었다. 그러나 토지는 통합된 친족집단의 소유였기 때문에 상속할 수 없었다. 아프리카 부자들이 노예를 사는 것은 유럽인들이 토지를 사는 것과 마찬가지 의미였다. 더는 노예를 쓸 일이 없다면 시장에 내다 팔 수 있었다(Thornton, 1992, 87쪽). 따라서 유럽 상인들은 아주 잘 준비된 노예의 공급처를 아프리카에서 발견한 셈이다. 그것은 아프리카 사람들이 본디부터 노예장사꾼이었기 때문이 아니라 아프리카에서 부의 합법적 기반이 사람에 대한 소유권을 이전할 수 있다는 생각이 있었기에 가능했다(Thornton, 1992, 95쪽).

당신이 아프리카에서 노예를 샀다면 이제는 유럽이나 대서양에 있는 섬들 가운데 한 곳으로 그들을 싣고 갈 특수한 배가 필요할 것이다. 대서양의 섬들은 사탕수수를 재배하는 플랜테이션 농장에서 일할 노예가 많이 필요한 곳이었다. 16세기에 설탕은 매우 귀한 물품이어서 부자들은 음식에 맛을 내거나 약으로 썼다. 설탕이 주로 공급되는 지역은 지중해 연안으로 이집트, 이탈리아, 스페인, 그리스에서 많이 찾았다. 그러나 대서양이 열리면서 카나리아 제도와 아조레스 군도에서 사탕수수 플랜테이션이 시작되더니 나중에는 카리브 해 제도로까지 확산되었다. 설탕 생산은 노동집약적인 일이기 때문에 아프리카에서 팔려온 노예가 많이 쓰였다. 1451~1600년 약 27만 5,000명의 노예들이 서아프리카에서 아메리카와 유럽으로 보내졌다. 17세기와 18세기에 설탕은 세계 경제에서 중요한 역할을 하기 시작했다. 그러나 16세기에는 그런 가능성이 약간 엿보이기 시작하는 단계였을 뿐이다.

이번에는 당신이 아프리카에서 노예를 사서 아조레스 군도에 있는 새로운 플랜테이션 농장에 판 뒤 다시 그곳을 떠나 아메리카 대륙을 향해

서쪽으로 간다고 가정해보자. 아메리카 대륙의 발견은 포르투갈과 스페인에 엄청난 금과 은을 안겨주었다. 그 금과 은은 잉카와 아즈텍 제국을 약탈하고 노예와 강제노역을 이용해 광산을 채굴하여 얻은 것이었다. 피사로는 1532년에 페루를 침략해 잉카 제국의 황제인 아타우알파를 사로잡고는 몸값으로 엄청난 양의 금을 요구해 받아냈다. 그러나 그는 황제를 풀어주지 않고 죽였다. 또한 코르테스도 아즈텍 제국을 정복하고는 금을 요구했다. 아즈텍인의 반격이 시작되자 코르테스의 병사들은 너무 많은 약탈품을 몸에 지니고 도망치느라 둑길에서 호수로 떨어지는 바람에 물에 빠져 죽은 병사가 4분의 1이나 되었다(Weatherford, 1988, 7쪽).

아메리카 대륙을 정복할 당시에 유럽에는 약 2억 달러에 상당하는 금과 은이 있었다. 그러나 1600년에 그 양은 8배로 늘어났다. 현재 가치로 약 28억 달러에 해당하는 180~200톤 정도의 금이 유럽으로 흘러들어갔다. 그중 많은 것이 예복이나 조각상, 유럽 교회의 성물들로 지금까지 남아 있다(Weatherford, 1988, 14쪽).

은은 대부분 산루이스포토시에서 채굴되었다. 볼리비아의 포토시 앞쪽에 있는 낮은 산, 세로 리코(스페인어로 '풍요로운 산'이라는 뜻)는 지금까지 발견된 산 가운데 가장 풍요로운 산이다. 실제로 산 전체가 은이다. 1545년 노예와 원주민 가운데 징발된 강제노역자들은 산에서 은을 채굴하기 시작했다. 그것으로 만든 은괴와 은화는 스페인으로 보내졌다. 1603년 포토시에는 인디언 노동자 5만 8,800명과 자유노동자 4만 3,200명, 계약노동자 1만 500명, 징용노동자 5,100명이 있었다. 1650년 포토시는 인구가 16만 명으로 당시 런던과 파리에 맞먹는 규모였다(Wolf, 1982, 136쪽).

전 세계에 유통되는 통화의 양이 엄청나게 늘어나면서 유럽은 부유해졌지만 다른 지역들은 점점 쇠퇴했다. 유럽은 세계 시장체제로 확대해나갔다. 중국이 유럽과 교역관계를 다시 회복하자 엄청난 은이 국내로 유입되었다. 은의 가치는 아메리카 대륙을 발견하기 전보다 5분의 1로 떨어졌다. 아메리카 대륙에서 생산된 금은 아프리카의 황금 교역시장을 파괴하는 결과를 가져왔다(Weatherford, 1988).

신세계가 창출해내는 부는 금과 은에서만 나오는 것이 아니었다. 스페인은 연지벌레에서 추출되는 붉은색 염료인 코치닐(1파운드의 코치닐을 생산하는 데 7만 마리의 말린 연지벌레가 필요했다), 인디고(파란색 염료), 코코아도 수입했다. 포르투갈 상인들은 브라질의 북동 해안 지역에 사탕수수 플랜테이션 농장을 세웠다.

유럽이 아메리카 대륙으로 교역을 확대하면서 아메리카 원주민들이 감당해야 했던 희생은 엄청나게 컸다. 그것은 에릭 울프가 '대학살'(1982, 133쪽)이라고 부를 정도로 신세계의 인구통계학적 붕괴를 초래했다.

유럽이 아메리카 대륙을 정복할 당시 아메리카 대륙의 인구가 얼마나 있었는지에 대해서는 의견이 분분하다. 미국 인류학의 창시자 가운데 한 명인 앨프리드 L. 크로버(1939)는 당시 아메리카 대륙의 전체 인구가 약 840만 명이었으며 그중 90만 명이 북아메리카에 살았다고 추정했다. 하지만 해럴드 허버트 스핀덴은 고고학 자료를 분석한 결과, 1200년에 아메리카 대륙의 인구는 5,000만~7,500만 명에 이르렀다고 주장했다. 헨리 F. 도빈스(1983)도 고고학 자료, 당시 자연환경의 수용력에 대한 추정치, 역사 기록들을 인용해 아메리카 대륙의 인구가 9,000만~1억 1,200만 명에 이르렀고 멕시코 북부 지역에 1,250만 명이 살았다고 주장했다. 이들 숫자에 반영된 불일치는 그것이 중요한 법적 문제를 수반하기 때문에 가볍게 넘길 일이 아니다. **신세계를 '발견'했다는 것만으로 유럽인들이 비어 있는 미개지를 차지할 권리가 있을까? 유럽인들은 어떻게 그곳에 살던 원주민들을 내쫓고 죽였을까?** 후자의 경우, 주인 없는 땅이라는 **무주지**無主地 원칙에 따라 자신들이 선점한 그 땅의 합법적 주인이라는 유럽인의 주장은 법적으로 타당하지 않다.

우리는 그 당시 아메리카 대륙에 더 많은 사람이 살았다고 추정하는 쪽이 사실에 더 가까울 것이라고 생각한다. 1500년 아메리카 대륙과 비교할 때 면적이 아주 작았던 유럽은 인구가 4,500만 명이었다. 프랑스는 인구가 2,000만 명이었지만 포르투갈은 100만 명에 불과했다. 게다가 흑사병이 유럽을 휩쓸고 난 뒤였다. 아메리카 대륙의 자연환경과 사회가 많은 인구를 먹여 살릴 수 있는 조건이었다는 것은 의심할 여지가 없어 보인다. 아메리카 대륙의 원주민들은 제국을 건설하고 부락과 사원, 거대한 피라미드, 관개시설들을 구축했다. 거대한 인구가 먹고살 수 있는 충분한 식량 공급이 있었던 것은 틀림없다. 오늘날 우리가 먹는 음식의 대부분이 신세계에서 맨 처음 재배된 것들이다. 옥수수, 감자, 고구마, 토마토, 호박, 다양한 콩, 후추(검은 후추는 제외), 비름, 카사바, 겨자, 쌀, 피칸, 파인애플, 빵나무, 시계풀 열매, 멜론, 덩굴월귤, 블루베리, 블랙베리, 바닐라, 초콜릿, 코코아가 바로 그것이다.

1496년 크리스토퍼 콜럼버스의 동생 바르톨로메 콜론은 에스파놀라, 즉 오늘날의 아이티와 도미니카공화국에 사는 성인의 수를 조사했다. 그곳은 당시에 카리브 제도에서 인구가 가장 많은 곳이었다. 그 섬에 사는 타이노족은 카리브 제도 대부분을 포괄하는 문화를 창조했다. 콜론은 일할 수 있는 성인의 수가 110만 명이라는 결론에 도달했다. 어린이와 노인들을 포함하고 질병과 살인으로 줄어든 인구까지 감안한다면 그 섬에만 적어도 200만~800만 명이 살았다고 추정해볼 수 있다(Sale, 1991, 160~161쪽). 따라서 당시에 아메리카 대륙의 전체 인구를 5,000만~1억 명 이상이었다고 보는 것은 타당한 일이다.

유럽인이 섬에 도착한 뒤 죽은 원주민의 수는 상상할 수 없을 정도로 많다. 오늘날 핵폭발에 따른 대참사로 예상되는 인구통계학적 변화와도 필적할 만큼 참혹한 결과다. 스페인이 1508년, 1510년, 1514년, 1518년 네 차례에 걸쳐 에스파놀라의 인구를 조사했을 때 최종적으로 남은 인구는 10만 명에도 못 미쳤다. 1514년에 실시된 가장 자세한 인구조사에서는 성인 인구가 2만 2,000명밖에 안 되었다. 인류학자 셔번 쿡과 우드로 보라는 전체 인구가 2만 7,800명이라고 추산했다(Cook and Borah, 1960). 따라서 20년이 약간 넘는 기간에 그 섬의 인구가 최소 200만 명에서 2만

7,800명으로 줄어든 것이다.

스페인의 침략이 아메리카 대륙에 끼친 영향을 연구한 역사가 바르톨로메 데 라스카사스는 1542년에 타이노족 가운데 살아남은 사람이 200명밖에 안 되었으며, 그들도 10년 안에 절멸했다고 주장했다. 쿡과 보라의 추정에 따르면 약 2,530만 명의 중앙아메리카 인구 가운데 97퍼센트가 100년이 조금 넘는 기간에 이 세상에서 사라졌다고 한다. 유럽이 아메리카 대륙에 침입한 결과로 아메리카 대륙 전체 원주민의 95~98퍼센트가 죽은 것으로 추정된다.

많은 원주민이 유럽의 침입자들과 싸우다가 죽었다. 일부는 험악한 원주민에 대한 통제가 절실했던 유럽의 점령군에게 살해되었고, 또 일부는 노예생활과 강제노역에 시달리다가 죽었다. 그러나 무엇보다도 원주민을 가장 많이 죽인 것은 유럽인을 따라 들어온 질병이었다. 아메리카 원주민은 그런 질병에 대한 면역력이 없었다.

가장 치명적인 질병은 천연두였다. 그것은 1520~1524년 유럽의 병사들이나 선원들과 함께 들어와서 유럽인의 전진 속도보다 더 빠르게 대륙 전체로 전파되었다. 1532년 피사로가 잉카 제국에 도착해서 이곳을 정복할 수 있었던 것은 당시 왕과 왕세자가 천연두로 죽은 뒤 왕위 계승을 둘러싸고 제국이 둘로 갈라진 상태였기 때문이다. 1535년 스페인 원정대가 플로리다를 떠나 태평양으로 향했을 때 텍사스 서부 지역에서 천연두의 흔적을 발견했다. 도빈스(1983)는 아메리카 대륙의 모든 원주민이 실제로 천연두에 노출되었다고 추정했다. **이 병원균 하나가 얼마나 많은 원주민을 죽였을까?**

도빈스(1983, 13~14쪽; Stiffarm and Lane, 1992 참조)는 1520~1524년 전염병이 돌던 시기에, 특히 인구가 밀집한 지역의 경우 실제로 모든 원주민이 천연두에 걸릴 위험에 처해 있었고 면역력이 없었기 때문에 기존에 알려진 다른 아메리카 원주민의 사망률로 미루어 짐작하건대 적어도 인구의 60~70퍼센트가 죽었을 것으로 추산했다. 도빈스는 당시에 원주민의 절반이 죽었다고 한 스페인의 보고서는 수치를 축소 조작한 것이라고 주장했다.

당시에 전염병은 천연두 한 종류만 돌았던 것이 아니었다. 도빈스는 1520~1899년 북아메리카에 41종의 천연두가 돌았고 1531~1892년 17종의 홍역, 1559~1918년 10종의 유행성 감기, 1545~1707년 4종의 흑사병 등 전염병이 아메리카 대륙을 휩쓸었다고 밝혔다. 말하자면 1520~1900년 평균 4년 2개월 보름마다 한 차례씩 치명적인 전염병이 원주민들 사이에 퍼진 것이다.

따라서 유럽인이 신세계를 차지한 것은 그들의 직접적인 정복행위보다는 그들이 함께 운반해온 병원균에 의한 원주민의 유린행위가 더 큰 역할을 했다. 이런 인구감소는 유럽이 아메리카 대륙으로 경제를 확장하면서 나타난 유일한 결과가 아니었다. 원주민의 인구감소는 노예무역으로 눈을 돌리게 했다. 유럽인은 점점 줄어드는 원주민 노동자를 대체하기 위해 플랜테이션 농장과 광산으로 수많은 아프리카인을 수송해왔다. 살아남은 원주민도 광산촌이나 스페인 정복자가 주인인 농장 주변으로 몰려들면서 노동력 공급이 남아돌고 수공예품과 농산물가격은 싸졌다. 또한 그들은 식민지 지배자들에게 공물과 세금을 바쳐야 했다(Wolf, 1982, 149쪽). 오늘날 원주민의 후손은 여전히 유럽인의 후손에게 경제적·사회적 차별을 받고 있다.

1776년 애덤 스미스는 『국부론』에서 "아메리카 대륙의 발견과 희망봉을 지나 동인도로 가는 항로의 발견은 인류 역사에 기록될 가장 위대하고 중요한 두 가지 사건이다"라고 썼다(Crosby, 1986, vii쪽 인용).

10년 뒤 프랑스 학자들 사이에서 신세계의 발견이 축복인지, 저주인지를 놓고 논쟁이 벌어졌다. 유럽과 동인도, 서인도 사이의 교역과 관련한 네 권짜리 책을 쓴 기욤 레이널 신부는 이런 논쟁에 답하는 논문을 발표했다. 그는 거기서 유럽인들이 얻은 것들을 열거하고 그것 때문에 아시아와 아메리카 원주민이 치른 대가를 살펴본 뒤 이렇게 결론을 내렸다.

여기서 잠시 멈추고 아메리카 대륙과 인도가 아직 알려지지 않았던 때 우리가 살고 있다고 생각해보자. 다음과 같은 조건에서 유럽인들 가운데 가장 잔인한 사람에게 말을 건다고 가정하자. 당신에게 풍부한 금속과 품질 좋은 직물과 맛있는 식품을 공급하는 지역이 여러 곳 있다. 그러나 이 역사를 읽고, 그 발견이 우리에게 어떤 희생을 요구하는지 잘 보라. 당신은 그 요구를 따를 것인가, 말 것인가? 이런 질문에 긍정적으로 대답할 정도로 충분히 악독한 사람이 있다고 상상할 수 있겠는가! 내가 제기한 질문은 앞으로도 영원히 계속될 것임을 기억하라(Sale, 1991, 366~367쪽 인용).

금융의 탄생과 1636/1637년의 튤립 거품

자본가의 발전과정에서 아마도 가장 중요한 다음 단계는 금융의 탄생일 것이다. 금융은 로스차일드 3세에 따르면 "돈이 현재의 'A' 지점에서 그 돈을 필요로 하는 'B' 지점으로 이동하는 것"을 말한다(Ferguson, 2008, 62~63쪽 참조). 또한 그것은 자본주의 경제의 중요한 특징인 돈이 돈을 버는 기술이라고 할 수 있다(Hart, 2000, 10쪽; Polanyi, 1944, 68~69쪽 참조). 돈이 돈을 버는 가장 쉬운 방법은 이자를 받고 돈을 빌려주는 것이다. 이는 돈 자체의 역사만큼이나 오래된 방법이다. 그러나 돈을 빌려주는 것은 세계사에서 비교적 최근까지 좀처럼 충족시키기 어려운 전제조건들을 맞춰야 했다. 첫째, 허가를 받아야 했다. 구약성서와 신약성서, 쿠란을 포함해 많은 종교 경전은 이자를 받고 돈을 빌려주는 행위를 금지하거나 비난했다. 유럽에서 그런 금지가 해제된 것은 15세기와 16세기 들어서였다. 둘째, 돈을 빌려주기 위해서는 돈을 빌려주는 사람이 원금과 이자를 확실하게 돌려받을 수 있다는 가능성이 아주 높아야 한다. 달리 말해 돈을 빌린 사람이 파산하지 않고 적정한 이자율을 정할 것이라는 점을 돈을 빌려주는 사람이 정확하게 평가할 줄 알아야 한다는 것이다. 셋째, 금융은 돈을 빌려주고 빌리는 일, 신용, 투자와 같은 일을 효율적으로 추진할 기관들이 필요했다. 은행, 주식과 채권시장, 금융과 관련된 법, 법을 집행할 수단들이 바로 오늘날 금융체계의 필수조건이었다.

금융과 금융가들이 없었다면 근대 국민국가들이 전쟁을 벌이거나 대규모 교역을 수행하거나 무역회사를 설립하거나 운하와 댐, 철도를 건설하는 일은 꿈도 꾸지 못할 정도는 아니더라도 하기 어려웠을 것이다. 그러나 돈이 돈을 벌 수 있는 가능성은 또한 대출이나 투자와 같은 거래가 끝날 때면 시작할 때보다 더 많은 돈이 생긴다는 것을 가정했다. 따라서 지속적인 경제성장을 위해 우리 경제에 필요한 것이 무엇인지 평가하기 시작하는 지점이 바로 여기다. 더 많이 빌려주고 투자할수록 (또 이자율이 높을수록) 투자와 대출조건을 충족시키기 위해 더 많은 돈이 생성되어야 한다. 사람들이 대출금을 갚지 못하거나 투자자들이 이익을 남기지 못하는 경우에 금융은 붕괴된다. 적정한 성장이 유지되지 못한다면 국민국가를 포함해 채무자들은 파산을 선언할 수 있다. 은행도 망하고 통화가치는 등락을 거듭하며 요동칠 것이다. 오늘날 그런 위기는 빈번히 발생한다. 카르멘 M. 라인하르트와 케네스 S. 로고프(2009, 34쪽)는 세계 금융위기에 대한 연구에서 1800년 이래로 전 세계 국가들이 파산을 선언한 경우가 적어도 250차례나 된다고 지적한다. 최근 200년간 선진국 경제의 금융위기는 평균 7.2회 발생했으며 한 번에 평균 7.2년 동안 지속되었다.

돈이 돈을 버는 과정은 반드시 위험을 수반한다는 사실을 기억하면서 모험상인으로서 우리의 여행을 다시 시작해보자. 우리는 어떻게 돈으로 돈을 벌 수 있었을까? 우리가 출발하는 기점을 16세기와 17세기 네덜란드라고 치자. 포르투갈 이후에 당시 세계 경제를 지배하기 시작한 나라는 네덜란드였다. 네덜란드가 처음에 교역에서 새로운 발전을 이룰 수 있었던 것은 대규모의 상선 선단을 보유하고 플류트선(돛대가 세 개 달린 일종의 화물선—옮긴이)이라고 부르는 무거운 화물을 실을 수 있는 가볍고 날씬한 선박을 개발한 덕분이었다. 그러나 무엇보다 중요한 것은 최초로 근대 경제가 등장한 나라가 네덜란드라는 사실이다. 거기서는 돈이 돈을

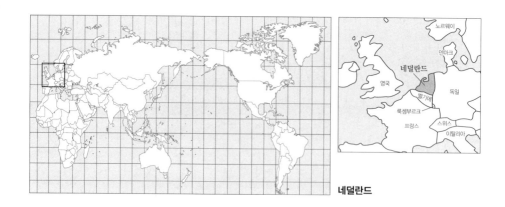

네덜란드

버는 것, 즉 돈이 상당한 대가를 치르고 (수요가 있는) 필요한 곳으로 이동하는 것이 인정되었고 그것이 정상이었다(de Vries and van der Woude, 1997 참조).

포르투갈과 마찬가지로 아주 작은 물고기(청어) 말고는 그야말로 천연 자원은 찾아볼 수 없는 한 작은 나라가 어떻게 세계 경제를 지배할 수 있었는지 이해하기 어렵다. 그러나 네덜란드가 돈이 창조해낼 수 있는 모든 가능성을 완전히 이해하고 금융의 모든 분야를 개발한 최초의 나라라는 점은 부인할 수 없는 사실이다. 네덜란드인들이 금융을 처음으로 발명하지는 않았다. 하지만 그들은 대규모 금융을 공식적인 방법으로 활용한 최초의 국민이 되었다. 따라서 네덜란드인들을 위대한 투자자였다고 하는 것은 틀린 말이 아닐 것이다. 아마도 그런 이유로 네덜란드를 지속적인 경제성장을 특징으로 하는 최초의 근대 경제 국가라고 부르는지도 모른다(North and Thomas, 1976 참조).

네덜란드는 온갖 것에 돈을 투자했다. 예컨대 1610~1640년 네덜란드 국민은 물을 끌어올리는 풍차 펌프기술 등 자본집약적인 신기술과 점점 늘어나는 도시인구를 먹여 살리기 위해 농작물을 재배할 농지에 적어도 1,000만 길더(한 해 평균소득이 200~400길더였다)를 투자했다(de Vries and van der Woude, 1997, 29쪽). 나아가 그들은 크고 작은 도시들을 연결하는 운하 건설과 그들의 주요 에너지원인 토탄지 개발에도 많은 돈을 투자했다.

네덜란드인들은 또한 공채를 사서 돈을 벌었다. 1600년 네덜란드는 500만 길더의 빚이 있었다. 일반인은 이자율이 8~16퍼센트인 국채를 살 수 있었다(de Vries and van der Woude, 1997, 114쪽). 1660년 (약 22만 가구에서) 6만 5,000명 정도가 채권이자를 노리고, 즉 돈으로 돈을 벌기 위해 국채를 사들였다.

당신이 모험상인으로서 당시에 투자했다면 가장 큰 성공을 거두었을 투자 대상은 네덜란드 동인도회사VOC였을 것이다. VOC는 최초의 다국적 회사로 주식을 맨 처음 발행했다. 그 회사의 주식은 거의 200년 동안 연간 투자회수율이 평균 18퍼센트에 이르는 막대한 이윤을 안겨주었다.

그때까지 원거리교역에 대한 투자 대부분은 한 차례 왕복하는 교역에 대해서만 이루어졌다. 그러나 포르투갈이나 영국과의 경쟁이 점점 심해지면서 네덜란드 상인들은 정부 지원을 받아 '네덜란드 동인도회사'를 설립하고 아시아 교역을 독점할 수 있는 권한을 부여받음으로써 아시아 각국에 요새를 세우고 군대를 동원하고 아시아 군주들과 협정을 체결할 수 있었다. 회사 자금을 조달하기 위해 17명의 영주로 구성된 최초 이사회는 주식을 발행했다. 최초 공모로 645만 길더의 자금을 모았다. 부자부터 그들의 하인까지 모든 사람이 주식을 사들였다.

처음에 회사는 20년 동안만 운영하는 것으로 되어 있었고, 투자자들에게 투자수익이 돌아가는 것도 20년 후였다. 결국 투자자들이 도중에 자기 투자금을 회수할 수 있는 유일한 방법은 주식을 파는 것이었다. 따라서 주식회사와 주식시장이 동시에 설립되었다. 매우 많은 사람이 주식을 사고팔기를 원했기 때문에 사람들이 모여서 VOC 주식을 사고팔 수 있는 특별한 기구가 암스테르담에 세워졌다.

주식시장은 은행 없이는 효율적으로 작동할 수 없기 때문에 암스테르담 시가 1609년에 채권자와 채무자 사이의 거래를 청산하기 위해 설립한

16세기에 피터 반 데르 하이텐이 그린 〈돈을 둘러싼 전투〉는 돈이 돈을 버는 것에 대한 높은 관심을 보여준다. 그림 아래쪽에 네덜란드어로 써넣은 글은 "이 싸움과 다툼은 모두 돈과 물건 때문에 일어난 것이다"라고 경고한다.

출처: Bleichroeder Print Collection, Kress Collection, Baker Library Historical Collections, Harvard Business School(olvwork308229).

암스테르담 거래은행은 곧바로 VOC 주식을 대출담보로 인정하기 시작했고, 따라서 주식시장과 대출이 서로 연결되었다. 은행들이 주식을 사려는 사람들에게 돈을 빌려주기 시작하면서 투자, 신용, 부채를 기반으로 하는 새로운 종류의 경제가 윤곽을 드러내기 시작했다(Ferguson, 2008, 132쪽).

많은 투자와 부채가 VOC와 연계되어 있었기 때문에 경제를 안정되게 유지하기 위해서는 VOC의 성공이 필수적이었다. VOC에 대한 투자가 성공하지 못한다면 사람들은 빌린 돈을 청산하지 못하거나 투자금을 회수할 수 없을 것이다. 따라서 VOC는 경제를 성장시켜야 했고 또 그렇게 했다.

VOC의 전략은 자신들이 지배하는 지역에 '공장'들을 세워 유럽으로 가져가서 팔 향신료나 목재, 수공예품 등 지역 상품과 거래할 물품(예컨대 직물이나 철제도구)을 생산하는 것이었다. 대개의 경우 그런 공장들이 성공한 배경에는 원주민 사회에 대한 무자비한 착취와 경쟁회사들과의 무력대결이 있었다. 당시 VOC의 총독이었던 얀 피터르스존 쿤이 말한 것처럼 "교역을 하지 않는다면 전쟁이 일어날 리 없고 전쟁 없이는 교역을 할 수 없다."

군대를 마음대로 동원할 수 있고 빠르게 항해하는 선단을 보유한 VOC는 해마다 교역 규모가 늘어났다. 1620년대 VOC가 보유한 50척의 배가 아시아에서 짐을 싣고 돌아왔다. 1690년대에는 그 수가 156척으로 늘었고 1700~1750년에는 네덜란드 선박들이 실어 나를 수 있는 화물의 무게가 2배로 늘어났다.

교역량이 증가하면서 VOC의 주가도 올라갔다. 1602~1733년 VOC의 주식가치는 액면가인 100길더에서 786길더로 올랐다. 게다가 1650년에 주주들에게 지급된 배당금은 구매가의 8배로 연간 투자수익률이 27퍼센트에 달했다. 오늘날 가장 수익률이 좋은 헤지펀드에 비견될 만한 수준이었다.

그러나 그 시기에 네덜란드에서 일어난 투자가 모두 계획대로 성과를 거둔 것은 아니었다. 네덜란드인들은 금융을 발명했을 뿐 아니라 최초로 금융거품과 붕괴를 일으킨 장본인이기도 했다. 앞서 말한 것처럼 네덜란드인들은 욕심 많은 투자자이자 금융투기꾼이었다. 예컨대 1550년대 초에 그들은 미래의 계약들을 대상으로 투자했다. 곡식이나 청어 같은 특정한 상품을 미래 특정한 시점에 특정한 가격으로 살 수 있다는 계약을 구매자와 판매자 사이에 맺었다. 선물거래는 재무적 위험을 줄이는 방법이었다. 구매자는 자신이 예상할 수 있는 가격으로 상품을 살 수 있는 권

돈이 돈을 버는 현상의 한 예로, 연간 평균소득이 200~ 400길더이던 시대에 셈페르 아우구스투스라는 품종의 튤립 알뿌리 하나가 5,500길더에 팔리기도 했다.

리를 보장받는 것이고, 판매자는 그 상품의 시장가격이 오르든 떨어지든 상관없이 이윤을 낼 수 있는 가격을 보장받기 때문이다.

17세기에 선물거래는 후추, 커피, 카카오, 브랜디와인, 토마토, 고래수염, 고래기름과 같은 교역물품을 중심으로 이루어졌다. 그러나 초기 선물시장과 달리 17세기 선물거래는 투기와 다름없었다. 판매자도 상품을 소유하고 있지 않았던 것처럼 구매자도 상품을 소유할 생각이 전혀 없었다. 사람들은 그저 선물상품의 가격이 오를 건지 내릴 건지 내기를 걸었다. 내기에서 이기면 돈을 벌고 지

면 망하는 것이다. 많은 사람이 특정 상품에 투기를 하거나 내기를 걸었다가 망하게 되면 경제 전체가 혼란에 빠질 수 있었다. 결국 네덜란드는 1636/1637년에 튤립 광풍이라는 이상 투기 현상에 휩싸였다.

1635년 초 VOC의 주가가 2배로 뛰었던 10년 동안, 대다수 네덜란드인은 튤립을 사치품으로 생각했다. 튤립은 네덜란드인들 사이에서 큰 인기를 누렸다. 그들은 튤립의 아름다움과 다양한 색깔의 꽃모양을 높이 평가했다. 튤립 모양에 따라 알뿌리의 가격은 천차만별이었다.

튤립 알뿌리는 어미 알뿌리에서 뻗어 나오는 비늘줄기를 통해서도 번식할 수 있다. 알뿌리에 모자이크 바이러스가 침투하면 '차단' 효과가 발생해, 그 결과 여러 가지 색깔의 매우 멋진 꽃이 핀다. 그러나 이런 꽃 형태를 확인할 수 있는 시기는 알뿌리를 땅에서 캐내는 6월과 그것을 다시 심어야 하는 9월 사이뿐이다. 때로는 알뿌리 하나가 굉장한 자산가치가

있었다. 연간 평균소득이 200~400길더이던 당시에 셈페르 아우구스투스라는 희귀한 품종의 튤립 알뿌리 하나가 5,500길더에 팔리기도 했다.

1636년 가을, 네덜란드의 일반인도 자기가 사고 싶은 튤립 종류를 지정해 판매자와 계약을 체결하는 선물거래를 시작하면서 튤립 거래는 더 활성화되기 시작했다. 구매자 대다수는 튤립 알뿌리를 소유할 생각이 전혀 없었다. 그저 알뿌리의 가격이 올랐을 때 알뿌리를 사고 싶어하는 사람에게 그것을 살 권리를 팔 수 있기를 바라며 투기한 것뿐이다. 판매자 대부분은 알뿌리를 가지고 있지 않았지만 자신들이 샀을 때 가격보다 더 비싸게 팔 수 있기를 바랐다. 따라서 드브리스와 반 데르 바우데(1997, 150쪽)가 말했듯이 "사람들은 자신이 넘겨줄 수도 없고 넘겨받을 생각도 없는 알뿌리를 사고팔기 위해 선술집으로 몰려들었다." 그들은 거기서 알뿌리의 선물가격을 두고 도박을 했다.

은행대출이 없었기 때문에 대금은 대개 현물로 지급하기로 약속했다. 어떤 사람은 (지극히 평범한 종류인) 화이트 크라운 품종의 알뿌리 1파운드를 (다음 해 6월에) 525플로린을 주고 사기로 했는데, 계약금은 암소 네 마리였다. 나머지 잔금도 "넓은 토지, 집, 가구, 은그릇과 금그릇, 그림, 정장과 코트 한 벌씩, 회색에 검은 얼룩이 있는 말 한 쌍"을 주기로 했다. 또 어떤 사람은 바이스로이 품종 한 뿌리를 2,500플로린을 주고 사기로 했는데 대금은 "밀 2라스트(1,800킬로그램 정도), 호밀 4라스트, 돼지 여덟 마리, 양 열두 마리, 포도주 두 수레, 버터 4톤, 치즈 약 450킬로그램, 침대, 약간의 직물과 커다란 은잔"으로 갈음했다(Kindelberger, 1978, 109쪽).

그런데 1637년 2월에 무슨 이유 때문인지 확실히 모르지만 튤립의 알뿌리 가격이 폭락하기 시작했다. 가격이 오르기만을 기대했던 투자자들은 경제적 파산에 직면했다. 그들은 판매자에게 합의된 금액의 일부만 주었기 때문에 아직도 지불해야 할 잔금이 많이 남아 있었다. 대개는 잔금을 지불하지 못하는 경우가 많았다. 게다가 판매자는 선물거래를 담보로 대출을 받았기 때문에 추가적인 담보를 제공해야 했다. 그러나 선물거래는 당시에 법적으로 강제력이 없었기 때문에 그 거래의 유효성을 인정할 수단이 없었다. 따라서 투자자들은 튤립 알뿌리를 구매하려고 지불한 엄청난 돈과 물품들을 모두 날리고 말았다. 어쨌든 판매자들도 더는 돈을 받아낼 수 없기는 마찬가지였다. 멋모르고 투자한 많은 사람이 파산했다. 이런 상황인데도 17세기에 네덜란드에는 열성적인 투자자들이 남아 있었다. 그들은 VOC 주식이나 운하 건설, 그림, 시계에 계속 투자했다.

VOC와 '튤립 공황'이 남긴 교훈은 투자자들이 이익을 얻고 채무자들이 돈을 갚기 위해서는 어떤 식으로든 경제가 성장해야 한다는 사실이었다. VOC의 경우처럼 교역이 계속해서 늘어나거나 튤립 알뿌리의 경우처럼 자산가치가 지속적으로 커져야 했다. 경제가 성장해야 이익도 생기고 빚도 갚을 수 있다. 하지만 경제가 성장하지 못하면 투자자는 손실을 보고 채무자는 파산할 것이다.

한마디 더 하면 그 시기는 대개 돈을 빌려 대규모 자본을 모아야 하는 활동이 크게 늘어난 때였다. 국가는 전쟁비용을 마련하기 위해 돈을 빌렸고, 상인들은 원거리교역을 위해 돈을 빌렸으며, 투자자들은 상품 투기를 위해 돈을 빌렸다. 사업 규모가 클수록 빌리고 빌려주고 갚아야 할 돈은 더 많아졌다. 따라서 이 모든 것을 위해서는 끊임없는 경제성장이 필요했다.

따라서 네덜란드에서 창안된 새로운 금융기법은 세계를 새로운 종류의 경제로 인도했다. 돈이 돈을 버는 것이 경제생활의 특징이 되었고, 그러기 위해서는 경제성장이 필수인 그런 세계가 열린 것이다. 앞으로도 계속 살펴보겠지만 투기 거품이 꺼지고 전체 경제를 붕괴시킬 위험에 빠뜨리는 사례가 반복해서 일어났다. 최근 발생한 2007년 미국의 주택가치 붕괴도 그런 사례의 일부다. 그것에 대해서는 나중에 짧지만 조금 더 자세하게 살펴볼 것이다.

기업가의 시대

1800년경 영국은 군사와 정치, 경제 모든 면에서 18세기 초에 그들과 가장 밀접한 경쟁관계였던 프랑스와 네덜란드를 압도했다. 영국의 상업은 특히 직물산업의 성장과 관련 부문의 값싼 노동력을 구하기가 점점 쉬워지면서 더욱 번창했다. 영국은 미국 식민지 건설에 실패했지만 경제적으로는 아니더라도 정치적으로는 그보다 더 값진 보물을 얻었다. 바로 인도였다.

그러나 당시 무엇보다 중요한 역사적 사건은 영국의 산업발전이었다. 1730~1760년 철 생산이 50퍼센트나 증가했다. 최초의 철교가 1779년에 세워졌고, 최초의 철제선박이 등장한 때가 1787년이었다. 1783년에는 와트가 복동식(양쪽에서 피스톤이 서로 밀어주는 장치─옮긴이) 증기기관을 생산했다. 1740~1770년에 면화 소비는 117퍼센트 증가했고, 기계화된 공장에서 과거와는 비교할 수 없을 만큼 빠른 속도로 직물을 생산하기 시작했다.

이와 관련해서 사회과학자들은 대개 두 가지 문제를 제기한다. **영국은 어떻게 발전하기 시작했는가? 도대체 왜 영국에서 산업혁명이 일어났는가?** 이것은 단순히 학문적인 문제가 아니다. 이른바 저개발국가에서 경제발전을 통해 국민의 삶을 향상시키려고 할 때, 대개는 영국의 역사를 보고 거기서 경제성공의 핵심 요소들이 무엇인지 찾으려고 한다. 영국은 경제발전의 모델이며 진보의 축소판이 되었다. 특히 대영제국 시절이 그런 모범 사례였다.

영국에서 산업혁명이 일어나고 자본주의 경제가 등장한 이유는 다양하다. 물론 가장 중요한 이유가 무엇인지에 대해서는 학자들마다 의견이 다르지만 그런 사건이 일어나게 된 원인에 대해서는 대개 일치한다. 그것들을 요약하면 다음과 같다(예컨대 Wallerstein, 1989, 22쪽 이하).

1. 상품 수요의 증가: 해외 시장이든 국내 시장이든 대개 정부의 군사 물자 수요가 늘어나면서 상품 수요가 증가했다. 원재료(면화의 경우) 와 시장에 대한 의존도가 컸던 직물산업은 노동력 구성과 해외 시장 과의 관계에서도 대전환을 가져왔다. 역사학자 에릭 홉스봄은 당시 세계는 오직 하나의 공급자만 있을 자리가 있었고, 결국 그 자리를 차지한 나라는 영국이었다고 주장했다(Hobsbawm, 1975).

2. 자본 공급의 증가: 교역량이 늘면서 더 많은 이윤이 남고 더 많은 돈이 들어왔다. 벌어들인 돈은 다시 신기술과 신사업에 투자할 자본 으로 공급되었다.

3. 인구의 증가: 18세기에 영국과 유럽의 인구는 급격하게 늘었다. 서유럽 인구는 1550~1680년에 18퍼센트 증가하는 데 그쳤지만 1680~1820년에는 62퍼센트나 증가했다. 영국 인구는 1750~1850년 에 570만 명에서 1,650만 명으로 늘어났다. 인구증가는 잠재적인 노 동력과 상품 소비자의 증가를 초래하기 때문에 중요한 의미를 담고 있다. 그러나 인구가 왜 증가했고, 그것이 산업화에 어떤 영향을 미 쳤는지에 대해서는 의견이 분분하다. 일부 학자들은 천연두의 종두 개발과 감자와 같은 새로운 식품 도입으로 식생활이 개선되어 사망 률이 줄어든 것에서 인구증가의 원인을 찾는다. 평균수명도 35세에 서 40세로 높아졌다(Guttmann, 1988, 130쪽). 또 어떤 학자들은 인 구증가의 원인을 출생률 증가에서 찾는다. 실제로 18세기에 가구 수 가 늘었다. 1680~1820년에 영국의 총 출생률(한 여성이 낳은 여아의 수)은 2명에서 거의 3명으로 늘었고 가구당 평균 자식 수는 4명에서 6명으로 늘었다. 나중에 우리는 인구증가와 산업화의 관계를 살펴 볼 것이다. 오늘날 급격한 인구증가를 이해하는 데 중요한 열쇠이기 때문이다.

4. 농업의 확대: 18세기에 영국에서는 인클로저 법령 제정으로 농업 생산이 확대되었다. 공유지에 불법으로 들어와 살던 빈민과 농민은

이 법령 때문에 그들의 삶의 터전이었던 공유 농지와 삼림에서 쫓겨났다. 그렇게 한 이유는 젠트리gentry(16세기 귀족이 몰락하면서 부상한 대지주와 전문직, 부유한 상인층을 중심으로 한 중산계급의 상층부를 통칭하는 용어—옮긴이)에게 땅을 넘겨주어 더 많은 농산물을 생산하게 하기 위해서였다. 그러나 이런 조치는 자기 땅이 없고 재산이 없는 무산자계급을 양산하는 결과를 초래했으며, 그들을 결국 임금노동에 기댈 수밖에 없는 노동자로 만들었다. 아무튼 일부 학자들은 농업 생산량의 증가 때문에 도시의 수많은 노동자가 먹고살 수 있었다고 주장한다.

5. 독특한 영국 문화와 정신: 유명한 사회학자 막스 베버 같은 사람들은 영국의 성장을 프로테스탄트 윤리 등 기업가 정신의 발전 덕분이라고 주장한다. 그들이 하느님의 선민이든 아니든, 기업가 정신이 그들에게 나타날 것이라는 믿음은 사람들이 사업을 성공으로 이끌도록 자극했다(Weber, 1958).

6. 국가의 전폭적인 교역 지원: 일부는 국가구조가 개방적일수록 기업에 대한 세금이나 규제가 점점 줄어들어서 기업이 번창하게 된다고 주장한다. 영국 정부는 교역과 산업을 지원하는 조치를 취했다. 영국 경제가 해외로 확장해나갈 수 있도록 정치적·군사적 지원을 지속했고, 국내에서 노동자들의 저항으로부터 상인들을 보호하기 위해 법을 제정했다. 1769년에는 기계와 공장건물을 파괴하는 행위를 사형받을 만한 중죄로 다스리는 법이 제정되었다. 1779년에 랭커스터, 1796년에 요크셔에서 발생한 노동자 폭동을 진압하기 위해 군대가 파견되었다. 1799년에는 임금 인상이나 노동일 축소, '또는 고용이나 노동조건과 관련된 어떤 개선'을 요구하는 노동자 단체도 금지하는 법안이 통과되었다(Beaud, 1983, 67쪽).

7. 상인계급의 성장: 스티븐 샌더슨(1995)은 상인계급의 영향력이 커지면서 자본주의가 발전했다고 말한다. 그는 상인들과 지배 엘리트 사

이에 언제나 경쟁관계가 있었다고 주장했다. 지배 엘리트들은 원하는 상품과 서비스를 공급하기 위해 상인들이 필요했지만 그들을 천시했다. 그러나 상인계급의 경제력이 서서히 커지면서 17세기와 18세기에는 서양의 자본주의 사회에서 가장 강력한 세력으로 떠올랐다. 샌더슨(1995, 175~176쪽)의 주장에 따르면 자본주의는 "계급투쟁으로 탄생했다. 그러나 그것은 마르크스가 말한 것처럼 지주와 농민 사이의 투쟁이 아니었다. 오히려 지주계급과 자본주의 등장의 초석이었던 상인계급 사이의 투쟁이었다."

8. 소비혁명: 끝으로 일부 학자는 영국이 급격하게 경제성장을 이루게 된 것은 구매와 소비 형태가 혁명적으로 바뀌었기 때문이라고 주장한다. 가게와 상점 수가 급격하게 증가했고 마케팅에 혁명적인 변화가 일어났다. 그 변화를 이끈 사람은 도기산업계의 천재적 기업가였던 조사이어 웨지우드로, 부상하는 중류계급의 유행의식에 호소하기 위해 자기가 만든 도자기에 왕실 가족의 이름들을 갖다 붙였다.

영국의 성장과 이른바 산업혁명을 초래한 이런 원인들 말고도 전통적으로 부를 축적하는 수단, 즉 중상주의적 교역과 농민의 잉여노동력 수탈, 약탈, 강제노역, 노예, 세금 이외에 새로운 형태의 자본 형성이 점점 중요하게 되었다. 그것은 생산수단과 상품을 생산하는 노동력의 구매와 결합을 수반했다. 우리는 앞서 **자본주의**라고 부르는 부의 형성방식을 다음과 같이 도식화했다.

$$M \rightarrow C \rightarrow mp/lp \rightarrow C' \rightarrow M'$$

이 도식을 풀어 쓰면, 돈은 상품(자본재)으로 전환되어 생산수단과 노동력과 결합해 다른 상품(소비재)을 생산하고 그것을 팔아서 초기에 투자한 것보다 더 많은 돈을 축적한다는 의미다. **이런 생산양식은 이전의 것**

들과 어떻게 다른가?

에릭 울프는 이것에 대해 매우 간단명료하게 설명한다. 그의 주장에 따르면, 자본주의가 존재하기 위해서는 부나 돈으로 노동력을 구매할 수 있어야만 한다. 그러나 사람들이 생산수단인 토지, 원재료, 도구(예컨대 베틀이나 제분기)에 접근할 수 있는 한 그들이 자기 노동력을 팔 이유는 하나도 없다. 그들은 여전히 자기 노동력으로 물건을 생산해서 팔 수 있기 때문이다. 따라서 자본주의 생산양식이 존재하기 위해서는 생산자와 생산수단의 연결이 끊어져야 한다. 농민들은 자기 땅이 없어야 하고 장인들은 자기 도구가 없어야 한다. 생산수단에 접근할 수 없게 된 사람들은 생산수단을 지배하는 사람들에게 허락을 받고 토지와 도구를 이용해 생산물을 만들고 그 대가로 임금을 받는다. 생산수단을 지배하는 사람들은 생산된 상품도 지배한다. 그리고 정작 상품을 생산한 사람들은 생산수단을 가진 사람들에게서 자기가 만든 상품을 되사야 한다. 따라서 사람들을 생산수단에서 단절시키는 것은 그들을 노동자로 만들 뿐 아니라 자기 노동으로 생산한 물건을 사는 소비자로 바꾼다. 울프(1982, 78~79쪽)는 그것을 다음과 같이 요약한다.

> 부는 그냥 사람의 손안에만 있으면 자본이 아니다. 그 부로 생산수단을 지배하고 노동력을 사서 그것들을 이용하고 끊임없이 발전하는 기술을 투입해 생산을 증대함으로써 잉여를 지속적으로 확대할 때 비로소 자본이 된다. 자본주의는 이런 목적을 위해 생산을 지배하고 생산과정을 간섭하고 쉴 새 없이 생산조건들을 바꿔야 한다. (……) 부가 특정한 방식들로 생산조건들을 지배했을 때 우리는 비로소 자본주의 양식의 존재나 지배를 말할 수 있다. 따라서 중상주의적 상인들이 지배하는 자본주의는 없다. 중상주의적 부만 있을 뿐이다. 진정한 자본주의는 생산에서의 자본주의여야 한다.

울프(1982, 100쪽)는 자본주의 생산양식을 발전시키는 데 가장 중요한 요소가 국가라고 말했다. 국내와 해외에서 자본가가 생산수단을 소유하도록 지원하고 보장하기 위해 무력을 쓰는 것도 국가이고, 노동과 관련된 조직과 규율을 지원하는 것도 국가이기 때문이다. 또한 국가는 자본주의적 생산에 필요한 수송, 통신, 사법제도, 교육 같은 기반시설이나 구조를 제공해야 한다. 끝으로 국가는 국내와 해외에서 서로 경쟁하는 자본가들 사이의 갈등을 조정해야 한다. 될 수 있으면 외교적으로 풀어야 하지만 필요하다면 전쟁도 불사한다.

그렇다면 **이런 산업중심적인 자본주의 생산양식은 어떻게 발전했으며 영국과 유럽, 그 밖의 다른 지역에서 자본주의 생산양식이 초래한 결과는 무엇이었을까?**

직물산업과 공장체제의 등장

다시 한번 당신이 상인이라고 가정하자. 사업할 때 당신이 직면할 수 있는 기회와 문제들이 무엇인지 살펴보자. 18세기 초, 전형적인 직물 상인들은 직물을 생산만 하고 직접 거래는 안 하는 전문 직조공이나 비상근 직물 생산자 또는 포목상들에게서 직물을 샀다. 그러면 상인은 그것을 소비자에게 직접 팔거나 유럽과 그 밖의 다른 지역에 가지고 가서 팔 다른 상인들에게 넘겼다. 상인이 장인이나 포목상에게 지불한 금액과 소비자에게 판 금액 사이의 차이는 이윤으로 남았다. 서로에게 나쁘지 않은 거래였다. 이것은 상인에게 대규모 자본 지출을 요구하지 않는다. 장인은 필요한 도구와 재료를 가지고 있고 직물 수요가 있는 한 누구라도 그것을 살 것이기 때문이다.

그러나 상인으로서 당신은 두 가지 문제에 봉착한다. 우선 당신이 살 직물을 직조하는 사람들이 당신이 요구하는 품질과 양만큼 생산하지 않을 수도 있다. 특히 점점 직물에 대한 수요가 늘어나고 있을 때 이것은 큰 문제가 아닐 수 없다. 게다가 직조공이 양모나 면화 같은 원재료를 구하기가 어려울 수도 있거나 아예 공급이 중단될 수도 있다. 그러면 당신은 어떻게 할 것인가?

이때 할 수 있는 한 가지 방법은 포목상이나 직조공에게 직물을 짤 원재료를 제공하는 '선대제'先貸制 방식의 생산체제를 강화하는 것이다. 또는 자본이 있다면 베틀이나 물레 같은 생산도구를 사서 직물을 짜는 사람들에게 주고 생산 대가를 지불할 수도 있다. 이런 종류의 가내공업은 상인들이 도시의 장인들에게 직물을 사는 것보다 농촌 지역에서 값싼 노동력을 이용하기 시작하면서 유럽 전역으로 널리 퍼졌다. 18세기 중엽 영국에는 인클로저 법령 제정으로, 또는 세금을 못 내거나 빚을 갚지 못해 자기 땅에서 쫓겨난 사람들이 특히 농촌 지역에 차고 넘쳤다. 18세기 토지시장에는 구매자보다 판매자가 훨씬 더 많았다(Guttmann, 1988).

18세기 중엽 영국의 직물 상인들이 직면한 또 다른 문제는 직물업, 특히 면직물이 인도의 강력한 경쟁에 맞부딪혔다는 사실이다. 인도의 캘리코에서 생산되는 옥양목은 당시 영국에서 매우 인기가 높았다. 당신이라면 이 경쟁에 어떻게 대처하겠는가? 영국이 취한 첫 번째 조치는 인도산 옥양목의 수입을 금지하고 국내의 요구 수준을 충족하기 위해 자국의 면직산업을 발전시키는 일이었다. 이 조치는 영국의 직물산업이 쓰러지지 않도록 보호한 반면 인도의 면직산업을 실질적으로 파괴하는 결과를 초래했다. 오래전부터 인도는 영국의 면직물을 수입하고 있었다. 그 결과는 찰스 마저리뱅크스가 1830년 하원에서 증언한 내용에 잘 요약되어 있다(Wallerstein, 1989, 150쪽 인용).

우리는 인도산 제품이 영국에 들어오는 것을 엄격하게 금지했습니다. 반면 인도에 우리 제품을 소개하는 데 전력을 다했습니다. 우리의 이기적인(나는 이 말을 부당하다는 의미로 씁니다) 정책 때문에 데카를 비롯한 인도 여러 지역에서 생산한 제품들은 큰 타격을 입었고 인도는 우리 상품들로 넘쳐났습니다.

1840년 '영국 동인도와 중국' 회사의 의장은 다음과 같이 자랑을 늘어놓았다.

> 우리 회사는 다양한 방식으로 우리의 위대한 제품의 독창력과 기술을 바탕으로 격려하고 지원한 결과, 인도를 제품을 생산하는 국가에서 원재료를 수출하는 국가로 바꾸는 데 성공했습니다(Wallerstein, 1989, 150쪽 인용).

직물산업에서 어느 정도 불가피한 다음 단계는 원모와 면화를 준비하고, 방적사와 양모에서 실을 잣고, 직물을 짜고, 마무리 손질을 하는 여러 단계의 직물 생산공정을 되도록 한곳(공장)으로 모으는 일이었다. 상인과 기업가는 이런 방식을 통해 제품 수량과 품질을 조절하고 원재료와 도구의 이용을 통제할 수 있었다. 공장체제의 유일한 단점은 자본집약적이라는 것이다. 상인은 이제 생산의 전 과정에 자금을 공급해야 했다. 반면 노동자는 그저 자기 노동력만 제공하면 끝이었다. 생산비용의 증가는 대개 기계화의 증가에 따른 결과였다.

직물산업의 기계화는 1733년 존 케이가 플라잉 셔틀이라는 새로운 자동 북(직조기에서 실을 감는 실패—옮긴이)을 발명하면서 시작되었다. 과거에는 손으로 직접 직물을 짰지만 이제는 직조공이 북을 이용해 베틀의 좌우를 오가며 짤 수 있게 되었다. 이것 덕분에 직물을 짜는 시간이 엄청나게 빨라졌다. 그러나 실을 잣는 일은 여전히 물레나 방추 같은 전통적인 도구를 이용했기 때문에 직조공의 작업 속도를 따라갈 수 없었다. 직물, 특히 면직물의 수요가 급증하면서 이런 상황은 생산의 병목현상을 초래했다. 이런 문제를 해결하기 위해 1770년에 제임스 하그리브스는 다축방적기를 발명했다. 나중에 리처드 아크라이트는 수력방적기를 처음 소개했고, 1779년에 새뮤얼 크럼프턴은 한 사람이 1,000개가 넘는 방추를 한 번에 돌릴 수 있는 방적기인 '뮬'(말과 당나귀의 잡종인 노새를 의미하

는데 하그리브스와 아크라이트가 발명한 방적기술을 혼합한 방적기라 해서 그런 이름을 붙였다―옮긴이)을 발명했다. 1790년에는 증기력을 이용할 수 있었다. 이런 기술발전은 직물 생산을 엄청나게 늘렸다. 초창기 다축방적기의 기계적 효율은 수동방적기보다 24배 높았다. 물레는 10년 안에 골동품이 되었다(Landes, 1969, 85쪽). 방적사의 공급 증가로 더 빠른 방적기술이 필요했고, 그 기술의 발전은 또다시 더 많은 방적사의 공급을 필요로 했다. 1800년 소비된 면화의 양은 1770년의 12배였다.

그러나 생산혁명은 또 다른 문제들을 낳았다. **엄청나게 많이 생산되고 있는 상품들을 과연 누가 살 것이며, 그 많은 원재료는 어디서 구할 것인가?**

제국주의 시대

유럽에서 일어난 산업혁명의 영향력은 매우 컸다. 1800~1900년은 아마도 인류 역사에서 가장 역동적인 시기 중 하나였을 것이다. 그 시기가 과거 어느 때보다도 교역과 생산을 통해 거대한 부를 축적할 수 있었던 가장 좋은 기회였다는 사실은 틀림없다. 철도와 증기선 같은 수송기관의 발전은 원재료와 완제품 수송방식에 대전환을 가져왔다. 수력과 증기력 같은 새로운 동력원, 온순하고 풍부한 노동력, 전 세계 인구와 시장에 대한 지배가 함께 어우러져 생산과 부의 수준이 급격하게 높아졌다. 이런 발전은 영국에서 가장 극적으로 이루어졌고 나중에 미국, 프랑스, 독일로 퍼져나갔다. 예컨대 영국의 방적사 생산량은 1830년에 약 1억 1,300만 킬로그램에서 1870년에 약 5억 킬로그램으로 늘었다. 전 세계의 증기력 생산량은 1850년에 400만 마력이던 것이 20년 뒤에는 1,850만 마력으로 증가했고 석탄 생산량도 1800년에 1,500만 톤에서 1860년에 1억 3,200만 톤, 1900년에는 7억 100만 톤으로 늘었다. 석탄과 갈탄, 석유, 천연가솔린, 수력을 이용한 에너지 소비는 1860년에 비해 1900년에는 6배 증가했다. 철로 길이는 1831년 332킬로미터이던 것이 1876년에 30만 킬로미터로 급증했다. 독일 크루프 제철소의 직공은 1848년에 72명이었는데 1873년에는 1만 2,000명으로 늘었다.

해운에서도 혁명적 변화가 있었다. 미국에서 처음에 갑판보가 좁은 쾌속선에 이어 증기선이 등장하면서 해상 운송비용이 떨어졌다. 쾌속선은 1,000톤의 화물을 싣고 중국 남해안에서 런던까지 가는 데 120~130일이 걸렸다. 1865년에는 블루퍼넬라인(선박의 굴뚝이 파란색이어서 그렇게 알려진 앨프리드홀트앤드컴퍼니라는 해운회사를 말한다—옮긴이) 소속의 증기선이 똑같은 항로를 3,000톤의 화물을 싣고 77일 만에 항해할 수 있었다. 또한 1869년 펠러fellah라고 하는 이집트의 농민 2만 명을 강제 동원해서 완공한 수에즈 운하는 영국에서 동아시아까지의 여행시간을 절반으로 줄였다. 하지만 이 운하 건설로 이집트 국가재정은 파산했고 이집트는 영국-프랑스의 법정관리 아래 놓이고 말았다. 이런 일련의 사건으로 이집트에서 군사반란이 일어났지만, 영국군이 반란을 진압한다는 명목으로 이집트를 침공함으로써 이집트를 비롯한 영국의 중동 지배는 더욱 강화되었다. 정치적으로 미국은 세계 열강 가운데 하나로 부상했고 일본은 경제건설을 통해 러시아를 침략할 준비를 하고 있었다. 당시 오스만 제국은 서서히 힘을 잃어가고 있었고 그런 가운데 프랑스와 영국,

러시아는 붕괴하는 제국에 대한 지배력 확대를 모색했다.

그러나 당시 자본주의 경제에 좋은 소식만 있었던 것은 아니다. 노동조합이 생기면서 저임금과 열악한 노동조건 개선을 요구하는 일이 빈번하게 일어났고, 주변부 지역에서는 저항운동과 폭동도 발생했으며, 전 세계가 주기적으로 경기침체에 빠지는 자본주의적 경기순환 현상도 나타났다. 따라서 19세기에 세계는 한편으로 기업이 널리 번창했지만 다른 한편으로는 거대한 불확실성의 세계로 발을 내딛고 있었다. 첫째, 생산 영역의 확대와 더불어 자본 투자가 엄청나게 증가했다. 1800년에는 방추가 40개짜리인 다축방적기 한 대에 6파운드만 투자해도 되었지만, 이제 직물 공장에 투자하는 규모는 그 정도로는 어림도 없었다. 게다가 네덜란드와 프랑스, 독일, 미국에서 공장 생산이 급격하게 늘면서 경쟁도 치열해졌다. 따라서 과잉생산의 위험은 상존하는 문제였고 공급이 수요를 앞지를 때면 노는 공장과 실직한 노동자들이 생겨났다. 농업 생산과 달리(먹을거리를 파는 시장은 언제나 있기 마련이다) 산업 생산은 수요에 따라 달라진다. 안 로베르 자크 튀르고는 수요를 '욕구의 변형'이라고 불렀다(Braudel, 1982, 183쪽). 18세기까지 제조업자들은 보조금이나 무이자 대출, 독점의 사전 보장과 같이 영리가 보장될 때만 사업을 시작했다. 이제 제조업자들은 사람들이 그들의 제품을 사기를 바라며 기다릴 수밖에 없었다.

게다가 투기 거품이 꺼지면서 투자자들은 수백만 달러를 날려버리고 말았다. 1840년대 영국에서 가장 큰 투기 열풍을 일으킨 것은 철도주식이었다. 1842년 영국의 빅토리아 여왕이 처음으로 기차 여행을 하고 흥미를 보이자 영국인들의 철도 건설에 대한 관심이 치솟았다. 특히 철도에 인접한 토지를 소유한 사람들이 땅값 상승을 기대하며 큰 관심을 보였다.

조지 허드슨은 영국에서 수천 킬로미터의 철로를 건설하거나 구입하고 철도 여행의 장점을 홍보하면서 일반 대중에게 철도에 대한 관심을 부추긴 최초의 인물이었다. 그는 승객에게는 요금을 비싸게 받고 직원들에게는 임금을 적게 주었다. 다양한 사고가 발생했지만 주주들에게는 9퍼센트의 배당금을 주었다. 누구나 철도사업을 할 수 있었지만 인력을 충원하고 의회의 승인을 받고 기술자를 채용하고 철로 건설에 필요한 출자금을 모아야 했다. 의회는 철도의 성장을 엄격하게 규제하려고 했다. 그러나 조지 허드슨 같은 투기꾼들의 반발에 부딪혀 뒤로 물러설 수밖에 없었다. 1844년 이자율은 낮아지고 철도주식의 배당률은 10퍼센트에 이르면서 철도에 대한 관심이 고조되기 시작했다. 1845년에는 열여섯 군데의 철도 건설사업이 새로 계획되었다. 사람들은 당연히 10퍼센트의 배당금을 기대하고 계획된 구간의 철도주식을 사들였다.

1845년에 의원 157명과 성직자 257명을 포함해 투기꾼 2만 명이 저마다 2파운드 이상씩 주식을 청약했다. 이들 대부분은 자기 재산보다 더 많은 금액을 약정했다. 3만 7,500파운드의 지분 출자를 약정한 두 형제는 다락방에서 일주일에 1기니로 겨우 먹고사는 파출부의 아들들이었다. 그들은 이익을 보고 팔 생각이었다. 많은 사람이 의회의 승인이 나지도 않은 철도주식에 투자했다.

신문과 의회는 그것이 명백한 투기행위이며 누구든 결국 망하고 말 것이라고 생각하지만 자신들은 주가가 급락하기 전에 손을 털고 떠날 거라고 믿고 있는 것뿐이라고 경고했다. 그해 6월 신규 철로 약 1만 3,000킬로미터를 더 깔 계획이 있었다. 그것은 당시 철로시설의 4배에 해당하는 규모로 영국 길이의 20배가 되는 거리였다. 1845년 여름 일부 철로의 가주식이 500퍼센트의 수익을 올렸다. 여전히 더 많은 철로가 계획되고 출자금 청약이 진행되었다.

그러나 1845년 10월 거품은 꺼지고 철도사업에 투자한 가주식은 휴지조각이 되고 말았다. 의회는 철도회사의 해산은 허락하지만 투기 열풍이 불 때 출자하기로 약정한 가주식은 투기꾼들이 모두 구매하도록 강제하는 해산법을 통과시켜야 했다. 결국 많은 사람이 파산했다.

그리고 나서 1873년에 세계 대공황이 발생했고 결국에는 1895년까지 지속되었다. 물론 그 공황은 최초의 경제위기가 아니었다. 그러나 1873년의 금융붕괴는 세계 경제가 얼마나 긴밀하게 통합되어 있는지, 지구의 한편에서 일어난 경제적 사건들이 다른 한편에 어떤 영향을 주는지를 잘 보여주었다. 당시의 경제공황은 독일과 오스트리아의 부동산 투기가 붕괴되자 은행들이 파산하면서 시작되었다. 동시에 영국에서는 주철가격이 수요 감소로 27퍼센트 하락했다. 주철가격의 하락으로 영국에서는 실업자가 늘어났고 투자자들은 부동산에서 본 손실을 메우기 위해 미국 은행에서 예금을 인출하기 시작했다. 이것은 결국 미국 은행들의 파산으로 이어졌다. 영국에서는 1872~1875년에 수출이 25퍼센트 하락했고 파산하는 경우가 증가했다. 철로가격도 60퍼센트나 급락했다. 프랑스에서는 1882년에 리옹 주식시장이 붕괴되었다. 은행 파산과 실업률 증가가 뒤따랐다. 철도회사들 사이의 경쟁은 이익을 떨어뜨리고 미국의 철도 관련 주식과 채권가격의 급락을 초래했다(Beaud, 1983, 119~120쪽; Guttmann, 1994 참조).

1873년의 공황은 자본주의의 확대와 지속적인 성장과 관련해 또 다른 커다란 문제를 드러냈다. 그런 확대와 성장은 원재료의 신속한 공급과 끊임없는 상품 수요의 증가 그리고 이익과 자본의 다양한 투자가 있을 때만 지속될 수 있었다. 이런 사정을 감안할 때 **1873년 미국이나 유럽의 투자자들은 어디서 이런 경제의 확대와 지속적인 경제성장의 출구를 찾았을까?**

결국 유럽 열강과 미국은 해외로 눈길을 돌렸고 그중에서도 특히 상대적으로 자본주의에 물들지 않고 남아 있던 아프리카와 아시아, 태평양 지역이 주요 표적이었다. 실제로 그들에게 식민지 개척은 시장을 확대하고 투자 기회를 넓히고 원재료 공급을 보장할 수 있는 최적의 해법이었다. 영국이 아프리카를 식민지로 만드는 데 크게 기여한 세실 로즈도 국내의 평화를 유지하기 위해 해외 확장이 얼마나 중요한 역할을 하는지 아는 인물 가운데 한 명이었다. 로즈는 1895년에 이렇게 말했다.

나는 어제 런던의 이스트앤드에서 실업자들이 모인 한 집회에 참석했다. 분노의 연설들이 이어졌고 "빵을 달라"는 외침만이 있었다. 돌아오는 길 내내 그 모습들이 내 머릿속을 떠나지 않았다. 그 어느 때보다도 제국주의의 필요성을 인정하지 않을 수 없었다. (……) 이런 사회문제의 해결, 즉 영국에 사는 4,000만 명을 참혹한 내전에서 구하기 위해서는 우리 같은 식민지 정치가들이 국내의 잉여인구를 정착시키고 많은 공장과 광산에서 생산된 상품들을 팔 수 있는 신규 시장을 제공할 새로운 땅을 반드시 손에 넣어야 한다는 것이 내 생각이다. 항상 말했듯이 제국은 먹을 것을 마련하는 것이 가장 중요한 문제다. 내전을 피하고 싶다면 제국주의자가 되어야 한다(Beaud, 1983, 139~140쪽 인용).

프랑스의 P. 르루아볼리외도 해외 국가들의 정복을 정당화하기 위해 똑같은 말을 했다.

서양의 문명인이 무한정 자기 나라라는 제한된 공간에 밀집해서 숨도 제대로 못 쉰 채 살아야 하고, 그들이 국내에서만 과학과 예술, 문명의 경이를 축적해야 하며, 이익이 되는 일거리가 없어서 자본의 이자율이 점점 더 하락하는 것을 넋 놓고 바라만 보는 것은 당연하거나 정당한 일이 아니다. 또한 끝없는 영토에 여기저기 흩어져 사는 무기력한 지진아들인 소수의 무지한 집단에게, 또 그 밖의 활력도 방향도 없는 노쇠한 사람들, 즉 노력도 하지 않고 조직적이고 통찰력 있는 행동도 하지 않는 진짜 늙은 사람들에게 세상의 절반을 그대로 맡겨놓는 것도 마찬가지로 부당한 일이다(Beaud, 1983, 140쪽 인용).

제국주의의 확대를 옹호하는 이런 주장의 결과로 전 세계 사람들은 수출용 농작물을 생산하는 사람들로 바뀌었다. 수많은 자립 농민은 시장에 팔 물건을 생산하는 임금노동자로 전락했고 스스로 생산해서 먹던 식량을 유럽과 미국 상인들에게서 사 먹는 신세가 되었다. 19세기 영국의 경제학자 윌리엄 스탠리 제번스(Kennedy, 1993, 9쪽)는 그런 상황을 다음과 같이 자랑스러운 마음으로 정리했다.

> 북아메리카와 러시아의 평원은 우리의 밀밭이다. 시카고와 오데사는 우리의 곡물창고다. 캐나다와 발트 해 지역은 우리의 삼림지대다. 오스트레일리아에는 우리 양들이 자라는 농장들이 있고 아르헨티나와 북아메리카의 서부 초원지대에는 우리 소 떼가 있다. 페루는 우리에게 은을 보내고 남아프리카와 오스트레일리아의 금은 런던으로 흘러들어온다. 힌두교인과 중국인은 우리를 위해 차를 재배하고 인도 제국에는 우리의 커피, 설탕, 향신료를 생산하는 플랜테이션 농장이 있다. 스페인과 프랑스는 우리의 포도밭이며 지중해 지역은 우리의 과일밭이다. 그리고 오랫동안 미국의 남부 지역을 차지했던 우리의 면화밭은 이제 따뜻한 동부 지역으로 널리 확산되고 있다.

밀은 러시아와 아르헨티나, 미국의 거대한 수출용 농작물이 되었다. 그 가운데 많은 양이 미국에서 생산되는데 그것은 대부분 아메리카 원주민들에게 빼앗은 땅에서 나온 것이다. 쌀은 동남아시아의 주요 수출품이 되었다. 1855년 영국이 버마의 남부 지역을 장악하면서 쌀을 생산하는 토지는 4,000제곱킬로미터에서 3만 6,000제곱킬로미터로 급증했다. 아르헨티나와 오스트레일리아는 미국과 함께 주요 고기 공급국이 되었다. 오스트레일리아와 미국의 목장주들은 원주민들을 목동으로 고용하거나 19세기 말 캘리포니아의 목장주들이 그랬던 것처럼 원주민 사냥을 통해 그들을 몰살시켰다(Meggitt, 1962 참조).

1871년 미국의 철도업자들은 코스타리카에 철도를 건설하고 바나나 재배를 실험했다. 이것을 계기로 1889년에 유나이티드 프루트 컴퍼니가 설립되었는데 30년 동안 바나나 20억 송이를 생산했다. 이 회사는 사업

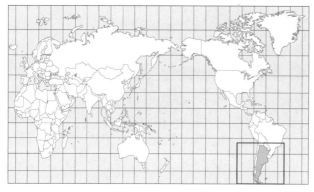

아르헨티나

의 위험을 분산시키기 위해 다른 나라들과 다른 자연환경으로 바나나 재배를 확대하고 앞날을 대비해서 실제로 필요한 것보다 훨씬 더 많은 땅을 사들였다.

1839년 생고무에 유황을 화합한 뒤 가열해서 탄성을 변환시키는 방법을 발견한 이후 고무 수요가 증가하면서 브라질과 같은 나라에 해외 투자가 늘었다. 브라질의 고무 생산량은 1827년에 27톤이던 것이 19세기 말에는 연간 평균 2만 톤으로 늘어났다. 고무를 채집하는 노동자들은 설탕산업이 쇠퇴하면서 일자리를 잃은 사람들로 대개 인디언 원주민이었다. 그들은 할당된 고무를 채집하지 못할 경우에 붙잡혀 고문당하거나 심지어 살해당하기까지 했다. 도망친 인디언들의 아내와 아이들은 그들이 돌아오지 않으면 살해당했다(Taussig, 1987).

19세기 야자유는 비누와 윤활제를 만드는 수지의 대체재가 되었다. 그결과, 유럽 열강은 무력으로 서아프리카를 침공해 아산테, 다호메이, 오요, 베냉 왕국 등을 정복했다.

광활한 영토는 설탕, 차, 커피, 담배, 아편, 코코아와 같은 기호 식품들과 약품을 생산하는 땅으로 전환되었다. 멕시코 치아파스 지역과 과테말라에서는 토지를 공동으로 소유하는 법이 폐지되었다. 토지는 이제 개인이 소유할 수 있고 사고팔거나 담보물로 쓸 수 있었다. 따라서 원주민이 아닌 사람들도 미등기 토지를 살 수 있고 원주민들에게 돈을 빌려주고 담보로 잡은 토지를 소유할 수 있었다(Wolf, 1982, 337쪽). 이런 토지들은 처음에는 커피 농장으로 바뀌었다가 나중에 소를 키우는 목장으로 전환되었다. 실론 섬에서 공유지는 왕실 소유지로 바뀌었다가 대규모로 차를 재배하는 농장주들에게 팔렸다. 1866년 서아프리카의 오렌지 자유주에서 다이아몬드와 금이 발굴되었다. 1874년 유럽인이 소유한 광산에서는 아프리카인 1만 명이 일했다. 1884년에 거기서 일하는 인부는 10만 명 가까이로 늘어났고 1910년에는 25만 5,000명, 1940년에는 44만 4,000명으로 급증했다.

식민지 개척은 해외 지역에만 국한되지 않았다. 미국 국내 주요 주의 변경 지역에도 식민지가 건설되었다. 1887년 인디언 일반토지할당법('도스법')이 미 의회를 통과하면서 아메리카 원주민의 전통적인 토지 공동소유가 금지되고 각 가정에 토지가 분배되었다. 그리고 나서 남은 토지들은 원주민이 아닌 농장주와 기업, 연방정부에 할당되었다. 그 결과, 1887~1934년 협정에 따라 아메리카 원주민에게 할당된 약 40만 제곱킬로미터의 토지가 민간 세력이나 정부에 소유권이 넘어갔다(Jaimes, 1992, 126쪽).

처음에는 커피, 면화, 설탕, 목재와 같은 수출품의 증가가 수출국에 이익이 되는 것처럼 보일 수도 있다. 수출 증가로 수입이 발생하기 때문이다. 하지만 실제로는 **부등가 교환**이라고 부르는 착취 형태가 내면에 숨어 있다. 원재료나 가공되지 않은 물질을 수출하는 나라는 수출을 통해 수입이 발생하지만 가공된 완제품을 수입하는 순간 그것을 몽땅 잃는다. 가공된 완제품은 노동력이 추가로 들어가기 때문에 원재료보다 가격이 더 비싸다. 따라서 목재를 수출하지만 그것을 가공할 능력이 없는 나라는 완성된 목재제품을 원재료를 수출할 때 가격보다 더 비싼 가격으로 다시 수입해야 한다. 원재료를 가공하는 나라는 노동자들이 기여한 수입을 추가로 가져간다.

중국에서 차와 아편, 교역과 관련된 사례를 살펴보자. 중국은 물론 거대한 시장이었다. 그러나 영국과 서유럽 국가들은 중국과의 교역에서 한 가지 문제가 있었다. 중국 제품들은 영국이나 그 밖의 유럽 국가에서 인기가 많았지만 반면에 중국인들이 좋아하거나 필요로 하는 것이 영국이나 그외 유럽 국가에는 없었다. 그러나 당시에 영국 동인도회사가 실제로 생산하고 통제했던 아편시장이 중국에 있었다. 아편은 중국에서 불법이었지만 중국 정부는 영국과 미국, 프랑스 상인들에게 막대한 이익을 안겨주는 아편 밀수를 중단시킬 수 있는 능력이 없었다. 1839년 중국 정부가 광저우의 도매상에 있는 영국 상인들이 소지한 아편을 압수함으로써 아편 판매를 금지하는 법을 집행하려고 하자 영국 정부는 군대를 파견해 중국 정부의 아편 판매 금지법 집행을 강제로 중단시켰다. 오늘날로 치면 콜롬비아 정부가 미국에 군대를 파견해서 코카인을 실은 자국의 배를 입항시키도록 강요하는 꼴이나 마찬가지였다. 게다가 영국은 우월한 군사력을 이용해 추가 교역권을 중국에 요구하고 결국 받아냈다. 이제 중국은 아편뿐 아니라 영국의 직물에도 시장을 개방하게 되었다.

인도에서 중국으로 가는 영국 주도의 아편 무역은 세 가지 결과를 초래했다. 첫째, 중국과 세계 다른 나라들 사이의 화폐 흐름을 바꿔놓았다. 19세기 초 10년 동안 중국은 여전히 2,600만 달러의 무역흑자를 보았다. 그러나 세 번째 10년 동안에는 아편 수입으로 3,400만 달러가 중국에서 빠져나갔다. 역사학자 칼 트로키(1999)는 영국이 실제로 아편 무역을 통해 19세기 식민지 확장을 위한 자금을 조달했다고 주장한다. 둘째, 19세기 말에는 중국인 10명 가운데 1명꼴로 아편 중독자가 되었다고 한다. 셋째, 인도와 중국으로의 면화 수출은 1815년에 영국 전체 수출의 6퍼센트에서 1840년에 22퍼센트, 1850년에 31퍼센트, 그리고 1873년 이후에는 50퍼센트가 넘었다(Wolf, 1982, 255쪽 이하).

따라서 모험상인의 경제적 부는 그들 나라의 해외 경제에 대한 지배력 덕분에 보장받을 수 있었다. 상인들은 해외 기업에 투자해 더 많은 돈을 벌 수 있었을 뿐 아니라 교역과 제조를 통해 축적된 부는 그들을 중심부 국가에서 점점 영향력을 확대하고 있는 신흥 엘리트집단으로 진입시켰다. 권력 획득은 단순히 토지를 소유하는 것만으로는 부족했다. 자본을 지배할 줄 알아야 했다. 예컨대 영국에서는 금융과 국제 교역을 지배하는 거대 가문들, 기업가, 제조업자, 선주, 은행가, 의회의원, 법학자, 귀족과 젠트리 가문이 서로 혼인을 통해 친족관계를 형성하면서 새로운 지배계급이 되었다. 이 새로운 엘리트집단은 대개 그들의 경제력 획득을 위해 기업과 산업에 크게 의존했다. 18세기에 토지 상속은 영국 전체 국부의 63.7퍼센트를 차지했다. 그러나 19세기 말에는 그 수치가 23.3퍼센트로 줄었다. 반면 같은 기간에 자본주의의 발전과 관련된 부는 20.8퍼센트에서 거의 50퍼센트로 증가했다.

미국에서는 남북전쟁 기간과 그 이후에 새로운 자본가 엘리트집단이 부상했는데 J. P. 모건과 제이 굴드, 짐 피스크, 코넬리우스 반더빌트, 존 D. 록펠러 같은 사람들은 미국 정부와 거래하면서 부를 축적해 새로운 부르주아계급을 형성했다. 더 중요한 것은 다국적 기업이라는 새로운 형태의 자본조직 출현을 뒤에서 추진한 세력이 바로 이들 계급이라는 사실이다.

기업, 다자간 기구, 자본 투기꾼의 시대

중심부 열강들의 제국주의적 활동이 그들의 경제를 성장시킬 수 있었는지는 모르지만 반면에 과거에는 상상할 수 없었던 엄청난 규모로 국제적 갈등을 초래하고 말았다. 1900년 유럽 열강들은 아시아와 아프리카, 남아메리카, 중앙아메리카에 지배권을 개척하려고 애썼다. 그들 사이의 경제적 경쟁은 당시 횡행하던 민족주의, 인종차별, 외국인 혐오의식에 힘입어 정치적·군사적 충돌로 바뀌었다. 이런 충돌은 영국인, 프랑스인, 미국인을 비롯한 백인들의 민족이나 인종에 대한 우월성과 세상을 개명시킬 서양의 사명과 같은 헛된 신화를 키웠다(Beaud, 1983, 144쪽). 유럽 열강들은 1885년 베를린회의에서 아프리카에 대한 영유권을 분할하기 위해 만났다. 이것은 아프리카의 식민지 분할을 공식화하는 토대가 되었고, 지금까지도 그런 상황은 회복되지 않았다.

이렇게 자신들의 경제적 영향권을 확대하거나 방어하려던 유럽 열강의 시도들은 그때까지 인류 역사에서 가장 참혹했던 전쟁인 1차 세계대전을 초래하는 계기가 되었다. 그 전쟁으로 800만 명이 죽었으며, 영국은 국부의 32퍼센트를 잃었다. 프랑스 30퍼센트, 독일 20퍼센트, 미국도 9퍼센트의 국부를 잃었다. 독일은 전쟁 배상금으로 330억 달러를 지불해야 했다. 미국을 제외하고 전 세계 모든 나라의 산업 생산은 하락했다. 게다가 러시아혁명은 유럽과 미국 제품의 거대 시장을 무너뜨렸고 식민지 국가들은 독립을 요구했다.

미국은 1차 세계대전 이후 세계를 이끄는 경제 강국으로 떠올랐다. 미국의 국민소득은 2배로 늘었고 석탄과 석유, 철강 생산량은 하늘을 치솟듯이 급증했다. 그러나 노동자의 실질임금과 노동조합의 힘은 하락을 거듭했다. 새로운 형태의 공장조직은 노동자들을 더욱 힘들게 했다. 1920년대에는 해마다 2만 건에 이르는 치명적인 산업재해가 발생했고 법원은 새로 노동조합을 만들거나 아동노동을 금지하는 것과 같은 사회보장법 적용을 인정하지 않았다. 바야흐로 새로운 거대 경제권력인 기업이 성장하는 시대가 도래했다.

기업의 성장

모험상인의 관점에서 볼 때, 20세기 초에 가장 중요한 발전은 미국에 불어닥친 기업들의 합병 광풍이었다. 그들은 1990년대까지 필적할 상대가 없었다. 자동차 부문에서는 포드, 제너럴모터스, 크라이슬러가 그들이었고, 전기산업 부문에서는 제너럴일렉트릭과 웨스팅하우스, 화학 부문에서는 뒤퐁, 석유 부문에서는 스탠더드오일이 시장을 지배했다. 1929년

200대 기업이 금융을 제외한 국가 전체 부의 절반을 소유했다. 물론 그때부터 기업은 세계에서 지배적인 통치 단위들 가운데 하나가 되었다. 1998년에는 다국적 기업이 5만 3,000개가 넘었다(French, 2000, 5쪽). 그들 기업은 해외 사업만으로 6조 달러의 매출액을 올렸다. 초대형 다국적 기업들은 대개 규모나 영향력, 재력 면에서 세계의 국민국가들보다 크며 직·간접적으로 국가와 국제기구들의 정책의제를 결정한다(Korten, 1995, 54쪽). 이제 모험상인들은 기업의 시대로 진입한 것이다. **기업은 대체 어떤 종류의 기관이며, 그렇게 많은 부와 권력을 어떻게 축적했는가?**

기술적으로 말하면, 기업은 국가의 사회적 발명품이다. 국가가 부여한 기업 설립허가서는 원칙적으로는 민간의 재무자원을 공공의 목적을 위해 쓰도록 허락하는 것이다. 또 다른 차원에서 보면 기업은 한 명 이상의 개인이 강력한 경제력과 정치력을 이용해 사적인 부를 축적할 수 있게 하는 반면에 공적인 결과에 대해 법적으로 책임질 의무가 없다. 모험상인들의 처지에서 볼 때 시장의 불확실성 속에서도 자신의 이익을 늘리고 보호할 수 있는 기관을 만들고 싶은 것은 당연한 일이다(Korten, 1995, 53~54쪽).

기업 설립허가서는 16세기로 거슬러 올라간다. 당시에는 개인이 진 빚이 모두 후손에게 상속되었다. 결과적으로 누군가는 아버지나 어머니, 형제자매가 진 빚 때문에 감옥에 갈 수도 있었다. 한 모험상인이 해외 교역에 투자했는데 해상에서 폭풍이나 해적을 만나 싣고 가던 물품을 모두 잃었다면 그 상인과 후손들은 거기서 발생한 손실을 책임져야 했다. 위험한 투자는 법으로 금지되었다. 기업 설립허가서는 이 문제를 해결했다. 투자의 손실 책임을 자신이 투자한 금액에 한정하는 것을 법적으로 인정한 것이다. 하지만 그 허가는 개인에게 주는 권리가 아니었다.

네덜란드 동인도회사와 허드슨베이컴퍼니 같은 초창기 무역회사들이 그런 기업이었다. 미국에 있는 영국 식민지들 가운데 일부도 그런 기업들처럼 세워졌다. 이들 투자자집단은 영토와 산업에 대한 독점권을 부여받

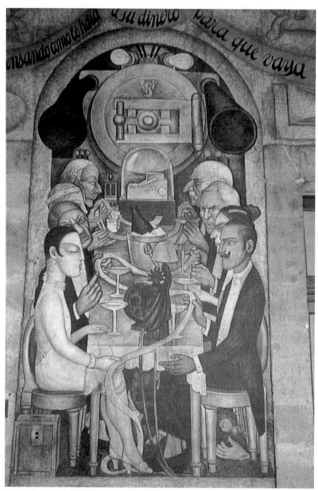

기업의 부를 상징하는 사람들을 그린 디에고 리베라의 작품. 존 D. 록펠러(왼쪽 뒤편), J. P. 모건(오른쪽 뒤편), 헨리 포드(모건의 왼쪽)를 비롯해 나머지 사람들이 식사하면서 증권시세가 인쇄된 티커테이프를 읽고 있다.

았다. 결국 기업들은 막강한 권력을 손에 쥐고 교역정책에 영향력을 끼칠 수 있었다. 예컨대 18세기 영국 의회는 부유한 지주, 상인, 제조업자들로 구성되었다. 그들은 식민지에서 팔리거나 식민지 밖으로 팔려나가는 상품은 무조건 영국을 거치도록 하고, 반드시 영국 배와 영국인 선원을 쓰도록 요구하는 법안을 통과시켰다. 더 나아가 식민지에서는 자체적으로 모자, 모직이나 철강제품을 생산하지 못하도록 금지했다.

그러나 기업권력에 대한 문제는 기업들이 설립된 뒤 곧바로 제기되었다. 심지어 18세기 철학자이자 경제학자였던 애덤 스미스도 『국부론』에서 기업을 비난했다. 그는 기업들이 가격을 일부러 부풀리거나 거래를 조작함으로써 시장의 법칙을 훼손하고 있다고 주장했다. 미국의 식민지 이주자들은 스미스의 주장에 공감했으며, 특정 기간에 기업 설립허가를 제한했다. 허가서가 갱신되지 않으면 그 기업은 해산해야 했다. 그러나 미국 법원은 서서히 기업 운영과 관련된 규제들을 풀기 시작했다. 미국의 남북전쟁이 그 전환점이었다. 기업들은 자신들에게 유리한 토지와 돈과 관련된 법률을 제정하기 위해 전쟁과 이후의 정치적 혼란과 부패로 챙긴 막대한 돈을 풀었다. 그 가운데 많은 부분이 철도 건설에 들어갔다. 에이브러햄 링컨은 당시에 무슨 일이 벌어지고 있는지 알았다. 그는 죽기 직전에 다음과 같은 글을 남겼다고 한다.

> 기업들이 왕위를 차지했다. (……) 고위직의 부패 시대가 뒤따르고 금권은 국민의 편견을 부추겨서 그 지배력을 연장시키려고 애쓸 것이다. (……) 마침내 부가 소수의 손에 집중될 때까지 (……) 그러면 공화국은 몰락한다(Korten, 1995, 5쪽 인용).

기업들은 면허증을 갱신하지 않아도 되고 기업 소유주와 임원들의 책임을 줄이고 법에 저촉되지만 않는다면 어떤 식으로든 기업을 운영할 수 있도록 하는 법률 제정을 로비하거나 돈으로 매수하면서 델라웨어와 뉴

저지 같은 곳의 주의회를 장악했다. 예컨대 법원은 19세기에 크게 늘어난 산업재해에 대해 기업의 책임을 축소했다. 1888~1908년 치명적인 산업재해로 죽은 노동자는 70만 명에 이르렀다. 하루에 100명꼴로 죽은 셈이다. 기업에 우호적인 법원과 의회는 정부가 최저임금제를 도입하고 노동시간을 제한하고 아동노동을 금지하는 법을 제정하려는 것을 막았다.

그러나 1886년 연방대법원은 단 한 차례의 판결로 자본주의 문화의 다음 단계로 가는 전면적인 발전단계를 확정했다. 대법원은 기업들이 과거에는 전혀 행사할 수 없었던 방식으로 자신들의 경제권력을 활용할 수 있다고 판결했다. 대법원은 자유를 얻은 노예들의 권리를 보호하기 위해서 1868년 미 헌법에 추가된 제14조 수정조항에 의거해 민간 기업도 미 헌법 아래서 하나의 자연인이므로 언론의 자유를 비롯해 권리장전에 보장된 권리와 보호를 똑같이 적용받을 수 있다고 판결했다(Hartmann, 2002). 따라서 기업들은 일반 국민처럼 자신들의 이익을 위해 정부에 영향력을 행사할 수 있는 똑같은 '권리'를 부여받은 셈이 되었고, 일반 대중의 생각과 여론을 지배하기 위해 자신들의 부를 이용할 수 있는 길을 열었다. 오늘날 미국에서는 기업체가 선거 후보자들에게 수백만 달러를 '기부'할 수 있는 선거자금법을 개혁하는 문제를 놓고 치열한 논쟁이 전개되고 있는데, 이것은 사실 널리 알려지지는 않았지만 바로 이 판결에서 비롯된 것이다. 따라서 기업들은 '일반인들'처럼 자유롭게 의회에 로비활동을 하고 대중매체를 활용하고 20세기 초 기업체 대표들이 주도한 수많은 경영대학원과 같은 교육기관들을 설립했다. 또한 그들은 자신들의 고상한 의지를 일반 대중에게 각인시키기 위해 각종 자선단체를 설립하고 자신들의 이익을 최대로 높일 수 있는 이미지를 구축하는 데 총력을 기울였다. 이 모든 것이 '언론의 자유'라는 명분으로 이루어졌다.

물론 기업들은 더 많은 돈을 벌 수 있는 조건을 만들기 위해 이런 권력을 이용했다. 그러나 좀더 큰 의미에서 보면, 그들은 점점 부상하고 있는 자본주의 문화라는 이데올로기 혹은 시대정신을 규정하기 위해 권력을 이용했다. 우리는 이런 문화·경제 이데올로기를 **신고전주의, 신자유주의, 자유지상주의 경제, 시장자본주의, 또는 시장자유주의**라고 부른다. 이들을 옹호하는 대표적인 사회집단은 주로 경제적 합리주의자, 시장자유주의자, 기업집단의 구성원들이다. 이런 원칙들에 대한 옹호는 데이비드 코튼이 **기업 자유지상주의**라고 부르는 것을 만들어냈다. 이것은 기업의 권리와 자유를 개인의 권리와 자유보다 위에 놓는다. 따라서 기업은 그 자체의 내적 논리와 규칙이 있는 독립된 실체로서 존재하게 된다. 다음에 열거한 것은 이런 이데올로기의 원칙과 가정들 가운데 일부다.

1. 국민총생산GNP으로 측정되는 지속적인 **경제성장**은 인간이 진보로 가는 길이다.
2. 정부의 규제를 받지 않는 **자유시장**은 대개 사회 전반에 자원을 가장 효율적이고 적정하게 분배한다.
3. **경제 세계화**는 전 세계 어느 곳이든 상품과 화폐의 자유로운 이동을 막는 걸림돌을 제거할 때 이루어진다. 그것은 경쟁을 촉진하고 경제 효율성을 증진시키며 일자리를 창출하고 소비자 물가를 낮추며 소비자 선택을 늘리고 경제를 성장시킴으로써 결국 모든 사람에게 이익을 가져다준다.
4. **민영화**는 정부의 기능과 자산을 민간 부문에 넘김으로써 효율성을 높인다.
5. 정부의 기본 책무는 상업 발전에 필요한 기반시설을 구축하고 개인의 **재산권과 계약**을 존중하는 법의 지배를 강화하는 것이다.

그러나 코튼의 주장에 따르면 이런 원칙 뒤에는 미심쩍은 수많은 가정이 숨겨져 있다. 첫째, 인간은 주로 금전적 이익을 추구할 때 나타나는 것처럼 사리사욕에 눈이 멀다고 (또는 사람들은 본성이 탐욕으로 가득하다고) 하는 가정이다. 둘째, 개인이나 기업에 가장 큰 금전적 이익을 가져다주는 것은 사회에도 가장 큰 이익을 안겨준다는 가정이다(달리 말하면 소유하고자 하는 욕구는 그것이 바로 인간임을 나타내는 가장 높은 수준의 표현이라는 뜻이다). 셋째, 경쟁은 협동보다 개인과 기업을 위한 더 합리적인 행위다. 따라서 사회는 경쟁을 유발시키는 동기들을 중심에 내세워야 한다(즉 끊임없는 탐욕과 소유가 사회적으로 최적의 결과를 이끈다는 말이다). 끝으로 인간의 진보는 사회 구성원들이 얼마나 많은 가치를 소비했는지를 측정함으로써 가장 잘 알 수 있다. 소비자들의 소비 수준의 증가는 더 많은 경제적 산출을 자극해서 결국 사회 복리를 높인다는 가정이다(이를테면 앞서 말한 가치들을 장려하고 존중하고 보상하는 것은 인간사회를 가장 이롭게 하는 일이다).

경제성장 전반의 관점에서 볼 때 기업 자유지상주의를 비판하는 사람들도 있지만 그것이 세계적으로 성공했다는 것을 부인할 사람은 거의 없다. 전 세계 경제 산출물의 규모는 1950년 6조 7,000억 달러에서 2008년에 60조 달러 이상으로 증가했다. 20세기 후반 반세기 동안 **10년마다** 이룩한 경제성장은 인류 역사의 시작부터 1950년에 이르기까지 일구어낸 경제 산출 규모보다 훨씬 더 컸다. 세계 교역량은 1950년 3,080억 달러에서 1988년 5조 4,000억 달러로 급증했다. 1950년 세계 상품 수출 규모는 전 세계 국내총생산의 5퍼센트에 불과했지만 1998년에는 13퍼센트로 늘어났다(French, 2000, 5쪽).

그러나 20세기 초 모험상인들에게는 여전히 몇 가지 문제가 남아 있었다. 1920년대와 1930년대에 기업들이 권력을 얻게 되자 정계와 기업계의 지도자들은 기업 그 자체만으로는 세계 경제를 순조롭게 운영하는 것이 어렵다는 것을 깨달았다. 1930년대 세계 경제공황과 2차 세계대전으로 야기된 경제혼란이 그것을 증명했다. 모든 나라가 저마다 국내 통화를 가지고 있으며 그 가치가 다른 나라 통화에 비해 상대적으로 급격하게 오르락내리락할 수 있다는 것은 국가 간 교역의 걸림돌이었다. 국가별 수출입과 관련된 법과 관세는 상품과 자본의 자유로운 이동을 막았다.

무엇보다도 기업 자유지상주의, 일반적으로 말해 자본주의 문화를 주변부 국가들에 이식하는 중요한 문제가 남아 있었다. 특히 사회주의의 도전과 식민지 국가들의 독립 요구가 거세지는 상황에서 이 문제의 해결은 매우 시급한 과제였다. 이 문제에 대한 해법은 1944년 뉴햄프셔 리조트 호텔에서 열린 한 회담에서 모습을 드러냈다.

브레턴우즈 체제와 외채

1944년 프랭클린 D. 루스벨트 대통령은 뉴햄프셔 주 브레턴우즈에 있는 마운트워싱턴 호텔에 연합국 44개국 재무장관을 모아놓고 회담을 열었다. 모험상인의 관점에서 볼 때, 이 회담은 20세기를 결정짓는 가장 중요한 사건들 가운데 하나였다. 이 회담은 표면상으로는 전쟁으로 파괴된 경제를 재건하고 20세기 나머지 반세기의 세계 경제를 어떻게 끌고 나갈지 대강의 윤곽을 그리기 위해 소집되었다. 이 회담에서 국제부흥개발은행IBRD(나중에 세계은행으로 바뀜)과 환율을 조절하기 위한 국제통화기금IMF의 설립안이 제출되고, 1948년에 회원국 사이의 교역을 규제하기 위한 관세와 교역에 관한 일반협정GATT의 체결을 주도할 세계무역기구WTO의 기본 틀이 갖춰졌다. GATT는 비록 많은 무역업자들을 포용할 정도로 포괄적인 협정은 아니었지만 1995년 1월 1일 WTO의 설립과 더불어 범위가 크게 확장되었다. 이들 국제기구의 기능은 〔표 3-1〕에 요약되어 있다.

　　IMF는 주요 국가들 사이에 협정을 맺어 자국 통화를 최소한의 조건으

〔표 3-1〕 브레턴우즈 체제가 탄생시킨 국제기구

국제기구	기능
국제통화기금IMF	재정이 고갈된 나라에 단기금융차관을 지원하기 위한 기금을 조성하고 국가 간 외환거래의 안정화를 꾀함
국제부흥개발은행IBRD (세계은행)	다양한 개발계획을 지원하기 위한 차관 제공
관세와 교역에 관한 일반협정GATT	국가 간 상품의 자유무역 보장

로 다른 나라 통화들과 자유롭게 교환할 수 있게 하고 화폐나 금융정책을 변경할 경우 IMF 회원국들에 통보하고 그런 정책들을 되도록 다른 나라들도 수용할 수 있도록 조정했다. 또한 IMF는 회원국들이 외채위기에 직면했을 때 돈을 빌려주기 위한 기금을 조성하기로 했다. 예컨대 어떤 회원국이 상품을 수출할 때보다 수입할 때 환율이 더 높은데 그 차이를 메울 만한 돈이 없다면 IMF가 단기차관을 제공한다(Driscoll, 1992, 5쪽).

세계은행은 본디 2차 세계대전으로 황폐화된 유럽을 재건할 자금을 지원하기 위해 창설되었지만 거기서 차관을 받은 유럽 국가는 당시 동남아시아의 식민지들이 일으킨 반란을 가라앉히는 작업에 착수했던 네덜란드뿐이었다. 그러고 나서 세계은행은 주변부 국가들을 주목하기 시작했다. 바로 경제개발을 추진하는 국가들에 자금을 빌려주는 일이었는데 나중에 알게 되겠지만 이것은 서로 엇갈리는 결과들을 초래했다.

GATT는 참여국들이 서로 교역정책을 협상하는 공개 토론장 구실을 했다. 이 협정의 목적은 국가들 사이에 자유무역을 조절하고 촉진할 수 있는 힘을 가진 다자간 기구를 설립하는 것이었다. 그러나 많은 나라의 의회와 정부 관리들, 특히 미국의 경우 자기 나라의 무역정책을 이래라저래라 지시할 수 있는 힘을 가진 국제 무역기구를 만드는 것에 반대해 그런 기구의 창설은 한동안 이루어지지 않았다(Low, 1993, 42쪽). 그러다 마침내 1995년 1월 1일 WTO가 만들어졌다. 이 기구는 본디 어떤 나라가 자기네 기업들에 부당한 이득을 주기 위해 불공정한 교역정책을 실시하고 있다고 회원국들이 항의하면 그에 합당한 조치를 취할 수 있다. 예컨대 1989년 유럽연합은 소성장호르몬을 주입한 소고기의 수입을 금지하는 조치를 내렸다. 이 호르몬은 몬산토가 미국에서 제조한 것으로 암소의 우유 생산을 늘리기 위해 쓰인다. 1993년 미국 식품의약국이 이 호르몬을 공식 승인했지만 공익단체들은 이 호르몬을 주입할 경우 암소의 젖통이 세균에 감염될 우려가 있기 때문에 항생제 이용이 더 늘어나게 되고 결국 우유는 항생제 범벅이 된다고 주장했다. 일부 과학자는 이 호르몬이

암을 유발할 수도 있다고 했다(BGH Bulletin, 2000 참조). 미국은 몬산토를 대변해 이런 금수조치가 미국의 소고기 수출을 막는 불공정한 무역장벽에 해당한다고 WTO에 항의했다. WTO는 미국의 손을 들어주었고 미국 정부가 과일주스와 겨자, 돼지고기, 송로버섯, 로크포르 치즈 등 유럽산 수입품에 100퍼센트 관세를 부과해 1억 1,680만 달러를 징수하라는 판결을 내렸다. 이처럼 WTO는 한 국가의 식품, 환경, 노동과 관련된 법이 '불공정한 무역장벽'인지 아닌지 판결을 내리고 그 장벽을 제거하지 않는 나라에 벌칙을 부여할 수 있는 권한이 있다(French, 2000 참조).

브레턴우즈 체제가 끼친 가장 심각한 결과 가운데 하나는 주변부 국가들의 외채가 계속 늘어났다는 사실이다. 어떤 사람들은 이런 '외채위기'를 오늘날 세계가 직면하고 있는 가장 큰 문제 가운데 하나라고 말한다. 이런 외채위기의 원인들과 그것이 모든 사람의 삶에 끼칠 수 있는 영향은 복잡하지만 반드시 알아야 할 사항이다. 주변부 국가들의 엄청난 외채는 빈곤, 기아, 환경파괴, 질병의 확산, 정치불안을 포함해 우리가 앞으로 극복해야 할 수많은 세계적 문제들을 일으킨 중요한 요인 가운데 하나다.

이런 심각한 외채위기가 발생하게 된 것은 다음의 세 가지 사건이 특히 중요한 구실을 했다. 첫째, 20세기 마지막 3분의 1 기간에 화폐의 의미가 달라졌다. 둘째, 세계은행을 비롯해 주변부 국가들에 돈을 빌려준 국제기구들의 차관 규모가 문제였다. 셋째, 1970년대 초 석유산업의 벼락경기와 그에 따른 금융기관들의 투자압력 역시 외채위기에 큰 영향을 미쳤다.

앞서 지적한 것처럼 돈은 자본주의의 중심이다. 어떤 물건이나 행위, 심지어 사람의 가치까지도 돈으로 따진다. 하나의 품목을, 실제로 어떤 품목이나 서비스도 수량으로 표현할 수 있다는 사실은 우리 삶에서 가장 놀랄 만한 특징 가운데 하나다. 나라마다 서로 다른 통화를 가졌고 구매할 수 있는 상품들에 따라 통화가치가 오르락내리락할 수 있다는 사실은 자유로운 해외 교역과 세계 경제통합에 언제나 큰 걸림돌이었다.

게다가 돈 자체의 가치를 평가하는 방법에 대해서는 논란이 끊이지 않았다. 역사적으로 돈은 특수한 귀금속, 대개 금과 연결되어 있었다. 따라서 어느 나라든 돈은 언제나 특정한 양의 금으로 바꿀 수 있었다. 물론 금의 양은 특정 통화의 가치에 따라 다를 수 있었다.

비록 브레턴우즈 회담이 세계 단일 통화를 만드는 데까지 이르지는 못했지만 참가국들은 미국 달러를 고정환율로 자기네 통화와 교환하기로 동의했다. 미국은 포트 녹스에 보관된 금을 1온스(약 28.35그램—옮긴이)당 35달러로 교환하기로 했다. 그러나 1960년대 미국은 베트남전쟁이 거세지고 보건·교육·복지사업 관련 재정 지출이 늘어나면서 달러가 금 공급을 훨씬 초과했는데 동시에 전 세계 다른 나라 통화들도 보장해야 했다. 마침내 1971년 미국은 더는 달러를 금으로 교환할 수 없다고 선언했다. 이 선언으로 결국 미국 달러는 누구나 인정하는 가치를 지닌 통화가 아니게 되었다. 결과적으로 전 세계의 다른 모든 통화도 마찬가지 신세가 되었다. 돈은 이제 안전이 보장되지 않는 단순한 신용에 불과했다.

세계 각국은 이제 더는 화폐를 발행하기 위해 특정 금의 양을 맞출 필요가 없어졌기 때문에 화폐의 양은 과거보다 훨씬 더 많아졌다. 어떻게 이런 일이 벌어졌고 그것이 우리 삶에 어떤 영향을 미치는지 알기 위해서는 약간의 추가 설명이 필요하다.

우리는 대개 각국의 정부가 화폐를 찍어냄으로써 돈을 만들어낸다고 생각한다. 실제로 돈이 금과 연결되어 있었을 때는 발행할 수 있는 화폐의 양은 제한되어 있었다. 그러나 이런 제한이 제거되면서 오늘날 대부분의 돈은 은행과 각종 대출기관을 통해 부채의 형태로 만들어진다. 또한 우리는 대개 은행들이 빌려주는 돈이 다른 사람들이 예금한 돈이라고 생각한다. 그러나 실제는 그렇지 않다. 은행이 빌려주는 돈의 극히 일부분만 은행계좌에 예금되어 있으면 된다. 실제로 은행이 돈을 빌려줄 때마다 혹은 사람들이 신용으로 물건이나 서비스를 살 때마다 돈은 계속해서 새로 만들어졌다. 또한 실제로 대출기관들이 빌려줄 수 있는 돈의 양은 한

도가 없다. 더 나아가서 대출상환금에 대한 이자는 더 많은 돈을 새로 만들어낸다. 경제학자들은 이것을 부채통화(Rowbotham, 1998, 5쪽) 또는 신용통화(Guttmann, 1994)라고 부른다.

부채는 자본주의 문화에서 중요한 역할을 한다. 부채는 사람들이 돈 없이도 물건을 살 수 있게 한다(그럼으로써 경제성장에 불을 붙인다). 그리고 사람들이 빚을 갚기 위해 일하게 만든다. 게다가 이자율(즉 투자회수율)을 유지하기 위해 지속적인 경제성장을 자극한다. 그러나 그것은 더 많은 돈을 투자하고 빌려야 하며 그 가운데 상당한 금액이 주변부 국가들로 흘러들어갔음을 의미하기도 한다. 이것은 개인 채무자뿐 아니라 자국의 경제발전을 모색하고 있는 주변부 국가에도 이익임이 밝혀졌다. 다만 문제는 대부분 대출금리가 경제환경에 따라 오르락내리락 바뀔 수 있고 채무국들이 돈을 갚을 수 없을 정도로 외채가 자꾸 쌓이기 시작했다는 점이다.

외채위기를 이끈 두 번째 요소는 세계은행의 운영방식이었다. 은행 자체에 문제가 있었다. 경제재건의 대상이었던 유럽 국가들이 세계은행의 도움을 필요로 하지 않았다. 할 일이 없는데 무슨 일을 할 수 있겠는가? 이제 세계은행이 어떻게 살아남을지가 문제였다. 결국 세계은행이 내놓은 해결책은 경제개발을 도모하고 있는 주변부 국가들에 돈을 빌려주는 것이었다. 주변부 국가들이 수력발전소나 도로, 산업공단 등 대규모 시설을 구축하는 데 필요한 자금을 지원함으로써 그들이 산업화하는 것을 돕는다는 계획이었다. 더군다나 사업 규모가 클수록 세계은행은 더 많은 돈을 빌려줄 수 있었다. 따라서 1950~1960년대에 갑자기 인도, 멕시코, 브라질, 인도네시아로 세계은행의 막대한 자금이 흘러들어갔다. 세계은행은 1950~1970년 약 9억 5,300만 달러를 빌려주었다. 여기서 이런 차관이 중심부 국가들에도 큰 이익을 안겨준다는 사실을 간과하지 말아야 한다. 주변부 국가의 대규모 건설사업을 시행하는 주체는 대개가 바로 중심부 국가의 건설회사, 공학기술자, 장비, 자문회사였기 때문이다.

그러나 세계은행의 이런 차관 제공 사업의 성공은 또 다른 문제를 불러왔다. 바로 경제학자들이 '부負의 순이전'net negative transfer이라고 부르는 것이다. 채무국 전체가 빌린 돈보다 더 많은 돈을 곧바로 상환금으로 세계은행에 갚고 있었다. 달리 말하면, 가난한 주변부 국가들이 부자 중심부 국가들에 받고 있는 돈보다 더 많은 돈을 지불하고 있는 셈이었다. 그것이 가난한 국가들에 끼치는 영향은 제쳐두더라도 이런 상황이 계속된다면 결국 세계은행은 문을 닫고 말 것이다. 세계은행의 목적은 오직 빌려준 돈을 다시 거둬들이는 것이었다. 일반 은행들은 언제나 새로운 고객을 유치할 수 있어 이런 문제가 없다. 하지만 세계은행은 돈을 빌려줄 수 있는 고객의 수가 한정되어 있었다. 이제 어떻게 할 것인가? 결국 세계은행은 계속해서 더 많은 돈을 빌려줄 수밖에 다른 방도가 없었다.

세계은행을 오늘날과 같은 모습으로 만든 사람은 바로 포드 사의 전 사장이자 존 F. 케네디와 린든 B. 존슨 대통령 시절에 국방부장관을 역임했던 로버트 맥나마라였다. 1968~1981년 맥나마라가 세계은행 총재로 재임하는 동안 세계은행이 차관을 제공한 금액은 9억 5,300만 달러에서 124억 달러로 늘었고 직원 수도 1,574명에서 5,201명으로 급증했다. 그 결과, 주변부 국가들의 외채부담은 감당하기 어려울 정도로 크게 늘었다. 이것 말고도 또 다른 문제들이 있었다.

외채위기의 세 번째 원인은 1970년대에 발생한 석유산업의 급격한 경기호황이었다. 석유 생산업자들은 '오일 달러'라고 부르는 엄청난 이익을 올리고 있었다. 문제는 이 돈이 어딘가 투자되어야 한다는 것이었다. 특히 오일 달러가 유입된 은행들은 예금주들의 이자 수입에 대한 높은 기대 때문에 좋은 투자처를 시급히 찾아야 했다. 그러나 은행을 비롯한 각종 투자기관들은 투자처를 찾는 데 어려움이 많았다. 결국 그들이 찾아낸 방법은 주변부 국가들에 지금까지보다 훨씬 더 많은 돈을 빌려주는 것이었다.

따라서 1970년대 말 주변부 국가들은 엄청난 돈을 빌렸고 그것으로 경제개발 사업을 대체로 잘 수행해나갔다. 그러나 그때 부자 나라의 금융정책이 경제를 붕괴 상황에 빠뜨렸다. 1970년대 유가 상승으로 중심부 국가들의 국내 경제가 침체에 빠지자 그들 국가의 정부는 금리인상을 단행했다. 고정금리가 아닌 변동금리로 막대한 자금을 빌려 쓴 브라질, 멕시코, 인도네시아와 같은 나라들은 갑자기 더는 외채를 상환할 수 없는 상황에 빠졌다. 많은 나라가 이자조차 갚지 못할 처지에 놓였다. 게다가 중심부 국가들의 경기침체는 주변부 국가들의 상품 수출에도 악영향을 끼쳐 결국 주변부 국가들의 경제는 더욱 악화되었다.

이 모든 것은 대체로 당신 혹은 나 또는 멕시코의 농민, 아프리카의 수공업자, 인도네시아의 영세상인과는 아무 상관이 없는 경제문제인 것처럼 들린다. 그러나 실제로 그것은 우리 모두에게 엄청난 충격을 안겨주었다. 그것은 전 세계의 문제가 오늘날의 모험상인들과 얼마나 긴밀하게 엮여 있는지 잘 보여준다.

개인이 빌린 돈을 갚지 못하면 본인이 곤경에 빠지지만 기업이나 국가 같은 대형 채무자가 돈을 갚지 못하면 은행이 곤경에 빠진다는 말이 있다. 요약하면 세계 외채위기에 직면해서 민간 대출기관과 세계은행이 처한 딜레마가 바로 이런 상황이다.

세계은행과 IMF는 채무국들의 외채상환을 연장하거나 그들 나라의 금융위기에 대처할 수 있도록 단기차관을 제공하는 방식으로 외채위기를 극복하려고 했다. 그러나 채무 이행을 유예받기 위해서는 해당 정부는 국제수지를 향상시키는 쪽으로 재정정책을 바꾸는 데 동의해야 했다. 그것은 재정 수입은 더 늘리되 지출은 더 줄이는 것을 의미했다. 그렇다면 어떤 방식으로 그렇게 할 것인가? 방법은 이것저것 많지만 어떤 방식이든 심각한 문제들을 불러오는 것들이었다. 예컨대 세수를 늘리거나 정부 재산을 팔거나 수출을 증대하거나 복지, 보건, 교육 등 사회적 사업에 대한 정부 지출을 줄이는 방법도 있고, 환율인상 조치를 취해서 다른 나라 소비자들이 더 싸게 물건을 사갈 수 있게 하되 국내 소비는 억제하는 방법도 있다.

이런 조치들이 비록 자국의 국민에게는 인기가 없겠지만 해당 정부는 IMF의 이런 요구를 거부할 수 없다. 그렇게 하지 않으면 IMF에서 단기차관을 제공받지 못할 수 있을 뿐 아니라 세계은행 같은 국제기구나 일반 은행과 재단 같은 민간 자본으로부터 자금을 조성하는 것도 거부될 수 있기 때문이다. 오늘날 세계은행과 IMF를 향해 외채탕감이나 삭감을 요구하는 압력이 커지고 있다. 지금까지 전 세계의 가난한 나라 41개국이 어떤 방식으로든 외채탕감의 대상으로 지정되었다(Jubilee, 2000 참조). 그러나 채무국 대부분은 외채에 대한 이자만 지불하는 데도 허리가 휠 지경이며 결국에는 자국의 경제, 환경, 사회를 파괴하는 정책으로 나아가지 않을 수 없다.

첫째, 외채는 채무국들이 정부 지출을 줄이는 대신에 수입을 늘리거나 해외 투자를 유치하기 위해 할 수 있는 것은 무엇이든 다 해야 한다는 것을 의미한다. 정부 지출을 줄인다는 것은 국가의 필수적인 보건, 교육, 사회정책 사업을 축소하거나 포기해야 함을 뜻한다. 그 결과는 소득, 수명, 학교교육을 기준으로 고소득, 중간소득, 저소득 국가를 비교하면 명백하게 알 수 있다(〔표 3-2〕 참조).

〔표 3-2〕 2007/2008년 국내총생산GDP, 1인당 국민총소득GNI, 외채와 기타 요소별 고소득, 중간소득, 저소득 국가 사이의 비교

	고소득 국가	중간소득 국가	저소득 국가
GDP(당시 미국 달러)(10억)	43,189.9	16,826.9	568.5
1인당 GNI, 아틀라스 방식(당시 미국 달러)	39,345	3,260	524
외채 규모(GNI 대비 %)	—	24.5	35.2
기대수명(년)	79	69	59
인구(100만 명)	1,068.5	4,650.7	972.8
인구증가율(연간 %)	0.7	1.1	2.1
초등학교 취학률(순증가 %)	95.0	88.5	77.6
표면적(1,000제곱킬로미터)	35,300.1	79,484.9	19,310.5

출처: World Bank Data and Statistics.

둘째, 자연환경 자원에 대한 결과도 똑같이 참담하다. 정부가 재정 수입을 늘리기 위해서는 상품과 자원을 수출해야 한다. 채무국 대부분, 특히 사하라 이남의 아프리카 국가들은 산업 생산능력이 없어 광석과 목재 같은 원재료를 수출할 수밖에 없다. 이것은 어떤 환경규제도 폐기할 것을 요구한다. 그러나 상당수 국가들(부자 국가들을 포함해서)이 빚을 지고 있기 때문에 모두 동일한 수출 전략을 채택하지 않을 수 없다. 따라서 그들은 수출 때문에 치러야 하는 자신들의 희생을 최대한 낮추려고 한다(Rowbotham, 1998, 89쪽).

셋째, 주변부 국가들에 빌려준 돈은 모두 어디로 갔는가 하는 문제가 남는다. 외채가 급증하는 동안 '자본 도피'(주변부 국가를 떠나는 자금)가 극적으로 늘어났기 때문에 주변부 국가의 엘리트들이 해외에서 차입한 자금을 유용해 중심부 국가에 다시 투자했을 것이라는 견해가 널리 퍼져 있다. 예컨대 IMF를 비롯한 국제 금융기관들이 공산주의의 몰락 이후 러시아 경제의 부흥을 위해 수십억 달러를 빌려주면서 시장개혁을 위해 처음 6년 동안 러시아로 유입된 자금은 1,400억 달러(미국 달러 기준)에 이르렀다. 세계은행은 1976~1984년에 라틴아메리카에서 도피한 자본의 규모가 그 지역의 전체 외채 규모와 같았다고 추산한다(Caufield, 1996, 132쪽). 1974~1982년 멕시코 한 나라에서 일어난 자본 도피의 규모가 최소 350억 달러로, 콘도 건설에서 자동차 대리점에 이르기까지 모든 분야에 투자되었다. 미국 연방준비제도이사회의 한 직원은 우스갯소리로 "문제는 라틴아메리카 사람들이 빈털터리라는 게 아니에요. 그들은 재산이 있어요. 다만 그 재산이 모두 마이애미에 있다는 게 문제죠"라고 말했다(Caufield, 1996, 133쪽).

끝으로 외채는 가난한 나라들만의 문제가 아니다. 전 세계 나라 대부분이 외채에 시달리고 있다. 따라서 외채를 갚기 위해서는 성장을 계속해야 한다. 2009년 1인당 국민소득이 4만 4,000달러가 넘던 아랍에미리트의 두바이는 파산을 선언해야 할지도 모를 만큼 많은 빚을 진 채무국

〔표 3-3〕 국가별 외채, GDP 대비 외채 규모, 투자신용등급* (최고 등급 100)

국가	외채	GDP 대비 외채 규모	투자신용등급
미국	13,750,000,000,000	37.5	88.9
영국	9,041,000,000,000	51.8	86.8
독일	5,158,000,000,000	66.0	91.5
프랑스	4,935,000,000,000	68.1	90.2
네덜란드	2,461,000,000,000	58.2	91.7
아일랜드	2,356,000,000,000	44.2	80.0
스페인	2,317,000,000,000	40.7	81.6
일본	2,231,000,000,000	172.1	87.3
룩셈부르크	2,020,000,000,000	10.2	92.6
벨기에	1,354,000,000,000	89.4	87.2
오스트레일리아	799,800,000,000	14.7	88.6
캐나다	781,100,000,000	63.8	92.1
스웨덴	617,300,000,000	36.7	88.8
덴마크	588,800,000,000	33.5	90.4
그리스	504,600,000,000	97.4	74.9
포르투갈	484,700,000,000	66.1	80.1
러시아	483,500,000,000	6.5	63.2
중국	400,600,000,000	15.6	75.4
대한민국	381,100,000,000	24.4	72.7
브라질	262,900,000,000	38.8	65.3
폴란드	243,500,000,000	45.2	70.5
인도	229,300,000,000	56.4	62.2
멕시코	200,400,000,000	35.8	66.0
인도네시아	155,100,000,000	29.3	50.1
아르헨티나	128,200,000,000	49.6	31.1
사우디아라비아	82,130,000,000	18.9	72.2
말레이시아	75,330,000,000	40.0	70.1
남아프리카공화국	71,810,000,000	18.9	62.0
필리핀	66,270,000,000	56.9	48.5
태국	65,090,000,000	37.9	58.5
칠레	64,770,000,000	5.2	77.9
뉴질랜드	59,080,000,000	24.4	83.9
베네수엘라	47,030,000,000	13.8	40.1
파키스탄	46,390,000,000	8.2	51.2
콜롬비아	46,380,000,000	42.6	56.3

국가	외채	GDP 대비 외채 규모	투자신용등급
페루	34,590,000,000	19.9	31.4
베트남	25,890,000,000	48.8	46.8
방글라데시	22,830,000,000	39.4	25.4
이란	21,060,000,000	19.4	33.1
쿠바	19,040,000,000	34.8	15.3
에콰도르	18,110,000,000	25.1	20.3
자메이카	10,650,000,000	116.3	39.1
나이지리아	9,996,000,000	13.4	36.1
코스타리카	9,249,000,000	42.2	53.7
아프가니스탄	8,000,000,000	32.0	14.6
시리아	7,167,000,000	25.4	29.5
과테말라	6,500,000,000	25.7	44.9
리비아	6,223,000,000	4.0	77.0
볼리비아	5,931,000,000	45.2	28.4
짐바브웨	5,669,000,000	265.6	6.7
니카라과	4,596,000,000	13.4	36.1
알제리	3,753,000,000	8.4	55.9
파라과이	3,507,000,000	19.9	31.4
에티오피아	3,155,000,000	32.0	19.7
잠비아	3,095,000,000	29.5	29.0
우간다	1,835,000,000	18.8	31.9
말라위	1,005,000,000	49.0	21.4

으로 전락했다(Thomas, 2009). 오늘날 아일랜드와 그리스, 동유럽 국가들도 이와 비슷한 처지에 직면해 있다. 〔표 3-3〕은 국가별 외채 현황을 보여준다. 이것은 나라 밖의 기관이나 나라에 진 부채를 말한다. 또한 〔표 3-3〕은 각 나라에 대한 투자신용도도 보여준다(개인의 신용등급과 마찬가지 의미를 지닌 투자등급으로 표시된다). 오늘날 모험상인들은 이것을 보고 그 나라에서 사업할 것인지 여부를 결정한다.

'제2의 대위축'

2007년 여름, 세계는 이른바 '제2의 대위축'(Reinhart and Rogoff, 2009)
이라고 부르는 시기로 접어들었다. 첫 번째 대위축 시기는 1930년대 세계
경제공황이었다('대위축'이라는 용어는 밀턴 프리드먼이 가장 먼저 썼으며, 하
버드 대학 케네스 로고프 교수와 피터슨 경제연구소의 카르멘 라인하트가 최근
의 전 세계 금융위기를 분석하면서 그 원인을 대규모 부채로 규정하고 현 상황
을 '제2의 대위축'이라고 명명했다 — 옮긴이). 지금까지 살펴본 것처럼 모험상
인에게는 언제나 위기와 기회의 양면성이 있다. 그러나 금융붕괴의 위기
는 엄청난 금융수익을 깨끗이 날려버릴 뿐 아니라 수많은 사람의 일자리
를 앗아가고 중앙정부 또는 지방정부를 붕괴 직전으로 몰고 간다. 최근에
전 세계를 강타한 금융붕괴 현상은 미국의 주택 경기 거품이 꺼지면서
시작되었다고 보는 것이 일반적인 분석이다. 해외, 특히 중국에서 유입된
상당액의 현금과 더불어 미국 국내의 낮은 이자율은 미국인들의 주택 구
입을 부추겼고 자연히 집값은 하늘 높은 줄 모르게 치솟았다. 은행에서
빚을 갚을 능력이 없는 무산층 사람들에게 돈을 빌려주는 '서브프라임
모기지'라는 비우량주택담보대출 때문에 주택 거품의 열기는 더욱 뜨거
워졌다. 사람들이 하나둘 파산을 선언하자 은행은 그제야 비로소 대출을
중단했고 주택시장은 붕괴했다. 집값은 끝없이 추락하고 수조 달러의 부
가 순식간에 날아갔다. 대개 이런 붕괴의 원인은 자기 능력을 초과해 집
을 사들인 사람들의 탐욕과 점점 더 많은 수익을 올리기 위해 자신들이
감당할 수 있는 대출의 범위를 넘어서 돈을 빌려준 은행의 잘못으로 돌
려졌다. 그러나 나중에 알겠지만 사정은 생각보다 조금 더 복잡하다.

어쨌든 주택시장 붕괴는 미국의 주요 은행들을 파산 지경으로 몰고 갔

---

* 투자신용등급은 경제성장에 대한 투자자들의 신용도로 이해할 수 있다. http://rru.
worldbank.org에 가면 더 많은 정보를 얻을 수 있다.

으며 미국 경제 시스템 전체를 붕괴 직전으로 이끌었다. 그 결과는 실로 심각했다. IMF에 따르면 2007년 이후로 금융 부문과 기업, 주택 소유자, 비법인기업의 손실까지 포함한다면 전 세계 자산 손실은 미화로 총 40조 달러에 이르는데, 이것은 전 세계 GDP의 3분의 2에 해당하는 규모다. 또 노동환경과 관련해 국제노동기구ILO는 전 세계 실업자 수가 적어도 3,000만 명에서 많게는 5,000만 명까지 늘어날 수 있으며 개발도상국의 경우에는 2억 명 이상이 빈곤 상태로 전락할 거라고 추정한다(Blankenburg and Palma, 2009).

제2의 대위축의 내력을 이해하기 위해서는 1989년 3월 24일에 일어난 엑슨-발데스 유조선의 대규모 석유 해상 유출 사건에서 이야기를 시작할 필요가 있다. 엑슨 석유회사 소유의 거대한 유조선이 알래스카의 프린스윌리엄사운드에서 산호초에 충돌해 1,080만 갤런의 원유를 바다에 유출한 사건이다. 이 사건에서 모험상인은 바로 미국에서 가장 큰 투자 은행 가운데 하나인 J. P. 모건이었다. 인류학자이자 금융 전문 저널리스트인 질리언 테트(2009)는 엑슨이 원유 유출에 따른 벌금 재원을 마련하기 위해 J. P. 모건에 50억 달러의 대출을 요청했다고 한다. J. P. 모건 입장에서 대출 자체는 별 문제가 없었다. 엑슨은 최고의 고객 가운데 하나였고 세계에서 가장 많은 이익을 내는 기업 가운데 한 곳이었기 때문이다. 그러나 금융 관련 국제 규제기구들이 부과한 지불준비금이 문제였다. 은행들은 채무 불이행 사태에 대비해서 은행을 보호하기 위해 일정률의 현금을 보유하고 있어야만 한다. 은행 예금에도 동일한 지불준비금 제도가 적용된다. 예컨대 은행에 1,000달러를 예금했다고 치자. 그러면 은행은 그 가운데 900달러는 다른 사람들에게 빌려줄 수 있지만 100달러는 예금주들의 인출 요구에 응하기 위해 반드시 보유하고 있어야 한다. 모든 사람이 동시에 예금한 돈을 인출할 거라고 (또는 대출금을 갚지 못할 거라고) 보는 사람은 아무도 없기 때문에 은행은 전체 예금액의 10퍼센트만 보유하고 있으면 된다. 그러나 이것은 은행으로서는 문제가 아닐 수 없다. 지불준비금은 이자나 수수료 수익을 전혀 발생시키지 않고 그냥 금고에서 잠자고 있어야 하기 때문이다. 은행이 예금주들에게 이자를 지급하려면 예금된 돈을 어딘가 투자해야 (또는 팔아야) 한다. 따라서 은행은 **어떻게 해야 지불준비금을 운영할 수 있을까** 하는 문제를 고민하지 않을 수 없다.

J. P. 모건에서 피터 핸콕이 이끌었던 금융파생상품을 다루는 부서의 한 그룹은 그 문제를 해결할 수 있는 완벽한 방법을 찾아냈다. 그들은 가용 자금이 풍부한 유럽부흥금융은행EBRF을 찾아가서 자신들이 엑슨에 빌려주는 대출금에 대해 보증을 서달라고 요청했다. 그 대가로 보증수수료를 지급하겠다고 제안했다. 이것은 엑슨이 대출금을 갚지 못하는 경우에 EBRF가 대신 상환 의무를 이행한다는 것을 의미한다. EBRF가 그 제안을 받아들이자마자 J. P. 모건의 파생금융상품 팀은 금융 당국을 찾아가서 엑슨 대출금에 대한 지불준비금을 줄여달라고 요청했다. EBRF가 엑슨 대출금에 대해 보증을 섰기 때문에 엑슨이 대출금을 갚지 못한다 하더라도 EBRF에서 돈을 받을 수 있다고 주장했다. 마침내 금융 당국은 동의했고 J. P. 모건은 엑슨 대출의 신용 리스크에서 벗어날 수 있었다. 그들은 이 새로운 금융상품을 '신용부도스와프'CDS라고 불렀다. 이것은 어찌 보면 꽤 그럴듯한 금융비법처럼 보일지 모르지만 장차 심각한 경제 재난을 이끌 준비단계였다.

J. P. 모건 팀은 다른 대출과 관련해서도 엑슨 대출과 동일한 전략을 구사할 수 있다고 생각했다. J. P. 모건은 307개 주요 기업을 대상으로 약 100억 달러의 엄청난 금액을 대출했다. 그들이 기업들에 대출한 돈을 유령회사 한 곳에 떠넘기고(따라서 J. P. 모건의 회계장부에서 대출금은 사라졌다) 그 새로운 회사에 대한 대출이자 형태의 자산들을 잘게 쪼개서 판다면 어떻게 될까?((그림 3-2) 참조) 그들은 이런 증권을 포괄지수신용증권 Broad Index Securities Trust Offerings, 비스트로BISTRO라고 불렀다. 이런 증권은 금융파생상품의 일종으로 그것의 가치가 다른 자산들과 연

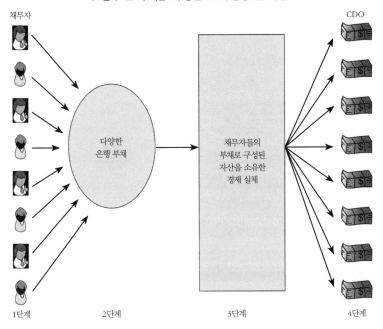

〔그림 3-2〕 부채담보부증권CDO이 생성되는 과정

채무자

다양한
은행 부채

채무자들의
부채로 구성된
자산을 소유한
경제 실체

CDO

1단계   2단계   3단계   4단계

계되어 있는 금융상품이다. 과거에 네덜란드 투자자들이 튤립에 투자하
거나 농산품 거래자들이 옥수수나 돼지고기, 콩의 미래가치에 투자했을
때 사들였던 그런 금융상품이나 약정과 같은 종류였다. 더군다나 그들에
게 EBRF가 엑슨의 대출을 보증한 것과 같은 방식으로 자신들의 대출을
보증해줄 대형 보험회사까지 있다면 무슨 일이 일어날까? 그렇게 할 수
있다면 금융 당국은 307개 기업에 대한 대출금 100억 달러에 상응하는
J. P. 모건의 지불준비금을 대폭 줄여줄 수 있을 것이다. 따라서 J. P. 모
건은 위기에 노출될 가능성이 줄어들고 수백만 달러를 추가로 자유롭게
투자할 수 있게 된다. 그들은 거대 보험사 AIG의 한 말단 부서를 맡고 있
는 조지프 카파노를 찾아갔다. 카파노는 그리 많지 않은 수수료 제안에
AIG가 기업 부채를 담보로 발행된 증권을 보증하기로 했다. 마침내 금융
당국도 J. P. 모건의 지불준비금을 낮추는 데 동의했다.

J. P. 모건 팀은 환호성을 올렸다. 그들이 금융 당국자들을 속여 넘겼다고 생각했기 때문이 아니라 수십억, 아니 수조 달러까지 자유롭게 투자할 수 있고 마침내 경제성장 속도를 높일 수 있는 금융혁신을 이루었다고 생각했기 때문이다. 게다가 그들은 대출금 지불유예에 대한 보증을 통해 지불유예의 위험을 효과적으로 다루었고, 동시에 더 큰 집단에 위험을 분산함으로써 어떤 개인이나 금융 실재가 일으킬 수 있는 손실의 가능성도 희석시킬 수 있었다. 그들은 자신들이 금융계를 더 발전시키는 데 이바지했다고 생각했다. J. P. 모건의 금융파생상품 팀의 직원들 가운데 한 사람은 "이제부터 5년 뒤, 사람들은 신용파생상품 시장의 탄생을 세계 금융시장의 발전에서 분수령을 이룬 사건으로 기억할 것이다"라고 말했다(Tett, 2009, 56쪽).

다른 투자은행들도 J. P. 모건의 파생금융상품 팀이 금융혁신을 이루었다는 소식을 듣고는 기업들에 빌려준 대출금이나 부채를 투자자들에게 팔 증권으로 상품화하는 작업에 몰두했다. 이런 증권들은 AIG와 같은 보험사들이 보증을 섰다. 게다가 신용평가사들이 해당 파생상품에 정부가 발행한 국채와 동일한 신용등급인 더블에이AA나 트리플에이AAA를 부여했기 때문에 겉으로 보기에는 위험이 별로 없는 신용상품처럼 보였다.

그때 독일의 대형 은행 가운데 하나인 바이에리셰란데스방크가 J. P. 모건의 파생상품 팀을 찾아와서 140억 달러에 이르는 미국의 주택담보대출을 파생상품으로 만들어달라고 요청했다. 그러나 그것은 한 가지 문제를 내포하고 있었다. 은행들이 지불유예의 가능성을 측정할 수 있을 정도로 오랜 역사가 있는 기업 대출과 달리 주택담보대출에 대해서는 그에 상응하는 정보가 전혀 없었다. 따라서 주택담보대출 관련 파생상품은 얼마나 위험한지 평가하기가 어려웠다. 하지만 J. P. 모건은 바이에리셰란데스방크와 일을 진행시켰다. 대신에 지불유예에 대비해 추가로 안전장치를 구축하고 한 번 더 비스트로 거래한 뒤에 더는 그 상품의 거래를 발

경제위기의 심각한 결과 가운데 하나가 일자리 감소인데, 미국의 경우 '제2의 대위축'으로 적어도 1,500만 개의 일자리가 사라졌다.

전시키지 않았다.

　그러나 그들과 부분적으로 경쟁관계에 있던 다른 은행들은 수조 달러에 이르는 주택담보대출과 다른 형태의 부채들(신용카드대출, 자동차담보대출, 상업차관 등)을 부채담보부증권CDO으로 묶어서 연기금이나 은행, 보험회사, 기타 트리플에이나 더블에이 증권을 사서 확실한 투자수익을 올리려는 열성 투자자들에게 팔았다. CDO에 대한 투자자들의 수요가 점점 더 늘어나면서 대형 은행들은 주택 구매자들에게 팔았던 어떤 담보대출 상품도 구매하기로 주택담보대출 회사들과 계약을 맺었는데 이것은 일대 전환점이 되는 사건이었다. 담보대출 회사들은 주택 구매자들에게 주택담보대출을 하면서 그 대가로 수백만 달러의 수수료 수입을 올릴 수 있었다. 그들은 때때로 대출한 당일에 해당 채권을 더 큰 은행에 팔 수 있었기 때문에 주택 구매자들이 대출금을 상환할 능력이 있는지 따지지도 않고 대출을 해주었다. 이 회사들은 담보대출을 하는 데 정신이 팔려서 첫 불입금도 받지 않고 대출을 했는데 심지어 어떤 경우에는 공짜로 승용차나 가구들을 끼워서 대출을 하기도 했다. 사람들은 은행에서 대출자들이 대출서류에 기재한 소득이나 재원들에 대한 근거도 확인하지 않는다고 해서 그것을 '거짓말쟁이 대출'이라고 부르거나 그 대출로 사람들은 죽고 주택만 남는다고 해서 '중성자탄 대출'이라고 불렀다. 또 수입이나 자산이 없는 사람들에게 대출을 해준다고 해서 '닌자 대출'이라고 부르기도 했다(닌자ninja는 "no income no job no asset"의 약자다 — 옮긴이). 담보대출 회사들은 주택 구매자가 대출금 상환을 걱정하면 첫 불입금을 싸게 해주고 납입금이 불어나서 문제가 생기면 집값이 급격하게 오르고 있었으므로 이윤을 남기고 집을 팔거나 대출자금을 보조해주는 방식으로 풀어나갔다.

  물론 그것은 제대로 작동하지 않았다. 주택 자산의 가치가 계속 올라갈 거라고 내다보고 수조 달러의 돈을 쏟아부었지만 실제로 주택가치는 폭락했다. 대출받아 주택을 구입한 사람들이 대출금 상환을 할 수 없게 되면서 주택담보대출을 기초 자산으로 하는 CDO는 가격이 급락하거나 더는 팔 수 없게 되었다. 그 증권의 가치가 얼마인지 아무도 몰랐기 때문이다. 게다가 상업대출과 신용카드 빚, 자동차담보대출을 기초 자산으로 하는 파생상품들도 지불유예의 위협을 받고 있었다. 은행들이 손해를 보고, 보유 자산의 가치도 정확히 알지 못하며, 다른 금융기관들과 채무자들의 재정 상태가 어떤지도 알지 못하고, 보험회사들도 투자자들의 손실을 보상할 수 없게 되자 비로소 은행들은 대출을 멈췄다. 전체 금융체계가 중단될 위기에 처했다. 금융은 돈이 필요한 곳으로 이동하는 것을 기본 전제로 한다는 것을 기억하라. 그러나 2007년 가을, 돈의 이동이 멈추었다. CDO와 같은 파생상품에 대한 보증을 섰던 보험회사와 은행들이 감당할 수 없는 금액의 수십억 달러를 지불해야 했다. 미국 정부가 1조 달러의 구제금융을 실시하지 않았다면 모두 파산하고 말았을 것이다. 그러나 결과적으로 금융위기는 돈과 신용의 흐름을 막았고, 빚을 갚아야 하는 사람들은 대량으로 자산(주식, 부동산 등)을 처분할 수밖에 없었다. 이것은 자산가치를 더욱 떨어뜨렸으며 전 세계 기업에 영향을 미치고 수많은 사람의 일자리를 앗아갔다.

많은 은행이 위기에 빠지면서 제2의 대위축이 도래했다(Reinhart and Rogoff, 2009). 외국인 투자와 저금리에 따른 화폐 유입은 소비와 투자의 일대 혼란을 촉발했고 더는 지탱할 수 없을 지경까지 물가상승이 지속되다 마침내 금융붕괴를 초래했다. 우리는 앞서 보유 자산의 지속적 가치 상승에 대한 잘못된 믿음을 바탕으로 투기에 몰두한 네덜란드의 튤립 파동과 영국의 철도주식 파동에서 이와 똑같은 상황을 보았다. 그러나 이런 금융위기를 단순히 인간의 탐욕 탓으로만 돌리는 것은 잘못이다. 그것을 제대로 이해하기 위해서는 현재의 우리 금융체계가 돌아가는 내적 논리, 다시 말해 지속적인 경제성장을 추진할 수밖에 없는 이유를 면밀하게 살펴보아야 한다.

앞서 말한 것처럼 경제의 한 부분이 일단 돈이 돈을 버는 과정 속으로 들어가게 되면 경제성장은 끊임없이 지속되어야 한다. 다시 말해 돈은 대출되거나 투자되는 순간 원금 말고 이자나 배당금 같은 이익이 추가로 발생해야 하므로 더 많은 돈을 생성하는 과정을 수행해야 한다. 이자나 배당금 같은 이익의 크기가 얼마냐에 따라서 성장의 크기도 결정된다. 성장이 충분히 이루어지지 못해 추가로 돈을 만들어내지 못하면 사람들은 대출금을 갚지 못하고 배당금이나 이익은 실현되지 않는다. 따라서 오늘날의 경우에도 집값이 계속해서 올랐을 때는 금융체계가 아무런 문제 없이 잘 돌아갔다. 그러나 집값이 상승을 멈추고 사실상 하락하기 시작하자 금융체계 전체가 위협받는 상황이 되었다.

한 해 소득이 15만 달러인 한 가구를 예로 들어보자. 그들이 10년 만기로 연 7퍼센트의 이자로 대출을 받아 60만 달러짜리 집을 구입한다고 치자. 매월 지불해야 하는 할부금은 6,965달러다. 그러나 대출기간에 지불해야 하는 이자 총액은 23만 5,981달러다. 집값인 60만 달러는 은행이 대출을 하면서 새로 생성된 금액이고 그것은 고정자산(집) 형태로 남아 있다. 나머지 이자 23만 5,981달러는 새로운 돈으로 아직 존재하지 않는다. 집을 산 그 가구는 그 돈을 지불해야 한다. 그렇게 하기 위해서는 해마다 평균 2만 3,598달러를 만들어내야 한다. 연 총소득의 15.7퍼센트에 해당하는 돈을 이자상환에 써야 하는 것이다.

물론 실제로 필요한 성장률을 계산하기 위해 고려해야 할 다른 변수들이 많다(인플레이션 증가율, 부채상환 연장에 따른 비용, 투자회수율 등). 그러나 위의 예는 돈이 돈을 버는 경제구조에서 끊임없는 경제활동의 형태로 나타나는 지속적인 경제성장이 왜 필요한지를 잘 보여준다.

우리는 이미 앞에서 개발도상국이나 신흥국의 경우에 외채가 그들의 경제를 얼마나 위협하는지 보았다. 외채는 대개 여러 가지 이유로(물가 하락, 불공정한 무역관행, 에너지 비용 증가, 부패 등) 원금과 이자를 갚기 위해 필요한 돈을 창출할 수 있을 정도의 경제성장을 이룩하지 못했다. 따라서 외채를 갚지 못한 국가들은 채권국들의 구조조정 요청을 받아들여 공공서비스를 줄이거나 국가 소유 자산을 대개 헐값으로 처분하는 수밖에 없었다.

부채 규모에 따라 어느 정도까지 경제성장을 해야 하는지는 중요한 문제다. 지난 수십 년 동안 특히 미국에서 부채가 크게 늘어났기 때문이다. [표 3-4]는 2009년 1월 현재 미국 경제의 각 부문별 채무 현황을 보여준

[표 3-4] 미국의 부문별 총부채(2009년 1월 1일)

부채 유형	부채액	1인당 부채액
연방정부 부문	10조 6,000억 달러	34,868달러
주와 지방정부 부문	2조 2,000억 달러	7,368달러
가구 부문	13조 8,000억 달러	45,395달러
기업 부문	11조 1,000억 달러	36,513달러
금융 부문	17조 2,000억 달러	56,579달러
기타	1조 9,000억 달러	6,250달러
정부와 민간 부문 합	56조 9,000억 달러	186,963달러

출처: Grandfather Economic Report.

다(Hodges, 2009).

이들 부채 가운데 상당 부분이 새로 생성된 것이다. 예컨대 이 가운데 80퍼센트가 1990년 이후에 생겼다. 1981년 가구 부채는 GDP의 48퍼센트였는데 2007년에는 100퍼센트가 되었다. 민간 부문의 부채는 1981년에 GDP의 123퍼센트였지만 2008년에는 290퍼센트로 증가했다. 금융 부문은 차입자본의 절정기를 맞아 1981년에는 GDP의 22퍼센트에 불과하던 것이 2008년 말에는 117퍼센트로 급증했다(Crotty, 2009, 575쪽 참조).

이 모든 부채를 상환하기 위해 얼마나 높은 경제성장률을 이루어야 할까? 다시 말해 얼마만큼 경제가 성장해야 금융기관들이 지불유예 때문에 신용을 동결하고 기업이 파산하고 실업이 늘어나고 이어서 더 많은 지불유예가 발생하는 지경에 이르지 않을까? 이것은 지금까지 결코 다루어지지 않았던 문제다. 앞서 예로 든 60만 달러는 2010년 미국 경제의 전 부문에 걸친 실제 부채 규모인 약 60조 달러를 의미한다. 그리고 15만 달러는 미국에서 연간 생산되는 상품과 서비스의 총가치를 말하는 GDP인 약 15조 달러를 나타낸다. 따라서 미국 재무부 중기 국채금리 1퍼센트에서 신용카드 대출금리 20퍼센트 이상에 이르기까지 모든 부채의 평균금리가 7퍼센트라고 하고 부채와 투자의 평균만기가 10년이라고 한다면 미국 경제는 20조 달러가 넘는 돈을 새로 만들어내야 한다.

사람들이 별로 주목하고 있지 않지만 경제성장과 금융위기를 이해하는 데 도움을 주는 또 다른 요소가 있다. 즉 부자 나라일수록 경제성장을 유지하기가 더 어렵다는 사실이다. 중국과 인도, 브라질 등 신흥국들의 연간 성장률이 6~10퍼센트에 이르는 반면에 선진국들은 3~5퍼센트 유지도 힘겨워하는 이유가 바로 여기에 있다([그림 3-3] 참조).

이것은 오늘날의 모험상인들이 더욱더 많은 돈을 벌기 위해서는 새롭고 혁신적인 방법을 끊임없이 개발해야 한다는 것을 암시한다. J. P. 모건 파생금융상품 팀이 "당신이 해마다 버는 돈의 절반은 전에는 존재하지 않았던 상품에서 나오는 것이다"라고 말한 것이 바로 이런 이유 때문이

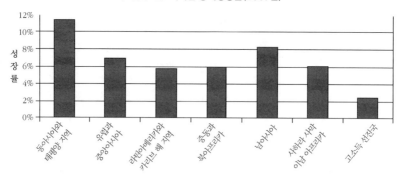

〔그림 3-3〕 지역별 경제성장률(2007년)

다(Tett, 2009, 7~8쪽).

따라서 현재의 경제위기는 특히 지속적인 성장의 필요성과 관련해서 탐욕과 같은 인간의 본능적 특징보다는 오히려 기존 경제체계의 내적 논리와 더 깊은 연관성이 있다. 대개 경제가 돌아가고 안 돌아가고 하는 것은 어떤 인간의 태생적 특징 때문이 아니라 특정한 문화적 환경에 따라 사람들이 움직이기 때문이다.

결론

우리는 오늘날 세계와 자본주의 문화 발전에 매우 큰 영향을 끼친 다섯 가지 역사적 발전과정, 즉 점점 심각해지는 전 세계 부의 분배문제, 자본구성의 변화, 경제 세계화의 수준 상승, 주기적으로 반복되는 금융위기의 원인, 우리 경제가 지속적으로 성장해야 하는 이유를 이해할 목적으로 이 장을 시작했다. 우리는 우선 부의 불평등한 분배가 전 세계 나라들 사이에서 그리고 지역들 사이에서 모두 엄청나게 커졌음을 알았다. 2000년에 하루 벌이가 1달러도 안 되는 전 세계 절대 빈곤층은 12억 명이 넘었다. 마이크로소프트의 빌 게이츠를 포함해 세계 3대 거부가 소유한 재산은 전 세계에서 가장 가난한 나라 48개국의 국민총생산을 합한 것보다 더 많았다. 게다가 그 차이는 점점 더 벌어지고 있다. 1997년 유엔 세계 개발보고서에 따르면 전 세계 173개국 가운데 70~80개국이 10년 전 또는 30년 전보다 1인당 국민소득이 더 떨어졌다. 아프리카 사람들은 25년 전보다 20퍼센트 덜 소비한다. 그 보고서는 가장 잘사는 나라 상위 20퍼센트의 사람들이 전 세계에서 생산되는 상품과 서비스의 86퍼센트를 소비한다고 지적했다. 가장 못사는 나라 하위 20퍼센트의 사람들이 소비하는 물량은 1.3퍼센트에 불과하다.

둘째로 세계의 자본 구성은 극적으로 바뀌었다. 우리 여행은 처음에 자본을 소유한 개별 상인이나 가족집단 또는 유한회사에서 시작해 다국적 기업, 다자간 기구, 투자회사와 같은 자본가의 시대로 마감했다. 1400년 무역상인이 세계의 한 지역에서 다른 지역을 오가며 상품을 사고파는 투자를 한 차례 완성하는 데 걸린 시간은 1년 정도였다. 하지만 오늘날 자본가는 그냥 컴퓨터 앞에 앉아서도 수십억 달러를 세계의 한 지역에서 다른 지역으로 바로 이동시킬 수 있다.

셋째로 우리는 오늘날 세계 경제가 점점 더 하나로 통합되면서 전 세계를 오가는 무역이 1400년에 이웃 도시들 사이의 교역보다도 한결 쉬워졌음을 보았다. 각종 무역협정은 지역과 국가의 경계를 해체하고 자본을 가장 축적하기 쉬운 곳으로 자유롭게 이동시킨다. 게다가 우리는 다국적 기업이나 세계은행, IMF, WTO와 같은 다자간 국제 금융기관들이 어떻게 기업들에 국제 시장을 개방하고 세계 각국의 환경과 사회, 노동개혁을 강제로 무산시키는지도 보았다.

넷째로 우리는 경제 거품이 왜 생기고 꺼지는지, 이런 붕괴가 왜 경제위기를 이끄는지, 끝으로 우리가 왜 경제성장을 지속해야 하고 그렇지 못하면 무슨 일이 벌어지는지도 살펴보았다. 다음 장에서 이런 지속적 성장에서 벗어날 수 있는 방법이 과연 있는지 살펴볼 필요가 있지만, 당분간은 그것의 결과를 이해하는 것이 중요하다.

그러나 자본주의 문화가 어떻게 기능하는지 지금까지 분석한 것만으로는 불완전하다. 따라서 자본주의 문화를 제대로 이해하기 위해서는 국민국가의 발전과 역할에 대한 면밀한 검토가 뒤따라야 한다. 다시 말해 국민국가가 자본주의 문화 발전에 어떤 역할을 했는지, 소비자와 노동자와 자본가 사이를 어떻게 중재하는지를 살펴보아야 한다는 뜻이다.

Global Problems and the Culture of Capitalism

자본주의 문화와 국민국가

우리는 전 세계 부의 50퍼센트를 소유하고 있지만 인구는 6.3퍼센트에 불과하다. 이런 불일치는 아시아 사람들과 비교할 때 더욱 심각하다. 이런 상황에서 우리는 시기와 증오의 대상이 되지 않을 수 없다. 앞으로 우리가 진정으로 해야 할 일은 국가안보에 심각한 손상을 입히지 않으면서 이런 불일치 상황을 지속적으로 유지시키는 관계 유형을 개발하는 것이다. 그렇게 하기 위해서는 모든 감상적인 생각과 헛된 공상을 그만두어야 한다. 어디서든지 오로지 시급한 국가 목표에만 모든 정신을 집중해야 한다. 이제는 우리가 이 타주의나 인류 공영과 같은 사치를 부릴 만큼 여유로울 수 있다고 자신을 기만하지 말아야 한다.
— 조지 F. 캐넌, 미 국무부 정책기획국장, 1948년

자유무역주의의 멈출 수 없는 끝없는 확산, 무엇보다도 자본과 금융의 자유로운 이동 덕분에 '경제'는 정치적 지배에서 점차 벗어났다. (……) 정치와 관련해서는 옛날부터 국가가 모든 것을 다룰 것이라고 기대한다. 그러나 경제생활과 관련해서는 그 어떤 것도 국가가 간섭하는 것을 용납하지 않는다. 만일 조금이라도 그런 시도가 있다면 전 세계 시장으로부터 즉각적이고 격렬한 반발에 직면할 것이다.
— 지그문트 바우만, 『세계화: 인간이 야기한 결과』Globalization: The Human Consequences

❖ ❖ ❖

다른 행성에서 온 외계인이 핵폭발로 모든 생명체가 죽었지만 지상의 도서관과 고문서들은 파괴되지 않고 남아 있는 지구에 착륙했다고 상상해 보라. 에릭 홉스봄(1990)이 주장한 것처럼 그 외계인은 남겨진 인간의 기록들을 살펴보고는 **국가**라는 용어와 **민족주의**라는 현상을 이해하지 않고는 지난 200년 동안의 인류 역사를 전혀 이해할 수 없다고 결론을 내릴 것이다.

우리는 국민국가가 소비자, 노동자, 자본가와 함께 자본주의 문화를 구성하는 필수 요소라고 주장한다. 에릭 울프(1982, 100쪽)가 주장한 것처럼 사유재산과 생산수단의 소유권을 보장하고 노동력을 훈련시키도록 지원을 아끼지 않는 것이 바로 국민국가다. 또한 국가는 자본주의적 생산에 필요한 경제 기반시설인 운송, 통신, 사법제도, 교육 등을 제공하고 유지해야 한다. 국민국가는 국내외에서 자본가들 사이의 갈등을 되도록 외교적으로, 하지만 필요할 때는 무력을 써서라도 조정해야 한다. 국가는 소비를 억제하거나 촉진하는 조건들을 조성하는 중요한 역할을 한다. 또한 사람들을 땅에서 강제로 내쫓아 임금노동자로 만들 수 있는 의회를 지배하고, 기업을 규제하거나 지원하는 법을 만들고, 통화 공급을 조절하고, 자본을 유치하기 위해 경제·정치·사회정책들을 입안하고, 합법적인 무력 사용을 승인하기도 한다. 자국 내의 상업과 교역을 규제하는 국민국가가 없었다면 세계 경제를 효과적으로 통합할 수 없었을 것이다. **그렇다면 국민국가는 어떻게 생겨났으며, 서로 다른 갈등집단들을 어떻게 하나로 묶을 수 있었을까?**

실제로 전 세계 모든 사람은 자신이 국민국가의 일원이라고 생각한다. 어니스트 겔너(1983, 6쪽)는 국가가 없는 사람을 상상하기란 어렵다고 말했다. 사람이라면 누구나 한 개의 코와 두 개의 귀가 있듯이 마땅히 국적도 있어야 한다. 우리는 미국인이거나 멕시코인, 볼리비아인, 이탈리아인, 인도네시아인, 케냐인 또는 현재 200개가 넘는 나라 가운데 한 나라의 국민이다. 사람들은 대개 자기 나라를 역사와 전통이 있는 나라라고 생각한다. 그 나라의 역사는 국가 창건을 찬양하고 그 밑바탕이 되는 사상의 영웅들을 만들어낸다. 국기나 건물, 기념비와 같은 국가의 상징들에는 언제나 신성한 유물의 기운이 맴돈다.

20세기 중엽, 독립국가의 지위를 얻는 것은 진보와 근대성의 표식이 되었다. 국가에 이르지 못한 상태, 즉 부족이나 인종집단, 지역블록은 퇴보의 상징이었다. 국민국가의 지위를 얻은 지 30년이 넘는 나라는 200개가 넘는 전 세계 국가들 가운데 3분의 1도 안 된다. 건국 역사가 18~19세기까지 거슬러 올라가는 나라는 그 가운데서도 몇 군데밖에 안 된다. 실제로 현재의 국가 형태에서 그 이상 거슬러 올라가는 나라는 하나도 없다. 그 이전 사람들은 자신을 친인척집단이나 마을, 도시 또는 지역사회의 일원으로 생각했지 국가의 일원으로 생각하지 않았다. 대부분의 경우, 국가 일을 맡아서 하는 사람들은 공물과 세금 징수, 징병의 역할을 수행했기 때문에 당시 사람들에게 분노와 두려움, 증오의 대상이었다.

물론 옛날에도 많은 국가가 있었고 실제로 지난 5,000~7,000년 동안 존재해왔다. 그러나 국민국가라는 개념 또는 일정한 영토 범위 안에 살면서 동일한 문화나 전통, 언어, 민족으로 합쳐진 국민이라는 개념은 19세기 유럽의 산물이다. 역사학자들 대다수는 1789년의 프랑스혁명을 국민국가 시대의 시작을 알리는 사건이라고 본다. 그러나 국민국가라는 개념이 역사적으로 생소함에도 많은 사람에게 국적은 개인의 정체성을 구성하는 필수 요소다. 여기서 우리가 확인해야 할 몇 가지 문제가 있는데 그것은 다음과 같다. **국민국가는 어떻게 세계에서 그렇게 중요한 위치를 차지하게 되었는가? 국민국가는 어떻게 그런 발전경로를 밟아왔는가? 사람들은 어떻게 해서 자신을 그런 모호한 추상적 개념의 일원으로 동일시하는가? 끝으로 국민국가는 왜 지금 하는 것처럼 사람들을 빈번히 죽이는가?**

마지막의 살인문제는 매우 중요하다. 오늘날 저질러지는 살인과 폭력

행위의 대부분은 국가가 허락을 하거나 직접 수행하기 때문이다. 막스 베버(1947, 124~135쪽)에 따르면 국가에 대한 정의 가운데 대부분은 주로 죽음과 폭력의 방법에 대한 독점을 주장하는 것에 초점을 맞춘다. 엘먼 서비스(1975)가 말한 것처럼 '국가성'은 "권력에다 무력을 더한 것"이라고 간결하게 정의할 수 있다. 하지만 국가가 아닌 다른 실체가 저지른 살인 행위는 모턴 프리드(1967)가 지적한 것처럼 국가의 조직화된 무력의 형벌을 받는다.

인류학자들이 국가를 정의할 때 강조하는 특징 중 하나가 무력 사용이지만 그렇다고 그것이 유일한 특징은 아니다. 부를 비롯한 사회자원에 접근할 수 있는 범위를 집단에 따라 차별화하는 사회계급화 역시 국가의 주요한 특징 가운데 하나다. 그러나 여기서도 국가는 지배집단의 특권을 유지하기 위한 지배수단으로서 역할을 하는 것처럼 보인다. 이것을 위해서는 대개 국가가 무력 사용을 독점하는 것이 필요하다(Cohen and Service, 1978 참조; Lewellen, 1992).

따라서 자본주의 문화의 주요 특징이 무엇인지 완전히 이해하기 위해서는 국가의 기원과 역사 그리고 나중에 그것을 계승한 국민국가에 대해 살펴볼 필요가 있다. 또한 폭력이 국가를 유지하는 데 어떤 구실을 하는지, 경제를 유지하고 성장시키는 데 국가가 무슨 역할을 하는지 이해할 필요가 있다.

국가의 기원과 역사

국가의 진화

국가는 사회계약의 한 형태다. 일반 국민은 그 계약을 통해 국가에 권력의 독점을 위임하고 오직 국가만이 국민을 감금하고 억압할 수 있다는 데 찬성했다(Nagengast, 1994, 116쪽). 많은 철학자와 정치사상가는 국가가 왜 발전했는가 하는 문제를 오랫동안 숙고했다. 17세기 철학자 토머스 홉스는 국가가 질서를 유지하기 위해 존재한다고 주장했다. 국가가 없다면 인간의 삶은 "추잡하고 야비하고 불충분할" 거라고 말했다. 그러나 인류학자들은 어떤 사회는 국가조직이 없이도 잘 돌아간다는 것을 오래 전부터 알고 있었다. 실제로 7,000~8,000년 전만 해도 이른바 '지배자 없는 부족'이 세상에서 정치조직의 유일한 형태였다. 이런 사회의 정부는 상대적으로 매우 단순했다. 부족장이나 촌장들이 있었지만 그들의 권력은 제한되었다. 수렵채취사회에서 내린 결정 대부분은 합의에 의해 이루어졌을 것이다. 부족이나 씨족의 지도자들은 다른 사람들보다 더 권위가 있었겠지만 그들도 무력보다는 솔선수범으로 지도력을 발휘했다. 사람을 지배할 수 있는 권력은 여러 개인이나 집단에게 분산되어 있었다.

하나의 계층화된 사회로서 국가는 권력을 가진 지배 엘리트가 통치했다. 그 권력은 지금부터 4,000~5,000년 전에 오늘날 이라크 지역인 티그리스 강과 유프라테스 강 사이의 범람원에서 생산된 잉여농산물에서 나왔다. 수메르 국가를 형성한 요새 도시 우루크와 우르는 인구가 4만 명에 이르렀다. 이집트와 인도의 인더스 강 계곡, 중국의 황하 계곡, 나중에 메소포타미아와 페루에서도 독자적으로 국가들이 나타났다.

인류학자들은 국가의 기원과 관련해 오랫동안 관심을 가지고 연구했다(Lewellen, 1992 참조). **인간집단은 왜 소단위로, 즉 500~2,000명 단위의 마을이나 소도시로 조직된 채로 남아 있지 않았을까? 무엇 때문에 사람들이 밀집해서 사는 대도시로 발전했을까? 수십만 년 뒤 무력을 가진 지배 엘리트들이 인간세상을 지배하기 위해 나타난 이유는 무엇일까?**

인구가 늘어나고 식량 생산이 점점 더 복잡해지면서 전문가계급이 등장했고 그들이 바로 계급사회를 만들었다는 학설이 있다. 이 계급은 어떤 사람들로 구성되었을까? 그들은 왜 부상했을까? 이런 의문은 아직 풀리지 않은 문제다. 카를 비트포겔(1957)은 국가발전을 자신의 '수력사회론'으로 설명하면서 국가가 발전한 지역들의 신석기 시대 농부들은 티그리스 강, 나일 강, 황하처럼 들판에 물을 공급하고 새롭게 퇴적토를 만들어내는 범람 하천에 의존했다고 주장했다. 그러나 이것은 1년에 한 번밖에 일어나지 않았다. 따라서 농부들은 늘어나는 인구에 맞춰 식량을 공급하기 위해 수로와 운하, 물의 흐름을 조절하는 저수지를 건설하기 시작했다. 그리고 관개시설들이 점점 더 복잡해지면서 이런 작업을 계획하고 지시할 전문가집단이 필요하게 되었다. 바로 이들 집단이 전제적인 중앙집권국가를 지배하는 행정 엘리트로 발전했다.

한편 인구증가, 특히 인구가 쉽게 분산될 수 없는 지역에서의 인구증가는 좀더 공식적인 정부와 지배수단이 필요했고 그것이 바로 사회계급화와 불평등을 확대하는 요인이 되었다고 주장하는 사람들도 있다. 이런 국가발전 이론은 국가의 통합기능을 강조하면서 질서를 유지하고 사회의 성장과 발전을 이끌기 위해 진화한 것이 바로 국가라고 주장한다.

마르크스와 엥겔스는 국가발전을 다른 관점에서 보았다. 그들은 초기 인류사회가 공산주의적이라고 생각했다. 구성원들끼리 자원을 동등하게 공유하고 사유재산이라는 개념이 거의 없거나 전혀 없는 사회였다고 보았다. 그러나 기술이 발달하면서 물자의 잉여생산이 가능해졌고 사회를 지배하고 권력을 잡고자 하는 일부 사람들이 잉여생산물을 차지하거나 이용했다. 이들 엘리트는 그런 지배를 통해 기업가 계급을 형성했다. 그들은 자신들의 부와 권위를 유지하기 위해 권력구조를 만들어냈다.

인류학자들은 선사시대의 어느 사회에서도 그런 종류의 기업활동을 한 증거가 없다면서 주로 이런 관점을 비판한다. 게다가 초기 인류사회에 '공산주의'와 '자본주의' 같은 개념을 적용하는 것은 무리라고 생각한다. 그러나 모턴 프리드(1967)는 부와 자원에 대한 차별적 접근이 계급화를 초래하며 일단 계급화가 이루어지면 내부에서 갈등이 일어나 집단이 해체되고 무력으로 권력을 잡는 엘리트가 탄생한다고 주장했다.

반면에 외부에서의 갈등이 국가를 탄생시키는 계기가 되었다고 주장하는 견해들도 있다. 어느 한 집단이 강력한 중앙권력 아래 통합되어 발전하면 그 집단은 더 작고 권력이 분산된 집단들을 쉽게 정복해 포로들과 토지, 재산을 차지할 수 있었다. 이렇게 유추해볼 때 더 작은 집단들이 자신들을 정복하려는 국가로부터 살아남기 위해서는 자신들도 중앙으로 집중된 권력 아래 조직되어야 했다. 그 결과, 더 강력한 힘을 가진 국가가 등장해 자기보다 약한 국가를 정복하고 국경을 확장하는 식으로 발전해갔다고 볼 수 있다. 로버트 카네이로(1978)는 서로 떨어진 정치적으로 독립된 마을들을 하나로 통일시키고 나아가 국가로 발전시키는 데 기여한 것이 바로 전쟁이라고 주장했다. 처음에 전쟁은 마을 대 마을의 싸움이었다가 종족 대 종족의 싸움으로 커졌고 나중에는 국가 대 국가의 싸움으로 발전하면서 점점 더 큰 정치 단위들을 탄생시켰다.

이런 이론들은 서로 전혀 배타적이지 않다. 국가의 출현은 여러 요소가 서로 작용하여 나타난 결과다. 따라서 마빈 해리스(1971)나 켄트 플래너리(1972, 1973) 등의 학자들은 국가로 발전하기 위해서는 출생률 관리, 식량자원의 특징, 환경과 같은 다양한 요소의 상호작용이 필요했다고 주장한다.

국가가 인류사회의 한 제도로 탄생한 이유가 무엇이든 1400년경에 세계는 매우 많은 나라와 제국으로 나뉘어 있었고 무력으로 자신들의 지위를 유지하려는 엘리트집단들이 그것들을 지배했다는 것은 틀림없는 사실이다. 그러나 선사시대의 국가들, 즉 고대 그리스의 도시국가, 로마 제국, 중국 왕조는 근대 국민국가들과 매우 달랐다. 명나라나 로마 제국의 백성이 자신을 한 민족은 고사하고 한 국가의 구성원이라고 생각했을지는 의문이 아닐 수 없다. 16~17세기의 영국이나 프랑스 병사가 스스로 한 국가의 국민으로서 '국가'nation에 충성한다고 생각했을 것 같지 않다. 그가 충성을 바친 것은 영토적 개념으로서의 '국가'country와 같은 추상적인 어떤 것이 아니라 왕이나 여왕과 같은 구체적인 지배자였다고 보는 게 맞을 것이다. 국민국가는 아주 최근에 일어난 역사적 발전의 결과다. 따라서 자본주의 문화에서 국민국가의 역할이 무엇인지 올바르게 인식하기 위해서는 먼저 국민국가에 대해 이해할 필요가 있다.

국민국가의 역사와 기능

오늘날 존재하는 국가는 7,000년 전에 진화한 국가나 1500년이나 1800년에 존재했던 국가와는 전혀 다르다. 우리는 정치적 단일체로서의 국가 state에서 국민국가nation-state로 발전했다. 이 둘의 차이는 중요하다. 정치적 단일체로서의 국가는 동일한 정체성을 확인할 수 있는 요소들로 구성된 정치적 독립체를 말한다. 만일 어떤 사람이 미국 국민에게 '정치적 단일체로서의 국가'의 구성요소를 한 가지 대라고 요구한다면 그들은 연방정부 건물들(예컨대 의사당 건물이나 백악관, 연방대법원 건물)을 가리키거나 연방정부 부처들(예컨대 연방의회, 국세청, 농무부)을 말할지도 모른다. 또한 그들은 정부가 자신들에게 요구하는 것, 즉 세금이나 사회보장제도 가입, 시민권 획득, 투표 등을 열거할 수도 있다. 그러나 '국민국가'를 구성하는 요소가 무엇이냐고 물으면 그들은 국기 말고 무엇을 가리킬 수 있을까? '국민국가'가 그들에게 무엇을 요구하는지 묻는다면 그들은 '애국자'가 되는 것 말고 다른 어떤 것을 말할 수 있을까? 국민국가는 정치적 단일체로서의 국가보다 훨씬 더 추상적인 개념이다. 베네딕트 앤더슨(1991, 5~6쪽)에 따르면 국민국가는 "상상의 정치공동체"다. 그러나 지난 200년 동안 정치적 단일체로서의 국가는 국민국가로 발전했다. **그렇다면 이 새로운 형태의 정치적 독립체는 왜 탄생했으며 그것은 어떤 기능을 수행했는가?**

페르낭 브로델(1982, 515~516쪽)에 따르면 근대국가가 하는 일은 세 가지다. 첫째, 합법화된 폭력으로 국민을 복종시키고 무력 사용을 독점한다. 둘째, 상품 유통의 안전을 보장하기 위해 경제생활을 통제하고 국가 재정 지출과 사치·행정·전쟁비용을 마련하기 위해 국민소득의 일부를 탈취한다. 셋째, 종교적 가치를 이용하거나 국교를 제정해 국민의 정신과 종교생활에 끼어들고 국가의 힘을 더욱 강화한다. 우리는 나중에 국가의

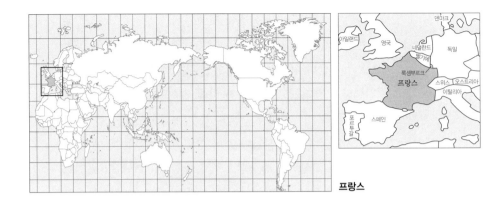

폭력 사용과 종교적 가치의 이용에 대해 살펴볼 것이다. 민저 경제생활에 대한 국가의 통제를 살펴보자.

국가는 언제나 백성의 경제생활에 어떤 식으로든 깊이 관여해왔다. 고대국가는 다른 국가의 침입을 막아 충분한 자원을 생산하고 다수의 농민들로부터 잉여의 부를 수탈함으로써 어느 정도 엘리트의 특권을 보호하기 위해 존재했다. 상인들은 엘리트에게 세금과 공물, 장사를 위해 수수료 같은 형태로 부를 공급했다. 또한 국가는 상인들을 위해 몇 가지 기능을 수행했다. 동전을 주조하거나 지폐를 찍어냈고 무게와 치수의 기준을 정하고 상인과 상품의 이동을 보호하고 상품을 구매하고 상인들이 생산품을 팔 수 있도록 시장을 열고 관리했다. 그러나 고대국가들은 교역을 그다지 적극적으로 장려하지는 않았다. 오히려 여러 가지 방식으로 교역을 금지하곤 했다. 예컨대 그들 국가는 상인들이 이윤을 남기기 어려울 정도로 세금을 부과했다. 엘리트집단은 상인들이 팔 수 있는 물품을 제한하거나 상품시장을 제한했다. 이를테면 엘리트집단은 어떤 종류의 옷이나 모피를 입을지, 어떤 동물을 사냥할지, 어떤 음식을 먹을지, 어떤 곳에서 살지를 자기 마음대로 정했다.

16세기와 17세기 유럽과 일본은 국가의 부가 제조업자와 상인들의 성공에 달려 있다는 것을 알고 교역을 촉진하고 보호하는 일에 적극적으로 나섰다. 그들 국가는 다른 국가의 상품에 보호관세를 부과하고, 주변부 지역의 시장을 개방시키기 위해 무력을 동원하고, 국내 상회에 교역 독점권을 부여함으로써 자국의 제조업자와 상인들을 보호하기 시작했다. 각 국은 항구를 건설하고 관리했고 도로와 운하를 건설했으며 나중에는 철도 건설에 국가보조금을 지급했다.

또한 국가는 상품을 직접 구매하거나 자국 상인들이 해외 시장에 진출할 수 있도록 무력이나 교섭력을 활용함으로써 상품 소비에 깊이 관여했다. 제조업자에게 가장 많은 이익을 남기는 장사 가운데 하나가 군대와 기타 공공사업을 유지하기 위해 필요한 무기와 각종 상품, 서비스(식량, 의복, 운송수단)를 파는 것이었다(오늘날도 마찬가지다). 중심부 국가에서 군대는 비록 외적의 침입을 막는다는 명목으로 존재했지만 사실은 국내 제조업과 교역의 성공에 필요한 식민지를 건설, 유지하고 국내 질서를 유지하기 위해 더 많이 쓰였다. 끝으로 국가는 언제라도 자본을 제공할 수 있는 은행과 같은 금융기관을 설립하고 감독했다.

이매뉴얼 월러스틴(1989, 170쪽)은 국민국가가 세계 경제를 구성하는 중요한 기본 원칙이 되었다고 말했다. 국가 간 체제의 일부가 되는 것은 국가의 통치 형태가 국가 간 체제의 규칙을 따르는 국가로 바뀜을 의미했다. 이 체제는 화폐, 상품, 인력의 이동에 대한 보장과 함께 일관된 분업 체계를 요구했다. 국가는 이런 이동을 제한할 수 있었지만 오직 회원국들이나 대개의 경우 몇몇 영향력을 가진 국가들이 공동으로 정한 규칙 안에서만 그렇게 할 수 있었다.

19세기 초 새로 탄생한 자본주의 국가는 두 가지 문제에 직면했다. 첫 번째는 정치적 문제였다. 왕권신수사상과 절대주의 국가가 몰락하면서 정치 지도자들은 정치적 정통성의 위기에 직면했다. **그들은 '국민경제'의 출현과 성공에 핵심이 되는 국가 기구들에 대한 자신들의 지배를 무엇을 근거로 정당화할 수 있을까** 하는 문제를 해결해야 했다. 두 번째는 경제적 문제였다. 국가는 국내에 있는 그 모든 것에 대해 경제적 통합을 촉진할 수 있을까? 영국은 잉글랜드와 스코틀랜드, 웨일스에 대해, 프랑스는 프랑스의 모든 지역(브르타뉴, 피카르디, 프로방스, 랑그도크 등)에 대해 자국의 지배권을 주장할 수 있었지만 농촌 지역까지는 그런 지배력이 미치지 못했다. 19세기 초, 영국 제도에 사는 거주민들 가운데 자신을 영국인이라고 생각하는 사람은 거의 없었다. 프랑스 지역에 사는 사람들도 자신을 프랑스인이라고 생각하는 사람은 별로 없었다. 그들 가운데 적어도 25퍼센트의 사람들이 프랑스어도 할 줄 몰랐다. 물론 독일과 이탈리아 같은 국가는 아직 생겨나지도 않았다.

따라서 일정 지역을 경제로 통합하는 것은 정도가 미미하거나 존재하지 않았다. 같은 지역이라 하더라도 쓰는 말이 달랐고 서로 다른 통화를 썼으며 치수나 측량 기준이 달랐다. 그리고 국가 공무원들에 대해서도 노골적으로 적대감을 보였다. 임금과 물가 수준은 지역마다 달랐고 표준화된 직업훈련은 실제로 존재하지도 않았다. 더 나아가 상품에 대한 취향도 달랐다. 한 지역에서 생산되거나 제조된 물품이 다른 지역 사람들에게는 별 흥미를 주지 못하는 경우가 허다했다. 따라서 지역경제는 이른바 국민경제와 병행해 발전하거나 그것과 별도로 독립적으로 존재했다. 영국, 프랑스, 네덜란드 같은 나라들은 남아메리카와 북아메리카, 아시아, 아프리카, 중동 지역을 국민경제로 통합하느라 분주했지만 정작 자국 영토의 지역들은 완벽하게 통합하지 못했다.

그러나 그런 정치적·경제적 문제를 동시에 해결할 수 있는 한 가지 해결책이 있었다. 정치적 단일체로서의 국가를 국민국가, 다시 말해 동일한 문화와 언어, 전통유산을 공유하고 따라서 소속감을 느끼고(또는 그렇게 생각하고) 함께 일하고 물건을 사는 사람들의 집단으로 전환하는 것이다. 이것은 실현하기 쉽지 않은 일이었다. 18~19세기 유럽의 주요 국가들은 모두 언어, 문화, 종교가 뒤죽박죽이었기 때문이다. 가리발디가 여러 주를 통일해 이탈리아 국가를 건설하는 데 성공했지만, 모국어로 이탈리아어를 쓰는 사람은 전체 인구의 3퍼센트도 되지 않았다. 독일어가 독일의 언어가 된 것은 신성로마제국의 요제프 2세가 자기 임의대로 그렇게 정했기 때문이다. 따라서 국민국가는 새로 건설해야 할 국가였다. 프랑스인, 이탈리아인, 독일인, 미국인은 자신들이 공통적인 어떤 것을 가지고 있다는, 특히 자기 나라에 각별히 충성과 헌신을 바쳐야 하는 까닭을 확신시킴으로써 의도적으로 만들어져야 할 국민집단이었다.

한 국가의 구성원이 스스로 공통의 문화, 즉 동일한 전통과 언어, 운명을 공유하고 있다고 생각한다면 국가 지도자들은 그 구성원들이 누구든 자신이 '국민'을 대표한다고 주장할 수 있으며 그 국민을 국민경제로 좀더 쉽게 통합할 수 있을 것이다. 원칙적으로 그들은 동일한 임금체계를 수용하고 동일한 언어를 쓰고 동일한 화폐를 쓸 것이다. 또한 그들이 이용하는 기술과 경제적 기대감도 비슷하고 더 나아가서는 상품 수요도 동일한 양상을 보일 것이다. 그렇다면 이제 남는 문제는 그런 **국민국가를 어떻게 건설할 것인가**이다.

국민국가 건설

국민국가가 하나의 국가를 구성하거나 구성할 사람들이 앞서 공유했던 문화, 언어, 종교, 윤리, 역사의 특징적 표현이라는 주장이 일부, 특히 다양한 신념에 가득 찬 열렬한 민족주의자들 사이에서 지금까지 이어지고 있다. 19세기에 국민국가라는 개념을 만들어내는 데 중요한 구실을 했던 독일 사상가들인 요한 고트프리트 폰 헤르더, 요한 고틀리프 피히테, 빌헬름 폰 훔볼트에게 국민국가는 공유된 언어와 전통, 인종, 영토의 표현이었다. 따라서 오늘날 퀘벡 주의 주민 일부는 자신들의 문화유산과 언어가 캐나다의 나머지 지역과 다르므로 자신들에게 독립국가의 지위를 달라고 요청하고 있으며, 쿠르드족은 그들 고유의 문화적 단일성을 기반으로 자신들의 나라를 건설하기를 간절히 바라고 있다. 또한 보스니아내의 세르비아계 사람들은 자신들의 민족적 순수성을 바탕으로 독립국가를 요구하고 있으며, 이슬람의 시크교도들은 숭배방식이 다르다는 이유로 따로 국가를 건설할 것을 주장하고 있다.

그러나 많은 학자들 사이에서 일반적으로 공인된 견해는 국민국가가 새로운 고안과 사회공학을 통해 건설되었다는 것이다. 에릭 홉스봄에 따르면 전통은 인간이 만들어낸 것이다. 사람들은 실제로 어떤지는 상관없이 언어, 종교, 민족 집단의식, 공통된 역사유산과 같은 어떤 특징들을 자신들이 공유하고 있다고 믿거나 강제로 공유할 수밖에 없는 상황에 처해 있다. 홉스봄과 레인저(1983, 1쪽)는 이렇게 말했다.

'만들어진 전통'은 대개 공공연하게 또는 암묵적으로 인정된 규칙이 지배하는 관습 그리고 의례나 상징적인 것들의 집합체를 의미한다. 이는 반복을 통해서 어떤 특정한 가치와 행위규범을 사람들에게 주입해 자연스럽게 과거와의 연속성을 암시한다. 실제로 그것들은 적절한 과거 역사와 서로 밀접한 연속성이 있음을 입증하려고 한다.

고유의 정체성 확립

민족주의와 민족성을 이해하기 위해서는 국민국가, 좀더 확대해서 말하면 국민의 국가 정체성이 어떻게 형성되는지를 이해하는 것이 무엇보다 중요하다. 먼저 국민국가를 최초로 건설한 영국과 프랑스가 어떻게 그 일에 착수했는지 살펴보자. 린다 콜리(1992)는 영국에서 그 일이 어떻게 이루어졌는지 잘 보여주었다. 콜리의 책에는 데이비드 윌키가 그린 〈워털루 전투 승리를 알리는 관보를 읽고 있는 첼시의 연금생활자들〉이라는 그림이 들어가 있었는데, 1822년 영국 왕립미술원에 전시되어 큰 화제를 불러일으켰다.

이 그림은 영국군이 워털루에서 나폴레옹을 물리치고 승리를 거두었다는 소식에 즐거워하는 군중을 묘사하고 있다. 그 그림의 두드러진 특

데이비드 윌키 경의 그림 〈워털루 전투 승리를 알리는 관보를 읽고 있는 첼시의 연금생활자들〉은 나이와 성, 계급, 민족성, 직업의 경계를 초월한 국민국가의 힘을 잘 보여준다.
출처: 노스윈드 사진보관소North Wind Picture Archives.

징은 영국 전역의 사람들이 하나의 국민으로서 명확한 정체성을 보여준다는 사실이다. 거기에는 웨일스 군인도 있고 스코틀랜드 군인도 있고 아일랜드 군인도 있다. 여성과 어린이도 보인다. 부자와 가난한 사람들이 한데 어울리며 심지어 흑인 군악대원도 등장한다. 콜리는 그것을 나이와 성, 계급, 민족성, 직업의 경계를 초월한 애국주의의 찬양이라고 말했다. 이 그림은 공동의 적에 맞서 이 다양한 집단을 하나로 단합시킴으로써 국민국가를 만들어낸 주역이 바로 전쟁이라는 것을 보여준다. 심지어 선술집들의 간판에도 과거의 전쟁과 승리를 경축하는 내용이 그려져 있다. 윌키는 국민국가 건설에서 전쟁의 중요성을 인식했다. 다양하고 이질적인 사람과 집단들을 하나로 묶을 수 있는 가장 효과적인 방법 가운데 하나가 국외자에 맞서 싸우는 일이라는 사실을 알고 있었던 것이다(1992, 366~367쪽).

그러나 국가 통합을 이루기 위해 국외자들을 더욱 상징적인 방식으로 이용할 수도 있다. 예컨대 콜린은 문화와 언어가 다른 사람들로 영국이라는 국민국가를 만드는 일은 그들이 서로 공유하는 종교가 없었다면 불가능했을 거라고 주장했다. 다시 말해 영국의 개신교는 잉글랜드인, 스코틀랜드인, 웨일스인들이 서로의 문화적 이질성을 극복하고 자신들을 한 국민으로 동일시하도록 만들었다. 하지만 그들의 최대 숙적인 프랑스의 종교가 가톨릭이 아니었다면 개신교라는 종교가 영국을 국민국가로 만드는 데 그리 큰 영향을 주지는 못했을 것이다.

더 나아가 식민 제국의 건설은 영국 국가의 구성원들을 다른 사람들과 구별 짓게 하는 또 다른 정체성을 만들어냈다. 영국인들은 영국이 제국을 건설한 것은 신이 자신들을 선택했음을 입증하는 증거라고 생각했다. 그들이 다른 나라 사람들을 지배하고 복음을 전파하는 것은 바로 신의 선택이었다. 영국인들은 이방 세계 사람들과의 접촉을 통해 자신들이 우월하다는 생각을 점점 키워나갔다. 그들은 여성의 지위나 부, 국력에서 자신들이 다른 나라 사람들보다 더 낫다는 것을 알 수 있었다. 세계 제국의 건설은 영국이 신의 축복을 받은 나라임을 입증했을 뿐 아니라 스코틀랜드 출신 사회주의자 키어 하디가 말한 것처럼 영국 국민의 불굴의 용기와 힘을 확실하게 보여주었다(Colley, 1992, 369쪽 인용).

따라서 국민국가를 건설하는 가장 효과적인 방법은 국민국가의 구성원들이 다른 나라 사람들과 자신들이 다르다는 것을 확실하게 구분할 수 있는 고유의 정체성을 만들어내는 것이다. 그 고유의 정체성이 반드시 영토적 경계여야 하는 것은 아니다. 그것은 특정한 인종이나 종교 같은 매우 자의적인 기준으로 묶인 인간 범주가 될 수도 있다. 예를 들면 어떤 집단은 특정한 피부색이나 종교 또는 특정 언어를 쓰는 사람들만이 그들 국가의 구성원이 될 수 있다고 주장할 수도 있다. 그러나 영국인들은 전쟁과 종교, 식민지 건설을 통해 한 국민으로서 자신들의 집단적 정체성을 확인했으며 자기들 내부의 언어와 문화, 경제적 신분의 차이를 극복할 수 있었다. 물론 사람들은 그것을 통해 자신이 국민국가의 일원임을 확인하는 것과 더불어 그것이 자신들에게 이익이 된다는 것을 알았다. 콜

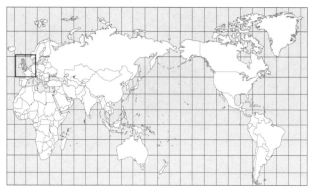

영국

리가 지적한 것처럼 당시 영국의 뭇 남성과 여성들이 애국자가 된 것은 정부에서 일자리를 얻고 지역사회에서 자신의 존재를 알리기 위해서였다. 어떤 사람들은 영국의 제국주의는 자신들에게 경제적으로 이익을 가져다주지만 프랑스의 승리는 해를 끼칠 것이라고 믿었다. 또 어떤 사람들은 국민으로서 지위를 확실하게 보장받고 국가 운영에 발언권을 행사하려면 열렬한 애국자가 되어야 한다고 생각했다.

그러나 전쟁이나 종교, 제국 건설과 같은 수단을 통해 증오와 공포로 뒤범벅이 된 정체성을 형성하는 것만으로는 사람들이 국가에 충성과 헌신을 바치도록 하기에는 충분하지 않다. 만일 그랬다면 국민국가는 벌써 일찌감치 형성되었을 것이다. 따라서 국민국가가 만들어지기 위해서는 다양한 방식으로 사람을 묶어낼 수 있는 국가 관료주의 체계와 같은 하부구조가 필요했다.

언어, 관료제, 교육

유진 웨버는 『농민을 프랑스인으로 만들기』*Peasants into Frenchmen* (1976)에서 국가 건설에 대한 고전적 설명을 제공한다. 그는 프랑스 정부가 어떻게 프랑스 사람들을 한 국가의 국민으로 만들었는지를 자세히 설명했다. 농촌에 프랑스어를 보급하고 전국을 쉽게 여행할 수 있게 하며 국가 매체에 대한 접근을 늘리고 군사훈련을 시행하며 무엇보다도 국가 교육체계를 새롭게 확립하는 등 광범위한 행정적 조치를 취했다. 웨버 (1976, 486쪽)는 프랑스 농민들이 프랑스라는 국민국가의 국민으로 바뀌는 것을 식민화와 문화변용의 과정에 비유한다. 웨버는 그런 변화가 해외가 아니라 국내에서 일어났다는 것만 빼고는 식민화 과정과 닮았다고 주장한다. **어떤 종류의 국가 정체성 변화가 19세기 프랑스에서 일어난 것일까?**

19세기 초 프랑스혁명이 일어난 뒤에도 프랑스 농촌 지역은 대개가 그들만의 세계 안에서 살고 있었다. 자신을 '프랑스인'이라고 생각하는 농민들은 거의 없었다. 프랑스 농민들 대다수는 시장에 내다 팔거나 돈을 벌기 위해서가 아니라 자신과 가족들이 먹고살기 위해 자급자족했다. 사람들은 자기가 사는 농촌 마을에서 대부분의 시간을 보냈다. 학자들은 19세기 마지막 4반세기에 어른이 될 프랑스 어린이 가운데 절반을 포함해 프랑스에 거주한 사람들 가운데 4분의 1이 프랑스어를 할 줄 몰랐다고 추정한다. 아르놀드 방주네프는 심지어 아주 최근이라고 할 수 있는 1911년까지도 "프랑스 농민과 노동자들에게 모국어는 사투리이고 프랑스어는 외국어였다"라고 썼다(Weber, 1976, 73쪽 인용).

국가 관리들은 다양한 언어의 혼재가 행정적 통합뿐 아니라 이데올로기 통합에도 위협이 된다고 보았다. 공화국의 이익을 우선으로 생각하는 것에 대한 공감대, 단일성 형성에 저해가 된다고 생각했다. 언어와 문화의 다양성은 불완전하며 제거되어야 할 현상처럼 보였다(Weber, 1976, 9쪽). 그 결과, 1880년대에 정부 주도로 프랑스어가 농촌으로 보급되기 시작했다. 1906년까지도 프랑스를 여행하는 영국인들은 프랑스어로 소통하는 데 문제가 있었지만, 1914년경에 이르러서는 어느 정도 보급사업이 완료되었다.

언어뿐 아니라 문화를 통일하는 일도 함께 진행되었다. 지방의 풍습을 바꾸기 시작하면서 의복과 음식에 대한 기호가 표준화되었다. 지방의 많은 문화가 사라졌지만 일부는 국가의 상징으로 채택되었다. 1920년에 바스크족이 썼던 고유한 베레모는 1930년에 프랑스를 대표하는 복장의 일부가 되었다. 1932년에 제조된 베레모 수는 2,300만 개에 이르렀는데, 프랑스 국민이면 누구나 하나씩 있는 셈이었다.

또 한편 국가 통합이 강화되고 지방의 전통과 가치가 몰락하면서 지역 집단들의 단합을 경축하는 대중 축제와 의식들이 사라진 반면에 개인의 의례나 의식이 일부 국가 경축행사들과 함께 그 자리를 대체했다. 과거에 지역사회가 집단으로 경축했던 크리스마스, 새해맞이, 12일절(크리스마스 후 12일째 되는 날로 동방박사가 아기 예수를 찾아온 날을 기리는 축제―옮긴이) 전야제와 같은 행사는 개별 가정의 경축일로 바뀌었다. 한때 공동체가 함께하는 의식이었던 세례식이나 첫 영성체, 결혼식은 개인의 의례행사가 되었다. 시간(절기)이나 노동(추수), 공동체(수호성인을 통해)를 찬미하며 새로운 시작을 알리고 경축하던 의식들은 한때 그 의식들을 통해 물자를 재분배하던 역할을 이제 국가가 더 효과적으로 (그리고 더 엄격하게) 수행함으로써 세상에서 사라졌다(Weber, 1976, 398쪽). 또한 지방의 경축일과 축제가 국경일로 대체되면서 이런 의식들은 대량소비와 선물을 주고받는 기간으로 전환되었다. 미국의 밸런타인데이나 부활절, 어머니날, 크리스마스가 바로 그런 것들이다(Schmidt, 1995).

프랑스에서 국가 통합은 또한 국민 사이에 애국심이 증가한 것으로 확인할 수 있다. 19세기 초 지방에서는 병역을 기피하는 사례가 많았다. 사람들 대다수에게 군대는 자신과 상관없는 기관이었다. 또한 지역마다 조세저항이 거셌다. 19세기 말까지도 일부 프랑스 국민은 나폴레옹의 말에 귀를 기울이지 않았다. 세금 징수원과 징병관은 국가권력을 대표하는 상징이었다. 웨버(1976, 114쪽)가 지적한 것처럼 그렇다고 해서 이것이 당시 프랑스인들이 애국심이 없었다고 말하는 것은 아니다. 그저 당시에는 애국심이라는 개념 자체가 없었다는 것을 의미할 뿐이다. 그가 말했듯이 "국가 차원에서의 애국심을 느끼는 것은 본능적으로 타고나는 것이 아니라 교육을 통해 학습되어야 하는 것이었다."

따라서 19세기 프랑스의 국경 안에 살던 사람들은 서서히 프랑스인이 되는 법을 배웠다. **그렇다면 어떻게 이런 일이 일어났을까? 프랑스 농민들은 어떻게 프랑스 국민으로 바뀌었을까?** 영국과 마찬가지로 그런 전환과정에서 중요한 역할을 한 것은 바로 전쟁과 이방인에 맞선 투쟁이었다. 1870~1871년 프러시아와의 전쟁은 프랑스에 거주하는 사람들을 하나로 뭉치게 한 가장 중요한 사건이었다. 또한 그들은 식민 제국으로 팽창하면서 프랑스인들이 다른 나라 사람들보다 우월하다는 정체성을 확인했다. 그러나 무엇보다 중요한 것은 웨버가 지적한 것처럼 프랑스의 하부구조와 관료제 전반에 걸쳐 중대한 변화가 일어났다는 사실이다.

　새로운 도로가 건설되면서 과거에는 전혀 만나본 적이 없던 사람들이 서로 연결되었다. 철도의 증가는 사람들의 이동을 더욱 확장시켰고 다른 지역 사람들과의 교류도 늘렸다. 철도는 사람들의 취향도 통일시켰다. 오늘날 우리는 프랑스인 하면 포도주 마시는 것을 연상하지만 19세기의 첫 반세기까지만 해도 프랑스 농촌에서 포도주는 흔한 술이 아니었다. 그러던 것이 철도가 놓이기 시작하면서 널리 퍼지기 시작했다. 도로와 철도는 농민들을 전국의 시장으로 이끌었다. 이제 농민들은 과거에는 팔지 않았던 농작물을 재배하고 가격 경쟁력이 떨어지는 농작물은 재배를 중단했다. 멀리 떨어져 있다는 이유로 더는 보호받지 못하는 일부 지방의 장사꾼들은 몰락하기도 했다. 도시에서 시작된 유행은 농촌으로 스며들기 시작했다. 도로와 철도는 사람들을 늘 움직이게 만들었다. 19세기 초반 사람들은 일자리를 찾아 떠났다가도 대개는 다시 돌아왔다. 하지만 세기말에 이르면 한번 떠난 사람은 다시 돌아오는 경우가 드물었다.

　프랑스어를 할 줄 아는 사람이 점점 더 늘어나고 유식해지면서 신문과 잡지들을 보기 시작했고, 따라서 사람들은 국가의 크고 작은 문제와 이익에 대해 더 잘 이해할 수 있게 되었다. 국가 차원에서 벌어지는 사건들이 자신들의 삶에 얼마나 큰 영향을 끼치는지 깨닫게 된 것이다. 그러면서 병역 의무를 국가와 동일시하는 사람들이 늘어났다. 1890년대 이전에는 군인이 되는 것에서 국가 정체성을 느끼는 경우가 드물었다. 사람들은 군인을 공포의 대상이거나 지역사회의 풍습을 해치는 이들이라고 생각했다. 따라서 군대에 갔다 온 사람들이 군대 가서 새로 배운 것들을 마을에 퍼뜨리지 못하게 했다. 그래서 많은 사람이 군대를 마치고 돌아왔는데도 프랑스어를 하지 못하는 경우가 허다했다. 그러나 프러시아와의 전쟁은 병사들과 농민들이 국가 정체성을 인식하는 계기를 만들었다. 군대는 조국이 무엇인지 가르치는 학교 구실을 했다. 게다가 병사 대다수에게 군대생활은 집에서의 생활보다 더 좋았다. 그들은 프랑스 국민의 평균 수준보다 더 잘 먹고 잘 입고 건강했다. 세기말로 갈수록 병역 의무가 끝난 뒤에도 자기 마을로 돌아가지 않는 병사가 점점 더 많아졌다.

프랑스를 비롯한 여러 나라가 국민국가로 발전하게 된 중요한 원인 가운데 아마도 학교보다 더 중요한 것은 없을 것이다. 웨버는 프랑스 사람들이 그야말로 프랑스 국민으로 바뀌게 된 근본적 계기가 학교였다고 주장한다.

19세기 초 프랑스의 교육환경은 다른 대부분의 나라들과 마찬가지로 그지없이 열악했다. 글을 읽을 줄 모르는 교사들이 있는가 하면, 기도문밖에 읽을 줄 모르는 수녀들이 수업을 진행하는 학급도 있었다. 1864년 프랑스의 한 장학사는 아이들 가운데 읽은 것을 이해하는 아이가 하나도 없으며 글을 읽을 줄 안다고 해도 그것을 설명할 줄 모른다고 했다. 더군다나 농촌의 학교교육은 학생들에게 어떤 실익도 없었다. 공부를 한다고 학생들의 삶이 경제적으로나 사회적으로 나아진다는 보장도 없었다. 1830년대 이래로 국가는 농촌의 교육환경을 개선한다는 목표를 세웠지만 프랑스 농촌교육에 큰 변화가 일어난 것은 1880년대에 이르러서였다. 정부는 교육을 위해 국가보조금을 지원하기 시작했고 어린이가 20명이 넘는 촌락들은 무조건 학교를 세워야 했다.

정부 관료들이 볼 때 교육은 "국가질서를 보장하고 사회안정을 위해" 필수적인 요소였다(Weber, 1976, 331쪽). "국민을 교육하는 것은 그들이 정부가 베푸는 은혜를 이해하고 고맙게 생각하도록 하는 환경을 마련하는 것이다."(Weber, 1976, 331쪽) 국가 관료들은 교육과 국민국가 건설, 국가 정체성, 경제발전이 서로 밀접하게 연결되어 있다고 생각했다. 1학년 윤리 교과서에 나온 다음 구절은 학생들이 "자신들의 환경에 대해 고맙게 생각하는" 마음이 들게 한다.

사회 (요약): (1) 프랑스 사회는 민주사회이기 때문에 정의로운 법의 지배를 받는다. (2) 모든 프랑스 국민의 권리는 평등하다. 그러나 우리 사이에는 천성이나 부에 따른 불평등이 있다. (3) 이런 불평등은 사라질 수 없다. (4) 사람들은 부자가 되기 위해 일한다. 이런 희망이 없다면 사람들은 일을 하지 않고 프랑스는 쇠퇴할 것이다. 따라서 우리 각자는 반드시 자기가 번 돈을 잘 간수할 줄 알아야 한다(Weber, 1976, 331쪽 인용).

학교교육은 민족주의의 가장 큰 동인이 되었다. 1861년에 한 교사가 말한 것처럼 학교는 국가의 의향과 애국심을 가르치고 정부가 주는 혜택이 무엇이며 세금과 병역 의무가 왜 필요한지 설명한다. 조국이 왜 정말로 중요한지 학생들을 교화하는 것이다. 1881년에 또 다른 교사는 장차 교사가 될 사람들이 알아야 하는 것은 "그들의 첫 번째 의무가 조국을 사랑하고 이해하는 것이다"라고 썼다. 1890년대 정부 관료들은 학교를 "국민을 결속시키는 수단", "위험한 지방분권화의 경향에 대한 해답", "국가안보의 쐐기돌"이라고 생각했다(Weber, 1976, 332~333쪽).

교육 관료들은 학생들을 세뇌시키는 가장 좋은 수단이 역사라고 말했다. 적절히 가르치기만 한다면 역사는 "우리가 가르치는 후세들이 애국심을 잃지 않고 유지할 수 있게 하는 유일한 수단이다." 1897년 프랑스 대학입학자격 시험에 역사교육의 목적에 대해 쓰라는 문제가 나왔다. 그때 수험생의 80퍼센트가 애국심을 함양하는 것이라고 답했다(Weber, 1976, 333쪽).

1870년 이전까지만 해도 교실에 프랑스 지도가 없는 학교가 많았다. 그러나 1881년이 되면서 아무리 작더라도 교실에 프랑스 지도가 없는 학교는 거의 없었다. 19세기 말에 이르면 프랑스의 교육체계는 그 임무를 달성한 것처럼 보인다. 당시 프랑스 농촌의 아이들은 위대한 역사적 인물들의 업적을 찬양하기 시작했다.

어니스트 겔너(1983, 34쪽)는 국가 건설과 교육, 경제통합이 서로 밀접하게 연계되어 있다고 결론지었다. 겔너에 따르면 산업사회에서 노동은 단순히 어떤 도구를 다루는 것이 아니다. 그것보다는 오히려 다른 사람과 의사소통을 하거나 기계의 제어장치를 조작하는(이것은 반드시 알아야 한다) 것과 같은 의미들을 다루는 것이다. 삽이나 쟁기를 어떻게 쓰는지 이해하는 것은 쉽다. 그러나 단추를 누르거나 제어장치를 써서 기계를 움직이는 복잡한 과정은 이해하기가 쉽지 않다. 그 결과, 근대 자본주의 경제는 기동력 있는 분업과 모르는 타인과의 정확한 의사소통을 요구한다. 또한 고도의 계산능력과 기술력, 폭넓은 교양 수준과 같은 보편적인 지식이 필요하다. 다시 말해 서로 상황에 따라 달라지는 사람들과 공동의 표준화된 언어로 소통할 줄 아는 능력이 요구된다. 이제 일자리를 얻기 위해서는 일정 수준 이상의 전문지식과 기술력이 있어야 한다. 따라서 사람들은 지역사회의 일원들이 아니라 전문가들에게 교육받아야 한다. 이런 교육은 오직 '국가 차원'의 교육체계를 통해서만 가능했다. 겔너(1983, 34쪽)는 심지어 교육이 결국 국가권력을 유지하기 위한 최종 도구가 되었고, 교사와 교실은 국가 통치권의 집행자로서 사형집행인과 단두대의 자리를 대체하게 되었다고 주장했다. 이제 국민에게 통일된 국가 정체성을 부여하고 국가경제의 완벽한 통합을 위해 필요한 교육을 제공하기 위해서는 국가가 합법적으로 교육을 독점하는 것이 합법적으로 폭력을 독점하는 것보다 더 중요해졌다.

폭력과 대량학살

전쟁이나 종교를 통한 공포와 증오의 정체성 형성, 국가 관료제 그리고 교육제도가 국민국가를 건설하는 데 핵심적인 구실을 하는 사이에 폭력은 국가 건설을 위한 주요 수단 가운데 하나로 자리잡았다. 실제로 피에르 판 덴 베르허(1992)와 레오 쿠퍼(1990), 캐럴 나겐가스트(1994) 같은 인류학자들은 근대 국민국가가 대량학살과 문화말살(소수민족 문화의 억압과 파괴)을 초래한 근본 원인이라고 주장한다. 국민국가를 근대화와 통합, 경제발전의 매개체로 찬양하는 입장에서 볼 때, 이것은 귀에 거슬리는 가혹한 비난이 아닐 수 없다. 그러나 국가에 동화되기를 거부하거나 자신들의 신분을 독립된 인종이나 민족집단으로 인정해줄 것을 요구하는 국경 안의 사람들을 죽이거나 위협해 복종하게 만드는 것이 국민국가를 건설하는 방식 가운데 하나라는 명백한 증거가 있다. 앞으로 알게 되겠지만 미국에서도 처음에는 원주민들을 몰살하려고 했다가 그 뒤에는 살아남은 원주민들을 강제로 동화시키려 하고 나중에는 '의도적으로 무시'하는 불개입정책을 쓴 것에서 보듯 국가는 문화적 다양성을 매우 적대시한다. 국가가 소수집단, 때로는 다수집단(예컨대 남아프리카공화국이나 수단, 파키스탄)까지도 죽음이나 억압으로 몰아넣는 동인이 될 수 있다는 주장은 신문과 방송 보도를 통해 자주 접하는 소식이다.

1975~1979년에 캄보디아의 크메르 루즈 정권이 전체 국민 700만 명 가운데 200만 명을 조직적으로 죽인 사건은 20세기에 들어 국가가 주도한 학살 중 최악의 사례로 평가받는다. 이런 학살은 도시와 돈, 가족, 시장, 또는 상품-화폐의 관계가 없는 사회를 만든다는 명목으로 수행되었다. 배를 가르거나 뒤통수에 못이 박혀 죽은 사람과 괭이로 훼손된 시신이 수백만 구에 이르렀다. 이 학살 프로그램은 정치 지도자들이 적대계급으로 분류한 사람들인 제국주의자(예컨대 베트남 소수민족, 중국 소수민족, 이슬람계 참족)와 봉건주의자(예컨대 구 정권의 지도자, 불교 승려, 지식인)를 제거하는 것이었다. 크메르 왕조가 지난날 캄보디아에서 누렸던 영

광을 되찾는다는 것이 목표 가운데 하나였다는 점에서 애초에 이 학살은 사회주의적 성격을 띠었으면서도 민족주의적 성격이 다분했다. 그들은 베트남전쟁 동안 미군의 폭격으로 철저하게 파괴된 나라를 떠안았고, 마침내 자기들 편에 속하지 않는다고 생각되는 사람을 수백만 명이나 죽이고 말았다(Kuper, 1990). 그러나 크메르 루즈의 국민 학살은 예외적인 사건이 아니었다. 이와 유사한 사례가 다른 나라들에도 있었다. 나겐가스트(1994, 119~120쪽)는 이렇게 썼다.

> 오늘날 전 세계에서 국가폭력 아래 신음하고 있는 국민은 엄청나게 많다. 1980년 이래로 터키에 사는 100만 명의 쿠르드족과 투르크족 가운데 4분의 1이 넘는 사람들이 군인과 경찰, 교도관들에게 두들겨 맞거나 고문을 당했다. 페루와 과테말라의 원주민 수만 명, 브라질과 과테말라에 있는 거리의 아이들, 쿠웨이트의 팔레스타인 사람들, 이라크의 쿠르드족, 보스니아의 이슬람 여성들과 소녀들도 그와 같은 대우를 받고 있다. 신체가 절단된 시신들이 날마다 어디선가 발견된다. 1985~1992년 수십 개 국가에서 약 6,000명의 국민이 정부의 정치적 악행 때문에 합법적으로 총살당하거나 교수형에 처해지거나 전기의자에 앉혀지거나 독가스를 마시거나 돌에 맞아 죽었다. 정부를 비판하거나 불법 정당 혹은 단체에 가입하거나 '부정한' 종교를 믿는다는 이유로, 또는 간음이나 매춘, 동성애, 남색, 음주나 마약 복용과 같은 도덕적 비행으로, 또는 도둑질이나 횡령, 부패와 같은 경제적 범죄를 저지르거나 강간, 폭행, 살인과 같은 폭력 범죄를 저질렀다는 이유로 말이다.

R. J. 러멜(1994)은 국가살인과 관련된 연작 저술에서 국가가 국민을 대상으로 저지른 대량살육행위들을 기록했다. 1917~1987년 러시아인 6,100만 명, 1933~1945년 독일인 2,000만 명, 1923~1949년 중국공산당이 죽인 중국인 3,500만 명과 중국국민당이 죽인 중국인 1,000만 명,

1909~1918년 터키인 200만 명, 1900~1920년 멕시코인 150만 명이었다. 러멜(1994, 9쪽)은 1900~1987년 전 세계에서 아이들을 포함해 약 1억 7,000만 명에 이르는 사람이 국가가 저지른 살인행위의 희생양이 되었다고 주장한다.

> 그들은 총에 맞고 두들겨 맞고 고문당하고 칼로 찔리고 불태워지고 굶주리고 추위에 떨고 부상당하고 혹사당해 죽었다. 정부는 비무장 상태의 무력한 국민과 외국인들을 산 채로 매장하거나 물에 빠뜨리거나 폭탄을 터뜨리는 것과 같은 온갖 방법을 써서 죽음으로 몰아넣었다. 그렇게 죽은 사람들이 거의 3억 6,000만 명에 이를 것으로 추정된다. 근대 들어 흑사병의 창궐로 많은 사람이 죽었던 때와 비교할 수 있을 정도다. 실로 그것은 세균이 아닌 권력이 일으킨 역병이다.

러멜은 국가가 저지르는 살인행위는 국가권력과 그것의 남용 때문에 발생하는데, 대개는 계획적이고 조직적인 대량학살과 살육, 문화말살을 통해 정권을 유지하는 독재국가들이 그런 짓을 저지른다고 주장했다. 하지만 20세기 민주주의 국가들도 전쟁에서 적국의 국민 머리 위에 무차별로 폭탄을 투하함으로써 사람들을 살상하는 일이 허다하게 벌어진다. 20세기 초 미국이 식민지 필리핀에서 저지른 원주민 대량학살, 보어 전쟁 때 영국이 남아프리카공화국의 정치범 수용소에서 벌인 살육, 연합군 봉쇄를 위한 독일의 민간인 학살, 1900년 베이징에서 벌어진 무력한 중국인들에 대한 강간과 살해, 미군이 베트남에서 저지른 잔학행위, 프랑스가 알제리 전쟁 때 저지른 힘없는 알제리 국민에 대한 살육행위, 2차 세계대전이 끝난 뒤 프랑스와 미국의 포로수용소에서 발생한 독일군 전쟁포로들의 죽음 등이 바로 그런 사례들이다. 그러나 러멜은 이런 것들조차도 국가권력에 대한 자신의 주장을 입증하는 것이라고 설명한다. 실제로 이모든 사례는 권력을 통해 언론에 노출되지 않은 채 자율적으로 움직이는 권력기관과 집권자들의 끊임없는 거짓과 기만으로 은밀하게 자행되었다. 심지어 민간인들이 사는 독일과 베트남의 도시들도 군사적 목표물에 불과했으며 따라서 그곳을 공격하는 것은 당연한 일이었다. 그는 민주 정부에서 권위주의 정부를 거쳐 독재 정권으로 옮겨갈수록 국가가 저지르는 학살행위는 급격히 증가한다고 결론지었다(Rummel, 1994, 17쪽).

피에르 판 덴 베르허(1992, 191쪽)는 국가의 학살행위는 권력의 오용뿐 아니라 국가 건설 과정 자체에서 그 원인을 찾아야 한다고 주장했다. 그는 솔직하게 무정부주의자의 입장을 취하며 이렇게 말했다.

> 우리가 완곡하게 국가 건설이라고 말하는 그 과정은 실제로 대개가 국가가 국민을 죽이는 과정이다. (……) 이른바 '국민국가'라고 불리는 국가들 대부분은 그런 부류에서 벗어나지 않는다. 따라서 (……) 근대의 민족주의는 좋게 말해 문화말살이고 나쁘게 말하면 대량학살의 청사진일 뿐이다.

판 덴 베르허는 그런 국민국가의 신화가 유지될 수 있는 것은 유엔과 같은 국제기구가 국내의 살상행위는 그 나라만의 문제라고 주장하기 때문이라고 했다. 그것은 자국민들을 학살하는 행위에 대해 다른 나라들이 간섭하지 못하도록 하기 위해서 회원국들끼리 맺은 '신사협정'인 것이다. 또한 학자들은 국민국가라는 호칭을 씀으로써 그런 신화를 영속적으로 유지시킨다. 그 결과, 더 나은 경제적·정치적 통합을 이루기 위해 국민국가를 건설하는 과정에서 발생하는 대량학살은 정당성을 갖게 된다.

캐럴 나겐가스트(1994, 122쪽)는 국가가 후원하는 폭력이 국민국가를 건설하고 유지하는 역할을 한다고 주장했다. 그녀는 국가의 살상행위뿐 아니라 고문과 강간, 동성애자 공격의 합법적 용인에 대해서도 면밀히 검토했다. 국가가 후원하는 폭력의 목적은 폭력 대상을 고통스럽게 하는 것이 아니라 나겐가스트가 "처벌받아야 할 부류의 사람들"이라고 부르는 대상을 만들어내어 타인들과 구별되는 경계를 만들고 유지함으로써 그들을 특수한 집단으로 합법화 또는 불법화하는 것이다. 그녀의 주장에 따르면 자국민에 대한 국가폭력은 한편으로는 짐승과 같은 본성이 있으면서 다른 한편으로는 용인된 사회질서를 무너뜨릴 수 있는 초인적 특성을 지닌 모호한 최하층계급이라는 또 다른 국가 정체성을 만드는 하나의 방법이다. 이때 체포와 고문은 그 대상자들을 국민으로서 바람직하지 않은 존재로 낙인찍는 역할을 한다. 실제로 체포와 고문은 그들의 존재 자체 또는 요구가 국가의 이념이나 권력, 정당성을 위협하는 부류의 사람들을 상징적으로 낙인찍고 징계하고 비난하는 방법이 되었다. 더 나아가 국가의 고문과 폭력은 '테러리스트'나 '공산주의자', '분리주의자'에게만 가해지기 때문에 정당성을 인정받는다. 1984년 터키의 한 교도관은 "우리는 나쁜 사람들만 때려요. 그들은 좋은 사람들이 아닙니다. 쓸모없는 건달이거나 공산주의가 자신들을 강제노동에서 해방시켜줄 것이라고 생각하는 파괴활동 분자들이지요"라고 말했다. 그는 "모든 죄수의 허리 아래를 곤봉으로 무자비하게 패서 다시는 감옥에 올 마음이 없게 하라고 명령을 내렸죠"라고 아주 자랑스럽게 말했다. 또한 "제 목표는 확실하게 벌을 주는 것입니다. 그것은 고문이 아니에요. 감옥에는 게으르거나 쓸모없는 사람이거나 부랑자거나 공산주의자, 살인자 같은 사람들만 오기 때문이죠"라고 했다(Nagengast, 1994, 121쪽 인용).

테러행위는 대개 법의 영역 밖에 있는 것으로, 즉 국가의 통제를 벗어난 사람들이 저지르는 행위로 본다. 그러나 대부분의 테러가 실제로는 저항하는 시민들을 강제로 통합하거나 제압하기 위해 국가 주도로 이루어지고 있다는 것은 이미 잘 알려진 사실이다. 다음은 제프리 슬루카(2000, 1쪽)의 말이다.

테러행위가 폭력과 위협을 이용한 정치적 협박을 의미한다면, 국가나 국가기관이 저지르는 폭력도 그것에 포함된다고 한다면 오늘날 전 세계에서 자행되는 대부분의 테러행위가 국가나 국가기관, 그와 연계된 세력들에 의해 저질러졌다는 것을 알 수 있다. 양적으로 볼 때도 반국가 테러행위는 국가의 테러행위에 비해 상대적으로 미약하다는 것을 금방 알 수 있다.

암살단은 국가의 암묵적인 승인 아래 법 밖에서 활동한다. 따라서 그들의 활동은 합당한 법의 집행과정 없이 반체제 인사들을 제거하는 국가의 목표를 수행하지만 국가기관과는 공식적으로 아무 상관이 없기 때문에 정부에서는 '그럴듯한 부인'을 하기 마련이다. 암살단 대원들이 처벌받는 경우는 거의 없으며, 그들 대부분은 경찰이나 민병대, 군인 등 공식적인 국가기관 소속이기도 하다.

암살단의 공격 대상은 대개 국가에서 '테러리스트'나 파괴활동 분자로 지명된 사람들이지만 사실은 현 체제에 도전하는 사람이라면 누구든 그 목표가 될 수 있다. 따라서 노조를 조직하거나 성경연구회를 만들거나 토지개혁을 주장하거나 부자 증세를 지지하는 사람들이 다 암살단의 공격 대상이다. 다시 말해 성직자, 노동운동가, 인권단체 활동가, 사회운동가, 언론인 같은 사람들이 이에 해당한다. 암살단의 피해자에는 여성, 어린이, 노인, 활동가의 친인척들도 있다. 최근에는 특히 라틴아메리카의 경우 거리의 어린이들도 암살단의 공격을 받곤 한다.

국가의 암묵적 승인을 받은 암살단이 활동하지 않는 나라는 거의 없다. 예컨대 미국에서 1882~1968년 재판 없이 사적으로 교수형을 집행한 경우가 4,743건에 이른다. 그렇게 교수형을 당해 죽은 사람들 가운데 3,446명이 흑인이었다. 그런 행위에 가담한 사람들 가운데 법의 심판을 받은 사람은 거의 없었다. 그들은 오히려 피해자 옆에서 사진을 찍어 그것을 그림엽서로 활용했다(Allen, 2000).*

---

* http://www.withoutsanctuary.org에 가면 제임스 앨런의 해설과 함께 이런 사진을 많이 볼 수 있다.

중심부 국가들은 주변부 국가들의 정부 관리를 육성하거나 직접적으로 군사 지원을 제공함으로써 그들 국가가 폭력 정권을 유지하는 데 중요한 역할을 한다. 실제로 이 모든 군사 지원은 외세의 침입을 막기 위해서가 아니라 정치적 반대자들이나 노동운동을 탄압하거나 체제에 반발하는 국민을 처벌하려는 목적으로 이용된다. 군대를 유지하고 종속국들을 지원하는 데 들어가는 비용은 막대하다([표 4-1] 참조). 알렉산더 조지는 『서방의 테러행위』Western State Terrorism에서 다음과 같이 결론짓는다.

〔표 4-1〕 군사비 지출 서열 15개국의 군사비 지출, 전 세계 군사비에서 차지하는 비율, 1인당 군사비, GDP 대비 비율(1), 1999~2008년 증가율

순위	국가	군사비 지출 (10억 달러)	세계 대비 (퍼센트)	1인당 군사비 (달러)	GDP 대비 비율(퍼센트)	1999~2008 증가율(퍼센트)
1	미국	607	41.5	1967	4.0	66.5
2	중국	[84.9]	[5.8]	[63]	[2.0]	194
3	프랑스	65.7	4.5	1061	2.3	3.5
4	영국	65.3	4.5	1070	2.4	20.7
5	러시아	[58.6]	[4.0]	[413]	[3.5]	173
6	독일	46.8	3.2	568	1.3	-11.0
7	일본	46.3	3.2	361	0.9	-1.7
8	이탈리아	40.6	2.8	689	1.8	0.4
9	사우디아라비아(2)	38.2	2.6	1511	9.3	81.5
10	인도	30.0	2.1	25	2.5	44.1
11	대한민국	24.2	1.7	501	2.7	51.5
12	브라질	23.3	1.6	120	1.5	29.9
13	캐나다	19.3	1.3	581	1.2	37.4
14	스페인	19.2	1.3	430	1.2	37.7
15	오스트레일리아	18.4	1.3	876	1.9	38.6
	전 세계	1464	100	217	2.4	44.7

〔 〕=추정치
(1) 국가별 GDP 대비 군사비 지출 비율은 가장 최근의 가용 수치인 2007년 GDP 기준임.
(2) 사우디아라비아의 수치는 공공질서와 안전을 위한 지출이 포함되어 약간 과다 계상되었을 수 있음.
출처:『군사비 지출: 스톡홀름국제평화연구소SIPRI 2008년 연감: 군비증강, 군비축소 그리고 국제안보』(Oxford University Press: Oxford, 2008), 부록 5A.

단순하지만 고통스러운 진실은 테러리즘을 아무리 합리적으로 정의한다고 해도 미국과 그 우방국들은 오늘날 전 세계에서 자행되는 테러행위를 지지하는 중요한 후원자이자 가해자다. (……) 어쩌면 그런 테러행위의 대부분은 미국이나 그 우방국 그리고 그들의 종속국들이 직접 계획하지는 않는다 하더라도 그들의 지원을 받을 것이다(George, 1991, 1~2쪽).

여론조작, 자유무역, 세계 경제에서 에너지 자원의 역할

2003년 3월, 미군과 영국군을 주력으로 40개국에서 파견된 소수의 군사요원들이 이라크를 침공했다. 이라크 침공과 이어진 정복은 21세기를 결정짓는 가장 중요한 순간들 가운데 하나임이 틀림없다. 그것은 미국의 선거에 지대한 영향을 끼쳤고 언론을 선점했으며 이라크인과 미국인을 비롯한 여러 나라 사람 수십만 명을 죽음으로 몰아넣었다. 또한 1조 달러가 넘는 엄청난 비용으로 수백만 명을 강제 이주시켰다. 그렇다면 우리는 **과연 이 사건에서 미국이 광범위하게 중동에 개입하는 것을 보고 국민국가의 역할에 대해 무엇을 배울 수 있을까? 좀더 엄밀히 말하면, 국민국가가 지속적인 경제성장과 번영을 빌미로 이런 조치를 하면서 국민의 지원을 결집하는 것을 어떻게 봐야 할까?**

이 질문에 답하기 위해서는 미국이 중동에 개입한 최근의 역사, 특히 전 세계 석유 매장량의 거의 45퍼센트를 차지하고 있는 중동 3개국 사우디아라비아, 이란, 이라크와 미국의 관계가 어떻게 형성되었는지에 대해 잠시 알아볼 필요가 있다.

미국의 중동 개입, 무엇보다도 그 지역의 정치에 대한 개입은 1933년 5월, 스탠더드 오일 오브 캘리포니아(지금의 셰브런)가 사우디아라비아와 정식 계약을 맺고 아라비안-아메리칸 오일 컴퍼니(아람코)라는 회사를 설립해 제휴관계를 형성함으로써 중동에서 석유채취권을 확보한 때부터 시작되었다. 아람코는 직원들에게 엄격한 사우디 법률을 준수할 것을 주장하고 발전소, 도로, 학교 등 사회기반시설을 구축하면서 그 제휴관계를 문화적 차원에서 작동시키기 위해 애썼다. 그러던 중 1980년에 사우디아라비아는 아람코의 지분을 100퍼센트 인수했다. 1988년 미국의 반대가 약간 있긴 했지만 사우디아라비아는 아람코의 경영권을 완전히 장악하고 회사명을 사우디 아람코로 바꾸었다.

미국은 사우디아라비아와 특별히 돈독한 관계를 유지하면서 많은 특혜를 받았다. 또한 1956년 수에즈 운하 국유화를 선언한 이집트를 영국, 프랑스, 이스라엘이 공격했을 때도 이집트 편을 들어 아랍 세계의 광범위한 지지를 이끌어냈다. 미국은 어느 나라도 세계 최대 산유국으로 알려진 사우디아라비아의 석유를 이래라저래라 간섭할 수 없다고 단호하게 주장했다.

1953년 세계 5위의 석유 매장량을 자랑하는 이란은 미국과 이해관계가 얽히게 되었다. 그해 이란에서는 민주 선거로 뽑힌 모하마드 모사데크 정부가 영국 자본의 앵글로-이란 오일 컴퍼니를 국유화했다. 미국은 영국의 이익이 위협받는 것을 보고 영국 편에 가담했다. 그리고 중앙정보국 CIA을 통해 이란군 장교들과 공조하여 모사데크가 공산주의 편향성을 보인다는 구실로 이란의 민주 정권을 전복했다. 그들은 아버지 때 잠시 왕위에 올랐다 1941년에 퇴위한 무하마드 리자 팔레비 왕을 지원했다. 그는 입헌군주보다는 오히려 독재자로 더 잘 알려진 인물이다. 미국 주도로 모사데크 정권을 무너뜨린 결과, 미국 기업들은 이란 석유의 40퍼센트에 해당하는 지분을 얻었고 이란에 미군 기지를 둘 권리를 확보하게 되었다. 하지만 팔레비 왕정의 억압정책에 반발한 민중혁명으로 1979년 이란에서는 팔레비가 왕위에서 물러나고 이슬람교 지도자 아야톨라 호메이니가 이끄는 근본주의 이슬람 정부가 정권을 잡았다. 이란혁명은 미국에 두 가지 중대한 결과를 가져다주었는데, 하나는 이란 석유에 대한 지배권 상실이고 다른 하나는 이란 내 미군 기지의 폐쇄였다.

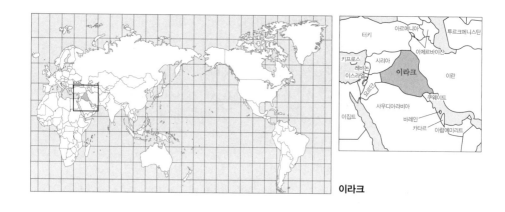

1979년에도 사건이 많았다. 세계 2위의 석유 매장국인 이라크가 사담 후세인이라는 새로운 지도자를 뽑았기 때문이다. 1963년 후세인은 CIA가 지원하는 한 이라크군 장교집단의 일원이었다. 그들은 이라크에서 공산당을 합법화하고 북부 지역의 쿠르드족에게 자치권을 부여하는 한편 토지개혁을 단행함으로써 미국을 화나게 만든 압둘 카림 카셈 장군을 죽이고 정권을 빼앗았다. 1980년 후세인은 이란을 침공했다. 이라크가 전쟁에서 패배할 것처럼 보이자 미국은 이라크에 무기와 정보를 제공했다. 마침내 미국은 약 150만 명이 죽고 난 뒤 1989년에 이란과 협정을 체결했다. 미국은 1990년 후세인이 영토분쟁으로 쿠웨이트를 침공하기 전까지 좋은 관계를 유지했다. 미국은 이라크-쿠웨이트 전쟁이 일어나자 연합국과 함께 쿠웨이트를 '해방'시키기 위한 사막의 폭풍 작전을 감행했다. 그리고 이라크군을 쿠웨이트에서 몰아내는 데 쉽게 성공했다. 이어서 유엔이 이라크에 경제제재를 취하게 함으로써 이라크가 군사 목적으로 전용하리라고 예상되는 모든 물품(의약품을 포함해)의 이라크 유입을 금지시켰다. 유니세프는 이 경제제재의 결과로 적어도 50만 명의 이라크 어린이들이 죽었다고 추산했다. 그러고 나서 2003년 3월 마침내 미군이 주도하는 연합군이 이라크를 침공했다.

주로 자본가집단(특히 다국적 기업)과 관련해 국민국가의 역할이 무엇인지 설명하기 위해서는 이라크 침공으로 제기된 다음 문제들을 면밀히 살펴볼 필요가 있다. 첫째 **국민국가, 특히 대의제를 채택한 정부는 다른 나라를 침공하는 것과 같은 정책을 결정하고 집단적 조치를 취할 때 어떻게 국민의 지지를 얻을까?** 둘째 **이라크 침공이 국민국가의 경제적 책무, 특히 다국적 기업과 관련하여 국민국가와 어떤 관계가 있는가?** 끝으로 중동 지역의 석유 공급이 중요한 문제임을 감안할 때, **에너지 자원 공급의 가능성이라는 문제와 관련하여 국민국가의 역할은 무엇인가?** 일반적으로 말해 국가경제의 작동과 관련해서 석유와 에너지가 하는 역할은 무엇인가?

만들어진 동의: 여론조작

에드워드 S. 허먼과 노엄 촘스키(2002)가 주장한 **만들어진 동의**라는 용어는 정부와 기업들이 각종 정책과 사건들을 조작해 신문과 방송 등 대중매체를 통해 전파하고, 결국 국민은 그 조작된 정보를 접하게 된다는 말이다. 조지 W. 부시 대통령의 행정부가 이라크 침공을 정당화하기 위해 기울인 노력이 그 좋은 예다. 2001년 9월 11일 세계무역센터와 미 국방부 건물이 공격을 받기 전부터 이미 부시 행정부는 이라크를 침공할 생각이었으며 9·11테러 이후에도 침공을 준비해야 한다는 여론을 먼저 조성하려 했다는 증거가 많다(Johnson, 2004, 227쪽). 결과적으로 부시 행정부는 사담 후세인 제거가 미국이 벌일 '테러와의 전쟁'에서 가장 중요한 일이라는 사실을 국민에게 각인시키는 홍보활동을 전개했다.

후세인이 대량살상무기를 보유하고 있다는 주장들이 있었다(당시 CIA 국장인 조지 테닛은 이라크의 대량살상무기 보유가 '슬램덩크'〔아주 확실하다는 뜻―옮긴이〕라고 말했다). 그러나 지금까지 그런 무기는 발견되지 않았다. 그러자 부시 대통령은 이라크가 무인비행물체를 이용해 생화학무기로 미국을 공격할 수도 있다는 소문을 퍼뜨렸다. 미 국방장관 도널드 럼스펠드는 정부가 이라크와 알카에다 사이의 연계를 입증하고 이라크가 빈라덴과 탈레반 지도자들에게 안전한 은신처를 제공했다는 '확실한' 증거

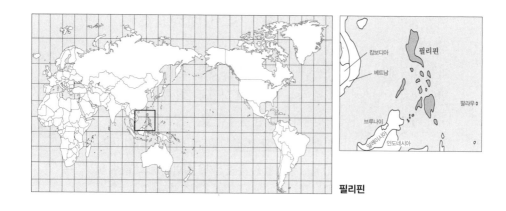

를 가졌다고 언론에 알렸다. 나중에 대통령은 그런 연계가 없다고 인정
했다. 그러나 이라크 침공 후 3년이 지난 2006년 2월에도 이라크에 참전
한 미군의 90퍼센트는 여전히 후세인이 9·11테러에 직접 책임이 있다고
믿었다(Zogby, 2006).

　정치학자와 정치가들은 나중에 이라크를 침공하게 된 동기들에 대해
의문을 제기하며 공격해오기 시작했다. 그러나 미국을 포함해 모든 나
라 정부는 여론을 조작해서 자신들의 군사행동을 정당화하고 전쟁 수행
이 국익과 관련이 있다는 동의를 만들어냈다. 미국 정부는 1898년 쿠바
에서 스페인을 몰아내고 필리핀을 합병하는 결과를 가져온 스페인과의
전쟁을 정당화하기 위해 스페인이 쿠바의 하바나 항구에 정박한 미 전함
메인 호를 폭파시켰다고 (아무 증거도 없지만 언론의 도움을 받아) 주장했
다. 1917년 4월 당시 미국 대통령 우드로 윌슨은 미국이 독일을 상대로
선전포고를 한 것에 대해 주저하는 시민들의 지원을 결집시키기 위해서
공보위원회CPI를 설치했다. CPI는 전쟁에 대한 언론의 지지를 얻어내 독
일군이 저질렀다고 하지만 확인되지 않은 잔학행위들을 묘사한 전단지
를 배포하고 미국의 크고 작은 도시의 유력인사들을 포섭해 지역사회의
여러 집단에 자발적으로 전쟁을 지지하는 4분 발언을 하게 했다.

　1962년 피델 카스트로가 쿠바에 공산 정권을 수립하자 미국 주도로

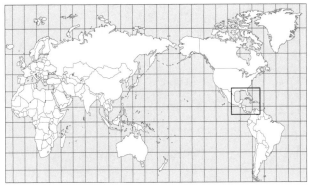

쿠바

카스트로를 제거하기 위한 쿠바 침공이 있었다. 이것이 실패로 끝난 뒤 당시 합참의장이었던 라이먼 렘니처 장군은 로버트 맥나마라 국방장관에게 메모를 보내 군인들을 이용해 거리의 무고한 자국민들을 죽인 뒤 쿠바 난민들이 탄 배를 침몰시키고 미국 도시들에서 테러 공격을 감행한 다음 그것을 쿠바에 덮어씌워서 미국의 쿠바 침공을 정당화하자고 제안했다. 합참본부의 모든 장군이 동의했지만 맥나마라는 그 제안을 무시하고 두 달 뒤 렘니처를 강제로 물러나게 했다(Bamford, 2002, 778~791쪽; Johnson, 2004, 301쪽도 참조).

린든 존슨 대통령은 1964년 북베트남이 통킹 만에서 '일상적인 순시' 활동을 벌이고 있던 미군 전함을 공격했다고 주장함으로써 베트남에서 미군의 군사행동을 정당화하고 베트남에 대한 미국의 군사적 개입이 옳다고 하는 의회 결의안을 이끌어냈다. 사실 당시 그 전함은 남베트남 병력이 북베트남을 공격하는 것을 돕기 위해 정보를 수집하는 임무를 수행 중이었다. 존슨 대통령은 북베트남이 또다시 공격해온 거라고 주장했지만 그것은 거짓말이었다. 미 의회가 군사행동을 승인하는 투표를 실시하자『뉴욕 타임스』는 대통령이 "불확실한 사실들을 가지고 미국 국민을 몰아간다"고 주장한 반면에『로스앤젤레스 타임스』는 미국인들에게 "공산주의자들이 공해公海에 있는 미국 배를 공격함으로써 스스로 우리의 적개심을 불타오르게 했다는 사실을 직시하라"고 촉구했다.

조지 H. W. 부시 대통령은 1991년 1차 걸프전을 개시하면서 이라크 병사들이 쿠웨이트의 한 병원을 침탈해 인큐베이터 안에 있던 312명의 갓난아기들을 꺼내어 "장작같이 거친 마룻바닥에 아무렇게나 방치했다"고 말했다. 그러나 쿠웨이트 의사들의 말에 따르면 그 병원에는 인큐베이터가 몇 개 없었으며, 이라크군이 침입했을 때 갓난아기가 들어 있는 인큐베이터는 거의 없었다고 증언했다. 전쟁이 끝나고 쿠웨이트가 워싱턴의 홍보회사인 힐앤드놀턴을 고용해 그런 소문을 퍼뜨렸다는 사실이 밝혀졌다. 1990년 10월 10일 쿠웨이트는 그 일이 실제로 일어났다는 것을 미 의회 앞에서 증언할 '목격자' 한 명을 준비했다. 그 목격자는 나중에 쿠웨이트 주미 대사의 딸로 밝혀졌는데, 실제로 그녀는 1990년 8월에 쿠웨이트시티 시내에 있는 병원 근처에도 간 적이 없었다. 이라크의 잔학행위를 보았다고 주장했던 다른 '목격자'들도 나중에 자신들은 힐앤드놀턴에서 시키는 대로 했을 뿐이라고 말을 바꾸었다(Cohen, 2002; Johnson, 2004, 230쪽; Regan, 2002).

여론조작은 물론 정부만 하는 것이 아니다. 기업이나 공익단체, 심지어 종교 지도자들도 이런저런 이유로 자기들에게 유리한 방식으로 세상을 설명하려고 한다. 그러나 여론조작의 유혹에서 벗어나지 못하는 또 하나의 동기는 국민국가를 지배하는 엘리트집단이 민주적 의사결정을 불신한다는 데서 찾아볼 수 있다. 『포린 어페어스』*Foreign Affairs*의 전 편집장 파리드 자카리아(2003)는 민주주의를 지나치게 자주 거론하는 것이 오히려 자유를 위협하며, 공공정신에 투철한 엘리트들은 '사회를 안정시키는 행동'을 해야지 '대중의 변덕'에 휘둘려서는 안 된다고 지적했다. 그의 주장에 따르면 각국의 중앙은행이나 유럽연합, 세계무역기구 같은 조직은 그가 '편협한 민주주의'라고 부르는 것을 완화시키기 위해 필요한 엘리트집단의 훌륭한 본보기다. 자카리아의 주장은 아리스토텔레스부터 에드먼드 버크에 이르기까지 사람들에게 자신들의 삶과 정부에 대해 너무 많이 말할 수 있는 권리를 주는 것이 얼마나 위험한 일인지 경고한 모든 정치적 주장을 반영하고 있다. **이런 불신은 도대체 어디서 왔으며, 그것은 어떻게 해서 만들어진 동의에 대한 필요성을 낳았을까?**

이런 의문에 답하려면 19세기 말과 20세기 초에 시민참여와 사회운동이 미국을 휩쓸고 있던 시기로 거슬러 올라가야 한다. 그 시기는 기업들이 특혜를 받는 것에 문제를 제기하고 평등과 사회정의를 대중에게 알리는 사회운동이 적극적으로 추진되던 때였다. 동시에 엘리트집단은 민주주의가 내재하고 있는 위험성을 다시 한번 경고하고 나섰다. 이런 경고 가운데 가장 영향력 있는 것 하나가 프랑스 사회학자 귀스타브 르봉의 저서 『군중심리』 *The Crowd: A Study of the Popular Mind*(1895년에 초판 출간)였다. 르봉은 그 책에서 대중권력이 지나치게 방만해져서 역사적 단계를 따라잡지 못하고 있다고 경고했다. 여기서 르봉이 제기한 문제는 '(언제라도 폭도로 돌변할 수 있는—옮긴이) 군중'에 대한 지배를 어떻게 '과학적' 합리성을 가지고 주장할 수 있을까 하는 것이었다. 언론학자 스튜어트 유웬(1996)을 포함해서 일부 학자들은 르봉의 문제에 답한다. 그들은 홍보와 선전 분야를 완전히 새롭게 개척해 '여론조작' 기술과 '정교하게 의도된 동의'를 이끌어내고 여론을 국가와 엘리트, 기업 그리고 돈을 지불하는 모든 고객에게 유리하게 조성하는 방법을 제공했다.

에드워드 버네이스는 이런 발전의 중심에 있었다. 버네이스는 세간에 널리 알려지지 않았지만 일부 사람은 그를 20세기를 통틀어 가장 중요한 100인 가운데 한 명으로 거론한다. 사람들이 흔히 '여론조작의 아버지'라고도 부르는 버네이스는 1891년 부유한 오스트리아 세력가의 자손으로 태어났다(그는 지그문트 프로이트의 조카였다). 버네이스는 홍보와 선전의 귀재였다. 그는 1차 세계대전 때 미국의 공보위원회에서 처음으로 일을 시작했는데, 뉴욕 시에서 여권신장을 외치는 시위자들을 설득해 럭키 스트라이크 담배를 '자유의 횃불'처럼 들고 행진하게 함으로써 공적인 사건들을 조직화해 상품을 홍보하는 기술을 창안했다. 버네이스는 80년이 넘는 동안 많은 대통령과 세계 지도자, 기업 대표의 조언자이자 벗이었다. 버네이스는 스튜어트 유엔이 거의 100세에 가까운 자신을 인터뷰했을 때 이 사회는 확실히 엘리트집단이 지배하고 있다고 말했다. 그러면서 '소수의 지식인들'이 역사의 흐름을 좌지우지해왔다고 주장했다. 버네이스는 그 인터뷰에서 선전은 "역사를 뛰어넘는 보편적인 관심사, 즉 일반 대중의 생각을 권력자들의 구미에 맞게 바꿔야 한다는 요구"에 대한 결과물이라고 말했다(Ewen, 1996, 11쪽). 심지어 그는 기존에 10개 조항으로 구성된 권리장전에 11번째 조항이 추가되어야 한다고 주장했다. 표현의 자유, 집회의 자유, 언론의 자유 말고도 '설득의 자유'도 있어야 한다고 했다.

물론 버네이스만 이런 생각을 한 것은 아니었다. 아이비 리와 월터 리프먼 같은 홍보와 선전 개척자들의 안내를 받아 여론과 대중문화는 사회의 이익을 위해 통제되어야 하는 것으로 인식되기 시작했다. 특히 20세기 초부터 기업들은 언론과 정부기관, 게다가 일반 국민까지 자신들이 하는 일을 감시하고 비난하는 경우가 점점 많아지자 홍보의 필요성을 절감했다.

기업들은 자신들의 정책을 선전하기 위해 홍보 전문가들을 고용했다. 곧이어 대중심리학과 대중조작을 전문화한 사회과학이 등장했다. 이런 홍보 전문가들은 자신을 '뉴스기술자'라고 칭했다. 그들은 기업정책의 건전성을 일반 대중이 이해할 수 있는 '사실'들로 끄집어내라고 제안했다. 여론에 영향을 주는 정부와 기업의 캠페인은 역사학자 로버트 B. 웨스트브룩이 **민주적 현실주의**democratic realism라고 부르는 학설을 이끌어냈다. 민주적 현실주의란 국민에 의한 정부를 엄격하게 제한하고, 책임 있는 계몽된 엘리트들이 민주주의를 주도하는 국민을 위한 정부로 재정립하는 것이 가장 최선이라고 생각하는 사상이다(Ewen, 1996, 147쪽).

여론조작의 대가들은 일반 대중의 사고력을 낮게 보았다. 예컨대 언론인 월터 리프먼은 일반 대중이 세상을 제대로 볼 줄 모르며 이해력도 훨씬 떨어진다고 생각했다. 그러나 과학적으로 훈련된 사람은 사람들이 더 큰 정치환경을 보도록 유도하는 '의사환경'擬似環境을 조작해낼 수 있다고 했다. 여기서 대중 전달매체의 역할은 결정적이다.

1930년대 프랭클린 D. 루스벨트의 뉴딜정책은 미국 경제와 사회 각 분야의 엘리트들을 화들짝 놀라게 했다. 그것은 기업의 자율성을 위협했다. 더 나아가 루스벨트는 일반 대중을 단순히 통제하기보다는 교육함으로써 자신의 정책을 아주 효과적으로 설명했다. 예컨대 루스벨트는 총서른한 차례 실시한 라디오 연설 '노변한담' 가운데 첫 회에 복잡한 금융 시스템에 대한 윤곽을 설명하면서 이전 몇 달 동안 왜 그렇게 많은 사람이 파산했는지, 그들을 다시 안전하게 서도록 하기 위해 무엇을 해야 하는지 국민을 설득했다. 스튜어트 유윈은 이렇게 말했다.

> 루스벨트는 민중운동과 타협했다. 그는 국민에게 두려움이 아니라 신뢰와 애정을 보여주면서 보통 사람들도 자기 자신만의 뉴딜정책을 검토하라고 설득했고, 지금보다 더 중요하게 취해야 할 조치가 있다면 언제라도 제언해주기를 부탁했다(1996, 257~258쪽).

깜짝 놀란 보수주의자와 기업인들은 뉴딜정책에 맞서 전국제조업자협회NAM를 결성하고 기업에 좋은 것이 국민에게도 좋은 것이라는 대국민 캠페인을 전개했다. 그들은 "국민이 우선이고 정부가 그들의 뜻을 따르는" 나라와 "국가가 우선이고 국민이 복종하는" 나라 가운데 어떤 나라를 선택할 것인지 국민에게 묻는 「당신이 바라는 미국은 도대체 무엇인가」와 같은 팸플릿을 제작했다.

그들이 쓴 전략 가운데 하나는 부의 일방적 분배, 계급 반목과 같은 대공황의 문제들을 지적하는 친기업적 여론조작 기사를 배포하는 것도 들어 있었다. 그들은 겉으로 볼 때 기업과 무관해 보이는 프린스턴 대학, 뉴욕 대학, 스탠퍼드 대학, 서든캘리포니아 대학 출신의 학자 여섯 명을 이용해 각종 신문에 뉴딜정책의 경제적 측면을 비판하는 칼럼을 돌아가며 쓰게 했다. 또한 학교나 대학, 공공도서관에 배포되는 소책자의 연속 간

행물『당신과 산업』도 발간했다. 주마다 학교에 배포되는『젊은 미국』에는 자본주의의 장점들을 묘사하는 기사가 게재되었다. 또한 그들은 극장에서 상영하는 〈행진하는 미국〉이라는 10분짜리 연속물 다큐멘터리를 제작했는데 거기서 미국은 로웰 토머스(《아라비아의 로렌스》라는 영화를 제작한 미국 언론인—옮긴이)의 목소리로 역사상 세계에서 가장 큰 산업시스템으로 묘사되었다. 그들은 또다시 목표 대상을 드라마로 옮겨 보통 미국인들의 일상적 삶을 이야기하면서 기업인을 영웅으로, 노동자를 악한으로 그리는 15분짜리 라디오 주간극 〈미국인 로빈슨 가족〉을 제작했다. 그리고 '미국식'을 지지하고 미국인의 삶을 찬양하지만 공산주의식 '집산주의'를 악으로 규정하는 광고판을 세우는 데 수백만 달러를 썼다. 예컨대 미국의사협회AMA는 미국 전역으로 확대하려던 건강보험 계획을 무산시키기 위해 그 계획을 공산주의 정책이라고 매도하는 캠페인을 시작했다. 세간의 관심은 건강보험이 필요하다는 것에서 정부의 개입이 악이라는 것으로 옮겨갔다. 그들은 그 계획을 폐기시키기 위해 무려 140만 달러(오늘날로 치면 1,000만 달러 상당)를 썼다.

오늘날 기업들은 수억 달러를 홍보에 쏟아부으면서 전국습지연합(늪위로 오리 한 마리가 날고 있는 로고)과 같은 시민단체를 만들어 자신들이 여론조작에 가담하고 있음을 숨기려고 한다. 그 단체는 습지를 석유 시추정이나 쇼핑센터로 바꾸는 것을 제한하는 법률을 완화시키려고 싸우고 있는 석유가스 시추회사들과 부동산 개발업자들의 후원을 받고 있다. 음료산업의 후원을 받는 '미국을 푸르게'라는 시민단체는 재활용을 강제하는 법률 제정을 추진하기보다는 폐기물 무단투기 반대 캠페인을 벌이는 활동을 한다.

기업들은 미국 수정헌법 제1조인 표현의 자유를 내세워 자신들의 이익을 대변하는 기업 홍보를 엄청나게 해댄다. 미국에는 약 17만 명의 홍보 전문가가 있는데 이것은 신문사, 방송사에서 일하는 약 4만 명의 기자들보다 훨씬 많은 수다. 그들이 하는 일은 주로 뉴스나 여론, 공공정책을 자기 고객들에게 유리하도록 조작하는 것이다. 1990년에 발표된 한 연구 결과에 따르면 미국 신문에 실리는 뉴스 기사 내용의 40퍼센트 가까이가 기업이 언론에 배포하는 홍보 기사나 미끼 정보에서 나온다.『컬럼비아 저널리즘 리뷰』는『월스트리트 저널』에 실린 뉴스 기사의 절반 이상이 기업의 보도자료만 보고 쓴 글이라고 전했다(Korten, 1995, 148쪽 인용).

따라서 정부와 친기업적 정책 담당자들이 하는 중요한 역할은 기업에 유리하다고 생각되는 조치와 정책들에 대한 동의를 만들어내고, 그런 조치와 정책들이 국민의 이익에도 들어맞는다고 확신시키기 위해 정치력과 경제력을 최대한 집중하는 것이다. 여기서 해외 정책 결정이나 보고들도 은밀하게 이루어져야 한다. 오늘날 찰스 크로새머와 로버트 D. 카플란 같은 정치분석가는 미국의 세계 지배가 최대한 은밀하고 비밀리에 이루어져야 한다고 조언한다. 그렇지 않으면 미국 국민은 국가의 행정력을 무장해제하거나 제한을 가하려고 할 것이기 때문이다(Johnson, 2004, 68쪽).

또한 엘리트들은 일반 국민의 참여를 그다지 신뢰하지 않기 때문에 민주적 의사결정을 통해 경제정책이 정해지는 것을 좋아하지 않는다. 실제로 국민국가들이 국민의 동의를 얻어내기 위해 여론조작을 시도할 때는 아주 교묘하게 경제적 요인과 관련해서는 거의 언급하지 않는다. 언론에서는 우리가 전쟁을 하는 목적이 (사담 후세인의 무인비행물체나 생화학무기 같은) 적의 공격으로부터 국민을 보호하거나 ("민주주의를 살리거나 독재로부터 해방시키는") 인도주의 차원이지 결코 경제적 목적 때문이 아니라고 말한다. 그러나 나중에 보겠지만 이라크 침공의 동기 가운데 가장 중요한 것은 경제적 요인이었다.

시장과 자유무역

많은 정책 결정자들과 언론이 미국이 주도한 이라크 전쟁에 대해 소리 높여 비판하는 내용 가운데 하나가 침공 초기 국면은 무난하게 잘 진행되었지만 그다음에 무엇을 할지 전혀 계획이 없었다는 것이다. 그래서 결국 이라크에서 내부 폭동이 일어나는 것을 막지 못함으로써 민주 정부를 수립하는 계획이 무산되었다는 것이다. 그러나 기본적으로 특히 대중언론매체가 간과한 것은 사실은 미 행정부가 침공 후 바로 연합군임시행정처CPA라는 기구를 만들어 이라크의 경제개혁을 이끄는 계획을 정교하게 수립했다는 사실이다. 이런 개혁은 근대 국민국가의 또 다른 역할을 잘 보여준다. 기업이 시장과 국가 자원에 아무런 규제 없이 접근할 수 있도록 지원하고 기업이 최대한의 이익을 올릴 수 있도록 규정과 법률, 제도를 만드는 것이다. 물론 민주 정부의 일반 국민은 그런 것을 지지하지 않을 것이다.

미국은 침공 후 민주 선거를 통한 정부 구성에 앞서 이라크를 다스리기 위해 CPA를 설치했다. 그러나 선거가 이루어지기 전에 CPA 수장인 L. 폴 브레머는 이라크를 '자유무역'과 신자유주의 이론의 모델 국가로 바꾸기 위한 조치들을 취했다.

그 조치들은 다음과 같다(CPA, 날짜 미상).

- 모든 요금과 관세, 수입세, 즉 이라크로 들어오거나 나가는 상품과 서비스에 대한 인허가 비용의 유예
- 이라크에서 활동하는 모든 외국 경비업체에 대한 완벽한 면책특권 부여
- 약 200개 이라크 정부 소유의 기업 민영화와 이라크 기업에 대한 외국인 소유를 100퍼센트 인정
- 투자자들이 이라크에서 얻은 수익을 국내에 재투자하라고 요구하지 않으며 100퍼센트 해외로 유출 가능
- 외국 기업들에 이라크 노동자들을 고용하고 노조를 인정하고 수익을 무조건 국내에 재투자하라는 요구 금지
- 외국 은행이 이라크에서 개점할 수 있고, 이라크 은행의 지분 소유를 50퍼센트 허용

- 기업의 법인세를 40퍼센트에서 고정세율 15퍼센트로 감세

이런 조치들은 기업이 바라는 것들로 민주적인 입법부라면 이행은 물론 공개적으로 지지도 할 수 없는 그런 규정과 제도였다. 하지만 CPA는 더 나아가 이런 규정을 헌법에 포함시켜 어떤 후속 정권이 들어선다고 해도 그런 제도를 인정하지 않을 수 없게 만들 계획을 세웠다. 이것은 매우 중요한 사안이었는데 앞으로 들어설 이라크 정부가 이런 경제정책을 지속한다는 보장을 하지 않는다면 어떤 기업이나 은행, 투자자들도 위험을 무릅쓰고 이라크 경제에 투자하지 않을 것이 뻔했기 때문이다(Klein, 2004 참조).

따라서 CPA의 수장으로서 브레머가 취한 첫 번째 조치는 50만 명의 국가 공무원을 해고하는 것이었다. 그들 대다수는 군인이었지만 의사, 간호사, 교사, 출판업자, 인쇄업자들도 해고자 명단에 포함되었다(그들은 사담 후세인이 이끄는 바스 아랍사회주의 정당의 당원이었기 때문이기도 했다). 또한 브레머는 아무 규제 없이 수입시장을 개방했다(이라크 국내 기업들에게는 엄청나게 당황스러운 일이었다). 그리고 시멘트에서 세탁기에 이르기까지 모든 제품을 생산하는 약 200개 국영기업들을 민영화했다. 실제로 미국 기업들은 과거에 싼 값에 공급할 수 있었던 시멘트와 관련된 사업을 인수했다. 브레머는 "비효율적인 국영기업을 민간의 손에 넘기는 것은 이라크의 경제회복을 위해 반드시 필요한 일이다"라고 했다(Klein, 2004). 2007년 초 이라크에서 미국이 실패할 가능성이 점점 커지자 미 국방성은 CPA 때문에 일자리를 잃은 수많은 이라크 대중에게 일자리를 제공하기 위해 국영공장들의 문을 다시 열기 시작했다(Glanz, 2007).

이라크에서 CPA가 취한 조치들은 기업체들이 로비활동을 통해 얻어내려고 하지만 대개 중소업체나 노동조합, 국민의 반대 때문에 완벽한 형태로 제정되는 경우가 드문 '자유무역'을 촉진하는 제도들이다. 실제로 의회가 발언권이 있는 민주적인 체제라면 그런 경제개혁은 법률로 제정

되기가 대단히 어렵다. 그것은 이미 라틴아메리카나 아시아, 미국, 유럽에서 지난 30년 동안 입증된 사실이다. 이라크는 자유무역의 기반을 마련하기 위한 경제개혁이 민주적 제도들의 간섭을 받지 않고 무력으로 이루어졌을 때 어떤 상황이 초래되는지를 보여주었다. 그러나 민주적 절차가 자유무역을 위한 경제개혁에 개입하지 못하도록 하기 위해 단순히 무력만 쓰는 것은 아니다.

앞서 3장에서 지적한 것처럼 기업들은 엄청난 힘이 있다. 기업이 활용할 수 있는 경제자원은 대다수 국가의 가용자원들과 맞먹는다. 기업들이 가장 우선으로 생각하는 것 가운데 하나가 '자유무역' 정책을 촉진하는 것이다. 따라서 기업들은 이른바 무역장벽이라는 것을 무너뜨리기 위해 국민국가들과 협력해야 한다. 이런 무역장벽에는 다음과 같은 것이 있다.

- 수출입 품목에 대한 각종 세금과 관세
- 농업보조금이나 특정 기업에 대한 세금우대 조치처럼 국가가 국내 기업에 주는 보조금이나 세금우대와 같은 여러 가지 특혜
- 법적 노동연령, 노동환경, 환경파괴 방지법과 같은 기업에 대한 사회적·환경적 규제
- 관습과 문화 전통(예컨대 스페인의 낮잠 시간)

문제는 이것이다. **이런 무역장벽을 제거할 수 있는 방법으로 한 나라를 무력으로 정복하는 것 말고 다른 방법이 있다면 무엇이겠는가? 더군다나 그 나라의 많은 사람, 심지어 대다수 인구가 반대하는 상황이라면 말이다.**

첫째, 나라나 민족집단이 무역장벽을 제거하는 데 스스로 동의하는 경우가 있다. 예컨대 미국과 오스트레일리아는 2005년 1월에 자유무역협정을 체결했다. 또한 미국과 캐나다, 멕시코가 맺은 북대서양자유무역협정NAFTA도 하나의 예일 수 있다. 이것은 아시아 21개국이 참여한 아시아-태평양경제협력포럼APEC과 같은 형태의 무역협정이다. 이런 협정

들은 대개 회원국들이 자국 기업에 특혜를 줄 수 없으며 회원국들 사이에 거래되는 상품에 대해서는 관세를 낮추거나 관세를 물리지 말아야 한다. 또한 회원국들은 비록 상대국이 불공정한 무역규제를 가한다고 생각하더라도 자국의 노동이나 환경 관련법을 적용할 수 없다는 것을 의미한다. 대개 이런 협정들은 민주적으로 선출된 개인이나 기구가 비준한다. 그러나 이런 협정들이 비준되고 나면 그 많은 경제규정과 법률에 대한 지배권이 국가 간 분쟁이나 국가와 기업 간 분쟁을 처리하도록 권한을 부여받은 비선출직 개인들에게 넘어간다.

무역장벽을 제거할 수 있는 두 번째 방법은 IMF나 세계은행과 같은 다자간 기구의 조치를 통해서다. 어느 나라가 IMF에 빚을 지고 있거나 대출상환 조건을 재조정해야 한다면, IMF는 그 나라에 외국인 투자를 촉진시킬 수 있는 모든 조치를 취하라고 말한다. 여기에는 앞에 나온 것과 같은 무역장벽들의 제거가 당연히 수반된다. 따라서 IMF에 큰 빚을 지고 있는 자메이카 같은 경우 IMF는 그 나라에서 사업을 하고 싶어하는 외국 기업들에 시장을 개방하라고 강요했다. 그 결과, 자메이카의 농업은 철저히 파괴되었다. 자메이카 농민들은 미국의 농업 기업들이 하는 것만큼 싸게 자기 나라에서 농산물을 생산해서 팔 수 없었기 때문이다. 이런 경우 그 나라에서 민주적으로 선출된 국민의 대표들은 IMF의 명령을 따르는 것 말고는 실제로 할 수 있는 일이 없다. 그렇지 않으면 다른 금융기관들에서 돈을 빌릴 수 없게 되고 해외 자본과 투자를 유치할 기회를 잃을 수도 있다.

무역장벽을 제거하는 세 번째 방법은 WTO를 통해서다. 앞 장에서 지적한 것처럼 WTO의 목적은 자유무역을 촉진하는 것이다. 예컨대 일본은 식품의 농약 잔류물에 대한 국민의 우려 때문에 수입 과일이나 견과류에 해충이 침입하는 것을 막기 위해 연기로 그을릴 때 독성 화학물질을 썼는지 여부를 꼭 검사하도록 요구했다. 그러나 일본이 WTO가 정한 기준보다 더 높은 수준의 안전기준을 요구하자 미국은 그 규정이 무역장벽을 높이는 거라고 WTO에 제소했고 WTO는 그 제소를 받아들였다.

자유무역이 누구에게 유리한지 묻는 것은 당연하다. 전 세계의 자원과 노동력 공급, 소비자에 대한 접근을 보장받는다는 점에서 자유무역의 수혜자가 기업이라는 것은 틀림없는 사실이다. 또한 자유무역은 상품과 서비스의 가격을 낮춤으로써 소비자에게도 이익을 안겨준다. 때때로 가난한 나라들을 대상으로 불공정한 무역관행을 취할 수 있는 부자 나라들에도 불평등한 이익을 안겨준다. 예컨대 WTO는 제3세계 국가들에 모든 농업보조금을 폐지하라고 요구하지만 유럽연합이나 미국의 농업보조금은 그대로 허용한다. 유럽연합과 미국의 관련법이 WTO 협정보다 상위에 있기 때문이다. 끝으로 자유무역은 전반적으로 볼 때 생산과 소비를 모두 진작시킴으로써 경제성장에 기여하기도 한다.

그러면 자유무역은 누구에게 해가 되는가? 첫째, 대기업과 경쟁할 수 없는 소농과 중소기업들이 그들이다. 멕시코 농민들은 정부가 비료 구매 보조금을 지원하고 미국산 옥수수에 대한 수입관세를 부과했을 때가 상대적으로 자신들에게 더 유리했다. NAFTA가 그런 보호조항을 폐지하자 멕시코 농민들은 국내에서 미국의 농업 기업들보다 싼 값으로 옥수수를 팔 수 없었다. 그렇다고 이것이 자메이카나 멕시코 같은 나라의 소농이 산업농보다 비효율적이라는 의미는 아니다. 오히려 반대로 미국 같은 나라의 농민들은 이런저런 종류의 은밀한 보조금을 받는다. 자메이카 농민들이 미국 농민들과 경쟁할 수 없는 이유 가운데 하나는 그들이 갚아야 하는 (IMF가 지정한) 이자율이 미국 농민들의 이자율보다 훨씬 높기 때문이다. 또한 미국 농민들은 미국 정부가 석유회사들에 주는 지원 때문에 자메이카 농민이나 다른 가난한 나라의 농민들보다 에너지 비용이 훨씬 적게 든다. 따라서 유럽과 미국의 농민들은 자유무역이라는 허울 좋은 이데올로기를 앞세워 가난한 나라의 농민들보다 우월한 경제적 특혜를 받는 셈이다.

자유무역으로 상처를 받는 것은 노동자들도 마찬가지다. 그들은 수많은 자유무역협정 조항들 때문에 2장에서 지적한 것처럼 노동조합을 인정받지 못하고 여러 가지 이유로 저임금을 받아들여야 하는 다른 나라의 노동자들과 어쩔 수 없이 경쟁해야 한다. 끝으로 자유무역 때문에 발생한 또 다른 범주의 피해자는 규제받지 않은 제품들과 환경재해에 노출된 일반 국민이다.

에너지와 기술

이라크 침공과 지배가 석유와 관련이 있다는 사실은 의문의 여지가 없다. 미국 대통령과 정책 결정자들은 중동의 석유를 미국과 동맹국들에 안전하게 공급하는 것이 국가안보와 경제 전반에 중요하다는 것을 오랫동안 분명히 밝혀왔다. 1980년, 지미 카터 대통령은 페르시아 만에서의 석유 확보를 국가에 '필수 불가결한 이익'이라고 했으며, 미국은 그런 석유 수급을 가로막는 적대세력의 시도에 대해서는 '군사력을 포함해 필요한 모든 조치'를 취할 것이라고 말했다(Klare, 2004, 4쪽). 미군 지도자들은 1999년 합동참모본부 보고서 『전략 평가 1999』에서 이라크에 대한 노골적 저의를 표명했다. 그들은 거기서 페르시아 만에서의 '석유 전쟁' 가능성이 매우 심각하다고 지적하면서 석유의 안전한 공급을 위해서는 미국의 군사력을 동원할 수도 있다고 주장했다. 또한 그들은 전쟁을 통해 사담 후세인 세력을 제거할 수 있을 뿐 아니라 이라크 석유를 미국이 통제할 수 있으며 동시에 중앙아시아의 에너지 자원이 풍족하게 매장된 지역으로도 용이하게 접근할 수 있다고 주장했다(Johnson, 2004, 226쪽).

여기서 한 가지 의문이 생긴다. **석유, 일반적으로 말해 에너지 자원은 어떻게 해서 세계 정치에서 오늘날과 같은 역할을 하게 되었고, 그것은 또 어떤 방식으로 국민국가의 역할과 기능에 영향을 끼치는가?**

지금까지 화석연료는 가장 중요한 자원인 석유와 함께 세계 주요 에너지원이다([그림 4-1] 참조).

일반적으로 말해 최근까지 에너지원은 상대적으로 풍부했다. 2000

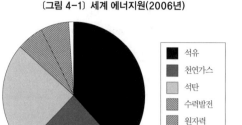

〔그림 4-1〕 세계 에너지원(2006년)

■ 석유
■ 천연가스
□ 석탄
▨ 수력발전
▨ 원자력
□ 기타

년 석유는 1배럴당 20달러 미만으로 팔리고 있었고 석탄 매장량도 (비록 오염은 심했지만) 풍부했다. 천연가스 매장량도 적정 수준 이상이었다. 그러나 21세기 초 몇 년 사이에 에너지 전망이 급격히 어두워졌다. 한때 석유가격은 1배럴당 70달러까지 급등했다. 일부 석유 지질학자들은 석유 총생산량이 감소하기 시작하는 '피크 오일'(석유 생산 정점)에 곧 도달할 것이라고 내다보았다. 세계 석유 사용량은 주로 중국과 인도의 경제성장으로 1995년 하루 1,500만 배럴에서 2005년에는 하루 8,370만 배럴로 450퍼센트나 크게 늘어났다. 미국만 해도 하루에 2,000만 배럴(8억 4,000만 갤런)이 넘는 석유를 소비한다. 2030년 전 세계의 1일 석유 수요량은 1억 1,800만 배럴로 예상된다(Bodman, 2006).

미국은 더군다나 갈수록 해외 석유에 대한 의존도가 점점 높아지고 있다. 2006년 기준으로 미국인들이 사용하는 석유의 60퍼센트 이상이 다른 나라에서 수입한 것이다(Energy Information Administration, 2007). 다음의 〔표 4-2〕는 2000~2005년 미국이 석유를 수입한 상위 15개국에 대한 자료를 보여준다.

충분한 에너지 자원, 특히 석유 확보 가능성에 대한 우려를 더 가중시키고 있는 것은 과거 식민지 지배를 받았던 일부 산유국들이 외국의 개입을 극히 꺼리거나 중앙정부에 저항하거나 반란을 일으키는 세력들의 위협을 받고 있다는 사실이다. 예컨대 나이지리아에서 석유를 생산하는 지역은 석유 탐사나 시추로 인한 환경파괴 때문에 고통받고 있는 집단들의 공격이 빈번하게 발생하고 있다(Klare, 2004, 127쪽). 전반적으로 전 세계 에너지 소비는 해마다 2.6퍼센트씩 증가할 것으로 예상되고 있다(〔표

4-3〕 참조).

많은 사람이 앞으로 에너지 위기가 발생할 것이라고 예측하는 가운데 **우리가 에너지에 대한 의존성을 낮추지 못하는 이유는 무엇인가?** 한 가지 대답은 경제성장이 에너지 소비와 밀접한 관련이 있다는 사실이다. 1950년 이래로 석유 사용량의 증가(450퍼센트)가 통화 공급량의 증가율과 비슷하다는 사실은 결코 우연이 아니다(30쪽의 〔표 1-3〕 참조). 화폐 발행은 에너지에서 시작한다. 에너지는 기술이 작동하는 동력을 제공하고 그 기술은 상품과 서비스를 생산하고 그것을 돈으로 전환시킨다. 따라서 경제성장을 유지하는 중요한 열쇠 가운데 하나가 에너지에 의존하는 기술을 이용해 끊임없이 생산을 가속화하는 것이다(Robbins, 2005).

우리는 최근 농업의 역사에서 그 과정이 어떻게 진행되는지 볼 수 있다. 농·축산업은 아마도 생산을 증대하기 위해 기술을 적용한 최초의

〔표 4-2〕 국가별 미국의 수입액(2000~2008년, 미국 달러)

	2000	2001	2002	2003	2004	2005	2006	2007	2008
캐나다	661,351	667,374	719,334	756,354	782,598	796,219	858,859	895,976	912,263
멕시코	502,509	525,557	564,497	592,466	609,225	606,751	622,408	559,304	476,366
사우디 아라비아	575,274	606,753	566,512	647,666	570,137	560,823	534,143	541,987	559,750
베네수엘라	565,865	566,996	510,362	502,328	568,944	558,157	517,947	496,684	435,029
나이지리아	328,079	323,043	226,751	316,522	417,152	425,440	406,662	413,932	361,659
이라크	226,804	289,998	167,638	175,663	240,191	193,987	201,866	176,709	229,300
알제리	82,345	101,440	96,230	139,333	165,346	174,652	239,959	244,605	200,652
앙골라	110,321	119,710	121,185	135,559	115,708	172,609	195,048	185,352	187,790
러시아	26,382	32,783	76,690	92,711	109,151	149,681	134,646	151,074	170,264
영국	133,799	118,332	174,554	160,520	139,223	144,674	99,330	101,181	86,512
에콰도르	46,821	43,676	40,262	52,752	89,640	103,153	101,457	74,179	80,714
쿠웨이트	99,514	91,273	83,177	80,208	91,540	88,729	67,355	66,185	76,986
노르웨이	125,719	124,542	143,336	98,565	89,374	85,197	71,603	51,970	37,303
콜롬비아	125,049	107,896	95,058	71,073	64,413	71,532	56,532	56,487	73,312
브라질	18,840	30,000	42,242	39,433	38,052	56,881	70,281	73,039	94,519

출처: 미 에너지정보국(http://www.eia.gov).

분야일 것이다. 실제로 서양인들이 먹는 모든 농작물과 가축은 2,000년 전부터 있었다. 오늘날 서양의 농민과 목동들은 당연히 과거보다 더 빨리, 인력을 덜 들이고 농작물을 재배하고 가축을 사육한다. 19세기에 기계를 이용한 농업은 쇠로 만든 쟁기에서 시작했고 탈곡기가 그 뒤를 이었다. 밀을 베고 탈곡하는 일을 동시에 처리하는 '콤바인'은 한 부셸의 밀을 수확하는 데 들어가는 노동시간을 61시간에서 3시간으로 단축시켰다. 일반적으로 곡물 생산에서 1인당 생산량은 1840~1911년에 3배 이상 증가했는데, 거기서 기계화가 기여한 비중은 60퍼센트에 이른다 (Rosenberg, 1982).

20세기 후반기의 이른바 녹색혁명(6장에서 좀더 자세히 살펴볼 것이다)은 인간 에너지 대신에 (대개 국민국가들이 보조금을 지급하는) 제초제나 살충제, 화학비료 같은 형태의 비인간 에너지를 이용함으로써 노동시간을 더욱 단축시켰다. 또한 기술은 가축 사육의 성장을 가속화하는 데 이

〔표 4-3〕 일부 지역별 예상 에너지 소비량(2010~2030년, 1,000조 Btu)

지역(에너지 소비 증가 예상 순위)	2010	2015	2020	2025	2030	예상 연 증가율(%)
중국	79.9	99.0	119.8	142.5	169.8	5.0
인도	20.0	24.0	28.4	33.1	38.7	3.8
아프리카	18.3	22.1	25.0	28.3	32.6	3.4
중앙·남아메리카	29.2	34.8	40.7	47.2	53.9	3.4
중동	25.9	30.4	34.5	39.4	44.6	3.1
브라질	11.1	13.0	14.7	16.8	18.9	2.9
멕시코	8.1	9.5	11.0	12.7	14.5	2.8
대한민국	11.1	12.8	14.1	15.4	16.9	2.5
러시아	34.6	39.4	44.4	49.4	54.6	2.4
캐나다	15.8	17.1	18.2	19.4	20.6	1.6
미국	110.2	118.7	127.2	136.6	146.4	1.5
오스트레일리아/뉴질랜드	6.7	7.2	7.7	8.3	8.8	1.4
유럽연합	85.5	89.4	92.2	96.1	101.2	0.9
일본	23.1	24.1	24.7	25.5	26.2	0.6
세계 합계	524.2	594.2	666.0	745.6	835.4	2.6

출처: 미 에너지정보국(http://www.eia.gov).

바지했다. 1750년에는 벌판에서 풀을 뜯어먹고 자라는 황소의 체중이 최대로 불어나려면 다섯 살이나 여섯 살이 되어야 했다. 그러나 1950년에는 곡식을 먹여 키우면서 두 살이나 세 살이면 시장에 내다 팔 수 있었다. 석유에서 추출한 화학제초제를 써서 소가 먹을 목초 재배를 늘리고 단백질과 성장호르몬 공급, 곡물 강제 섭취, 병균 감염을 막기 위한 항생제 투여 덕분에 오늘날 보통의 황소는 생후 14~16개월이 되면 체중이 약 540킬로그램에 도달해서 도살장으로 끌려간다(Pollan, 2002). 이제 유전공학을 연구하는 사람들은 유전자 조작을 통해 연어, 송어, 메기, 굴과 같은 동물 종이나 다양한 식물 종의 생장과 크기를 촉진하는 데까지 나아가고 있다.

식량 생산을 크게 늘리기 위해서는 어쩔 수 없이 에너지, 특히 석유의 사용량이 크게 늘어날 수밖에 없다. 리처드 매닝(2004)이 말한 것처럼 우리는 "석유를 먹고 산다." 매닝은 지난 반세기 동안 급속도로 부상한 에너지 의존적인 농업의 발전을 말하고 있는 것이다(6장 참조). 매닝은 오늘날 미국 농장은 해마다 1에이커당 TNT 4톤에 해당하는 에너지가 필요하다고 말한다. 아이오와 주에 있는 모든 농장에 필요한 에너지의 양은 나가사키에 투하된 원자폭탄 4,000개와 맞먹는다. 우리가 섭취하는 모든 식품을 생산하기 위해서는 적어도 석유 1칼로리가 있어야 한다. 아침 식사용 시리얼 1칼로리를 생산하는 데 필요한 에너지의 양은 4칼로리다. 전 세계가 미국인과 똑같은 방식으로 먹는다면 지구상에 매장된 화석연료는 7년 안에 고갈될 것이다(Manning, 2004 참조).

게다가 자본 축적을 촉진하기 위한 기술의 사용은 식품에만 한정되지 않는다. 우리는 실제로 경제의 모든 영역에서 수송부터 통신, 상품 생산, 일의 속도에 이르기까지 모든 것을 더 빠르게 하는 기술을 발견할 수 있다(Gleick, 2000 참조). 나라가 부유할수록 그 나라 국민의 삶의 속도가 더 빨라지는 것은 우연이 아니다(Levine, 1997 참조). 많은 자본가들이 말한 것처럼 시간은 돈이다. 그리고 기술과 그것을 움직이게 하는 에너지는 시간의 한계를 뛰어넘는다.

이런 이유 때문에 국민국가는 국민이 에너지원, 특히 석유 사용을 안정되게 지속적으로 늘려나가도록 보장해줄 의무가 있다. 더 나아가 에너지 비용을 충분히 낮춰서 결국 그 에너지를 써서 만들어내는 상품과 서비스가격이 크게 상승하지 않도록 해야 한다. 다시 말하면 옥수수 한 부셸을 판매해서 얻은 이익이 그것을 생산하는 데 들어가는 에너지 비용과 같다면 그것은 경제적으로 의미가 없는 일이다. 따라서 에너지를 안정되게 공급하는 것과 함께 값싼 에너지를 공급하는 것도 국민국가가 해야할 중요한 역할이다. 현재 가장 싼 에너지원은 석유, 석탄, 천연가스 같은 화석 기반 연료다.

국민국가들이 값싼 에너지원을 확보하고 해외 시장과 자원에 대한 안정된 접근을 위해 서로 경쟁할 때, 국가들 사이에 격렬한 충돌이 발생할 가능성은 높아질 수밖에 없다. 따라서 군사력의 중요성은 그 어느 때보다 중요해졌다. 오늘날 미국은 누가 뭐래도 세계에서 가장 강력한 군사력을 보유하고 있으며, 이라크의 경우처럼 미국의 생산자들이 에너지와 시장을 안정되게 이용할 수 있도록 실제로 그 군사력을 휘두르고 있다. 그리고 그런 군사행동에 대한 국민의 지지를 얻고 동시에 국제사회의 비난을 최소화하기 위해 여론조작도 마다하지 않는다. 그러나 이것은 중대한 결과를 야기한다.

차머스 존슨(2004, 285쪽 이하)은 미국이 에너지와 시장을 안정적으로 확보하기 위해 활용하는 수많은 군사행동은 '제국의 슬픔'이라고 지칭하는 것을 수반하는데, 그것은 궁극적으로 미국이라는 국민국가의 본질을 변화시킬 것이라고 말한다. 존슨이 말한 '제국의 슬픔'은 다음과 같다. 끊임없는 전쟁 상태는 미국 국민에 대한 더욱 격렬한 공격을 불러오고 약소국들의 대량살상무기에 대한 의존도를 더욱 증가시킬 것이다. 민주주의와 헌법적 권리가 약해지고 대통령의 권한이 점점 더 강해진다. 전쟁, 즉 무력과 군대 그 자체를 찬양하기 위해 선전선동과 여론조작을 이용하는 것에서 보듯이 "진실에 대해 원칙 없이 갈팡질팡한다." 끝으로 군사 제국을 유지하기 위해 경제자원을 많이 쓰면 쓸수록 교육과 보건, 개인의 복지는 더욱 소홀해지고 경제는 쇠퇴한다. 게다가 제국의 유지는 사회 전체의 군사화를 요구한다. 예컨대 미국이 전 세계의 750곳이 넘는 군사기지에 군인과 군사요원들을 상시로 배치하기 위해서는 군대를 '직업'으로 생각하는 사람들이 필요하다. 그들은 자신들이 수행하는 군사작전의 정치적 목적이 무엇이든 상관없이 무조건 싸울 것이다. 그것이 그들의 직업이기 때문이다. 2차 세계대전에서 우리는 군인들이 악의 세력과 싸우고 있다는 확신을 심어주기 위해 선전을 이용했다. 오늘날 선전을 통해 전쟁을 일으키는 것은 아주 쉽다. 다음은 존슨의 말이다.

> 군사 최고수뇌부는 국민의 지지가 약해지자 군인들에게 군인정신을 주입하는 것으로 방향을 틀었다. 그들은 군인정신의 주입을 모든 군사교육에서 가장 중요한 목표로 정했다. 심지어 무기를 다루는 훈련보다도 더욱 중요하게 여겼다. 충성심, 단결심, 군인 전통, 남성성, 군기와 실행력 등 일반적으로 말해 존 웨인식의 세계관이 바로 그런 군인정신이었다(2004, 58쪽).

결론

국가는 약 7,000~8,000년 전에 서로 매우 이질적인 사람들과 문화들을 정치적으로 통합하기 위해 나타났다. 군사정복은 국가를 수립하고 유지하기 위한 주요 수단이었다. 200~300년 전 국민국가는 경제통합이라는 새로운 필요성 때문에 생겨났다. 군사정복을 국가 수립의 수단으로서 완전히 포기한 것은 아니지만 원하는 경제적 목적을 달성하기 위해서는 향상된 통신과 수송수단, 국가 교육체계, 민족주의 이데올로기와 같은 새로운 통합전략이 더 효과적이었다.

국민국가는 자본가의 이익을 유지하고 보호하기 위해 필요한 노동자와 소비자 같은 유형의 사람들을 만들어내는 데 기여했다. 국민국가는 전에 없던 분업을 창조해내고 유지했으며 노동자들이 서로 정확하게 소통할 수 있게 하면서 자신들이 생산했지만 엘리트가 소유한 부의 기반이 되는 상품을 갈망하게 하는 문화를 공유하도록 강요했다.

더 중요한 것은 테러와 폭력이 국가의 통합수단으로 남았다는 사실이다. 테러와 폭력은 국민국가의 새로운 이상에 동화되기를 거부하는 사람들을 제거하고 그들을 대다수의 통합을 가로막는 달갑지 않은 이질적 집단으로 낙인찍는 수단이었다. 그 결과, 수백만 명이 자기 나라 정부의 테러와 폭력으로 희생당했다.

경제성장을 지속적으로 유지하고 비록 정부 정책이 국민의 이익에 반하는 것이라고 해도 국민이 그것을 주저 없이 지지하도록 하기 위해서는 정부와 기업이 여론조작에 의존하지 않을 수 없다는 것이 오늘날의 현실이다. 또한 자국 기업들이 다른 나라의 자원과 시장에 자유롭게 접근할 수 있게 하려고 하는 반면에 자국의 경제, 실제로는 사회 전체의 기반이 되는 핵심 에너지 자원을 보호하려는 국민국가들의 경쟁이 심화되면서 세계는 바야흐로 군사대국화의 길로 접어들었다.

지금까지 살펴본 국민국가에 대한 내용과 함께 자본주의 문화 그리고 소비자, 노동자, 국민국가의 기원과 그들 사이의 관계를 요약하면 이렇다. 이들의 관계는 일면 복잡해 보이기도 하지만 사실은 우리가 소유한 모든 상품에 이미 다 드러나 있다. 예컨대 스니커즈 운동화는 예전에 어린이나 테니스 또는 농구선수용 신발이었다. 그러나 나이키와 같은 신발 회사들은 유명한 운동선수들을 내세운 대대적인 판촉활동을 통해 그 신발을 유행상품으로 만들었고, 새로운 소비자들을 발굴해 수백 달러에 달하는 비싼 가격으로 운동화를 팔았다. 나이키는 투자자들을 만족시켜야 하기 때문에 늘 신발을 싸게 제조할 수 있는 노동력을 찾아내려고 애쓴다. 나이키 스니커즈 운동화 한 짝을 생산하는 데 드는 노동비용은 그 운동화 한 짝 가격보다 낮다. 그리고 나이키가 운동화를 생산하는 데 들이는 전체 노동비용은 나이키 광고를 찍는 유명한 운동선수들에게 지급하는 광고비와 비슷하다. 그 결과, 나이키는 수십억 달러의 돈을 벌고 그 가운데 많은 부분을 은행과 투자자에게 되돌려주고 의회가 자신들에게 우호적인 법률을 제정하도록 영향력을 행사하기 위해 그중 일부를 로비 자금으로 쓴다. 국민국가는 기업이 이런 이익을 내도록 돕기 위해 통신망과 금융기관, 친기업적인 노동법을 지지하고 유지함으로써 기업의 전반적인 운영을 지원하고 시장과 필요한 자원의 안정된 공급을 보장하고 관리한다. 국민국가가 없었다면 기업은 번창할 수 없었을 것이고 소비자는 적어도 지금처럼 싸게 물건을 살 수 없었을 것이다. 따라서 베트남과 인도네시아 같은 나라들은 나이키에 세제상 특혜를 제공하고 자기 나라 노동자들이 값싸고 온순한 노동력이 되도록 관리하고 훈육한다. 그 노동자들 가운데 많은 사람이 자기 봉급으로 나이키 제품을 구매한다.

전체적으로 볼 때 자본주의 문화를 창조하고 유지하는 데 이바지한 역사, 사회, 문화, 경제, 정치, 이데올로기적 요소들이 복잡한 것은 사실이지만 적어도 주의 깊게 주변을 둘러볼 줄 아는 사람이라면 누구나 우리 문화의 각 부문에서 이런 요소들을 실제로 확인할 수 있다. 그리고 이제 보겠지만 바로 이들 요소가 이 책에서 앞으로 검토하는 모든 세계문제와 이런저런 방식으로 관련되어 있음을 알게 될 것이다.

Global Problems and
the Culture of Capitalism

2

자 본 주 의 문 화 가

모든 사회는 부를 어떻게 분배할 것인지를 놓고 골머리를 앓고 있다. 이는 **한 사회의 구성원들이 자기가 원하는 자원들을 얼마만큼 이용할 수 있는지 그 몫을 결정하는 원칙들이 무엇인가** 하는 문제다. 드문 경우지만 경제적으로 풍족하고 사람이 적으면 이론적으로는 아무 문제가 없다. 사람들은 모두 자기가 원하는 것을 얻을 수 있기 때문이다. 그러나 자원이 부족하거나 어떤 이유로든 사람들이 저마다 더 많이 갖고자 한다면, 어떤 식으로든 누가 얼마를 차지할지 정해주는 방법이 나와야 한다. 전통사회에서 물건을 분배하는 가장 일반적인 방식은 서로 공유하거나 선물을 주고받는 것이었다. 그런 원칙들은 지금도 여전히 인정받고 준수되고 있다. 사람들이 실제로 필요한 것보다, 또는 다른 사람이 가진 것보다 더 많은 것을 가졌다면 자원들을 아낌없이 남에게 주었다. 선물교환이나 호혜경제 체제에서 사람들은 앞으로 언젠가 대가를 돌려받을 것이라는 기대감을 가지고 다른 사람들에게 물건을 주거나 일을 도왔다. 이론적으로는 자원을 분배하는 주요 수단으로 공유와 선물교환의 원칙들을 이용해 대규모 사회를 구성하는 것도 꽤 가능성 있는 일이다(Graeber, 2001 참조).

부를 분배하는 또 다른 방법으로 공물이나 세금이 있다. 이 경우 상품이나 서비스는 농작물, 가축, 공예, 직물이나 화폐의 형태로 중앙의 권력자(예컨대 족장, 군주, 왕 또는 국가)에게 바쳐지거나 지급된다. 그러면 중앙의 권력자는 자기에게 필요한 비용을 빼고 나머지는 사회에 재분배한다. 이를테면 우리가 정부에 내는 세금은 국고로 들어가 정부 기능을 유지하는 데 쓰인다. 그리고 나머지는 원칙적으로 교육, 복지, 보건, 사회기반시설(도로, 수도, 쓰레기 처리 등)과 국방 재정으로 재분배된다.

부를 분배하는 마지막 방법으로 시장이 있다. 시장은 수천 년 전부터 존재했다. 오랜 세월 동안 상인과 장인, 농민들은 시장에 자기 물건을 가져와서 다른 사람의 물건과 바꾸거나 돈을 받고 팔았다. 실제로 수천 년 전 모든 마을과 도시에는 사람들이 가서 필요한 물건을 사거나 거래할 수 있는 장터나 시장체계가 있었다. 오늘날은 전 세계가 하나의 시장인 것이다. 하지만 오늘날 우리가 '시장'이라 말하면 그것은 어떤 특정한 장소를 지칭하기보다는 부의 분배 원칙을 의미하는 경우가 많다. 사람들이 서로 돈을 주고받으며 다른 사람들을 위해 물건을 생산하거나 서비스를 제공한다는 점에서는 과거와 다름없지만 말이다.

원칙적으로 사람들은 수요가 있는 상품과 서비스만을 제공할 것이고 대개 수요와 공급은 균형을 이룰 것이다. 애덤 스미스는 『국부론』(1776)에서 '보이지 않는 손'이 시장을 움직인다고 했다. 자애로운 하느님이 다스리는 우주는 인간의 행복을 극대화시키는 이상세계로서 각자 자기 목표를 추구하는 개인들은 사회 전체를 더 좋은 세상으로 만드는 데 이바지할 것이다. 따라서 각 개인은 돈과 부를 추구함으로써 다른 사람들이 필요로 하고 원하는 것을 공급하는 쪽으로 움직일 것이다. 스미스는 시장에 대해 모든 사람을 위해 부를 끊임없이 창출하는 이상세계라고 보았다.

그러나 스미스가 예견한 대로 시장이 움직이려면 특정한 조건들이 맞아떨어져야 했는데 그 가운데 세 가지는 꼭 필요한 조건이었다. 첫째, 시장에서 이익을 내기 위해서는 수요를 창출할 수 있어야 하고 그러기 위해서는 돈이 있어야 했다. 돈이 없다면 누구도 시장에 내놓을 어떤 상품도 생산하지 못하고, 어떤 서비스도 제공하지 못할 것이다. 둘째, 상품과 서비스를 시장에 공급하는 사람들은 서로 경쟁할 수밖에 없었다. 생산자들은 경쟁 때문에 구매자들에게 자신의 상품과 서비스를 경매로 넘겨야 했다. 구매자들은 품질이 좋고 효율적인 상품을 고를 줄 알기 때문에 생산자들은 끊임없이 품질이 좋으면서도 가격이 가장 싼 상품과 서비스를 시장에 공급해야 했다. 셋째, 계약을 집행하고 합법성을 증명하고 사람들에게 가용한 상품과 서비스에 대한 정보를 제공해주는 수단이 있어야 하는데, 이는 모두 국가가 해야 할 일이었다.

시장이 상품과 서비스를 분배하는 수단으로서 매우 효율적이라는 사실은 누구나 다 알고 있다. 그러나 시장이 돌아가기 위해 필요하다고 스미스가 제시한 조건들은 실제로 맞아떨어지는 경우가 드물기 때문에 대다수 사회는 상품과 서비스를 시장만이 공급할 수 있는 것(예컨대 사치품과 같은 필수용품이 아닌 것들)과 모든 사람이 돈이 있든 없든 반드시 이용해야 하는 것으로 나눈다. 예컨대 미국에서는 교육에 대해 민주사회가 돌아가기 위해서 반드시 필요한, 따라서 적어도 어느 정도는 모든 사람이 받아야만 하는 (실제로 정말 필요한) 서비스로 생각한다. 식품, 물, 주택, 보건의료는 대부분의 사회에서 어느 정도까지는 시장 밖에서 모든 사람이 이용할 수 있다. 따라서 국가는 시장에 맡길 수 있는 것과 맡길 수 없는 것을 구분해서 국민에게 정말 중요한 것들은 시장에 맡기지 말아야 한다.

그러나 시장에 맡겨야 하는 것과 시장 밖에서 공급되어야 하는 것을 결정하는 문제 말고도 경제학자들이 흔히 **시장 외부효과**라고 하는 문제가 있다. 이것은 시장이 움직여서 나온 특정한 결과다. 일부는 긍정적이지만 대개는 부정적이다. 예컨대 아무런 규제도 받지 않고 돌아가는 시장은 사람들이 바라는 상품과 서비스를 생산하기 위해 자연자원을 개발하면 할수록 환경에 점점 더 나쁜 영향을 끼칠 수 있다. 불평등한 부의 분배 때문에 사람들이 돈이 없어 먹을 것도 사지 못하고 결국 병에 걸리거나 굶어 죽는 것이 바로 시장 외부효과다.

시장에서 분배되어야 하는 것과 돈이 있든 없든 모두가 이용할 수 있어야 하는 것에 대해 사회마다 기준이 다른 것처럼 생산자, 제조업자, 기업들이 자신들의 비용을 외부에 전가할 수 있는 정도도 사회마다 다를 수 있다. 예컨대 오랫동안 담배회사들은 흡연자의 건강에 끼친 해악에 대해 비용을 전혀 지불할 필요가 없었다. 그 비용은 오히려 외부에 전가되어 의료비 형태로 담배를 사는 고객들이나 일반인들이 대신 지불했다.

다음에 이어지는 장들은 다양한 시장 외부효과에 대한 내용이다. 그러나 먼저 우리는 두 가지 문화현상과 그것들의 생성과 작용이 사회에 어떤 영향을 끼치는지 살펴봄으로써 시장 외부효과가 의미하는 것이 무엇인지 더 잘 알게 될 것이다.

시장 외부효과에 대한 기본 개념: 폴라니의 역설

칼 폴라니는 산업혁명에 대해 쓴 고전적인 명저 『거대한 전환』에서 '폴라니의 역설', 즉 **"사회를 구성하는 인간과 자연이 사라지지"** 않고서 어떻게 그 상태에서 **시장이 효율적으로 돌아갈 수 있는가?** 하는 문제를 제기했다(19세기 영국 중심의 자유주의 경제학자들은 시장을 사회와 독립된 자율적인 자기조정 능력이 있다고 하면서 시장에 영향을 끼치는 사회적 외부요소의 영향을 배제했다. 하지만 폴라니는 이러한 자기조정 시장체제가 강화될수록 한갓 상품으로 전락한 인간과 자연은 점점 파괴의 길로 접어들게 되고, 그럴 경우 인간과 자연을 기반으로 하는 시장체제는 오히려 와해될 수밖에 없다고 주장한다. 따라서 자기조정 시장체제의 와해를 막기 위해서는 역설적으로 국가와 같은 사회적 외부요소의 시장 개입이 필요할 수밖에 없다는 것이 바로 폴라니의 역설이다. 폴라니는 이것이 결국 20세기 전반에 두 차례의 세계대전과 혁명, 파시즘 등장의 배경이 되었다고 분석한다. 아래에 나오는 시장 외부효과와 관련된 설명은 바로 이러한 폴라니의 역설을 보여주는 구체적인 사례들로서 현재의 시장자유주의 경제체제가 사실은 국가의 계획에 의해 노동력 착취와 환경파괴 비용을 시장 밖으로 전가시킴으로써 유지되고 있음을 밝힌다 — 옮긴이).

이 역설은 존 C. 라이언과 앨런 테인 더닝(1997)이 공동 저술한 뛰어난 역작 『녹색시민 구보씨의 하루』*Stuff: The Secret Lives of Everyday Things*에 아주 잘 설명되어 있다. 그들은 북아메리카에 사는 어느 평범한 사람에게 커피 한 잔과 신문, 티셔츠, 신발, 자동차, 햄버거, 감자튀김, 콜라 한 잔과 같은 일상생활에 필요한 물건들을 제공하기 위해 세계 각지에서 무슨 일이 일어나는지를 보여준다.

예컨대 커피 한 잔을 만들기 위해서는 콜롬비아의 한 작은 농장에서 재배하는 커피나무에서 채취한 커피 열매 100알 정도가 필요하다. 목장주들은 대개 소들을 방목할 목초지를 만들기 위해 산허리를 개간하는데 그중에서 생산성이 떨어지는 구역에는 가난한 농민들이 커피나무와 과일나무를 심는다. 1980년대 이전까지 콜롬비아의 숲은 커피나무들이 별로 없는 울창한 삼림이었고 수많은 새와 야생동물이 그곳에 서식했다. 그러나 1980년대에 들어서 그런 나무들은 다 잘려나갔고 농민들은 거기에 생산성이 높은 다양한 커피나무를 심었다. 그 과정에서 토양침식은 점점 커지고 서식하던 새들은 차츰 사라졌다. 새를 비롯해 곤충을 잡아먹는 천적들이 사라지면서 해충이 기승을 부리자 살충제를 뿌리는 횟수도 점점 늘어났다. 이때 티셔츠와 짧은 반바지만을 입고 작업하는 노동자들은 살충제를 뿌리는 동안 숨을 쉬면서 그 잔류물을 폐로 흡입할 수밖에 없었다. 커피는 전 세계적으로 무역량이 가장 많은 2차 상품이기 때문에 가격이 낮다. 커피 노동자들은 하루에 1달러도 안 되는 일당을 받는 빈민층에 속한다. 그들은 우리가 마시는 한 잔의 커피를 위해 커피 열매를 따서 손으로 직접 디젤 엔진으로 돌리는 분쇄기에 넣고 과육은 골라내어 강물에 버린다. 그렇게 해서 남은 커피 알갱이는(원두 1킬로그램에 과육 2킬로그램이 나온다) 햇볕에 말린 뒤 오스트레일리아 서부 광산에서 채굴된 철광석은 대한민국 제철공장을 거쳐 일본에서 건조되고 베네수엘라산 석유로 구동되는 화물선에 실려 뉴올리언스로 간다.

뉴올리언스에 도착한 커피 알갱이는 텍사스산 천연가스로 400도까지 가열된 오븐 안에서 13분 동안 볶는다. 그렇게 볶아진 커피 원두는 폴리에틸렌과 나일론, 알루미늄 포일, 폴리에스터로 만든 봉지로 포장되어 바퀴가 열여덟 개 달린 트럭에 실려 휘발유 약 4리터에 10킬로미터를 달려 전국 각지의 창고로 보내지고, 거기서 다시 소형 트럭을 이용해 각지의 식료품점으로 배송된다. 우리는 동네 식료품점에서 그 커피를 사서 오리건 주의 제지공장에서 만든 누런 대형 종이봉투에 담아 자동차에 싣고 휘발유 0.8리터를 써서 집으로 가져온다. 집에 와서는 뉴저지 주에서 만든 플라스틱 숟가락으로 원두를 한 숟가락 떠서 알루미늄, 구리, 플라스틱 부품들로 구성된 중국산 그라인더에 넣는다. 원두 빻은 것을 표백되지 않은 여과지에 붓고 플라스틱과 강철 재질의 드립식 커피제조기 안에 넣는다. 그런 다음 수돗물 정수처리장에서 수도관을 통해 온 물을 그 위에 붓고 자기가 사는 지역의 가스나 석탄, 석유, 원자력 발전 시설을 통해 얻은 전기로 약 200도까지 가열한다. 커피가 다 끓고 나면 타이완산 커피잔에 커피를 따르고 사탕수수에서 추출한 설탕을 넣어 마신다. 그 사탕수수가 자란 밭은 오키초비 호의 남쪽에 있는데 한때 억새풀이 자라던 습지였으나 사탕수수를 재배하기 시작하면서부터 그곳에 살던 야생동물의 75~95퍼센트가 터전을 잃었다.

이것은 물론 우리가 마시는 커피 한 잔과 관련해 아주 일부에 해당하는 사연이다. 그러나 그것이 커피 한 잔에 감춰진 커피의 비밀스러운 일생 또는 일대기인 것은 틀림없는 사실이다(Kopytoff, 1988). 커피를 마시는 소비자들에게 커피와 관련해 경제적으로 중요하게 생각하는 것은 원두 500그램에 10달러, 커피 한 잔에 2달러와 같은 커피의 시장가격이다. 그런데 문제는 그 시장가격에 커피의 생산과 유통과정에서 발생하는 환경파괴나 커피노동자들의 건강과 열악한 삶, 커피 생산용 용수와 수자원 고갈과 같은 시장 외부효과의 비용이 포함되어 있지 않다는 것이다. 이것들은 외부에 전가된 커피 생산원가를 의미하며 따라서 커피와 상관없는

〔표 II-1〕시장요소와 부정적인 외부효과

시장요소	일어날 수 있는 시장 외부효과
노동비용	저임금, 노예, 가난, 질병, 기아, 소외
원재료 채취	주거지 파괴, 오염, 군사 확장
수송과 유통	사회기반시설 구축, 환경적 영향, 오염 등
폐기물 처리비용	오염, 질병, 주거지 파괴
제조와 생산비용	환경오염, 자원 고갈
광고와 시장 확대	어린이 노동착취, 상호 호혜관계에서 시장관계로 전환 등
시장친화적 법률과 규제 유지	부패, 군사 확장, 정치과정의 왜곡 등

다른 사람들이나 미래 세대에게 그 비용이 전가된다는 것을 뜻한다. 이런 외부효과 비용은 대개 물건가격에 반영되지 않으며 따라서 소비자가 직접 부담하지 않는다. 실제로 우리 경제가 외부효과 비용을 제대로 지불했다면 지금처럼 기능할 수 없었을 것이다(Wallerstein, 1997 참조). 〔표 II-1〕은 시장요소들, 즉 상품과 서비스의 생산, 판매, 유통, 폐기와 관련된 것들이 어떻게 시장 외부효과로 바뀌는지를 보여준다.

또한 우리는 월마트의 사례를 통해 시장이 어떻게 작동하는지 자세히 살펴봄으로써 폴라니의 역설을 이해하고자 한다. 월마트가 추구하는 명확한 목표는 모든 물건을 가장 싸게 파는 것이다. 월마트에는 심지어 한 해가 지나고 다음 해까지 변동이 없는 상품들은 **더 싸게** 판다는 정책이 있다. 따라서 이 공식은 가격에 민감한 소비자들에게 특히 잘 먹혀들었다. 2009년 1월 31일 현재 월마트는 미국 전역에 891곳의 할인매장과 2,612곳의 교외 대형 쇼핑센터, 153곳의 재래시장, 602곳의 회원제 양판점 샘스클럽을 운영했다. 월마트는 세계에서 가장 매출액이 높은 회사다(2009년 매출액 3,780억 달러). 미국에서는 가장 큰 식품점이자 장난감과 가구 소매점이다. 오늘날 멕시코에 있는 가장 큰 민간 기업이기도 하다. 경제학자들은 월마트가 미국의 인플레이션에 영향을 주지 않고 1990년대 하반기 경제 생산성을 12퍼센트 상승시킨 주역이라고 믿는다. 또한 월마트 추종자들은 가난한 사람들이 더 많은 상품을 살 수 있게 해준다고

월마트는 생산과 유통비용을 외부로 전가함으로써 상품을 더 싸게 생산할 수 있음을 보여준 하나의 예다.

믿는다. 투자분석가들은 예컨대 월마트가 진입한 시장에서는 식료품가격이 평균 10~15퍼센트 하락한다고 말한다(Fishman, 2003 참조).

월마트는 전 세계 2만 1,000명에 달하는 공급자들에게 경영을 효율화하고 저비용으로, 즉 소비자에게 비용을 전가해 물건을 싸게 생산하도록 압력을 넣어 상품가격을 낮춘다. 오늘날 월마트는 애덤 스미스가 말한 '보이지 않는 손'처럼 행동하고 있다. 전 노동부장관 로버트 B. 라이시는 "뛰어난 가치가 최고의 거래를 성사시키는 사회에서 월마트는 논리적 종결점이며 경제의 미래다"라고 했다(Lohr, 2003).

그러나 월마트 상품에 붙은 소매가격은 이야기의 일부에 불과하다. 바로 여기가 폴라니의 역설이 시작되는 지점이다. 커피의 경우에서 본 것처럼 상품에는 직접 경비(소매가격) 말고도 외부에 전가된 비용이 있다. 월마트는 최저가 정책을 유지하기 위해 자기 상점에 물건을 제공하는 회사들에 생산비용과 노동비용을 줄이도록 강요한다. 이것은 미국에 있는 수백 개 공장의 문을 닫게 하고 수천 명의 일자리를 앗아갔다. 생산업체들이 노동비용을 낮추기 위해 다른 나라로 공장을 옮겼기 때문이다. 월마트에 제품의 절반을 공급하는 의류 제조업체에 면사와 마감재를 공급하는 캐롤라이나 밀스는 자기네 고객사들이 월마트가 수입한 의류와의 경쟁에서 이길 수 없어 공장 열일곱 군데 가운데 열 곳의 문을 닫고 종업원도 2,600명에서 1,200명으로 줄여야 했다. 어떤 경우에는 월마트에 물건을 공급하지 않는 회사들도 경쟁에서 살아남기 위해 비용을 줄일 수밖에 없었다. 예컨대 후버는 지난 100년 동안 미국에서 진공청소기로 수위를 달리는 업체였다. 그런데 최근 후버의 매출은 20퍼센트 하락했다. 중국에서 생산된 더 싼 모델을 월마트에서 출시했기 때문이다. 후버의 모회사인 메이텍은 오하이오 공장의 노동자들에게 보험과 기타 복지비용의 삭감을 요구했다. 그렇지 않으면 생산시설을 멕시코의 시우다드 후아레스에 있는 자유무역지대 마킬라도라로 이전하겠다고 엄포를 놓았다 (Fishman, 2003).

월마트는 중국 전체 수출의 12퍼센트를 수입하는데 임금이 매우 낮은 중국에 대해서도 경영을 더 '효율화'할 것을 요구한다. 중국의 샤징沙井에 있는 칭하이전기는 해마다 수백만 대의 선풍기를 세계 유명상표들을 붙여 판다. 자체 상표도 두 종류가 있다. 거기서 일하는 노동자들은 한 달에 32달러를 받는데 중국의 최저 월급인 56달러보다 40퍼센트나 낮다. 1990년대 말, 월마트는 선풍기 가격을 더 낮출 것을 요구했고 거의 7달러에서 4달러까지 선풍기 가격이 떨어졌다. 그러나 이렇게 하기 위해 칭하이전기는 공장노동자의 절반을 해고했지만 생산량은 전과 다름없었다. 그 결과, 살아남은 노동자들은 하루에 14시간씩 일해야 한다 (Fishman, 2003).

일자리 감소, 저임금, 환경법이 없거나 적용되지 않는 지역의 환경파괴, 과로와 박봉에 시달리는 노동자들의 의료비용은 상품에 붙은 소매가격에 포함되어 있지 않다. **상품의 소매가격이 내려갈수록 외부로 전가되는 비용은 더 올라간다**는 말은 틀린 말이 아니다. 방적사 제조사인 캐롤라이나 밀스의 사장 스티브 도빈스는 이런 상황을 다음과 같이 정리했다. "우리는 맑은 공기와 물, 좋은 생활환경 그리고 세계에서 가장 좋은 의료혜택을 바라죠. 그러나 그런 조건을 다 만족시키고 만들어진 제품에 대해선 제값을 주고 사는 것에 주저합니다."(Fishman, 2003)

따라서 누구나 바라는 경제 목표인 가장 싼 비용으로 제품을 생산하기 위해서는 더 많은 환경과 사회자본을 소진해야 한다. 그러나 그것은 거기서 멈추지 않는다. 월마트 같은 기업들이 성공을 거듭하면서 그들의 정치적 영향력은 점점 더 커지는 반면 민주 국가의 일반 시민들이 가진 정치적 영향력은 점점 더 약화된다. 예컨대 2008년 월마트는 자사에 우호적인 연방의원 후보자들에게 300만 달러가 넘는 정치후원금을 지원했다. 그 가운데 54퍼센트가 공화당 후보들에게 갔고 나머지 46퍼센트가 민주당 후보들에게 갔다(Open Secrets, 연도 불명). 기업이 지원하는 정치후원금은 곧바로 의회에 대한 기업의 정치적 영향력으로 바뀌어 일반 유권자들인 국민을 위한 입법 의제가 기업을 위한 입법 의제, 즉 시장 외부효과를 증폭시키는 규정과 법률로 대체된다. 이런 의제들은 이따금 서로 겹치는 부분이 있기는 하지만 명백히 똑같지는 않다.

다음 장에서 살펴볼 많은 문제, 즉 가난, 기아, 질병, 환경파괴, 인종갈등은 적어도 부분적이나마 우리가 갈망하는 상품과 서비스를 생산하는 데 들어가는 비용의 일부를 구성하는 시장 외부효과다. 이것은 비교적 명백한 사실이다. 월마트가 자사에 물품을 공급하는 회사들에 임금을 깎고 건강보험을 줄이거나 없애고 노동조합을 인정하지 않고(월마트는 악명 높은 반노조 기업이다) 환경규제와 노동자 보호규제가 거의 없는 지역으로 공장을 이전할 것을 강요한다는 것은 이미 공공연한 사실이다. 또한 월마트가 지구의 정반대편에서 상품을 수송해옴으로써 막대한 에너지를 소비하며 지역의 상점들이 월마트와 경쟁해서 망하지 않으려면 임금을 깎거나 종업원을 해고할 수밖에 없다는 것도 더는 비밀이 아니다. **그런데도 사람들이 시장 외부효과에 대해 그다지 심각하게 우려하지 않는 이유는 왜**

일까?

앞서 말했듯이 자본주의 문화가 하는 역할 가운데 하나는 사회 구성원들이 시장의 부정적 결과를 보지 못하게 가리거나 그들 스스로 그런 부정적 결과를 외면하게 만드는 것이다. 예컨대 기업들은 자기 제품들을 제조하고 유통하는 과정이 자신들과 상관없는 것처럼 보이게 하기 위해 수십억 달러를 쓴다. 그들은 기업 광고와 홍보를 통해 상품의 일생에 숨겨진 '오점'을 감추려고 애쓴다. 그들은 일반 국민이 알아야 할 정보들을 통제하거나 국민의 비판을 가로막는 입법 로비나 법적 조치를 통해 상품 생산과 유통과정이 수반하는 악영향들을 감춘다.

우리가 쓰는 언어는 대개 시장 외부효과의 부정적인 측면들을 숨기는 구실을 한다. 우리는 '기아'를 '영양실조'라고 말하는 경우가 많은데 대개 그것은 문제의 근원이 피해자에게 있음을 의미한다. 목숨을 내건 폭동, 대학살, 인종청소 등은 모두 '오래된 증오' 탓으로 돌린다. 그 배후에 숨겨진 경제적 요소에 대해서는 흐지부지 넘어가거나 일부러 무시한다. 또한 '환경주의자'는 환경파괴를 우려하는 일반 국민이 아니라 '특수 이익집단'으로 매도된다. 우리는 세계에서 발생하는 중요한 문제들이 시장의 활동과는 상관없는 것인 양 설명하는 이데올로기를 여러 방식으로 개발한다. 다음에 이어지는 장들에서는 우리가 끊임없는 경제성장을 갈망한 대가로 어떤 희생을 치렀는지, 자의든 타의든 사람들이 그 진실을 알지 못하게 하기 위해 어떤 방법들이 동원되었는지 살펴볼 것이다. 먼저 세계의 문제들을 가장 일반적으로 설명하는 인구증가문제에서 논의를 시작해보자.

5

인구증가문제

오늘날 미국을 비롯한 부자 나라들이 선택한 길은 명확하다. 그들은 인구문제의 심각성과 자신들이 그 문제에 엄청난 영향을 끼쳤다는 사실을 계속해서 무시할지도 모른다. 그러면 그들은 몇십 년 안에 깊은 나락의 소용돌이에 휘말려 문명의 종말에 이를 것이다. 빈번한 가뭄, 심각한 농작물 피해와 기근, 점점 사라지는 삼림, 스모그 공해, 국제 분쟁, 전염병, 교통정체, 마약과 범죄, 하수 오물 처리가 점점 더 심각해지면서 극도의 불쾌한 사건들이 우리가 가는 길에 흔적을 남길 것이다. 그 길은 우리의 불행한 동시대 인간들이 이미 걸었던 길이다.

—파울 에를리히와 안네 에를리히, 『인구 폭발』*The Population Explosion*

지난 수십 년 동안 왜 인구와 가족계획 관련 정책들은 그처럼 급격하게 바뀌었는가? 18세기 말 영국에서처럼 세계 인구는 급속도로 증가해왔다. 제3세계의 늘어나는 인구수는 오늘날 산업 열강들에게 짐이 되었다. 그들은 이제 더는 광산이나 들판에서 강제로 땀 흘려 일해야 하는 예속민이 아니며 끊임없이 확대되는 제품유통을 위한 소비자도 아니다. 오늘날 세계는 맬서스의 시대에 그랬던 것처럼 대혁명이 일어나고 있어 제3세계의 인구증가는 산업 열강들에게 단순한 짐이 아니라 위협이다.

—스티븐 폴가, 「산아제한」

인간의 유전자 구조에 대한 최근 연구 결과에 따르면 우리 모두가 비교적 가까운 과거라 할 수 있는 10만~20만 년 전 중앙아프리카에 살았던 상대적으로 적은 수의 개인과 몇 안 되는 일부 종족으로부터 유전자를 물려받았다고 한다. 1만 5,000년 전 그들의 자손은 (오늘날 멕시코시티의 인구에 해당하는) 1,500만 명이었다. 서기 원년 세계 인구는 약 2억 5,000만 명으로 늘었고(오늘날 미국 인구보다 약간 적다), 산업혁명 직전에는 약 7억 명으로 3배나 늘었다(오늘날 인도네시아 인구의 2배 규모에 해당한다). 이후 200년 동안 세계 인구는 해마다 1,000명당 6명 비율로 증가해 1950년에는 25억 명에 이르렀다. 이후 50년 동안 인구는 1,000명당 18명 비율로 2배 이상 증가해 2000년에는 60억 명 이상으로 급증했다. 오늘날 성장 속도가 느려져서 인구증가에 따른 파국이 지연되고 있다는 기미가 보이지만 그래도 이런 추세로 2030년이 되면 세계 인구는 80억~100억 명에 이를 것이다(Livi-Bacci, 1992, 31~32쪽). 세계 인구의 증가 추이는 아래의 〔표 5-1〕에서 볼 수 있다.

여기에 세계 인구의 증가와 관련해 몇 가지 흥미로운 사실과 예측이 있다(〔표 5-2〕 참조).

• 오늘날 인구증가율은 해마다 약 1.4퍼센트인데 2020~2025년에는 1퍼센트 미만으로 떨어질 것이다.

〔표 5-1〕 기원전 1만~2050년 인구, 연 증가율과 예상 증가율, 2배 증가기간

연도	기원전 1만	0	1750	1950	2000	2025	2050
인구(100만 명)	16	252	771	2,330	6,100	7,810	9,039
연 증가율(%)	0.008	0.037	0.064	1.845	1.400	1.000	–
2배 증가기간(년)	8,369	1,854	1,083	116	51	70	–

출처: 유엔, 1998, 『세계 인구 추정과 예측(개정판)』(http://www.popin.org: 미 인구통계연구소, 2000, 『2000년 세계 인구 통계자료』(http://www.prb.org).

- 인구증가율은 계속해서 늘고 있는 인구수에 적용되기 때문에 2000년에 실제 연평균 인구증가는 8,800만~9,700만 명이 되고, 2025년에는 8,100만 명으로 떨어질 것이다.
- 2045~2050년 유럽의 모든 국가와 일본, 중국을 포함해 56개국의 인구는 마이너스 성장을 할 것이다.
- 선진국의 인구는 2020년에 16억 1,700만 명까지 증가해 최고점에 도달할 것으로 예상된다. 그 뒤로 서서히 감소해 2050년에는 1998년보다 인구가 2퍼센트 줄 것이다. 반면에 개발도상국의 인구는 1998년에 47억 1,900만 명에서 2050년에 77억 5,400만 명으로 64퍼센트 늘어날 전망이다.
- 인구증가 속도가 가장 빠른 지역은 아프리카 대륙이 될 것이다. 21세기 상반기 동안 인구가 2배 이상 늘어날 것으로 보인다. 그리고 세계 인구증가에서 아프리카가 차지하는 몫이 현재 22퍼센트에서 2045~2050년에 55퍼센트로 급증할 것이다.
- 에이즈는 사망률과 인구감소와 관련해 치명적인 경종을 울릴 것이다. 아프리카 29개국에 대한 에이즈 영향 평가 연구에 따르면 2000년에 에이즈가 퍼지지 않았다면 54세였을 그들의 평균수명은 45세로 줄어들었다. 무려 9년이 줄어든 것이다.

〔표 5-2〕 세계 인구와 예상되는 인구증가(2009년)

	인구 (100만 명)	인구 1,000명당 출생자수	인구 1,000명당 사망자수	자연 증가율	2025년 예상 인구	2050년 예상 인구
전 세계	6,810	20	8	1.2	8,087	9,421
선진국	1,232	12	10	0.2	1,282	1,318
개발도상국	5,578	22	8	1.4	6,805	8,103
개발도상국 (중국 제외)	4,246	26	8	1.7	5,329	6,666
후진국	828	35	11	2.4	1,151	1,657

출처: 미 인구통계연구소, 2009(http://www.prb.org/pdf09/09wpds_eng.pdf).

지난 100년 동안의 인구증가율은 세계가 붕괴 직전에 몰려 있다는 우려를 자아내기에 충분했다. 우리는 늘어나는 인구를 유지할 수 있을 정도로 식량이 충분하지 못하다. 또한 인구성장은 가난, 환경파괴, 사회불안의 원인을 제공한다. 게다가 가난한 나라들의 경제개발은 인구가 지속적으로 늘어나는 한 성공할 수 없다는 주장도 제기된 상태다. 경제개발을 통한 산출물의 증가를 새로운 일자리와 부의 창출을 위해 투자하지 못하고 인구증가에 따른 문제를 해결하는 데 써야 하기 때문이다. 이런 우려 때문에 국제기구와 각국 정부는 특히 인구증가율이 가장 높은 주변부 국가들의 인구를 조절하기 위해 상호 협력하고 있다.

그러나 인구증가가 정말 문제인지를 놓고 의문을 제기하는 사람도 많다. 일부 경제학자는 인구증가가 경제발전에 오히려 긍정적인 역할을 한다고 주장한다. 또 일부 환경론자는 환경파괴는 급격한 산업화와 자본주의적 소비 형태의 결과이지 인구증가 때문이 아니라고 주장한다. 그리고 일부 종교단체들은 어떤 형태의 산아제한도 반대한다.

1994년 유엔은 인구증가문제를 면밀히 검토하고 그것을 조절하기 위한 방법들을 도출하기 위해 카이로에서 열린 한 국제회의를 후원했다. 카이로회의는 출산율을 조절하기 위한 여러 가지 방법을 놓고 토론했다. 피임을 권장하고, 경제개발을 촉진하고, 유아와 어린이 생존율을 높이고, 여성의 지위를 향상시키고, 남성들에 대한 교육을 강화하는 것과 같은 다양한 방안이 논의되었다. 출산율을 떨어뜨리는 방안에 대한 종교계의 반발을 제외하고는 오늘날 인구문제가 심각하고 그것이 바로 가난한 나라의 가장 중요한 문제이며 그것을 해결하기 위해서는 여성들의 출산을 제한하는 것이 필요하다는 점에 의문을 제기하는 사람은 거의 없었다. 그러나 인구증가나 조절과 관련한 문제 뒤에 숨겨진 전제들에 대해 진지하게 의문을 제기하거나 살펴보지는 않았다. 다음은 그런 전제들 가운데 일부다.

- 인구증가는 주변부 지역의 경제쇠퇴와 경기침체를 초래한다. 따라서 전 세계에 빈곤과 기아, 환경파괴, 정치불안을 일으키는 원인이 된다.
- 주변부 지역에서의 인구증가는 역사적으로 볼 때 의료기술의 발달, 영양 상태의 호전, 위생시설의 개선으로 사망률, 특히 유아사망률이 감소한 덕분이다.
- 18세기에 급격한 인구증가가 시작되기 전, 세계 인구가 안정된 모습을 보인 것은 출산율이 높은 만큼이나 사망률도 높았기 때문이다.
- 주변부 지역에서 인구증가를 조절하려는 노력은 대가족을 장려하고 여성교육을 기피하는 종교적 신조 때문에 방해받는다.
- 서양 국가들이 개발한 산아제한 기술과 교육을 통해서만 출산율을 낮출 수 있다.

이런 전제들은 자본주의 문화 이데올로기의 일부분을 구성하는데, 인구증가문제를 주변부의 문제라고 가정한다. 이런 이데올로기는 인구증가문제에 대한 일반 대중의 인식뿐 아니라 각국 정부와 유엔 등 국제기구들의 정책 방향을 제시한다. 그래서 인구문제가 라틴아메리카, 아프리카, 아시아의 문제라는 식으로 몰고 간다. 따라서 문제를 풀어야 하는 나라는 바로 이들 나라라는 것이다. 이런 전제들은 인구증가를 설명하기 위해 꾸며진 '과학적' 이론을 통해 타당성을 인정받는다. 더 나아가 이 이데올로기는 오히려 '피해자들을 비난하게' 만든다. 인구증가 때문에 발생할 수 있는 해악, 즉 기아나 가난, 환경파괴, 정치불안으로 고통받고 있는 사람들이 바로 그런 문제를 유발한 당사자인 셈이다.

그러나 앞으로 보겠지만 사정은 그보다 훨씬 더 복잡하다. 인구문제와 관련된 논쟁에 수반되는 인구통계학적·이데올로기적 문제들을 더 잘 이해하기 위해서는 먼저 인구증가를 설명하기 위해 활용된 주요한 이론적 틀, 즉 맬서스주의자와 신맬서스주의자의 주장, 인구변천 이론의 구조를 살펴볼 필요가 있다. 우리는 그것들이 얼마나 결함이 많고 자민족중심적이며 중심부 국가들 위주의 이론인지 보여주기 위해 노력할 것이다. 그러고 나서 많은 아이의 출생방식을 결정짓는 것으로 알려진 요소들이 무엇인지 살펴보고, 특히 인구증가와 관련된 논쟁에서 인류학이 어떤 기여를 할 수 있는지 살펴볼 것이다.

맬서스주의자와 수정주의자

인구증가가 사회에 끼치는 영향에 대한 관심은 적어도 1798년에 토머스 맬서스가 쓴 유명한 『인구론』까지 거슬러 올라간다. 이 논문은 인구가 '기하급수적으로 증가'하는 데 반해 인류의 생존을 위한 자원, 특히 식량은 '산술급수적으로만 증가'한다는 주장으로 널리 알려져 있다(Livi-Bacci, 1992, 76쪽 참조). 맬서스는 '도덕적 자제'나 '만혼'과 같은 출산율 억제를 위한 예방성 제어조치들이 없다면 인구는 끊임없이 증가하고 자원도 고갈되다가 마침내 기근이나 질병, 전쟁과 같은 '양성陽性 제어'(적극적 개입을 통한 조절을 의미한다 — 옮긴이)를 통해 자원과 균형을 이루는 상태로 환원될 것이라고 주장했다.

맬서스는 역사적 경험으로 볼 때 자신의 생각이 옳다고 확신했다. 예컨대 그는 인구가 늘어나고 자원에 대한 수요가 증가하면 식량가격(예컨대 곡물가격)도 오르고 사망률도 증가할 것이라고 내다보았다. 실제로 17세기와 18세기 유럽의 상황이 그랬다. 마찬가지로 그는 인구감소 때문에 수요가 줄면 식량가격은 낮아지고 사망률도 감소해 인구가 다시 증가할 것이라고 주장했다. 이것 역시 14세기 유럽에서 흑사병이 유행하고 난 뒤에 일어난 상황이었다.

맬서스는 파국 상황이 목전에 있다고 예견했다. 하지만 그는 인구가 늘어나는 상황에 직면해서 농업기술 혁신으로 식량 생산이 꾸준히 증가할 수 있다는 사실을 간과했다. 이로써 그의 예측은 빗나가고 말았다. 오늘날 세계 인구가 1800년보다 적어도 6배는 많지만 세계는 그들을 먹여 살리기에 충분한 식량을 생산하고도 남는다.

맬서스의 예측이 어긋났음에도 최근 그의 주장을 다시 되살린 사람들이 나타났다. 그들은 맬서스의 초기 예측이 틀렸을 수 있지만 지난 50년 동안 지금과 같은 폭발적인 인구증가를 예측한 사람은 아무도 없었다고 주장한다. 그들은 오늘날 식량 생산이 인구증가 속도를 따라잡지 못하고 있다고 말한다. 식량 생산을 늘리는 혁신조차도 임시변통의 조치일 뿐이라고 주장한다. 신맬서스주의자들은 언제 파국 상황이 도래할지에 대해서는 서로 의견이 다를 수 있지만 당장 인구증가를 멈출 수 있는 조치를 취하지 않는다면, 특히 주변부 국가들의 경우가 시급한데 지구 전체가 붕괴 상황에 직면할 것이라는 데 모두가 동의한다. 그들은 이런 인구증가의 결과가 오늘날 우리 주변에 널려 있다고 말한다. 인구과밀 도시들, 환경오염, 범죄 증가, 대규모 이주 같은 현상들이 바로 그것이다. 그러나 그들의 주장은 경제개발과 관련된 정책들에 대해 몇 가지 매우 중요한 점들을 시사한다. 신맬서스주의자들에 따르면 가난한 나라들은 인구가 해마다 2퍼센트 이상 증가할 경우 가난에서 탈출할 수 없다. 생활수준을 향상시키기 위해 쓰여야 할 자원이 늘어난 인구를 먹여 살리는 데 사용되기 때문이다. 따라서 어떤 경제혁신도 일시적으로 국민을 구제할 뿐이다. 혁신을 통해 얻은 수익 증대가 늘어난 인구 때문에 금방 상쇄되기 때문이다. 그들이 경제개발을 통한 혜택을 누릴 수 있는 유일한 방법은 주변부 가난한 나라들의 출생률을 낮추는 것이다. 전 세계 인구의 94퍼센트를 차지하는 127개 나라들이 가족계획 정책을 지지하는 것으로 볼 때 대다수 나라 정부들이 그들의 주장에 동의하는 것으로 보인다.

경제학자 J. E. 미드(1967; Livi-Bacci, 1992 참조)는 인구증가의 어리석음을 보여주는 우화를 들려주었다. 그는 스테릴리아와 페르틸리아라는 가상의 두 나라를 예로 들어 설명한다. 스테릴리아는 여러 민족이 혼합된 민주 정부가 다스리는 해양국가다. 페르틸리아는 단일 민족의 내륙 국가로 외부 세계와 거의 접촉이 없는 상류계급인 지주들이 지배한다. 두 나라는 모두 식민지 지배를 받았으며 또 같은 시기에 독립을 쟁취했다. 인구통계학적 특성도 서로 비슷해서 출생률과 사망률이 두 나라 모두 높다. 그러나 말라리아모기를 퇴치하기 위해 디디티DDT 살충제를 뿌리고 질병을 줄이기 위해 페니실린을 많이 쓰면서 두 나라 모두 사망률이 급격하게 낮아졌다.

스테릴리아 정부는 경제개발을 촉진하고 목표 달성을 위해 철저한 가족계획 정책을 시행했다. 그러나 페르틸리아의 지배권력은 늘어나는 인구에 대처하기 위한 조치를 아무것도 취하지 않았다. 그 결과, 늘어난 농촌 인구들이 도시로 대거 밀려들었고 경제자본은 늘어나는 빈곤층을 지원하는 데 쓰일 수밖에 없었다. 따라서 교육, 도로, 통신, 보건 등 사회사업에 대한 투자는 거의 이루어지지 않았다. 반면에 스테릴리아 국민은 가족 단위가 점점 작아지기 시작했고 저축할 수 있는 여유가 생기면서 경제적 투자를 위한 자본이 축적되었다. 생활에 걱정이 없고 건강하고 유능한 노동자들은 상품을 생산하고 팔아서 더 많은 돈을 벌고 교육에 투자함으로써 훨씬 더 능력 있고 유익한 노동력을 창출했다. 마침내 스테릴리아는 상업이 번창하고 국민의 교육 수준이 높아지고 국민의료 사업이 확대되면서 급성장한 반면에 페르틸리아는 가난이 계속해서 이어지는 경제적 악순환의 소용돌이에 말려들고 말았다. 미드의 우화가 전하는 교훈은 명백하다. 산아제한 정책을 수행하는 데 성공하는 나라들은 번창하고 그렇지 못하는 나라는 경제와 사회 전반에 걸쳐 쇠퇴한다는 것이다. **그렇다면 그 말은 정말 사실일까?**

인도와 중국의 경우

우리는 현실에서도 스테릴리아와 페르틸리아 같은 나라들을 본다. 주변부 국가 인구의 38퍼센트를 차지하는 중국과 인도가 바로 그런 나라다.

미드의 우화에서 페르틸리아에 해당하는 인도는 1950년대 초부터 가족 계획 정책을 장려해왔다. 그러나 성과는 별로 없었다. 인도 정부는 초기에 산아제한이 필요하다는 인식을 부부에게 심어주는 것에 실패하자 좀 더 강제적인 수단을 써서 셋째 아이부터는 불임수술을 받게 하는 법률을 제정하려고 했다(한 주에서는 그런 법이 통과되었지만 집행되지는 못했다). 그것도 실패하자 정부는 여성들에게 자궁에 경부피임링을 착용하게 하려고 했지만 그것의 위험성에 대한 과장된 소문 때문에 실패하고 말았다. 먹는 피임약은 인도에서 정식으로 허가받지도 못했다. 결국 인도의 인구감소 정책은 성공하지 못했다. 한 여성이 낳은 아이의 수가 1950년에 5.97명에서 2000년에는 3.3명으로 줄었지만 같은 기간에 평균수명이 늘어나면서 실제로 인구증가율은 겨우 연 2퍼센트에서 1.8퍼센트로 떨어졌을 뿐이다.

반면 현실에서 스테릴리아에 해당하는 중국은 인도보다 20년 뒤진 1970년에 인구증가를 억제하려는 노력에 착수했다. 중국 정부는 1980년에 당시 9억 9,600만 명이었던 중국 인구를 2000년 12억 명이 넘지 않게 제한하려는 계획을 수립했다. 정부는 결혼 연령을 높이고 둘째 아이를 출산하는 시기를 뒤로 늦추며 한 가정 두 자녀로 아이 수를 제한하는 정책을 시행했다. 모든 성省의 대표들은 한 해 태어날 아이 수를 할당받았고 피임과 불임수술, 낙태를 권장하는 모임도 꾸려졌다. 그런 행위들은 자유롭게 널리 확산되었고 남편의 동의도 필요하지 않았다. 나중에는 한 자녀갖기운동에 동참하는 사람들에게 임금 인상, 대형 주택 거주, 자녀 교육에 우선순위 부여, 무상의료 제공과 같은 보상을 주되 협조하지 않는 사람들에게는 감봉, 소형 주택 거주, 교육과 의료혜택 후순위와 같은 벌칙을 부과했다.

중국은 아기를 낳을 수 있는 연령대의 여성이 많고 국민적 저항이 있었음에도 인도와 달리 산아제한에 성공했다. 인구증가는 1970년 2.2퍼센트에서 1990년 1.4퍼센트, 2000년에 0.877퍼센트로 떨어졌다. 지금 추세대로라면 인도의 인구는 2025년에 1950년보다 4배가 늘어날 테지만 중국의 인구는 3배 못 미치게 늘어날 것으로 예상된다. 따라서 사람들은 중국의 경제성장률이 인도보다 더 높을 거라고 예상할 것이다.

그러나 그런 일은 일어나지 않았다. 앞서 1장에서 본 것처럼 두 나라는 모두 세계에서 눈에 띄는 경제성장세를 보이고 있다. 인도의 성장률은 세계 평균보다 2배 이상 높다. 2006년과 2007년에 9퍼센트 이상 성장했으나 2008년 세계 경기침체로 5퍼센트대까지 떨어졌다. 중국 경제는 2009년 초에 세계 경제의 침체에도 거의 8퍼센트까지 성장했다. 지난 10년 동안 평균 성장률은 8~11퍼센트를 왔다 갔다 했다. 더군다나 보통 가난한 나라들의 국내총생산으로 평가되는 경제성장과 생활수준을 그 나라들의 인구성장과 비교해보면 둘 사이에는 아무런 상관관계가 없다. 일부 사람들이 주장하는 것처럼 사회적 자유 지수로 그 나라의 발전 정도를 평가한다면 인도는 중국보다 훨씬 상위에 있다(Livi-Bacci, 1992, 186~187쪽 참조). 인도와 중국은 여전히 중요한 차이점을 보인다. 중국은 인구 대다수의 삶의 질을 향상시키는 것에서 인도보다 훨씬 앞서 교육과 보건의료, 평균수명, 국민의 영양 상태에서 우위에 있다. 그러나 이런 발전은 대개 중국의 사회정책 덕분이지 인구증가율과는 아무 상관이 없어 보인다.

다른 여러 나라에서 경제발전과 인구증가 사이의 연관성을 면밀히 살펴본 경제학자들과 인구통계학자들은 인구증가가 경제발전을 가로막는다는 증거를 전혀 찾지 못했다. 실제로 인류 역사에서 볼 때, 인구증가는 경제번영과 상호 관련이 있었던 반면에 인구감소나 정체는 대개 경제침체와 쇠퇴로 이어졌다. 예컨대 1820~1987년 세계를 주도한 서방 4개국(영국, 프랑스, 독일, 미국)의 인구는 5.5배 늘어난 반면에 그들의 국내총생산 총액(불변가격 기준)은 93배 증가했다. 달리 말하면 인구가 5배 증가하는 동안 생산은 17배 증가한 셈이다. 인구통계학자인 마시모 리비바치는 인구증가와 경제성장의 관계를 면밀히 검토한 여러 연구를 살펴본 뒤 지난 2세기 동안 인구증가는 경제발전을 가로막지 않았으며 오히려 인구가 크게 증가한 나라들이 세계 경제를 이끈 경우가 많았다는 점에서 그 반대가 사실일 가능성이 높다고 결론지었다.

그렇다면 페르틸리아와 스테릴리아의 우화가 현실과 동떨어진 이야기라는 사실은 인구증가와 경제발전 사이에 아무런 상관관계가 없다는 것을 의미하는 걸까? 그렇다고 확언하기는 어렵지만 서로 상쇄할 수 있는 요소들이 그 둘의 관계를 모호하게 한다고는 말할 수 있다. 또한 그것은 인구증가가 경제발전을 가로막는 극복 불가능한 걸림돌은 아니라는 것을 의미한다.

그러면 **인구증가는 왜 경제발전을 가로막지 않는가** 하는 질문이 나올 수 있다. 여러 가지 이유가 있을 수 있다. 첫째, 인구증가가 자원 고갈을 유발할 거라는 예측은 입증된 바가 없다. 식량, 원료, 에너지와 같은 자원은 오늘날 희소가치가 더 높아지거나 가격이 더 올라가지도 않았다. 자원을 더욱 효율적으로 이용할 줄 아는 능력을 갖추었기 때문이다. 예컨대 1850년에 1,000달러짜리 상품이나 서비스를 생산하려면 석유제품 4.6톤이 필요했지만 1900년에는 2.4톤으로, 1978년에는 1.5톤으로 떨어지면서 비용 대비 이익이 3배로 늘어났다.

둘째, 신맬서스주의자들은 사람들을 소비자로만 보는 경향이 있다. 그들은 사람들이 생산자일 수도 있으며, 대개 생산한 것이 소비하는 것보다 더 크다는 사실을 고려하지 않는다. 그들은 종종 인간 문화가 다른 동물들과 달리 또 다른 에너지원을 개발할 수 있게 한다는 사실을 까먹는다.

이것을 설명하기 위해 유엔 소속의 경제학자들은 사람들이 특정한 양의 부와 에너지를 소비하면서 동시에 특정한 양을 생산하며, 그들이 생산하고 소비하는 양은 연령에 따라 다르다는, 즉 연령별로 어떤 경우는 생산하는 것보다 소비하는 것이 많고 어떤 경우는 소비하는 것보다 생산하는 것이 더 많다는 것을 보여주는 표를 개발했다(〔표 5-3〕 참조).

사람들은 태어나서 20세까지 그리고 다시 65세부터 생산하는 것보다 소비하는 것이 더 많다. 반면에 20세부터 65세까지는 소비하는 것보다

〔표 5-3〕 연령별 생산과 소비 비교

연령	소비 초과	연령	생산 초과
0~1	50	20~25	260
1~5	225	25~30	300
5~10	332	30~35	350
10~15	450	35~40	350
15~20	350	40~45	320
65~70	350	45~50	290
70~75	400	50~55	260
75~80	500	55~60	215
80 이상	650	60~65	85

출처: A. 소비, 『일반인구론』*General Theory of Population*(New York: Basic Books, 1969).

생산하는 것이 더 많다. 다시 말해 경제에서 빼먹는 것보다 기여하는 바가 더 크다는 얘기다. 또한 이것은 인구의 평균수명이 늘어나면 소비하는 것보다 생산하는 것이 더 늘어난다는 것을 의미하기도 한다. 다시 말해 평균수명이 20~30세면 소비가 생산보다 많은 반면에 40세면 생산이 소비보다 많다. 이 표 역시 구성원들의 평균수명이 50세 이상인 사회가 생산이 소비를 초과해 그 격차가 최대로 벌어진다는 것을 보여준다. 이것은 실제로 영국, 웨일스, 스웨덴, 일본을 포함한 여러 나라에서 나타난 이른바 경제도약 상황과 일치한다(Omran, 1971, 532쪽).

물론 이 표는 평균수명과 생산성의 관계에 대해 대강의 근사치만을 보여준다. 또한 생산성은 사회마다 보유한 기술과 분업의 수준에 따라 다르다. 예컨대 어느 지역에서는 여섯 살이나 여덟 살의 어린아이들이 집안일이나 돈벌이를 보조하고 열세 살이면 성인과 똑같은 노동력을 공급한다. 이런 사회의 구성원들은 20대에 본격적으로 노동력 대열에 합류하는 사회에 사는 사람들보다 더 일찍 경제활동에 정식으로 참여하게 된다.

인구증가가 경제쇠퇴로 이어지지 않는 세 번째 이유는 규모의 경제 때문이다. 자원은 이용할수록 이익이 늘어난다. 예컨대 도로의 유용성은 그 도로를 통해 얼마나 많은 사람과 화물이 이동하느냐에 달려 있다. 도로의 기능은 교역을 보조하고 교통을 늘리고 더 큰 시장을 창출하는 것이므로 사람들이 도로를 많이 이용할수록 도로에서 얻는 이익은 점점 더 커지기 마련이다. 또한 교육이 성장을 촉진한다고 생각할 때 학교를 세우면 더 많은 사람이 학교에 다닐 테고 거기서 더 많은 이익이 생길 것이다. 따라서 인구증가는 도로, 학교, 공장, 병원과 같은 기존 자원들을 경제적으로 더욱 유익하게 만들 수 있다.

넷째, 자본주의 경제를 이끄는 것이 상품 소비이기 때문에 사람들이 많을수록 이론적으로는 상품과 서비스에 대한 수요도 점점 더 커진다.

끝으로 농업경제학자 이스터 보스럽(1965)은 인구증가가 농업과 기술혁신의 자극제 역할을 할 수 있다고 주장했다. 예컨대 농경사회에서는 인구가 늘면 더 많은 땅을 새로 경작하고 기존의 토지는 더 자주 경작하고 쟁기나 관개시설 같은 새로운 기술을 적용한다. 따라서 더 많은 식량을 생산하게 되고 그것은 늘어나는 인구를 지탱하게 한다. 이런 과정은 더 많은 노동을 요구할지 모르지만 더 많은 사람을 먹여 살린다.

요약하면 인구증가 때문에 경제성장이 둔화된다는 증거는 별로 없다. 그렇다고 이것이 반드시 경제성장과 인구증가 사이에 아무런 연관성이 없다는 것을 의미하지는 않는다. 다만 맬서스주의자나 신맬서스주의자들의 경고에 귀를 기울이기에는 그 둘의 관계를 입증하는 증거가 너무 빈약하다는 말이다. **그렇다면 인류는 그들에게 할당된 공간과 자원들을 그냥 다 써버려도 되는 걸까?**

환경수용력 문제

인구가 아직 경제성장을 둔화시킬 정도로 증가하지 않았다는 생각을 인정한다고 할지라도 **많은 신맬서스주의자가 주장하는 것처럼 우리는 아직 그 영향을 피부로 느끼지는 못했지만 앞으로 인구가 2배로 늘어나는 기간이 짧아지면서 지구의 수용력을 초과하는 인구증가가 곧 발생할 것이라고 말할 수 있지 않을까?** 생물학자들은 주어진 환경이 지탱할 수 있는 최대의 유기체

수를 나타낼 때 **환경수용력**이라는 용어를 쓴다. 예컨대 우리는 특정한 환경에 서식하는 늑대들을 유지시켜주는 먹이의 형태들을 면밀히 살펴보고 그 먹이가 얼마나 많은지 계산함으로써 그 환경이 유지할 수 있는 늑대의 개체 수를 추정할 수 있다. 이것은 맬서스주의자들이 인구에 대해 전제했던 가정들과 같다. 지구상에 존재하는 식량과 자원의 양을 고려할 때 그런 자원들이 고갈될 때까지 생존할 수 있는 사람 수는 얼마나 될까 하는 식으로 문제를 분석한다. 예컨대 데이비드 피멘텔과 동료 학자들 (1999)은 비옥한 토지의 감소, 관개용수의 감소, 비료 사용의 억제 때문에 2100년이면 세계는 1990년대 미국 평균치의 절반밖에 안 되는 생활 수준으로 20억 명의 인구만 유지할 수 있을 것이라고 예상했다.

그러나 환경수용력 이론을 인류에게 적용할 때 나타나는 문제는 인간의 문화와 상징적 사고능력이 우리의 식생활뿐 아니라 식량 생산을 위해 자연환경을 개발하는 방식도 바꿀 수 있다는 점이다. 예컨대 수렵채취사회에는 주어진 자연환경에서 야생식물을 채취하고 야생동물을 사냥해서 먹고살 수 있을 정도의 인구만이 살 수 있었다. 그러나 사람들은 자신들이 사는 지역이 지탱할 수 있는 인구수를 넘어서고 다른 지역으로 이주하는 것이 어려워지자 직접 식물을 심고 수확했으며 가축을 한곳에 모아 기르기 시작했다. 나중에 농사짓는 사람들이 늘어나자 동일한 면적에서 더 많은 식량을 재배할 수 있는 기술을 이용해 더 많은 땅을 경작하기 시작했다. 인류는 자신의 자원 기반을 변화시킴으로써 생존의 법칙을 끊임없이 바꿔나갈 줄 안다. 실제로 지구의 환경수용력에 대한 추정치는 어떤 기술을 이용해 식량을 생산하는지에 따라서 75억 명에서 1,470억 명까지 큰 차이가 날 정도로 다양하다(Cohen, 1995; Livi-Bacci, 1992, 207쪽). 결국 계속 늘어나는 인구를 먹여 살릴 수 있는 인간의 능력이 언제 한계치에 도달할지 예측하기는 어렵다. 이것이 바로 맬서스주의자들과 수정주의자들 사이의 중요한 논쟁 가운데 하나다.

신맬서스주의자들이 제기한 경고들이 확실한 증거가 없는데도 **이른바**

인구증가문제와 관련해서 맬서스주의자들의 경고가 중요해지는 까닭은 왜일까라고 묻는 것은 당연한 일이다. 좀더 구체적으로 말해, **왜 정치가와 정책입안자들은 그들의 주장에 그렇게 주목할까? 그리고 왜 사람들은 그들의 가정을 그렇게 순순히 받아들이는 걸까?**

맬서스주의자의 우려는 이데올로기 문제

인류학자들이 제기하는 가장 중요한 문제 가운데 하나는 사람들이 자기 자신과 세계에 대해 어떻다고 믿을 때, 그 믿음에는 각기 나름의 이유가 있다는 사실과 관련이 있다. 다시 말해 **특정한 믿음은 사회적으로 어떤 목적이 있으며, 어떤 역할을 수행하는가** 하는 문제다. 예컨대 마녀들이 존재하며 그들이 남에게 해를 끼치는 사람들을 벌준다고 믿는다면, 그 믿음은 적절한 사회적 행동을 유발할 것이다. 누군가를 시기 어린 눈초리로 응시하는 것이 그 사람을 해칠 수 있다면, 그 사회의 구성원들은 자신이 소유한 부를 과시하려고 하지 않을 것이다. 그런 '악의에 찬 눈초리'를 한 이의 주목을 받을까 봐 두렵기 때문이다. 비록 과학적으로 밝혀진 것이라고 해도 어떤 견해에 담겨진 사회적 기능이나 목적을 살펴보는 것은 합당하다. 따라서 맬서스주의자들이 주장하는 가정들이 옳든 그르든 상관없이 그것들을 수용하는 것의 배후에 과연 어떤 사회적 이익이나 목적이 있을지를 알아보는 것 역시 합당하다(Barne, 1974 참조). 달리 말하면 **인구증가에 대한 맬서스주의자들의 주장은 그 배후에 다른 관심사나 사회적 이익을 숨기고 있는 것은 아닐까?**

예컨대 인구증가는 애초에 토머스 맬서스에게 중요한 문제가 아니었다. 그가 주목했던 문제는 영국에서 가난한 사람들이 자꾸 늘어나는 것이었다. 그들이 왜 존재해야 하고, 그들 주변에 무슨 일이 일어났는가 하는 문제였다. 맬서스에 따르면 가난은 산업화의 확대나 사람들을 공유지에서 축출한 인클로저법, 제조업자들의 값싼 노동력 요구 때문에 초래된 것이 아니었다. 이는 자연의 순리에 따라 발생한 것이었다. 인간의 생식

능력과 식량증산능력 차이에서 비롯된 것이었다. 사람들이 가난한 것은 인구가 너무 많고 가난한데도 자식들을 계속 낳았기 때문이다. 맬서스는 가난을 구제하기 위해서는 더 많은 아이를 낳도록 장려해야 한다고 주장 했다. 다만 결혼을 강제로 늦춰야 한다고 했다(맬서스는 어떤 형태의 산아 제한도 반대했다). 1834년 맬서스의 저작에 크게 고무된 영국 정부는 이른 바 구빈법을 개정해 수백 년 동안 유지되었던 각종 구제책을 폐지하고 가 난한 사람들이 스스로 공공수용시설에 들어갈 조건을 정하게 했다. 그 수용시설은 일부러 혐오스럽게 지어졌다(Polgar, 1975, 86쪽).

맬서스주의자들은 가난이 존재한다면 그것은 인구가 지나치게 늘어났 기 때문이라고 가정한다. 지나친 인구증가는 도덕규범의 결여로 기존의 생식 행태를 바꾸지 못한 사람들 탓이다. 또한 맬서스주의자들은 런던 같은 대도시로 몰려든 가난한 사람들이 1789년 프랑스에서처럼 혁명을 자극할지도 모른다고 두려워했다.

맬서스의 생각은 19세기 동안 어떤 문제제기도 받지 않았다. 앞에서 살펴본 것처럼 카를 마르크스는 가난을 지나친 인구증가의 결과가 아니 라 자본주의적 생산양식이 만들어낸 조건으로 보았다. 자본주의적 생산 양식은 실업과 불완전고용의 나락으로 떨어진 실패자들과 함께 임금 때 문에 경쟁하지 않을 수 없는 '산업예비군', 즉 잉여노동을 필요로 했다. 마르크스는 그들의 가난이 인구가 많이 늘었기 때문이 아니라 그들을 경 제에서 완전히 또는 부분적으로 배제하고 그들의 삶을 임금노동에 맡길 수밖에 없게 만드는 조건 때문이라고 보았다.

맬서스주의자들의 가난에 대한 설명과 인구통계학적 이론은 2차 세계 대전이 끝나고 신맬서스주의자들에 의해 다시 부활했다. 생물학자 파울 에를리히는 1968년 맬서스주의를 다시 되살리는 데 가장 큰 역할을 한 저술 가운데 하나인『인구폭발』에서 자신이 인구문제의 중요성을 어떻게 알게 되었는지를 설명했다. 그는 "어느 지독히도 더운 날 밤에 델리에서" 그것을 알기 시작했다고 말했다.

우리는 [택시를 타고] 시내를 이리저리 천천히 둘러보다 사람들이 밀집한 빈민 지역에 들어갔다. 기온은 섭씨 37도가 넘었고 대기는 먼지와 스모그로 뿌연 상태였다. 거리는 사람들로 활기찬 모습이었다. 뭔가 먹고 있는 사람, 씻고 있는 사람, 잠자고 있는 사람. 어딘가 찾아가고 있는 사람, 목청 높이고 고함치는 사람. 택시 창문 안으로 손을 불쑥 집어넣고 구걸하는 사람. 똥이나 오줌을 누고 있는 사람. 버스에 매달려 가는 사람. 가축들을 몰고 가는 사람. 사람, 사람, 사람, 사람. 우리가 군중 사이를 서서히 움직이는 동안 빵빵거리는 경적소리, 흙먼지, 각종 소음, 뜨거운 열기, 요리용 화덕불은 마치 지옥의 한 장면 같았다. 무사히 호텔로 돌아갈 수 있을까? 우리 세 사람 모두는 솔직히 두려웠다. (……) 그날 밤 이후로 나는 인구과잉이 어떤 느낌인지 알았다(Ehrlich, 1968, 15쪽).

정치학자 마흐무드 맘다니(1972)가 지적한 것처럼, 에를리히가 그때 뉴욕의 타임스퀘어 광장이나 런던의 피카딜리 서커스 광장에 있었다면 거기는 델리의 빈민가보다 훨씬 더 많은 사람이 있었을 테지만 그런 상황이 에를리히를 인구과잉에 대한 두려움으로 이끌지는 않았을 것이다. 에를리히는 사람 수가 많아서가 아니라 그들의 가난과 언제 말썽을 일으킬지 모르는 가난한 민중에게 내재된 실질적 위협 때문에 심적으로 불안해했던 것이다.

인구통계학적 사회이론인 맬서스주의는 우생학자들에게도 호소력이 있었다. 우생학에서는 가난을 국가의 사회·경제정책의 잘못이 아닌 유전자 탓으로 보았다. 우생학 이론은 찰스 다윈의 자연선택과 '적응도'를 잘못 이해한 데서 비롯되었다. 우생학자들은 다윈의 생각을 인구문제에 적용할 수 있다고 생각해 열등한 유전자를 가진 사람들의 자손이 우월한 유전자를 가진 사람들의 자손보다 많아지면 우량한 인종(독일 '인종'이나 영국 '인종')이 소멸할 것이라고 추론했다. 따라서 우생학자들은 문제 있는 유전자를 가진 사람들의 출산을 말리거나 금지하는 한편, 우월한 유전자를 가진 사람들의 출산은 될 수 있는 한 최대로 장려하는 정책을 촉진해야 한다고 생각했다. 사람들이 가난한 것은 유전자 결함 때문이라고 단정했기 때문이다.

우생학은 최근에 지능과 지능지수의 유전에 대한 논쟁에서 드러난 것처럼 때때로 수정된 형태의 모습을 보이기도 하지만, 과학자들 대다수가 그 이론을 신뢰하지 않은 지는 이미 오래되었다(Cohen, 1998 참조: Robbins, 2008, 210쪽 이하). 그러나 1920년대 우생학이 전성기였을 때, 문제를 가진 생식질 제거를 위한 미국의 최적 수단 연구 보고위원회와 같은 단체들은 "사회는 생식질(생식을 통해 자식을 만들 때, 신체를 구성하는 근원적 요소로 정소나 난세포를 말하며 수정과 개체발생을 통해 유전된다. 독일 생물학자 아우구스트 바이스만이 처음 사용한 용어다 — 옮긴이)을 단순히 개인 차원의 문제가 아니라 사회에 속한 것으로 보아야 한다"고 결론지었다(Polgar, 1975, 189쪽 인용).

맬서스의 인구론을 옹호하는 또 한 사람 개릿 하딘은 이렇게 썼다.

> 우리는 어떻게 인류의 번식을 줄일 수 있을까? (……) 그러나 장기적으로 아무 조치도 취하지 않고 그냥 놔두면 사람들은 번식을 멈추지 않을 것이다. 인류의 번식을 줄이기 위해 협력하는 사람도 나중에는 협력하지 않는 사람과 섞이게 마련이다. 그러면 우리는 어떤 제한조치를 취해야 할까? 모든 침실에 경찰관을 배치? (……) 그런 소름 끼치는 상상을 할 필요는 없다. 우리에게는 이미 누구나 인정할 수 있는 기술이 있다. 바로 불임수술이다. (……) 부모라는 유일한 특권이 있고 부모들이 미래 세대의 생식질을 보관하고 있는 수탁자이며 그들의 권리를 보호하는 사람이라는 것을 자각하고 있다면 인류에게는 희망이 있다(Polgar, 1975, 190쪽 인용).

우리는 아마도 전 세계 또는 미국에서 '문제 있는' 유전자를 지닌 인간

집단을 제거하겠다고 생각하면서 불임수술을 받는 여성들이 얼마나 많은지 전혀 알지 못할 것이다. 앨런 체이스는 『맬서스의 전설』*The Legacy of Malthus*(1977)에서 1975년까지 해마다 미국에서 불임수술을 받은 여성 100만 명 가운데 절반이 자의가 아니었다고 추산했다.

역사적으로 볼 때 산아제한을 옹호하는 행위를 인종차별이나 우생학의 문제와 분리하기는 어렵다. 과거뿐 아니라 오늘날도 마찬가지지만 인구수를 조절하고 줄이려는 계획들은 그 배후에 대개 가난한 사람들을 통제하기 위한 인종차별주의자와 성차별주의자의 농간이 숨어 있었다. 인구증가에 대한 초기의 우려는 영국의 도시 빈민층, 미국의 흑인과 원주민들, 이민자, 농촌 빈민들과 같은 중심부 국가들의 가난한 사람들에게 초점이 맞춰져 있었다. 서양 국가들이 주변부 국가들의 출산율에 대해 우려하기 시작한 것은 1950년대 들어서였다. 그렇다면 **1950년대와 1960년대에 서양 국가들이 주변부 국가들의 인구증가를 걱정하기 시작한 이유는 무엇인가?**

하나는 중심부 국가들이 자국의 빈민들에 대해 우려했던 것과 똑같은 이유에서 찾아볼 수 있다. 그들을 구제하기 위해서는 돈이 들어간다. 파울 에를리히 같은 맬서스주의자들은 윌리엄 패덕과 폴 패덕이 1967년 식량 원조를 위해 군사우선 정책을 주장하며 쓴 『기근―1975년』*Famine―1975*에서 옹호한 내용들을 채택했다. 패덕 형제는 미국에 복종하는 나라에 대해서만 기아를 막기 위한 식량증산 정책을 쓰라고 권고했다.

> 식량 부족 시대가 도래하면 식량을 무기로 삼을 수 있다는 점에서 가장 많은 식량을 보유한 나라가 가장 강한 나라가 될 것이다. 그때 미국이 그 기회를 잡는다면 틀림없이 세계를 지배하는 시대가 될 것이다(Paddock and Paddock, 1967, 232쪽).

더 나아가 인구억제를 주장하는 사람들은 주변부 국가들의 빈민들이 자국에서 경제와 정치적 안정을 깨뜨리고 사회불안을 일으키는 동시에 대거 자기네 나라로 이주할 수 있다는 우려를 공유하고 있다. 예컨대 1974년 미 국무부장관 헨리 키신저의 요청으로 국가안전보장회의NSC가 작성한 국가안보보고서(Mumford, 1996)는 주변부 국가의 인구증가가 다음의 네 가지 이유 때문에 미국 국가안보에 위협적인 요소라고 결론지었다. (1) 큰 나라들은 더 강력한 정치력을 보유하게 될 것이다. (2) 인구수가 많은 나라들은 미국이 필요한 전략물자들에 접근하는 것을 거부할 것이다. (3) 인구가 늘어날수록 젊은 층이 많아져서 기존의 세계 권력구조에 도전하는 경우가 많아질 것이다. (4) 그런 나라들에서 늘어나는 인구는 미국 투자자들을 위협할 것이다. 이 보고서는 인도, 브라질, 이집트, 나이지리아, 인도네시아, 필리핀, 방글라데시, 파키스탄, 멕시코, 태국, 터키, 에티오피아, 콜롬비아를 가장 걱정스러운 나라들로 꼽았다.*

따라서 스티븐 폴가(1972, 1975)가 주장한 것처럼, 미국의 대외정책은 단순한 인구과잉에 대한 우려가 아니라 주변부 국가의 인구증가가 그 나라 국민의 소득 수준과 구매력을 떨어뜨리고 미국의 정치적·경제적 영향력을 위협할 수 있다는 우려를 바탕으로 초점이 맞춰져 있다. 폴가는 중심부 국가에서 인구문제는 인구과잉에 대한 우려가 아니라 수탈 대상이 되는 국가의 역할 변화에서 비롯된다고 주장했다. 주변부 국가의 국민은 처음에는 값싼 노동력 수요 때문에 필요했지만 나중에는 시장을 위해 필요한 존재가 되었다. 실제로 1940년대까지 중심부 국가는 주변부 국가의 인구증가에 관심이 없었다. 오히려 인구증가 속도가 너무 늦다고 불평했다. 그런데 합성물질이 개발되면서 특정한 원료들의 수요가 줄어들고 주변부 국가의 국민이 가난 때문에 소비자로 지위를 바꾸는 것이 어려워지자 그들은 쓸모없는 존재가 되었다. 특히 그들은 사회를 혼란에 빠뜨릴

---

* http://faculty.plattsburgh.edu/richard.robbins/legacy/memo%20200.htm에서 이 보고서의 원문을 찾아볼 수 있다.

혁명분자나 이민자, 범죄자로 바뀔 가능성이 높아졌다. 그들은 이제 오히려 부담스러운 존재가 된 것이다.

오늘날 인구문제가 심각하고 인구과잉 때문에 가난이 생겨났다고 믿는 사람들이 모두 인종차별주의자거나 제국주의자인 것은 아니다. 그러나 사람들은 맬서스주의의 바탕을 이루는 가정들을 아무 의심도 하지 않고 너무나 쉽게 받아들인다. 그 결과, 맬서스주의는 가난과 환경파괴, 질병, 사회불안에 대해 설명할 때 정작 그 문제들에 내재된 더 중요한 다른 이유들은 숨기고 오직 인구증가에만 초점을 맞춘다. 그러나 오늘날 인구에 대한 일반 대중의 생각을 지배하는 것은 맬서스주의의 가정들만이 아니다.

인구변천 이론

인구문제와 관련된 담론을 지배하는 또 다른 이론 틀은 **인구변천 이론**이다([표 5-4] 참조).

[표 5-4] 인구변천 단계

	출생률	사망률	인구성장률
1단계	고	고	안정
2단계	고	저	급증
3단계	저	저	안정

이 이론에 따르면 세계 인구는 인류가 탄생한 뒤부터 1750년경까지 매우 느리게 증가했다. 인구증가가 이렇게 상대적으로 안정된 상태를 유지한 까닭은 대개 출생률이 높았지만 동시에 사망률도 높았기 때문이다. 그러다가 18세기 말에서 19세기 초까지 선진국의 사망률은 의학의 발달과 위생환경의 개선 덕분에 감소하기 시작했다. 반면에 출생률은 큰 변화가

없었다. 따라서 인구는 급격하게 증가했다. 그러다 인구증가의 압박과 피임기술의 확산으로 출생률이 '인구대체 수준'(인구를 현상 유지하는 데 필요한 출생률 수준 — 옮긴이)에 가깝게 떨어졌고 적어도 선진국의 인구증가율은 안정세로 돌아섰다(Coale, 1974 참조).

주변부 국가의 인구증가는 20세기 중반에 시작되었다. 그러나 중심부 국가에 비해 사망률, 특히 어린이 사망률이 매우 급격하게 하락하면서 폭발적인 인구증가를 초래했다. 인구변천 이론에 따르면 오늘날 주변부 국가의 출생률은 인구증가 측면에서 이제 겨우 조금씩 낮아지고 있을 뿐이다. 이런 현상은 현대 사회에서 교육비와 보육비의 증가로 가족 수를 줄여야 할 이유가 생기고, 다양한 피임기술의 확산으로 산아제한을 가능케 하는 수단들이 제공되면서 일어난다.

인구변천 모형은 신맬서스주의 이론의 가정들을 공유한다. 낮은 출생률이 경제발전과 관련이 있다고 본다. 그러나 인구변천 이론을 옹호하는 사람들은 경제발전을 위해 출생률을 낮춰야 한다고 주장하지 않고 경제발전의 결과로 출생률이 낮아진다고 주장한다. 이 이론의 문제는 그것이 결정적으로 자민족중심주의의 가정들로 구성되어 있다는 것이다.

첫째, 인구변천 이론을 주장하는 사람들은 역사 전반에 걸쳐 출생률이 언제나 한결같이 높았다고 가정한다. 당시 출생률이 높았던 것은 산업혁명 이전의 열악한 생활환경 때문에 죽는 사람들이 많아지면서 인구균형을 맞추기 위해 필요했다. 그러나 이런 가정에는 분명히 자민족중심주의적 편견이 자리잡고 있다. 인구통계학자들은 산업혁명 이전 시기에 유럽의 출생률이 결혼한 나이에 따라 다르다고 인정했지만 유럽이 아닌 지역에서는 출생률을 억제하지도 않았고 할 수도 없었다고 가정했다.

둘째, 인구변천 모형은 인구증가를 안정시킬 수 있는 유일한 해법이 서양의 산아제한과 불임방식을 확산시키는 것이라고 가정한다. 앞으로 살펴보겠지만, 그 모형은 다양한 경제적·사회적 요인에 따라 출생률이 달라지며 산업혁명 이전의 사람들이 전에 생각했던 것보다 훨씬 건강했다는 중요한 사실들을 무시하고 있다.

셋째, 가난한 나라의 사람들이 서양의 출생률 기준을 따르지 않고 저항하는 것은 불합리한 사고와 시대에 뒤처진 종교적 가치관, 전통적이고 숙명론적인 세계관의 결과라고 가정한다. 반면에 출생률 억제는 늘 합리적이고 근대적인 것으로 본다(Caldwell, 1982, 119쪽).

끝으로 어떤 사람들은 인구변천 이론 그 자체가 이데올로기적 편견이라고 주장한다. 그 이론이 마르크스가 말한 잉여 예비노동자라는 개념을 대체하기 위해 나온 것이라는 주장이다. 앞서 설명했듯이 마르크스는 자본주의가 잉여인구를 창출한다고 보았다. 노동자들이 제한된 일자리를 놓고 경쟁해야 하기 때문에 상인과 제조업자, 정부는 그들의 임금을 가능한 한 최대로 낮출 수 있다. 마르크스의 주장이 옳다면 식민지 정부들은 주변부 국가에서 인구증가를 억제할 게 아니라 장려하는 편이 맞을 것이다. 이런 상황은 실제로도 일어났다. 20세기 초, 아프리카의 식민지 정부들은 인구증가 속도가 느리고 따라서 노동력이 부족해지는 것을 걱정한 나머지 출생률을 높이기 위해 할 수 있는 모든 방법을 동원했다.

인구변천을 옹호하는 사람들은 주변부 국가의 높은 인구증가를 그 나라 국민 탓으로 돌린다. 자본주의의 팽창은 인구증가문제를 초래하는 원인이 아니라 오히려 그 문제를 해결하는 방법이라고 주장한다. 달리 말해 인구변천 모형은 경제발전을 그 문제의 해답으로 본다. 반면에 마르크스는 경제발전이 문제의 원인이라고 보았다(O'Brien, 1994).

인구변천 이론은 대개 인간집단이 시종일관 출생률을 자기 지역의 경제적·사회적 조건에 맞게 조정했다는 사실을 간과한다. 게다가 그렇다고 할 때 우리는 주변부 국가의 높은 출생률이 그 나라의 국민이 단순히 산아제한을 못해서 나타난 결과가 아니며, 그들의 삶을 고려한다면 그것이 비합리적인 것도 아니라고 생각할 수 있다. 다시 말해 주변부 국가의 높은 출생률은 무지나 진부한 종교적 가치관, 교육 부족 때문이 아니라 사람들, 대개 여성들이 자기 가족 수를 조정하기 위해 대응해야 하는 사회적·경제적 요소들 때문에 나타난 결과라고 볼 수 있다. 그러나 인류가 인공적인 산아제한 수단을 이용하지 않고 어떻게 인구수를 통제할 수 있는지 이해하기 위해서는 **인간사회가 역사적으로 어떻게 인구규모를 조절해왔는가** 하는 문제에 대한 답을 찾아야 한다.

인구증가와 감소에 대한 기본 개념

아주 단순하게 말하면, 세계 인구증가는 오직 두 가지 요소, 출생과 사망으로 구성된다. 사망률이 출생률보다 낮다면 인구는 늘어난다. 사망률이 출생률을 초과한다면 인구는 감소한다. 일정한 지역의 인구를 놓고 볼 때, 이주도 인구의 증가와 감소에 영향을 준다. 그러나 지금은 자연적 인구증가와 감소에 대해서만 주목하자. 그렇다면 **출생률과 사망률에 영향을 끼치는 경제적·사회적·문화적 요소는 무엇일까?**

출생률 출생률은 일정하게 주어진 인구 대비 새로 태어난 아이의 수를 나타내는 요소다. 이는 한 여성이 아이를 낳을 수 있는 기간인 사춘기와 폐경기 사이에 몇 명의 아이를 출산하는지를 포함한 생물학적·사회적 요소들에 따라 결정된다.

한 아이를 출산하고 다음 아이를 출산하기까지의 간격은 다음과 같은 여러 가지 요소에 따라 달라진다.

- 출산 후 불임기간: 출산 후 일정 기간 배란이 일어나지 않는 시기가 있다.
- 배란에서 임신까지 걸리는 기간: 일부 여성들은 아이를 낳은 후 첫 번째 배란 시기에 임신을 할 수도 있지만 그렇지 못한 사람들도 있다. 대개는 평균 5주에서 10주 정도 걸린다.
- 평균 임신기간(9달)
- 태아사망률: 임신한 여성 가운데 다섯 명에 한 명꼴로 유산한다(임신

한 사실을 인지하지 못한 사람들을 포함해 실제로 임신중절에 이르는 비율은 80퍼센트에 육박한다).

• 산아제한 기술의 존재 여부

이런 요소들 가운데 출산 후 다음 번 출산까지 걸리는 기간과 산아제한 기술의 존재 여부는 출생률에 가장 큰 영향을 준다. 출산 후 다음 번 출산까지 걸리는 기간은 다양한 문화적 요소의 영향을 받는다. 예컨대 모유 수유는 배란을 억제한다. 세 살 때까지 모유를 수유하는 사회에서는 출산 간격이 더 길어질 수밖에 없다. 모유 수유에 대한 태도는 사회마다 다르다. 모유 수유를 장려하고 당연한 것으로 생각하는 사회가 있는 반면 그에 반대하는 사회도 있다. 인간의 신체에 대해 생각하는 이미지나 성에 대한 의미가 다르기 때문이다.

경제 유형이나 소비 형태도 모유 수유에 영향을 줄 수 있다. 예컨대 주변부 국가에서 모유 수유는 지난 30~40년 동안 두드러지게 감소했는데, 분유 광고와 분유 판매의 급증 때문이다. 따라서 모유 수유를 억제하는 문화적·사회적 요소들은 특히 현대의 인공적 산아제한 방법이 없는 상황에서 출산 간격을 줄이고 출생률을 높여 결국에는 인구증가에 크게 기여한다.

여성들이 아기를 낳은 후 일정 기간 성교를 하지 못하게 금지하는 사회들이 꽤 있다. 그 기간은 몇 달에서 몇 년까지 다양한데 이에 상관없이 그 금기 전통은 여성들의 다음 번 출산 시기를 늦추는 구실을 한다.

따라서 현대의 인공적 산아제한 기술의 영향력을 제쳐두더라도 이른바 자연적 수단을 통한 출산 간격은 18개월에서 45개월까지(즉 1년 반에서 3년 반까지) 다양할 수 있다.

출생률을 결정하는 두 번째 중요한 요소는 여성들이 임신할 수 있는 시기다. 다시 말해 여성들이 얼마나 오랜 기간 아이를 가질 수 있느냐 하는 것이다. 이것도 문화적·사회적·경제적 요소에 따라 매우 다르다. 생물학적으로 볼 때 그 기간은 생리가 시작되는 때부터 생리가 끝나는 때까지다. 최대 11~50세로 보지만 평균적으로는 15~40세다. 그러나 더 중요한 것은 여성들이 성적으로 가장 왕성하게 활동하는 시기인 문화적 임신 가능 기간이다. 이것은 대부분 사회에서 결혼 적령기가 언제냐에 따라 달라지는데 평균적으로 15~25세를 말한다.

자연적 요인에 따른 출산 간격의 최소와 최대 기간을 결혼하기에 알맞은 최소와 최대 나이와 결합하면 매우 다른 두 가지 인구증가 시나리오가 나온다(Livi-Bacci, 1992, 13쪽 참조). 출산 간격을 최대 3.5년으로 잡고 임신할 수 있는 기간을 최대 15년으로 보면 결혼 적령기의 최대 나이인 25세부터 폐경기 평균 나이인 40세까지 한 여성이 낳을 수 있는 아이의 수는 4.3명이다.

$$\frac{임신 \ 가능 \ 기간 \ 15년}{출산 \ 간격 \ 3.5년} = 4.3명의 \ 아이$$

그러나 임신할 수 있는 기간을 최대 25년으로 잡고 결혼 적령기의 최소 나이인 15세부터 평균 폐경기 나이 40세까지 출산 간격을 최소 1.5년으로 보면 한 여성이 낳을 수 있는 아이의 수는 16.7명이다.

$$\frac{임신 \ 가능 \ 기간 \ 25년}{출산 \ 간격 \ 1.5년} = 16.7명의 \ 아이$$

후자의 조건은 현실에서는 불가능에 가깝다. 출산 도중에 죽거나 병에 걸릴 수 있는 위험성이 늘어나면서 아이를 낳을 수 있는 기간이 줄어들 수 있다는 점을 고려하지 않았기 때문이다. 실제로 여성 한 명이 아이를 가장 많이 낳은 경우가 11~12명 정도다. 그러나 앞에서는 현대의 인공적 피임기술의 효용이나 이용은 고려하지 않고 결혼 나이와 이유기 같은 문화적 요인들만을 바탕으로 출생률을 예상해 추산한 것일 뿐이다.

또한 인류학자들은 일부다처나 일부일처와 같은 또 다른 문화관습이

출생률에 어느 정도 영향을 끼쳤는지 연구했다. 예컨대 보통 일부다처제
는 여러 아내와 부부관계를 맺어야 하기 때문에 한 아내와의 성교 횟수가
일부일처제보다 적어서 출생률을 떨어뜨릴 것이라고 생각한다. 그러나 실
제 연구 결과는 그 주장이 옳다고 결론을 내리지 못했다. 성교 횟수가 출
생률에 영향을 줄 수 있는 또 하나의 문화변수인 것은 맞지만 그것이 출
생률에 커다란 영향을 끼친다는 것을 보여주지는 못했다(Nag, 1975 참조).

사망　인구증가에 결정적 영향을 주는 두 번째 중요한 요소는 사망으
로, 특히 인구의 평균수명에 큰 영향을 준다. 여기서 가장 중요한 것은 평
균수명의 범위 안에서 배란주기가 어느 정도를 차지하느냐 하는 것이다.
예컨대 평균수명이 20년인 인구집단에서 배란주기를 최대한 활용하며
사는 여성의 수는 평균수명이 60년인 인구집단보다 훨씬 적다. 실제로
인구통계학자들이 조사한 바에 따르면 평균수명 20년인 경우는 배란주
기의 29.2퍼센트만을 활용하며 살지만 평균수명이 60년인 경우는 배란
주기의 98.2퍼센트를 활용하며 산다(Livi-Bacci, 1992, 19쪽).

인구통계학자들 대다수는 산업혁명 이전의 사회에서 사망률이 언제나
높았다고 생각했다. 하지만 나중에 나오는 것처럼 그것은 틀린 것 같다.
우리는 지금까지 산업혁명 이전 사회의 전반적인 보건 수준을 지나치게
과소평가했다.

인구증가문제에서 또 다른 중요한 사망률 요소는 유아사망률이다. 이
것은 특히 평균수명의 증가율 변화에 가장 큰 영향을 끼친다. 유아사망
률도 유아살해나 낙태의 관습과 더불어 인구증가 억제에 영향을 줄 수
있는 영역이다. 예를 들어 경제적 이유 때문에 남자아이나 여자아이를 선
호하는 관습은 사망률의 한 요소가 될 수 있다. 전통적으로 농업사회에
서는 남자아이나 여자아이나 모두 농사를 짓는 노동력으로 똑같이 중요
한 존재였다. 그러나 산업사회로 들어서면서 임금노동자가 점점 더 많아
지자 초기에는 남자아이들을 선호하다가 나중에 여성들이 공장에 많이

들어가면서 남아선호 사상이 서서히 잦아들었다(Harris and Ross, 1987a, 156쪽).

이주　이주는 인구증가율에 영향을 주는 또 다른 요소다. 이주가 전 세계 차원에서 인구증가에 영향을 끼치지 않는 것처럼 보일지라도 지역별로는 인구의 증가와 감소에 영향을 줄 수는 있다. 따라서 전 세계 인구변화에 영향을 준다(Manning, 1990년 참조). 예컨대 이주는 출산율에 영향을 줄 수 있다. 많은 사람이 다른 지역으로 이주하는 인구집단에서는 인구감소에 대한 압박감을 느껴 조혼이나 출산율이 높아질 수 있다. 남자들이 많이 이주할수록 여자들은 점점 결혼하기 어려워지고 이에 따라 출산율도 감소하기 마련이다. 이주율은 여러 가지 문화적 요소의 영향을 받기도 한다. 토지가 여러 자식에게 분할되지 않고 장자에게만 상속되는 농촌 지역에서는 토지를 상속받지 못하는 사람들이 다른 지역으로 이주할 가능성이 훨씬 높다. 그러나 토지를 자식들에게 분할 상속하는 농촌 지역에서는 사람들이 자기 고향을 떠날 가능성이 낮다.

　전체 인구 가운데 출산 연령의 비율이나 환경적 제약과 관련된 요소 등 여러 가지 다른 요소도 인구증가율에 영향을 끼칠 수 있다. 중요하지만 때로 인구변천 이론을 주장하는 학자들이 무시하는 것은 과거에는 현대의 산아제한 기술 없이도 인구가 안정된 상태를 유지했다는 사실이다. 이따금 인구가 급격하게 증가하는 경우는 경제적·사회적 요소 때문이지 현대적 보건과 위생시설이 사망률을 줄였기 때문이 아니었다. 이것은 인구증가의 위험성을 경고하는 편견들을 올바로 이해하는 데 매우 중요하기 때문에 인구변천에 대한 역사적 사례를 몇 가지 살펴보자.

인구변천 사례

앞서 대강 설명한 문화적·사회적 요소들이 현대의 산아제한 기술과 무관하게 인구성장률에 어떻게 영향을 끼칠 수 있는지 보여주기 위해 세 가지의 인구변천 사례를 간단하게 살펴보자. 첫째는 선사시대 수렵채취사회의 경우, 둘째는 프랑스계 캐나다인의 출생률에 대한 사례, 셋째는 18세기 말과 19세기 초 아일랜드의 인구변천 사례다. 마빈 해리스와 에릭 로스(1987a)가 주목한 것처럼 역사적으로 인구집단은 자기 지역의 경제와 환경 조건에 맞게 출생률을 조정했다는 사실을 이제 알게 될 것이다.

최초의 인구변천　　인구변천 이론을 주장하는 학자들이 전제하는 가정들 가운데 하나는 농업사회 이전 사람들의 사망률이 높았다는 것이다. 그와 동시에 사람들이 자꾸 죽어 인구가 감소하는 것에 대응해서 균형을 맞추기 위해 출생률 역시 높았다고 주장한다. 그러면 이제 인류가 수렵채취사회에서 농경사회로 전환되던 시점인 1만~1만 2,000년 전에 있었던 최초의 거대한 인구변천에 대해 살펴보자.

　우리는 인류학 연구와 유물들을 통해 수렵채취생활을 하던 시절인 기원전 1만 년 이전의 인구증가 속도가 대단히 느렸다는 것을 알 수 있다. 그러나 유골 잔해들에 대한 화학적·인체측정학적 분석에 따르면 수렵채취생활을 하던 사람들은 후대의 농업사회와 산업사회의 사람들보다 훨씬 더 건강했다는 것을 알 수 있다. 더욱이 유아사망률은 19세기까지 유럽의 유아사망률이나 20세기 중반 주변부 국가들의 유아사망률보다 낮거나 거의 비슷한 수준이었다(Cohen, 1994, 281~282쪽). 게다가 평균수명은 약 30년으로 19세기 일부 서양 국가들보다 더 높고 최근의 많은 주변부 국가보다 높았다. 수렵채취사회의 유아사망률이 생각했던 것보다 낮고 평균수명은 더 높은 반면 인구증가율은 낮았다고 한다면, 그것은 인구증가를 억제할 수 있는 어떤 다른 수단들이 틀림없이 존재했음을 의미한다고 볼 수 있다.

　평균수명이 25년에서 35년까지 다양하고 한 여성이 아이를 낳을 수 있는 기간이 14~29세이며 출산 간격이 23개월이라고 한다면, 한 여성이 평균 여섯 명의 아이를 출산할 수 있다. 그 가운데 세 아이가 살아남았다

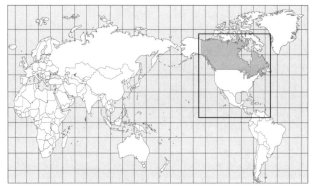

캐나다

고 가정하면 각 세대의 인구는 50퍼센트 증가한 셈이다. 그러나 이런 일은 실제로 일어나지 않았으므로 틀림없이 인구증가를 가로막는 어떤 제약조건이 있었을 것이다. 당시 집단들 사이의 전쟁이나 분쟁이 있었다 하더라도 우리가 수렵채취사회의 갈등에 대해 알고 있는 한 그렇게 많은 인구감소를 초래할 정도는 아니었으며 자연재해도 인구가 대량으로 감소할 만큼 자주 발생하지는 않았다.

따라서 당시에 인구증가가 억제될 수 있었을 유일한 가능성은 출생률의 감소일 것이다. 낸시 호웰(1979)은 오늘날에도 수렵채취생활을 하며 나미비아의 칼라하리 사막에 사는 주와시 같은 원주민들에 대한 연구를 통해 그들 가정의 평균 자녀 수가 4.7명으로 주변부 국가의 평균 6~8명보다 훨씬 적다는 것을 보여주었다. 호웰은 이 부족집단이 상대적으로 인구가 단출한 것은 그곳 여성들의 초경이 늦고 배란주기가 불규칙하며 산후 월경불순 기간이 길고 폐경이 빨리 오는 특징과 연관이 있다고 주장했다. 또한 그녀는 오늘날 여성 운동선수들에게서 나타나듯이 수렵채취생활을 하는 여성들의 격심한 육체활동이 피임과 관련된 프로락틴이라는 호르몬을 자극한다고 했다. 프로락틴은 모유 수유기간을 늘려서 월경을 억제하고 마침내는 출산 간격을 늘리는 결과를 초래한다. 게다가 낙태와 유아살해 풍습은 그들의 인구를 현상 유지하는 수준으로 억제하는 데 큰 역할을 했다고 본다(Cohen, 1994; Polgar, 1972).

　수렵채취생활을 하는 사람들은 이유 여하를 막론하고 정착생활을 하는 사람들보다 출생률이 낮다. 연구에 따르면 수렵채취생활을 하는 사람들은 마침내 어느 한곳에 정착할 때 비로소 출생률이 증가한다고 한다. 다시 말하면 수렵채취생활을 하는 사람들은 바뀐 생활조건에 맞춰 스스로 출생률을 조절할 줄 알았다.

프랑스계 캐나다인　사람들은 생활조건에 따라서 출생률을 낮게 유지할 줄 알았을 뿐 아니라 인구증가율을 높일 줄도 알았다. 프랑스계 캐나다인들은 인구변천의 대표적 성공 사례다. 17세기에 1만 5,000명의 프랑스인들이 지금의 퀘벡으로 이주해왔다. 그 가운데 일부는 또 다른 곳으로 이주했고 1680년에 퀘벡에 남은 사람은 1만 명 정도였다. 1684년에서 1784년까지 100년 동안 그곳 인구는 1만 2,000명에서 13만 2,000명으로 늘었다. 해마다 2.4퍼센트씩 증가해 인구가 11배로 늘었다. 최초의 이주자들 가운데 3분의 1만이 가족을 이루었기 때문에 오늘날 800만 명에 이르는 프랑스계 캐나다인의 대다수는 여성 선조들 약 1,425명의 후손인 셈이다.

　프랑스계 캐나다인들이 이렇게 무난하게 인구증가를 이룩한 것은 사망률의 감소 덕분이 아니라 조혼에 따른 출생률의 증가 덕분이다. 남성이 여성보다 많았기 때문에 여성들은 열다섯 살이나 열여섯 살쯤이면 결혼했다. 게다가 퀘벡의 미망인들은 프랑스의 여성들과 달리 재혼하는 데 별다른 어려움이 없었고 따라서 아이도 더 많이 낳았다. 퀘벡의 여성들이 아이를 또 낳을 때까지 걸리는 기간이 평균 25개월이었던 데 반해 프랑스 여성들은 29개월이었다. 끝으로 퀘벡은 프랑스보다 사망률이 더 낮고 평균수명은 5년 더 길었다. 인구밀도가 낮아서 질병 확산을 늦췄기 때문일 것으로 추정된다. 가정을 이룬 퀘벡의 개척민들은 평균 6.3명의 자녀를 두었고 그들 가운데 4.2명이 커서 결혼했다. 따라서 30년 만에 인구가 2배로 늘었다. 각 가정에서 결혼한 4.2명의 자식들은 또다시 평균 34명의 자식을 낳았다. 다시 말하면 최초의 개척민 부부는 50명이 넘는 자식과 손자들을 둔 셈이다. 더 나아가 개척민들이 낳은 딸들은 그들의 엄마나 할머니 세대보다 출생률이 훨씬 더 높았다. 15~19세에 결혼한 최초 개척민 세대의 평균 자녀 수가 10.1명이었던 데 비해서(퀘벡으로 이주하기 전에 살던 프랑스 북서 지역은 9.5명이었다) 같은 연령대에 결혼하는 딸들 세대의 평균 자녀 수는 11.4명이었다.

〔표 5-5〕는 퀘벡으로 이주하기 전의 지역 여성과 퀘벡으로 이주한 여성 개척민 세대 그리고 그들의 딸 세대 사이의 자녀 수를 비교한 것이다.

〔표 5-5〕 프랑스 북서부 지역 여성, 개척기 퀘벡 여성, 개척기 퀘벡 여성의 딸 사이의 출생률 비교

결혼 연령	프랑스 북서부 여성 자녀 수	개척기 퀘벡 여성 자녀 수	개척기 퀘벡 여성의 딸 자녀 수
15~19	9.5	10.1	11.4
20~24	7.6	8.1	9.5
25~29	5.6	5.7	6.3

출처: 마시모 리비바치, 『세계 인구 약사』 *A Concise History of World Population* (Cambridge: Blackwell, 1992).

18세기 프랑스계 캐나다인들의 출생률은 지금까지 기록된 것 가운데 가장 높은 수준이다. 끝으로 퀘벡 여성들의 출생률이 높은 것을 종교 때문이라고 주장하는 사람이 일부 있다. 그러나 17세기, 18세기와 마찬가지로 여전히 가톨릭이 퀘벡의 중심 종교인데도 오늘날 퀘벡 주는 세계에서 가장 낮은 출생률을 보여주는 곳 가운데 하나다.

아일랜드 사례 아일랜드의 경우 사람들이 지역의 경제사정과 식민지 세력의 요구에 대응해 자신들의 출생률을 높일 수 있다는 것을 보여준다. 18세기 초 아일랜드의 인구증가는 상대적으로 낮았다. 늦은 결혼으로 아이를 낳을 수 있는 기간이 짧아진 데 반해 사망률은 높고 평균수명도 대개 30년 미만이었다. 그런데 1780~1840년 인구는 400만 명에서 800만 명으로 2배 늘었다. 여성들이 15~20세에 결혼하기 시작했고, 일부 지역

에서는 그보다 더 빨리 결혼하면서 그렇게 늘었다는 것은 의문의 여지가 없다(Connell, 1965, 425쪽). 그렇다면 **아일랜드 여성들은 왜 일찍 결혼하기 시작했을까?**

아일랜드에서는 예비 신랑과 신부가 농사지을 땅이 있을 때만 결혼을 할 수 있었다. 18세기 말 이전에는 사람들이 비교적 늦은 나이에 결혼했다. 여성들의 결혼 적령기가 20~25세였다. 땅이 없어 더 일찍 결혼할 수 없었던 것이다. 그러던 중 두 가지 사건이 발생하면서 아일랜드인들이 경작할 수 있는 땅이 늘어나고 이에 따라 조혼을 권장하는 분위기가 팽배했다. 실제로 아일랜드의 모든 농장은 영국의 지주들이 소유하고 있었으며 그들은 소작인에게 땅을 빌려주고 지대 수익을 올렸다. 그들은 땅을 새로 소유할 때마다 수익이 늘기 때문에 농장 수를 늘리는 것에 관심이 많았다. 게다가 18세기 말 영국의 인구가 급증하면서 식량 수요, 특히 옥수수 수요가 크게 늘었다. 따라서 농장이나 옥수수를 경작하는 땅을 많이 소유한 지주들은 매우 큰 수익을 올릴 수 있었다. 그 결과, 지주들은 토지를 더 작은 구획으로 분할하고 늪지대를 메우고 산악 지역까지 개간하며 농지를 넓혔다.

아일랜드의 가정들은 예전보다 더 작아진 농지를 경작하면서도 감자 덕분에 겨우 살아갈 수 있었다. 16세기 아일랜드에 보급된 감자는 아일랜드 농민들을 먹여 살리는 필수 자급 농작물이 되었다. 감자는 매우 생산성이 높은 작물이다. 1에이커에서 소출되는 감자로 한 가족 6명과 그들이 기르는 가축까지 먹고살 수 있었다. 감자 280파운드(127킬로그램─옮긴이) 한 통은 한 사람이 하루에 8파운드를 먹는다고 할 때 한 가족 5명이 한 주 동안 먹을 수 있는 분량이다. 사람들이 보통 하루에 10파운드를 먹는데 우유 1리터를 함께 마시면 하루에 필요한 모든 영양소를 포함해 약 3,800칼로리를 제공한다. 지주들은 감자 덕분에 토지를 더 작은 경작지로 나눌 수 있었고 결과적으로 더 많은 농장을 소유할 수 있었다.

이렇게 해서 1791~1831년 전체 농지 면적은 크게 늘어난 반면 개별

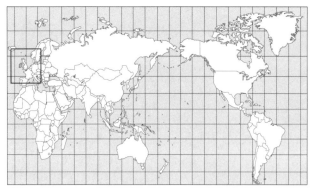

아일랜드

농지 면적은 더 작아졌다. 그 결과, 농장 수는 늘었고 이로 말미암아 사람들은 결혼을 일찍 할 수 있게 되었으며 인구도 해마다 1퍼센트 이상 증가했다.

그런데 1845년 감자병이 돌아 1846년 감자 농사를 완전히 망치면서 1846~1847년 대기근이 아일랜드에 들이닥쳤다. 이와 함께 전염병까지 돌면서 110만~150만 명에 이르는 사망자가 발생했고 한 해 20만 명이 아일랜드를 탈출했다. 평균 결혼 연령은 1831~1841년에 23~24세이던 것이 1900년에는 27~28세로 높아졌다. 그리고 인구 가운데 5분의 1이 결혼을 하지 않았다. 그 결과, 아일랜드 인구는 1841년에 820만 명에서 1901년에 450만 명으로 줄었다.

요약하면 수렵채취사회와 퀘벡의 개척민들, 아일랜드의 농민 사례는 인구변천 이론의 가정들과 달리 역사적으로 인구가 자신이 사는 지역의 사회적·경제적 조건에 적응해야만 할 상황이 오면 오늘날과 같은 피임기술을 적용하지 않고도 스스로 출생률을 조절했다는 것을 보여준다. 그렇다면 **오늘날 주변부 국가들 대부분은 인구증가와 예상되는 경제자원의 감소 문제에 직면해 왜 스스로 출생률을 낮추려고 하지 않을까?**

주변부 국가의 인구증가

전통적인 인구변천 이론은 대다수 공공정책과 정부 분석가들이 주장하는 것처럼 가난한 나라의 급격한 인구증가가 서양의 의료기술과 공중보건 정책의 도입으로 사망률이 낮아졌기 때문이라고 말한다. 1950년 이후로 주변부 국가에서 평균수명이 크게 늘어났으며 유아사망률 감소가 전체 사망률 감소의 가장 큰 요인이라는 데는 의문의 여지가 없다.

그러나 주변부 국가의 인구는 서양의 의료와 공중보건 정책이 도입되기 전에 이미 '폭발적으로 증가'하기 시작했다. 19세기 이집트 인구는 250만 명에서 900만 명으로 증가했고, 멕시코 인구는 580만 명에서 1,650만 명으로 늘었다. 1800년 쿠바 인구는 55만 명이었는데 1953년에는 580만 명으로 급증했다(Wolf, 1969, 281쪽). 더욱이 우리는 아일랜드 인구가 증가한 것이 보건위생의 향상 때문이 아니라 영국 지주들의 경제적 필요성 때문이라는 사실을 앞에서 살펴보았다. 그렇다면 **세계 자본주의의 경제적 팽창은 어떻게 그리고 왜 사람들이 아이를 낳는 행태를 변화시켰을까?**

19세기 자바의 경우는 이 문제에 대한 약간의 실마리를 제공한다. 네덜란드는 1830년에 인도네시아의 농민들에게 그들 땅의 5분의 1을 네덜란드 소유의 설탕, 인디고, 차, 담배 같은 수출용 농작물을 경작하도록 강제로 할당하거나 국가 소유의 플랜테이션 농장이나 토지에서 66일을 무조건 일해야 하는 식민지 착취의 '문화 지배 체제'를 도입했다. 더 나아가 네덜란드가 수출용 농작물을 경작할 땅을 더 많이 요구하면서 지난날 자급용 농작물을 경작하던 땅은 더욱 줄어들었다. 따라서 자급용 농산물을 생산하기 위해서는 남은 땅에서 더 집약적으로 농사를 짓거나 생산성이 낮은 박토로 옮겨갈 수밖에 없었다.

그런 문화 지배 체제의 도입은 자바의 급격한 인구증가와 긴밀한 연관관계가 있었다. 1830년에 700만 명 정도였던 자바 인구는 1840년에

870만 명, 1850년에 960만 명, 1860년에 1,270만 명, 1870년에 1,620만 명, 1880년에 1,950만 명, 1890년에 2,360만 명 그리고 1900년에는 2,840만 명으로 증가했다. 70년 동안 해마다 평균 2퍼센트 정도 늘어난 셈이다. 자바 사람들이 네덜란드 사람들은 부가 늘어나고 자기들은 사람 수만 늘어난다고 말하기 시작한 때가 바로 이 기간이었다(Geertz, 1963, 70쪽). 이런 인구증가가 유럽인들이 소개한 더 나은 공중보건과 위생시설 덕분이라는 주장은 19세기 유럽 도시민들의 평균수명을 볼 때 이해하기 어렵다. 1800년 암스테르담 거주민의 평균수명은 25년이었고 19세기 중반 맨체스터 남성들의 평균수명은 24년이었다(Cohen, 1989, 202쪽). 벤저민 화이트(1973, 224쪽)는 네덜란드 식민지 지배자들이 인도네시아에서 네덜란드 소유의 토지나 국책사업에 지역 농민들의 노동력을 강제로 동원함으로써 농사를 지어야 할 남성 인력이 모자라서 자급 경제 분야에 구멍이 났다고 주장했다. 더군다나 생산성이 낮은 박토에서 자급용 농작물을 경작하기 위해서는 전보다 훨씬 더 많은 노력이 필요했다. 그들은 생계를 꾸리기 위해 함께 일해야 했고 이런 대가족 단위는 인구증가에도 영향을 끼쳤기 때문에 그들이 노동력 부족을 메우기 위해 가족 수를 늘리는 것은 당연한 일이었다.

화이트에 따르면 남성들이 임금을 받고 노동력을 제공하기 시작한 때도 더 많은 아이를 갖는 것이 유익했다. 한 생산단위, 여기서는 가족의 소득을 각 구성원이 벌어오는 임금에 의존할 때 생산단위의 크기를 최대한도로 늘리고자 하는 것은 당연한 일이다. 이것은 자바인들에게도 마찬가지였다. 따라서 당시 자바에서 가장 인구증가가 높았던 지역은 네덜란드 식민지 정책의 영향을 가장 많이 받은 곳이었다(White, 1973).

캐럴 R. 엠버(1983) 같은 인류학자들은 출생률은 대개 자바 같은 곳에서 일어난 것처럼 농업활동이 활발할수록 증가한다고 주장한다. 엠버는 농업활동이 활발해지면 여성들은 남성들이 농사일에 바빠 가사에 도움을 주지 못하기 때문에 자신들이 부담해야 할 집안일이 늘어나는 것을 상쇄하기 위해 출산 간격을 줄인다는 점을 증거로 들어 지적했다.

따라서 식민지 체제 아래서 인구가 증가했다는 것은 놀랄 일이 아니다. 수출품 생산이 중심부 국가의 경제성장에 필수 요소인 한, 거기서 발생한 이익이 식민지를 유지하는 데 들어가는 비용을 초과하는 한, 식민지의 노동력 증대를 이끄는 정책은 식민정책의 목표에 잘 들어맞았다(Polgar, 1972, 207쪽). 식민지 지배자의 입장에서 인구증가에 대한 우려가 있었다 하더라도 그것은 무시해도 좋을 만큼 적었다. 1911년 한 프랑스인은 프랑스령 적도 아프리카(독립 이전의 콩고, 가봉, 중앙아프리카, 차드 4개국을 말한다 — 옮긴이) 노동력이 발전을 이루기에는 인구가 너무 적다고 불평했다(Cordell, 1994, 137쪽). 아프리카 여성들은 자바 여성들과 마찬가지로 출생률을 높임으로써 식민지 지배자의 경제적 압박에 대응했다. 예컨대 1920년대 영국이 자국의 면직공장에 필요한 원료를 공급하기 위해 면화를 재배할 인력과 자급 영농에서 밀려난 사람들을 재배치할 필요성이 커지자 수단의 농촌 마을에서는 여성들이 모유 수유기간을 줄이기 시작했으며, 그것은 곧바로 다시 임신할 수 있는 기간을 앞당기는 계기가 되었다(O'Brien, 1994).

부의 흐름 이론

이제 사람들, 특히 여성들이 자신이 사는 지역의 경제와 사회환경에 맞춰 출생률을 조절할 줄 알고 또 그렇게 한다는 것은 틀림없는 사실이다. 그들은 서양 피임법의 도움을 받지 않고도 그렇게 한다. 그러나 출생률은 어느 나라에서는 하락하기도 하지만 대부분의 나라에서는 높은 상태를 유지한다. 그러면 **왜 개발도상국에서는 아이들을 많이 낳으려고 하는가?** 대개는 다음과 같은 이유에서다.

• 농촌 지역에서는 양육비 부담이 그다지 크지 않다. 따라서 비용 면에서 보면 아이를 낳는 것은 경제적으로 이득이 될 수 있다.

- 노후 보장을 위해서다. 인도네시아, 남북한, 태국, 터키, 필리핀에서는 부모의 80~90퍼센트가 늙었을 때 자식들의 경제적 지원을 받기를 바란다는 조사 결과가 있다.
- 개발도상국의 독특한 문화요소들은 아이를 가족의 소중함을 확인시켜주고 가족의 연속성을 보장해주며 종교적 원리의 표현으로 바라보게 한다.

인구통계학자 존 콜드웰(1982)은 어떤 사회의 사람들은 아이들을 경제적으로 이익이라고 생각하기 때문에 출생률을 억제하려는 시도에 저항한다고 주장하면서 **부의 흐름 이론**을 통해 가족 구성원이 어떻게 아이의 출산문제에 대한 결정을 내리는지 설명한다. 콜드웰에 따르면 가족 구성원이 출산문제를 결정하는 방식은 오직 둘 중 하나다. 하나는 아이를 낳는 것이 경제적 이익이 있을 때고, 다른 하나는 경제적 이익이 없을 때다. 아이를 낳은 것이 이익이 되면 가족 규모를 최대로 늘리지만 경제적 이익이 없으면 가족 규모를 최소로 줄인다. 다시 말해 아이를 낳는 것이 가족에게 부를 안겨줄 때, 즉 부가 자식에서 부모로 흘러갈 때 부모는 아이를 최대로 많이 낳는다. 하지만 부가 부모에서 자식으로 흘러가면 부모는 아이 수를 최소로 줄인다. 콜드웰은 여기서 **부**를 금전이나 임금뿐 아니라 경제적 안정, 노동력 보조, 위신, 사회경제적 네트워크 확대와 같은 것까지 포함하는 넓은 의미로 정의했다.

예컨대 나이지리아의 요루바족은 대가족을 원한다. 대가족은 부족이 곤경에 처했을 때 부족의 안보체제를 더욱 강화하고, 평화로운 시기에는 일손 걱정을 덜어주고, 가족 구성원들 사이의 경제적·정치적 접촉 범위를 넓힐 수 있다는 장점이 있기 때문이다. 또한 정치적 동맹자들과 가정 의례에 참석하는 친척 수가 많아지기 때문에 사회적 위신과 신분을 높여준다. 더 나아가 대가족은 교육비를 제공하거나 일자리를 찾을 때 개인적 인맥을 연결시켜줌으로써 오늘날 경제에서 성공의 발판이 되기도 한

가족 형태는 자녀를 얼마나 낳을 것인가 하는 전략과 관련이 많다. 왼쪽 사진에 나온 나이지리아 대가족의 많은 자녀들은 가족의 부를 늘리는 데 기여할 것으로 기대되지만, 오른쪽 사진에 나온 보스턴의 한 가족처럼 전형적인 서양의 핵가족이 식솔을 적게 거느리는 것은 자식들이 가족이 소유한 자원들을 점차 고갈시킬 뿐이라고 보기 때문이다.

다(Caldwell, 1982, 136쪽). 아이들은 상품을 생산하는 일을 할 뿐 아니라 어른들이 아이들 일이라고 부르는 일, 예컨대 물을 떠오거나 땔감을 구해오거나 말이나 물건을 전달하는 심부름도 하고, 청소를 하거나 동생을 보살피거나 가축을 돌보는 일도 한다. 장성한 자식들은 일손을 돕거나 선물을 가져오거나 지역사회에서 각종 의례, 장례식, 출산의식이 있을 때 가족의 일원으로 도움을 준다. 게다가 장성한 자식들은 늙은 부모를 돌보고 그들이 계속 일할 수 있게 하면서 농사와 장사를 돕는다. 끝으로 부모는 나중에 자식들에게 최대로 보답받기 위해 그들을 훈련시키거나 교육하는 데 투자할 수 있다. 조사한 바에 따르면 요루바 부족민의 80퍼센트는 자식들이 부귀보다 더 좋다고 대답했는데, 어떤 사람들은 자식이 재산이라고 말하기도 했다. 부족민들 가운데 오직 6퍼센트만이 아이들 때문에 돈을 쓴다고 말했다.

그러나 중심부 국가에서는 아이들에게 들어가는 돈이 너무 많다. 예컨대 미 농무부는 2008년 미국의 최고 소득집단에서 태어난 아이 한 명이 열여덟 살이 될 때까지 들어가는 '비용'이 48만 3,750달러인 데 반해 최

저 소득집단의 아이에게 들어가는 비용은 21만 340달러라고 추산했다
([표 5-6] 참조).

다음은 콜드웰(1982, 140쪽)의 연구 결과다.

여기서 핵심 문제, 즉 인구변천에서 가장 중요한 문제는 세대 간에 부의
흐름이 어떤 방향과 크기로 나타나는가 하는 것이다. 그것은 다시 말해
사람들이 부모가 되고 나서 죽을 때까지 두 가지 부의 흐름, 즉 하나는
부모에게서 자식으로의 흐름이고 다른 하나는 자식에게서 부모로의 흐
름이 최종적으로 어떻게 균형을 이루는가 하는 문제다.

[표 5-6] 미국에서 2008년 태어난 아이에 대한 소득집단별 연간 지출액 예측*(미국 농무부 2009년)

연도	나이	소득집단(달러)		
		최저	중간	최고
2008	⟨1	8,500	11,610	19,250
2009	1	8,760	11,960	19,840
2010	2	9,030	12,330	20,440
2011	3	9,380	12,750	21,090
2012	4	9,660	13,140	21,730
2013	5	9,960	13,540	22,390
2014	6	9,980	13,920	23,090
2015	7	10,280	14,340	23,790
2016	8	10,590	14,780	24,520
2017	9	11,810	16,180	26,330
2018	10	12,170	16,680	27,130
2019	11	12,540	17,190	27,960
2020	12	13,520	18,670	30,650
2021	13	13,940	19,240	31,580
2022	14	14,360	19,830	32,540
2023	15	14,830	21,150	36,030
2024	16	15,280	21,800	37,130
2025	17	5,750	22,460	38,260
계		200,340	291,570	483,750

* 두 자녀를 둔 가정의 둘째 아이에 대한 연간 지출액을 추산한 것이다. 연평균 3.05퍼센트의 인플레이션 상승을 가정했다.

더 나아가 콜드웰은 세대 간 부의 흐름이 바뀌려면 가족구조가 근본적으로 바뀌어야 한다고 했다. 단순히 가족계획을 강조하거나 피임법을 확대하는 정책은 출생률을 낮추는 데 별다른 효용이 없다. 그렇다면 **출생률을 낮추기 위해서는 가족구조가 어떻게 바뀌어야 할까? 그리고 출생률을 낮춰야 할 환경이라면 사람들은 어떤 경제적·사회적 조건 아래서 자식들을 더 적게 낳으려고 할까?**

부의 흐름 이론의 사회적 의미

부의 흐름 이론은 인구통계학자들이 무시하는 경향이 있었던 영역인 가족구조와 출생률 사이의 관계를 집중적으로 조명한다. 인류학자들은 전통적으로 친척과 가족관계를 주목했다. 산업혁명 이전의 소규모 사회에서는 친척관계가 다른 어떤 요소들보다도 한 개인이 남들과 맺는 관계를 잘 정의하기 때문이다. 예컨대 작은 농촌 마을이나 소도시에서는 모든 사람이 어떤 식으로든 서로 관계를 맺고 있고 그들이 어떤 관계인지 서로 정확하게 알기 마련이다. 실제로 많은 사회에서 친척이 없는 개인은 의심과 적의에 찬 시선을 받는다. 그런 사회에서 현지조사를 위해 오랫동안 지내야 했던 인류학자들 가운데는 그 지역 누구의 형제자매나 딸, 아들인 것처럼 가짜로 친척관계를 만드는 경험을 한 사람이 많다.

인류학자들이 나누는 주요 가족 형태 가운데 하나는 **핵가족**과 **대가족**이다. 핵가족은 부모와 자식으로 이루어진다. 이 형태는 대다수 서양 국가와 (가장 일반적인 형태는 아니지만) 미국에서의 표준적인 가족 단위다. 그러나 그 밖의 다른 사회에서는 부모와 자식, 부모의 형제자매, 조부모, 그외 친척이 모여 사는 대가족이 표준이다. 대가족구조는 예컨대 가족구성이 아버지 쪽 중심인지(**부계**), 어머니 쪽 중심인지(**모계**) 아니면 둘 다 동등한지(**쌍계**)에 따라 크게 다를 수 있다.

어떤 사회가 핵가족을 기반으로 하는지, 대가족을 기반으로 하는지는 가족관계의 유형을 결정하는 데 매우 중요한 의미를 가진다. 예컨대 핵가족에서 아이를 돌볼 의무는 확실히 부모나 형제자매에게 있다. 그러나 대가족에서는 부모나 형제자매뿐 아니라 모계나 부계의 친척들, 조부모들도 아이들을 돌볼 수 있다. 또한 핵가족에서는 부모와 자식이 자원(소득, 소유물 등)을 공유하지만 대가족에서는 훨씬 더 많은 가족 구성원이 자원을 공유하거나 나눌 수 있다.

게다가 정서적 유대도 매우 다를 수 있다. 부계 중심의 대가족에서 남성들은 자기 아내보다 자기 형제들과 더 밀접한 유대감을 가질 수 있으며, 여성들도 자기 남편보다 자기 형제자매에게 더 친밀감을 느낄 수 있다. 반면에 핵가족에서는 남편과 아내 사이의 유대가 가장 중요하다. 그들에게 가장 중요한 의무는 자식을 기르는 것이다. 그렇다면 **인구억제 정책은 가족구조와의 관계에서 어떤 의미가 있는 걸까?**

부의 흐름이 한 사회의 출생률을 결정짓는 중심 요소라면, 출산 양상을 바꾸기 위해서는 반드시 부가 항상 아이로부터 부모에게로 흘러가는 대가족구조에서 부가 부모로부터 아이에게로 흘러가는 핵가족구조로 바뀌어야 한다. 예컨대 나이지리아에서는 출생률을 낮추려는 정부의 노력이 현대화된 도시의 가족들 사이에서도 전혀 성공을 거두지 못했다. 도시에서도 대가족이 가족 형태의 표준으로 남아 있기 때문이다. 그럼에도 출산 양상에 변화를 보여준 일부 혁신적인 사례도 있었는데, 그 소수의 혁신적 인물들이 가족과 자식을 대하는 태도는 핵가족에서 볼 수 있는 정서적·경제적 양상과 매우 닮았다. 이런 사람들은 조상이나 대가족의 친척들과 정서적으로 거리를 두는 대신에 자기 자식들과 그들의 미래에 더욱 관심을 집중했다. 그들은 자신들이 나중에 돌려받을 거라고 예상하는 것보다 더 많은 애정과 부를 자식들에게 주었다. 콜드웰(1982, 149쪽)은 소수지만 그들이 서양식 가족 형태를 채택하고 따라서 서양인들이 생각하는 가족 규모를 수용한 것은 정부의 인구억제나 가족계획 정책 때문이 아니라 선교사와 식민지 행정가, 교육 당국이 그들의 전통적인 가족구조를 버리고 서양의 가족을 이상적인 가족 형태로 받아들이

도록 오랫동안 끈질기게 설득했기 때문이라고 추론했다.

그런 노력이 성공을 거두고 인구억제와 가족계획 정책이 이런 노력에 일조하는 한 대가족 형태가 사라지면서 그와 함께 대가족 고유의 정서적·경제적·사회적 유대감도 사라지는 것을 보게 될 것이다. 반면에 그 자리를 서양식 가족의 정서적·경제적·사회적 특징이 차지할 것이다. 달리 말하면 출생률 변화는 가족에 대한 모든 의무와 비용, 정서가 하나로 모아져야 한다. 거기서 부부의 유대감은 그 밖의 어떤 외부와의 관계보다도 중요하다. 또한 부모가 자식을 돌보는 것이 자식이 부모를 돌보는 것보다 중요하다는 생각을 점점 더 많이 하게 된다. 그리고 서양의 핵가족은 가족과 독립적으로 행동하는 개인의 권리를 더 크게 강조한다. 예컨대 배우자를 고를 때도 서로 좋아하면 그만이고, 집을 고를 때도 부모를 생각하지 않는다. 직업을 고를 때도 마찬가지고 가족 규모를 결정할 때도 배우자와 협의해 정하면 끝이다.

성과 권력에 관한 문제

유엔인구기금의 보고서 『세계 인구 상황, 2000년』(UNPF, 2000, 2쪽)은 여성의 지위가 출생률과 인구증가에 결정적 영향을 끼치는 중요한 요소 가운데 하나라고 결론짓는다.

> 여성들이 섹스 행위와 그 결과에 대해 결정을 내릴 힘이 있었다면 그들은 해마다 8,000만 명에 이르는 원하지 않는 임신과 2,000만 명의 위험한 낙태, 50만 명의 출산 사망(그 가운데 7만 8,000명이 위험한 낙태의 결과로 사망) 그리고 거듭되는 수많은 질병 감염과 신체적 상해를 피할 수 있었을 것이다. 또한 그들은 해마다 3억 3,300만 명이 성병에 걸리는 것을 피할 수 있었을 것이다.

인류학자들 역시 남편과 아내와의 관계가 출생률에 끼치는 영향은 대가족이냐 핵가족이냐가 출생률에 영향을 끼치는 것만큼이나 클 수 있다고 주장한다. 실업률이 높고 여성들이 경제적 자원에 접근할 수 있는 조건이 한정되어 있어 경제적 기여나 안정을 위해 남성과 아이들에게 기대야만 하는 상황에서는 출생률이 높다. W. 펜 한트베르커(1989)는 바베이도스를 조사하면서 이런 사실을 명확하게 밝혔다.

한트베르커에 따르면 1950년대 카리브 해 서인도제도의 가족 형태는 부부 사이의 유대가 약했고 상대적으로 불안정한 핵가족 단위로 아버지와 자식 사이보다는 어머니와 자식 사이의 관계가 더 밀접했다. 남성과 여성이 아이를 낳고 가족을 이루는 방식은 대개 서로 왕래하며 교제하거나 서로 합의하에 동거하거나 정식으로 결혼하는 방법이 있었다. 그 가운데 법적 결혼을 통해 가족을 이루는 것은 나중에 생겨난 방식이다. 따라서 출산의 80퍼센트는 결혼 이외의 방식으로 이루어졌다.

역사적으로 그곳의 결혼 형태는 설탕 생산, 세계 시장의 설탕 수요와 관련이 깊다. 영국은 1833년 바베이도스의 노예들을 자유민으로 해방시켰다. 하지만 자유민이 된 노예들은 여전히 사탕수수밭에서 일하고 임금을 받아 생활했다. 게다가 영국인들은 다른 곳으로 떠난 노예들을 보충하기 위해 인도와 동인도제도 출신의 계약직 노동자들 수천 명의 이민을 장려했다. 그 결과, 19세기에 바베이도스 인구는 6만 명에서 20만 명으로 늘었다. 사탕수수 농장주들이 그곳의 경제를 지배했고 일자리에 비해 노동력은 충분했기 때문에 임금수준은 낮았다. 노동자가 일자리를 얻기 위해서는 사탕수수 농장주들과 관련이 있는 사람에게 잘 보여야 했다. 그 결과, 흑인 노동자 대다수의 생활조건은 영국령 서인도제도에서 가장 열악했다. 예컨대 유아사망률은 1900년대 초 25퍼센트였는데 1950년대에도 여전히 15퍼센트의 높은 사망률을 유지했다.

한트베르커는 일자리 부족이 가난한 사람들 사이에서 치열한 구직경쟁을 초래했다고 주장했다. 따라서 남자고 여자고 서로 상대방의 약점을 이용해야만 자신의 능력을 최대로 활용할 수 있었다. 사탕수수 농장에서

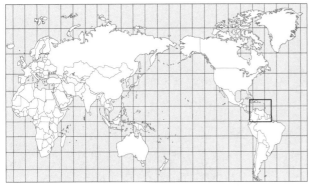

바베이도스

는 남성노동자만 썼기 때문에 돈을 버는 것은 대개 남성들이었고 그들은
그 돈을 성적 만족을 취하고 럼주를 마시며 권위를 세우는 데 썼다. 반면
에 여성들은 남성들의 성적 욕구와 타향살이의 향수, 멀리 떨어져 있는
아이들이나 아버지에 대한 그리움 같은 것을 이용해 돈을 벌었다.

그렇다고 여성들이 일하지 않았다는 것은 아니다. 실제로 여성의 60퍼
센트가 15세부터 55세까지 일했다. 그들은 대개 임금이 낮은 제조업에서
일하거나 재봉사, 가정부, 행상 같은 일을 했다. 임금이 보잘것없다 보니
한 여성은 이렇게 말했다. "당신 딸이 당신에게 도움을 주는 것은 물론
이고 자기 스스로 먹고살 정도로 돈을 버는 것을 보니 얼마나 다행이오."
(Handwerker, 1989, 77쪽) 여성들이 살아남기 위해서는 자기 소득 말고도
남자 한 명분의 소득이 더 필요했다.

이런 남녀관계의 형태는 결국 여성이 남성을 동거자로, 애인으로, 나
중에는 남편으로 삼기 위해 유혹하는 가족 형태를 초래했다. 거기서 남
성은 여성을 지배하고 통제하려고 했다. 남성들은 자기 아내와 자식들에
게 적절한 물질 기반을 제공하기 위해 대개 오랜 시간 여러 가지 일을 하
면서 끊임없이 자신들의 사회적 의무를 다했다. 경제적 지원을 위해 남
성이 필요한 여성들은 대개 남편이나 동거자가 자신을 단순히 노예처럼
부린다고 불평하거나 자신을 동등하게 대해달라고 요구하면서 마지못해

복종했다. 그러나 바베이도스의 남성들은 다른 곳으로 일하러 떠나는 경우가 잦아서 여성 수가 상대적으로 많았기 때문에 남성들은 혼외정사를 할 기회가 많았다.

따라서 남성들은 자기 아내와 자식들에게 최소한의 애정만 있었던 반면에 여성들은 자기 자식과 점점 더 긴밀한 관계를 유지하려고 애썼다. 한트베르커의 설명에 따르면 여성들은 남성들과의 유대를 공고히 하기 위한 수단으로 섹스를 이용했고, 자식들은 그런 교환과정의 부산물이었다. 더 나아가 장성한 자식들은 어머니를 도와 생계에 보탬을 주기도 했고 아버지나 의붓아버지한테서 어머니를 보호할 수도 있었다. 한트베르커(1989, 88쪽)는 이렇게 말했다.

> 여성들은 오직 자유로운 임신을 통해서만 그들의 자원 관리를 최적화하고 향상시킬 수 있었다. 임신하고 출산하는 것은 여성의 의무이자 목적으로 여겨졌고, 어머니들은 대개 자식들이 당연히 자기들을 낳아준 것에 보답해야 한다고 생각했다.

심지어 신념체계도 출생률을 높이는 데 이바지했다. 여성들은 섹스를 절제하는 것이 건강에 나쁘며 아이를 낳을 수 있는데도 낳지 않는 여성은 고혈압 같은 질병에 걸린다고 믿었다. 한 50대 여성은 "아이를 낳을 수 있을 때까지 낳아야 해요"라고 말했다. 따라서 여성들은 경제적 목적 때문에 자기 지역의 사회적·경제적 조건에 맞춰 행동하면서 할 수 있는 한 최대로 아이를 낳는 가족 형태를 만들어냈다.

그러나 1960년대 들어 가족구조는 변화하는 경제환경에 따라 서서히 바뀌기 시작했다. 식민지 설탕 경제는 설탕이 국내 총산출물의 6퍼센트와 고용의 10퍼센트밖에 차지하지 못하는 수준까지 쇠퇴했다. 반면에 제조업과 관광업이 번창하면서 직업교육의 중요성도 따라서 증대했다. 인맥을 이용해 연줄을 대는 것은 점점 효력을 잃었다. 그러나 더 중요한 변화는 여성들이 전에는 할 수 없었던 일을 할 수 있게 되었다는 사실이다.

그 결과, 1980년대 바베이도스의 가족구조는 1960년대나 그 이전의 가족구조와 확연히 달라졌다. 여성들은 이제 자기 남편이 동반자이기를 바란다. 남편들의 생각도 마찬가지로 많이 바뀌었다. 지금까지 여전히 여성에 대한 직업차별이 있지만 여성들은 교육을 통해 전문기술자나 비서, 접수원, 기업체 임원, 대학 직원, 변호사 같은 높은 임금을 받는 일을 할수 있게 되었다. 1950~1980년 제조업에서 일하는 여성들의 비율은 15퍼센트 미만에서 50퍼센트 이상으로 급증했다. 결혼도 19세기 영국에서 성행했던 이른바 우애결혼(정식으로 결혼생활에 들어가기 전에 우애를 바탕으로 피임과 이혼의 자유를 인정하면서 시험적으로 함께 사는 결혼 — 옮긴이)과 매우 비슷한 형태로 발전했다(Stone, 1976). 남성들은 가정생활을 즐기고 아내와 자식들을 더욱 중요하게 생각하기 시작했다.

그러나 이런 과정에서 아무런 갈등도 없었던 것은 아니다. 핵가족 안에서 더욱 강해진 정서적 유대감은 가족 밖, 특히 아들과 엄마 사이의 유대관계를 어느 정도 약화시킬 수밖에 없었기 때문에 아내와 시어머니 사이는 저마다 남편과 아들의 마음을 차지하기 위해 서로 경쟁하는 긴장관계가 형성되었다. 어쨌든 1980년대 바베이도스의 가족 형태는 이상적인 서양의 핵가족을 닮아갔다. 여성들은 자식들을 장래의 자원이 아니라 당장의 비용으로 보았다. 바베이도스의 젊은 여성들은 자기 부모에게 은혜를 입었다는 생각을 전혀 하지 않았다.

가족 형태가 바뀌면서 출생률도 크게 감소했다. 1950년대에 한 여성이 약 5명의 아이를 낳았던 데 반해 1980년대에는 2명밖에 낳지 않았다. 한트베르커(1989, 210쪽)는 출생률을 결정하는 것은 카이로 세계인구회의에서 주장한 것과 같은 대규모 인구억제 정책이 아니라 가족관계의 형태가 바뀌는 것이라고 결론지었다. 여성들의 출산을 억제하는 것은 피임기술이 있느냐 없느냐, 또는 인구문제를 심각하게 생각하고 있느냐 없느냐가 아니라 권력관계의 문제다. 한트베르커는 가족계획 정책에 대해 이렇게 말했다.

> [가족계획 정책은] 출생률의 변화를 가져오지 못한다. 그것은 여성들이
> 자신의 삶을 의미 있게 해줄 일자리들을 창출하지도 못하고 거기에 필
> 요한 직업교육도 제공해주지 못하기 때문이다. 소규모 가족을 이룰 '권
> 리'는 자기 자식들에게 최소한의 물질적 행복을 제공하기 위해 애쓰는
> 여성들에게 선택의 여지가 없는 당연한 것이다.

과제와 전망

**그렇다면 앞서 말한 이 모든 것은 인구문제가 전혀 없다는 것을 의미하는 걸
까? 아니면 주변부 국가의 가족 형태를 핵가족 형태로 바꾸고 출생률을 낮추
도록 장려하고 양성평등을 더욱 촉진하는 노력을 지속적으로 강화해야 한다
는 것을 뜻하는 걸까?**

총체적으로 인구문제가 있는지 없는지는 여전히 알쏭달쏭한 문제지만
분명한 것은 그것이 단순히 인구수가 많고 적음의 문제가 아니라 현존하
는 인구가 지구의 자원에 가하는 경제적·사회적 압박의 크기가 얼마나
크냐에 따라 달라진다는 것이다. 예컨대 인도와 중국을 합쳐 20억이 넘
는 인구가 10억 명을 약간 넘는 중심부 국가의 국민과 같은 모습으로 살
고자 한다면, 우리는 지구의 지속가능한 한계를 금방 뛰어넘을 것이다.
그러나 주변부 국가의 인구증가가 경제발전을 가로막는다거나 세계의 가
난과 환경파괴를 초래하는 주범이 인구증가라는 증거는 그 어디에도 없
다. 사실 빈곤은 식민주의와 자본주의 세계 경제의 팽창과 관련이 있다.
앞으로 보겠지만, 주변부 국가의 인구증가는 기껏해야 지구오염에 영향
을 미치는 작은 요소일 뿐이다. 하지만 그렇다고 해서 인구억제가 전혀
바람직하지 않다고 말하는 것은 아니다. 다만 그것은 여성과 남성이 서
로 협력해서 자기 지역의 경제적·사회적 조건을 기반으로 최선의 출생률
을 손수 결정한다는 것을 의미한다. 그것은 아마도 관련된 사람들의 이

익을 최우선으로 생각하지 않을 수도 있는 숨겨진 다른 의도를 가진 중앙의 정책 결정자들이 결코 출생률을 결정지을 수 없다는 것을 의미한다. 자식이 여성들에게 경제적 안정의 원천일 때 아이를 적게 낳기를 바라는 것은 정말 무모한 생각이다. 그리고 한 가족의 생산단위 크기와 그것이 노동력을 공급하거나 추가적인 소득을 제공할 수 있는 능력에 따라 가족의 경제적 행복이 좌우될 때 가족 규모를 강제로 줄이는 것은 어리석은 짓이다.

그러나 소규모 가족이 이익일 수 있다는 것은 틀림없다. 연구 결과에 따르면 예컨대 대가족에서는 아이들, 특히 여성들의 교육 기회가 감소한다. 따라서 교육이 경제적 자립을 위한 조건이라면 출생률 억제는 바람직한 일일지도 모른다(Birdsall, 1994). 또 다른 연구는 유아사망을 줄이려면 아이를 낳고 적어도 2년이 지난 뒤에 다음 아이를 낳는 것이 좋다는 결론을 내놓았다(Lloyd, 1994, 183쪽). 따라서 어떤 상황에서는 출산 횟수와 간격을 조절하는 것이 유익하다.

그렇다면 서양의 핵가족 형태를 권장하는 것이 여성의 지위를 높여 양성평등을 앞당길 수 있기 때문에 바람직하다고 말할 수 있을까? 그럴지도 모른다. 그러나 나중에 11장에서 보겠지만 많은 학자들은 핵가족이 여성의 착취와 관련이 있다고 주장한다. 또한 대가족은 핵가족보다 가족을 더 안전하게 보호하기 때문에 미국의 가난한 지역에서는 자발적으로 혈연관계가 없는 이웃들과 친척관계를 맺어 대가족을 '창출'하고 상호 지원관계를 형성한다(Stack, 1974 참조). 게다가 대가족관계에서는 여성들이 남성들 못지않게 권력과 권한을 행사할 수 있는 기회가 많다. 반면에 지금까지 핵가족제도의 단점을 연구하는 학자들은 별로 없었다. 우리는 가족의 붕괴나 아이와 노인을 보살피고 배려하는 문제와 같은 명백한 현안들은 제쳐둔 채 서양 가정의 소비 형태와 사회양식을 전파하는 데만 몰두하는 위험에 빠질 수 있다. 핵가족구조는 다양한 방식으로 소비를 최대로 부추기는 경향이 있다. 예컨대 우리는 앞서 1장에서 1940년대 말과

1950년대 갑작스러운 주택 건축 경기 상승과 주택 소유 증가에 따른 가구, 가전제품, 자동차 등 모든 물품의 급격한 소비 증가로 미국 경제가 어떻게 성장했는지 자세히 살펴보았다. 그렇다면 **주변부 국가의 대가족이 핵가족으로 해체되는 현상은 그와 유사한 소비 형태를 초래하지 않을까? 또한 그것이 미국에서와 마찬가지로 급격한 벼락경기를 창출하고, 그에 따른 환경오염과 폐기물 증가를 유발하지는 않을까?**

핵가족구조는 특히 부가 자식에서 부모로 흐르던 것에서 부모에서 자식으로 흐르는 것으로 역전되는 것을 요구한다는 점에서 1950년대 이래로 다시 완전히 새로운 소비계층을 창출했다. 그들은 12세에서 20세 사이의 연령층으로 스스로 부를 공급하고 그들 자신의 소비 욕구(와 문화)가 있다. **그들 계층은 새로운 시장과 경제성장을 창출할 것인가? 아니면 오늘날 청년문화가 우리 사회에 초래한 것과 똑같은 사회문제들을 일으킬 것인가?** 그것을 예측하기란 분명 어렵다. 그러나 출생률 감소를 지속적으로 촉진해야 하는 상황에서 반드시 검토되어야 할 가족구조의 변화문제에 대해 실제로 아무런 논의가 없었다는 것은 문제가 아닐 수 없다.

끝으로 선진국과 개발도상국에서 인구의 나이 분포가 서로 어떻게 다른가 하는 문제가 있다. 개발도상국에는 청년들이 매우 많다([그림 5-1] 참조). 청년들이 자라서 인구 피라미드의 상층으로 이동하면 그들은 아이를 낳을 수 있는 나이가 되어 더 많은 아이를 낳을 것이고 그러면 인구는 더욱 많이 늘어날 것이다. 그것이 비록 더 많이 생산할 수 있는 노동력을 제공할지라도 자원에 대한 인구압박은 더욱 가중될 것이다. 문제는 고용 기회가 있느냐는 것이다. 인구증가 그 자체보다 더 큰 위험은 그런 기회의 부족일 수 있다. 따라서 비공식 경제 부문(6장에서 자세히 살펴볼 것이다)이나, 다양한 무장단체나 민병대처럼 자신들을 주변부로 내모는 사회에 저항하는 각종 집단에 들어가서라도 살아남으려는 사람들이 점점 더 늘어날 수 있다는 것이 앞으로 더 큰 문제다.

〔그림 5-1〕 선진국과 개발도상국의 인구 피라미드(2009년)

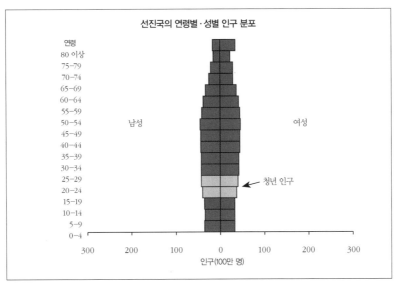

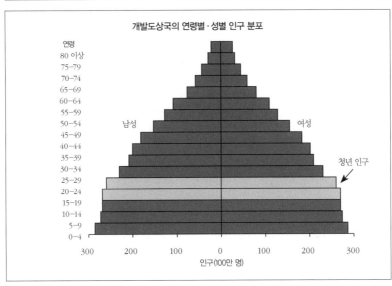

결론

지금까지 널리 인정받는 인구증가에 대한 서양의 학문적 논의는 크게 두 가지 틀을 바탕으로 하고 있다. 하나는 맬서스주의의 관점으로 인구증가 때문에 세계가 기아와 가난, 환경파괴, 사회불안의 위협에 시달린다는 것이다. 또 하나는 인구변천 이론으로 인구증가에 대한 맬서스주의의 우려에 공감하면서 가난한 나라도 자신들을 근대 세계로 이끌어주도록 고안된 서양의 경제개발계획을 채택한다면 부자 나라처럼 인구가 안정될 것이라고 주장한다. 그러나 인류학의 관점으로 볼 때, 두 가지 견해는 모두 결점이 있다. 인구증가와 경제발전 사이에 연관성이 있다는 가정이 첫째로 잘못되었고, 둘째로는 근대 이전 사회에서의 인구증가와 감소에 대한 추론이 잘못되었다. 게다가 맬서스주의의 주장은 역사적으로 자본주의가 팽창하면서 초래한 불편한 결과에 대해서는 애써 눈감고 오히려 계급과 인종에 대한 명백한 편견을 가지고 빈곤과 환경파괴의 피해자들에게 그들이 처한 경제·사회·생태문제의 책임을 묻는다. 또한 근대정신이 합리성을 자극해 가족 규모를 결정하게 하기 때문에 근대화가 결국 출생률을 낮출 것이라는 가설은 인구변천 이론이 얼마나 자민족중심의 이론인지를 잘 보여준다. 그러나 지금까지 살펴본 것처럼 가족이 경제적 부양과 안전의 원천이고 삶 전반에 걸쳐 자식한테서 받은 부가 자식에게로 흘러나가는 부보다 훨씬 많은 사회에서는 대가족이 전혀 비합리적인 선택이 아니다.

우리는 콜드웰의 세대 간 부의 흐름 이론을 통해 출생률과 가족구조 사이의 관계를 살펴보았다. 그것은 출생률을 낮추기 위해서는 대가족 형태에서 핵가족 형태로 가족구조를 바꿔야 한다는 것을 보여주었다. 또한 우리는 여성들이 경제적 자원에 접근할 수 없다면 그들은 출생률을 극대화하는 것에 지속적으로 관심을 보인다는 것도 확인했다. 그러나 출생률 감소가 국제기구와 세계 여러 나라의 주요 관심사이고, 인류학적 연구가 지적하는 것처럼, 출생률을 낮추기 위해 서양의 핵가족제도를 채택할 경우 그와 더불어 서양의 가치관과 사고방식, 소비 형태들이 함께 들어올 수밖에 없다면 우리는 그런 변화가 초래할 결과들에 대해 검토해보지 않을 수 없다. 무엇보다 그런 변화가 초래하는 사회적·경제적 결과가 인구 증가 속도를 낮춤으로써 얻을 수 있는 성과에 상관없이 그럴 만한 가치가 있는 것인지는 반드시 숙고할 필요가 있다.

6

기아, 빈곤, 경제개발

기아가 끊임없이 확산되는 현상은 오늘날 세계의 가장 지독한 특징 가운데 하나다. 해마다 끊이지 않고 그렇게 많은 사람이 굶주려 죽고, 수백만 명이 넘는 사람이 가난 때문에 주기적으로 목숨을 잃는다는 사실이 믿기 어렵겠지만, 세상은 이미 그런 재난에 소름 끼칠 정도로 익숙해져 있다. (……) 실제로 그 문제는 대개 냉소("그것에 대해 할 수 있는 것이 많지 않다")나 무관심, 무책임("날 탓하지 마라. 그것은 내가 대답할 수 있는 문제가 아니다")을 유발할 뿐이다.

─장 드레제와 아마티아 센, 『기아와 공소公訴』Hunger and Public Action

갓난아기들이 예방주사를 맞지 못하고, 깨끗한 물과 위생시설을 공급받지 못하고, 의약품이나 각종 치료를 받지 못하고, 출산 중에 산모가 죽는 가장 큰 이유는 바로 가난 때문이다. 가난은 짧은 평균수명과 정신적·신체적 장애, 기아의 배후에 숨겨진 원인이다. 또한 정신병, 스트레스, 자살, 가족 붕괴의 주요 원인이기도 하다. 개발도상국에서는 해마다 5세 미만의 아이들이 1,220만 명씩 죽는다. 그들 가운데 대다수는 단돈 몇 푼만 있으면 살아남을 수 있다. 그들은 세상의 무관심 때문에 그렇게 죽지만 그들이 죽는 근본적인 이유는 대개가 가난하기 때문이다.

─세계보건기구, 『세계보건보고서』

❖ ❖ ❖

2차 세계대전이 끝났을 때, 전 세계의 정부 관리들과 과학자들은 현대 기술의 발전으로 20세기 말 세계는 가난과 기근, 특정 지역의 고질적 기아를 종식시킬 수 있다고 예견했다. 사람들은 아프리카와 아시아, 라틴 아메리카의 가난한 나라들이 이제 식민지 지배에서 해방되고 유엔과 세계은행 같은 새로운 국제기구의 도움을 받아 중심부 국가들이 불붙인 경제개발의 길을 따를 것이라고 생각했다.

오늘날 이런 낙관적 전망은 전 세계 12억 명이 하루에 1달러도 안 되는 돈으로 겨우 살아가고 거의 30억 명이 하루에 2달러도 안 되는 돈으로 생계를 이어간다고 추산되는 현실 앞에서 절망과 체념으로 바뀌었다. 먹을 것이 모자라 굶주림에 시달리는 사람의 수가 8억~10억 명이 넘는데 이것은 실제로 전 세계 인구의 6분의 1에 해당한다. 그 가운데서도 특히 아이들이 큰 곤경에 처해 있다. 식량원조단체들은 일주일에 25만 명, 다시 말해 한 시간에 1,500명의 어린이가 제대로 못 먹거나 영양실조에 따른 질병으로 죽는다고 추산한다.

사람들이 세계의 기아에 대해 갖고 있는 오해가 빨리 사라져야 한다.

- 첫째, 세계의 기아는 식량 생산 부족의 결과가 아니다. 중심부 국가의 식습관으로 전 세계 사람들을 먹여 살릴 수는 없지만 채식으로는 전체 인구의 120퍼센트를 먹일 수 있는 충분한 식량이 있다. 현재 굶어 죽는 국민이 있는 나라에서도 모든 사람을 먹이고도 남을 충분한 식량이 있거나 그만큼을 생산할 수 있는 능력이 있다.
- 둘째, 기근은 기아의 가장 공통된 원인이 아니다. 최근에 언론 대다수는 에티오피아와 수단, 소말리아, 차드에서 발생한 기근을 집중 조명하고 있지만 사실 날마다 식량 부족에 시달리는 특정 지역의 고질적 기아가 훨씬 더 중요한 굶주림의 원인이다.

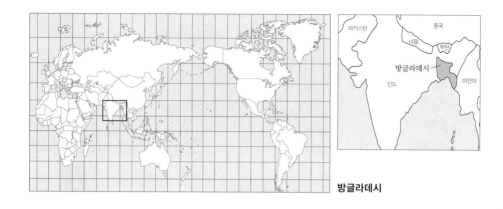

방글라데시

- 셋째, 기근이 식량 부족 때문에 일어나는 경우는 거의 없다. 1974년 방글라데시에서 수십만 명이 굶어 죽었을 때, 그것은 식량 부족 때문이 아니었다. 실제로 식량은 그 재난이 발생하기 이전 몇 년 동안보다 더 많이 있었으며 그다음 해 생산된 식량보다도 더 많은 양이 있었다. 따라서 그렇게 많은 사람이 굶어 죽은 것은 농지 침수로 인한 대량 실업 발생과 식량 부족에 대한 공포로 식품가격이 크게 올랐기 때문이다. 사람들은 식량을 살 돈도 없고 스스로 경작할 땅도 없었기 때문에 굶어 죽을 수밖에 없었다.
- 끝으로 기아는 인구과잉으로 일어나지 않았다. 물론 인구증가로 식량 수요가 늘기는 하지만 사람들이 식량을 살 수 있는 수단이 있는데도 식량을 생산하고 유통할 수 없는 경우는 없다. 그렇다고 인구증가와 식량의 많고 적음이 세계의 기아에 아무런 영향도 미치지 않는다는 것은 아니다. 그것은 겉으로 보는 것보다 훨씬 더 복잡한 관계가 있다는 것을 의미한다.

그렇다면 그런 풍요의 한복판에서 사람들이 끊임없이 굶어 죽는 이유는 무엇일까? 무엇보다 아직도 가난과 기아가 종식될 수 있다고 믿는 걸까? 그렇다면 어떻게 해야 종식될 수 있을까? 아니라면 가난한 사람들은 그런 환경에 어떻게 적응해야 할까?

이런 의문에 대답하기 위해서는 식량 생산의 의미와 역사, 사람들을 굶주리게 하는 원인들을 이해해야 한다. 기아는 어쩔 수 없는 숙명이라는 견해가 있기는 하지만 그것을 여기서 다룰 필요는 없다. 우리는 부자 나라든 가난한 나라든 일부 특정 국가들이 국민에게 충분한 식량을 공급하기 위해 어떤 노력을 했고 사람들이 가난에 어떻게 적극적으로 대처했는지 살펴봄으로써 세계의 기아문제를 풀 수 있는 몇 가지 해법을 검토할 것이다.

식량 생산의 발전: 신석기 시대에서 신칼로리 시대로

최근까지도 인류 역사를 보면 실제로 모든 사람이 농촌에서 살면서 스스로 먹을 것을 경작하거나 사육했고 남은 생산물은 조공이나 세금으로 바치거나 지역 시장에 팔고 다음 해 경작을 위해 종자로 보관했다. 산업혁명 이후로 점점 많은 사람이 농촌을 떠나 도시로 이주했고, 도시에서 임금노동자로 살기 시작했다. 1880년까지만 해도 미국 인구의 절반이 농사를 짓고 살았다. 그러나 1900년에는 그 수가 38퍼센트로 줄었고 1940년에는 18퍼센트로 급감했다. 오늘날 2퍼센트도 안 되는 미국인이 나머지 98퍼센트와 전 세계에서 미국 농산물을 수입하는 수많은 다른 나라 사람들에게 식량을 공급하고 있다(Schusky, 1989, 101쪽). 생계를 위해 농사가 아닌 다른 일을 찾는 사람들이 급증하는 것은 세계 전역에서 일어나는 현상이다. **사람들이 스스로 먹을 것을 생산할 수 있는 땅을 떠나 결국에는 다른 사람에게서 먹을 것을 사 먹어야 하는 임금노동자가 되려고 하는 이유는 무엇일까?** 이 질문에 대답하기 위해서는 농업의 역사를 이해해야 한다. 식량 생산은 왜 변화해왔고, 경제정책과 농업정책은 어떻게 가난과 기아의 증가를 초래했는지 알 필요가 있다.

수렵채취 시대에서 신석기 시대로

인류는 지구상에 존재한 이래로 대부분의 기간에 견과류나 딸기 같은 과일이나 열매, 뿌리, 곡물 등 야생식물을 채취하고 크고 작은 동물들을 사냥해서 식량을 마련했다. 수렵채취사회의 사람들은 대개가 삶의 질이 높은 생활을 누렸다. 그들은 일주일에 20시간 정도만 일했다. 당시의 수렵채취사회에 대한 고고학 연구조사 결과에 따르면 먹을 것이 상대적으로 풍부했고 사람들의 영양 상태도 좋았다고 한다. 수명과 건강 상태는 후세의 농업사회 사람들보다 더 좋았던 것으로 보인다. 따라서 인류학자들은 수렵채취생활을 하던 사람들이 왜 농작물을 심고 경작하기 시작했는지 궁금해했다. 1960년 이전에 인류학자들은 식물을 재배하고 가축을 기르는 것이 수렵채취생활보다 더 좋은 영양 상태를 유지하고 안정된 식량 공급을 위한 방식이라고 생각했다. 그러나 1960년대에 리처드 리와 제임스 우드번(Devore and Lee, 1968 참조)의 조사에서 수렵채취사회의 식량 공급이 비교적 안정적이었으며 식량 생산에 투입된 에너지의 양역시 적었다고 밝히자 사람들은 인구증가가 식량 생산에 끼친 영향에 대해 다시 면밀히 검토하기 시작했다. 마크 코언(1977)은 인구밀도가 증가하면서 사람들은 더 넓은 지역으로 식량을 찾아 나서야 했는데, 사냥감이나 야생식물을 찾아 먼 곳까지 여행하는 것보다는 한곳에 정착해 가축을 기르거나 농작물을 경작하는 것이 더 효율적이라고 생각하게 되었다고 주장했다. 그러나 당시에도 수렵채취생활에서 농경과 가축 사육생활로 이전하는 속도는 매우 느려서 메소포타미아 지역에 그런 새로운 생활이 대규모로 처음 등장한 때는 지금부터 약 1만 년 전인 신석기 시대였다. 그때부터 5,000년 전까지 정착민들은 밀, 보리, 호밀, 기장, 쌀, 옥수수 같은 작물을 재배했고 양, 염소, 돼지, 낙타, 소 같은 가축을 기르기 시작했다. 전통적으로 동물들은 농부들의 식량 저장소 구실을 했다. 그래서 식량이 많이 남아돌 때는 남는 곡물로 동물들을 먹이고 식량이 부족할 때는 동물들을 잡아먹었다. 양이나 염소, 소, 낙타 같은 일부 동물은 풀을 먹고 자라기 때문에 인간이 먹을 수 없는 섬유소를 단백질로 변화시켜 고기와 유제품의 형태로 사람들이 먹을 수 있게 했다.

화전농업은 농작물을 경작하는 가장 단순한 방법이었다. 물론 그것은 올바르게 짓기만 하면 매우 효율적이지만 대신에 주변 서식지에 대한 지식이 풍부해야 했다. 화전을 일구기 위해서는 먼저 경작할 땅을 뒤덮고 있는 초목을 모두 베어버리고 거기에 불을 지른다. 그런 다음 씨를 뿌리고 잘 경작해서 다 자라면 수확을 한다. 화전은 대개 1~3년 정도 이용한 뒤에 버리고 또 다른 새로운 화전을 일구었다. 화전을 일굴 땅이 충분하다면 처음에 화전을 일군 땅은 다시 초목이 자랄 때까지 10년 넘게 묵혔다가 다시 활용한다. 화전농업은 토지, 물, 노동력, 에너지라는 농업 생산의 네 가지 주요 요소 가운데 토지집약적인 농사다. 자연이 제공하는 빗물과 태양 에너지가 있고 일주일에 25시간만 일하면 된다. 화전을 일굴 때 필요한 도구는 도끼나 벌채용 칼, 괭이나 땅을 파는 막대기로 충분하다.

화전농업은 지금도 여러 주변부 국가에서 시행되고 있는데 학자들은 최근 들어 비로소 화전의 효율성과 정교함을 인정하기 시작했다. 예컨대 예전에는 초목을 태우는 것이 영양소를 재의 형태로 만들어 땅에 버리는 행위이고 해충이나 곤충, 잡초를 없애는 구실만 할 뿐이라고 생각했다. 그러나 올바른 방식으로 경작한다면 그것은 환경을 건강하게 만들어 자연생태를 재창조한다. 화전민들은 초목이 적절하게 자라고 배수가 잘되며 토양이 비옥한 곳을 찾아야 한다. 화전을 가장 효율적으로 일구기 위해서는 초목이 적절하고 고르게 분포된 지역을 벌채해야 한다. 또한 건조 속도가 느린 지역은 빨리 건조되는 지역보다 먼저 벌채해야 한다. 화전에서는 단일 작물을 경작하는 단일 재배와 달리 다양한 식량뿐 아니라 약초나 여러 채소를 함께 경작했다. 화전민들은 일구던 화전을 버려야 하는 때가 언제인지 알아채야 한다. 제때에 새로운 화전으로 옮겨가야 덤불과 숲이 재생되는 것을 방해하지 않기 때문이다. 하지만 버려진 화전은 따지고 보면 완전히 버려진 것이 아니다. 그곳은 다시 숲을 이룰 나무들이 자라며 사냥할 동물들을 유인할 수 있는 장소로 이용되기 때문이다.

수렵채취생활을 하던 사람들이 왜 농사를 짓기 시작했는지를 두고 논란이 있는 것처럼 화전민들이 더 노동집약적인 관개농업이나 쟁기를 이용한 갈이농사를 짓기 시작한 이유에 대해서도 몇 가지 의문이 있다. 이 기술들은 투입된 노동력에 비해 더 많은 산출물을 생산하는 데 반드시 필요한 것이 아니다. 그러나 이 기술을 이용하면 휴경기간을 줄이거나 없앨 수 있어 더 많은 땅을 더 자주 이용할 수 있다. 화전농업에서는 휴경해야 할 땅이 이 기술을 이용하면 생산에 투입된다. 또한 관개농업은 이용할 수 있는 땅이면 지속적으로 농사를 지을 수 있고 1년에 두세 번씩 수확할 수도 있다. 더 나아가 관개시설을 하면 전에는 쓸모없던 땅도 농사지을 수 있는 땅으로 바뀐다. 이스터 보스럽(1965)은 인구밀도가 증가해 토지 이용이 더욱 빈번해지면서 다시 비옥한 토양을 만들기 위해 땅을 묵힐 기회가 점점 줄어들었다고 주장했다. 쟁기와 관개시설을 이용한 농업은 인간에게 더 많은 노동을 요구하지만 식량을 더 많이 생산할 수 있다.

그러나 생산성 향상을 위해서는 그만큼의 희생이 따르기 마련이다. 관개농업은 화전농업보다 농업의 네 가지 필수 요소인 토지, 물, 노동력, 에너지 가운데 더 많은 물과 노동력, 에너지를 필요로 한다. 또한 관개농업은 대개 필요한 인공수로와 도랑, 경우에 따라서는 댐의 건설과 관리, 감독을 위해 고도로 집중된 관료체제를 가진 더 복잡한 사회·정치구조를 요구한다. 게다가 환경을 파괴해 지나친 염분 축적에 따른 토양염류화와 토사침전을 초래할 수도 있다. 예컨대 이라크와 이집트에서는 각각 관개시설을 한 농지의 50퍼센트와 30퍼센트가 침수되거나 토양염류화가 진행되었다(Schusky, 1989, 72쪽). 관개 지역은 나중에 사람들이 거기에 하수를 버려서 병균을 퍼뜨리는 기생충이나 곤충이 서식하는 장소로 바뀌기도 하는데 결국 콜레라, 장티푸스, 주혈흡충증, 말라리아 같은 질병의 증가를 초래할 수도 있다. 또한 관개 지역은 잡초가 무성한 곳으로 바뀔 수도 있다. 끝으로 쟁기나 관개시설을 이용한 농업으로의 변화는 남성과 여성 사이의 분업관계도 바꾸었다(Boserup, 1970). 대개 화전농업에서는 남자가 벌채를 해서 경작지를 만들면 여자는 벌채한 초목을 태우고 농작물을 기른다. 오늘날도 사하라 사막 이남의 아프리카 일부 지역에서는 농사일 대부분을 여자들이 한다. 그러나 갈이농사나 관개농업에서는 여성들이 해야 할 일들이 줄어들어 여성의 노동력이 가사 중심으로 바뀌게 된다. 농사일과 관련된 노동은 줄어들지만 전체적으로 볼 때 여성의 노동량은 오히려 증가했다(Ember, 1983).

실제로 오늘날 우리가 먹는 모든 농작물이 경작되었던 2,000년 전에 세계를 조사했다면 중국과 메소포타미아, 이집트, 인도, 나중에는 안데스 산맥과 중앙아메리카 지역에서 관개농업의 중심지들을 발견했을 것이다. 쟁기를 이용한 갈이농사는 중동과 유럽 지역에서 널리 퍼졌다. 그러나 농사를 짓는 곳에서는 인력과 국가에 바쳐야 할 세금의 수준만 적절하다면 화전농업이 가장 보편적인 농사법이었다. 게다가 20세기까지는 농업기술에서 어떤 변화나 발전도 없었다.

자본주의와 농업

식량 생산에서 새로운 대변혁이 일어난 것은 16세기에서 18세기에 이르기까지 세계 교역이 점점 더 중요해지고, 도시에 살면서 식량 생산에 종사하지 않는 사람이 점점 늘어났기 때문이다. 교역 확대와 비농업 인구의 증가는 농업 생산에 적어도 네 가지 중대한 영향을 끼쳤다.

첫째, 식량은 비단, 검, 가재도구 같은 일반 상품처럼 돈을 벌기 위해 생산하고 사고팔 수 있는 하나의 상품이 되었다. 둘째, 교역 증대와 비농업인구의 증가는 농업과 산업 경제 부문 사이에 노동력 쟁탈전을 불러일으켰다. 셋째, 비농업 노동력의 증가는 다른 사람들에게 식량 조달을 의존하는 이들에게 더 큰 취약성을 안겨주었다. 식량 확보는 이제 더는 농부의 생산능력에 따른 문제만이 아니라 사람들의 임금수준, 식량가격,

식량의 유통, 저장, 마케팅에 필요한 기반시설의 문제로 확대되었다. 끝으로 식량이 자본주의 상품으로서 그 역할이 커지자 국가가 식량 생산에 개입하기 시작했다. 예컨대 식량가격을 규제할 필요가 커졌다. 식량가격이 지나치게 높으면 사람들은 굶어 죽을 수도 있으며 기업체의 임금도 올라야 한다. 반대로 가격이 지나치게 낮으면 생산자는 시장에서 식량을 팔 수 없을 것이다. 또 한편으로는 국민에게 식량을 최대한 싸게 공급하기 위해, 다른 한편으로는 국내 농민들을 보호하기 위해 수입할당량과 관세를 적절하게 조절할 필요가 있었다. 식량을 충분히 생산하고 식량 생산으로 이윤을 남기기 위해서는 새로 발견한 땅들을 식민지로 만들어야 했다. 또한 국가는 농업노동자들의 임금을 규제할 수도 있고 미국처럼 하지 않을 수도 있다(미국은 1937년부터 산업노동자의 최저임금제를 실시했지만 농업노동자의 최저임금은 지금까지 정해지지 않았다).

이미 밝혀진 것처럼 식량이 자본주의 상품으로 전환되면서 식량의 생산과정에서 일어난 가장 중요한 변화는 식량 생산에 직접 투입되는 인간 에너지와 노동력의 양이 지속적으로 줄어든 반면에 트랙터나 수확기, 농업용수 공급시설과 같은 신기술 형태의 비인간적 에너지의 양은 늘어났다는 점이다. 이런 변화는 결국 세계 대부분 지역에서 농업 생산의 특징을 끊임없이 바꾸고 있다.

농업의 노동력 수요 감소와 기술력 수요 증가 현상은 농업과 산업 부문 양쪽의 교역과 이익 증대에 기여할 수 있다면 어떤 영역에서든 발생하고 있다. 첫째, 인간 노동력을 기술로 대체하고 농업에 종사하는 사람의 수를 줄인다면 농업은 더 많은 이익을 남길 것이다. 그럴 경우, 노동비용은 줄어들고 농업 생산으로 발생한 부는 소수에게 집중된다. 또한 기술력을 높이기 위해서는 더 많은 자본을 투자해야 한다. 그 결과, 자본을 가진 사람들, 즉 부자들은 가난한 사람들에게 땅을 포기하게 만들면서 농업에서 발생한 이익을 독차지할 수 있다. 이것은 농업에서 발생한 부를 더욱 소수에게 집중시킨다. 투자자본의 규모가 늘어나면서 농업 부문에 진입해서 자본의 공급을 조절하며 영향력을 행사해 이익을 올리려는 투자자들(은행, 다자간 기구, 상품거래인)이 농업시장에 진입할 기회도 늘어난다.

둘째, 농업인구가 줄고 농업에서 발생한 부의 집중이 강화되어 남은 사람들의 이익이 보장되면 식량가격은 안정되고 따라서 산업노동자의 임금을 올리지 않아도 된다. 하지만 그럴 경우 식량 독점과 가격 상승의 위험이 발생한다. 예컨대 미국에서 곡식 생산은 소수의 농업 기업이 지배하고 있다. 콘플레이크와 오트밀 같은 가공식품의 시장가격은 엄청나게 비싸다. 원가가 0.04센트인 옥수수가 4달러짜리 콘플레이크로 탈바꿈해서 팔리지만 소비자들이 그것들을 불평 없이 사 먹는 한 정부는 시장에 개입하려고 하지 않는다. 실제로 생계비 가운데 식품비가 차지하는 비중으로 따지면 미국은 세계에서 가장 낮은 나라에 속한다.

셋째, 농업 노동력의 감소는 농업노동자들이 도시에 있는 기업체로 일자리를 찾아 나서게 하고 한정된 일자리를 두고 서로 경쟁하게 함으로써 결국 임금이 낮게 유지되는 결과를 낳는다. 생계를 꾸리기 위해 일자리를 찾는 사람이 많아질수록 기업이 지불해야 할 임금은 더욱 낮아진다.

끝으로 국가는 식량 생산의 적정 수준 유지에 필요한 노동비용 억제와 기술력 향상을 위해 농업 부문을 안정화시켜야 한다. 예컨대 미국 정부는 관개시설 구축과 토지 간척사업에 정부 재정을 투입하고 농업 연구를 수행하고 농산물가격과 에너지 비용 안정화를 위해 국가보조금을 지급했다. 또한 국내 잉여농산물을 구매해 해외 원조사업을 하면서 식량원조에 수십억 달러를 투자했다(이런 원조는 대개 해당국의 생산자들을 강제로 파산시키는 한편, 미국 농산물에 대한 의존도를 높이는 결과를 가져왔다).

요약하면 농업 노동력을 줄이는 동시에 기술력 증대를 꾀하는 자본주의 경제의 결과는 다음과 같다.

- 에너지 비용을 국가 보조에 의존하는 자본집약적인 농업체계
- 식량가격을 낮게 유지하고 농업과 산업 부문의 이익을 높이기 위한

국내 농업 노동력과 해외 토지와 노동력 착취

- 한정된 일자리 경쟁과 값싼 식량 공급을 통해 기업들이 저임금 노동력을 쉽게 확보할 수 있게 하는 대량의 유휴 노동력

중요한 사실은 1950년대까지 농업의 기술력은 생산량을 실질적으로 늘릴 만큼 발전하지 못했다는 것이다. 다시 말해 옥수수를 재배하는 미국 농민 한 사람이 옥수수밭 1헥타르(1만 제곱미터)를 경작하기 위해 100시간만 일하면 되었지만, 거기서 생산된 옥수수의 양은 멕시코의 화전민이 벌채용 칼과 괭이만을 사용해 미국 농민보다 10배 더 많은 시간을 일해서 생산한 옥수수의 양보다 많지 않았다. 달리 말하면 영농기계화가 노동력과 비용을 줄여 미국 농장을 더욱 경제적으로 만든 것은 사실이지만 1헥타르당 식량 생산량을 더 많이 늘리지는 못했다(Schusky, 1989, 115쪽). 그렇다면 우리는 다음과 같은 질문에 반드시 대답해야 한다. **미국의 농업체계를 개발도상국에 수출한다면 과연 무슨 일이 벌어질까?**

신칼로리 시대와 녹색혁명

어니스트 슈스키는 최고로 발전된 자본주의 농업체계, 즉 인간의 노동력을 비인간적 에너지로 대체하고 기술집약적으로 바뀐 모습을 **신칼로리혁명**이라고 불렀다. 신칼로리혁명의 가장 중요한 특징은 화학비료나 살충제, 제초제, 농기계 같은 비인간적 에너지 사용이 식량 생산에 지대한 도움을 주며 급증했다는 것이다.

데이비드 피멘텔과 마샤 피멘텔(1979)은 신칼로리 시대에 대한 독특한 관점을 제공했다. 그들은 1헥타르의 토지에서 생산되는 농작물이 얼마나 많은 킬로칼로리*의 열량을 제공하는지를 측정했다. 그리고 그것을 인간

---

* 칼로리 또는 그램칼로리는 물 1그램의 온도를 섭씨 1도에서 섭씨 15도까지 올리는 데 필요한 열량을 말한다. 킬로칼로리kcal 또는 킬로그램칼로리는 물 1킬로그램을 섭씨 1도에서

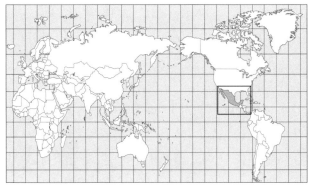

멕시코

노동력으로 해당 농작물을 생산하는 데 들어가는 열량과 비인간적 에너지로 생산하는 데 들어가는 열량과 비교했다. 그들의 연구 결과는 전통적인 농사방식과 현대식 자본주의 농사법에 필요한 에너지 사용의 효율성을 극적으로 보여주었다.

예컨대 전통적인 멕시코의 화전민은 옥수수를 수확하기 위해 도끼와 벌채용 칼을 써서 초목을 베어내고 불을 지른 다음 괭이를 써서 씨를 뿌리고 잡초를 제거한다. 피멘텔 부부(1979, 63쪽)는 옥수수를 재배하는 데 143일이 걸리며 한 사람이 하루에 약 4,120킬로칼로리의 열량을 써서 일한다는 것을 알았다. 그래서 1헥타르의 땅을 경작할 때 투입되는 노동력은 총 58만 9,160킬로칼로리다. 또한 여기에 투입되는 도끼와 벌채용 칼, 파종에 들어간 에너지를 열량으로 환산하면 5만 3,178킬로칼로리이므로 이것까지 합하면 모두 64만 2,338킬로칼로리의 열량이 투입되는 셈이다. 반면에 1헥타르의 땅에서 생산된 옥수수의 총열량은 600만 킬로칼로리로 투입량 대비 산출량의 비율은 약 1대 11이다. 1킬로칼로리를 써서

섭씨 15도까지 올리는 데 필요한 열량으로 1,000그램칼로리를 말한다. 또한 이것은 다음과 같이 생각할 수도 있다. 연비 20퍼센트인 엔진을 가진 기계가 사용하는 1갤런(3.785리터)의 가솔린은 6만 2,000킬로칼로리와 동일한 열량을 낸다. 이것은 말 한 마리가 하루에 10시간, 사람 한 명이 하루에 8시간씩 일주일에 5일간 2주 반 동안 일하는 것과 같다.

11킬로칼로리를 생산하는데 이것은 소작농들의 평균 생산량에 가깝다. 비인간적 에너지는 괭이나 도끼, 벌채용 칼을 만드는 데 들어간 화석연료(목재, 석탄 또는 석유)뿐으로 최소한의 열량만 썼다.

이제 황소를 이용한 쟁기농사를 살펴보자. 황소가 1시간 동안 일한 양은 인간이 4시간 동안 일한 양과 같다. 따라서 1헥타르의 옥수수 농사에 투입되는 노동력은 58만 9,160킬로칼로리에서 19만 7,245킬로칼로리로 떨어진다. 그러나 황소가 아무 일을 안 해도 생존하는 데 필요한 열량이 49만 5,000킬로칼로리다. 게다가 쇠로 된 쟁기를 만드는 데도 화석연료 에너지가 4만 1,400킬로칼로리, 파종을 위해 3만 6,608킬로칼로리가 추가로 들어가면 쟁기농사에 들어가는 총에너지는 57만 3,008킬로칼로리가 된다. 하지만 여기서 생산되는 옥수수의 생산성은 절반 아래로 떨어져 에너지 투입량 대비 옥수수 산출량의 비율이 1대 4.3밖에 안 된다. 그 이유는 토양의 비옥도가 떨어지기 때문이다. 부엽토나 퇴비, 비료를 토양에 첨가하면 생산량이 높아지겠지만 그것들을 모으고 뿌리는 데 에너지가 그만큼 더 들어갈 것이다.

끝으로 1980년 미국에서 옥수수를 재배하는 농민을 생각해보자. 그 농민은 현대식 농기계와 제초제, 살충제, 화학비료, 트럭, 관개시설을 이용해 1헥타르의 농지에서 약 7,000킬로그램의 옥수수를 생산한다. 멕시코의 화전민보다 7배 가까이 생산하지만 거기에 들어가는 에너지 열량은 2,500만 킬로칼로리가량 된다. 따라서 투입량 대비 산출량 비율은 1대 3.5로 가장 '원시적인' 화전민보다 생산성이 훨씬 떨어진다. 실제로 미국에서 농작물 생산 대비 생산에 투입된 열량의 비율은 1945년에 3.7대 1에서 1970년 2.8대 1로 감소했다. 그렇다면 **오늘날 농업은 왜 그렇게 많은 에너지를 쓸까?**

농업에서 기술 이용이 늘어난 것은 이른바 **녹색혁명**이 전 세계를 휩쓸면서부터다. 녹색혁명은 1940년대와 1950년대에 록펠러재단이 후원하는 미국의 과학자들이 멕시코에서 수행한 연구에서 비롯되었다. 그들의 연구 목표는 멕시코 농업환경에 알맞게 옥수수와 밀을 이종교배해서 수확을 획기적으로 늘리는 품종을 개발하는 것이었다. 그 연구는 곧 전 세계적으로 극적인 변화를 가져왔다. 전 세계 농민들은 **다수확품종**HYVs이라고 부르는 밀, 옥수수, 쌀 등 농작물의 특수 변종들을 종자로 쓰기 시작했다. 새로운 종자들은 대개 비료와 물의 공급을 많이 늘려 생산성을 높였다. 재래종의 경우 비료와 물을 많이 공급해도 생산량이 늘지 않는 반면(오히려 해를 입힌다) 신품종은 생산량이 크게 늘어났다. 따라서 전 세계 농민들 가운데 신품종을 채택하는 사람들이 점점 더 많아졌다. 이런 새로운 품종의 확산에 시장 확대를 꾀하던 석유화학산업과 화학비료 생산업체들이 적극 나섰다. 따라서 다수확품종을 개발하려는 노력은 미국 국제개발처USAID와 록펠러재단의 주도로 인도, 필리핀, 타이완까지 확대되었다.

그러나 녹색혁명은 곧 몇 가지 문제에 봉착하게 된다. 첫째, 새로운 모종을 재배하기 위해서는 많은 양의 비료와 물의 공급이 필요했다. 농민들은 추가로 투입되는 에너지 비용의 증가 때문에 비료와 물의 사용을 최소한으로 줄였고, 그 결과 생산량은 새로운 종자를 쓰기 이전과 별반 달라지지 않았다. 따라서 농민들이 재래종 품종과 농사법으로 되돌아가는 상황이 발생했다. 둘째, 1973년 중동의 석유수출국기구OPEC가 취한 석유 수출 금지조치는 석유가격을 올렸다. 화학비료나 관개시설과 같은 녹색혁명의 도구들은 모두 석유 의존도가 높았기 때문에 경작비용도 덩달아 급상승했다. 다수확품종을 에너지집약적 품종EIVs이라고 부르는 사람들까지 생겨났다.

비용은 화학비료를 줄 때 들어가는 물의 양 때문에 더욱 증가했다. 따라서 신기술을 처음 도입한 지역은 주로 물이 많은 지역이었다. 실제로 초기에 다수확품종을 연구한 지역은 대부분 관개시설이 잘되어 있는 지역이었다. 물 공급이 원활하지 않은 지역으로 신기술이 보급되었을 때, 그 결과는 그다지 획기적이지 않았다. 또한 관개시설에 들어가는 에너지의 양이 화학비료에 들어가는 에너지의 양만큼 많은 경우도 생겨났다.

게다가 녹색혁명은 전보다 훨씬 많은 화학살충제의 사용을 요구한다. 농민들이 단일 작물이나 단일 품종만을 심으면 농작물이 병에 걸렸을 때 매우 빠르게 전체로 퍼질 수 있고 추가로 들어가는 비용이 늘어나서 결국에는 커다란 경제적 손실을 초래할 것이다. 따라서 질병을 막기 위해서는 살충제의 사용이 필수다. 더군다나 농작물은 경작하는 기간뿐 아니라 저장과 수송, 가공하는 기간까지 생산의 전 과정에 걸쳐 늘 곤충과 유해동물의 위협에 시달리기 때문에 살충제 비용은 훨씬 더 늘어나기 마련이다.

끝으로 새로운 화학비료와 관개시설은 잡초의 성장에 좋은 조건을 마련한다. 따라서 제초제도 뿌려야 하고 에너지 비용은 더 많이 증가한다.

어니스트 슈스키(1989, 133쪽)가 주목한 것처럼 주로 토지에만 신경 쓰던 자급자족 농경에서 토지와 물, 에너지까지 많은 투자가 들어가는 농업 형태로 바뀌면서 가난한 소농들은 복합적인 현대 기술을 이용하기 위한 자본을 융통할 수 없어 매우 불리한 여건에 처하고 만다. 그 결과, 미국을 비롯한 다른 여러 나라에서도 농업에서 발생한 부가 점점 더 일부 소수에게 집중되고 소규모 농가의 수는 끊임없이 줄어드는 현상이 나타났다([표 6-1] 참조).

그러나 신칼로리혁명이 정말로 주목하는 곳은 축산물 생산 부문이다.

〔표 6-1〕 미국의 농지 규모별 농장 수의 변화(1950~1992년)

농지 규모(에이커)	1992년	1969년	1950년	비율 변화
1~59	1,310,000	1,944,224	4,606,497	-172
260~499	255,000	419,421	478,170	-47
500~999	186,000	215,659	182,297	+0.08
1,000~	173,000	150,946	121,473	+58
계	1,925,000	2,730,250	5,388,437	-166

출처: 에릭 로스, 『문화의 신화를 넘어서: 문화유물론 소고』*Beyond the Myths of Culture: Essays in Cultural Materialism* (New York: Academic Press, 1980), 1992년 미국 농무부 『농업 센서스』 자료 활용.

지난 100년 동안 소고기 생산에서 이룬 하나의 혁신은 소한테 곡물을 먹이는 것이었다. 1975년 미국은 전 국민 1인당 1,300킬로그램의 곡물을 생산했다. 하지만 그 가운데 1,200킬로그램은 가축사료로 쓰였다. 젖소는 육우보다 상대적으로 생산성이 높다. 젖소는 190킬로그램의 단백질로 60킬로그램의 우유를 생산하고 화석에너지 36킬로칼로리로 1킬로칼로리의 유즙단백질을 생산한다. 육우는 단백질의 40퍼센트를 목초지에서 얻고 60퍼센트는 곡식에서 얻는다. 곡식 생산과 가축사육장 운영에 들어가는 에너지를 고려할 때 육우의 생산성은 78킬로칼로리의 열량을 써서 겨우 1킬로칼로리밖에 생산해내지 못하는 셈이다.

식량의 가공, 포장, 배송까지 계산에 넣으면 에너지 지출은 훨씬 더 높아진다. 데이비드 피멘텔은 현대식 농기계와 화학비료, 살충제를 써서 곡식을 생산하는 미국 농민은 1칼로리를 생산하는 데 8칼로리의 에너지를 쓴다고 추산했다. 운송과 저장, 가공과정은 1칼로리를 생산하는 데 또 다른 8칼로리의 화석연료 에너지를 소비한다(Schusky, 1989, 102쪽 참조).

슈스키가 말한 것처럼 에너지가 부족할 경우 이런 생산은 아무 의미가 없다. 하지만 에너지가격, 특히 석유가격이 싸지고 국민국가에서 에너지 비용을 보조한다면 그런 생산은 큰 이익을 낼 수 있다. 진짜 문제는 인간의 노동력을 화석연료 에너지로 대체하는 농업 생산을 개발도상국으로 수출할 때 발생한다. 무엇보다 큰 문제는 이런 형태의 생산방식을 언제까지나 유지할 만한 화석연료가 없다는 점이다. 한 연구 결과에 따르면 전세계가 오늘날 미국과 같은 속도로 에너지를 쓴다고 가정할 때 세계의 석유자원은 앞으로 10~12년 안에 식량 생산을 위해 쓰는 양만으로도 완전히 고갈될 것이라고 한다(Schusky, 1989, 119쪽).

더 나아가 농촌 인구가 많은 나라에서 노동집약적 농업을 에너지집약적 농업으로 대체하는 것은 수많은 농민을 땅에서 내쫓거나 실직하게 만들어 결국 일자리를 찾아 도시로 떠나는 사람이 점점 더 늘어나는 상황을 초래할 것이다. 오늘날 농업은 자본집약적이기 때문에 농촌에 남을 수 있는 농민은 상대적으로 부유한 사람들뿐이다. 따라서 도시뿐만 아니라 농촌에서도 소득격차가 점점 더 벌어지고 있다. 녹색혁명이 성공한 지역에서는 대개 소농들은 자기 땅에서 쫓겨나 일용노동자가 되거나 일자리를 찾아서 도시로 떠난 반면에 영리를 추구하는 투자자들은 토지를 모두 사들였다. 또한 부유한 농민들도 이웃 농민의 토지를 사들였는데 화학비료와 관개시설에 돈을 투자할 수 있는 사람은 그들밖에 없었기 때문이다.

한편 오늘날 2차 녹색혁명이 일어날 조짐이 보인다. 유전공학의 성과를 농업 생산에 응용하려는 추세가 바로 그것이다. 그러나 유전자 조작 농산물은 아직까지 철저한 검증이 이루어지지 않았고 그것이 환경이나 인체에 어떤 영향을 끼칠지 아직 모른다는 점 때문에 사람들 사이에서는 논란이 많다. 나중에 살펴보겠지만 유전자 조작 농산물이 기아문제를 해결해줄 것이라는 몬산토 같은 기업농의 주장은 음흉한 속내를 감추고 있다. 그런데 다른 한편에서는 유전자 조작 농산물을 통해 자본주의 농업이 끼친 피해를 바로잡으려는 시도도 있다. 예컨대 세상에 널리 알려진 '황금쌀'이 그것이다. 황금쌀은 한 해에 약 30만 명이 실명으로 고통받는 원인인 비타민 A 결핍문제를 해결하기 위해 유전자를 조작한 쌀이다. 그러나 반다나 시바(2000)가 지적한 것처럼, 비타민 A는 자연에서 쉽게 섭취할 수 있으며 그것을 함유한 식물도 다양하다. 제초제만 뿌리지 않는다면 밀밭에서 함께 자라는 명아주나 비름, 갓과 같은 풀도 비타민 A를 함유하고 있으며 찧지 않은 쌀에도 비타민 A가 들어 있다.

우리의 식량 생산체계가 전반적으로 발전했다는 것은 틀림없는 사실이다. 그러나 그것은 자본집약적이고, 국가의 지원을 받는 대규모 농업기업에 유리하며, 인간의 노동력 이용을 최소화하기 때문에 사람들이 먹고살기 위해 임금노동에 더욱 의존할 수밖에 없는 생산체계다. 자본주의 문화에서 식량을 손에 넣느냐 마느냐 하는 것은 식량의 필요성 여부에 달린 것이 아니라 전적으로 그것을 살 수 있는 돈이 있느냐 없느냐에 달려 있다.

기아의 정치학

식량 생산에 필요한 노동력이 감소하고 식량 생산이 점점 소수의 일부 사람에게 집중되면서 전 세계 사람들은 먹고살기 위해 점점 더 임금노동에 의존하게 되었다. 따라서 고용 기회가 줄고 임금이 하락하고 식량가격이 오르면 사람들은 더욱 기아의 위험에 노출되기 십상이다. 심지어는 식량이 남아돌아도 굶어 죽는 사람들이 생길 수도 있다. 이것은 식량 부족이 기아의 한 요인이 아니라는 말이 아니라 사람들이 돈이 없어 식량을 살 수 없는 경우가 생길 수 있다는 의미다.

자본주의 경제에서 식량의 역할은 또 다른 중요한 영향을 끼친다. 예컨대 식량 생산은 반드시 세계가 필요로 하는 식량의 양이 얼마인지에 따라 결정되지 않는다. 식량 생산을 결정하는 것은 시장이다. 다시 말해 얼마나 많은 사람이 식량을 살 수 있는 수단을 가지고 있는지가 중요하다는 뜻이다. 그것은 세계가 할 수 있는 한 최대로 식량을 생산하지 않는 이유이며, 시장 수요가 있다고 하더라도 얼마나 많은 식량을 생산할 수 있을지 예측할 수 없는 이유이기도 하다. 문제는 생산되는 모든 식량을 살 수 있을 만큼 많은 소득을 올리는 사람들이 충분치 않으며 이른바 과잉생산은 식량가격을 낮추고 이익을 떨어뜨린다는 점이다. 이런 이유 때문에 많은 나라에서 식량 생산은 방해를 받는다. 더 나아가 식용 농작물을 재배할 수 있는 땅에 시장 수요가 큰 담배, 면화, 사이잘삼 같은 비식용 농작물을 기르거나 설탕, 커피, 차 같은 영양가와 무관한 농작물을 심는다. 끝으로 어떤 종류의 식량을 생산하는지는 돈을 가진 사람들이 어떤 식량을 원하느냐에 따라 달라진다. 예컨대 고기는 식량원으로서 매우 비효율적이지만 부자 나라 사람들의 수요가 있는 한 고기를 생산하는 데 필요한 곡식과 토지, 물을 채소를 재배하는 데 쓴다면 훨씬 더 많은 사람을 먹이고도 남을 거라는 사실을 알면서도 사람들은 고기를 생산할 것이다. 따라서 멕시코 사람들이 굶주리는 것은 자신들은 사 먹을 수 없지만 미국에서는 비싸게 팔 수 있는 소고기 생산을 위해 농사지을 수 있는 땅을 목초지로 바꿨기 때문이다.

결론적으로 우리는 인간과 식량 사이의 경제적·정치적·사회적 관계가 어떤지 알아야 한다. 경제학자 아마티아 센(1990, 374쪽)은 사회에서 부여받은 자격, 다시 말해 식량자원을 살 수 있는 능력이 있느냐에 따라 정해진 권리를 통해 식량 소유가 결정된다고 주장했다. 그 자격은 식량을 재배할 수 있는 농지를 상속받거나 구매할 능력이 있는지, 일자리를 구해 필요한 식량을 살 수 있을 만큼 돈을 벌고 있는지, 남들이 식량을 구할 수 있도록 배려하는 종교적·도덕적 의무나 모든 사람에게 충분한 식량을 보장하는 국가 복지체계나 사회보장제도 같은 사회적·정치적 권리가 있는지에 따라 달라진다. 이 모든 자격이 사회마다 다 있지는 않지만 그래도 그 가운데 조금씩은 있다. 이런 관점에서 볼 때 기아는 그런 자격이 박탈되었다는 것을 의미한다. 자격의 박탈은 토지 강탈, 실업, 높은 식량가격, 국민에게 식량을 안전하게 공급해야 할 국가 정책의 부재나 지연 또는 붕괴에서 비롯될 수 있다. 하지만 그 결과로 식량이 남아돌아도 굶어 죽는 사람들이 생길 수 있다.

또한 기아를 자격의 박탈로 보는 시각은 자본주의 문화에 내재된 이데올로기적 편견, 이를테면 빠른 성장과 생산에 대한 지나친 집착, 분배 문제의 무시, 정부의 식량 배분 개입에 대한 적개심 같은 그릇된 생각들을 바로잡는다. 따라서 우리는 기아나 기근의 문제를 생산의 실패(실제로 전혀 그렇게 보이지 않는다)보다는 분배의 실패로 보게 된다(Vaughn, 1987, 158쪽 참조). 더 나아가 우리는 기아문제를 풀 수 있는 해법의 범위를 올바르게 인식할 수 있다. 그렇게 해서 사람들이 식량을 정당하게 요구할 수 있는 자격이 있음을 확인하고, 그 지역을 다시 회복시켜 보호하는 것이 우리의 진정한 목표다. 또한 기아를 자격 박탈의 문제로 보는 시각은 기아를 해결하기 위해 어떤 공적 조치들이 이루어질 수 있는지를 주목하게 만든다. 예컨대 국민이 교육과 보건의료를 이용하는 문제는 중심부 국가 대부분의 경우 개인이 부담해야 할 문제가 아니라 국가가 당연히 제공해야 하는 국민의 기본권 문제인 것이다. 그리고 중심부 국가 대부분은 국민에게 기본적인 영양분을 공급하는 것 역시 국가의 당연한 의무라고 생각한다. 최근 들어 미국처럼 이런 국민적 권리를 축소하려는 나라들이 나타나고 있기는 하지만, 사람들이 정당하게 식량을 요구할 수 있는 자격이 있는데도 그 자격을 강제로 박탈당하는 사회정치적 현실에서 세계 기아문제를 해결하기 위해서는 공적인 조치가 중요하다는 사실에 주목해야 한다.

기아문제를 풀기 위한 해법의 범위를 이해하기 위해서는 이미 널리 알려진 것처럼 대개 전쟁이나 정부의 오판, 국내 분쟁, 기후변화로 초래된 기근 사례들과 식량 부족으로 특정한 가구가 필요한 식량을 구할 수 없는 경우, 가구 구성원이 필요한 식량을 구입할 정도의 소득이 없어 식량을 살 수 없는 식량 박탈의 경우를 구분할 필요가 있다(Sen, 1990, 374쪽).

예를 들어 두 가지의 기아 상황을 살펴보자. 하나는 사람들이 잘 아는 기근 사례이고, 다른 하나는 널리 알려지지 않은 특정 지역의 고질적 기아 사례다.

기근에 대한 분석

기근은 오랫동안 역사의 일부분이었다. 기원전 4세기경 인도의 행정관들은 기근을 막을 수 있는 조치들에 대해 기록했다. 인도의 민중은 오랜 역사 내내 대규모 기근에 시달려야 했다. 중국도 사정은 마찬가지였다. 가장 최근에 일어난 대기근으로 1958~1961년에 무려 1,500만~3,000만 명이 굶어 죽었다.

역사적으로 중요한 많은 기근은 주로 흉작, 기후변화, 전쟁으로 발생했다. 고고학자들은 광범위한 기후변화가 마야 농민들의 생산량을 떨어뜨리고 마침내 마야 문명의 몰락을 초래했다고 추측한다. 그러나 분명한 것은 역사적으로 보더라도 당시 기근이 발생한 이유가 식량 부족 때문이 아니라 식량을 구할 수 있는 자격을 박탈당했기 때문이라는 사실이다. 1846~1847년 인구 8분의 1이 굶어 죽은 아일랜드의 감자 기근 사태 때도 수많은 아일랜드인은 굶어 죽어가고 있는데도 식량을 가득 실은 선박들은 무장 군인들의 보호를 받으며 섀넌 강 하류를 따라서 그것을 살 고객들이 기다리는 영국의 항구들을 향해 항해하고 있었다.

1949년 아프리카의 말라위에서 일어난 위기는 기근의 역학관계와 자격 박탈에 따른 문제의 중요성을 더 잘 이해할 수 있게 해준다. 메건 본 (1987)은 이것이 지난 60년 동안 아프리카에서 발생한 기근 가운데 가장 심각한 것은 아니지만 이 기근에 대한 분석을 통해 다음과 같은 중요한 문제에 답을 준다. **굶주리는 자들은 누구이고 그들은 왜 굶주렸는가?**

말라위의 기근은 가뭄에서 시작되었다. 강우량 부족을 처음으로 주목한 것은 1948년 크리스마스가 지난 뒤였는데 1년 중 비가 가장 많이 내리는 달인 1월에 전혀 비가 내리지 않자 상황은 점점 심각해졌다. 3월에 약간 비가 내릴 때까지 날씨는 계속 건조했다. 일부 지역에서는 두 차례에 걸쳐 파종한 말라위의 주곡인 옥수수 농사를 완전히 망쳤다. 야생돼지와 개코원숭이, 하마가 남은 농작물마저 싹쓸이하고 말았다. 1922년의 기근을 기억하는 노인들은 큰 위기가 닥쳐올 것을 직감했다. 그 뒤 몇 달 지나지 않아 사람들이 굶어 죽기 시작했다. 영국의 식민지 정부는 농촌으로 농업 대표단을 파견해 근채류와 함께 흉작인 농작물을 다시 심고, 식량배급소를 여는 등 구호활동을 전개하기 시작했다. 10월에 비가 내렸을 때는 이미 아이와 어른 할 것 없이 수많은 사람이 영양실조로 굶어 죽고 있었다. 공교롭게도 옥수수를 한창 수확할 때인 1950년 초에 많은 사람이 굶어 죽었는데 옥수수가 익기 전에 미리 다 따먹었기 때문이다(Vaughn, 1987, 48쪽).

본에 따르면 기근으로 가장 고생한 사람은 여성이었다. 그렇다면 무슨 이유로 여성들이 가장 심각한 기근 피해를 입었을까? 이 의문에 답하기 위해서는 말라위에서 식량 생산과 친척의 역할, 아프리카 경제에서 여성

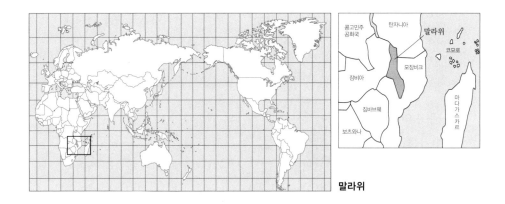

말라위

의 역할 변화에 대한 약간의 이해가 필요하다.

　당시 말라위는 영국의 식민지였다. 농업은 담배를 중심으로 하는 환금작물 재배와 옥수수, 사탕수수, 몇몇 근채류 같은 자급용 농작물 재배로 나뉘어 있었다. 또한 많은 사람이 임금을 받고 일하는 노동자들로 유럽과 인도의 농장주나 상인 또는 정부 등 공식 고용 부문에서 일하기도 하고 아프리카인이 소유하거나 운영하는 농장 등 비공식 고용 부문에서 일하기도 했다. 돈벌이는 주로 계절에 따라 옮겨 다니는 남성노동자들의 몫이었지만 여성들도 맥주나 술을 만들어 팔아 돈을 벌었다.

　주된 친족 구성 형태는 모계구조였다. 어머니 혈통을 따라 친족관계가 이루어졌다. 그 가운데 가장 중요한 친족관계는 형제와 자매 사이였다. 가장 기본적인 사회 단위는 남자 형제 한 명을 우두머리로 해서 그 밑에 여자 형제들이 하나의 집단을 이룬 형태였다. 이런 체계 아래 토지에 대한 권리는 여성들을 통해 전달되고 남성들은 오직 결혼을 통해서만 토지에 대한 권리를 얻었다. 전통적으로 여성들은 자식들과 동거하는 남편과 토지를 일구었다. 이런 체계에서 여성들이 식량을 구할 수 있는 방법은 여러 가지였다. 자신이 보유한 토지에서 식량을 경작할 수도 있고, 모계 친족들과 식량을 공유할 수도 있으며, 맥주 또는 술을 팔거나 아프리카인 농장에서 일을 해서 번 돈이나 남편과 자식이 벌어온 돈으로 식량을 살 수도 있었다. 또한 기근 동안에는 정부가 비상식량배급제를 실시해 이론적으로는 거기서 식량을 얻을 수도 있었다. 그렇다면 흉작이 들었을 때 말라위 여성들의 식량 조달과 관련된 그런 자격에 어떤 변화가 일어났던 것일까?

유럽의 식민지 지배 아래서 농업 경제의 변화와 임금노동의 도입은 이미 식량 조달과 관련된 말라위 여성들의 자격을 훼손했다(Boserup, 1970). 영국 식민지 정부는 아프리카의 다른 식민지 지역과 마찬가지로 식민지를 유지하기 위해 필요한 수입을 창출해야 하는 압박감에 시달렸다. 따라서 그들은 커피, 차, 면화, 담배 같은 환금작물을 재배하기 시작했다. 그 가운데 담배는 가장 수익성이 좋은 작물로 판명되었고 기근이 발생했을 당시 주요한 환금작물이었다. 그러나 환금작물 재배는 대개 남성노동자 우선이었고 유럽인이나 인도인 소유의 농장에서 일하는 아프리카 남성들만 임금을 받을 수 있었다. 유럽인과 인도인이 환금작물을 재배하는 땅은 그전에는 말라위의 자급용 식량을 재배했던 땅들로, 결과적으로 아프리카인이 농사지을 땅은 점점 더 줄어들었다. 따라서 유럽의 식민지 지배는 말라위 남성이 경제권을 획득할 수 있는 여러 가지 새로운 기회를 제공한 반면에 농업 부문에서 말라위 여성의 권한을 약화시키는 결과를 초래했다. 이렇게 아프리카인이 이용할 수 있는 땅이 줄어들면서 토지를 둘러싼 권력관계에 변화가 일어났다. 남성의 임금노동이 점점 더 중요한 비중을 차지하는 가운데 기근이 발생하자 여성은 식량 조달과 관련해 남성들에게 더욱 의존하지 않을 수 없었다.

영국 당국이 기근의 심각성을 확인하고 취한 조치들은 여성의 권리를 더욱 축소하는 내용이었다. 첫째, 식민지 정부는 한편으로 모자란 곡식을 절약하기 위해, 다른 한편으로 사회적 혼란에 대한 불안감 때문에 맥주를 주조하고 판매하는 행위를 금지했다. 이로써 그동안 여성들의 주요 소득원이 사라져버렸다. 둘째, 식민지 정부는 가족 단위가 남편을 중심으로 해서 아내와 자식들로 구성된다고 생각했다. 그래서 남편이 생계를 책임질 거라 생각하고 결혼한 여성에게는 구호식량을 나눠주지 않았다. 그러나 남편들은 대개 식량을 살 돈을 벌기 위해 일자리를 찾으러 집을 떠나 있는 경우가 많았고, 외지에 있는 남편들이 반드시 식량이나 돈을 집으로 보낸다고 보장할 수도 없었다. 셋째, 정부의 식량 배급은 농촌에 있는 시간제 비정규 여성노동자들은 방치한 채 유럽인이나 인도인, 식민지 정부의 공식 경제에 편입된 도시노동자들에게 우선권을 주었다. 더군다나 기근 동안에도 식량이 풍부했던 유럽인이나 인도인들은 자신들이 고용한 대개가 남성인 노동자들에게 식량을 나누어주었다. 물론 그들 남성 대다수는 성실한 남편이자 아버지, 형제, 삼촌들이었다. 따라서 그들은 받은 식량을 서로 나누었다. 그러나 일부는 그렇게 하지 않고 배급 받은 식량을 혼자 독차지하거나 암시장에서 높은 가격으로 팔았다.

설상가상으로 기근이 지속되면서 사회를 지탱하는 기본 단위가 산산이 부서지기 시작했다. 이것은 기근 때 공통으로 나타나는 현상이다. 레이먼드 퍼스(1959)는 기근 초기까지만 해도 티코피아 섬 주민들은 모자란 식량이나마 대가족 형태의 친족끼리 서로 나누어 먹었다고 기록했다. 그러나 기근이 오래 지속되자 자기네 가족 단위로만 식량을 공유하기 시작했다. 말라위에서는 상황이 더욱 심각했다. 기근 초기에는 어머니 직계 친족집단까지는 식량을 나누어 먹는 것 같았다. 그러나 기근이 지속되자 식량을 공유하는 단위가 점점 더 작아지더니 나중에는 몰래 자기들끼리만 먹었다. 여성들이 식량을 조달하는 방법 가운데 하나가 친척들이 나눠주는 식량을 받는 것이었기에 이런 변화는 여성들이 구할 수 있는 식량의 양을 더욱 줄였다. 끝으로 이혼율이 크게 높아졌다. 남편이 계절노동자인 가정에서 특히 심했는데, 이로써 여성들은 점점 더 고립되고 식량을 구할 수 있는 자격을 박탈당했다.

요약하면 당시에 가장 취약한 계층의 사람들은 남성의 지원을 받지 못하는 여성이었다. 그러나 식민지 당국은 남편이 버린 기혼 여성이나 오랫동안 돈을 보내지 않은 이주노동자의 아내들을 전혀 돌보지 않았다

(Vaughn, 1987, 147쪽). 당연한 일이지만 이런 여성의 자식들 역시 큰 고통을 겪었으며 엄청나게 많은 사람이 굶어 죽었다.

말라위의 기근은 식량 조달과 관련해 사회적으로 부여된 자격에 따라 한 인구집단 안에서도 어떤 사람이 굶어 죽고 안 죽고가 극명하게 나뉜다는 것을 잘 보여준다. 아무리 심한 기근에 시달리는 지역이라고 해도 비축된 식량과 이후 구호활동으로 지원되는 식량의 양을 고려하면 그토록 많은 사람이 굶어 죽지는 않아야 한다. 그러나 많은 사람이 죽는 것은 사실이다.

특정 지역에서 발생하는 고질적 기아

기근 때문에 기아가 발생하는 경우는 감소했지만 가난 때문에 생기는 특정 지역의 고질적 기아는 오히려 늘어났다. 특정 지역에서 고질적으로 발생하는 기아는 대개 사람들이 잘 알지 못하거나 일부러 무시되는 경향이 있다. 언론은 기근으로 발생하는 구경거리가 많은 극적인 기아 사례들을 조명하는 것에 더 몰두하고, 정부는 자신들의 경제정책이나 사회정책 때문에 기아가 발생했다는 사실을 애써 외면하려고 하기 때문이다. 하지만 특정 지역의 고질적 기아는 기근보다 훨씬 더 심각한 문제다. 예컨대 인도는 기근 예방에 큰 성공을 거두었지만 지역의 고질적 기아문제를 푸는 데는 어설프기 그지없다. 따라서 인도에서는 8년에 한 번씩 중국에서 1958~1961년의 대기근 때 죽은 사람보다 더 많은 사람들이 기아로 죽는다. 그러나 인도에서의 아사문제는 기근에 대한 세인들의 관심만큼 주목을 받지 못한다. 그렇다면 **특정 지역의 고질적 기아가 정부기관이나 굶주리는 사람들 자신으로부터 무시당하거나 심각하게 생각되지 않고 심지어 어떤 때는 부인되기도 하는 이유는 무엇이며, 또 어떻게 그럴 수 있을까?**

각국 정부는 대개 기아를 인정하지 않는다. 기아가 발생했다는 것은 자기네 국민에게 제대로 식량을 공급하지 못했다는 것을 공식적으로 인정하는 것이기 때문이다. 또한 정부가 기아를 인정하지 않으려고 하는 것은 사람들이 기아를 식량 조달의 문제가 아니라 의료문제라고 생각하기 때문이다. 캐서린 A. 데트윌러(1994, 71~73쪽)는 말리에서 인류학 현지조사를 하다가 우연히 얼굴과 손발, 배가 부어오른 꼬마 소녀를 만났다. 열량은 높지만 단백질이 부족한 식사 때문에 걸리는 질병인 콰시오커의 전형적인 증상이었다. 소녀의 엄마는 자기 딸이 푸누바나funu bana라는 '붓는 병'에 걸렸다고 하면서 데트윌러에게 약을 좀 구해달라고 부탁했다. 하지만 정작 딸에게 필요한 것은 고기나 우유를 먹이는 것이라는 사실을 전혀 알지 못했다. 데트윌러가 고기나 우유를 먹여야 한다고 말하자 소녀의 엄마는 자기 딸은 배고프지 않으며 약이 필요하다고 대답했다. 소녀의 엄마에게 딸의 문제는 음식문제가 아니라 의료문제였다.

기아를 인정하지 않는 것은 기아를 줄이기 위한 정책 개발을 방해한다. 기아의 심각성을 인정하지 않거나 인식하지 못할 때 나타나는 더욱 끔찍한 현상은 기아 때문에 발생하는 업무능력 저하, 열등한 학습능력, 발육 저하와 같은 문제들을 동기 부족이나 문화적 배경과 같은 다른 요인의 탓으로 돌리는 것이다.

사회적·경제적·문화적 요소들이 어떻게 결합할 때 풍요로움 속에서도 기아가 발생하는 것인지 이해하고, 기아를 확인하고 그것의 존재를 인정하는 것이 얼마나 복잡한 문제인지를 알기 위해 1980년대 브라질의 아사 사례를 살펴보자. 브라질은 과거에도 그랬고 오늘날도 가난한 나라가 아니다. 실제로 브라질은 오늘날 인도, 중국과 함께 점점 성장하고 있는 경제 강국으로서 세계 경제 서열 10~15위를 오르내린다. 브라질은 2차 세계대전이 끝나고 이어진 거대한 낙관의 시대에 경제와 산업개발에 박차를 가하는 정책들을 일관되게 추진하고 있던 이른바 개발도상국을 대표하는 나라였다. 많은 국민이 매우 부유해졌지만 인구의 40퍼센트는 여전히 가난 속에서 살고 있다. 그리고 브라질은 최근까지도 라틴아메리카에서 유아사망률이 가장 높은 나라들 가운데 하나였다. 이런 일이 왜 일어났는지 알아보는 것은 세계의 기아문제가 지닌 역학관계를 이해하는 데

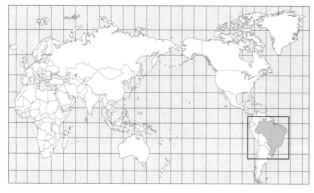

브라질

도움을 줄 것이다.

브라질은 영국, 프랑스, 미국 등 중심부 국가들이 따랐던 방식들을 모방함으로써 경제적으로 발전하기 시작했다. 그것은 산업을 육성하고 환금작물을 수출하고 일자리를 창출하는 전략이었다. 부자들이 창출한 부는 사회의 다른 부분으로 '확산'된다는 낙수효과에 대한 믿음에 따른 것이었다. 그러나 그런 일은 일어나지 않았다. 대신 예전에는 농사만 지어서 그런대로 먹고살 수 있었던 농민들이 이제는 토지 몰수나 공유지의 민영화 때문에 자기 땅에서 쫓겨나는 신세가 되었다. 그들은 어쩔 수 없이 남아 있는 농장에서 임금노동자로 돈벌이를 하거나 일자리를 찾아 도시로 떠나 마침내 도시 변두리의 빈민가에서 삶을 마감해야 했다. 그들이 거기서 버는 돈으로는 먹을 것도 충분히 살 수 없었다. 또한 국제기구들이 돈을 빌려주면서 부과한 구조조정 정책들은 정부의 사회지원 사업들을 강제로 축소시켰다. 이제 분명해진 것은 인구 대다수가 다른 사람들에게 식량을 의존하게 된 것이다. 사람들은 식량을 사 먹어야 하고 그러기 위해서는 돈이 있어야 했다. 그러나 불행하게도 많은 경우에 사람들은 식량을 살 돈이 없거나 돈은 있더라도 식량가격이 턱없이 높았다. 1980년대 기아와 가난의 문제는 브라질 북부 지역에서 특히 심각했다.

브라질 북부 지역은 400년이 훨씬 넘는 동안 설탕이 경제를 지배했다.

브라질을 식민 지배하고 있던 포르투갈은 16세기 유럽의 설탕 수요가 급증하자 플랜테이션 농장을 만들어 사탕수수를 재배하고 가공할 노예들을 수입했다. 브라질의 식민지화와 설탕 생산으로 생겨난 경제관계의 특징은 20세기 중반까지 지속된 계급관계 형태를 새로 만들어냈다. 지난날 식량 자급을 위해 자신들이 직접 농사를 지었던 땅에서 이제 임금을 받고 사탕수수를 베고 있는 소농 대다수를 지배하는 사람은 사탕수수 플랜테이션 농장을 소유한 엘리트계급이었다. 일부 다른 소농은 사탕수수를 압착해 설탕으로 만드는 공장에서 임금노동자로 일했다. 그러나 1950년대와 1960년대에 정부가 설탕 수출을 촉진하는 정책을 추진하면서 설탕산업이 번창하고 기술이 향상되자 농장에서 쫓겨나 도시로 일자리를 찾아떠나는 농민이 많아졌다. 가난은 널리 확산되었고 심지어 일자리가 있는 사람들도 낮은 임금 때문에 가족을 먹여 살리기 힘들 정도였다. 예컨대 1989년 브라질 북부 지역은 법으로 정한 월 최저임금이 40달러였다. 반면에 4인 가족 식비는 최저임금의 4배였다.

설상가상으로 1980년대 중반 브라질을 비롯한 여러 나라는 자신들에게 산업차관을 제공한 세계은행과 서양의 금융기관들에 더는 원금과 이자상환을 지속할 수 없게 되었고, 마침내 채무 불이행의 위기에 빠졌다. 세계은행은 이들 국가의 채무 불이행 사태를 막기 위해 차관조건의 재조정을 수용했다. 대신에 채무국들은 무엇보다도 우선 공교육이나 복지, 주택, 보건, 재정지원 혜택과 같은 정부 지출을 줄여서 경제구조를 바꾸는 데 동의해야 했다. 그것은 결국 국내의 가장 가난한 계층을 훨씬 더 어려운 상황에 빠뜨렸다.

1982년에 낸시 쉐퍼-휴즈는 1965년 한때 평화봉사단의 일원으로 일했던 봉제주스다마타에 있는 빈민촌 알토도크루제이루를 다시 찾아갔다. 그곳에는 5,000명의 농업노동자들이 살고 있었다. 그 가운데 3분의 1이 초막에 살았다. 전기가 들어오는 집은 거의 없었고 여성들이 하루에 두 번씩 동네 한가운데 하나밖에 없는 수도꼭지에서 물을 길어왔다. 남성과 사내아이들 대부분은 수확기에 사탕수수 베는 일을 했다. 일부 남성과 여성은 근처 도축장에서 일했다. 이런 시간제 일 말고는 다른 일이 거의 없었다. 여성들은 대개 중상층 가정의 가정부로 일하거나 시장에 내다 팔 수 있는 것들은 무엇이든 팔았다. 최저임금보다 못한 돈을 받고 사탕수수 밭에서 비정규 노동자로 일하는 여성과 아이도 많았다.

빈민촌에서 기아의 경제학은 단순하다. 거기에는 먹을 것을 살 돈이 충분치 않다. 쉐퍼-휴즈는 1987년과 1988년에 식료품가격이 브라질의 경제 상황 때문에 1982년보다 2배나 올랐다고 했다. 많은 주민이 최저임금도 받지 못하며, 사탕수수 수확기가 아닌 2월부터 9월까지는 일자리도 없다. 게다가 예전에는 일부 스스로 재배하거나 시골 친척에게서 얻어먹었던 신선한 채소도 더는 구할 수가 없다. 사탕수수 농장주들에게 많은 땅을 빼앗겼기 때문이다. 1960년대에는 토종 호박과 양파를 썰어 넣은 콩 요리가 주식이었다. 그러나 지금은 콩에 약간의 소금과 양념만 넣고 요리한다. 육포는 한때 즐겨 먹던 음식이지만 이제는 너무 비싸 시내를 관통하는 오염된 강에서 잡은 절인 생선을 대신 먹는다. 심지어 말린 콩도 엄청나게 비싸져서 말린 옥수수 가루를 대용한다.

빈민촌 주민들은 일자리가 없거나 임금도 낮고 농작물을 키울 땅도 없으며 정부의 지원이 미미하거나 없는 상태에서 식량을 구하기 위해 할 수 있는 한 최선을 다해 서로 경쟁한다. 쉐퍼-휴즈에 따르면, 실제로 빈민촌의 사회생활에서 하나의 주요한 원동력은 천천히 굶어 죽는 것이다. 사람들은 날마다 먹지만 식사량이 너무 적어서 여전히 배고프다. 여성들은 구걸하고 아이들은 먹을 것을 기다린다. 따라서 아이들은 기아와 영양실조로 정상적으로 자라지 못한다. 한두 살 된 아이들은 혼자 앉지도 못하고 말을 하지 않거나 할 줄도 모른다. 바짝 마른 몸에 가슴뼈와 갈비뼈는 튀어나오고 팔과 다리, 엉덩이 살은 겹겹이 주름이 잡혀 있으며 푹 꺼진 두 눈은 허공만 퀭하니 응시한다. 쉐퍼-휴즈(1992, 146쪽)에 따르면 노동자와 그 가족들은 "3,000만 명이 넘는 사람들이 집단수용소나 다름없는 곳에 (······) 갇혀서 서서히 굶어 죽어가는"참혹한 상황이었다.

아마도 기아의 가장 비참한 결과는 유아사망일 것이다. 브라질에서는 해마다 다섯 살 미만의 아이들이 100만 명쯤 죽는다. 아동사망의 25퍼센트를 차지하는 브라질 북부 지역은 정상 출산한 1,000명의 유아 가운데 116명이 사망해 세계에서 유아사망률이 가장 높은 곳 가운데 하나로 손꼽힌다. 통계에 잡히지 않은 것까지 계산하면 그 수는 훨씬 늘어난다. 쉐퍼-휴즈는 브라질 북부 지역에서 죽는 유아의 3분의 2가 병원치료도 못 받고 죽어간다고 추산한다.

쉐퍼-휴즈는 브라질 빈민촌의 유아사망률에 대한 믿을 만한 통계를 얻는 것이 사실상 어렵다는 것을 알았다. 그녀는 마침내 1970년대 몇 년 동안의 통계자료를 얻었다. 거기에 나온 유아사망률은 36~41퍼센트를 왔다 갔다 했다. 쉐퍼-휴즈는 공공기록들을 철저히 조사한 결과, 봉제주스다마타의 유아사망률이 1965년에 49.3퍼센트, 1977년에 40.9퍼센트, 1985년에 17.4퍼센트, 1987년에 21.1퍼센트였다는 것을 알아냈다.

쉐퍼-휴즈(1992, 280쪽)는 브라질 북부 지역의 유아사망률이 대개 점점 감소한 것처럼 보이지만 실제로 그 통계자료는 사실을 오도하고 있다고 주장했다. 유아사망률이 감소한 것이 아니라 '아동사망률을 현대화'한 것이다. 아동사망을 집안이 매우 가난해서 생기는 문제로 보고 아동사망의 주요 원인을 '과거의 사망 원인'(지금은 예방주사로 방지되는 질병)에서 유아 영양실조와 설사로 인한 탈수증 같은 '새로운 사망 원인'으로 바꾼 것이다.

브라질의 언론과 정부는 빈곤에 대해 얘기할 때 유아사망률과 관련된 문제는 언급하지 않는다. 그들은 대개 그 문제를 영양실조나 질병 탓으로 돌린다. 그러나 쉐퍼-휴즈는 그보다 더 근본적인 문제를 들춰냈다. 브라질 사람들, 특히 그 가운데 유아와 어린이들은 단순히 잘 못 먹는다는 의미에서 영양실조에 걸렸다고 말할 수 있겠지만 실제로는 서서히 굶어 죽어가고 있다는 것이다. 하지만 심지어 의료 당국조차 굶어 죽는 것에 대해 거의 언급하지 않는다. 쉐퍼-휴즈가 사망한 어린이와 유아의 의료기록을 확인한 결과에 따르면 심장박동과 호흡 중지로 죽은 아이는 34.8퍼센트이고 탈수증으로 죽은 아이는 22.2퍼센트였다. 영양실조로 죽은 아이는 3.4퍼센트밖에 안 되었고 설사로 죽은 아이도 1.7퍼센트밖에 안 되었다. 쉐퍼-휴즈(1992, 303쪽)는 이렇게 썼다.

> 알토도크루제이루의 유아와 갓난아기들을 휩쓸어간 거친 물결의 한복판에서 알토도크루제이루의 엄마들이라면 누구나 뻔히 아는 것을 전문가들이 "알 수 없다"고 하는 것은 무슨 놈의 내숭떨기인지 알다가도 모를 일이다. 무엇이 문제인지 정확하게 아는 한 여성은 "아이들이 죽는 것은 먹을 것이 물밖에 없기 때문이에요"라고 말했다.

사람들이 굶어 죽는다는 사실을 감추는 한 방법은 그것을 의료문제로 전가하는 것이다. 기아문제를 의료 탓으로 돌리는 것이 바로 쉐퍼-휴즈가 브라질에서 발견한 현상이다. 사람들은 굶어 죽을 때, 특히 아이들에게 나타나는 증상을 굶주려서 그런 것이 아니라 적절한 치료를 받지 못해서 그런 것이라고 생각한다.

인류학이 인간의 문화수용력에 관해 가르치는 것들 가운데 하나가 사람들은 자기가 경험한 것들이 무엇을 뜻하는지 이해하기 위해 그것의 의미체계를 재구성한다는 것이다. 질병도 예외는 아니다. 어떤 사람들은 질병을 질병이 아닌 어떤 것과 대조해 다르게 규정한다. 게다가 사람들은 의료문제(예컨대 유아 설사)의 원인이 이를테면 사회문제(예컨대 기아)와는 무관한 것으로 규정한다. 브라질 북부 지역에서는 사회문제인 기아가 의료문제로 의미가 바뀌었다. 그렇게 된 과정과 이유가 무엇인지 살펴본다면 인류가 어떻게 자기들만의 경험 세계를 구축하는지, 자신들의 사회적 또는 정치적 이익을 최대화하기 위한 의미체계를 어떻게 구축하는지에 대해 많은 사실을 알게 될 것이다.

브라질에서 전통적으로 널리 퍼져 있는 질병 증후군 가운데 하나가 **네르보스**nervos(신경과민증)다. 실제로 라틴아메리카 여러 곳에서 이와 동일한 현상이 나타난다. 사람들은 이것을 일종의 소모성 질환(서서히 온몸이 쇠약해지는 질환—옮긴이)으로 생각하는데, 그 증후군에 걸린 사람은 힘이 빠지고 몸이 떨리고 머리가 어질어질하고 피곤하고 울적하고 혼돈상태에 빠진다. 사람들은 이런 증상에 시달리는 사람을 보면 네르보스에 걸렸다고 말한다. 대개는 선천적으로 몸이 약하고 심리적으로 불안한 사람이 네르보스에 걸린다고 생각한다. 그들은 지난 몇 년 동안 네르보스의 공격에 시달렸다고 생각하는데 대부분은 전통 약재상이나 경험 많은 집안 할머니의 민간요법에 의존해 견뎌왔다. 오늘날 그들은 인근 병원에 찾아가 치료를 받는다. 전통적 질병 범주에 속했던 네르보스는 이제 현대의학으로 고칠 수 있는 병으로 인식되고 있다.

그러나 사람들이 자신들의 신체적 질병을 정의하는 방법에서 또 다른 은밀한 변화가 있었다. 기아와 관련된 증상이 네르보스인 것처럼 회자되기 시작했다. 달리 말하면 기아와 네르보스가 동의어가 되었는데 언제나 그런 것은 아니었다. 아사와 기근은 브라질 북부 지역의 일상사가 된 지 오래되었다. 사람들은 **기아**와 그것 때문에 굶어 죽기 전에 발생하는 끔찍한 **정신착란**에 대해 자주 호소했다. 그러나 오늘날 기아는 거의 언급되지 않는다. 사람들은 대개 몸에 힘이 빠지고 피곤하고 어질어질하면 굶주림 때문이라 생각하고 먹을 것을 구하는 게 아니라 네르보스 증상이라 생각하고 치료약을 찾는다. 다시 말하면 지금도 기아에 시달리고 있을 수 있고 20년 전에는 자신이 기아의 고통 속에 있었다고 생각하던 사람들이 이제는 그저 우연히 또는 태어날 때부터 약골이기 때문에 네르보스에 걸렸다고 생각한다. 굶주림 때문에 그런 증상이 생겼다고 생각하지 않는다는 말이다. 이것은 서서히 굶어 죽고 마는 결과를 초래할지도 모르는 무기력하고 피곤하고 어지러운 증상이 발생하더라도 그것에 대해 아무도 책임을 지지 않고 그 문제를 초래한 사회적 원인도 따지지 않는 상황으로 발전할 수 있다.

　낸시 쉐퍼-휴즈(1992, 174쪽)는 굶주린 몸은 기아를 막지 못한 국민국가에 대한 호된 비판을 상징하지만 병든 몸은 누구의 탓도, 과실도, 책임도 아니라고 말한다. 병은 그저 우연히 걸리는 것이다. 사람이든 사회체계든 병에 걸리면, 그것은 다른 누구의 잘못도 아니다. 그러나 굶어 죽는 사람이 있다는 것은 국가가 위험에 빠졌다는 것을 상징적으로 보여주는데 사회보장 정책이나 일자리 창출, 토지 재분배와 같은 경제적·사회적 해법을 요구한다. 따라서 네르보스는 하나의 질병이기 때문에 그 병을 치료할 의료적 조치만 있으면 되는 개인적이고 '심리적인' 문제일 뿐 그 병에 걸린 당사자 말고는 누구를 탓할 수 있는 문제가 아니다. 병은 가끔씩 진정제나 비타민, 수면제를 처방해주는 것 이외에 정부가 조치해야 할 것이 거의 없다. 이럴 경우 국가는 아사와 기아를 구제하기 위해 책임 있는 조치를 취하는 대신에 사회적 문제가 전혀 없다는 것을 보여주고자 엉뚱하게도 의학적 해법만 제시한다.

　낸시 쉐퍼-휴즈(1992, 207쪽)는 한 젊은 미혼모가 아홉 달 된 아기를 **유아신경과민증**에 걸렸다고 하면서 병원에 데려온 사례를 설명했다. 그녀는 작고 활기 없고 빈혈 증세를 보이는 아기가 신경이 날카로워 자꾸 소리를 지르는 바람에 식구들, 특히 집안의 생계를 책임지고 있는 할머니의 잠을 설치게 한다고 불평했다. 약초를 달인 민간요법은 아무 소용이 없었다. 할머니는 아기가 잠을 자지 않고 계속 설친다면 아기를 데리고 나가라고 야단쳤다. 의사는 아기에게 수면제를 먹이면 안 된다고 했다. 대신에 비타민제를 처방해주었다. 의사는 아기 엄마가 정말로 고민하는 것을 알지 못했을뿐더러 아기의 영양실조 상태에 대해서도 알지 못했다. 비타민제는 실제로 아기에게 아무 쓸모가 없었다. 의사는 아기가 굶주려서 생긴 문제를 병이나 단순한 영양실조의 문제로 이해했다.

　또 한편 아사 직전의 전형적 증상인 심한 설사병에 걸린 아이들이 의사에게 오는 경우도 있다. 탈수 증세를 보이는 아이들에게 특수 제조한 수분을 공급하는 보통의 수분 보충 요법은 잠시 설사를 멈추게 한다. 그러나 다시 먹을 것이 없는 환경으로 되돌아가 '죽다 살아나는' 과정을 몇 차례 반복하다 보면 마침내 굶어 죽고 만다.

그렇다면 사람들은 어떻게 해서 스스로 신경과민이 주된 원인이고 기아는 부차적 문제라고 생각하게 되었을까? 그들은 어떻게 스스로 부당하게 착취당했다고 생각하지 않고 자기 몸이 약해서라고 생각할까? 과로와 부당한 착취가 어떻게 강장제나 비타민 A, 포도당 주사로 치료할 수 있는 병으로 바뀔 수 있을까? 만성적으로 굶주린 사람들이 왜 밥은 안 먹고 약을 먹을까?

한 가지 이유는 굶주린 사람들이 실제로 과민성 기아 증상인 두통과 떨림, 쇠약, 노여움 분출에 시달리기 때문에 그것을 '치료'하러 의사나 주술사, 정치 지도자, 약리학자를 찾아간다는 것이다. 그들은 강력한 작용을 하는 약을 찾아서 그것을 구할 때까지 병원과 약국에 줄을 선다. 쉐퍼-휴즈는 약을 복용할 때 주의할 점도 읽을 줄 모르고 오랫동안 '신비로운 약'의 효능을 믿는 전통을 가진 사람들에게 약이 주는 매력은 무시할 수 없다고 주장했다.

더 나아가 보건문제는 정치적으로 조작될 수 있다. '모든 사람이 건강한 2000년'이나 '건강한 지역사회'와 같은 표어는 가난하고 착취당하는 지역사회에 깊숙이 스며들어 그들에게 가해지는 무시와 폭력을 감추는 구실을 한다. 주민들을 병들거나 신경과민증 환자로 규정하는 배후에는 그렇게 함으로써 권력과 지배를 추구하는 정치인과 의사들의 음모가 도사리고 있다.

봉제주스다마타의 병원, 약국, 의회가 기아와 어린이 영양실조를 의료문제로 변질시키는 행위는 왜곡된 제도와 정치관계가 보여주는 소름끼치는 연기다. 봉제주스다마타 주민들은 이미 자신들 앞에 던져진 것들을 자신들에게 가장 절실한 것으로 서서히 믿게 되었다. 그리고 도리어 자신들에게 가장 필요한 것이 철저하게 부인되고 있다는 사실을 잊어버렸다(Scheper-Hughes, 1992, 169~170쪽).

반드시 의료노동자들의 음모 때문에 이런 변질이 이루어지는 것은 아니다. 의사와 병원노동자들은 실제로 치료의 신비한 효능을 스스로 믿는다. 다만 그들이 도덕적으로 비난받을 만한 일을 한 것이 있다면 기아문제를 사회적으로 해결해야 할 재난이 아니라 치료해야 할 질병으로 요청받고 자신들이 할 수 있는 유일한 해법인 약을 처방해준 것이다. 한 의사는 이렇게 말했다(Scheper-Hughes, 1992, 204쪽 인용).

> 그들은 머리가 아프고 식욕이 없어서 녹초가 된 채 (병원에) 옵니다. 그들은 온몸이 아파요. 도처에서 그들을 괴롭히는 병 때문에 아프고 위험한 상태죠! 제가 어떻게 그걸 고치겠어요? 그건 불가능해요! 전 의사지, 마법사가 아니에요! 그들은 자기 몸이 허약하고 과민성이라고 말하죠. 그들은 머리가 꽝꽝 울리고 가슴이 두근두근 뛰고 다리가 후들거린다고 해요. 머리에서 발끝까지 안 아픈 데가 없다고 장황하게 설명을 늘어놓죠. 그래요, 그들 몸에는 모두 기생충이 있지요. 하지만 그들이 아픈게 모두 기생충 때문이라고 말할 수는 없어요. 이런 상황에서 제가 어떤 진단을 내릴 거라고 보죠?

빈곤과 기아의 해법과 적응

세계의 기아문제와 궁극적으로 그것의 원인이 되는 빈곤문제를 풀 수 있는 해법들로 무엇이 있을까? 이른바 시장 메커니즘이 사람들의 삶을 향상시킬 것이라는 경제개발, 또는 일부에서 그렇게 부르는 것처럼 성장—매개성 안보체계에 주목하는 것이 최선의 방법일까? 아니면 국가가 식량과 국민건강을 책임지고 고용과 부의 분배에 개입하는 공공지원 체계가 기근과 지역의 고질적 기아를 해결하는 최선의 방법일까? 그리고 무엇보다도 **빈곤과 기아를 해결할 효과적인 해결책이 없다면 가난한 사람들은 과연 자신들이 처한 어려운 상황을 어떻게 헤쳐나가야 할까?** 이런 문제에 답하는 것은 쉽지 않다. 예컨대 일부 사람들은 정부 주도 정책이 경제개발에 필요한 자금을 탈취해 빈곤과 기아를 줄일 수 있는 사업에 전용함으로써 단기적으로 효과를 볼 수 있을지 모르지만, 장기적으로는 민간 기업의 성장을 저해함으로써 문제를 더욱 악화시킬 것이라고 주장한다. 이것은 대개 세계은행, IMF와 같은 다자간 국제기구들이 취하는 입장이다. 그들은 차관을 제공하는 조건으로 채무국의 재정 지출을 제한하거나 삭감하고 구조조정 정책을 실시할 것을 요구한다. 반면에 정부 주도의 빈곤퇴치 정책은 경제개발에 필요한 인적 자본에 대한 투자라고 주장하는 사람들도 있다. 경제개발에 참여해야 할 사람들이 굶주리고 영양 부족으로 병에 쉽게 걸리면 결국 생산성이 떨어지고 경제성장을 이룰 수 없기 때문이다. 이런 문제들에 답을 찾기 위해 먼저 경제개발이 빈곤과 기아에 어떤 역할을 하는지 살펴볼 것이다. 그리고 나서 이른바 **비공식 경제**라고 하는 것을 검토하는 동시에 사람들이 때때로 국민국가의 범위를 벗어난 곳에서 어떻게 경제활동을 하고 그에 적응하는지도 살펴볼 것이다.

경제개발

'경제개발' 개념은 1949년 미국의 해리 S. 트루먼 대통령이 미 의회의 취임식 연설에서 '가난한' 나라들이 어떤 상황에 있는지 말하면서 그들 나라를 '저개발 지역'으로 설명하는 가운데 처음으로 제시되었다. 당시에 세계은행과 IMF 같은 다자간 국제기구들은 개발 목표를 더 높이기 위해 활발한 활동을 전개했는데 대개는 경제적·사회적 대변화를 제시하고 '후진국'으로 분류된 사회들의 전면적 개편을 요구했다. 예컨대 1949년 콜롬비아에 대한 세계은행 보고서는 (이후 발행된 수많은 보고서와 마찬가지로) 다음과 같은 조언을 했다.

단편적이고 우발적인 노력으로는 전체 상황에 아무런 영향을 주지 못한다. 오직 경제 전반에 걸쳐 교육, 보건, 주택, 식량, 생산성에 대한 대대적인 공세를 통해서만 빈곤과 무지, 질병, 낮은 생산성으로 이어지는 악순환을 결정적으로 끊을 수 있다(IBRD, 1950, xv쪽).

경제개발을 지지하는 사람들은 전 세계적으로 평균수명이 늘고 유아 사망률이 낮아지고 글을 깨우친 사람이 증가했다는 사실에 주목한다. 그들은 대한민국과 말레이시아, 브라질 같은 나라들의 국민경제가 크게 발전했다는 사실을 그 증거로 내세운다.

그러나 경제개발을 비판하는 사람들은 상황을 다르게 본다. 그들은 주변부 국가 국민의 생활수준을 향상시키겠다는 경제개발의 목표가 60년이 지난 지금 실패로 밝혀졌다고 주장한다. 그들은 오늘날 세계 인구가 1950년대보다 더 가난해졌다고 말한다. 세계은행과 IMF 같은 경제개발의 첨병을 자처하는 세계적인 경제기구들이 수행한 연구에 따르면 개발 목표는 달성되지 못했다. 비록 빈곤율이 동아시아(1987년에 26.6퍼센트에서 1999년에 15.32퍼센트로)와 중동(4.3퍼센트에서 1.95퍼센트로)에서 낮아지기는 했지만 그 밖의 다른 지역에서는 예전과 같거나 더 증가했다. 라틴아메리카와 카리브 지역의 빈곤율은 15.57퍼센트를 유지하고, 남아시아는 39.99퍼센트, 아프리카 사하라 사막 이남 지역은 46.30퍼센트를 육박한다(Chen and Ravallion, 2000). 동유럽에서는 빈곤층 인구가 1987년에 0.24퍼센트(107만 명)에서 1999년에 5.14퍼센트(2,400만 명)로 증가했다. 게다가 같은 기간에 주변부 국가의 빈곤층을 이루는 절대 인구수는 11억~12억 명 가까이 늘었다. 여기에 하루에 2달러도 안 되는 돈으로 생계를 유지하는 사람들을 더한다면 빈곤층 인구는 28억 명으로 늘어난다.* 더군다나 '개발'을 촉진하기 위한 사업들은 사람들 삶의 질을 크게 떨어뜨렸다. 수억 명의 사람이 자기가 살던 지역사회에서 추방되거나 세계은행이 추진하는 수력발전과 대규모 농업 프로젝트로 자기 땅에서 쫓겨났다. 경제개발은 지난 40년 동안 주변부 국가의 생활수준을 향상시키기는커녕 오히려 부자 나라와 가난한 나라의 경제적 격차를 2배로 벌려놓았다. 다음은 한 연구의 내용이다.

> [세계]은행이나 [국제통화]기금이 채무국에서 장려하는, 대개의 경우 강제하는 정책들을 채택해 성공했다고 거론할 수 있는 지역은 전 세계 그 어디에도 없다(Weisbrot 외, 2000, 3쪽).

또한 IMF가 경기침체의 결과로 예상하는 것처럼 지난 10~20년간 이룩한 어떤 경제발전도 2007년의 경제붕괴로 모두 부정될 위기에 처해 있다. 우리가 앞서 주목한 것처럼 전 세계의 실업자 수는 적어도 3,000만 명에서 많게는 5,000만 명까지 늘어나고 대다수 개발도상국의 경우에는 2억 명 이상이 빈곤 상태로 전락할 것이다(Blankenburg and Palma, 2009 참조).

그렇다면 **경제개발 정책은 왜 지금까지 대체로 실패했을까?**

이것을 알기 위해서는 경제개발정책의 세 가지 특징을 살펴볼 필요가 있다. 첫째는 경제개발의 목표와 생활수준에 대한 평가를 매우 제한된 의미의 **소득**과 **국민총생산**GNP을 기준으로 측정한다는 것이다. 소득과 생산 수준은 한 사회의 부를 측정하는 척도가 되었다.

---

* 세계은행, 유엔과 같은 국제기구들이 빈곤을 측정하는 기준으로 삼는 하루 1달러 25센트와 하루 2달러 생계비는 오해를 불러일으킬 수도 있다. 예컨대 미국에서 빈곤은 단순히 자의적인 금액 기준이 아니라 식품, 의복, 주택, 교육처럼 사람들이 사는 데 필수적인 조건을 갖추기 위해 들어가는 비용으로 측정된다. 1996년 미국에서 그 비용은 1인당 하루에 11달러였다. 유엔개발계획UNDP이 사용하는 빈곤 기준에 따르면 멕시코가 미국보다 빈곤율이 더 낮고, 자메이카가 캐나다보다 빈곤율이 더 낮다(예컨대 Chossudovsky, 1997 참조). 게다가 전 세계 빈곤율이 낮아진 것은 대개 중국의 영향이 크다. 중국의 빈곤층은 1981년 이후로 거의 40만 명씩 줄어들었다. 문제는 중국이 사회주의의 계획경제에서 시장경제로 이동하면서 소득이 없어도 식량과 주택과 같은 기본 복지를 제공받았던 사람들이 이제는 그런 것들을 얻기 위해 돈을 벌어야 한다는 것이다. 따라서 그들은 더 잘살 수도 있고 더 못살 수도 있다.

둘째, 경제개발은 중심부 국가의 문화와 생활양식이 모든 사람이 보편적으로 바라는 것이며 전 세계에 반드시 전파되어야(필요하다면 강제로 주입해야) 할 것이라는 이데올로기를 전제한다. 볼프강 작스(1999, 5쪽)가 지적한 것처럼 "개발이란 미국식 사회모델을 전 세계에 투사하는 것에 다름없다."

셋째, 개발이라는 개념은 주변부의 신흥 국민국가들에 대한 중심부 국가들의 지배력을 크게 강화했다. '저개발' 국가들이 개발을 목표로 한다면 중심부 국가의 금융, 기술, 정치 분야에서 전문적 지원을 받아야 한다. 게다가 주변부 국가의 지도자들은 개발을 목표로 채택하는 대가로 중심부 국가의 군사원조와 지원을 받아 자기 나라의 국민에게 독재 권력을 휘두른다.

제임스 C. 스콧은 『국가처럼 보기: 왜 국가는 계획에 실패하는가』*Seeing Like a State: How Human Schemes to Improve the Human Condition Have Failed*(1998)에서 일련의 실패한 개발계획을 검토했다. 스콧의 주장에 따르면 브라질리아 같은 도시의 설계와 건설, 소비에트 집단농장, 러시아혁명 자체, 탄자니아 농촌의 강제 토지수용 정책들이 바로 그런 계획이다. 스콧이 보기에 이들 계획은 모두 앞서 언급한 경제개발계획들과 기본적으로 동일한 특징을 가지고 있었다.

첫째, 이 모든 계획은 결국 경제환원주의 형태로 귀착되었다. 사회적 현실은 대개가 사회와 환경을 유지하기 위해 필요한 제도와 행위들은 무시한 채 오직 경제적 요소로만 환원되었다. 이런 종류의 환원주의는 국민국가들을 사로잡았는데 국민과 환경을 좀더 '쉽게 이해할 수' 있게 해서 결국 국가의 조작과 지배에 순종하게 만들기 때문이다. 스콧은 이런 환원주의를 설명하기 위해 '과학적으로' 관리된 삼림을 사례로 든다.

18세기 하반기에 프로이센과 작센 지역에서는 과학적 삼림 관리가 중요한 국가적 관심사로 떠올랐다. 과학적 삼림 관리는 삼림을 해마다 나무를 벌목해서 벌어들이는 수입의 원천으로만 생각했다. 이런 관점은 삼림이 동물들의 먹이가 되는 나뭇잎의 보고라는 사실을 놓치고 있었다. 또한 그 동물들은 바로 농민의 식량이 될 사냥감이었다. 다시 말해 삼림을 배경으로 이루어지는 이런 사회적 관계는 삼림이 존재하는 중요한 의미였지만 과학적 삼림 관리는 그것을 이해하지 못했다. 따라서 과학적으로 조림된 최초의 삼림은 '생산성 높은' 나무들로만 구성되었다. 목재 생산을 방해한다고 생각되는 것은 모두 제거되었다. 덤불은 모두 잘려나가고 다양한 동식물상도 사라졌다. 첫 번째 세대의 조림 결과는 좋은 성과를 나타냈다. 그러나 삼림 관리자들은 새로운 삼림이 과거 무질서한 삼림이 만들어낸 비옥한 토양을 자산으로 거기에 의존해 살고 있다는 것을 금방 알았다. 두 번, 세 번 이어서 조림된 삼림에서는 목재 생산이 급격하게 감소했고 토양도 생산력을 잃었다. 결론적으로 삼림에서 '경제적 가치가 없는' 요소를 모두 제거하자 삼림 자체가 붕괴한 것이다.

스콧은 자본주의적 언어는 세상을 오직 경제적으로 생산적인 것들로만 환원시키려는 경향을 무심코 드러낸다고 말한다. 예컨대 자연은 오직 그것들이 상품화될 수 있는 것들이라는 의미에서 '천연자원'이 된다. 경제적 가치가 있는 식물들은 '농작물'이 된다. 농작물과 대비되는 식물들은 '잡초'라는 오명을 뒤집어쓴다. 농작물을 먹어 치우는 곤충은 '해충'이 된다. 경제적 가치가 있는 나무는 '목재'라고 부르지만 그렇지 않은 나무들은 '잡목'이나 '덤불'이 된다. 경제적 가치가 있는 동물들은 '사냥감'이나 '가축'이 되지만 그렇지 않은 동물들은 '포식동물'이나 '유해동물'이 된다(Scott, 1998, 13쪽). 경제개발에서 핵심이 되는 말은 GNP, 소득, 고용률, 전력 생산량, 도로 길이, 노동 단위, 농지 면적과 같은 것들이다. 여기서 빠진 것은 경제적 수치로 쉽게 측정될 수 없거나 경제성이 없는 것들이다(예컨대 사회관계의 질, 환경 미학 등).

실패한 개발계획의 두 번째 요소는 스콧이 '숭고한 근대 사상'이라고 부르는 것이다. 이 사상의 특징은 과학과 기술의 진보에 대한 극도의 (스콧의 표현으로는 '경직된') 자신감이다. 경제개발을 옹호하는 사람들은 과학과 기술을 통해 인간의 욕구를 만족시키고 환경을 지배하며 이런 목적을 실현할 사회질서를 설계할 수 있다고 믿는다. 이 사상은 중심부 국가들이 과학과 기술의 발달로 전례 없이 크게 발전하면서 그 부산물로 생겨났다. 숭고한 근대 사상은 정치이념과는 무관하게 좌파든 우파든 똑같이 신봉하는 사상이다. 그러나 대개 그것은 국민의 삶을 이상향으로 이끈다는 명분으로 국가권력을 이용할 수밖에 없음을 인정한다.

경제개발이라는 개념은 숭고한 근대 사상의 소산이다. 경제개발은 과학과 기술의 진보를 무조건 수용하고 중심부 국가의 경제, 과학, 기술 원리에 대해 전폭적인 신뢰를 보낸다. 앞서 논의한 녹색혁명과 유전공학 기술의 광범위한 적용은 고상한 근대 사상이 낳은 또 다른 결과물이다.

스콧은 숭고한 근대 사상의 적용을 완전히 거부하지는 않는다. 어떤 경우에는 그것이 사람들의 삶을 크게 향상시킬 수도 있고 실제로 향상시키기도 했다. 따라서 개발계획들이 실패로 끝난 것을 경제환원주의와 숭고한 근대 사상의 탓으로만 돌릴 수는 없다. 그런 계획들이 실패로 끝나게 된 세 번째 요인이 있는데, 그것은 독재국가다. 숭고한 근대 사상과 세계를 분명하고 교묘하게 다루기 쉬운 단위로 바꾸고 싶어하는 국민국가의 경향이 이런 고도의 근대적 계획을 만들어내기 위해 강제력을 전면적으로 활용할 의향이 있고 또 그럴 수 있는 독재국가와 결합될 때, 게다가 시민사회는 그런 교묘한 조작에 저항할 수 없는 상황이라면 개발계획이 재난으로 바뀌기 위한 무대가 마련된 셈이다. 스콧은 이렇게 말한다.

> 사회를 읽어낼 수 있는 능력은 대규모 음모와 획책을 가능하게 하고, 숭고한 근대주의 사상은 욕망을 안겨주며, 독재국가는 그런 욕망에 따라 행동하는 결단력을 제공하고, 무력한 시민사회는 그것을 뒷받침하는 단단한 사회적 지형을 제공한다(1998, 5쪽).

스콧은 경제개발과 근대화를 이루려는 목표가 어떻게 붕괴로 이어질

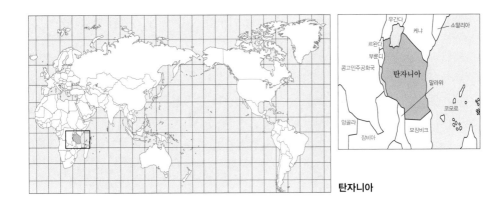

탄자니아

수 있는지 보여주기 위해 1973~1976년에 벌어진 탄자니아의 우자마마을(집단농장과 비슷한 가족 사회주의 공동체 마을 — 옮긴이)운동을 설명한다. 그것은 탄자니아의 농촌 주민 대다수를 중앙정부가 부분적으로 또는 전체적으로 계획한 마을들에서 살게 하려고 시도한 대규모 농촌개발운동이었다(Scott, 1998, 221쪽).

이런 농촌 개발계획은 무엇보다도 국가가 농촌 주민들의 동향을 쉽게 파악하고 자기 마음대로 주무르고 싶어하는 탄자니아 정부의 욕망에서 비롯되었다. 개발계획을 수립하던 초기에 약 1,100만~1,200만 명의 농촌 사람들은 여기저기 흩어져 살면서 대대로 이어져온 농사기술을 이용해 농작물을 가꾸고 가축을 길렀다. 자연림이 스스로 지탱할 수 있는 요소들을 내부에 지니고 있는 것처럼 이들 촌락은 오랜 세월 쌓아온 자기 지역에 대한 지식과 관습을 통해 스스로 살아나가는 방법을 체득하고 있었다. 그러나 국가적 관점에서 볼 때, 농촌 주민들은 경제적으로 생산성이 낮고 무질서하며 때로는 미개해 보이기까지 했다. 이 개발사업으로 1,300만 명이 넘는 농촌 사람이 7,684개 마을로 강제로 분산 배치되었다(Scott, 1998, 245쪽). 이들은 포장도로를 따라서 일렬로 늘어선 수출용 농작물의 생산자로 바뀌었다. 이런 마을구조는 국가가 공공업무를 원활하게 수행하고 사람들도 쉽게 감시하기 위한 것이었다. 게다가 이런 농촌

개발계획이 어느 정도 진척되었는지는 이주한 사람 수와 건설된 마을 수를 계산하면 금방 확인할 수 있었다.

'근대적' 주거 형태와 농업기술, 소통양식이 원주민들이 전통적으로 이어온 관습보다 우월하다고 생각하는 서양에서 수입된 숭고한 근대 사상이 이 산업의 원동력이었다는 것은 부인할 수 없는 사실이다. 실제로 스콧(1998, 241쪽)은 이런 전제들이 식민지 시대의 유물이라고 지적한다. 개발계획을 수립하고 지지하는 사람들은 아프리카의 경작자와 목축민들이 후진적이고 비과학적이며 효율성이 떨어진다고 생각했다. 그들은 오직 과학영농 전문가들의 감독을 통해서만 탄자니아를 근대화할 수 있다고 생각했다. 필요하다면 강제력도 동원할 수 있다고 생각했다.

끝으로 대부분의 개발계획에서처럼 개발사업을 강력하게 추진하고 그것에 대한 저항을 억누르기 위해서는 독재국가가 있어야 했다. 탄자니아 국민 대다수는 농촌 개발사업에 지극히 회의적이었다. 주민들은 자기가 사는 지역을 잘 알고 있었지만 정부는 물이나 연료자원에 대한 사전지식도 없이 무작정 개발지역을 선정했다. 사람들은 새로 개발된 마을들의 제반환경으로는 사람과 가축을 충분히 수용할 수 없을 것이라고 우려했다. 탄자니아 정부는 이주를 꺼리는 사람들을 승복시키기 위해 교묘한 작전을 썼다. 정부 관리들은 이 개발이 모두 국민을 위한 것이라고 했다. 탄자니아 대통령 줄리어스 니에레레는 "국민이 '죽음의 삶'을 사는 것을 그냥 지켜보고만 있을 수 없습니다"라고 말했다(Scott, 1998, 230쪽 인용). 1964년에 발표된 세계은행 보고서 가운데 하나는 이 모든 것을 다음과 같이 기록하고 있다.

국민의 부정적인 보수성을 어떻게 극복하고, 농촌이 살아남기 위해 반드시 필요한 전면적인 농업개혁을 어떻게 추진하느냐 하는 것이 오늘날 탄자니아 지도자들이 직면한 가장 어려운 문제 가운데 하나다(Scott, 1998, 241쪽 인용).

이런 상황에서 국가의 폭력 행사는 불가피했다. 정부는 경찰과 민병대를 동원해 사람들을 강제로 이주시켰다. 처음에는 이주하지 않으면 기근이 들었을 때 구제하기가 어렵다고 위협하다가 나중에는 집을 강제로 해체하고 가재도구들을 트럭에 실어 새로운 마을로 옮겼다. 집을 불태우거나 트럭으로 돌진해서 부수는 경우도 있었다. 사람들은 이제 저항이 쓸데없다는 것을 알고 순순히 스스로 짐을 챙겨서 새로운 마을로 이주했다(Scott, 1998년, 235~236쪽).

예상했던 대로 농촌 개발사업의 결과는 대재앙이었다. 당장 농업 생산이 감소하면서 1973~1975년 대량으로 식량을 수입해야 했다. 식량 수입 비용은 모든 탄자니아 가정에 소를 한 마리씩 사줄 수 있을 만큼 큰 금액이었다. 새로 이주한 마을의 약 60퍼센트는 강수량이 매우 적은 건조한 지역으로 농지에서 멀리 떨어진 곳에 있었다. 농민들은 비옥한 토지에서 쫓겨나 메마른 땅에서 농사를 지어야 했고 어떤 곳의 토양은 정부에서 재배하기를 바라는 농작물에 적합하지도 않았다. 농지와 마을이 멀리 떨어져 있어서 도둑과 해충의 피해에 노출될 수밖에 없었다. 사람과 가축이 밀집해 살면서 콜레라와 가축 전염병이 창궐했다. 좁은 구역에서 소 떼를 기르다 보니 방목장과 살림집이 모두 엉망이 되었다(Scott, 1998, 247쪽). 탄자니아의 농촌 개발운동은 정당성을 얻기는커녕 오히려 외진 곳에 있거나 비협조적인 농민들 때문에 엄청난 재정적·정치적 대가를 지불하지 않을 수 없었다.

물론 탄자니아가 독자적으로 그 계획을 수립한 것은 아니었다. 그것은 지금도 여전히 세계은행이나 미국 국제개발처 같은 국제개발기구들이 지원하는 많은 개발사업들처럼 현대 과학과 기술에 대한 기대를 발판으로 수립된 수많은 식민지 계획과 닮았다. 그 계획에 연루된 많은 사람이 그런 개발로 국민의 삶을 크게 향상시킬 거라고 믿었던 것이 사실이라 해도 그때까지 진행된 결과를 찬찬히 따져보았다면 그것이 대재앙으로 끝나리라는 것은 자명한 사실이었다. 그러나 무엇보다도 탄자니아 정부가 세계은행과 미국 정부의 압박에 못 이겨 자기 국민을 계속 강제 이주시키면서 악순환을 거듭했다는 것은 정말 이해하기 어렵다(예컨대 Fratkin, 1997a, 1997b 참조).

스콧(1998, 348쪽)은 실패한 개발사업들에 대한 검토를 바탕으로, 그 사업의 입안자들이 자신들을 실제보다 더 똑똑하다고 자만한 반면에 그 계획의 대상자들을 실제보다 훨씬 더 어리석거나 무능하다고 폄하한 것이 사업 실패의 가장 큰 요인이었다고 결론짓는다. 숭고한 근대 사상은 서양의 생활양식과 경제적 기준을 바탕으로 한 근대화와 발전 전망을 강요함으로써 지속 불가능하며 황폐하고 단일 수종만 심는 '과학적으로 관리된' 삼림과 같은 사회와 문화를 키워냈다. 그런 사회와 문화에서는 사람들이 공동체에서 서로 협동하고 공동의 목표를 이루기 위해 함께 일하게 하는 사회적 요소들이 사라지기 마련이다.

비공식 경제의 특성과 발전

시장경제에서 직업을 갖는 것은 필수적이다. 전 세계 사람 대다수가 자기에게 필요한 상품과 서비스를 얻을 수 있도록 해주는 주요 수단이 바로 직업인 것이다. 하지만 일자리가 충분하지 않다면 어떻게 될까? 오늘날 전 세계에는 일자리를 구하지 못한 사람이 적어도 1억 9,520만 명에 이른다. 게다가 일은 하지만 가난한 사람들, 즉 하루에 2달러도 안 되는 돈으로 살아가는 사람들이 13억 7,000만 명 가까이 된다. 실업의 가장 큰 영향을 받는 연령층이 15~24세다(그들 가운데 약 8,630만 명이 실업자다). 그들은 전체 실업인구의 44퍼센트를 차지한다(ILO, 2007). 실업에는 일자리가 충분하지 않다는 것 말고도 여러 가지 다른 이유가 있다. 실업자 가운데 많은 사람이 경제가 침체된 농촌 지역을 떠나 일자리를 찾아 도시로 이주한 농촌 사람들이다. 2007년 처음으로 전 세계 인구 가운데 도시에 사는 사람이 절반을 넘어섰다. 2030년이면 도시에 사는 사람의 비율이 3분의 2까지 상승할 것이라고 예상하고 있다. **그러나 사람들이 일자리를 구하러 간 곳에 일자리가 없다면 무슨 일이 벌어질까? 좀더 구체적으로 말**

한다면, 그랬을 때 사람들은 가난에서 벗어나기 위해 국민국가가 취하는 조치와 별도로 어떤 행동을 할까?

경제정책을 입안하는 사람들은 언론과 마찬가지로 대개 가난한 사람들이 자신이 처한 경제환경을 순순히 받아들이거나 아니면 자신들이 재간이 없어 가난하다고 체념하며 산다고 생각한다. 이런 생각들이 놓치고 있는 것은 가난한 사람과 실업자들이 비공식 또는 지하경제를 통해 정부의 통계에는 전혀 잡히지 않는 소득으로 생존을 유지하고 있다는 사실이다. 비공식 경제는 국가의 통제 범위를 벗어난 경제활동들로 구성되어 있다. 따라서 국가는 거기서 어느 정도의 소득이 발생하고 있는지 전혀 파악하지 못한다. 이런 비공식 경제활동은 아기를 돌보는 일에서 자동차 수리, 구걸, 아동과 여성 성매매, 믿기 어려울 정도로 복잡하고 세계적인 불법 마약거래에 이르기까지 매우 광범위하다. 미국의 지하경제를 구성하는 사람들로는 현금으로 수리비를 받는 배관공에서 코카인을 파는 폭력조직원, 훔친 물건을 거래하는 전당포 업자, 불법 이민자를 고용하는 농부, 노동착취를 일삼는 직물업자, 담배를 밀수하는 국경 주민, 가짜 롤렉스 시계와 해적판 콤팩트디스크CD를 파는 사람까지 다양하다 (Schlosser, 2003, 4쪽). 비공식 경제는 대개 어떤 상품이나 활동을 금지하거나 거기에 세금을 부과하거나 통제함으로써 그것들을 규제하려는 국민국가의 시도가 남긴 잔재들이다. 그런 시도들은 사람들에게 금지된 상품(예컨대 불법 마약)을 팔거나 그런 상품이나 활동을 저렴하게 제공할 수 있는 기회(예컨대 밀수한 담배)를 제공함으로써 비공식 경제가 활동할 수 있는 공간을 마련해준다.

인류학자 키스 하트(2000)는 비공식 경제를 세상에 처음 알리며 사람들의 주목을 이끌어냈다. 가나의 수도 아크라에 대한 그의 연구에 따르면, 그곳의 잉여노동자들 대다수가 '실업 상태'는 아니었지만 일감이 들쑥날쑥하고 임금이 낮은 일을 했다. 하트는 아크라의 시내를 다음과 같이 묘사했다.

행상인과 짐꾼, 택시운전사, 거지, 매춘부, 소매치기, 사기꾼들이 끊임없이 이리저리 오가는 거리는 활기로 가득 찼다. 그들은 모두 국가경제 통계에는 잡히지 않는 일을 하면서 어떻게든 먹고살기 위해 최선을 다하고 있었다(2000, 149~150쪽).

이런 비공식 경제에 참여하는 사람들은 가난한 사람에 한정되지 않는다. 물론 가난한 사람들, 특히 여성(Carr and Chen, 2001 참조)은 생존을 위해 그 누구보다도 비공식 경제에 더 의존할 수밖에 없다. 실제로 모든 사람, 심지어 공식 경제에 속한 사람들도 비공식 경제에 참여한다. 시장에 내다 팔 화초를 재배하고 술을 빚는 일에서 도박, 도둑질, 정치적 부패행위에 이르기까지 모든 것이 비공식 경제에 속한다. 하트(2000, 151~154쪽)는 군인생활을 그만둔 아팅가의 경우를 설명한다. 아팅가는 군대에서 받은 마지막 봉급을 투자해서 살던 집을 둘로 쪼개 한쪽을 진을 파는 바로 바꾸었다. 그는 4~5파운드를 주고 진 약 160리터를 사서 손님들에게 잔술이나 병술로 팔았다. 수익은 매우 적었다. 외상 손님만 있었기 때문이다. 그는 가까스로 가게를 꾸려가면서 좀더 오랫동안 할 일을 찾으려고 했다. 그는 마침내 야간경비직을 구하고 아내에게 바를 맡겼다. 그러나 가게는 점점 장사가 안 되었고 아내는 혼자 술을 다 마셨다. 어쩌다 경비직 봉급이 오르면 바에서 팔 고기와 수프용으로 들개를 사곤 했지만 결국 그는 가족과 함께 집을 떠나고 바는 지주의 아내가 차지했다.

이 같은 현상들이 경제에 미치는 영향은 아주 작을 것처럼 보이지만 전체적으로 보면 전 세계 GDP의 큰 부분을 차지하며 경제의 다른 측면에서 중대한 영향을 미친다. 비공식 경제의 규모가 얼마나 되는지 공식적으로 알려진 것은 없지만 다들 그것이 엄청나게 크고 점점 증가하고 있다는 것을 인정하고 있다. IMF는 지하경제에서 유통되는 불법 자금이 5,900억~1조 5,000억 달러에 이를 것으로 추산하고 있는데, 그것은 전 세계 GDP의 1~5퍼센트에 이르는 규모다. 게다가 그것은 어쩌면 과소평가된 수치일지도 모른다. 미국만 놓고 보더라도 그 규모는 약 6,500억 달러에 이르며 미국 전체 경제의 9.4퍼센트를 차지하는 것으로 추산된다. 다른 나라들의 경우는 이보다 더 커서 영국은 GDP의 12.5퍼센트, 이탈리아는 27퍼센트, 브라질은 40퍼센트, 러시아는 45퍼센트, 우크라이나는 51퍼센트에 이른다고 한다(Schlosser, 2003, 5~6쪽). 아시아의 비공식 경제는 농업을 제외한 GDP의 45~85퍼센트를 차지하고, 아프리카의 경우도 농업을 제외한 GDP의 80퍼센트를 차지하는 것으로 추산된다(Carr and Chen, 2001). 유엔은 불법 도박과 불법 무기거래, 밀입국, 신체 장기 거래, 자동차 절도, 매춘과 공갈, 무엇보다도 마약 판매와 같은 조직·비조직 범죄로 발생한 돈이 1조 달러에 이른다고 추산한다. 게다가 불법적 사업이 수반하기 마련인 돈세탁 행위는 1994년과 1995년 멕시코, 1997년 태국을 강타한 금융위기에서 본 것처럼 전 세계 경제에 심각한 영향을 끼친다(Fabre, 2002).

인류학자 크리스티앙 주프레(2002)가 목숨을 걸고 아마존 지역의 불법 마약조직망을 조사한 결과는 비공식 경제가 어떻게 발전하고 공식 경제와는 어떻게 엇갈리며 국내와 지역의 경제에는 어떤 영향을 주는지를 잘 보여준다. 1970년대 세계은행은 브라질 론도니아 주의 열대우림 지역을 횡단하는 BR 364 간선도로 건설에 자금을 지원했다. 그 삼림 지역은 도로가 건설되기 전에는 아마존 강 유역을 따라 살면서 (예컨대 천연고무 상인들 같은) 도시의 사업가들과 거래했던 카보클로라는 혼혈 인디언과 원주민들이 독차지하고 있었다. 그러나 도로가 건설되면서 수십만 명의 가난한 사람들이 국경 지역에서 자신의 운수를 시험해보고 싶어했다. 볼리비아의 코카인 불법 거래상들이 마모레 강의 볼리비아 국경지대에 실험실을 마련하고 코카인을 제조하기 위해 론도니아에서 채취한 코카잎을 밀수하기 시작하면서 비공식 경제의 첫 단추가 끼워졌다. 밀수에 가담한 사람들 가운데는 강가에서 사금을 채취하고 있던 사람들(가림페이로 garimpeiro)도 있었다. 가림페이로는 발사목으로 만든 뗏목을 타고 강바닥에 있는 충적토를 펌프로 퍼내 강물 위에서 사금을 걸러내는 일을 했다. 주프레(2002, 34쪽)가 말한 것처럼 코카인 생산자와 거래상인 그리고 "대개 무일푼인 수천 명의 브라질 사금 채취자들은 열대우림에 고립되고 사회에서 버려진 채 강을 사이에 두고 서로 마주 보고 있었다."

강바닥에서 한 번에 몇 시간씩 일하는 잠수부들은 대개 심각한 정신적·육체적 중압감에 시달렸기 때문에 강을 건너가 코카인 반죽을 얻어다 담배를 피우면서 긴장을 풀었다. 이들은 때때로 사금으로 코카인을 사서 그 지역의 가난한 사람들과 노동자들에게 팔기도 했다. 코카인은 점차 브라질의 도시로 확산되었고, 도시의 실업자와 노동자들은 소량이기는 하지만 코카인을 거래하기 시작했다. 한편 론도니아에서 마약거래는 훔친 물건들(차량, 비행기, 농기계, 전자 장비, 소 등)을 코카인과 교환하는 거래로 이어졌다. 마약이나 장물을 대량으로 불법 거래하는 밀매업자들은 비공식 경제에서 번 돈을 세탁하기 위해 합법적인 기업에 투자하기 시작했다(돈세탁은 불법으로 취득한 자금을 합법적으로 번 것처럼 보이게 만드는 과정을 말한다[예컨대 Steel, 2006 참조]. 예를 들면 불법 마약거래상은 사금 채취자들이 쓰는 발사목 뗏목에 투자해 돈을 세탁한 뒤, 자신들이 번 돈이 마약거래가 아니라 사금 채취로 번 것이라고 주장했다).

따라서 이제 비공식 경제를 통해 번 돈이 공식 경제를 굴러다니는 꼴이 되었다. 공식 경제와 비공식 경제가 서로 교차하는 과정은 론다니아에 사는 야베스 라벨로가 살아온 이력에서 잘 볼 수 있다. 그의 가족은 커피 저장소를 소유하고 있었다. 라벨로는 마약을 불법 거래해서 번 돈으로 지역의 커피 생산자에게서 커피를 사기 시작했다. 그가 그렇게 하는 것은 커피 장사로 돈을 버는 것이 아니라 불법으로 마약을 팔아 번 돈을 합법적으로 커피를 거래해서 번 돈으로 전환하기 위한 것이었다. 따라서 시장가격보다 웃돈을 주고 커피를 사서 커피 가공업자에게는 다른 생산자들보다 더 싸게 팔았다. 이것은 많은 부작용을 낳았다. 첫째, (마약거래 자금을 이용하지 않는) 합법적인 커피 거래상들을 망하게 만들었다. 그들은 불법 마약 거래상들보다 비싼 가격으로 커피를 살 수 없었기 때문이다. 따라서 커피 생산자의 수익은 인위적으로 상승했다. 실제로 커피 생산은 코카인 자금의 지원을 받고 있었다. 따라서 불법 마약 거래상들은 지역의 커피 생산자들과 직·간접적으로 마약과 같은 상품들의 불법 거래로 수혜를 입는 사람들의 환심을 샀다. 끝으로 그렇게 세탁된 돈은 비공식 경제에서 성공한 사람들이 (비공식 경제의 또 다른 특징인) 정부 관리들에게 뇌물을 상납하거나 스스로 선출직 공직에 출마하기 위한 자금이 되었다. 라벨로는 그의 부정한 돈을 지방 경제에 투자해 커피시장 전반을 지배할 수 있게 되었고 그 과정에서 지배층과 긴밀한 연계망을 구축했다. 지배층은 그가 국내에서 가장 큰 커피 구매업자이자 수출업자로서 커피산업을 육성하는 데 기여한 공로를 인정해 '명예시민'의 칭호를 부여했다. 라벨로는 커피 생산자들에게 실질적으로 자금을 지원하고 지배함으로써 그들의 폭넓은 지지를 받아냈고 수많은 농촌 지역민에게는 사실상 은인이나 다름없었다. 결국 그는 하원의원으로 무난히 당선되었다. 그는 해마다 크리스마스와 부활절이 오면 트럭에 장난감이나 초콜릿, 달걀과 같은 선물을 가득 실어 가난한 집 아이들에게 보내고 자선행사에서 마실 것을 제공했다. 1991년 라벨로의 남동생이 코카인 540킬로그램을 소지한 혐의로 체포되었지만 그의 명성에는 전혀 영향을 끼치지 못했다(Geffray, 2002, 39쪽).

주프레가 "불법 마약거래가 지배하는 사회"(2002, 45쪽)라고 설명한 론도니아의 비공식 경제의 발전과정은 비공식 경제가 어떻게 생겨나고, 수많은 사람이 얼마나 거기에 의존하며 사는지, 그것이 지역경제를 어떻게 지배할 수 있는지를 잘 보여준다. 또한 주프레의 연구는 비공식 경제가 새로운 엘리트 형성에서 어떤 역할을 하는지도 보여준다. 그들은 비공식 경제를 통해 조달된 자금으로 지배층의 보호를 받거나 스스로 공직에 참여해 권력을 얻는다.

비공식 마약 경제의 특성과 범위

불법 마약은 전 세계 비공식 경제에서 생산, 유통, 거래되는 가장 중요한 상품 가운데 하나다. 역사적으로 볼 때 마약은 300년이 넘도록 세계 경제를 지탱하는 기간산업이었다. 담배가 그 좋은 예다. 담배는 아메리카 대륙이 원산지로, 유럽인들은 콜럼버스의 첫 번째 항해에서 서인도제도의 타이노 인디언들이 잎을 돌돌 말아서 담배를 피우는 모습을 처음으로 목격했다. 그 후 유럽으로 전파된 담배는 16세기 전반에 걸쳐 전 세계에서 재배되고 공급량이 늘면서 해마다 가격이 떨어질 때까지는 그저 진기한 물품이었다. 1670년 네덜란드인은 한 사람이 평균 680그램, 영국인은 450그램 넘게 담배를 피웠다. 담배 소비는 특히 가격이 하락하면서 급속도로 빨라져 19세기 유럽에서는 담배가 유행상품이 되었다. 1950년 미국인들은 1초에 1만 5,000개비의 담배를 샀다. 1990년대 중반에는 전 세계에서 담배를 피우는 사람이 11억 명에 이르렀는데, 이것은 15개국이 넘는 나라의 전체 인구 3분의 1에 해당하며, 1년에 5조 5,000억 개비의 담배를 피운 것과 마찬가지로 전 세계 모든 사람이 일주일에 담배 한 갑을 피운 셈이다(Courtwright, 2001). 그러나 담배는 전 세계에서 널리 거래되는 중독성 기호식품인 커피나 차처럼 결코 불법적인 상품이 아니었다. 오히려 담배의 중독성은 많은 곳에서 세금이 부과되는 규제 대상으로서 국민국가에 지속적인 수입을 보장하는 재원이었다. 하지만 국가가 담배 판매에 세금을 부과해 재정 수입을 올리려고 할수록 국민은 담배 소비와 관련된 세금과 요금을 피하려고 하면서 비공식 경제에서 담배가 차지하는 위치는 더욱 굳건해졌다.

전 세계에 널리 거래되는 또 다른 중독성 물질들로 감기약과 음료수, 다양한 강장제 같은 제품의 재료로 널리 쓰이는 아편과 대마초, 코카 잎은 1914년 미국을 선두로 전 세계에서 불법 물질로 공인되었다. 그러나 아편과 대마초, 코카인 제조가 불법으로 규정되면서 기대와는 반대로 그것들은 오히려 비공식 경제를 떠받치는 기둥이 되는 상품군으로 재탄생했다.

세계 경제에서 불법 마약이 차지하는 위치가 어느 정도인지 가늠하는 것은 쉽지 않다. 유엔마약범죄사무소(UNODC, 2006, 17쪽)는 전 세계 마약거래가 1년에 3,200억 달러의 수입을 창출한다고 추산한다. 이것은 전 세계 GDP의 0.9퍼센트에 해당되며 전 세계의 12퍼센트에 해당하는 나라들의 GDP를 합한 것과 같은 규모다. 바꿔 말하면 마약 판매는 전 세계 화학물질 수출액(7,940억 달러)의 12퍼센트, 전 세계 농산물 수출액(6,740억 달러)의 14퍼센트를 차지하고, 전 세계 광물질 수출액(790억 달러)보다 규모가 크다. 대마초는 가장 널리 확산되고 소비되는(약 1억 6,200만 명) 마약이다. 그 뒤를 이어 암페타민 종류의 흥분제(약 3,500만 명), 엑스터시(약 1,000만 명)가 있다. 아편을 복용한 사람은 약 1,600만 명인데 그중에 1,100만 명이 헤로인을, 130만 명은 코카인도 흡입했다(United Nations, 2005, 9쪽). 모두 합해 약 2억 명, 전 세계 인구의 5퍼센트 정도가 적어도 한 번은 불법 마약을 복용한 셈이다. 솔직히 말해 세계가 불법 마약거래를 막는 데 실제로 성공했다면 볼리비아에서 아프가니스탄, 캘리포니아 북부 지역에 이르기까지 세계 경제가 큰 타격을 받았을 수도 있다(Henson, 2005).

마약거래를 중심으로 하는 비공식 경제는 일반 다른 경제 부문과 마찬가지로 하나의 경제 부문을 이루고 있다. 거기에도 생산자들이 있는데 그들은 대부분 아프가니스탄과 콜롬비아 혹은 미국의 소농들로 그저 먹고살기 위해 일하고 있을 뿐이다. 그리고 대개 대규모 갱단이나 카르텔 형태로 조직된 구매자와 가공업자도 있다. 여기에 대형 유통업자와 소매상들도 있는데 그들이 거두는 이익은 적은 데 비해 위험성은 크다.

비공식 경제에서 마약이 얼마나 중요한 자리를 차지하는지, 특히 가난한 사람들에게 얼마나 큰 의미가 있는지 이해하기 위해 서로 다른 시기에 서로 다른 공간, 즉 18세기 초 런던과 20세기 말 뉴욕에서 마약이 어떤 위치에 있었는지 살펴보자.

런던은 최초로 '마약 열풍'이 불었던 곳일지도 모른다. 거기서의 마약은 진이었다. 증류주는 16세기 말부터 영국 노동자계급이 마시는 술이었다. 그러나 가난한 사람들이 마시기에는 값이 비싸서 주로 의료용으로 이용했다. 영국에서 곡물 생산이 늘면서 곡물을 증류시켜 주조한 값싼 진을 생산할 수 있게 되자 진 소비량은 해마다 증가해 1700년대 초에 1인당 약 1.2리터를 마시던 것이 1743년에는 1인당 약 8.3리터를 마셨다. 재정 수입 증대에 골몰하던 영국 정부는 술에 소비세를 부과하고 진을 팔기 위해서는 허가를 받도록 했다. 하지만 영세상인들은 그 틈을 이용해 몰래 행상을 하며 싼값으로 술을 팔았다.

정부가 진에 세금을 부과하면서 인클로저운동으로 농촌에서 땅을 잃고 쫓겨난 수천 명의 농민이 싸구려 진을 밀조해서 팔기 위해 일자리나 기거할 곳도 없이 도시로 이주하기 시작했다. 진은 무엇보다 고단한 삶에 지친 사람들에게 위로를 안겨주었지만, 또 다른 한편으로는 고용을 창출하는 원천이기도 했다. 이렇게 도시로 이주한 사람들은 대개가 가족이나 고용주, 지역사회에 거의 구속되지 않은 가난한 젊은이들이었다. 따라서 그들은 지배층이 우려하는 대상이었다. 그러나 진의 소비가 늘고 그것을 기반으로 하는 비공식 경제가 번창하면서 진을 판매하고 소비하는 사람들에 대한 통제를 강화하기 위해서는 일련의 합법적인 조치가 필요했다. 진과 관련된 초기의 법령 대부분은 거의 강제성이 없었다(18세기에 런던에는 공식적인 경찰력이 없었다). 그러나 1736년에 제정된 진 조례Gin Act에서는 술을 파는 사람이 면허증을 받으려면 50파운드를 내야 했다. 또한 면허증 없이 술을 파는 사람들을 밀고하는 사람들에게는 5파운드의 포상금을 주었다. 역설적이지만 당시의 상황으로 보면 당연하게도 정부의 허가 없이 몰래 술을 파는 영세상인들이나 그들을 밀고하는 사람들은 모두 같은 계급에 속한 사람들이었다.

그럼에도 진을 기반으로 한 비공식 경제는 날로 번창했다. 진을 판매하는 형태도 가난한 정도에 따라 모양새가 달랐다. 사람들은 대개 '진숍'이라고 부르는 빈민가의 허름한 오두막에서 진을 팔았는데 외바퀴 손수레나 바구니에 담아 팔거나 심지어 그릇에다 부어 팔기도 했다. 행상을 하며 술을 파는 사람들 대다수는 여성이었다. 제시카 워너는『광기: 이성의 시대, 진과 방탕』*Craze: Gin and Debauchery in an Age of Reason*에서 진을 파는 일이 여성들에게 맞았던 것은 자본이 거의 들지 않았고, 특정한 직업단체에 가입하지 않아도 되었으며, 여성들이 할 수 있는 몇 안 되는 일 가운데 하나였기 때문이라고 설명했다. 워너(2002, 51쪽)가 말한 것처럼 그것은 여성들에게 생존을 위한 경제 수단이었다. 그러나 여성들은 그에 따른 위험도 컸다. 런던에서 진을 파는 소매업자들 가운데 여성의 비율은 20퍼센트밖에 안 되는 것으로 알려졌지만 1736년 제정된 진 조례로 고발당한 무면허 판매업자 가운데 70퍼센트가 여성이었다.

런던의 엘리트층과 정부는 강한 중독성으로 엄청나게 팔리는 진이 주도하는 비공식 경제에 대한 의존도가 커지자 진의 소비를 점점 더 우려의 눈길로 바라보기 시작했다. 그러나 그들은 허가를 받지 않은 진을 거래하는 사람들뿐 아니라 엘리트층 가운데 진 판매로 이득을 보는 사람들과도 싸워야 했다. 또한 진의 주조 원료인 곡물을 재배하는 농민과 곡물판매상, 심지어 프랑스와 전쟁을 하기 위해 필요한 자금을 진에 부과한 세금으로 마련한 국가인 영국도 싸워야 할 대상이었다. 그러나 날이 갈수록 진의 규제에 찬성하는 사람이 점점 많아졌다. 그들은 술이 도둑질과 폭행, 더 나아가 살인과 같은 범죄의 직접적인 원인이라고 주장했다. 그들의 주장은 신문과 홍보책자 등에 자주 등장하는 술 때문에 발생한 우발적 사망이나 상해, 싸움으로 신뢰를 얻었다. 또한 그들은 가난한 사람들의 증류주 소비 규모가 그들의 생활수준에 비해 과도하다고 생각했다. 그들은 진 소비를 줄인다면 불법행위도 줄고 가난한 노동자들이 고용주들의 말을 잘 따를 거라고 주장했다. 또한 중노동과 저임금이 영국의 수출비용을 낮게 유지하면서 가난한 사람들이 함부로 기어오르지 못하게 할 거라고 생각했다(Warner, 2002, 112쪽). 역설적이게도 런던 시민들이 1년에 평균 114리터의 맥주를 마셨음에도 맥주 소비를 규제하려는

진과 맥주 그리고 그것들을 각각 즐겨 마시는 사람들에 대한 영국인의 상반된 태도는 18세기에 윌리엄 호가스가 그린 두 개의 그림. 〈진 골목〉(왼쪽)과 〈맥주 거리〉(오른쪽)에 잘 묘사되어 있다.
출처: 윌리엄 호가스, 영국(1697~1764). 〈진 골목〉, 1751년, 판화, 네 번째 교정인쇄, Craddock, Baldwin & Joy 재판, 메릴랜드 주 베데스다 국립의학도서관 소장.

움직임은 전혀 없었다. 진과 맥주에 대한 상반된 태도는 윌리엄 호가스가 그린 두 개의 그림, 〈진 골목〉Gin Lane과 〈맥주 거리〉Beer Street에 잘나타나 있다. 전자는 비탄과 궁핍에 찬 삶을 묘사하고 있는 반면에 후자는 삶의 활기가 느껴지는 거리를 그리고 있다(그림 참조).

그러나 대규모 밀고자 무리를 풀어 진의 유통을 통제하려는 정부의 시도는 이웃들 사이에 적대감을 조성해 서로 불신하게 만들고 폭동과 저항을 유발했다. 다르게 말하면 규제를 통한 통제는 여러모로 위법행위를 멈추기보다는 오히려 상황을 더 악화시켰다(Warner, 2002, 159~160쪽).

1736년 진 조례가 통과된 뒤 연이어 발생한 저항과 폭동 때문에 강압적으로 법을 집행하고 규제하는 일이 점차 줄어들었고, 따라서 진 소비량도 1년에 한 사람이 9.5리터 정도를 마시는 수준으로 늘어났다. 일반국민의 우려가 다시 커지자 1751년에 진 조례가 개정되었는데 진에 대한 세금을 3.8리터에 4.5펜스로 올리고 증류주 제조업자가 진을 파는 것을 금지했으며 감옥이나 노역장, 구빈원에서 진을 마시지 못하게 했다. 또한 진을 팔 수 있는 자격조건을 더 엄격하게 강화했다. 그러자 진 소비는 1736년 때처럼 급락했다가 1756년에 다시 늘어나기 시작했다. 이때 흉년이 들자 정부는 국내 곡물로 독한 술을 제조하지 못하게 전면 금지했다.

비공식 경제에서 마약의 역할이라든가 중독성 마약을 규제하려는 시도나 그것에 대한 태도처럼 18세기 런던에 불어닥친 진 열풍에서 배워야 할 교훈이 아직도 많다. 그러나 그런 것들을 검토하기 전에 먼저 1980년대 뉴욕 시로 가서 스페인계 미국인들이 모여 사는 이스트 할렘, 즉 엘바리오 지역의 마약 경제에 대해 연구한 필리프 부르주아의 이야기를 들어보자. 18세기 초 이스트 할렘에는 런던처럼 주로 푸에르토리코 출신의 이주민 수십만 명이 살고 있었다. 그들은 런던 이주민들 대다수가 그랬던 것처럼 사유지나 대농장에서 일하는 반생계형 소농이거나 사탕수수 플랜테이션 농장이나 조립공장에서 일하는 노동자였다. 이스트 할렘의 이주민들은 런던의 이주민들처럼 공식 경제 부문에서 일자리를 구하기가 어렵다는 것을 알고는(그 지역의 실업률은 40퍼센트였다) 살아남기 위해 비공식 경제 부문으로 눈을 돌렸다.

비공식 경제 부문에서 여성들이 할 수 있는 일은 보모, '비공식 직종'의 일, 침모, 사교클럽의 바텐더, 하숙, 매춘 같은 것이었다. 하지만 남성들은 길목에서 무면허 자동차 정비를 하거나, 무허가 토건업자 밑에서 일하거나, '아가씨'나 마약을 파는 일처럼 여성들보다는 좀더 눈에 띄는 일을 했다. 마약은 수십억 달러에 이르는 엘바리오의 지하경제를 지탱하는 기반이었다. 부르주아에 따르면 사람들이 가장 많이 찾는 마약은 코카인, 크랙(순도가 높은 농축 코카인—옮긴이), 헤로인으로 이스트 할렘에서는 쉽게 구할 수 있었다.

우리 집 앞 도로는 이 동네의 전형적인 모습이었다. 두 블록 반경 안에서는 헤로인, 크랙, 코카인 가루, 피하주사기, 합성 마약 메타돈, 신경안정제 발륨, 합성 헤로인, 마리화나, 밀주, 담배 같은 (……) 모든 마약을 살 수 있었다. 현관에서 100미터도 떨어지지 않은 곳에 물약을 파는 마약 취급소가 세 군데나 있어 2달러, 3달러, 5달러를 주면 누구나 살 수 있었다. 북쪽으로 몇 블록 더 내려가면 동네에서 '불법으로 알약을 조제해주는 곳'이 여러 군데 있었는데 그중 한 곳에서 의사가 1년 동안 의료보험으로 390만 달러에 이르는 처방전을 써주고 그 대가로 거의 100만 달러의 부당 수익을 올렸다. 그가 처방한 '약'의 94퍼센트는 사회복지사업부에서 의사들이 처방을 남발하는 약으로 감시 목록에 오른 것들이었다(1995, 3~4쪽).

1980년대 미국의 마약 상황은 담배로 말아 피울 수 있고 즉석에서 효능을 나타내는 농축 코카인 그리고 중탄산나트륨과 코카인을 섞은 합성 코카인이 주류를 이루었다. 런던에 '진숍'이 있었던 것처럼 이스트 할렘에는 '크랙하우스'가 있었다. 이들 가게는 주로 관리인과 망꾼을 고용해 수익을 배분하는 불법 마약 거래상들이 운영했다. 거리의 마약 거래상 대다수는 대개 하룻밤에 수백 달러를 벌었지만, 부르주아(1995, 91쪽)가 지적한 것처럼 심한 낭비벽 때문에 나중에 빈털터리가 되는 것이 보통이었다. 게다가 비공식 경제 부문에서 일하는 것은 위험했다. 부르주아는 마약 경제가 감수해야 할 신체적 위협(구타나 살해), 휴지기(구속이나 상점 폐쇄), 열악한 노동조건, 고객환경, 소송비용 등을 고려할 때 거기서 일하는 것은 합법적인 부문에서 일하는 것보다 조건이 훨씬 더 나쁘다고 지적한다. 따라서 부르주아의 연구 대상이었던 많은 불법 마약 거래상들은 공식 경제 부문에서 일자리나 사업 기회를 잡으려고 애썼다. 하지만 성공하는 경우는 거의 없었다.

이스트 할렘의 여성들은 런던의 여성들처럼 마약을 중심으로 하는 엘 바리오의 지하경제에서 중요한 역할을 했다. 부르주아에 따르면 여성들은 그들의 삶을 지배하는 두 가지 국가제도인 형벌제도와 복지제도 사이에서 균형 있는 행동을 취하지 않을 수 없었다. 1980년대 레이건 행정부가 복지제도를 축소하기 시작하면서 복지제도만으로 가족을 유지하는 것이 사실상 불가능해졌다. 따라서 여성들은 비공식 직종의 일을 하거나 두 군데 이상에서 일하거나 마약을 팔아서라도 수입을 보충해야 했다. 또한 스스로 마약 중독자가 된 여성들은 거기서 빠져나오지 못하고 몸을 팔기 시작했다. 뉴욕 시는 복지 수혜자들에게 6개월마다 자격 심사를 다시 받게 하고 증거서류를 정확하게 제출하지 못하면 복지혜택을 중단함으로써 상황을 더욱 악화시켰다. 그 결과, 뉴욕 시의 사회복지 수혜자들 가운데 10~15퍼센트 정도가 해마다 자격을 박탈당했다.

게다가 이스트 할렘의 가난한 사람들은 이중으로 경제적 고통을 받았다. 세계적으로 무역자유화가 확대되면서 새로운 이주민들 대다수의 일자리였던 제조업이 해외로 공장을 옮기기 시작했다. 1960년대에서 1990년 초까지 뉴욕 시에서만 약 80만 개의 일자리가 사라졌다. 동시에 정부는 가난한 사람들에 대한 지원을 줄이기 시작했다. 이런 환경변화는 크랙 같은 마약들을 (비록 금지되기는 했지만) 손쉽게 거래할 수 있는 조건을 낳았고, 잉여노동자들을 충분히 공급함으로써 비공식 경제가 번창할 수 있는 계기를 마련했다.

그러나 비공식 경제가 번창하면서 그에 따른 증상이 나타나자, 국가는 사회보장제도의 축소로 피해를 입은 가난한 사람들을 오히려 비난하고 빈곤과 기아에 대한 국가의 책임을 회피할 수 있는 기회로 삼았다. 진과 크랙의 경우에서 모두 볼 수 있는 것처럼 사람들은 여러 가지 사회문제가 마약이나 그와 관련된 것들 때문에 발생했다고 비난한다. 하지만 사실 마약은 그런 문제들의 원인이 아니라 결과였다. 예컨대 어린이와 관련된 문제는 진과 크랙을 둘러싼 논쟁에서 두드러졌다. 호가스가 그린 〈진 골목〉을 보면 한 아기가 계단 아래로 떨어져 죽을지도 모르는데 엄마는 옆에서 술에 취해 있다. 또 다른 아기는 엄마의 관 옆에 버려진 채 앉아 있다. 1980년대 말 비평가들은 우리 아이들이 크랙 때문에 죽어가고 있다고 주장하기 시작했다. 정치인들도 언론과 결탁해 농축 코카인에 중독된 아기의 엄마들을 비난했다. 『산호세 머큐리 뉴스』*San Jose Mercury*는 "태아를 죽이는 나쁜 엄마의 이미지는 마약을 악마시하고 임신을 억제하려는 정책과 완벽하게 맞아떨어진다"고 지적했다(Warner, 2002, 210쪽 인용). 워너(2002, 278~279쪽)는 1980년대 말과 1990년대 크랙의 유행으로 여성과 가정, 모성이 집중 공격을 받으면서 인종차별이나 사회계급과 관련된 문제는 뒷전으로 밀려났다고 말한다. 당시 사람들은 크랙을 피우는 도심 빈민가의 여성들을 '모성의 양육 본능'을 상실한 사람들이라고 비난했다. 이렇게 된 까닭 가운데 하나는 미국 역사에서 처음으로 거리의 마약 중독자 두 명 중 한 명이 여성이었기 때문이다. 당시 미국의 빈민가 여성들은 가족의 생계를 책임지는 경우가 많아서 크랙하우스에 갈 때 아직 어린 아기를 데리고 다닐 수밖에 없었다.

워너는 호가스의 그림 〈진 골목〉을 해설하면서 이렇게 말했다.

이 작품은 매우 뛰어난 그림이다. 호가스의 최고 역작임이 틀림없다. 또한 누구도 부인할 수 없을 정도로 분명한 인과관계를 보여주기 때문에 선전용으로도 성공적이다. 진이 원인이고 가난은 그 결과다. 이것은 매우 설득력 있는 등식이다. 진을 없애면 가난은 사라지고 〈맥주 거리〉의 활기찬 번영이 찾아온다. 하지만 그것을 반대로 말하면, 이런 논리는 뭔가 약간 음흉하다. 그것은 우리에게 억지로 무엇인가 하도록 강요하기 때문이다. 이런 논리는 오늘날과 달리 물론 18세기 영국의 대중에게는 익숙하지 않은 방식이었다. 가난과 진은 불가분의 관계였지만 무엇이 먼저인가? 런던의 가난한 노동자들 대다수는 진을 즐겨 마시기 이전부터 이미 말할 수 없을 정도로 비참한 삶을 살았다. 게다가 그들의 삶은 실질임금에서 알 수 있듯이 진을 규제한 뒤에 훨씬 더 비참해졌다. 따라서 사람들을 가난하게 만든 것은 진이 아니었다. 가난이 그들을 술 취하게 만든 것이다(2002, 213쪽).

워너(2002, 212쪽)는 진이나 농축 코카인과 같은 마약이 사람들의 건강과 행동을 망치는 주범이라고 가정하는 것이 문제라고 말한다. 그런 가정은 사람들이 마약에 취하도록 사회환경을 만든 국민국가가 그 책임을 회피할 수 있는 근거를 제공한다. 그것은 기아를 '의료문제' 탓으로 돌리는 논리와 어느 정도 일치한다. 가난한 사람들의 박약함과 범죄성 때문에 그런 사회환경이 조성되었다고 한다면 국민국가와 그 지도자들의 책임은 사라지고 말 것이다.

그러나 어떤 상품과 행위를 법으로 금지하는 것은 또 다른 음흉한 결과를 낳는다. 마약의 역사는 어떤 특정 상품과 행위를 사회 주류에서 밀려난 주변부 사람들과 연결시키는 특징이 있다. 18세기 런던에서 진은 가난한 사람들이 즐겨 마시는 술이었지만, 맥주와 다른 증류주는 엘리트층과 노동계급이 즐겨 마시는 술이었다. 마찬가지로 미국에서는 지금까지 특정한 주변부 집단의 사람들이 특정한 마약과 연관이 있는 것처럼 규정해왔다. 20세기 초 아편은 중국 이주민, 마리화나는 멕시코 이주민, 코카인은 아프리카 이주민들과 연관이 있다고 생각했다. 하지만 그 밖의 다른 약물인 알코올과 커피, 담배는 주류 사회에 속한 사람들과 관련이 있는 것으로 사회에서 용인된 약물이었다.

국민국가는 마약들을 사회에서 외면당한 사람들과 연결함으로써 사법적 권한을 그들에게 집중시킬 수 있다. 그들은 법의 감시와 감독, 지배를 받는 대상이 된다. 따라서 국가는 그들이 법에서 금지한 행위를 하는 한 사회 구성원들이 누리는 많은 권리를 그들에게서 박탈할 수 있다. 마리화나가 바로 그 단적인 예다. 마리화나는 1920년대에 그것이 멕시코 이주민들과 연관되기 전까지는 완전히 합법적이었다. 그러나 1930년대 멕시코 이주민들이 부족한 일자리를 두고 경쟁하기 시작하자 마리화나를 '악마의 잡초'로 부르며 마리화나세법을 제정해 마리화나 흡연을 불법으로 규정했다. 1936년에 만든 영화 〈마리화나의 광기〉는 마리화나에 빠져 결국 뺑소니, 자살, 강간, 정신착란을 일으키는 고등학생들의 이야기를 다룬다. 그러다가 1960년대와 1970년대로 넘어가면서 마리화나는 백인 중산층 학생의 반문화운동과 연결되기 시작했다. 결국 마리화나와 관련된 법은 완화되었고 정부는 마리화나를 위험한 마약 목록에서 삭제했다. 그러나 1980년대 들어 보수적인 부모들이 정부에 압력을 넣어 마리화나를 또다시 법으로 금지시켰다. 마리화나 흡연으로 체포된 흑인의 수가 백인보다 2.5배 더 많았지만 이것은 경찰들의 인종차별을 반영한 결과라고 볼 수 있을 것이다(NORML, 2000).

미국은 마약을 법으로 금지함으로써 세계에서 가장 많은 수감자가 있는 나라가 되었다. 감옥에 갇힌 사람의 수가 220만 명이 넘는데 국민 136명당 1명꼴이다. 2005년 미국에서 마약 복용으로 체포된 사람은 184만 6,351명이었다. 그 가운데 마리화나와 관련된 사람이 78만 6,545명이었는데 그저 소지했다는 이유만으로 체포된 사람이 전체 마약 관련 사범의 37퍼센트인 69만 6,074명에 이르렀다(Office of National Drug Control Policy, 2007).

그러나 그런 행위들을 법으로 금지한 이유가 단순히 특정 부류의 사람들을 가두기 위한 수단이라고 보는 것은 잘못일 수 있다. 그보다 더 중요한 것은 국가가 가난한 사람들의 삶을 감시하고 통제하기 위해 그렇게 한다는 사실이다. 우리는 불법 이민을 단속하는 것에서도 똑같은 의도를 읽을 수 있다. 마이클 키어니(1991)는 심지어 국경순찰대 등에서 하는 일이 불법 이민자를 체포하기보다는 그들이 미국에 숨어 들어와서 저임금으로도 순순히 일하고 다른 일반 노동자들에게 주어진 권리를 주장할 수 없게 하는 것이라고 지적한다. 그는 멕시코의 아메리카 원주민인 미스텍족의 예를 든다. 그들은 일자리를 구하기 위해 겨울에 산악지대를 통과해서 국경을 넘는데 미국의 고용주들은 미스텍족의 근면성 때문에 그들을 선호한다. 그들은 체포되기 전까지 더 열심히, 더 빨리 일할 수밖에 없으며 어떤 일이든 임금에 상관없이 최선을 다해 일해야 하는 자신들을 왜 미그라(국경순찰대)가 체포하려고 하는지 이해하지 못했다. 그러나 키어니(1991, 61쪽)가 지적하는 것처럼 그것이 바로 미그라의 역할이다. 국경순찰대가 하는 일은 미국에서 일하려고 국경을 넘어오는 불법 이주자를 막는 것이 아니라 오히려 그들이 미국에 와서 저임금에도 더 열심히 일하도록 훈련시키는 것이다.

결론

이제 기아가 식량 부족 때문에 일어나는 것이 아니라 식량을 살 수 없는 사람들 때문에 일어나는 것이라는 사실이 명백해졌다. 또한 기아를 불러오는 가난은 1970년대에 누적된 주변부 국가들의 금융부채처럼 전 세계의 경제에 영향을 끼친 요소들 때문이라는 것도 명백해졌다. 그 밖의 기아와 기근의 다른 사례들도 대개가 정치불안이 가져온 결과다. 브라질처럼 비교적 부유한 나라들도 세계 경제로 점점 통합되면서 나타나는 빈부격차 때문에 수천 명이 굶어 죽어가고 있다.

더 나아가 우리는 부자 나라의 경제정책이 가난한 나라를 돕기 위해 고안된 것이 아니라 기업과 정치적 이익을 위한 것이라는 사실도 알았다. 앞서 본 것처럼 각종 경제개발계획은 대개가 처음에 도우려고 했던 사람들에게 실제로 도움을 주기는커녕 오히려 엄청난 고통을 안겨주고 경제와 환경을 파괴하는 결과를 초래하는 경우가 많았다.

그러나 가난한 사람들은 그런 환경이 제공하는 비공식 경제에 참여해 경제적 기회를 잡으면서 다양한 방식으로 환경에 적응한다는 사실도 살펴보았다. 대신에 그들이 정부의 감시와 구속이라는 값비싼 대가를 치러야 하는 것은 물론이다.

7

환경과 소비

지구의 생명을 지탱하는 생태계가 미래 세대까지 살아남으려면 오늘날 소비사회는 자원을 적게 쓰고 오래
가는 고품질 상품을 쓰며 여가, 인간관계와 같은 비물질적인 방법들을 통해 성취감을 찾음으로써 자원의
이용을 급격하게 줄여나가야 한다.

—앨런 더닝, 『소비사회의 극복』*How Much Is Enough?*

인간은 그대로 내버려둘 수 있는 것이 많을수록 부유하다.

—헨리 데이비드 소로, 『월든』*Walden*

오늘날 '지속가능한'이라는 말이 지나치게 이데올로기적으로 이해되고 있다. 대다수 사람들에게 그것의
결과가 매우 견딜 만하며 성장을 지속하기 위해서도 환경이 중요하다고 설득하기에 좋기 때문일 것이다.

—일레인 하트윅과 리처드 피트

❖ ❖ ❖

모든 동물은 자기가 살기 좋게 환경을 바꾼다. 여기서 더 나아가 인간은 자신의 문화에 맞게 환경을 바꾼다. 다시 말해 어쨌든 그들은 먹을 것을 구하고 도구와 제품을 생산하고 거주할 곳을 짓고 마련하는 방법을 선택한다. 문화는 인간이 반드시 적응해야 할 요소지만, 단기적인 목표들이 장기적으로 인간의 삶에 해를 끼치는 결과를 초래할 경우 오히려 인간 존재를 위협할 수도 있다. 화전농업은 환경을 바꾸지만 관개농업만큼 크게 바꾸지는 않는다. 더군다나 화학비료와 살충제, 제초제를 쓰는 현대 농업이 환경을 바꾸는 것에 비하면 아무것도 아니다. 가축을 치는 것도 환경을 바꾼다. 하지만 밭을 갈기 위해 황소를 기르고 우유를 얻기 위해 젖소를 기르는 것은 고기를 먹기 위해 수천 마리의 소 떼를 방목하는 것에 비하면 환경에 거의 피해를 주지 않는다.

환경이 바뀌면서 손상되는 규모는 인구가 얼마나 많은지에 따라, 또 활용되는 기술이 무엇인지에 따라 달라진다. 일정한 지역에 사는 사람이 많으면 많을수록 그 지역의 환경이 파괴될 가능성이 커진다는 것은 자명한 사실이다. 트랙터와 불도저는 괭이나 쟁기보다 환경을 더 크게 바꾼다. 그러나 무엇보다도 환경을 가장 크게 바꾸는 요소는 원료와 비인간적 에너지를 쓰고 폐기물을 만들어내는 소비다. 소비 수준만 놓고 볼 때 미국 아이는 평균적으로 스웨덴 아이보다 2배, 이탈리아 아이보다 3배, 브라질 아이보다 13배, 인도 아이보다 35배, 차드나 아이티 아이보다 280배 더 환경을 파괴한다(Kennedy, 1993, 32쪽).

미국 한 나라에서 쓰는 에너지가 전 세계 에너지의 20퍼센트를 넘는다. 또한 지구온난화의 주범인 이산화탄소는 미국이 전 세계 배출량의 20퍼센트 이상을 차지한다(〔표 7-1〕 참조). 미국과 캐나다는 지금까지 전 세계에서 1인당 에너지 사용량과 이산화탄소 배출량이 가장 많은 나라였다. 또한 전 세계 이산화탄소 배출량을 1990년 수준으로 낮추기 위해

(표 7-1) 국가별 인구, 에너지 사용, 이산화탄소 배출 비교(2004년과 2007년)

국가	인구(1,000명)		총에너지 소비량 (1,000조 BTU*)		세계 대비 에너지 소비율 (퍼센트)		1인당 에너지 소비량 (100만 BTU)		이산화탄소 총배출량 (100만 톤)		세계 대비 배출량 (퍼센트)		1,000명당 자동차 수
	2004	2007	2004	2007	2004	2007	2004	2006	2004	2007	2004	2007	2002
미국	298,213	301,290	100.414	101.554	22.5	21.0	342.7	334.6	5912.21	6006.71	21.9	20.1	481
중국	1,315,844	1,321,852	59.573	77.808	13.3	16.1	45.9	56.2	4707.28	6283.55	17.4	21.0	7
러시아	143,202	141,377	30.062	30.335	6.7	6.3	208.8	213.9	1684.84	1672.62	6.2	5.6	132
일본	128,085	127,433	22.624	22.473	5.1	4.7	177.7	NA	1262.10	1262.10	4.7	4.2	428
독일	82,689	82,400	14.693	14.166	3.3	2.9	178.3	177.5	862.23	835.13	3.2	2.8	516
인도	1,103,371	1,124,135	15.417	19.094	3.5	3.9	14.5	15.9	1112.84	1400.71	4.1	4.7	6
캐나다	32,268	32,935	13.600	13.763	3.0	2.9	418.4	427.2	587.98	589.90	2.2	1.9	559
프랑스	60,496	63,714	11.250	11.206	2.5	2.3	186.1	180.7	405.66	405.06	1.5	1.4	491
영국	59,668	60,776	10.038	9.460	2.2	1.9	166.5	161.7	579.68	564.02	2.2	1.9	384
이탈리아	58,093	58,177	8.265	7.969	1.9	1.7	142.3	138.7	484.98	460.80	1.8	1.5	542
브라질	186,405	193,918	9.078	10.130	2.0	2.1	49.3	51.2	336.71	397.57	1.2	1.3	120
멕시코	107,029	108,700	6.609	7.588	1.5	1.6	63	68.5	385.46	452.97	1.4	1.5	107
사우디 아라비아	24,573	27,586	6.100	7.362	1.4	1.5	236.5	255	233.44	433.93	0.9	1.5	98
인도네시아	222,781	234,694	4.686	4.887	1.0	1.0	19.7	17.9	307.68	318.53	1.1	1.1	12
나이지리아	131,530	143,312	1.012	1.042	0.2	0.2	8.1	7.8	93.95	103.47	0.3	0.4	12
방글라데시	141,822	152,033	0.658	0.789	0.1	0.2	4.7	5	37.90	45.56	0.1	0.2	0
과테말라	12,599	12,728	0.180	0.212	0.04	0.1	15.4	16.3	10.68	11.94	0.04	0.1	42
전세계	6,464,750	6,614,13	446.442	483.597	–	–	70.1	72.4	27,043.57	29,914.24	–	–	95

* BTU는 영국 열량 단위. 1파운드의 물을 화씨 1도 올리는 데 필요한 열량.

출처: 에너지와 이산화탄소 배출량은 미국 에너지정보청 www.eia.gov. 자동차 수는 월드 뱅크 www.worldmapper.org. 인구는 유엔인구분국 www.un.org.

1992년에 맺은 국제협정인 교토의정서의 결의사항을 집행하는 것에 가장 강력하게 저항한 나라였다.

인간의 생활양식이 환경에 끼친 영향을 평가하는 가장 좋은 방법 가운데 하나가 매티스 웨커너겔과 윌리엄 E. 리스(1996)가 개발한 생태발자국이다. 생태발자국은 어느 한 나라의 소비 형태를 유지하기 위해 필요한 자원을 제공하고 거기서 발생하는 폐기물을 처리할 수 있는 토지 면적을 산출한다. 예컨대 소비 수준이 높은 나라의 1인당 평균 소비 수준을 유지하기 위해서는 약 15에이커(약 6만 제곱미터)의 땅이 필요하다. 그러나 문제는 2006년 현재 전 세계에서 생태적으로 생산력 있는 땅이 1인당 4.5에이커(약 1만 8,000제곱미터)에 불과하다는 사실이다(〔표 7-2〕 참조). 예컨대 미국에서 기존의 소비 수준을 유지하기 위해서는 1인당 약 22.3에이커의 땅이 필요하지만 실제로 전 국토 면적에서 개인에게 할당될 수 있는 땅은 10.9에이커밖에 안 된다. 따라서 1인당 11.3에이커의 땅이 모자라는 셈이다. 하지만 전 세계를 기준으로 개인에게 할당될 수 있는 면적을 계산하면 미국 소비자 1인당 부족한 생태발자국은 17.8에이커로 늘어난다. 그들은 중심부 국가들이 자기네 천연자원의 사용은 줄이고 주변부 국가들의 자원을 교역을 통해 탈취함으로써 자기들의 부족분을 보충한다고 결론짓는다. 다시 말해 우리가 현재 소비하는 것에 대해 누군가가 대신 그 대가를 지불해야 한다. 그 누군가는 바로 우리 아이들일 수도 있고 세계체계를 구성하는 주변부 국가에 사는 사람들일 수도 있다.*

〔그림 7-1〕을 보면 오늘날 지구는 우리가 이용할 수 있는 전체 생태 용량을 이미 초과한 상태며, 실제로 현재 우리의 소비 수준을 맞추기 위해서는 지구가 1.5개 필요하다는 것을 알 수 있다.

문화의 기능 가운데 하나가 상품을 소비하게 하는 일이다. 지금의 형태와 같은 자본주의는 오직 상품과 서비스를 생산하고 팔 때만 작동한

---

* http://www.myfootprint.org에 가면 개인의 생태발자국을 계산할 수 있다.

〔표 7-2〕 주요 국가와 전 세계의 생태용량과 생태발자국(2006년)

	인구 (100만 명)	생태용량 (에이커)	생태발자국 (에이커)	생태적자 (국가)	생태적자 (세계)
세계	6,592.9	4.5	6.4	-1.9	-
선진국	1,022.1	8.3	15.0	-6.7	-10.6
중진국	4,281.1	4.2	4.4	-.2	0.1
후진국	1,277.0	2.5	2.5	-.1	2.0
주요 국가					
미국	302.8	10.9	22.3	-11.3	-17.8
캐나다	32.6	42.2	14.2	28.0	-9.7
중국	1,328.5	2.1	4.6	-2.5	-0.1
인도	1,151.8	0.9	1.9	-1	2.6
일본	128.0	1.5	10.2	-8.6	-5.7
영국	60.7	3.9	15.1	-11.2	-10.6
그리스	11.1	3.4	14.2	-10.9	-9.7
이탈리아	58.8	2.6	12.2	-9.6	-7.7
아일랜드	4.2	10.5	20.2	-9.7	-15.7
네덜란드	16.4	2.6	11.4	-8.8	-6.9
러시아연방	143.2	15.6	11.0	4.7	-6.5
독일	82.6	4.6	10.0	-5.4	-5.5
프랑스	61.3	7.0	11.4	-4.4	-6.9
카타르	0.8	9.7	23.9	-14.2	-19.4
사우디아라비아	24.2	3.2	8.6	-5.4	-4.1
대한민국	48.1	0.7	9.2	-8.5	-4.7
이집트	74.2	0.8	3.5	-2.7	1.0
알제리	33.4	2.0	4.7	-2.7	-0.02
앙골라	16.6	8.3	2.3	6.0	2.2
나이지리아	144.7	2.2	4.0	-1.8	0.05
터키	73.9	3.6	7.0	-3.4	-2.5
아르헨티나	39.1	17.4	7.4	10.0	-2.9
칠레	16.5	10.1	7.6	2.5	-3.1
페루	27.6	10.1	4.4	5.6	0.1
뉴질랜드	4.1	29.8	18.7	11.0	-14.2
멕시코	105.3	4.2	8.0	-3.8	-3.5

출처: 국제생태발자국네트워크, 2008(www.footprintnetworks.org).

〔그림 7-1〕 서로 다른 생활양식을 유지하기 위해 필요한 지구 수(출처: 인포그래픽)

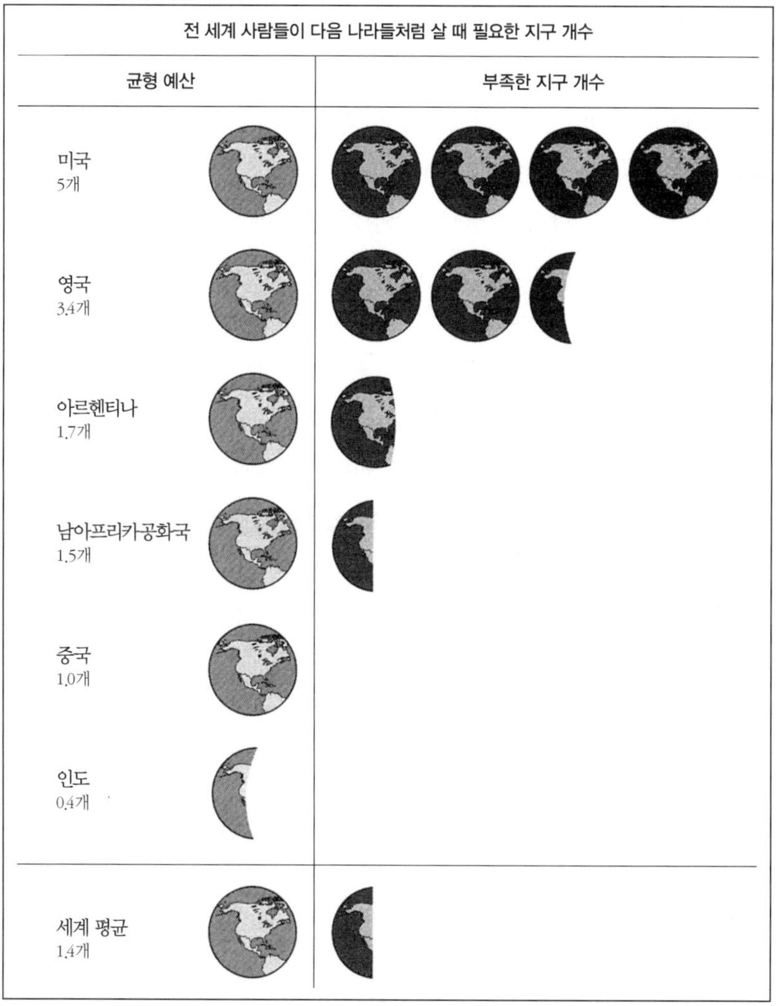

전 세계 사람들이 다음 나라들처럼 살 때 필요한 지구 개수	
균형 예산	부족한 지구 개수
미국 5개	
영국 3.4개	
아르헨티나 1.7개	
남아프리카공화국 1.5개	
중국 1.0개	
인도 0.4개	
세계 평균 1.4개	

다. 더 많이 생산하고 더 많이 구매할수록 더욱 발전하고 번창한다. 오늘
날 경제성장을 측정하는 단 하나의 가장 중요한 척도는 한 사회가 한 해
에 생산한 상품과 서비스를 모두 합한 국민총생산GNP이다. 그것은 바로
소비사회의 성공을, 즉 한 사회가 얼마나 많이 소비했는지를 평가하는

기준인 것이다.

그러나 상품을 생산, 가공, 소비하기 위해서는 천연자원(목재, 광석, 화석연료, 물)을 채취하고 이용해야 하며 유독성 부산물이 발생하는 공장과 산업단지도 있어야 한다. 게다가 상품(예컨대 자동차)을 소비하면 오염물질과 폐기물까지 생긴다. 그럼에도 환경론자들이 환경오염의 주범으로 지목하는 세 가지 요인, 즉 인구와 기술, 소비 가운데 소비는 사람들의 주목을 가장 덜 받고 있다. 그 이유 가운데 하나는 아마도 사람들이 가장 바꾸기 어려운 것이 소비이기 때문인지도 모른다. 소비 형태는 우리 삶의 일부이기 때문에 그것을 바꾸기 위해서는 심각한 경제혼란은 말할 것도 없고 대대적인 문화해체 작업이 필요하다. 상품 수요의 감소는 대량실업과 함께 경기침체, 심지어 경제공황까지 초래할 수 있다.

따라서 지속적인 경제성장의 필요성을 생각할 때 사람들에게 현재의 소비 형태를 대폭 수정하도록 설득하고 정부가 소비를 억제하는 정책을 펴도록 납득시키는 것은 결코 쉬운 일이 아니다. 말을 타고 달리며 들소를 사냥하는 것이 대초원에 살던 인디언 문화의 일부였던 것처럼 소비는 오늘날 우리 문화의 일부다. 따라서 사람들이 어떻게 소비자로 전환되고 사치품이 어떻게 일상용품으로 바뀌는지, 즉 **사람들이 무엇을 소비하는지, 그것을 왜 소비하려고 하는지 그리고 그것을 언제, 어떻게 소비하는지** 그 과정을 이해하지 못하고는 환경파괴문제를 올바르게 인식할 수 없다.

설탕을 예로 들어보자. 1997년에 미국인 한 사람이 음료수, 커피, 코코아, 파이, 빵 같은 음식으로 섭취한 설탕이 약 30킬로그램이나 된다(USDA, 2000). 게다가 미국인들은 날마다 고칼로리 감미료를 200그램 정도, 찻숟가락으로 53숟가락을 섭취한다(Gardner and Halweil, 2000, 31쪽). 왜 그럴까? 달콤한 맛을 좋아해서 그럴지도 모른다. 실제로 달콤한 맛이 미국인의 체질에 맞을 수도 있다. 그러나 그것은 우리가 왜 설탕을 그렇게 많이 소비하는지 설명하지 못한다. 게다가 고기 섭취도 문제다. 오늘날 축산은 지금까지 알려진 식량 생산 형태에서 가장 환경을 파괴하고 폐기물을 많이 방출하는 것들 가운데 하나다. 1961년에 세계는 7,100만 톤의 고기를 생산했다. 2007년에 고기 생산량은 2억 8,400만 톤으로 늘어났다. 2050년이면 그 2배가 될 것으로 예상된다(Bittman, 2008). 미국인들은 다른 여러 나라 사람들이 먹는 고기를 합한 것보다 더 많은 양을 먹는다.

일부 환경론자들은 우리가 원한다면 지금의 파괴적인 소비 행태를 바꿀 수 있다고 주장한다. 그러나 우리의 소비 행태가 단순히 맛과 선택의 문제일 뿐일까? 그것이 우리 문화에 깊이 새겨져 있다면 그것을 바꾸는 것은 어렵지 않을까?

이 질문에 대답하려면 우리 삶에 큰 영향을 주지만 환경파괴를 수반하는 상품인 설탕과 고기의 역사를 살펴볼 필요가 있다. 설탕과 고기를 함께 검토하는 데는 여러 가지 이유가 있다.

1. 둘 다 생산하고 가공할 때 환경을 파괴한다. 게다가 설탕 생산의 역사는 커피, 차, 코코아, 담배를 포함해서 집단적으로 환경에 중대한 영향을 끼치는 여러 소비재와 역사를 함께한다.
2. 설탕과 고기는 모두 우리에게 매우 안 좋다. 적어도 우리가 소비하는 양이나 형태에서 적절치 않다.
3. 설탕과 고기는 둘 다 자본주의 세계 경제의 등장과 발전의 역사와 긴밀하게 연결되어 있다. 그것들은 자본주의의 발전과 경제팽창을 보여주는 강력한 상징물이다. 실제로 설탕과 고기는 자본주의의 결과이자 동기다.
4. 패스트푸드산업의 성장과 함께 고기와 설탕, 지방과 자당은 북아메리카와 유럽 사람들이 섭취하는 고칼로리 식품의 절반 이상을 차지하면서 미국인 식사의 근간이 되었다(Gardner and Halweil, 2000, 15쪽). 실제로 그것들은 햄버거, 코카콜라, 핫도그, 소다수, 기름지고 달콤한 디저트인 아이스크림으로 상징되는 자본주의 문화를 대표하는 기본 식품이다.

설탕의 역사

설탕의 역사는 민간의 경제적 이익이 국민국가의 경제정책, 사회구조의 변화와 결합하면서 건강에 좋다고 믿었던 사치품이 어떻게 건강에 유해한 일상용품으로 바뀌었는지를 잘 보여준다. 그 과정에서 엄청난 노동의 수탈이 이루어졌고(처음에는 노예의 형태에서 나중에는 이주노동자의 형태로) 수백만 에이커의 삼림이 설탕 생산을 위해 파괴되었으며(그 과정에서 수백만 명의 농민이 자기 땅에서 쫓겨났다) 세계 대부분 지역의 식습관이 바뀌었다. 또한 설탕의 역사는 우리의 소비 형태가 자본주의에서 어떻게 결정되는지, 우리가 왜 환경을 파괴하고 자신에게 해로울 수 있는 행동을 하게 되는지도 보여준다. 설탕의 역사는 국민국가가 자본가, 노동자, 소비자 사이의 상호작용에 개입해 어떻게 전 지구적인 문제들을 유발하는지 보여주는 아주 훌륭한 사례다.

설탕의 기원과 생산

최근까지도 설탕의 주요 원료인 사탕수수는 뉴기니에서 처음 재배되었고, 그 뒤 인도와 중동으로 전파되었다. 사탕수수를 설탕으로 가공하는 과정은 복잡하고 환경에 해를 끼친다. 사탕수수는 종류가 다양한데 대개는 수확한 뒤 그냥 놔두어도 다시 빨리 잘 자라며 때로는 계획에 따라 여러 차례 수확하기도 한다. 줄기는 9~18개월이면 다 자라는데 줄기에서 나오는 즙의 당도가 가장 높을 때 베어야 한다. 즙은 썩거나 발효되기 전에 빨리 짜내야 한다. 사탕수수 줄기를 잘게 썰어서 압축하거나 빻은 뒤 열을 가해 증류하고 남은 결정체를 원심분리기에 넣어 돌리면 당밀이 추출된다. 이 당밀은 감미료로 쓰일 수도 있고 럼주로 가공하기도 한다. 당밀을 추출하고 남은 원당은 꿀을 만들거나 미국인과 유럽인들이 좋아하는 백설탕 과립으로 좀더 가공할 수도 있다.

설탕 생산은 여러 가지 방식으로 환경을 바꾼다. 사탕수수를 심기 위해 삼림을 벌목해야 하며, 증류 가공을 위해서는 목재나 화석연료를 때야 하고, 사탕수수에서 자당을 뽑아내는 과정에서는 폐수가 발생한다. 설탕을 정제하는 과정은 연료가 더 많이 들어간다. 16세기에 스페인은 설탕 생산을 대서양의 섬들로 확대하면서 당시 구안체족이 살던 카나리아 제도를 식민지로 만들었다. 스페인 사람들은 사탕수수밭으로 가는 길을 내고 인게니오ingenio(스페인어로 '공장'이라는 뜻이다 — 옮긴이)라고 부르는 설탕공장에서 쓸 연료를 구하기 위해 숲과 구릉을 밀어냈다. 수십 년도 지나지 않아 목재가 부족해지자 정부는 숲을 보호하기 위해 벌목을 하지 못하게 하려고 노력했지만 헛수고였다(Crosby, 1986, 96쪽). 구안체족도 한 세기도 안 되어 완전히 사라졌다. 17세기에 설탕 생산량이 늘면서 앤트워프의 제당공장들은 엄청난 공해를 유발했다. 그러자 앤트워프 시는 석탄을 연료로 쓰는 것을 금지했다. 오늘날도 하와이에서는 설탕 생산으로 삼림이 파괴되고 가공과정에서 발생한 폐기물로 해양환경이 심각하게 오염되었다. 플로리다에서는 설탕산업을 '빅 슈거'라고 부르는데, 플로리다 남부의 큰 소택지로 국립공원인 에버글레이즈의 오염과 붕괴, 실질적인 파괴의 주범이 바로 설탕이다.

이렇듯 설탕은 다른 모든 상품과 마찬가지로 엄청난 환경비용을 치르고 우리에게 온다. 그러나 설탕이 처음부터 인간들이 간절히 찾았던 식품이었던 것은 아니다. 그렇게 되기까지는 사치품이 일상용품으로 전환되는 과정이 있었다. 맛이 새롭게 창조되어야 했다.

설탕의 용도

1000년경 설탕이 유럽과 중동에서 재배되기 시작했을 때, 설탕은 매우 귀중한 교역물품으로 사치품이었다. 설탕은 향신료나 약처럼 널리 쓰였지만 부자들만 살 수 있었다. 예컨대 10세기와 14세기에 아라비아 의술에서 설탕은 실제로 모든 약에 들어가는 재료였다. 설탕이 얼마나 약재로 유용했는지를 나타내는 속담으로 "설탕 없는 약제사 같다"라는 말이 있을 정도였다(Mintz, 1985, 101쪽). 어떤 문헌에 따르면 대서양 섬들에서 생산된 '질 좋은 백설탕'은 피를 맑게 하고 심장, 간, 목구멍을 튼튼하게 한다고 했다. 설탕 가루를 먹으면 눈에도 좋다고 하며 설탕을 태워 연기를 쐬면 감기도 잘 낫는다고 했다. 또한 계피와 석류, 모과즙과 섞어 먹으면 기침과 열나는 데 효능이 있다고 했다(Mintz, 1985, 103쪽).

설탕은 장식용으로도 쓰였는데 아몬드와 섞어서 온갖 모양을 만든 마지팬이라는 과자는 축전행사나 축제에서 가장 중요한 장식물이 되었다. 또한 설탕은 요리할 때 양념으로 쓰였는데 물론 달콤한 맛을 내기 위해서였다. 그 밖에 방부제로도 썼다. 지금도 햄을 보관할 때는 설탕을 방부제로 쓰며, 빵을 오랫동안 보관하기 위해 설탕을 빵에 첨가하기도 한다. 그러나 설탕이 다양한 용도로 널리 쓰였던 17세기에도 설탕은 여전히 상류층만 즐길 수 있는 사치품이었다.

설탕 복합산업의 발전

설탕은 사치품으로서 그것을 파는 상인들에게 막대한 이익을 안겨주었다. 실제로 15세기와 16세기에 스페인과 포르투갈이 처음에는 대서양 제도에서, 그다음에는 카리브 제도를 거쳐 마침내 브라질까지 사탕수수 생산을 확대하게 된 것은 설탕이 고가의 교역물품이었기 때문이다. 거기서 생산된 원당은 1526년에 처음으로 제당공장이 있는 리스본으로 가는 배에 실렸다.

오늘날 경제학자들은 어떤 상품의 파급효과에 대해 얘기하는 것을 좋아한다. 다시 말해 그 상품이 연계된 산업의 발전에 얼마나 큰 영향을 끼치는지 알고 싶어한다. 예컨대 자동차 생산은 도로 건설과 석유개발, 주유소, 자동차부품 가게와 같은 것을 요구한다. 설탕 생산도 마찬가지로 연계된 경제활동들을 유발했다. 노예제와 설탕 생산자, 선적, 제당, 저장 그리고 도·소매업 같은 것이 바로 그것이다.

노예무역은 설탕산업이 확대되는 데 중요한 역할을 했다. 스페인과 포르투갈 사람들이 소유한 카나리아와 마데이라 제도의 플랜테이션 농장은 처음에 유럽과 중동 출신의 노예들을 썼지만 15세기 말에는 서아프리카 출신의 노예들이 밭에서 일했다. 설탕 생산과 수요가 계속 증가하면서 플랜테이션 경제는 신세계로도 확대되었다. 16~18세기에 대서양의 노예무역이 증가한 것은 바로 이런 이유 때문이었다. 1701~1810년 거의 100만 명의 노예들이 사탕수수 농장에서 일하기 위해 바베이도스와 자메이카로 팔려왔다.

18세기와 19세기에 설탕 수요의 증가로 서인도제도의 사탕수수 재배 농장들이 호황을 이루면서 노예와 어린이를 포함해 더 많은 노동력이 필요해졌다.

  유럽 상인들은 원당을 배에 싣고 유럽의 제당공장으로 운송하면서 돈을 벌었고, 설탕을 도매나 소매로 팔아서 또 한 번 돈을 벌었으며, 플랜테이션 농장주들에게 필요한 식량을 공급하면서 또다시 돈을 벌었다. 유럽, 특히 영국의 투자자들은 설탕산업과 관련해 플랜테이션 농장을 개발하고 식민지 농장에 식량을 공급하고 설탕을 운송하고 노예무역 같은 사업에 많은 돈을 투자했다. 변호사, 식료품상, 포목상, 재단사들은 서로 조금씩 돈을 모아 아프리카에서 노예를 산 뒤 신세계의 사탕수수 농장에 되파는 식으로 노예장사를 했다. 따라서 16~17세기에 설탕은 산업의 중심에 있었고 사탕수수 플랜테이션 농장과 노예무역, 원거리해운, 도·소매업, 투자금융이 서로 결합된 복합산업으로 발전했다.

설탕 생산의 확대

설탕 생산과 판매가 유럽의 설탕 소비에 실제로 영향을 끼치기 시작한 것은 17세기 말이었다. 1700~1740년에 영국과 웨일스의 설탕 소비는 4배로 늘었고 이후 35년 동안 다시 2배로 늘었다. 1663~1775년 설탕 소비는 20배 증가했다. 18세기에 설탕 소비는 빵이나 고기, 유제품 소비보다 더 급격하게 늘었다. 1809년의 1인당 설탕 소비량은 약 8킬로그램으로, 오늘날 1인당 설탕 소비량 약 32킬로그램과 비교하면 아무것도 아니지만 당시에는 막대한 이익을 남기기에 충분한 양이었다.

영국인들은 왜 갈수록 설탕을 점점 더 많이 소비하기 시작했을까? 첫째, 설탕 생산이 늘면서 가격이 떨어졌고 더 많은 사람이 설탕을 접할 수 있게 되었다. 하지만 설탕 소비는 여전히 영국 사회의 상류층과 신흥 중산층에 한정되어 있었다. 시장가격이 전처럼 여전히 비쌌던 것은 다른 나라에서 생산된 설탕에 높은 수입관세를 부과했기 때문이다. 영국령 서인도제도의 사탕수수 농장주들과 그들의 사업에 투자한 사람들은 영국 정치에 막강한 영향력을 행사하는 세력이었다. 그들은 자신들의 이익을 지키기 위해 의회에 로비를 벌이고 외국 경쟁자들에게 맞서 정부의 보호를 받았다. 또한 그들은 적어도 19세기 초까지는 영국의 노예제 폐지론자들이 노예무역을 금지하는 법을 제정하려는 시도를 저지할 정도로 정치적 영향력이 컸다.

둘째, 여러 권위자, 특히 유명한 의사들이 설탕의 효능을 칭찬했다. 프레더릭 슬레어 박사는 설탕이 만병통치약이라고 했다. 그는 여성들에게 아침에 빵과 버터, 우유를 먹으면서 설탕도 같이 먹으라고 권했는데 커피와 차, 초콜릿도 마찬가지로 "진귀한 효능이 있다"고 했다. 그의 말은 설탕 생산으로 부자가 된 서인도제도 상인들과 농장주들을 만족시켰다. 또한 슬레어는 설탕을 치약이나 세척제라고도 하고 코담배를 대체할 수도 있으며 아기들에게도 좋다고 했다. 시드니 민츠(1985, 107~108쪽)는 설탕에 대한 슬레어의 극진한 신뢰가 의심스럽기는 하지만, 당시에 상대적으로 생소한 상품이었던 설탕을 그렇게 다방면으로 관련지어 설명한 것으로 볼 때 그것은 단순한 호기심을 넘는 것이라고 했다. 더 나아가 슬레어는 설탕이 약, 식품, 방부제 역할도 한다고 강조함으로써 사람들의 관심을 이끌어냈다.

당시 설탕에 열광한 사람은 슬레어만이 아니었다. 그 가운데 슬레어와 동시대 사람인 존 올드믹신만큼 설탕 홍보를 잘한 사람은 없었다.

> 설탕이 세상에서 가장 기분 좋고 유용한 것 가운데 하나인 이유는 상인들이 설탕을 팔아 돈을 벌기도 하지만 그것 말고 의사와 약제사들도 설탕이 없으면 안 되기 때문이다. 거의 300종의 의약품이 설탕을 원료로 만든다. 거의 모든 과자가 달콤한 맛을 내고 오래 보존되는 것도 설탕 덕분이다. 대부분의 과일도 설탕이 안 들어가면 맛이 없다. 설탕이 없었다면 가장 맛있는 파이도, 여자들이 즐겨 마시는 향긋한 음료도, 잼도 만들 수 없을 것이다. 또한 이렇게 귀중하고 달콤한 즙이 없었다면 낙농업자들은 지금처럼 다양한 유제품을 제공하지 못했을 것이다(Mintz, 1985, 108쪽 인용).

18세기에 설탕 소비가 늘어난 셋째 이유는 쓴맛이 나고 의학적으로 흥분제에 해당하는 음료인 차나 커피, 코코아에 사람들이 설탕을 넣어 마셨기 때문이다. 이것들은 맛이 쓰지만 본디 원산지에서는 설탕 없이 마셨다. 처음에는 부자들만 마시다가 일반 사람들도 널리 마시기 시작하면서 설탕을 넣고 뜨겁게 만들어 마셨다.

넷째, 설탕이 사치품으로 널리 알려지면서 중산층은 부자를 모방하기 위해 설탕을 쓰기 시작했다. 설탕은 신분을 나타내는 상징이었다. 부자들은 사람들을 접대할 때 자신을 과시하기 위해 설탕을 썼다. 설탕이 사치품이었을 때 가난한 사람들은 그것을 쓸 엄두도 못 냈지만 가격이 떨어지고 용도가 확대되면서 가난한 사람들도 잘사는 사람들처럼 설탕을 소비할 수 있게 되었다.

끝으로 설탕 소비는 정부가 설탕과 설탕제품들의 구매를 늘리면서 증가했다. 1655년 영국 해군은 프랑스로부터 자메이카와 그곳의 사탕수수 플랜테이션 농장들을 탈환한 뒤부터 성인 수병들에게 럼주를 배급하기 시작했다. 1731년에는 하루에 1인당 0.5파인트씩 주다가 나중에는 1파인트(약 0.57리터)씩으로 늘렸다. 또한 정부는 구빈원 거주자들에게도 나눠 주기 위해 설탕을 구매했다.

따라서 설탕 생산을 위해 사탕수수를 재배하는 땅이 늘어나고 사탕수수 압착기와 제당공장, 럼주를 만드는 증류주 제조소, 설탕을 제조하는 전 과정에 고용된 노예 수가 증가하는 것에 발맞춰 설탕 생산과 소비도 증가했다. 무엇보다도 설탕교역으로 발생하는 이익이 엄청난 속도로 늘어났다.

설탕의 대량소비

1800년 영국의 설탕 소비는 1650년 이래로 2,500퍼센트가 증가했는데, 유럽의 소비자들이 해마다 세계 시장에서 수입한 설탕의 양은 24만 5,000톤에 이르렀다. 1830년에 설탕 생산은 57만 2,000톤으로 증가해서 30년 사이 233퍼센트 넘게 늘어난 셈이다. 1860년 사탕무 생산도 증가해 전 세계 자당 생산은 또다시 233퍼센트 늘어나서 137만 3,000톤까지 증가했다. 1890년에는 다시 500퍼센트가 증가해 전 세계 설탕 생산량은 600만 톤으로 늘어났다(Mintz, 1985, 73쪽).

영국 정부가 취한 두 가지 조치는 이런 설탕의 대량생산과 소비를 부추겼다. 우선 정부는 설탕의 수입관세를 철폐했다. 따라서 영국 소비자들은 해외에서 생산된 설탕을 먹을 기회가 많아졌고 국내의 설탕 생산자들은 가격을 낮출 수밖에 없었다. 결국 영국 사회 전반에 걸쳐 모든 계층이 설탕을 먹을 수 있게 되었다. 두 번째로 영국은 1834~1838년에 노예제를 폐지했다(노예무역을 금지한 것은 1807년이었다). 따라서 생산자들은 기술 개발을 꾀하지 않을 수 없었고 결과적으로 오늘날과 같은 노동 형태를 낳는 계기가 되었다. 자유의 몸이 된 노예들은 농사지을 토지와 생산수단이 없었기 때문에 자신들이 유일하게 소유한 노동력으로 무슨 일이든 해야 했다. 민츠(1985, 176쪽)가 설명한 것처럼 그들은 노예제의 고난에서 풀려나기는 했지만 빈곤의 고난에 짓눌린 노동자로 다시 태어났다. 영국 외무부가 서인도제도의 플랜테이션 농장주들이 인도, 중국과 같은 곳에서 계약노동자들을 수입하는 것을 지원하기 시작하면서 노동력의 과잉공급은 더욱 확대되었다. 더는 설탕산업에만 의지해 생계를 보장받을 수 없고 단체협상도 할 수 없었던 자유노예들은 영국인들이 100년이 훨씬 더 지난 뒤 그들을 영국에 온 이주민으로 재인식할 때까지 매우 미천한 신분으로 살았다.

설탕가격이 하락하면서 차를 마시는 사람들이 급격하게 늘어나자 잼과 초콜릿의 생산도 크게 증가했다. 더 중요한 사실은 영국의 노동자 대중이 설탕을 점점 더 많이 소비하면서 설탕 생산자와 판매자들이 돈을 더 많이 벌게 되었다는 것이다. 확실히 노동자들은 설탕을 더 많이 사기 위해 더 열심히 일했다.

시드니 민츠가 밝힌 설탕의 역사는 설탕 소비의 증가가 사회적·정치적·경제적 영향력과 얼마나 긴밀한 관계에 있는지를 잘 보여준다. 농장주, 노예, 해운업자, 은행가, 제당업자, 경작자, 정부 관리를 포함해 설탕 소비의 증가로 어떻게든 이익을 얻는 모든 사람은 농장주의 권리와 특권, 노예 유지, 설탕과 설탕으로 만든 제품(당밀, 럼주, 잼), 그것과 관련된 제품(차, 커피, 코코아)의 구매를 지지하고 많은 사람이 그것을 살 수 있도록 가격을 낮추는 일에 영향력을 행사했다. 따라서 설탕 소비는 단순히 맛의 문제가 아니었다. 그것은 정부기관의 설탕에 대한 투자, 세금, 법적 조치, 무엇보다도 부자들을 모방하고 싶어하는 일반 대중의 심리와 관련이 있었다. 또한 산업혁명으로 의식주 편의성이 증가하고 가족 구성과 노동, 식생활에 변화가 온 것과도 깊은 관련성이 있었다.

18세기와 19세기 영국 농업노동자들의 전형적인 식탁은 오트밀, 포리지(오트밀에 우유나 물을 넣어 만든 죽—옮긴이), 우유, 집에서 구운 빵, 채소 수프가 다였다. 소박하지만 의외로 영양가가 높은 식단이었다. 그러나 산업도시에서는 식비가 많이 들었다. 대개 도시에서 육식 위주의 식사는 훨씬 비싸고 특히 요리할 때는 연료가 필요하기 때문에 추가로 돈이 더 들어갔다. 더군다나 앞서 말한 것처럼 도시 여성들은 하루에 12~14시간 공장에서 일했기 때문에 음식을 준비할 시간이 별로 없었다.

그 결과, 도시 노동자계급과 빈민층의 식단은 차, 가게에서 산 흰 빵, 잼으로 통일되었다. 그들은 뜨거운 차 대신에 채소 수프를 마셨다. 빵에 발라 먹는 잼(50~65퍼센트가 설탕)은 버터보다 더 싸고 저장하기 쉬워서 어른들이 없을 때 아이들도 쉽게 꺼내 먹을 수 있게 선반을 열어놓은 채 놔둘 수도 있었다. 달리 말하면 도시에서 시간과 돈의 문화적·사회적 제한은 설탕의 편의성과 결합된 산업 분위기를 조성했고 설탕을 판매해서 이익을 본 사람들이 영국 노동자계급의 식단을 설탕 위주로 바꾸도록 부추겼다. E. P. 톰슨(1967)이 설명한 것처럼 설탕은 플랜테이션 농장과 제당공장에 투자한 사람들에게 이익을 안겨줄 뿐 아니라 영국 노동자계급의 신체에 활력을 제공하는 이상적인 장치였다. 설탕은 시드니 민츠가 '마약식품'이라고 불렀던 커피, 차, 코코아, 술, 담배와 같은 부류다. 이 식품들은 공복감을 사라지게 하고 영양분은 제공하지 않으면서 노동자들이 싼값으로 일하게 한다. 설탕이 상류층이 애용하는 사치품에서 노동자계급의 필수품으로 전환된 이유가 바로 여기에 있다.

오늘날의 설탕

시드니 민츠(1985, 180~181쪽)는 설탕 같은 상품의 소비가 노동자의 삶을 크게 바꾸어놓았다고 주장했다. 새로운 작업일정표, 새로운 형태의 노동, 새로운 생활조건이 '자연스러워진' 것처럼 이제 새로운 형태의 음식과 식생활도 '당연한' 것처럼 보였다. 그렇다고 우리가 소비의 선택권을 잃었다고 말하는 것은 아니다. 다만 우리의 소비 선택이 여러 가지 제약 속에서 이루어진다는 것은 알 필요가 있다. 우리는 점심시간 30분 동안 맥도날드 햄버거를 먹을 수도 있고 켄터키 프라이드치킨을 먹을 수도 있다. 우리에게 주어진 제한된 시간 때문에 우리가 선택할 수 있는 점심식단은 제약을 받을 수밖에 없다. 이런 상황에서 집에서 조리한 채식을 점심으로 먹는 것은 생각할 수도 없다.

설탕은 19세기 영국 노동자에게 그랬던 것처럼 미국에서도 지방과 완벽하게 조화되는 패스트푸드 음식의 가장 중요한 원료가 되었다. 지방과 설탕은 교묘한 언술로 소비자의 마음을 더욱 사로잡는다. 우리가 먹는 음식에서 지방은 '윤택 있는', '즙이 많은', '갓 튀겨낸', '향기로운', '짭짤한', '손가락을 쪽쪽 빨아먹을 정도로 맛있는'이라는 말로 광고된다. 설탕은 '아삭아삭한', '짠맛이 없는', '활력을 주는', '건강한', '청량한', '생생한'이라는 말로 광고된다. 음료수에 첨가된 설탕은 햄버거와 핫도그에 아주 잘 어울린다. 영양사들이 흔히 말하는 것처럼 지방질과 고기를 먹고 입가에 남는 뒷맛을 '없애는' 성질이 설탕에 있기 때문이다.

따라서 설탕은 우리의 주머니 사정과 작업일정, 심리적 욕구와 딱 맞아떨어진다. 또 다른 한편에서는 그것 덕분에 많은 돈을 벌고 관련 산업도 성장한다.

이에 대해 민츠(1985, 186쪽)는 다음과 같이 말한다.

〔설탕은〕 바쁜 생활을 좀 덜 바쁘게 느끼도록 했다. 그리고 원기회복을 위해 잠시 쉴 때 마음을 편안하게 하거나 편안한 것처럼 느끼게 했다. 작업장과 휴게실을 오가며 기분전환도 할 수 있게 했다. 설탕은 복합탄수화물보다 포만감이나 만족감을 더 빨리 가져다주었다. 그것은 다른 식품(차와 비스킷, 커피와 둥근 빵, 초콜릿과 잼 바른 빵)과도 잘 어울려서 그 식품에 첨가되기도 했다. (……) 부자와 권력자들이 설탕을 좋아한 것은 물론이고 가난한 사람들도 당연히 설탕을 좋아하게 되었다.

소고기 사례

소고기 사례는 가축 사육이 설탕 생산보다 훨씬 더 심각한 환경파괴를 유발한다는 것을 빼고는 설탕 사례와 매우 흡사하다. 소를 기르기 위해서는 엄청난 면적의 토지가 필요하기 때문이다. 설탕은 농작물로서 매우 효율성이 높다. 영양가는 별로 없지만 사탕수수 1에이커에서 800만 칼로리의 열량을 얻을 수 있다. 소고기로 800만 칼로리의 열량을 얻으려면 135에이커의 면적이 필요하다. 게다가 우리가 먹는 소고기의 많은 부분은 더 비싼 가격에 팔 수 있는 높은 등급을 받기 위해, 지방이 적절하게 분포된 마블링을 만들기 위해 소에게 먹인 곡물이다. 앞서 언급한 것처럼 미국에서 생산된 곡물 가운데 80퍼센트가 가축 사료용이다. 또한 미국이 다른 나라에 수출하는 곡물의 3분의 2도 가축 사료다. 따라서 가축 사육을 위해서는 방목장뿐 아니라 가축 사료를 보관할 농지도 따로 있어야 한다. 거기에 이미 6장에서 본 것처럼 이런 곡물 생산을 위해서는 환경을 파괴하는 화학비료와 살충제, 제초제를 엄청나게 써야 한다.

소 사육에는 많은 물이 필요하다. 미국에서 소비되는 물의 절반이 소를 먹이기 위한 곡물 생산에 들어간다. 스테이크 10파운드를 생산하는 데 들어가는 물의 양은 한 가정이 1년 동안 쓰는 물의 양와 같다. 소고기 단백질 1킬로그램을 생산하려면 식물성 단백질 1킬로그램을 생산할 때보다 15배나 많은 물을 써야 한다. 또한 소고기를 생산할 때 나오는 폐기물 때문에 환경오염문제도 발생한다. 가축 사육장의 황소 한 마리가 하루에 배출하는 배설물의 양은 자그마치 약 21킬로그램이다(Ensminger, 1991, 187쪽). 또한 소들이 대기로 방출하는 메탄가스가 오존층을 파괴한다는 것은 이미 널리 알려진 사실이다. 게다가 소를 도살하고 고기를 냉동하고 운송하고 요리하는 과정에서 환경은 더 많이 오염된다.

또한 소 사육은 열대림을 파괴한다는 비난을 받는다. 브라질, 과테말라, 코스타리카, 온두라스의 열대림 수십만 에이커가 겨우 몇 나라만을 위한 소 방목장을 만들기 위해 파괴되었다. 방목장을 만드는 데 대개 숲을 불사르는 방법을 쓰기 때문에 방목장을 넓히는 작업은 이산화탄소를 발생시키고 따라서 지구온난화에 커다란 영향을 끼친다. 또한 곡물 생산에 필요한 화석연료의 양이 늘어나면서 오늘날 곡물 사료로 기른 소고기 약 450그램을 생산하는 데 들어가는 휘발유는 3.8리터에 이른다.

미국의 방목장 대부분이 가축 무리 때문에 거의 사막으로 바뀔 정도로 황폐화되었다. 오늘날 200만~300만 마리의 소가 3억 600만 에이커에 이르는 공유지에서 풀을 뜯고 있다. 미국 회계감사원GAO의 통계에 따르면 그 무엇보다도 소의 방목 때문에 사라질 위험에 처한 식물종이 갈수록 늘고 있으며 가지뿔영양이나 영양, 엘크 같은 동물도 서부의 방목장에서 사실상 사라졌다. 이런 현상은 대부분 정부의 정책 때문에 나타난 결과다. 예컨대 가축 사육지를 할당하는 권한이 있는 미국 토지관리국은 오리건 주의 한 구역에서 야생동물을 위한 목초는 약 3,600톤을 할당하는 반면에 가축을 위한 목초는 약 11만 4,300톤을 할당했다. 또한 정부는 가축을 보호하기 위해 해마다 코요테와 같은 포식동물과 가축에게 질병을 옮길 수 있는 들소나 사슴 같은 동물들을 수천 마리씩 죽이는 일에 관여한다. 따라서 지나친 가축 방목 때문에 9,500만 에이커에 이르는 초원이 '엉망인 상태'라고 토지관리국이 공표한 것은 그리 놀랄 일이 아니다(Rifkin, 1992, 211쪽).

똑같은 문제들이 오랜 옛날부터 가축을 사육해온 아프리카의 여러 지역에서도 발생하고 있다. 전통적인 방식으로 소를 사육하고 소비했을 때는 환경에 거의 피해를 주지 않았다. 그러나 사육하는 소의 두수를 늘리고 소고기 수출산업을 더욱 발전시키기 위해 서양식 가축 사육방식과 기술을 도입하기 시작하면서 지나치게 많은 소가 풀려 초원은 사막으로 바뀌었고 야생동물들도 점점 사라졌다(Rifkin, 1992, 216쪽).

게다가 소고기는 식량원으로서 매우 효율성이 낮다. 미국 방목장에서 사육하는 황소 한 마리는 도살할 때쯤 몸무게가 480킬로그램 정도 나가는데 그때까지 먹는 곡물의 양은 약 1,200킬로그램이나 된다. 동물성 단백질 28톤을 생산하는 데 식물성 단백질이 1억 5,700톤이 소비된다고 한다. 끝으로 미국인들이 먹는 소고기는 심혈관 질환, 결장암, 유방암, 골다공증에 걸린 소가 많아서 비위생적이다.

미국인들은 세계에서 고기를 가장 많이 먹는데, 그중에서도 소고기를 가장 잘 먹는다. 해마다 패스트푸드 레스토랑에서만 팔리는 햄버거 수가 67억 개가 넘는다. 더군다나 다른 나라에도 미국인의 소고기 입맛을 널리 전파하고 있다. 지난날 미국인들이 소비하는 소고기의 10분의 1밖에 소비하지 않았던 일본인들이 오늘날 소고기를 점점 더 많이 소비하고 있다. 맥도날드 햄버거가 뉴욕 시보다 도쿄에서 더 많이 팔리는 실정이다.

마빈 해리스(1986)는 육식이 인간 종의 영양생리학에서 특별한 역할을 한다고 주장했다. 그는 수렵채취사회를 연구한 결과, 당시 사람들이 먹은 음식의 35퍼센트가 고기로 오늘날 미국인들이 먹는 것보다 많았는데 이런 식사 형태는 수십만 년 동안 지속되었다고 지적했다. '고기 굶주림' meat hunger이라는 특별한 용어를 쓰는 문화가 많다. 예컨대 보츠와나의 주와시족(아프리카 남부 칼라하리 사막에 사는 부시먼족—옮긴이)은 "굶주림이 나를 움켜쥐고 있다"고 말하는데 그것은 단순히 먹을 것을 먹지 못했다는 것이 아니라 고기를 먹지 못했다는 것을 의미한다. 해리스는 그들에게 고기는 특별히 유효한 단백질원이므로 먹을 수 있을 때 많이 먹는 것이 일반적이라고 지적했다.

그러나 역사적으로 고기를 주식으로 삼은 사회는 거의 없다. 세계 어디를 돌아봐도 식탁의 중심은 대개가 쌀, 밀, 카사바, 고구마, 토란과 같은 복합탄수화물이거나 그것들로 만든 빵, 파스타, 토르티야 같은 음식이다. 그리고 각 문화의 독특한 음식 취향에 따라 향신료와 채소, 고기나 생선들이 추가된다. 그러나 고기와 생선은 주식이 아니라 반찬이다(Mintz, 1985). 우리가 고기를 정말로 좋아하는지 아닌지를 떠나서 **미국인은 왜 특별히 소고기를 좋아하는 걸까?**

인류학자 마빈 해리스와 에릭 B. 로스(1987b)는 소고기 소비가 환경파괴를 일으키는 줄 알면서도 우리가 그렇게 많은 양을 계속해서 먹는 까닭을 이해할 수 있는 흥미로운 답변을 제공한다. 그 답변을 듣기 전에 스페인의 황소, 영국의 식민주의, 미국 정부, 아메리카 들소, 원주민, 자동차, 햄버거, 패스트푸드 레스토랑 사이의 관계를 먼저 이해할 필요가 있다.

소고기를 둘러싼 패권 다툼

미국인이 소고기를 좋아하게 된 까닭과 관련된 이야기는 스페인이 신세계에 식민지를 건설하던 때로 거슬러 올라간다. 앞서 설명한 것처럼 스페인은 신세계에 이른바 축산단지를 처음으로 만들었다. 그것은 아르헨티나, 중앙아메리카에서 특히 멕시코 북부 그리고 텍사스에 조성되었다. 1540년대 멕시코시티 주변에서 방목하는 소의 수가 크게 늘자 스페인 사람들은 불어난 소 떼를 감당하기 위해 아메리카 원주민들을 훈련시켜야 했다. 16세기의 부는 소의 고기와 가죽에서 창출되었다.

아르헨티나에서는 17세기에 야생들소가 급격하게 늘어나면서 사람들이 하루에 세 차례씩 고기를 먹었다. 또한 가죽을 구하기 위해 야생동물들을 마구 사냥했는데 고기는 그냥 썩게 내버려두었다. 17세기에 한 여행가는 아르헨티나에 대해 이렇게 썼다.

> 이곳 사람들의 부는 동물들에게서 나온다. 동물들은 엄청나게 번식해서 초원을 가득 덮고 있다. (……) 너무 많아서 송아지들을 게걸스럽게 먹어 치우는 개들이 없다면 (……) 그 나라는 소 떼로 황폐화될 것이다 (Rifkin, 1992, 49쪽 인용).

그러나 식민지 시대의 미국에서 가장 인기 있는 고기는 소고기가 아니라 돼지고기였다. 에릭 로스(1980)는 사람들이 소고기를 좋아하느냐, 돼지고기를 좋아하느냐는 부분적으로 환경적 요소와 관련이 있다고 지적했다. 돼지는 대개 삼림지대에서 많이 기르며 비교적 인구가 조밀한 지역에 알맞은 가축이다. 돼지는 인간과 똑같은 음식을 먹기 때문이다. 1960년 인구가 조밀한 서독에서는 소와 돼지의 사육 비율이 0.06대 1이었다. 반면에 드넓은 방목장이 있고 사람들이 드문드문 흩어져 사는 아르헨티나에서는 그 비율이 11.2대 1이었다. 미국에서 돼지고기를 더 좋아한 또 다른 이유는 고기를 보존하는 방식(훈제하고 소금에 절이고 식초에 절이는)이 돼지고기의 향을 좋게 하지만 소고기는 그렇지 못했기 때문이다. 실제로 돼지고기는 1960년대까지 미국에서 가장 인기 있는 고기였다. 그러나 그 이후로는 소고기가 그 자리를 차지해서 비록 1970년대부터 미국의 고기 소비가 감소하기는 했지만 그래도 지금까지 여전히 미국인이 가장 좋아하는 고기는 소고기다(〔표 7-3〕 참조).

미국 소고기산업의 등장

산업혁명 직전의 영국은 세계에서 소고기를 가장 즐겨 먹는 나라였다. 런던에서만 해마다 10만 마리의 소가 도살되었다. 그러나 19세기에 들어서 인구가 증가하고 점점 많은 사람이 공장이 있는 도시로 이주하자 식량, 특히 고기 공급을 위해 식민지와 과거 식민지였던 나라들로 시선을 돌리기 시작했다. 에릭 로스(1980)는 영국이 그렇게 하게 된 동기가 단순히 부족한 식량을 구하기 위해서가 아니라 국내 노동자들의 임금을 계속해서 낮게 유지하고 영국의 산업이 다른 나라들보다 경쟁력 우위를 지속할 수 있도록 하려면 고기가격을 낮게 유지해야 했기 때문이라고 주장했다. 앞서 본 것처럼 영국인들은 아일랜드에서 방목지를 넓힘으로써 축우 생산을 늘렸다. 그러자 아일랜드 농민들은 점점 더 작은 농지로 내몰렸고 감자로 하루를 때우는 날이 점점 더 늘어났다. 그러나 1846~1847년에 감자 마름병이 아일랜드를 강타하고 수백만 명이 굶어 죽었을 때 아일랜드의 곡물과 가축 수출은 오히려 늘어났다. 실제로 기근으로 엄청나게 많은 사람이 아일랜드를 떠났기 때문에 영국인 지주들은 전보다 훨씬 더

〔표 7-3〕 미국인 1인당 고기 소비량(1900~2015년, 파운드)

연도	소고기	돼지고기
2015(추정)	62.9	48.4
2009(추정)	64.4	48.0
2008	65.8	49.1
2007	66.5	50.9
2006	65.5	49.5
2005	65.3	50.0
2004	65.0	51.0
2000	67.0	51.0
1998	64.9	49.1
1996	65.0	49.9
1993	61.5	48.9
1990	64.0	46.4
1977	125.9	61.6
1975	120.1	54.8
1970	113.7	66.4
1960	85.1	64.9
1950	63.4	69.2
1940	54.9	73.5
1920	59.1	63.5
1900	67.1	71.9

로스(1980, 191쪽) 참조: 미국 국세조사국(1990, 1993, 1994): 미국 농무부/농업통계서비스(2000, www.nass.usda. gov/Publications/Ag_Statistics/2000/index.asp): 미국동물애호협회(www.hsus.org/farm/resources/pubs/stats_ meat_comsumption.html): www.ers.usda.gov/publications/oce071/oce2007ld.pdf.

많은 소를 기를 수 있었다. 1846년 영국으로 수출된 아일랜드 소는 20만 2,000마리에서 1847년에 55만 8,000마리로 급증했다. 광대한 아일랜드 국토의 50퍼센트 이상이 소를 기르는 데 쓰였다.

 그 뒤 영국은 아르헨티나로 시선을 돌렸다. 냉동증기선의 개발로 아르헨티나의 신선한 소고기를 영국으로 운송하기 쉬워졌기 때문이다. 1870년대에 영국과 스코틀랜드, 아일랜드의 식민지 지배자들은 이미 아르헨티나에서 기르는 양의 45퍼센트와 소의 20퍼센트를 소유했다. 영국의 자본과 수요는 아르헨티나의 소고기산업이 발전하는 데 크게 기여했다. 19세기에 영국에서 가장 큰 돈을 번 사람들 가운데 하나인 베스티 가家는 아르헨티나의 식육시장을 지배해서 성장했다.

당시 이 모든 고기를 누가 먹었던 것일까? 노동자계급은 아니었다. 그들의 아침 식탁은 빵과 버터나 잼, 설탕을 넣은 차가 전부였다. 저녁 식탁에 간혹 (짐승 가죽이나 찌꺼기로 만든) 리비히의 고기 추출물과 같은 고기 부산물이나 등급이 낮은 부위가 올라갈 때도 있었다. 그러나 젠트리계급은 확실히 많은 양의 고기를 먹었다.

실제로 소고기는 한동안 영국의 부자들이 좋아했던 식품이다. 예컨대 1735년 한 무리의 남성이 최고의 소고기스테이크협회Sublime Society of Beef Steaks라는 단체를 결성했는데 회원 가운데 한 명이 샌드위치를 개발해서 유명해졌다. 협회 회원은 대부분 영국의 엘리트였지만 화가와 상인, 극장주들도 있었다. 그 협회는 1866년까지 존재했다. 그들은 1년에 두 번 만나서 "저녁 식사로 소고기 스테이크만을 먹기로 한다"는 협회의 헌장을 따랐다(Lincoln, 1989, 85쪽).

다음은 1887년에 기록된 영국 귀족들의 전형적인 아침 식탁에 대한 설명이다(Harris and Ross, 1987b, 35~36쪽).

귀족 저택의 아침 식사는 이것저것 식욕과 소화에 좋기도 하고 나쁘기도 한 음식들이 조금씩 나오는데 온갖 맛을 볼 수 있게 다양한 음식이 차려진다. 이를테면 제철에 맞는 생선, 가금류, 사냥한 야생동물 고기들이 나오고, 소시지와 얇게 저민 양고기나 연한 소고기 허리살과 같은 고기 한 토막, 오믈렛과 다양한 방식으로 요리된 달걀, 밀가루 빵과 호밀빵, 취향에 따라 요리하기 쉬운 다양한 빵, 두세 가지의 잼과 오렌지 마멀레이드 그리고 제철 과일들이 나온다. 벽 한편에 놓인 사이드 테이블에는 햄, 혓바닥살, 차가운 사냥감과 같은 냉동고기, 사냥감 모양의 파이, 갤런틴(뼈를 발라낸 닭고기, 송아지 고기에 향미료를 넣고 삶아서 식힌 음식—옮긴이)이 있고 겨울에는 양념한 소고기가 통째로 놓인다.

육군과 해군은 엄청난 양의 고기를 소비했다. 병사들은 법으로 하루에 고기 약 340그램을 먹게 되어 있었다. 실제로 군대의 식사는 일반 국민보다 훨씬 좋았다. 1813~1835년에 영국 육군성은 소금에 절인 아일랜드산 소고기와 돼지고기를 각각 약 3만 1,570톤과 3만 5,340톤 계약했다. 해리스와 로스(1987a, 37~38쪽)가 설명한 것처럼 아일랜드인은 자기 나라를 식민지로 만든 나라의 군대에 가야만 자기 나라에서 생산된 고기를 먹을 수 있었다. 더군다나 영국군은 병사들에게 럼주와 고기를 배급함으로써 설탕산업과 정육산업이 동시에 발전하도록 지원하는 구실을 했다.

미국의 대초원지대와 뿔이 긴 황소인 텍사스 롱혼은 19세기 후반까지도 영국인이나 미국인의 손길이 닿지 않았다. 롱혼은 방목되던 스페인 소 떼의 후손이었다. 대초원의 극심한 더위와 추위에 잘 적응한 롱혼은 나뭇잎과 선인장 열매를 포함해 무엇이든 잘 먹었다. 1830년대와 1840년대 카우보이들은 소 떼들이 흩어지지 않게 한데 모아서 뉴올리언스까지 몰고 가기 시작했다. 1830년대에 텍사스를 배회하던 소 떼는 10만 마리였지만 1860년에는 350만 마리가 넘었다.

그러나 롱혼을 팔아 부자가 되려던 소 장수들은 세 가지 문제에 직면했다. 첫 번째는 소들을 전국으로 유통할 수 있는 중서부 지역까지 소 떼를 어떻게 이동시키는가 하는 문제였다. 당연히 육상을 통해 이동시킬 수 있었지만 비용이 너무 많이 들었다. 두 번째 문제는 소 떼를 방목할 수 있는 공간이었다. 1860년대에 대초원은 원주민들과 그들의 주요 식량원인 버펄로들이 차지하고 있었다. 세 번째는 소고기의 품질문제였다. 영국인의 입맛에는 롱혼의 고기가 너무 살도 없고 질겼다. 결국 이 세 가지 문제를 해결하는 과정은 미국식 소고기 맛의 탄생과정인 동시에 미국 서부 역사의 한 장을 기록했다.

미국 중서부와 동부로 소 떼를 수송하는 문제는 젊은 사업가 조지프 매코이가 해결했다. 그는 유니언퍼시픽 철도회사를 설득해 캔자스 주의 애빌린에 있는 외딴 철도역에 가축우리를 짓고 거기까지 철로를 연결하게 했다. 그리고 매코이는 수송한 가축 수에 따라 수수료를 받기로 했다. 가축들은 텍사스에서 애빌린까지 이어진 치솜 트레일Chisholm Trail을 따라 기차로 수송되었다. 매코이는 우선 텍사스 열병(진드기를 통해 소에게 전염된다―옮긴이) 때문에 텍사스 축우에 부과된 검역 의무를 철폐하기 위해 캔자스 주지사의 지원이 필요했고, 마침내 그를 자기편으로 만들었다. 그런 다음 일리노이 주의회를 설득해 애빌린에 있는 소를 동부로 수송할 수 있도록 허가를 받았다. 1867년 9월 5일, 매코이는 20량의 객차에 소 떼를 싣고 애빌린에서 동부로 떠났다. 1871년 그는 70만 마리의 소를 실어 나르고 있었다. 1870년대 동부의 도살장과 식탁, 가죽공장을 향하는 소 떼들이 치솜 트레일을 통해 꼬리에 꼬리를 물고 수송되었다.

그러나 고기와 가죽, 우지牛脂의 수요가 증가하면서 소를 기를 더 많은 땅이 필요했다. 한때 거대한 미국의 사막Great American Desert이라고 불렸던 대초원지대는 비가 내리지 않아도 수백만 마리의 소 떼가 살 수 있는 '우화' 속의 풀밭으로 알려져 있었다(Rifkin, 1992, 73쪽). 그런데 그 땅의 사용을 막는 두 가지 장애물이 있었으니 바로 버펄로와 아메리카 원주민이었다.

목장주, 동부의 은행가, 철도회사, 미군은 버펄로를 멸종시키는 것이 두 가지 장애물을 치우는 효과적인 방법이라고 믿었다. 그래서 그들은 그 목적을 달성하기 위해 치밀한 작전을 짰다. 1870~1880년 약 10년 동안 세계에서 가장 처참한 생태계 파괴 중 하나로 기록된 버펄로 사냥은 1만 5,000년 동안 대초원에서 살아온 아메리카 들소를 수백만 마리나 살상함으로써 실제로 거의 멸종 상태로 만들었다. 캔자스 기지에 주둔했던 리처드 헨리 도지 대령은 1871년 기지 주변에 버펄로가 수도 없이 많았다고 기록했지만 1873년 가을에는 사정이 변했다. "이제 버펄로의 시체만 가득했다. 대기는 구역질나는 악취가 진동했다. 불과 12개월 전만 해도 동물들로 충만했던 광활한 초원은 적막하고 부패한 죽음의 사막이 되

었다."(Rifkin, 1992, 74쪽 인용)

버펄로 사냥꾼들은 버펄로 가죽을 1~3달러에 팔았으며, 윌리엄 F. 코디(일명 버펄로 빌) 같은 영웅들은 버펄로 사냥으로 영국 왕실을 즐겁게 했다. 철도 승객들은 차장이 제공한 라이플총으로 달리는 기차에서 동물들을 마구 쐈다. 당시 모든 사람이 그런 도살행위에 찬성한 것은 아니었다. 일부 신문 사설이 그것을 비난했지만 소용없었다. 버펄로 뼈는 빻아서 비료로 썼는데 판매가격은 1톤에 8달러였다. 이른바 '백색 수확물'은 심지어 원주민집단도 끌어들였는데 그들은 짐마차에 버펄로 뼈를 싣고 와서 기차역에서 팔았다. '갓 발라낸 뼈'는 골탄으로 만들어 설탕의 정제과정에서 원래 색깔인 갈색을 제거하는 탈색제로 사용되었다. 필립 셰리든 장군은 1877년 텍사스 주의회에서 한 연설에서 버펄로 사냥꾼들에 대해 다음과 같이 말했다.

> 이 사람들은 (……) 골치 아픈 인디언문제를 해결하기 위해 정규군 전체가 지난 30년 동안 한 일보다 더 많은 일을 (……) 했습니다. 그들은 인디언의 병참을 파괴하고 있습니다. 군대가 병참기지를 잃으면 매우 불리하다는 것은 누구나 아는 사실입니다. 그러면 그들을 폭약과 탄환으로 공격하면 되지 않느냐고 반문하겠지만 평화를 유지하기 위해 버펄로가 멸종될 때까지 사냥하고 가죽을 벗겨서 팔게 놔둘 겁니다. 그러면 여러분의 대초원은 얼룩소들로 뒤덮일 것이고 카우보이들은 축제 분위기에서 버펄로 사냥꾼의 뒤를 이어 선진문명을 선도하는 두 번째 선구자가 될 것입니다(Wallace and Hoebel, 1952, 66쪽).

대초원의 인디언은 버펄로와 함께 사라졌다. 그들은 주요 식량원이며 종교의식과 영적인 힘의 원천이 제거되자 금방 힘을 잃고 미국 정부가 그들에게 부여한 보호구역 안에 갇히고 말았다. 그 지역은 이전에 협약을 통해 미국 정부가 인디언에게서 빼앗은 땅이었다.

목장주들은 미국 정부에 소고기를 팔아 돈을 벌었고 정부가 그 고기를 다시 자신들이 강제로 인디언 보호구역으로 내쫓고 버펄로 사냥꾼들 때문에 굶주림에 허덕이는 아메리카 원주민들에게 배급했다는 사실은 어처구니없는 역사의 역설 가운데 하나다. 게다가 목장주들은 아메리카 원주민의 땅에서 소를 방목하면서도 그 대가의 일부만을 소고기나 현금으로 주었다.

영국과 텍사스의 롱혼 사례에서 마지막 문제는 대초원에서 기르는 소고기가 질기고 살이 별로 없다는 것이었다. 영국인은 지방이 골고루 분포된 마블링이 풍부한 소고기를 좋아했다. 이 문제는 역사적 거래로 풀렸다. 서부의 축우를 중서부의 농업지대로 보내 거기서 마블링이 좋은 육질로 바뀔 때까지 곡물을 먹였다. 그런 다음 기차와 증기선을 이용해 영국의 항구로 수송했다(Rifkin, 1992, 58~59쪽). 대초원과 평야, 방목장과 농지가 완벽하게 통합된 까닭에 오늘날까지 옥수수가격은 축우의 수요와 가격에 민감하게 반응한다.

1870년대 축우와 옥수수가 긴밀한 관계를 형성하면서 영국의 은행들은 수백만 달러를 미국 서부에 쏟아부었다. 그들은 자본금 7만 파운드로 앵글로-아메리칸캐틀 컴퍼니를 설립했다. 런던의 콜로라도 모기지앤드인베스트먼트 컴퍼니는 덴버 북부의 방목장 1만 에이커를 사들였다. 스코틀랜드-아메리칸 컴퍼니는 와이오밍과 다코타에 있는 토지 매입에 22만 파운드를 투자했다. 수백만 에이커의 땅을 관할하는 목장주 단체가 여기저기 설립되었는데 그들은 대개 외국의 축산업계를 대변하는 단체가 되었다. 당시 영국인들이 미국 서부의 부동산에 투자한 금액은 모두 4,500만 달러에 이르렀다. 1880년대 미국은 영국에 수입되는 소고기의 90퍼센트를 차지했다(Harris and Ross, 1987b, 38쪽). 1880년대 중반에는 해마다 미국에서 영국으로 실어 나르는 신선한 소고기가 4만 3,136톤에 이르렀다(Rifkin, 1992, 95쪽).

일부 미국인은 영국인들이 미국 서부 지역을 차지해가는 것을 경계했다. 1884년 미국 대선에서 공화당과 민주당은 모두 미국 내 '외국인 토지 소유'를 제한하겠다는 공약을 내걸었다. 그해 공화당 선거 구호인 '미국인을 위한 미국'은 나중에 알게 되겠지만 가난한 라틴계나 아시아계 미국인 또는 유럽계 소수민족을 대상으로 한 것이 아니라 영국의 엘리트들을 겨냥한 것이었다. 그러나 미국 축우산업에 대한 영국의 침략은 미국에 또 다른 장기적인 영향을 끼쳤다. 이후 100년 동안 지속될 미국의 소고기 맛이 그때 정해진 것이다.

미국 중서부 지역 농가들이 영국인의 입맛에 맞는 소고기를 양산하도록 하기 위해 미국 농무부USDA는 최고의 마블링을 자랑하는 소고기에는 최우수 등급, 그다음 양질은 우수 등급, 그다음은 중간 등급 식으로 등급제를 부여하는 제도를 개발했다. 따라서 국가가 비싼 가격을 받기 위해 축우에 곡물을 먹이고 양질의 마블링이 있는 육질을 만들도록 목장주들을 부추기는 제도를 만드는 데 큰 역할을 한 셈이다. 동시에 그것은 소비자에게 마블링이 가장 좋은 부위는 가격이 제일 비싸기 때문에 가장 맛있다고 인식하게 만드는 배경이 되기도 했다.

연방정부의 검역과 등급제도 실시는 소고기산업의 또 다른 중요한 부문을 지원했다. 정육업자들은 정육공정을 중앙에서 일원화하기를 바랐다. 살아 있는 동물을 한곳에 모아 도축하고 싶어했지만 대부분의 주에는 도축하기 24시간 전에 살아 있는 동물을 검역해야 한다는 법이 있었다. 기존 도축업자들은 가축들을 대개 자기 지역에서 도축했는데 정육공정을 중앙에서 일원화한다면 결국 자신들의 일자리가 없어지기 때문에 정육업자들의 구상에 반대했다. 그러나 소고기 정육업계는 로비를 통해 연방의회를 설득해서 기존의 주 검역체계와는 달리 중앙집중식 도축이 가능한 연방검역제도를 통과시켰다(Harris and Ross, 1987b, 202쪽).

정육업계는 정부의 지원에 힘입어 소고기 생산과 유통을 지배하기 시작했다. 냉동기술의 발달과 새로운 연방검역제도 덕분에 개인들이 한 지역(시카고)에서 소고기를 도축해 신선한 고기를 전국으로 유통하는 일이 가능해졌다. 1871년 조지 H. 해먼드, 1877년 구스타브스 스위프트, 1882년 필립과 시미언 아머가 바로 그런 사람들이었다. 이들이 성장해 정육산업을 지배한 결과, 미국의 소고기 생산이 5개 회사에 집중되었고 1차 세계대전 때는 그들이 미국 전체 정육산업의 3분의 2를 차지했다. 1935년 아머와 스위프트는 미국 전체 고기 판매의 61퍼센트를 지배했다.

정육산업에서 아주 큰 영향을 준 기술혁신 가운데 하나는 조립(제러미 리프킨[1992]은 그것을 '분해'라고 불렀다) 라인이었다. 조립라인 기술은 보통 1913년에 헨리 포드가 모델 T 포드 자동차를 만들면서 개발한 것으로 알려져 있다. 그러나 그것은 포드 자신이 고백한 것처럼 도축된 가축이 컨베이어 벨트에 매달려 특정 부위별로 완전히 해체될 때까지 지정된 작업자들 사이를 지나가는 광경을 보고 아이디어를 얻은 것이었다. 당시 정육공장의 노동조건은 미국의 그 어떤 산업보다도 열악했다. 그것은 지금도 마찬가지다. 20세기 초 업턴 싱클레어는 그런 현실을 고발하는 소설을 썼는데 그것이 바로 유명한 『정글』(1906)이다. 그가 그린 도축장의 모습은 일반 대중의 분노를 불러일으켰고, 정부는 정육산업을 규제하는 조치를 취했다.

또한 미국 정부는 목장주들이 사유지에서 방목하는 값보다 훨씬 싼값으로 공유지에서 방목할 수 있게 허용함으로써 많은 사람이 소고기를 더 많이 사서 먹을 수 있도록 지원을 아끼지 않았다. 1880년대 초 목장주들은 수백만 에이커의 공유지에 새로 만든 철조망으로 울타리를 치기 시작했다. 하지만 그들에게는 그럴 권한이 전혀 없었다. 실제로 당시에 공유지에서 소를 방목하고 있던 축산회사들은 대부분 영국 회사였다. 사회적으로 그것에 대한 반대 여론이 거세지자 정부는 1887년 누구든 공유지를 활용하는 사람이 있으면 그것을 인정해주는 불모지개발법Desert Land Act을 제정했다. 샤이엔의 유니언캐틀 컴퍼니는 약 56킬로미터에 이르는 도랑을 파놓고 그것을 **관개수로**라고 하면서 그 주변의 3만 3,000에이커에 해당하는 공유지에 대한 소유권을 주장했다(Skaggs, 1976, 62쪽).

1934년 연방의회는 테일러방목법Taylor Grazing Act을 제정해 공유지를 개발하겠다고 나선 목장주들에게 수백만 에이커의 땅을 넘겨주었다. 1990년 미국 서부의 11개 주에서는 3만여 명의 목장주가 3억 에이커에 이르는 공유지에서 자기들 소를 방목했다. 그것은 메인 주에서 플로리다 주까지 뻗어나간 동부 해안에 있는 14개 주의 면적과 맞먹는 규모였다 (Rifkin, 1992, 105~106쪽). 그들은 사유지에서 소를 방목할 때보다 3분의 1에서 4분의 1이 낮은 비용을 지불했다.

그러나 미국에서 소고기산업의 성공은 여기서 끝나지 않았다. 미국의 소고기 소비 사례를 이해하기 위해서는 햄버거라는 식품을 법적으로 정의하고 자동차 확산을 촉진시킨 하부구조가 만들어지는 과정에서 미국 정부가 어떤 역할을 했는지 알아야 한다.

오늘날의 소고기

햄버거와 관련해 전해지는 이야기에 따르면 1892년 오하이오의 한 레스토랑 주인이 오하이오 카운티 박람회 때 둥근 빵에 넣을 포크소시지가 부족해서 우연히 으깬 소고기를 대신 넣은 것이 햄버거가 되었다고 한다. 햄버거는 1904년 세인트루이스 세계 박람회에서 대단한 인기를 누렸다. 1921년 화이트캐슬 레스토랑이 캔자스시티에 햄버거 체인점을 처음 열었다. 그러나 햄버거가 널리 보급되기 위해서는 여전히 사회적 지원이 필요했고 자동차와 정부가 그 역할을 했다.

헨리 포드의 모델 T는 자동차에 대한 미국인들의 사랑에 불을 붙였다. 20세기 들어 자동차를 보유한 미국인의 수가 급격하게 증가했다. 오늘날 미국에는 운전면허증이 있는 사람의 수만큼 자동차가 있다. 그러나 무엇보다도 미국의 자동차산업이 급성장하게 된 것은 2차 세계대전이 끝나고 간선도로 건설이 대대적으로 이루어진 덕분이었다(전국에 걸쳐 약 6만 6,000킬로미터의 고속도로망을 건설하는 데 3,500억 달러가 들어갔다). 그것은 교외 지역의 발전과 소고기, 특히 햄버거를 최고의 식품으로 만든 패스트푸드 레스토랑의 번창으로 이어졌다.

앞서 말한 것처럼 돼지고기는 미국인의 입맛을 두고 소고기와 언제나 우위를 다투었다. 소고기가 북동부와 서부 지역 사람들에게 인기가 있는 반면에 돼지고기는 남부 지역 사람들이 가장 좋아하는 고기였다. 대서양 연안 중부 지역과 중서부 지역은 소고기와 돼지고기를 좋아하는 사람이 반반 정도였다. 그러나 1960년대에 들어서면서 미국인이 가장 좋아하는 고기는 소고기가 되었다.

소고기의 장점은 야외에서 석쇠에 구워 먹기가 좋다는 것이었다. 사람들이 교외 지역으로 이사를 가면서 그 인기는 더 높아졌다. 돼지고기 패티(다진 고기를 둥글납작하게 만들어 구운 요리—옮긴이)는 잘 부스러져서 석쇠 사이로 떨어지기 일쑤였지만 소고기 패티는 잘 붙어 있어서 굽기가 좋았다. 게다가 미국 농무부는 돼지고기의 경우 선모충병 검사를 하지 않았는데 검사비용이 너무 많이 들어갔기 때문이다. 따라서 돼지고기는 완전히 익혀서 먹을 것을 권장했다. 하지만 그럴 경우 고기가 너무 질겨지는 것이 흠이었다. 돼지갈비 구이가 대안일 수도 있지만 먹기가 귀찮고 살도 별로 없으며 둥근 빵에 넣어서 먹을 수도 없다. 1946년 미국 농무부는 햄버거를 정의하는 법령을 발포했다.

> **햄버거**: '햄버거'는 생소고기나 냉동 소고기를 다진 것에 간을 맞추기 위해 소의 지방을 첨가할 수 있으나 지방이 30퍼센트를 넘으면 안 되고, 양을 부풀리기 위해 물이나 탄산수, 밀가루 같은 증량제를 넣으면 안 된다. 소고기 (지방을 제거한) 볼때기 살을 햄버거 고기로 쓸 때는 오직 본 조의 (a)항에 기술된 조건에 따라야 한다(Harris, 1987, 125쪽).

마빈 해리스(1987, 125~126쪽)는 우리가 적어도 햄버거라고 부르는 것에 다진 돼지고기와 소고기를 쓸 수 있지만 둘을 섞어서는 쓸 수 없다고 지적했다. 흉작으로 곡물이 부족할 때는 목초로 사육한 소고기도 햄버거에 쓰는데 그때는 반드시 지방을 첨가해야 한다. 그래야 다진 고기가 부스러지지 않는다. 지방은 반드시 소의 지방을 써야 하며 식물성 지방이나 다른 동물의 지방은 안 된다. 이런 햄버거에 대한 정의는 소고기산업뿐 아니라 옥수수를 재배하는 농민들도 보호한다. 그들의 수입이 축우 생산과 긴밀하게 연결되어 있기 때문이다. 더 나아가 패스트푸드산업이 번창하는 데도 큰 영향을 주었다. 햄버거를 그렇게 정의함으로써 도축된 소고기에서 나온 값싼 지방을 실제로 햄버거 고기의 30퍼센트까지 이용할 수 있게 되어 결과적으로 햄버거가격을 낮추는 효과를 가져왔기 때문이다. 이리하여 해리스가 "곡물을 먹고 자란 돼지 육질의 타고난 우월성"이라고 불렀던 약점을 극복한 소고기 패티가 전 세계에 새롭게 등장했다.

자동차의 인기로 함께 활기를 띤 패스트푸드 레스토랑은 소고기가 패권을 잡는 데 마무리 역할을 했다. 맥도날드의 창립자인 레이 크록은 미국인 노동자의 삶에서 새롭게 자리잡은 시간 개념과 노동 형태를 잘 이해했다. 가정 밖에서 일하는 여성이 많아지면서 시간과 효율성은 하나가 되었다. 따라서 조리식품과 간단한 식사, 냉동 햄버거 고기는 점점 더 사람들에게 인기를 얻었다. 19세기 후반 공장에 다니던 영국 여성노동자들에게 설탕과 뜨거운 차, 잼이 필수식품이었던 것처럼 패스트푸드 레스토랑과 햄버거는 1970년대와 1980년대 미국 직장 여성들의 삶에서 빠질 수 없는 요소였다. 패스트푸드 레스토랑과 햄버거는 밖에서 일하는 여성이 늘어나던 때에 식사를 준비하는 수고를 덜어주고 편리하게 이용할 수 있는 장점을 가졌다.

따라서 미국인의 소고기 '입맛'은 설탕과 마찬가지로 우리가 생각하는 식품에 대한 개별적인 호불호문제를 훨씬 뛰어넘는다. 식품이 하나의 상품으로서 경제적·정치적·사회적 관계가 정해준 형태를 띠는 것은 문화가 만들어낸 결과다. 많은 사람이 그랬던 것처럼 우리도 소고기를 먹지 않을 수 있다. 그러나 철저하게 채식하려고 애썼던 사람들이 입증하듯이 그렇게 하기 위해서는 엄청난 노력이 필요하다.

또한 미국인들이 부딪치는 여러 가지 문제와 마찬가지로 소고기문제는 미국에만 국한된 것이 아니다. 미국은 전 세계 소고기의 약 9퍼센트를 생산하지만 소비는 28퍼센트에 달한다. 1995년 미국인들이 먹어 치운 소고기는 1만 1,500여 톤에 이른다. 비록 1인당 소비량은 점점 줄고 있지만 전체 소비량은 계속해서 늘어나는 추세다. 중심부 국가의 소고기 소비는 주변부 국가에 더 많은 영향을 끼치고 있다. 게다가 일본과 중국 같은 나라들이 미국과 영국의 식습관을 모방하기 시작하면서 상황은 더욱 악화되는 양상이다. 주변부 국가들 가운데 코스타리카를 예로 들면 중심부 국가에 소고기를 수출해서 수익을 올리기 위해 코스타리카의 숲이 소를 기르는 방목장으로 바뀌고 있다.

햄버거의 세계화

1960년대 남아메리카와 중앙아메리카 국가의 정부들은 세계은행의 원조를 받아 세계 시장에 내다 팔 소를 기르기 위해 열대림을 목초지로 전환하는 작업을 시작했다. 마크 엔델만(1987)이 분석한 코스타리카의 사례는 그런 상황을 잘 보여준다. 1950년대 미국은 중앙아메리카에서 소고기를 수입하기 시작했다. 미국보다 가격이 40퍼센트나 쌌기 때문이다.

미국 정부는 외국의 소고기를 생산하고 수입하는 데 한몫하고 있다. 외국 소고기 공급자들은 반드시 자신들이 기르는 소 떼와 정육시설에 대해 미국 농무부의 인증을 받아야 한다. 그리고 미국 정부가 정한 수입 할당량만큼만 공급할 수 있다. 수입 할당량을 정하는 것은 가트GATT(관세와 무역에 관한 일반협정)와 세계무역기구WTO의 규정을 위반하는 것이기 때문에 공식적이라기보다는 암암리에 비공식적으로 시행되고 있다. 따라서 미국에 소고기를 수출하는 나라들은 '자발적으로' 미국에 소고기 판매를 제한하고 있는 셈이다.

세계은행과 같은 국제금융기구들 역시 축산업의 하부구조 구축을 요구하고 거기에 자금을 지원함으로써 축우 생산을 촉진하는 역할을 수행한다. 예컨대 국제금융기관들은 코스타리카 중앙은행에 축우기술을 개발하는 부서를 설치하고 코스타리카 국립은행에는 소를 방목하는 지역에 있는 은행 지점에 축산과 수의 부문을 관장하는 부서를 두라고 요구했다. 국제금융기관에서 대출받은 돈은 대개 축우 방목 지역에 도로를 건설하거나 가축 개량 같은 사업에 쓰였다. 실제로 1960년대 국제개발은행IDB은 코스타리카 축산 부문을 지원하는 데 전체 대출금의 21퍼센트를 썼다. 또한 미국 국제개발처USAID는 코스타리카 축산 농민들을 위해 도로 건설과 축산 발전, 연구기관들을 지원했다.

한 강력한 축산 관련 로비단체가 코스타리카에서 생겨났다. '농장주회의소'는 의회와 은행, 내각, 주요 정당에 자신들을 대변하는 사람들을 둔 전국 연합체다. 이 로비단체는 소고기 수출을 늘리도록 정부를 설득했다. 그것은 국내의 소고기 소비를 과감하게 줄이는 효과가 있었다. 미국 농무부가 수입을 거부할 품질 등급이 낮은 소고기만 국내에서 유통시키자는 것이었다.

또한 축우의 생산 증대는 코스타리카의 환경에 심각한 영향을 끼쳤다. 1950~1973년 코스타리카의 목초지는 62만 2,402헥타르에서 155만 8,053헥타르로 2배 넘게 늘어났다. 관목림지대마저 방목 지역으로 쓰였기 때문에 전국의 비옥한 땅 가운데 89.9퍼센트 가까이가 축산을 위해 쓰이게 된 것이다. 그것은 결국 광범위한 삼림파괴를 초래했다. 1950년에 코스타리카 국토는 72퍼센트가 열대우림 지역이었다. 그러나 1973년에는 열대우림 지역이 49퍼센트로 줄었고 1978년에는 34퍼센트밖에 남지 않았다(Endelmann, 1987, 554쪽).

축우 사육의 증대는 대개 농민들의 자급농업을 희생한 대가로 이루어졌다. 농장주들은 소작농들을 땅에서 강제로 쫓아내거나 영세농들에게서 땅을 샀다. 축우 사육은 농작물을 재배하는 것보다 노동력이 훨씬 덜 들어가기 때문에 땅이 없는 농민들은 어쩔 수 없이 이미 실업자들로 가득 찬 도시로 떠나야 했다. 그리고 축우 사육은 규모가 커야만 이익을 낼 수 있기 때문에 축우 사육의 증대는 부의 집중을 더욱 심화시켰다.

그러나 코스타리카 같은 나라들이 6장에서 살펴본 빈곤을 벗어날 수 있다면 **중심부 국가들이 우려하는 열대우림의 파괴 때문에 그들에게 축우 생산을 줄이라고 하는 것은 정당한 요구일까? 또 코스타리카와 멕시코 같은 나라들이 환경파괴를 줄이고 가난한 사람들을 지원하면서 동시에 축우 사육을 지속할 수 있는 방법은 없을까?** 농업 전문가들과 공동으로 연구하는 인류학자들이 어떤 해답을 제공할 수 있는지 한 가지 사례를 살펴보자.

지속가능한 축우 사육

환경을 파괴하지 않으면서 축우를 생산하는 방법을 개발할 수는 없을까? 이것은 오늘날 일부 인류학자가 연구하고 있는 문제다. 예컨대 로널드 나이는 멕시코에서 농작물을 재배하면서 가축 사육으로 파괴된 열대우림을 되살리기 위해 원주민들의 농사법과 가축 사육방식을 적용하는 연구를 시작했다.

멕시코는 대부분의 중앙아메리카 국가들과 마찬가지로 엄청난 면적의 열대우림을 잃었다. 20세기 초 멕시코는 1,300만 헥타르(130억 제곱미터)의 열대우림이 있었다. 그러나 오늘날까지 남아 있는 열대우림은 240만 헥타르밖에 안 된다. 파괴된 열대우림 가운데 550만 헥타르가 목초지로 바뀌었고 그것의 절반 이상이 벌써 지층붕괴와 토양침식 상태에 있다. 게다가 멕시코의 비옥한 농지 가운데 60퍼센트가 가축 사육을 위한 목초지나 사료용 작물을 기르는 땅으로 쓰이고 있지만 절반이 넘는 인구가 고기를 전혀 먹을 수 없다.

나이(1995)는 열대우림을 파괴해 방목지로 만드는 것은 자신이 **공장식 농업 생산**이라고 부르는 것의 도입 때문이라고 주장한다. 공장식 농업 생산은 되도록 짧은 시간에 단일 품목의 농산물(옥수수, 콩, 소고기, 돼지고기 등)을 생산하는 것을 말한다. 이것은 기술집약적이고 환경을 파괴하기 쉽다. 또한 전 지역에서 단일한 형태의 농산물만 생산한다. 어느 지역은 소만 기르고, 또 다른 지역은 옥수수만 심고, 또 다른 지역은 밀만 심는다. 중앙아메리카에서는 공장식 축우 사육을 위해 엄청난 면적의 땅에 불을 지르거나 제초제를 뿌려 방목지를 조성하고 환경에 적합하지 않은 목초를 해마다 다시 파종해야 한다. 그 결과, 방목지는 방치되고 토양은 황폐화되어 결국 버려진 땅이 되었다가 인공림과 같은 2차 식생으로 돌아간다.

나이는 농업을 제조공정이 아니라 하나의 생태과정이라 보고 S. R. 글레이스먼(1988; Posey 외, 1984 참조)이 말한 **농업생태학적 접근방식**을 채택하는 것이 훨씬 더 생산성이 높고 환경을 덜 파괴한다고 주장했다. 이런 방식을 채택하는 방법 중 하나가 지금까지 환경을 해치지 않고 농사를 지어온 원주민의 농사법과 오늘날의 농업 연구 성과를 서로 조합하는 것이다. 농업생태학적 농업 생산이 공장식 농업 생산과 근본적으로 다른 것은 단일 경작(단일 품목의 농작물 또는 가축의 육성이나 생산)이 아니라 복합 경작(다양한 품목의 농작물과 가축의 생산)을 한다는 것이다. 열대우림에 사는 원주민들의 농업 생산방식은 토지와 식물과 동물의 재생을 강화하는 시스템을 창출한다.

예컨대 멕시코의 열대우림에는 화전농사를 지은 마야족 농민들이 버려둔 2차 식생지가 여기저기에 남아 있다. 농민들은 화전을 일구고 그곳에서 5~8년 동안 옥수수를 재배한 뒤 다른 곳으로 이동한다. 소를 기르는 목장주들이 보기에 이런 곳은 버려진 땅처럼 보일지도 모른다. 그러나 마야족 농민들은 그 땅을 버린 것이 아니다. 그들은 그곳을 텃밭으로 가꾸며 과일나무를 심고 사냥할 포유동물이나 새들을 유인하는 장소로 쓴다. 실제로 그 지역은 동물 무리를 유인하도록 고안되어 있다. 그래서 마야족은 그것을 '텃밭 사냥'이라고 부른다(Nigh, 1995). 마야족은 공장식 농사와 달리 농지를 일구기 위해 제초제를 전혀 쓰지 않기 때문에 그 땅에서는 식물과 동물이 다시 살 수 있다. 따라서 전통농업은 밭과 숲, 관목림 지역이 한데 어우러진 환경을 창조해낸다.

이것은 생산 공간이 하나둘 서로 모자이크처럼 맞춰져 하나의 통합된 생산 모듈을 구성한다는 생각이다. 수백 년 동안 이어져온 원주민들의 농업 생산방식과 같은 농업생태학적 접근방식은 자연적인 것을 대체한 인공체계가 아닌 자연계를 본받은 지속가능한 생태적 생산방식을 만들어낸다.

　나이는 축우 사육을 몹쓸 짓이라고 생각하기보다는 농업생태학적 방식으로 통합된 원주민들의 전통 생산방식을 따르고 획일성보다는 다양성을 강조하는 농업체계를 설계하는 것이 가능하다고 주장했다. 예컨대한 지역에는 옥수수, 호박, 뿌리작물, 향신료, 콩과식물 같은 한해살이작물을 심고, 이전에 지나친 방목으로 황폐화된 지역을 포함해 2차 식생지역에는 과일나무, 마초 같은 식물을 심을 수 있을 것이다. 특별 품종의가축과 풀들이 자라는 또 다른 2차 식생 지역은 집약적인 방목지로 활용할 수도 있다. 나이의 계획에 따르면 예컨대 크기는 작지만 우유를 많이 생산하는 뉴질랜드산 젖소 품종이 그런 것이다. 집약적 방목은 처음부터 목초지로 바꾸지 말았어야 할 열대우림의 땅을 되살린다. 나이는유기질비료만 쓰고 방목을 철저하게 관리함으로써 수생생물이 사는 지역(연못, 강, 호수)을 되살려서 물고기나 연체동물, 거북, 새 같은 동물들을 다시 끌어들일 수 있다고 주장한다.

경제성장, 지속가능성, 환경

물론 식습관과 입맛은 지속적인 성장을 추구하는 인간의 욕구가 담긴 우리의 생활양식이 대지와 강과 바다, 대기에 영향을 끼치는 여러 차원 가운데 하나일 뿐이다. 사람들 대다수가 오늘날 환경과 그것에 의존하는우리 삶이 위험에 빠져 있다고 인정하지만, 그 문제에 어떻게 대처할지에 대해서는 의견이 서로 다르다. 신자유주의자들은 환경문제를 해결하기 위해서는 기존의 경제성장과 세계화 정책의 기조를 유지하거나 심지어 가속화해야 한다고 주장한다. 그들은 자본이 많아야 사회문제뿐 아니라 환경문제도 풀 수 있는 새로운 해법과 기술이 나올 거라고 말한다. 또한 경제성장의 초기 단계에 있는 나라들이라면 어디든 환경파괴를 겪기 마련이지만 1인당 소득이 어느 수준에 이르면 환경은 자연스럽게 개선될 것이라는 연구 결과를 그 근거로 제시한다(예컨대 Chua, 1999 참조). 그러나 다른 한편에서 세계화를 비판하는 사람들은 끝없는 성장 추구가 훨씬 더 심각한 삼림파괴와 기후변화의 가속화, 농지와 수자원의 황폐화를 초래할 거라고 주장한다. 그들은 1인당 소득 증가가 오염을 줄이는 결과를 보여주는 연구도 있지만 그렇지 않다는 것을 보여주는 증거도 많다고 주장한다(예컨대 Harbaugh 외, 2002 참조). 환경이 좋아지는 1인당 소득은 4,000~1만 3,000달러로 추정된다. 세계 인구의 절반 이상이 5,000달러 미만이기 때문에 수십억 명이 점점 더 황폐화되는 환경 속에서 살아남기 위해 발버둥을 쳐야 한다. 이것은 21세기의 가장 중요한 문제 가운데 하나가 될 것이다. 그렇다면 **우리는 앞으로도 성장을 가속화할 필요가 있으며, 더 많은 돈과 더 새로운 기술이 결국 환경파괴를 완화시킬 것이라고 믿어야 할까? 아니면 환경파괴를 초래하는 그런 활동들을 줄이기 위해 우리의 경제적·사회적 삶을 바꾸려고 노력해야 할까?**

중국, 인도, 미국식 모델

중국은 경제성장과 환경파괴 사이의 갈등을 보여주는 생생한 사례를 제공한다. 중국은 1980년대에 의도적으로 서양의 경제성장 모델, 주로 미국식 모델을 모방하기 시작했다. 그들의 가장 중대한 결정 가운데 하나가 자동차산업 중심의 경제를 수립하는 것이었다(예컨대 Gallagher, 2006; Leslie, 2007 참조). 그들은 자동차산업이 미국과 일본, 대한민국 경제의 근간이라고 생각했으며, 그것이 일자리를 창출하고 관련 산업들의 발전을 부추길 거라고 믿었다. 중국은 부분적으로 어려운 경제사정 때문에 미국에서 낙후된 자동차기술을 도입했다. 하지만 구형 자동차가 미국과 일본, 유럽에서 생산된 신형 자동차보다 에너지 효율이 떨어지고 환경을 더 많이 오염시킨다는 생각은 미처 하지 못했다(Gallagher, 2006 참조).

2006년 중국은 처음으로 자동차 생산 100만 대를 돌파했다. 2020년이면 중국 도로에 1억 3,000만 대의 자동차가 돌아다닐 것이다. 하지만 이런 발전이 초래하는 부정적 외부효과가 많이 나타나고 있다. 중국의 도로는 이미 세계에서 가장 혼잡하고 위험하기로 정평이 나 있다. 해마다 교통사고로 25만 명이 죽는다. 이는 미국의 6배에 해당하는데 미국은 중국보다 자동차가 18배나 많다(Leslie, 2007).

중국의 자동차 생산이 늘어나면서 환경오염도 점점 더 심해지고 있다. 전 세계에서 가장 오염이 심한 나라 20개국 가운데 16위가 중국이다. 중국 정부가 추정한 바에 따르면 해마다 40만 명의 국민이 호흡기질환으로 죽는다고 한다. 대기오염이 증가한 탓도 일부 있다. 그러나 해마다 3억 6,000만 명에 이르는 흡연자들을 위해 2조 개비의 담배가 생산되는 현실이 더 큰 문제일 것이다. 또한 중국은 오늘날 전 세계에서 나오는 쓰레기의 3분의 1을 배출한다.

그럼에도 중국은 서양식 경제모델을 모방함으로써 급속한 경제성장을 이루었다. 지난 15년 동안 경제성장률이 8~10퍼센트에 이른다. 이로 말미암아 약 1억 명에 이르는 부유한 중산층이 양산되었으며, 2020년이 되면 그 수가 7억 명으로 늘어날 것으로 추산된다. 이것은 물론 점점 더 많은 소비재와 원료에 대한 수요로 이어질 것이다. 중국은 이미 세계에서 가장 많은 양의 철광석, 강철, 구리, 주석, 아연, 알루미늄, 니켈을 수입하는 나라다. 또한 석탄과 냉장고, 곡물, 휴대전화, 화학비료, 텔레비전을 세계에서 가장 많이 소비하기도 한다(Leslie, 2007).

인도는 중국과 합하면 전 세계 인구 가운데 3분의 1을 차지하는데 경제성장의 형태도 중국과 같은 모습을 보인다. 예컨대 자동차는 2009년에 매달 10만 대씩 팔렸다(Choudhury, 2009). 대형 주택의 수도 늘어났을 뿐 아니라 냉장고나 에어컨 같은 가전제품을 보유한 집도 많아졌다.

에너지 효율성이 높은 기술이 개발되고 있음에도 에너지 사용량은 끊임없이 크게 늘고 있다(Wilhite, 2008, 168쪽). 심지어 신부가 결혼할 때 가져오는 혼수품 같은 전통적인 사회풍습도 환경파괴의 범위를 크게 넓히는 데 영향을 준다. 부의 증가와 인도 중산층의 부상은 혼수품의 규모와 종류를 크게 확대했다. 특히 귀금속에 대한 수요가 많아졌다. 전 세계의 귀금속 수요가 치솟는 가운데 인도와 중국이 차지하는 비율은 80퍼센트에 이른다. 2008년 인도에서만 전 세계 귀금속의 47퍼센트가 팔렸다(Perlez and Johnson, 2009, 60쪽).

문제는 금광이 광산 가운데 환경을 가장 많이 파괴하는 곳이라는 것이다. 금을 채굴하는 과정에서 엄청난 흙을 파내야 하고 금광석에서 금을 채취하기 위해 청산염이라는 독극물을 써야 하기 때문이다. 금반지 하나를 만들기 위해 30톤의 암석을 파내고 희석된 청산염을 뿌린 흙을 운반해야 한다. 날마다 50만 톤의 흙을 파내고 운반하는 광산들도 있다. 금을 채취하고 난 뒤 남는 청산염은 주변의 토양과 물로 스며들어 핵폐기물과 비슷하게 영원히 사라지지 않는 폐기물을 만들어낸다(Perlez and Johnson, 2009, 58쪽).

그러나 한 젊은 신부가 말한 것처럼 "금이 없다면 적어도 인도에서 그것은 결혼이 아니다." 지난 5년 동안 금값은 2배나 올랐다. 부분적으로는 세계 경제가 붕괴된 영향도 있다. 하지만 이런 이익을 희생하면서 환경의 지속가능성을 유지하려는 금광 기업은 찾아보기 어렵다.

지속가능성 문제와 국가

환경문제는 소비자들이 "이제 그만하면 충분해"라고 말하고 더는 소비를 많이 하지 않으면 쉽게 완화될 수 있다. 실제로 그동안 전 세계에서 소비를 줄이자고 사람들을 설득하는 사회운동이 많이 전개되었다. 2008년 어스워크earth work라는 대지미술운동이 '추악한 금 반대운동'을 전개했다. 그들은 뉴욕 시 5번가 앞에서 금 소비를 줄여 무분별한 금광석 채취 행태를 바꿔야 한다고 시위했다(Perlez and Johnson, 2009, 59쪽). 그러나 앞서 본 것처럼 소비 감소는 심각한 경제붕괴를 일으킬 수 있다. 게다가 얼마나 많이 소비를 줄여야 바라는 변화가 올 수 있는지 누구도 알지 못한다.

1990년대 중반 지구의 벗이라는 환경단체의 네덜란드 지부는 네덜란드 사람들이 2010년에 이산화탄소 배출량을 전 지구적 차원에서 지속가능한 수준으로 낮추기 위해 얼마나 소비를 줄여야 하는지를 정하는 연구를 수행했다. 그 결과, 이산화탄소 배출량을 3분의 2로 줄이기 위해서는 한 사람이 평균 하루에 탄소 기반의 연료를 1리터까지만 쓸 수 있도록 제한해야 한다는 결론에 도달했다. 이것은 승용차로는 하루에 약 25킬로미터, 버스로는 50킬로미터, 기차로는 64킬로미터, 비행기로는 10킬로미터까지만 이동할 수 있다는 것을 의미했다. 또한 암스테르담에서 리우데자네이루까지 가는 여행은 12년에 한 번밖에 가능하지 않다는 것을 의미했다(Korten, 1995, 34쪽 참조). 네덜란드 국민은 세계에서 환경을 가장 많이 생각하는 사람들이지만 그들도 이런 수준까지 소비를 줄이는 것은 불가능했다.

조지 몬비오(2009)는 우리가 단순히 구매 습관을 바꾼다고 해서 환경파괴를 막을 수 있다고 생각하는 것은 헛된 기대라고 주장한다. 그는 동네 슈퍼마켓에 재활용품을 갖다 주고 받은 많은 상품권으로 비행기를 타고 카리브 해안으로 휴가여행을 다녀왔던 한 영국인 부부의 사례를 들어 설명한다. 그 항공여행은 그들이 재활용으로 줄일 수 있었던 것보다 수천 배가 넘는 온실가스를 배출했기 때문이다. 그는 국가의 적절한 조치 없이는 국민의 소비 습관을 근본적으로 바꾸는 것은 불가능하다고 결론짓는다.

그러나 문제는 성장과 환경보호 가운데 하나를 선택하라고 국민국가들에 요구한다면 그들은 언제나 성장을 선택한다는 것이다. 오늘날 정부의 주요 목표는 교역을 증진시키고 경제성장을 지속하기 위해서는 무슨 일이든 한다는 것이다. 그렇다면 시민들의 행동은 아무런 영향도 미칠 수 없다는 말인가? 그것은 아니다. 1962년 미국에서 디디티DDT가 환경에 끼친 파괴적인 영향을 기록한 레이첼 카슨의 『침묵의 봄』이 출간된 뒤 유권자들은 정부가 깨끗한 대기와 물을 보장하고 그 밖의 여러 환경자원을 보존하는 조치를 취하라고 요구했다. 더 깨끗한 환경을 바라는 국민의 이런 요구는 1970년 대기청정법과 1972년 연방수질오염관리법 제정으로 이어졌다. 그러나 이 두 개의 법률은 실제로 다른 환경규제 관련 입법 시도와 마찬가지로 기업의 강력한 반발에 부딪혔다. 게다가 환경규제와 관련된 모든 문제는 경제성장에 미칠 악영향을 어떻게든 처리해야 한다. 따라서 전 세계의 민주 정부들은 딜레마에 빠지지 않을 수 없다. **그들 정부는 환경보호를 주장하는 시민의 요구와 반면에 기업의 이익과 경제성장에 영향을 줄 수 있는 법안을 통과시키지 않으려는 기업가들의 압력에 어떻게 대응해야 할까?**(Kroll and Robbins, 2009 참조)

대체로 각국 정부는 이런 딜레마를 처리하기 위해 세 가지 전략을 채택했다. 첫째는 말로만 그럴듯하게 지속가능한 성장을 강조함으로써 국민의 환경에 대한 우려를 불식시키는 립서비스 전략이다. 지속가능한 성장이라는 개념은 1987년 노르웨이 수상 그로 할렘 브룬틀란이 이끈 한 위원회가 발표한 보고서로 명성을 얻었다(The World Commission on Environment and Development, 1987). 브룬틀란 보고서 『우리 공동의 미래』는 지속가능한 개발을 "미래 세대가 자기의 욕구 수준을 충족하지 못하는 일이 없도록 현재의 욕구 수준을 맞추는" 개발이라고 정의했다. 문제는 우리가 지적한 것처럼 경제성장이 환경문제와 충돌할 때마다 이기는 쪽은 거의 경제성장이라는 사실이다. 게다가 하트윅과 피트(2003, 209쪽)가 설명하는 것처럼 지속가능성이라는 개념 자체는 아무리 환경에 심각한 영향을 준다 하더라도 성장을 지속하기 위해서는 불가피하다는 사실을 대다수 시민들에게 설득하기 위한 이데올로기적 수단에 불과할 수 있다. 이런 의미에서 그들은 지속가능성은 정부의 개입으로 성장을 지속한다거나 환경을 오염시킬 수 있는 권리를 시장에서 사고판다거나 조직화된 정치적 행동을 막을 정도까지만 오염 수준을 낮추는 것과 같은 여러 가지 뜻을 내포할 수 있다고 말한다. 조직되지 않은 시민들의 행동은 '혼돈의 무정부주의'라고 간단히 무시하면 끝이다(Hartwick and Peet, 2003, 209쪽).

정부가 국민의 환경보호 요구를 회피하기 위해 취할 수 있는 두 번째 전략은 WTO처럼 선거로 뽑지 않는 외부의 국제 행정기구에 규제 권한을 넘기는 것이다. 예컨대 돌고래 떼가 참치의 남획으로 위험에 처했다는 연구 결과가 나왔을 때 미국 정부는 돌고래를 보호하기 위한 법률을 공포하고 이런 법률을 따르지 않는 나라들에서는 참치 수입을 금지하는 조치를 취했다. 멕시코는 이 법률이 WTO의 규정을 위반했다고 주장하고 미국이 그것을 폐지하거나 미국 수출품에 보복관세를 부과해달라고 WTO에 제소했다. WTO는 돌고래를 보호하는 법률이 교역을 가로막는 불필요한 장벽이라고 선고했으며, 따라서 미국은 돌고래 보호를 위한 법률을 폐지해야만 했다. WTO의 관련 조항(20조)은 협정문에 "인간과 동물, 식물의 생명이나 건강을 보호하기 위해 필요"하거나 "고갈될 수 있는 천연자원의 보존과 관련된 (……) 조치들을 당사국들이 채택하거나 집행하지 못하게 하는 것으로 해석될 수 있는" 조항은 아무것도 없음을 보장한다. 그러나 그런 환경규제가 무역장벽으로 의심받는 경우 WTO 분쟁해결위원회에서는 교역에 유리하고 환경에 불리하게 판결을 내렸다(Hartwick and Peet, 2003, 201~202쪽).

따라서 각국 정부는 환경보호문제가 경제성장과 충돌하는 경우 그 재판권을 WTO의 분쟁위원회에 위임함으로써 시민들의 환경보호 요구를 들어주지 못하는 데 따르는 책임을 회피할 수 있다. WTO와 같은 다자간 기구가 자국의 환경정책을 좌우할 수 있기 때문에 미국 등 일부 국가들은 지구온난화를 규제하는 도쿄의정서나 유독폐기물 처리를 규제하는 바젤협약 같은 환경 관련 다자간 협정서에 서명하기를 꺼린다. 두 개의 다자간 기구, 즉 세계 경제를 보호하기 위해 설립된 기구와 세계 환경을 보호하기 위해 설립된 기구가 서로 의견이 맞지 않는다면 무슨 일이 일어날까? 대니얼 C. 에스티와 마리아 H. 이바노바(2003)가 제안했던 세계환경기구GEM의 설립 노력이 난항을 겪었다는 것이 그 대답이 될 수도 있을 것이다. 각국 정부들이 WTO를 지지했던 것만큼 강력하게 GEM의 발전을 지지하지 않은 것은 전 세계 정부가 무엇을 우선시하고 있는지를 잘 보여준다.

끝으로 지속적인 경제성장을 위기에 빠뜨릴 수도 있다고 생각되는 중요한 환경적 조치를 회피하기 위한 각국 정부의 세 번째 전략은 기업과 언론이 환경과 관련한 국민의 두려움과 이해관계를 누그러뜨릴 수 있도록 환경 관련 행사와 뉴스들을 자유롭게 풀어내게 하는 것이다. 1970년대 초 샤론 베더(2002)가 『세계를 대상으로 한 정보조작: 환경주의에 대한 기업의 습격』Global Spin: The Corporate Assault on Environmentalism 에서 상세하게 보여준 것처럼 기업들은 자신들이 환경을 생각하고 있다는 것을 대중에게 설득하기 위한 홍보에 엄청난 돈을 쓴다. 그리고 다른 한편으로는 정부 규제를 최소화하고 환경파괴와 그에 따른 인류 보건의 악화와 관련된 과학적 발견에 대응하는 데도 수백만 달러를 쓰기 시작했다. 지구온난화와 관련한 논쟁만큼 이런 모습을 명확하게 보여주는 것도 없다. 실제로 지구온난화가 진행 중이며 그것이 대개 인간의 활동 때문에 발생하는 거라는 주장에 반대하는 과학자는 거의 없다(예컨대 Emanuel, 2007). 그리고 그것이 환경과 경제에 심각한 영향을 끼칠 수 있다는 것에도 모두 동의한다.* 그러나 미국의 언론과 정부를 대변하는 일부 사람은 지구온난화의 결론이 불확실하며 지구온난화가 여전히 과학계 내부에서 논란이 이는 것 같은 인상을 대중에게 전달한다. 하지만 나오미 오레스케스(2004)는 여러 과학저널에서 심사 중인 기후변화와 관련

---

* 더 최근의 정보를 얻으려면 기후변화와 관련한 정부 간 위원회IPCC 사이트 http://www. ipcc.ch를 참조하라.

된 928편의 논문을 연구한 결과, 지구온난화가 진행 중이며 그것이 인간의 활동 탓이라는 일반적 합의에 반대하는 논문은 하나도 없다는 중요한 사실을 발견했다. 또한 주요 언론매체(예컨대 『뉴욕타임스』, 『워싱턴 포스트』, 『월스트리트 저널』, 『로스앤젤레스 타임스』)에서 나온 3,500개가 넘는 지구온난화 관련 기사들에 대한 또 다른 연구(Boykoff and Boykoff, 2004)에 따르면 '균형 잡힌 보도'를 위해 그 기사들 가운데 53퍼센트가 지구온난화가 인간의 활동 때문이라는 견해와 자연의 변화 때문이라는 견해를 얼추 비슷하게 다루었다. 그리고 35퍼센트는 인간의 활동 역할을 강조하지만 논쟁의 양쪽을 다 보여주었고, 6퍼센트는 인간의 활동이 지구온난화의 원인이라는 주장에 의문을 표시하는 견해를 강조했다. 따라서 정상적인 과학매체들을 통해서는 견해를 알릴 수 없고, 과학계에서는 **전혀** 어떤 합의도 **없는** 회의론자들의 개인적 인상에 불과한 견해들이 대개 석유, 석탄, 천연가스 관련 기업들의 자금을 지원받아 대중매체를 통해 과학적 견해와 동등한 비중으로 다루어진다. 물론 언론매체는 논쟁을 즐긴다. 결국 그들의 관심사는 지구온난화 문제와 관련해 아무런 합의도 없다는 사실을 명확히 하는 것이다.

존 벨라미 포스터는 자본주의가 환경개혁을 위해 절대로 경제성장과 자본 축적을 희생하지 않을 것이라고 결론지었다. 나중에 나오는 것처럼 그 반대 현상도 전개되고, 지난 30년 동안 미국에서 일어난 것처럼 일부 변화도 이루어지겠지만 환경에 대한 우려가 결코 자본주의 체제 자체를 위협할 수는 없을 것이다. 포스터는 다음과 같이 결론을 내렸다(1993, 19쪽).

근본적인 변화가 요구되는데도 시스템 안에서 아무 일도 일어나지 않으면 위기는 잠재되어 시간이 흐를수록 심화되기 마련이다. 이런 현상은 오늘날 생태계에서 특히 명백하게 나타난다. 지구의 환경위기는 본질적으로 지구 전체의 운명과 대단히 복잡하게 얽힌 사회적·생태적 문제들이 오늘날 유력한 생산 형태로까지 이어지는 모든 것을 수반하기 때문이다. 만일 생산, 분배, 기술, 성장의 근본 문제들이 지구적 차원에서 다루어지지 않는다면 세계의 환경위기가 점점 더 악화되는 것을 막을 수 없다. 그런 문제들이 쌓이면 쌓일수록 자본주의는 생태적으로든 경제적으로든 정치적으로든 도덕적으로든 지속 불가능하며 폐기될 수밖에 없다는 것이 더욱 명백해진다.

결론

이 장을 시작하면서 우리는 사람들이 무엇을 소비하는지, 그것을 왜 소비하려고 하는지, 그것을 언제 어떻게 소비하는지 질문했다. 그리고 우리의 입맛이 대개 문화적으로 길들여진 것이며, 그것이 자본 축적 과정에 기여한다고 결론지었다. 우리가 환경을 해치는 소비 형태에 빠질 수밖에 없는 어떤 '당연한' 이유는 없다. 더 나아가 우리는 환경을 오염시키는 모든 요소 가운데 가장 '고치기' 어려운 것이 우리의 소비 행태라고 주장했다. 그것이 바로 우리 문화의 토대를 이루기 때문이다.

예컨대 우리는 미국인의 입맛이 설탕과 지방에 길들여진 것이 역사적으로 설탕과 소고기 생산자들의 이익에 도움을 주기 위한 것이었다는 사실을 살펴보았다. 또 인류학자들의 연구가 환경자원의 파괴 없이 소고기 같은 제품에 대한 서양의 수요를 맞추기 위해 애쓰는 주변부 국가들을 어떻게 도울 수 있는지도 살펴보았다.

또한 우리는 경제성장이냐 환경보호냐의 갈림길에 선 딜레마에 대해서도 검토했다. 대개 모든 국가는 성장 지속과 환경보호, 둘 중 하나를 골라야 할 때 역사적으로 결국 성장을 선택했다. 또한 우리는 국민국가들이 시민들의 환경보호 압력을 회피하기 위해 이용하는 방법들과 성장을 포기하지 않으면서 시민들의 요구를 진정시키기 위한 지속가능성의 역할에 대해서도 살펴보았다.

8

건강과 질병

오늘날 우리는 세균들의 위협이 만연한 세계화된 세상에서 살고 있다. 세균은 한곳에서 생겨나지만 그들을 지원하고 부추기는 인간의 활동을 통해 그 밖의 다른 곳으로 퍼져나가고, 다시 인간의 활동과 이동 덕분에 며칠, 심지어 몇 시간 만에 광대한 지역을 가로질러 간다. 그것에 대한 책임을 묻는다면 당연히 호모 사피엔스라는 종에게 물어야 한다. 독감 바이러스와 같은 세균들이 매우 괴이하게 진화하고 변이되어 널리 퍼질 수 있는 새로운 기회를 제공하면서 지구의 생태계를 바꾸고 있는 것이 바로 우리 인간들이기 때문이다.

—로리 개릿, 『세계적 전염병의 경로』*The Path of a Pandemic*

에이즈 전염병을 완벽하게 이해하기 위해서는 역사와 정치경제학에 깊은 관심을 가져야 한다. 인체면역결핍바이러스HIV는 (……) 경제구조의 단층선을 따라 오랫동안 달려가면서 생겨났다.

—폴 파머, 『에이즈와 고발』*AIDS and Accusation*

❖ ❖ ❖

2차 세계대전이 끝나고 평화의 움이 트면서 과학의 발전과 경제번영으로 정부와 학계의 지도자들이 세계 평화와 번영의 시대가 도래하고 있다고 내다보았을 때 의학 전문가들은 전염병의 종말을 예견하고 있었다. 보편적 보건은 현실적이고 성취 가능한 목표로 설정되었다. 1967년 미국의 공중위생국 국장은 전염병을 마감할 때라고 말했다. 이런 낙관적 전망을 하는 이유는 몇 가지 있었다. 전 세계에 걸쳐 우두의 예방접종이 실시되면서 천연두가 완전히 사라졌다. 1979년에 마지막으로 진단된 것이 끝이었다. 세계에서 사람을 가장 많이 죽게 한 말라리아는 환자가 많이 줄었다. 일부 지역에서는 말라리아를 전염시키는 모기를 절멸하고 치료약을 개발해 대량보급함으로써 말라리아를 완전히 퇴치했다. 결핵은 19세기에 사라졌다. 미국 공중위생국 국장은 적극적인 예방접종 실시로 1982년이면 홍역도 이 세상에서 완전히 사라질 것이라고 선포했다. 조너스 소크는 어린 시절의 천벌과도 같은 소아마비를 치료하는 백신을 개발했고, 항생물질의 개발은 폐렴에서 구취까지 모두 병원에 가지 않고도 고칠 수 있을 것이라는 기대를 안겨주었다. 그러나 10년이 지난 뒤 상황은 완전히 바뀌었다.

이처럼 전 세계에 널리 퍼져 있던 낙관주의가 오늘날 병원 관계자들 사이에서 치료법이 없다며 공통적으로 보여주는, 이른바 마르크 라페(1994)가 '치료 허무주의'라고 불렀던 태도로 바뀐 충격적 사건들 가운데 하나가 바로 에이즈였다. 그러나 그런 상황 변화에는 또 다른 이유들이 있었다. 항생물질에 내성을 가진 병원체가 새롭게 등장했고 말라리아, 콜레라, 소아마비가 훨씬 더 치명적인 형태로 다시 돌아왔다. 또한 라임병, 뎅기열-2, 중증급성호흡기증후군SARS, 고병원성 조류독감H5N1, 돼지독감H1N1 그리고 중증 내출혈을 일으켜 치사율이 90퍼센트에 이르는 에볼라 같은 출혈열처럼 예전에 볼 수 없었던 새로운 질병들도 생겨났다. 1982년 미국에서 근절된 것으로 여겨졌던 홍역은 1993년에 1983년보다

10배는 더 널리 퍼졌다. 이런 상황 전개는 생물학, 전염병학, 인류학 같은 분야의 의학 연구자들에게 인간과 미생물, 특히 질병을 일으키는 병원체 세계와의 관계를 재검토하도록 했다. 인간이 세균들에 잘 적응하는 만큼 세균들도 인간에 잘 적응한다는 사실을 우리가 그동안 얕잡아 보았고 우리의 사회적·정치적·경제적 관계 형태가 질병의 발생과 전파에 어떻게 영향을 끼치는지 전혀 알지 못했다는 것이 명백해졌다.

돌이켜보면 시대마다 그 시대를 대표하는 질병이 있었던 것처럼 보인다. 14세기와 15세기에 아시아로 가는 교역로가 열리면서 등장한 선페스트는 당시 세계체계의 중심에서 서쪽으로는 유럽을, 동쪽으로는 중국을 왕래하던 상인과 전사들에 의해 퍼져나갔다. 16세기와 17세기에는 도시 사람들의 성적 접촉이 증가하면서 매독이 널리 퍼졌다. 소아마비는 19세기의 질병으로 인구가 밀집한 유럽과 미국, 주변부 국가들의 도시와 빈민가의 대기를 통해 전파되었다.

나중에 살펴보겠지만 에이즈는 20세기 말과 21세기 초를 대표하는 질병으로 중심부 국가와 주변부 국가 사이에 부의 불균형이 증대하면서 주변부 국가가 중심부 국가보다 질병에 걸리기 쉬워졌음을 보여주는 이정표 구실을 한다. 전염성 질병으로 죽은 사람의 98퍼센트 이상(1년에 1,630만 명)이 주변부 국가 사람들이다. 전 세계 사망자의 32퍼센트가 전염병으로 죽는다. 그러나 주변부 국가에서 전염병으로 죽는 사람은 전체 사망자의 42퍼센트인 반면에 선진국에서는 1.2퍼센트밖에 안 된다(Platt, 1996, 11쪽).

〔표 8-1〕은 2006년 나라별 건강 지표들 가운데 일부를 보여준다. 평균 수명, 유아사망률, 전염병 손실 연수와 같은 지표에서 소득이 중요한 역할을 한다는 것은 분명하다. 그러나 소득이 그런 지표를 구성하는 유일한 요소는 아니다. 1인당 건강에 지출하는 비용이 가장 많은 미국이 그보다 지출비용이 훨씬 적은 다른 나라들보다 낮은 건강지표(15세에서 60세까지 성인사망률, 유아사망률, 평균수명 등)를 나타내는 경우가 많다. 그럼에도

(표 8-1) 주요 국가의 1인당 소득별 건강지수(2006년)

국가	1인당 소득(달러)	1인당 의료비	GDP 대비 의료비 비율	15~60세 성인 사망률(인구 1,000명당)	유아사망률(출생신한 아기 1,000명당)	평균수명	HIV환자수 (10만 명당)	5세 미만 유아 사망률(1,000명당)	전염병 손실 연수 (%)	개량된 상수 시설 비율	개량된 하수 시설 비율
미국	44,070	6,714	15.3	109	7	78	508	8	9	99	100
캐나다	36,280	3,672	10.0	72	5	81	222	6	6	100	.
스웨덴	34,310	3,119	8.9	64	3	81	107	4	4	100	100
영국	33,650	2,784	8.4	80	5	79	137	6	10	100	100
일본	32,840	2,514	7.9	67	3	83	<100.0	4	8	100	100
프랑스	32,240	3,554	11.1	91	4	81	263	5	6	100	100
스페인	28,200	2,388	8.1	75	4	81	380	4	6	100	100
사우디아라비아	22,300	607	3.4	178	21	70	-	26	22	89	100
체코	20,920	1,490	6.8	108	3	77	<100.0	4	3	100	99
러시아	12,740	638	5.3	300	10	66	775	13	8	97	87
멕시코	11,990	756	6.2	122	29	74	244	35	27	95	81
아르헨티나	11,670	1,665	10.1	124	14	75	456	17	18	96	91
칠레	11,300	697	5.3	91	8	78	229	9	17	95	94
베네수엘라	10,970	396	5.1	142	18	74	598	21	24	89	83
이란	9,800	731	7.8	138	30	71	133	35	22	94	83
쿠바	9,500	363	7.1	104	5	78	52	7	10	91	98
코스타리카	9,220	743	7.0	95	11	78	235	12	22	98	96
남아프리카공화국	8,900	869	8.6	564	56	51	16,579	69	77	93	59
브라질	8,700	765	7.5	176	19	72	454	20	30	91	77
자메이카	7,050	240	5.1	177	26	72	1,371	32	25	93	83
콜롬비아	6,130	626	7.3	131	17	74	509	21	25	93	78
알제리	5,940	188	3.6	135	33	71	82	38	50	85	94
중국	4,660	342	4.5	116	20	73	62	24	23	88	65
볼리비아	3,810	204	6.6	208	50	66	120	61	55	86	43
인도네시아	3,310	87	2.2	212	26	68	106	34	41	80	52
인도	2,460	109	4.9	241	57	63	747	76	58	89	28
파키스탄	2,410	51	2.0	206	78	63	86	97	70	90	58
베트남	2,310	264	6.6	155	15	72	421	17	40	92	65
케냐	1,470	105	4.6	416	79	53	6,125	121	81	57	42
나이지리아	1,410	50	4.1	423	99	48	3,547	191	83	47	30
말라위	690	70	12.3	533	76	50	12,528	120	89	76	60
에티오피아	630	22	4.9	326	77	56	-	123	82	42	11
아프가니스탄	400	29	5.4	473	165	42	<100.0	257	76	22	30

출처: 세계보건기구(http://www.who.int/whosis/en/index.html).

사람들의 건강 상태가 나라마다 큰 차이를 보인다는 것은 세계 보건 상황의 큰 특징이다.

역사적 시기마다 그때를 대표하는 질병이 있다는 사실은 우리가 어떻게 사는지, 즉 어떤 특정한 시간과 공간에서의 사회와 문화 형태가 인간이 걸리기 쉬운 질병의 종류와 빈도를 결정한다는 것을 명백하게 밝혀준다. **그렇다면 우리는 어떻게 해서 질병에 걸리는 걸까? 우리는 다른 사람들을 어떻게 질병에 걸리게 할까? 우리는 병원균과 그것이 생성되는 환경 그리고 그 병원균의 숙주 사이에서 고유한 상호작용이 일어나는 조건을 어떻게 만들어내는 걸까? 더 나아가 인간사회의 어떤 특징 때문에 병원균이 인체에 더 치명적이거나 덜 치명적이 되는 걸까?**

이미 앞서 논의했던 많은 것이 관련성이 있다. 예컨대 인구밀도의 증가는 질병의 출현이나 빈도와 깊은 연관이 있다. 세계가 부자 나라와 가난한 나라로 분리된 것도 질병과 관련해서 큰 영향을 끼친다. 농지가 몇몇 지주의 손에 집중되면서 도시로 몰려든 농촌노동자와 농민들은 질병에 걸리기 쉽다. 경제성장을 우선으로 생각하고 보건사업을 무시하는 공공정책은 질병의 확산을 촉진한다. 국제통화기금이 주변부 국가에서 벌이는 구조조정 정책이 바로 그런 경우인데 그들은 국민보건, 위생, 교육 사업 예산의 삭감을 요구한다. 자연환경의 파괴는 질병의 발생과 확산이라는 엄청난 결과를 초래한다.

먹을 것도 돈이 있어야 살 수 있는 것처럼 치료도 돈이 있는 사람만 받을 수 있다. 자본주의 의료체계에서는 자본주의 식량체계에서와 마찬가지로 무엇을 얼마나 많이 생산할 것인지를 결정할 때 중요한 점은 필요성이 아니라 시장 수요다. 1975~1997년 새로 특허를 받은 1,233종의 의약품 가운데 오직 13종, 즉 1퍼센트만이 열대 지방의 질병을 위한 것이었다. 미국의 한 제약회사가 오늘날 주로 아프리카 사하라 사막 이남 지역에서 1년에 약 30만 명이 전염되는 수면병 치료제를 개발했다. 그러나 현재 그 약의 특허를 보유한 제약회사는 잠재 수익률이 낮다는 이유로 시장에서 판매하지 않기로 결정했다. 그 회사는 수면병 치료제의 특허를 세계보건기구WHO에 기부했으나 WHO는 그 약을 개발할 만한 자금이 없다(Tardieu, 1999 참조). 말라리아에 전염되는 사람은 1년에 50만 명쯤 되고, 해마다 그 병으로 죽는 사람은 100만~300만 명쯤 된다. 주로 가난한 나라 사람들이다. 제약회사들은 가난한 사람들이 필요한 약을 개발해서는 이익이 별로 남지 않기 때문에 치료법을 찾는 데 거의 투자하지 않는다. 국경없는의사회 국제위원회 회장이었던 제임스 오빈스키 박사는 "가난한 사람들은 구매력이 없어 시장이 그들을 버린 거죠"라고 말했다. "'돈이 없으면 죽어야지'라고 말하는 논리에 질렸어요."(McNeil, 2000 참조) 게다가 제약회사들이 해마다 연구개발비로 약 270억 달러를 투자하고 있지만 대개는 탈모나 불임, 콜레스테롤 관련 질병, 우울증과 불안, 관절염, 고혈압처럼 전 세계에서 상위 10~20퍼센트 안에 드는 부자들의 공통적인 문제들을 해결할 치료법을 개발하기 위한 것이다. 이것은 단기적으로는 경제적일지 모르지만 오늘날 질병의 확산 속도로 볼 때 모든 사람을 위험에 빠뜨릴 수도 있다.

물론 우리가 직면한 건강과 관련된 문제는 전염병만이 아니다. 대개 산업화의 직접적 부산물인 환경오염물질도 질병을 유발한다. 예컨대 산업오염물질로 악화되는 천식은 환자가 점점 늘어나고 있다. 수많은 사람이 영양실조, 기아와 같은 질병에 걸리기 쉬운 조건에 놓여 있다. 술과 담배처럼 상업적으로 많은 광고를 하는 제품들도 건강을 해롭게 하기는 마찬가지다([표 8-2] 참조). 담배 제조업자들은 1년에 5조 5,000억 개비의 담배를 생산하는데, 이것은 지구상의 모든 남녀노소가 1인당 1,000개비를 피울 수 있는 양이다. 아시아, 오스트레일리아, 극동 지역이 가장 큰 소비 지역이며(2조 7,150억 개비), 그 뒤를 이어 아메리카 대륙(7,450억 개비), 동유럽과 전 소비에트 경제권(6,310억 개비), 그다음이 서유럽(6,060억 개비)이다(World Health Organization, 2002). 금연운동과 정부 규제로 중심부 국가에서 담배 소비가 계속해서 줄어들자 중심부 국가의 담배회사들은

〔표 8-2〕 국가별 건강위기 요인*

국가	1인당 술 소비량(ℓ)	성인 남성 비만율(%)	성인 여성 비만율(%)	청소년 흡연율 (%)	성인 흡연율 (%)
아프가니스탄	0.01	–	–	9.8	–
알제리	0.15	–	–	13.8	15.2
아르헨티나	8.4	–	–	24.9	30.0
볼리비아	3.23	15.1	–	20.8	31.7
브라질	5.76	13.1	8.9	17.2	–
캐나다	7.8	13.9	15.9	–	21.6
칠레	6.6	25.0	19.0	35.5	37.9
중국	5.2	3.4	2.4	5.5	31.8
콜롬비아	5.68	16.6	8.8	32.8	–
코스타리카	5.65	–	–	18.7	16.8
쿠바	2.26	–	–	10.3	35.9
체코	12.99	16.3	13.7	35.0	31.0
에티오피아	0.86	0.7	–	7.9	4.3
프랑스	11.43	–	–	–	31.7
인도	0.29	2.8	1.3	13.7	18.6
인도네시아	0.09	3.6	1.1	13.5	35.4
이란	0	19.2	9.1	26.6	17.6
자메이카	1.74	–	–	19.5	15.0
일본	7.59	3.3	2.9	–	29.4
케냐	1.51	6.3	–	15.1	14.7
말라위	1.41	2.4	–	18.4	15.0
멕시코	4.57	28.1	18.6	28.6	24.7
나이지리아	10.57	5.8	–	18.1	7.1
파키스탄	0.01	–	–	10.1	21.1
러시아	10.32	–	–	27.3	48.5
사우디아라비아	0	–	–	15.9	14.7
남아프리카공화국	6.72	–	–	23.6	18.4
스페인	11.68	13.5	13.0	–	33.7
스웨덴	5.96	9.5	10.4	–	22.0
영국	11.75	23.0	22.3	–	35.7
미국	8.61	33.2	31.1	–	23.9
베트남	0.85	–	–	2.2	24.3

* 자료를 추출한 기준 연도는 2003년에서 2006년까지 다양하다.
출처: 세계보건기구(www.who.int/whosis/en/index.html).

정부 지원을 받아 다른 나라 사람들, 특히 여성과 청년층을 대상으로 제품을 팔려고 열을 올리고 있다. 예컨대 미국은 미국 담배를 태국이나 타이완, 대한민국과 같은 다른 나라에 팔기 위해 자유무역을 앞세우고 경제제재로 위협을 일삼으며 시장개방을 압박했다. 우리는 바로 이런 사례를 통해 자본주의 세계체계와 질병 발생 사이의 직접적인 연관성을 쉽게 찾아볼 수 있다. 그러나 자본주의 문화와 전염성 병원체 사이에 존재하는 관계는 대개의 경우 더 미묘하며 은밀하다.

전염병 사망에 대한 기본 지식

인간은 세균의 바다에서 헤엄치고 있다. 우리는 살갗 구멍과 막을 통해 세균을 먹고 호흡하고 흡수한다. 세균 대부분은 우리에게 해를 끼치지 않는다. 오히려 유익한 구실을 하는 세균도 많다. 수백만 마리의 박테리아가 우리의 내장기관에서 소화작용을 도우며 살고 있다. 자연계에서는 물질의 분해를 촉진시키는 촉매체로 작용해 식물이나 동물이 그것을 재사용할 수 있도록 한다. 우리는 그것들 가운데 많은 것을 결코 만나지 못한다. 우리와 멀리 떨어져 있기 때문이다. 그러나 인간에게 유해한 세균들도 있다. 인체에 유해한 병원성 세균에는 우리 몸에 침입해 질병을 일으키고 어떤 경우에는 죽음에까지 이르게 하는 박테리아와 바이러스, 기생충들이 있다. 그렇다면 **인간이 공유하는 전염성 병원체의 세계와 우리는 어떻게 서로 관계를 맺을까?**

이 질문에 대답하기 위해서는 병원체가 인간을 죽이려면 무슨 일이 일어나야 하는지 알아야 한다. 다시 말해 **인간은 어떻게 해서 전염병에 걸려 죽을까** 하는 문제다. 적어도 네 가지 일이 일어나야 한다. 첫째, 우리가 직접 병원체나 병균을 옮기는 곤충이나 동물들, 즉 모기나 진드기, 벼룩, 달팽이와 접촉해야 한다. 둘째, 그 병원체는 치명적이어야 한다. 쉽게 말해 우리를 죽일 수 있어야 한다. 셋째, 우리가 치명적인 병원체와 접촉한다면 병원체는 우리 몸의 면역체계를 파괴해야 한다. 끝으로 병원체는 우리 사회가 인체에 유해한 병원균을 막기 위해 어떤 수단을 개발해낸다고 하더라도 그것을 피해 갈 줄 알아야 한다. 앞으로 보겠지만 각 단계에서 인간의 행동은 매우 결정적인 역할을 한다.

인간의 어떤 행동들이 인간과 전염성 병원체와의 접촉가능성을 높이는가? 인체를 감염원에 노출시키는 데 영향을 끼치는 인간의 행동들은 여러 가지가 있다. 예컨대 병원체는 육식동물들이 다른 동물의 고기를 먹을 때 널리 퍼질 기회가 생긴다. 몰려다니는 동물들도 서로 신체적 접촉을 통해 병원체를 옮길 수 있다. 인간의 행동은 대개 문화의 영향을 받기 때문에 인구집단을 특징짓는 문화 형태는 병원체 확산이나 저지에 중요한 역할을 한다. 환경을 바꾸거나 인간 주거 형태의 크기, 밀도, 분포를 바꾸는 행위는 우리가 전염성 기생충과 접촉할 가능성을 높이거나 낮출 수 있으며, 그런 기생충집단의 번식에도 영향을 준다. 라임병의 출현은 바로 이런 여러 요소의 작용을 보여주는 좋은 사례다.

라임병은 1975년에 처음으로 알려졌는데, 코네티컷 주의 올드라임에 사는 여성과 해덤에 사는 여성이 예일 대학의 한 연구팀에 자기 아이들이 뼈마디가 아프고 불안해하고 기억력과 집중력이 떨어지는 이상한 증상을 보인다고 신고했다. 연구 결과에 따르면 오늘날 미국에 널리 퍼진 그 질병은 4종의 진드기가 옮기는 것으로 드러났다. 그렇다면 **그것은 왜 갑자기 인간의 건강을 해치는 중요한 문제가 되었을까?** 한 가지 틀림없는 사실은 인간의 주거와 여가 형태가 바뀌면서 환경도 따라 바뀌었다는 것이다.

17세기와 18세기에 뉴잉글랜드의 삼림이 상당 부분 농지로 바뀌었다. 그 후 농업이 쇠퇴하면서 다시 삼림이 복원되었지만 이전에 있었던 삼림과는 매우 다른 생태계를 이루었다. 늑대와 곰, 퓨마 같은 특정한 동물종은 사라지고 한때 그런 포식동물들이 잡아먹어 개체 수를 조절했던 사슴과 들쥐 무리가 급격하게 늘어났다. 사슴과 들쥐의 개체 수 증가로 그것들에 붙어 사는 진드기의 개체 수도 늘어났는데 진드기의 침샘에는 보렐리아라는 병원체가 서식한다. 인간들이 삼림 주변을 따라 교외에 주거지를 건설하고 여가를 즐기기 위해 숲을 찾으면서 자연스럽게 진드기에 노출되는 경우가 많아졌다. 그 결과로 인해 라임병이 생겨났다.

앞에서 설명한 것처럼 병원체와 접촉하는 것만으로 사람이 죽는 것은 아니다. 병원체는 중요한 신체기능을 멈추게 하거나 신체에 광범위하게 번식할 정도로 치명적이야 한다. 그로 인한 신체적 손상으로 결국 죽음에 이르게 될 것이다. 감기에 '걸리는 것'과 HIV에 '걸리는 것' 사이에는 아주 큰 차이가 있다. 우리는 어떤 질병이 다른 질병보다 훨씬 더 심각하다고 말하면 그냥 그런가 보다 하고 넘어간다. 하지만 현실은 훨씬 더 복잡하다. 어떤 숙주에게는 무해한 병원체가 다른 숙주에는 치명적일 수 있다. 예컨대 헤르페스 바이러스는 살아남아서 번식하기 위해 진화했다. 어떤 종류의 원숭이에게는 전혀 해가 되지 않는데 그것이 다른 종류의 원숭이에게 전염되면 100퍼센트 치명적인 타격을 입힌다(Garrett, 1994, 573쪽).

일반적으로 볼 때 기생충이나 박테리아, 바이러스가 자신의 숙주에게 심각한 해를 입히는 것은 그들을 위해 최선의 방식이 아니다. 오히려 숙주를 살아남게 해서 병원체가 생존하고 번식하고 퍼져나갈 수 있는 환경을 마련하는 것이 훨씬 더 좋은 방법이다. 더 나아가 숙주가 움직일 수 있어서 그 병원체를 다른 숙주에게 옮길 수 있다면 더할 나위 없이 좋을 것이다. 예컨대 보통 감기를 유발하는 코감기 바이러스는 콧구멍 세포에서 증식한다. 그것들은 대개 재채기나 콧물을 통해 밖으로 유출된다. 감기에 걸린 사람이 손가락으로 코를 닦고 다른 사람과 악수했을 때, 상대방은 바이러스에 감염된 공기를 마시거나 자기 손가락을 입에 댈 수도 있다. 병원체가 옮겨 다니려면 숙주는 살아 움직여야 한다. 따라서 숙주를 죽이거나 움직이지 못하게 하는 것은 비생산적이다.

그러므로 우리가 접촉하는 세균 대부분은, 심지어 전염성 있는 세균도 우리에게 거의 또는 전혀 해롭지 않다. 그러나 세균은 자신의 숙주를 해치지 말아야 한다는 법칙도 예외가 있기 마련이다. 첫째, 새로운 질병일수록 더욱더 인체에 치명적이다. 세균과 숙주가 서로 충분히 적응할 시간을 갖지 못했기 때문이다. 과거에는 없던 질병에 걸리게 만드는 인간의 행동 때문에 인간은 그 질병으로 더 쉽게 죽을 수 있다. 3장에서 본 것처럼 16세기와 17세기 남북아메리카와 중앙아메리카 원주민의 파멸은 바로 그것을 잘 보여주는 사례다. 천연두, 홍역, 유행성 감기, 심지어 어떤 경우에는 보통 감기 같은 질병에 걸려본 적이 없던 수백만 명의 원주민들이 그 질병으로 죽었다. 단순히 여행이 빈번해지는 것만으로 사람들이 치명적인 질병과 접촉할 수 있는 가능성은 높아진다. 여행자가 여행지에서 어떤 병원체와 접촉했을 때 인체에 미치는 영향은 그 지역 사람들보다 훨씬 더 치명적이다. 여행자들을 죽음으로 이끌 수도 있는 장 질환은 다만 한 가지 예일 뿐이다. 여행자들은 그 지역 원주민들의 신체에는 거의 영향을 주지 않고 번식하며 살고 있는 세균에 감염되어 심각한 상태에 이를 수도 있다. HIV-2는 아프리카 사바나원숭이의 신체에는 전혀 영향을 주지 않지만 그것이 인간에게 '건너오는' 순간 그 결과는 치명적인 것이 된다.

세균은 무해해야 한다는 법칙의 두 번째 예외는 질병이 곤충이나 동물에 의해 옮겨지거나 퍼지는 경우다. 모기나 벼룩, 진드기 같은 것들이 사람들에게 질병을 퍼뜨리고 그것들의 생존과 번식, 이동이 사람에게 의존하지 않을 때 세균은 사람들을 살려야 할지 고민하지 않아도 되며, 언제고 필요할 때 치명적인 존재로 돌변할 수 있다. 실제로 인간 숙주 안에서의 대규모 번식은 세균에 이로울 수 있다. 그것은 세균들이 모기 같은 매개체들에 붙어서 지속적으로 번식할 수 있는 가능성을 높이기 때문이다. 만일 숙주가 세균을 옮기는 매개체로부터 자신을 보호할 수 없다면 숙주가 움직일 수 없는 것이 세균에는 훨씬 더 좋을 수도 있다. 이제 알겠지만 세균은 대개 자신을 숙주에게 이동시켜주는 매개체에 매우 친절해서 매개체에게는 전혀 해를 입히지 않는다(Lappé, 1994, 25쪽). 결국 인간이 모기처럼 병원체를 보균한 매개체에 많이 노출되는 행동을 할수록 치명적인 질병에 걸릴 가능성은 그만큼 높아진다.

세 번째 예외는 오염된 물과 같은 외부의 매개물에 의해 세균이 퍼지는 경우다. 예컨대 설사병은 하천 수계를 통해 퍼져나간다면 더욱 치명적이다. 그것은 사람들 사이의 접촉도 필요하지 않다. 생물학자 파울 에발트(1993, 88쪽)의 주장에 따르면 오염된 물을 통해 전염되는 질병들은 숙주를 무력하게 만들어도 아무런 손해가 없으며 오히려 숙주 안에서 대규모 번식을 함으로써 많은 것을 얻기 때문이다. 세균이 크게 번식하면서 이불이나 옷을 세탁한 물이나 인체 배설물을 통해 급수가 오염될 가능성은 더 높아진다. 따라서 급수를 오염시키는 인간의 행동은 더 치명적인 형태의 설사병을 유발할 수 있다.

끝으로 질병이 모기 같은 곤충이나 오염된 물과 같은 외부의 매개물에 의해 전염된다는 사실은 이동의 편리함이 질병의 치명성에 영향을 끼친다는 것을 의미한다. 질병이 전염되기 쉬울수록 인체에는 더 치명적이다. 반대로 전염이 어려운 질병일수록 그 치명성은 떨어진다. 사람들 사이에 쉽게 전염되지 않는 질병이라면 인체에 해를 입히지 않고 잠복할 수 있는 세균이(따라서 다른 숙주가 나타날 때까지 기존 숙주는 살아남아 있게 한다) 숙주를 빨리 죽이거나 움직이지 못하게 하는 세균보다 유리한 것은 틀림없다. 그러므로 결핵 같은 만성질병은 몇 년 동안 숙주를 해치지 않고 인체에 잠복해 있으면서 먼저 숙주를 감염시키고 나중에 다른 숙주에게 전염시킬 수 있는 기회가 올 때까지 기다릴 수 있다. 그러나 에발트는 질병이 쉽게 전염될 수 있다면 숙주를 살려둘지 말지 고민할 이유가 없다고 주장한다. 예컨대 에볼라 같은 질병은 인체에서 금방 번식해 실제로 모든 기관을 감염시키기 때문에 감염자의 몸에서 나온 체액에 닿은 사람은 누구라도 쉽게 병에 걸린다.

쉽게 전염되지 않는 질병이 덜 치명적이라는 견해는 매우 중요한 사실을 암시한다. 예컨대 에발트의 주장에 따르면 일부일처 집단에서 발생하

우간다 사람들에게 안전한 섹스를 권하는 공익광고판. 에이즈는 특히 우간다 같은 가난한 주변부의 국가들을 강타하면서 자본주의 문화를 대표하는 질병이 되었다.

는 성병은 덜 치명적이어야 한다. 병원체가 사람들 사이에 퍼지기 위해서는 더 오랜 시간을 기다려야 하기 때문이다. 그러나 성적 접촉이 증가하면 병원체는 다른 숙주에게 이동하기 쉬워진 틈을 이용하기 위해 인체 내에서 급속하게 수를 늘리는 것이 유리하다. 에이즈를 일으키는 바이러스인 HIV가 취하는 행동이 바로 이런 것이다. 섹스 상대가 적거나 콘돔을 많이 써서 병원체의 이동이 어려운 인구집단에서는 에이즈가 덜 치명적인 형태로 바뀌었다(Garrett, 1994, 587쪽).

병원체가 이동하기 쉬운 질병이 인체에 더 치명적이라는 에발트의 가설을 보편적으로 적용할 수는 없지만 그것이 함축하고 있는 의미는 매우 중요하다. 에발트(1993, 93쪽)가 주장한 것처럼 그것은 우리가 병원체를 이동하기 어렵게 만든다면 그 병원체는 덜 치명적인 존재가 될 것임을 의미한다. 다시 말해 우리가 인위적으로 병원체의 이동을 어렵게 만든다면 그 병원체는 어쩔 수 없이 덜 치명적인 형태로 진화할 것이다. 따라서 급수를 깨끗이 하고 모기에 물리지 않도록 하고 성병이 확산되지 않도록 애쓴다면 우리는 질병을 예방할 수 있으며, 질병에 걸리더라도 최소한 생명에 지장이 없도록 할 수 있다.

인간의 행동이 어떻게 병원체와 인간을 접촉하게 하는지, 병원체를 얼마나 치명적으로 만드는지 살펴보았으니 이제 어떻게 죽음에까지 이르는지를 살펴보자. 인간에게 매우 치명적인 어떤 병원체에 감염되었다고 가정해보자. **우리를 구할 수 있는 것이 있는가?** 다행히도 인체는 고도로 진화된 정교한 면역체계가 있어 대개의 경우 세균이 우리를 해치는 것을 막는다. 세균이 인체에 침입하면 T세포라는 특수한 면역세포가 침입한 세균에 달라붙어 대식세포에게 세균을 봉쇄한 뒤 파괴하라고 신호를 보낸다. 세균을 격퇴하고 나면 면역체계는 대식세포가 지나치게 흥분해서 자기 자신까지 파괴하지 않도록 하기 위해 공격을 멈추게 한다.

면역체계는 매우 정교해서 안정된 상태에서는 극히 작은 미생물도 막아낸다. 그러나 면역체계가 약해지면, 예컨대 기아 상태에 있으면 질병과 싸울 수 없게 된다. 게다가 그런 불안정한 상태에서 세균의 수와 형태가 빠르게 바뀌는 상황이 오면 세균은 결정적으로 유리한 위치에 서게 된다. 세균은 어떻게 하면 인체의 면역체계를 벗어날 수 있는지 끊임없이 그 방법을 찾아내는 데 선수다. 바이러스와 박테리아는 인간 같은 커다란 유기체보다 훨씬 더 빠른 속도로 돌연변이를 하고 번식하기 때문이다. 따라서 어떤 세균이 인간의 면역체계를 빠져나갈 수 있게 진화한다면 그 특수한 세균의 변종은 면역체계에 강력한 적응력을 갖게 되고, 그 자손들도 더 많이 생존할 것이다. 결국 이것은 우리 몸이 방어할 수 없는 세균의 등장으로 이어질 것이다.

아주 단순한 계산으로 세균들이 변화되었거나 위협받고 있는 환경에 얼마나 빨리 적응하는지 알 수 있다. X라고 하는 어떤 세균의 변종이 Y라고 하는 동일한 세균의 다른 변종보다 1퍼센트 더 많이 번식한다고 가정해보자. 이것은 Y가 100마리 번식할 때, X는 101마리 번식함을 의미한다. 또한 X가 앞으로 30세대 안에 그 세균의 우성 형태가 된다는 것을 의미하기도 한다. 30세대는 약 700~800년의 세월로 인간에게는 매우 긴 시간이다. 그러나 세균에게 30세대는 아주 짧은 시간이다. 박테리아는 20~30분마다 번식하기 때문에 30세대는 하루면 다 흘러간다. 두 마리의 박테리아가 30세대를 이루는 순간 박테리아 수는 10억 마리로 늘어난다.

일부 세균은 이렇게 빨리 적응할 수 있는 능력을 이용해 인체의 면역체계를 회피할 수 있는 능력을 개발했다. 뎅기출혈열을 일으키는 박테리아는 혈관계에서 신체의 주요 기관으로 퍼져나가기 위해 면역체계를 이용하는 방법을 개발했다. 유행성 감기를 일으키는 바이러스는 매우 빠르게 형태를 바꾸기 때문에 한 변종 바이러스에 감염되어 면역이 되어도 다음에 나타나는 변종들까지 면역되지는 않는다. 에이즈 바이러스는 인체의 면역체계를 공격하고 파괴하는 형태로 진화했다. 그것은 단순히 에이즈 바이러스를 살아남게 할 뿐 아니라 결핵과 같은 다른 질병들이 정착하고 번창할 수 있는 기회까지 제공한다. 실제로 HIV의 치명적인 위협 가운데 하나는 바이러스의 유전자구조를 급속하게 바꾼다는 것이다. 어떤 변종은 1년에 1퍼센트씩 바꿔나간다. 인체와 인간의 의료기술이 아무리 훌륭한 방어기제를 개발한다고 해도 그런 바이러스 변종을 막을 수는 없다.

그렇다면 이번에는 우리가 치명적인 어떤 병원체를 만났는데 인체의 면역체계가 그것을 파괴할 수 없다고 가정해보자. 그다음은 어떻게 될까? 우리가 아는 한 인류는 언제나 어떤 질병이 괴롭혀도 그것을 치료하는 방법을 찾아냈다. 전 세계의 많은 사회가 종교적 의식이나 제례를 통해 약용식물이나 각종 천연자원들을 이용해 질병을 치료하려고 했다는 것은 널리 알려진 사실이다. 그러나 자본주의 문화에서 가장 성공한 사례 가운데 하나를 꼽으라면 전염병을 예방하고 치료하는 방법을 개발한 것이라는 데 의문의 여지가 없을 것이다. 전염병의 원인을 알아내고 백신과 항생제를 개발, 제조, 유통한 행위는 전 세계에 걸쳐 인간 수명을 연장했다. 전 세계 평균수명은 1955년 48세였는데 1975년 59세, 1995년 65세, 2007년에는 68.9세로 늘었다(World Bank, World Development Indicators, 2009).

그러나 불행히도 세균은 우리의 면역체계에 금방 적응하고 그것의 자연적 방어기제를 빠르게 무너뜨리면서 현대의 의약품들도 빠르게 무용지물로 만들 수 있다. 항생제를 남용 또는 오용하거나 엉뚱한 바이러스 감염의 치료제로 쓰면 기존 항생제에 내성이 생긴 새로운 변종이 생겨날 수 있다. 여러 연구에 따르면 해마다 미국의 의사들이 써주는 1억 5,000만 건의 항생제 처방전 가운데 절반이 이런 식으로 잘못 처방되거나 오용된다고 한다. 환자들은 대개 처방된 약을 먹다가 조금 호전되면 그 뒤에는 남은 약을 먹지 않는다. 이것은 항생제에 가장 잘 반응하는 박테리아를 죽이지만 영향을 받지 않은 나머지 박테리아는 더욱 내성을 강하게 만들 수 있는 결과를 초래한다. 그렇게 항생제에 대한 내성이 커진 박테리아는 서서히 그 세균의 주력으로 바뀐다. 최초 형태의 병원체들이 99.9퍼센트 파괴된다고 해도 남은 병원체는 기존의 항생제가 전혀 효능을 발휘하지 못하는 초강력 병원체가 되기 쉽다(Platt, 1996, 54쪽).

더군다나 미국에서 쓰이는 항생제의 절반이 가축이나 양어장, 생물산업에 투여된다. 단일 경작이 바로 문제의 근원이다. 오직 한 종류의 동물이나 농작물만을 키울 때 질병이 발생하면 몰살당할 가능성이 높다. 예컨대 닭고기용 닭을 키우는 농장은 한곳에서 10만 마리까지 기를 수 있다. 양어장 한곳에서 연어 수천 마리를 기르기도 한다. 그것들을 사육하는 사람들은 질병을 막기 위해 항생제를 쓰는데 병원체들은 오히려 그런 항생제에 내성을 키운 변종으로 진화해서 심지어 사람들까지 감염시킬 수도 있다. 앤 E. 플랫(1996, 52쪽)은 그 문제를 다음과 같이 요약했다.

오늘날 질병을 유발하는 박테리아는 거의 모두 약에 대한 완벽한 내성을 갖추고 있는 중이다. 항생제가 발명된 지 50년이 넘은 지금, 이 귀중한 무기를 잃고 항생제 이전의 시대로 되돌아갈 위기에 처해 있다.

우리가 직면한 큰 위험들 가운데 하나는 이제 가난한 나라에서 부자 나라로 방향을 튼 약에 대한 내성이 강해진 결핵에서 올지도 모른다는 것이다. 이 질병의 가장 위험한 근거지는 구소련에 속했던 나라들이다. 1990년대 경제붕괴 때문에 교도소에서 결핵 환자를 치료하던 의사들은 환자들에게 완벽한 약물치료를 할 수가 없었다. 이런 불완전한 치료는 1년에 1만 번이나 기존의 결핵약에 내성을 보인 사례를 유발한 새로운 변종 결핵균을 만들어냈다. 이 새로운 결핵을 고치는 데 들어가는 비용은 과거의 결핵보다 250배나 비쌌다. 결핵은 전파 속도가 빠르다. 파리에서 뉴욕으로 가는 어느 비행기 안에서 약제 내성을 가진 결핵에 감염된 우크라이나인 승객 1명 때문에 결핵에 전염된 승객이 12명이나 되었다 (York, 1999). 결핵이 적절하게 치료되지 않는다면 20일 이내에 10억 명이 새로 감염되고 3,500만 명이 죽을 것이라고 추산하는 사람들도 있다.

지금까지 우리는 인간의 행동이 전염성 병원체와 인체 사이의 관계에 어떻게 영향을 미칠 수 있는지, 일반적으로 우리가 전염병으로 죽는다는 것이 무엇을 의미하는지 살펴보았다. 이제 그것을 질병과 문화 사이의 관계로 재해석해보자. 다시 말해 자본주의 문화에서 인간의 행동이 전염병 발병과 전파에 어떻게 영향을 끼치는지 살펴보자.

문화와 질병 사이의 관계

지금까지 살펴본 것처럼 이 세상은 우리에게 해를 끼칠 수 있는 미생물들로 가득하다. 우리가 그런 미생물들과 접촉하느냐 마느냐, 그것들이 우리에게 얼마나 치명적인지, 우리 인체가 그것들과 싸울 것인지 혹은 서로 호혜관계를 이룰 것인지는 대개 우리 삶의 형태, 특히 우리가 구축하고 유지하고 재생산하는 사회적 관계와 문화의 영향을 크게 받는다. 이제 이것을 좀더 확장해서 질병을 키우거나 억제하는 인간의 특수한 문화적 적응력에 대해 알아보자. **소비자본주의의 등장은 질병의 확산에 어떻게 영향을 끼쳤을까?** 달리 말하면 **특정한 문화에 속한 인간의 행동이 어떻게 사람들을 질병의 위기에 노출시키고 전염병이 창궐하도록 만들었을까?** 문화와 질병 사이의 관계, 즉 우리가 어떤 행동을 취하고 그 행동이 인간과 세균 사이의 관계에 어떤 영향을 끼치는지를 알아보기 위해 인간 역사의 거대한 문화적 전환기, 즉 수렵채취사회에서 농경사회로 전환하는 동안 질병에 어떤 일이 일어났는지 살펴보자.

수렵채취에서 초기 농경으로

초기 수렵채취사회는 현재 우리와는 전혀 다른 차원에서 질병에 시달렸던 것으로 보인다. 지리적으로 분산된 소규모 인간집단에서는 인구가 대규모로 밀집된 현대 사회에서와 같은 방식으로 전염병이 발생하고 전파되지 않았다. 초기 인간사회에 존재했던 병원체들 대부분은 생존을 인간이 아닌 숙주에 의존했음이 틀림없다. 따라서 병원체가 인간에게 감염되는 시점은 인간이 아닌 숙주가 번식하는 주기였다. 병원체들이 자신의 생존을 인간이 아니라 숙주에게 의존했기 때문이다.

초기 인간사회에서 사람들은 동물과의 접촉으로 광견병, 탄저병, 살모넬라 식중독, 보툴리누스 중독, 파상풍과 같은 질병에 걸렸을 것이다 (Cohen, 1989, 33쪽). 아마도 동물의 몸에 감염된 기생충이 사냥꾼의 인체에 우연히 옮겨갔을 것이다. 말라리아와 황열병은 모기, 그 밖의 다른 질병들은 진드기가 옮겼다. 마크 코언이 『건강과 문명의 발생』*Health and the Rise of Civilization*(1989)에서 자세히 설명한 것처럼 이런 질병들은 좀처럼 큰 타격을 주지 않고, 사람에게서 사람으로 직접 전파될 수 없으며 많은 희생자를 내지 않는다. 그러나 그때까지 인간들에게 그런 질병들에 대한 면역체계가 갖춰지지 않았고 그 성가신 병원체가 인간을 숙주로 보지 않았기 때문에 그 질병들은 대개 인체에 치명적이었다.

그 밖에도 사람들끼리 전염되는 질병들도 있었다. 이런 질병들은 전염될 기회를 노리며 아주 오랫동안 숙주 안에 잠복해 있다가 호흡이나 재채기, 기침을 통해 또는 여러 사람이 함께 음식을 먹는 것처럼 아주 단순한 접촉만으로도 병원체를 옮길 수 있다. 아마도 딸기종이나 헤르페스 바이러스, 다양한 장질환이 바로 그런 부류에 속할 것이다(Cohen, 1989, 37쪽). 질병은 사람들과 공존하는 기간이 길수록 덜 치명적인 형태로 진화하기 때문에 우리가 오늘날 가벼운 증상으로 인식하는 질병들도 초기에 발병했을 때는 지금보다 인체에 훨씬 더 심각한 피해를 입혔을 것이다.

그러나 인간사회가 문화와 질병 사이에서 완전히 새로운 관계로 발전한 것은 약 1만 년 전에 수렵채취사회에서 정착 농경사회로 바뀌면서였다. 사람들은 정착하면서 아마도 병원균을 훨씬 덜 접촉하게 되었고 한곳에 오랫동안 머물게 되면서 자연스럽게 그 지역의 박테리아와 바이러스, 기생충에 대한 면역력이 점점 더 강해졌을 것이다. 한곳에 정착하면서 아픈 사람을 돌보기도 쉬워졌다. 그러나 코언이 지적한 것처럼 한곳에 정착한다는 것은 크게 불리한 점도 있었다. 첫째, 정착사회는 원거리 교역을 해야 할 필요성이 점점 늘어나면서 서로 다른 인구집단들 사이에 접촉이 빈번해졌고, 그 결과 한 집단에서 다른 집단으로 질병이 퍼져나갔다. 둘째, 정착민들은 병원체가 퍼져나가기에 더 좋은 조건을 만들어냈다. 반영구적인 주거지는 벼룩이나 빈대, 쥐 같은 질병을 옮길 수 있는 해로운 곤충과 동물이 좋아하는 곳이었다. 게다가 쓰레기와 인간 배설물이 쌓이면서, 특히 수원지가 인간 배설물로 오염되면서 병원체들이 번식하고 퍼져나가기에 좋은 환경이 마련되었다.

셋째, 원예와 축산, 농사를 통해 자연환경이 바뀌자 사람들은 새로운 질병에 노출되었다. 인간의 환경개조로 만들어진 저수지나 인공연못에는 말라리아 박테리아를 보균한 모기가 들끓었다. 인공연못과 관개수로는 주혈흡충병을 옮기는 달팽이들이 번식할 장소를 제공했다.

넷째, 조리기술이 발전하면서 특히 도기는 음식을 더욱 완전하게 요리할 수 있게 해서 질병을 옮기는 병원체를 파괴하기도 했지만 뚜껑이 없는 항아리 같은 것은 일부 박테리아의 배양을 도왔다. 음식을 오랫동안 보존하기 위해 저장하는 것은 박테리아 증식과 곰팡이의 오염가능성을 높였고 질병을 옮기는 해로운 곤충과 동물을 끌어들였다.

끝으로 사람들은 가축들과 일상적으로 접촉하면서 또 다른 질병의 감염에 노출되었다. 가축과 빈번하게 접촉하는 과정에서 그 동물에 기생하던 촌충 같은 기생충이 사람을 숙주로 삼을 수 있는 기회가 마련된 것이다. 인간이 앓는 호흡기질환 가운데 대부분이 가축을 사육한 뒤부터 발생했다는 증거가 있다. 홍역, 천연두, 유행성 독감, 디프테리아처럼 과거에 한때 사람들이 공통적으로 앓았고 지금도 위세를 떨치고 있는 온갖 질병이 본디 가축에서 온 것이라고 한다(Cohen, 1989).

인간의 묘지

농업이 세균과 인간 사이의 관계를 크게 바꾼 것처럼 인간이 자의든 타의든 도시로 몰려가면서 상황은 전염병에 유리하게 바뀌었다. 쉽게 말하자면 일정한 면적 안에 사람이 많아질수록 감염원이 사람들 사이를 옮겨 다니는 것은 더욱 쉬워진다. 예컨대 지금부터 2,000~4,000년 전에 사람들은 벌써 조밀한 주거환경과 질병의 발병과 관련이 있는 이, 빈대, 진드기의 횡행을 기록했다. 고대 로마에 살았던 사람들 가운데 30세까지 산 사람은 3명 중 1명이었다. 반면에 농촌에 살았던 사람들은 70퍼센트가 30세까지 살았다(Garrett, 1994, 236쪽). 기원전 430년 아테네에서는 뭔지 모르는 전염병으로 인구의 절반이 죽었다.

도시는 이미 6,000~7,000년 전부터 있었지만 그 규모가 급격하게 증가하기 시작한 것은 자본주의 세계체계가 팽창하면서부터였다. 도시는 경제활동의 중심지가 되었고 그 자체가 교역 증대를 위한 중요한 이유 가운데 하나였다. 또한 도시는 농업의 상업화나 자본화의 결과로 성장했다. 점점 더 많은 사람이 땅을 빼앗기고 어쩔 수 없이 도시에서 살길을 찾아야 했기 때문이다. 이런 현상은 처음에는 중심부 국가에서 시작해 나중에는 주변부 국가로 번져나갔다.

특히 선페스트, 문둥병(한센병), 콜레라, 결핵, 매독 등 다섯 가지 질병은 도시환경이 점점 확대되면서 널리 퍼지기 시작했다고 볼 수 있다. 선페스트는 앞서 3장에서 본 것처럼 14세기에 중앙아시아의 상인과 침략자들이 서쪽으로는 유럽, 동쪽으로는 중국을 침입하면서 퍼졌으며 인구, 경제, 사회와 관련된 문제가 터질 때마다 주기적으로 다시 등장했다. 도시들은 질병이 발생하면 여행자들이 시내로 진입하는 것을 막거나 그 책임을 물을 희생양을 찾아냄으로써 자신들을 보호하려고 했다. 유대인을 비롯해 사탄 숭배자로 의심되는 수만 명이 그런 희생양이 되어 살해당했다. 스트라스부르 한 도시에서만 유대인 1만 6,000명이 죽었다. 채찍질고행형제단이라는 기독교 단체는 그 질병 발생에 책임이 있다고 믿는 죄를 씻어내기 위해 쇠못이 박힌 가죽 채찍으로 자신의 몸을 후려쳤다(Garrett, 1994, 238쪽). 1665년 흑사병이 런던을 강타했을 때는 하루에 3,000명이나 희생될 정도로 많은 사람이 죽었다.

문둥병은 특별히 기생충이 인체에 적응한 좋은 예다. 이 질병은 1200년 유럽을 휩쓸었다. 도시로 사람들이 점점 몰려들자 추위 때문에 목욕을 게을리 하고 모직 옷을 입고 여러 사람이 함께 방을 쓰면서 쉽게 퍼져나갔다. 이 질병은 팔다리의 신경을 공격해 감각을 마비시키는 박테리아가 인체의 접촉을 통해 전염되면서 발병한다. 손가락, 발가락이 감각을 못 느끼기 때문에 처음에는 환자가 아픈 것을 모르다가 나중에 신체 외관이 손상되고 붉은 반점 같은 상흔이 드러난다. 1980년이 되어서야 비로소 전 세계 50억 명의 인구 대다수가 문둥병 박테리아에 대한 항체를 갖게 됨으로써 문둥병의 위협에서 벗어났다(Garrett, 1994, 239쪽).

콜레라는 1830~1896년 네 차례에 걸쳐 전 세계 도시들에서 대참사를 일으킨 전염병인데, 오염된 식수와 하수시설이 원인이었다. 1849년 세인트루이스에서는 이 병으로 인구의 10퍼센트가 죽었다. 1847년 메카에서는 약 1만 5,000명의 주민과 순례자가 죽었고 1865년에는 또다시 3만 명이 죽었다. 1847년 런던에서는 5만 3,000명이 죽었다. 권력자들은 그 질병이 가난한 사람들이 몰려 사는 곳에서 발생했기 때문에 발병 원인을 하층계급의 '부도덕함'으로 돌렸다. 그러나 1849년 런던의 의사 존 스노는 급수시설을 통해 콜레라가 전염되었다는 것을 입증해냈다. 스노는 콜레라에 걸린 사람들이 많은 동네로 식수를 공급하던 급수시설의 펌프 손잡이를 제거했다. 그러자 그 지역에 더는 콜레라가 퍼지지 않았다. 그러나 급수시설을 통해 콜레라가 전파된다고 정부 당국을 설득해서 그에 대한 조치를 취하기까지는 몇 년이 더 걸렸다.

결핵은 19세기에 가장 치명적인 질병이었다. 결핵균은 다른 세균과 마찬가지로 고대부터, 적어도 기원전 5000년부터 존재했다. 결핵은 잠복기간이 긴 질병이다. 숙주를 감염시킨 뒤 몇 개월에서 몇 년을 잠복하고 있다가 마침내 발병해서 숙주를 죽인다. 그러나 감염된 결핵균이 실제 발병으로 이어지는 비율은 10퍼센트밖에 안 된다. 결핵균은 보균자가 극히 미세한 물방울을 방출함으로써 다른 사람에게 전염되므로 인구가 조밀하고 폐쇄된 공간, 특히 도시의 빈민가 같은 곳에 사는 사람들이 걸리기 쉽다.

조밀한 인구 구성이 결핵의 발병에 어떤 영향을 미치는가 하는 것은 미국의 역사에서 명백하게 나타난다. 1830년 보스턴에서 결핵에 걸려 죽은 사람은 대강 1,000명 가운데 21명으로 인구수가 훨씬 더 많은 런던의 절반 수준이었다. 그러나 1850년 보스턴의 인구가 늘어나자 결핵사망률은 1,000명 가운데 38명으로 늘어났다. 매사추세츠에서는 1834~1853년 결핵감염률이 40퍼센트나 증가했다. 그 뒤 19세기 말로 가면서 이유는 모르지만 결핵감염률이 감소하기 시작했다. 1900년 결핵으로 죽은 미국인은 10만 명 가운데 200명 정도였다. 그러나 항생제 치료법이 개발되기 전인 1940년에 그 비율은 10만 명 가운데 60명으로 줄어들었다.

왜 결핵사망률이 감소했는지에 대한 논쟁이 이어지면서 여러 가설이 나왔다. 어떤 사람들은 영양 상태가 좋아지면서 결핵균에 대한 저항력이 커졌기 때문이라고 주장한다. 1952년 르네 뒤보는 인간 행동과 질병 사이의 관계를 처음으로 규명한 『폐결핵』*The White Plague*에서 주거환경의 개선과 더불어 산업혁명기 동안 비참한 노동조건이 사라지면서 결핵사망률이 감소했다고 주장했다.

로리 개릿(1994, 244쪽)은 결핵이 감소한 원인의 실마리를 남아프리카공화국의 사례에서 발견할 수 있다고 주장했다. 1938~1945년 남아프리카공화국에서는 항생제 사용과 질병 감염에 대한 이해가 높아졌는데도 결핵사망률이 88퍼센트나 증가했다. 케이프타운은 100퍼센트, 더반은 172퍼센트, 요하네스버그는 140퍼센트나 늘었다. 도시의 감염률은 전체 주민의 7퍼센트에 이르렀지만 농촌 지역은 가난과 기아로 허덕이는데도 1.4퍼센트 미만이었다. 실제로 결핵에 걸린 사람들은 모두 흑인이나 아시아계 사람들로 '유색' 인종이었다.

개릿(1994, 245쪽)은 주거환경을 결핵 발병의 가장 큰 원인으로 보았다. 그 기간에 남아프리카공화국은 18세기와 19세기의 유럽처럼 국내에서 산업혁명이 진행 중이었고 따라서 값싼 노동력이 필요했다. 그때까지 값싼 노동력의 원천이었던 흑인과 유색인들은 법에 따라 정부가 지정한 지역에 살아야 했고 이동을 제한하는 신분증을 소지해야만 했다. 정부는 백인 주민들의 주택에는 보조금을 지급했다. 그러나 결핵이 확산되던 시기에 정부가 후원하는 흑인용 주택사업은 471퍼센트나 감소하면서 생활조건이 나락으로 떨어졌다. 남아프리카공화국의 의료 당국은 결핵 발병의 원인이 흑인들의 유전자 특징 때문이라고 근거 없는 주장을 하며 자본주의 경제의 팽창이 초래한 고통의 피해자에게 오히려 그 책임을 돌렸다.

또한 도시는 매독과 같은 성병이 나타나기에 아주 좋은 조건을 제공했다. 조밀한 인구, 도시생활의 익명성, 독신자의 유입, 특히 일자리를 찾는 독신 남성의 증가는 성적 접촉, 동거, 매춘의 증가를 촉진했다.

매독의 기원에 대해서는 약간의 논란이 있다(Baker and Armelagos, 1988 참조). 매독은 성적 접촉으로 박테리아가 전염되거나 매독에 걸린 여성이 출산할 때 아기에게 전염된다. 매독이 유럽에 처음 알려진 것은 1495년 나폴리와 싸우던 프랑스 병사들 사이에서였다(그래서 초기에는 매독을 '프랑스병'이라고 불렀다). 그 후 2년도 지나지 않아 전 세계로 퍼졌는데 당시에는 오늘날보다 훨씬 더 치명적인 질병이었다. 또한 매독의 발병은 콜럼버스의 선원들이 신세계를 발견하고 돌아온 때와 우연히 일치했기 때문에 매독의 발원지를 아메리카 대륙으로 믿는 학자가 많았다. 아메리카 대륙에서 생겨나서 유럽의 정복자들을 통해 전 세계 각지로 퍼져나갔다는 것이다. 어떤 사람들은 신세계 원주민들이 매독으로 죽은 정도로 볼 때, 매독의 발원지가 아메리카 대륙이라면 신세계의 원주민들이 당연히 보유했을 면역체계가 그들에게 없었다는 것을 암시한다고 주장한다. 그러나 또 다른 사람들(Hudson, 1965 참조)은 매독균이 전 세계 아이들에게서 쉽게 볼 수 있는 경미한 피부질환인 딸기종 박테리아와 똑같다고 하면서 그 박테리아가 딸기종으로 발전할 것인지, 매독으로 발전할 것인지는 그 지역의 위생조건에 달려 있다고 주장한다. 기원이 어떻든 간에 매독은 16~20세기 유럽 전역의 도시들로 퍼져나갔다.

14세기부터 19세기까지 흑사병, 문둥병, 콜레라, 결핵, 매독 같은 질병이 널리 퍼질 수 있는 조건을 만들어낸 도시화의 속도는 20세기에 특히 주변부 국가에서 급속도로 진행되었다. 1950년에 인구가 1,000만 명이 넘는 메가시티는 뉴욕과 런던 두 곳뿐이었다. 그러나 1980년에는 부에노스아이레스, 리우데자네이루, 상파울루, 멕시코시티, 로스앤젤레스, 뉴욕, 베이징, 상하이, 도쿄, 런던 열 곳으로 늘었다. 오늘날 전 세계 인구의 50퍼센트 이상이 2,000개 이상의 도시에서 살고 있다(Population Reference Bureau, 2009). 이런 도시 거주자들 가운데 많은 사람이 농촌 지역에서 도시로 몰려온 새로운 이주자들이었다. 그들은 수백 년 동안 그랬던 것처럼 농업 생산과 부의 지속적인 집중 그리고 경제성장을 위해 값싼 노동력을 제공해야 하는 정부 정책 때문에 강제로 땅에서 쫓겨나 일자리를 찾아 도시로 몰려들 수밖에 없었다. 이렇게 밀집된 도시의 인구는 지난 오랜 세월 그랬던 것처럼 앞으로도 끊임없이 질병의 발생과 보급의 중요한 온상이 될 것이다.

뉴욕과 런던이 메가시티 지위에 도달하고 있었을 때 그 두 도시가 속한 나라는 모두 세계에서 가장 부유한 나라였다. 두 나라는 풍부한 재정을 바탕으로 도시의 성장에 발맞추어 위생시설과 공공보건망, 의료체계를 구축해 늘어나는 인구를 수용하고 인구밀집이 초래하는 특별한 문제들을 해결할 수 있었다. 그러나 새롭게 성장한 메가시티들 대부분은 동아시아의 일부 도시를 제외하고는 그렇게 풍요롭지 못하다. 그들 도시는 전례 없이 급속도로 인구가 늘었을 뿐 아니라 국가 자체가 경제위기에 놓여 있다. 브라질, 이집트, 멕시코, 인도 같은 나라들은 외채 때문에 늘어나는 도시인구를 수용할 수 있는 시설을 구축할 수 없다. 그 나라의 도시민들은 18세기와 19세기 유럽과 미국에서 빈곤이나 질병에 시달리던 사람들 못지않게 엉성하게 지은 빈민가와 판자촌에서 산다. 그 나라들보다 더 부유한 도시들도 그런 성장 속도를 따라갈 수 없다. 1985년 도쿄의 주민들 가운데 하수시설을 적절하게 갖춘 주택에서 사는 사람은 40퍼센트도 안 되었다. 제대로 처리되지 않은 인간 배설물이 몇 톤씩 바다에 버려졌다. 또 다른 부자도시인 홍콩은 미처리된 배설물 100만 톤을 날마다 중국해에 버리고 있었다. 가난한 나라의 도시들은 물론 이보다 상황이 더 열악했다. 1980년 마닐라 주민의 88퍼센트가 무허가 주거 지역에 폐목재, 마분지, 양철, 대나무로 얼기설기 지은 집에서 살았다. 나이로비의 빈민가에는 도시 주민의 40퍼센트가 살았는데 도시의 공식 지도에도 교묘하게 빠져 있었다(Garrett, 1994, 251쪽).

유엔의 한 보고서에 따르면 주변부 국가의 도시 빈민가에서 자라는 아이가 사전에 막을 수 있는 전염병에 걸려 다섯 살이 되기 전에 죽을 가능성은 같은 나라 농촌에 사는 아이보다 40배나 더 높다고 한다. 이것은 중심부 국가도 예외가 없다. 1993년 세계보건기구는 미국이 도시 빈민층에게 건강보험의 혜택을 제공하지 않는 까닭에 알바니아나 멕시코, 중국보다 백신접종률이 뒤졌다고 발표하면서 미국에서 도시 빈민층 아이들이 질병에 얼마나 무방비한 상태로 방치되고 있는지를 확인했다(Garrett, 1994, 512쪽).

따라서 대개 노동력의 이동과 상업의 확대에 따른 인구통계학적 분포의 변화는 병원체가 번식하고 퍼져나가기 좋은 환경, 즉 활동의 근거지를 확대하려고 호시탐탐 기회를 엿보고 있는 병원체에 유리한 환경을 끊임없이 창출한다. 덜 익은 돼지고기 등에서 볼 수 있고, 때로는 인간의 뇌까지 뚫고 들어가는 촌충이 일으키는 질병인 낭충증이 좋은 예라고 할 수 있다. 전염병 학자들은 멕시코시티 주민들 가운데 낭충증에 걸린 사람들을 조사한 결과, 고기를 사 먹을 돈이 없는 그들이 덜 익은 돼지고기를 먹어서 감염된 것이 아니라 도시에 먹을 물을 공급하는 주 상수원인 툴라 강이 심하게 오염되었기 때문이라는 사실을 알아냈다. 강 하류의 빈민가에 사는 가난한 주민들 수만 명이 도시의 하수시설 때문에 낭충증에 감염되었다. 새로운 환경에 적응한 기생충은 금방 주변으로 퍼져나간다. 1980년 이 병원체는 멕시코에 갔다 돌아온 여행객이나 멕시코에서 미국으로 이주하거나 방문한 사람들을 통해 로스앤젤레스에도 퍼져나갔다.

환경변화와 질병

도심은 상업의 발전과 산업화 증대, 상업·산업 중심지들 사이를 이어주는 금융 중추의 필요성 때문에 자연스럽게 등장했다. 그러나 지난 50년 동안 질병 확산에 영향을 미친 환경과 사회의 변화는 매우 조직적이고 의도적이었다. 우리는 수백만 에이커의 땅을 침수시킬 거대한 수력발전소들을 치밀하게 계획하고 건설한다. 그 과정은 수인성 전염 기생충들이 번식할 새로운 환경을 창조한다. 또한 우리는 조직적으로 수백만 에이커의 열대우림을 파괴한다. 그 과정에서 질병을 옮기는 곤충이나 동물들이 서식할 장소가 새롭게 만들어진다. 우리는 사람들이 이전에 전혀 가본 적이 없는 곳으로 데려갈 도로들을 계획하고 건설한다. 따라서 사람들은 과거에 전혀 겪어보지 못한 새로운 병원체에 노출된다. 우리가 거주지를 확대하면 생태계의 균형이 바뀐다. 한때 인간이 아닌 종에만 감염되었던 세균이 인간도 감염시키는 변종으로 진화하는 환경이 마련되고 있다. 이미 잘 알고 있는 것처럼 우리는 처리되지 않은 하수와 오물을 그대로 바다와 배수구에 버린다. 그것은 질병을 전 세계로 확산시킬 뿐 아니라 새로운 병원체의 출현을 돕는 거대한 진화 매개체를 창출한다. 오늘날 전쟁은 과거의 군대가 감히 상상할 수 없었던 방식으로 환경을 파괴하며 그 과정에서 병원체들이 번식할 기회가 마련되고 있다.

예컨대 1985년 모리타니, 세네갈, 말리 정부는 세네갈 강에 다이마 댐을 건설했다. 댐 건설로 1만 헥타르의 사막 토양에 관개용수를 공급함으로써 그곳은 사탕수수와 감자, 박하, 쌀을 생산하는 농경지로 바뀌었다. 농업이 번창하면서 그 지역의 많은 부족민이 부자가 되었다(Platt, 1996, 45쪽). 그러나 댐 건설과 함께 전염병도 돌기 시작했다. 하수시설이 부실한 데다 그 지역 주민들이 마시고 몸을 씻고 빨래하는 관개수로는 설사병을 일으키는 박테리아에 감염되었다. 또한 댐은 이전에 내륙으로 200킬로미터까지 관통하던 바닷물의 흐름을 막았다. 바닷물은 그동안 달팽이의 서식을 막았지만 댐은 달팽이가 옮기는 주혈흡충병을 전염시킬 아주 이상적인 조건을 만들었다. 1988년 주혈흡충병에 걸린 첫 번째 사례가 발생한 뒤, 1990년에 주민의 60퍼센트가 같은 증상을 보였다. 박하를 재배해서 많은 돈을 번 한 마을에서는 주민의 91퍼센트가 그 병에 감염되었다.

주혈흡충병은 아주 오래된 질병이다. 이집트 미라들도 감염된 흔적이 있으며 기원전 200년경 벼농사가 번창하던 중국에서도 같은 병이 만연했다. 오늘날 열대 지역에서 주혈흡충병은 말라리아 다음으로 심각한 전염병이다. 그 질병을 옮기는 달팽이가 많이 사는 얕은 물에 들어가 일하는 농어민들이 주로 걸린다. 감염된 사람의 배설물에 섞여 나오는 기생충의 애벌레가 급수시설에 침투해서 흘러 다니다가 달팽이나 다른 사람을 감염시켜 전염된다(Platt, 1996, 47쪽).

일부 지역에서는 그 질병이 널리 퍼진 줄 모르고 지내는 경우도 있다. 캐서린 A. 데트윌러(1994, 46쪽)는 말리에서 질병에 대해 인류학적으로 연구하고 있었다. 그녀는 한 어린 소년에게서 오줌 시료를 채취했는데 거기에는 피가 흥건했다. 그 오줌 시료 1밀리리터에는 주혈흡충의 알이 500마리나 있었다. 그것은 데트윌러가 사용한 기술로 측정할 수 있는 최대치였다. 그녀가 깜짝 놀라 바라보자 그 아이는 "왜요?"라고 물었다. 데트윌러가 "네 오줌은 항상 이러니?"라고 되묻자 그 아이는 "네"라고 대답하고는 "당연한 거 아닌가요? 다른 사람들도 다 그렇지 않나요?"라고 의아하다는 듯이 되물었다. 그녀는 나중에 어떤 공동체에서는 소년이 처음으로 피 섞인 오줌을 누면 소녀들이 처음 월경을 하는 것과 같은 현상으로 보고, 그것으로 그 소년이 이제 성적으로 성숙했다고 인정한다는 것을 알았다. 또 어떤 공동체에서는 소년들이 이런 징표를 보이면 성인식과 같은 통과의례를 열어주었다.

한편 브라질에서 아마존 밀림을 관통하는 간선도로가 완성되었을 때, 오로푸체oropouche라는 새로운 질병이 벨렘에 사는 주민들을 강타하기 시작했다. 주민 1만 1,000명이 그 병에 걸렸다. 그곳 주민들은 카카오 재배를 위해 삼림을 벌목하면서 그 질병을 유발하는 바이러스를 보균하고 있는 날벌레들의 서식지를 건드렸고, 버려진 카카오 껍데기는 그 곤충들이 알을 낳기 좋은 장소가 되었다. 게다가 주민들이 사는 거주지와 접촉이 잦아지면서 질병이 널리 퍼질 수 있는 기회도 늘었다.

삼림, 특히 열대우림을 파괴했을 때 질병이 발병하게 되는 이유 가운데 하나는 그곳에 다양한 곤충 종이 살기 때문이다. 1헥타르의 열대우림에 뉴잉글랜드 전역 또는 영국 전체에서보다도 더 많은 곤충 종이 산다. 인간이 곤충들의 서식지를 파괴하는 순간, 새로운 서식지와 숙주를 찾아 나선 곤충과 병원체는 사람들과 접촉하게 된다. 따라서 인간이 어떻게 자기 주변의 환경을 바꾸고 새로운 환경을 창출하느냐는 인간이 질병에 노출되는 문제와 매우 긴밀한 관계가 있다(〔표 8-3〕 참조).

우리는 해마다 전 세계를 떠도는 유행성 독감의 사례에서 인간이 어떻게 질병에 스스로 노출되는지를 살펴볼 수 있다.

〔표 8-3〕 전염병 발생의 원인과 대표적인 질병의 예

발병 원인	전염병
자연환경의 변화	
삼림파괴	말라리아, 출혈열, 광견병, 라임병
농업과 관개시설	아르헨티나출혈열, 일본 뇌염, 볼리비아출혈열, 주혈흡충병, 유행성 독감
댐, 도로 건설	주혈흡충병, 말라리아, 리프트밸리열
불량한 하수 위생시설	설사병, 말라리아, 주혈흡충병, 림프성 사상충증, 사상충증, 뎅기열, 황열병, 콜레라, 메디나충증, 일본 뇌염, 살모넬라 식중독, 용혈성 요독증후군, 크립토스포리디움증, 편모충증
기후변화	한타바이러스 신증후출혈열, 흑사병, 말라리아, 주혈흡충증, 각종 곤충 전염병
인구변화	
도시화	황열병, 말라리아, 뎅기열, 급성호흡기질환, 흑사병, 콜레라
교역, 여행, 이민 증가	콜레라, 황열병, 유행성 독감, 뎅기열, 뎅기출혈열, 폐렴, 에이즈
사회환경의 파괴	
공중보건의 붕괴	홍역, 디프테리아, 백일해, 결핵, 콜레라, 유행성 독감, 에이즈, 각종 성병
전쟁과 시민 소요	말라리아, 콜레라, 디프테리아, 수인성 질병
활발한 성생활	B형 간염, C형 간염, 에이즈, 각종 성병
정맥 마약 주사	에이즈
항생제 남용	항생제 내성 말라리아, 결핵, 포도상구균, 폐렴, 장구균, 임질 등
기타	
에어컨	레지오넬라증
초강력 흡수 지혈용 솜뭉치	독성쇼크증후군
원인 미상	A군 연쇄상구균, 에볼라출혈열

인간생태학과 질병: 닭, 돼지, 야생조류

유행성 독감은 주기적으로 나타나는 현상이다. 해마다 미국의 질병통제센터CDC는 그해에 가장 널리 유행하는 독감의 종류를 확인해서 그것을 막을 예방백신을 개발하기 위해 애쓴다. 독감 바이러스는 전염성이 매우 강하다. 독감에 감염된 사람이 재채기로 내뿜는 극히 작은 체액 한 방울에 바이러스 입자가 5만 개에서 50만 개까지 들어 있다. 유행성 독감은 기도 윗부분을 공격해서 거기에 늘어선 매우 가느다란 세포들을 파괴하고 바이러스가 호흡기로 들어갈 수 있게 한다.

유행성 독감이 처음 역사에 등장한 것은 1173년 유럽에서였다. 그것이 전 세계로 퍼진 때는 1580년(Crosby, 1976)으로 아시아에서 시작해 아프리카를 거쳐 북아메리카로 옮겨갔다. 1600년부터 시작해 1918년의 치명적인 독감(스페인 독감을 말한다 ― 옮긴이)에 이르기까지 약 6~9종의 독감이 유행했다. 1918년 독감으로 전 세계에서 약 5,000만~1억 명이 죽었는데, 미국에서만 약 70만 명이 죽었다. 일부 국가는 엄청난 인명손실을 입었다. 가나는 전체 인구의 5퍼센트, 서사모아는 20퍼센트가 죽었다. 또한 1957년과 1958년에도 미국에서만 7만 명이 죽은 심각한 전염병이 돌았다. CDC는 해마다 오는 보통의 감기철에도 병원을 찾는 감기 환자가 20만 명에 이르며 그들 가운데 3만 8,000명이 죽는다고 추산한다. 사망자 대다수는 65세가 넘는 고령자들이다.

그렇다면 **1918년의 독감과 같은 규모의 치명적인 유행성 독감이 나타날 가능성은 얼마나 되며, 그것은 어떻게 해서 그처럼 인체에 치명적인 것으로 바뀔까?** 1918년에 유행한 치명적인 독감은 미국에서만 약 200만 명의 목숨을 앗아갔다. CDC는 '중간 수준의 유행성 독감'으로도 74만 명이 병원치료를 받아야 하고 20만 7,000명이 죽을 수 있다고 추산한다. 최근에 발생한 '조류독감'H5N1이라는 유행성 독감은 감염자의 사망률이 30퍼센트에 이른다고 가정했을 때 약 1,600만 명이 죽을 수 있다. 게다가 그것이 더 최근에 발생한 '돼지독감'H1N1처럼 전염 속도가 빨라진다면 더욱 치명적인 독감이 될 것이다. 그렇다면 **유행성 독감의 실체는 무엇이며, 어디서 오는 걸까? 그리고 인간의 행동, 그 가운데서 특히 교역 확대는 독감의 발생과 전파에 어떻게 영향을 줄까?**

유행성 독감의 기원: 조류독감과 돼지독감

유행성 독감은 대개 왜가리와 기러기처럼 철 따라 이동하는 야생물새, 또는 닭, 오리, 칠면조 같은 가금류, 돼지나 때로는 말 같은 가축들의 유전물질이 인간에게 전이되는 것과 밀접한 연관이 있는 인간생태학적 질병의 완벽한 사례다. 독감 바이러스는 대개 야생조류의 체내에 있는데 새들에게는 전혀 해를 입히지 않는다. 철새가 이동하면서 배설물을 통해 가금류에게 바이러스가 전달될 수도 있고, 철새와 가금류가 영역 다툼을 하거나 먹이와 물을 놓고 싸우는 가운데 전염될 수도 있다(Garrett, 2005 참조). 그러면 가금류는 그 바이러스를 돼지 같은 다른 가축들에게 퍼뜨리고 돼지는 마침내 그 바이러스를 인체에 침투시킨다. 그러나 그것은 조류독감처럼 야생조류나 가금류에서 인체로 직접 전염될 수도 있다.

아시아, 특히 중국 남부 지역은 언제나 유행성 독감의 주요 배양기 구실을 했다. 그렇게 된 데는 여러 가지 이유가 있다. 첫째, 그 지역의 농장들은 대개 농가 주변에 축사를 두고 돼지와 함께 많은 가금류를 기른다. 바이러스가 가금류를 통해 돼지로, 다시 돼지에서 사람에게로 옮겨갈 수 있는 좋은 여건이 마련되어 있다. 둘째, 중국의 조밀한 인구는 철새들의 이동경로를 바꾸었다. 그래서 결국 철새들이 농가나 산업지대, 공원 같은 곳에서 먹이와 물을 찾을 수밖에 없게 만들었다. 그러나 앞으로 살펴보겠지만 모든 나라에서 고기를 먹는 사람들이 점점 늘어나면서 전 세계가 유행성 독감의 배양기로 바뀌고 있다.

독감 바이러스가 한 생물 종에서 다른 생물 종으로 퍼져나가면서 자신의 형태를 자유자재로 바꿀 수 있는 것은 바로 독감 바이러스의 유전자 구조 덕분이다. 이 바이러스는 단백질로 느슨하게 감싸인 리보핵산RNA

으로 구성된 8개의 유전자로 만들어져 있다. 유행성 독감 바이러스의 유전자 하나하나에는 2개의 표면단백질을 생성시키는 정보가 하나씩 있다. 헤마글루티닌H이라는 표면단백질은 바이러스가 숙주의 수용기 세포에 달라붙게 하는 갈고리 구실을 한다. 바이러스는 거기서 세포로 침투한 뒤 번식하기 시작한다. 또 다른 표면단백질인 뉴라미데이즈N는 바이러스가 숙주 안에서 세포 사이를 이동할 수 있게 한다. H는 15개, N은 9개의 서로 다른 종류가 있다. 이것들은 독감 바이러스의 특수한 형태들을 규정한다. 따라서 1918년에 유행했던 독감은 H1N1의 특수형이었고, 1997년 유행했던 독감은 H5N1의 특수형이었다(Sherman, 2006, 398쪽: Barnes, 2005, 341쪽).

독감 바이러스는 매우 너저분하게 번식한다. 그리고 따로 떨어져서 자신이 감염시키려는 세포로부터 유전물질을 쉽게 흡수할 줄 안다. 따라서 또 다른 바이러스가 나타나면 그것이 흡수한 유전물질과 재결합하기도 한다. 또한 그것은 조류 바이러스에서 돼지 바이러스로 바뀔 수도 있고 돼지 바이러스에서 인간 바이러스로 바뀔 수도 있다. 돼지는 대개 잡종 바이러스를 만들어내는 '믹서' 구실을 한다. 돼지는 동일한 바이러스의 인간형과 조류형 모두에 감염된다. 한 세포가 동시에 이 두 가지 특수 형태의 바이러스에 감염될 경우 두 바이러스는 그 세포에서 서로 다른 유전인자를 교환함으로써 잡종 바이러스를 만들어낸다(Barnes, 2005, 343쪽). 이처럼 특정한 독감 변종이 한 동물 종에서 또 다른 동물 종으로 이동할 수 있게 하는 유전자 변환을 '항원대변이'라고 부른다. [그림 8-1]은 이것을 잘 보여준다.

또한 잡종 바이러스는 감염된 숙주의 면역체계에 적응하기 위해 기꺼이 스스로 변환한다. 따라서 각각의 특수한 잡종 바이러스는 고유한 변종으로 발전할 수 있다. H1N1의 다양한 변종은 수십 년 동안 돼지의 체내에서 살아남아 1918년의 유행성 독감을 일으킨 H1N1의 특수형이 2009년에 '돼지독감'이라는 전염병을 일으키는 덜 치명적인 H1N1의 변

〔그림 8-1〕 항원대변이

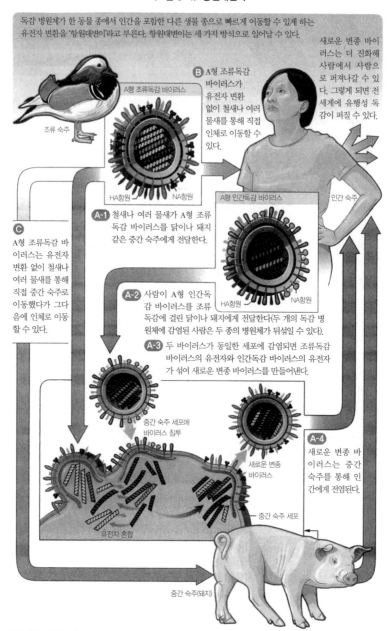

독감 병원체가 한 동물 종에서 인간을 포함한 다른 생물 종으로 빠르게 이동할 수 있게 하는 유전자 변환을 '항원대변이'라고 부른다. 항원대변이는 세 가지 방식으로 일어날 수 있다.

새로운 변종 바이러스는 더 진화해 사람에서 사람으로 퍼져나갈 수 있다. 그렇게 되면 전 세계에 유행성 독감이 퍼질 수 있다.

조류 숙주

A형 조류독감 바이러스

B A형 조류독감 바이러스가 유전자 변환 없이 철새나 여러 물새를 통해 직접 인체로 이동할 수 있다.

HA항원　　NA항원

A형 인간독감 바이러스

인간 숙주

C A형 조류독감 바이러스는 유전자 변환 없이 철새나 여러 물새를 통해 직접 중간 숙주로 이동했다가 그다음에 인체로 이동할 수 있다.

A-1 철새나 여러 물새가 A형 조류독감 바이러스를 닭이나 돼지 같은 중간 숙주에게 전달한다.

HA항원　　NA항원

A-2 사람이 A형 인간독감 바이러스를 조류독감에 걸린 닭이나 돼지에게 전달한다(두 개의 독감 병원체에 감염된 사람은 두 종의 병원체가 뒤섞일 수 있다).

A-3 두 바이러스가 동일한 세포에 감염되면 조류독감 바이러스의 유전자와 인간독감 바이러스의 유전자가 섞여 새로운 변종 바이러스를 만들어낸다.

중간 숙주 세포에 바이러스 침투

새로운 변종 바이러스

A-4 새로운 변종 바이러스는 중간 숙주를 통해 인간에게 전염된다.

중간 숙주 세포

유전자 혼합

중간 숙주(돼지)

출처: 마이클 링킨호커, Link Studio, LLC, 미국 알레르기전염병연구소.

종으로 바뀌어 재등장했다. 서로 다른 유전물질을 재결합하고 교환하고 빠르게 번식할 줄 아는 능력은 유행성 독감의 뛰어난 적응력 가운데 하나다. 독감 바이러스가 이렇게 끊임없이 변환하지 않고 그대로 남아 있다면 숙주들은 면역력을 키워 더는 바이러스가 야생조류-가금류-돼지-인간으로 이어지는 순환고리를 통해 퍼져나갈 수 없게 할 것이고, 마침내 바이러스는 죽고 말 것이다. 다시 말해 독감 바이러스의 끊임없는 변환은 숙주들의 면역체계를 피해 가는 길을 제공하는 것이다. 대개는 25년에 한 번씩 면역력이 없는 독감 바이러스가 나타나는 것으로 본다(Sherman, 2006, 398쪽).

조류독감은 1997년 홍콩에서 최초로 확인되었다. 그 병으로 6명이 죽고 18명이 심하게 앓았다. 처음에 조류독감은 아시아의 닭들을 무참하게 훑고 지나갔는데, 베트남과 태국에서 1,100만 마리의 닭이 죽었고 2004년에는 1억 2,000만 마리의 닭이 죽거나 살처분되었다. 그리하여 아시아의 가금산업은 150억 달러의 피해를 입었다. 그러다 2005년에는 돼지에게서 조류독감이 발병했다. 사람들도 조류독감에 감염되었는데, 대개 감염된 조류와 접촉해서 발병했다. 조류독감은 매우 치명적이어서 감염자의 약 30퍼센트가 목숨을 잃었다. 2003년에 나타난 또 다른 변종의 경우 감염자의 68퍼센트가 죽었다. 다행히도 인간 대 인간으로 전염된 것으로 의심되는 경우는 몇 안 되고, 나머지는 다 감염된 조류를 통해 전염된 것이었다. 그러나 독감 바이러스가 환경에 따라 신속하게 변환하고 재결합하는 성향을 고려할 때 언제든 '돼지독감'의 경우처럼 더 쉽게 전염될 수 있는 변종이 나타나 인간 숙주들 사이를 마구 헤집고 돌아다닐지도 모른다는 사실은 두려운 일이 아닐 수 없다.

2009년 3월에 돼지독감은 처음으로 확인되었는데, 2010년 2월까지 약 5,900만 명의 미국인이 감염되었고 그 가운데 1만 2,000명 정도가 목숨을 잃었다([표 8-4] 참조). 첫 번째 발병 사례는 멕시코의 라글로리아 마을에서 발생했는데 돼지를 기르는 가축집중사육시설CAFO이 근처에 있었다. 처음에는 돼지독감이 CAFO에서 발병한 것으로 보고되었지만 다른 사례들이 나타나면서 사실이 아닌 것으로 밝혀졌다. 그러나 멕시코는 돼지독감 발병으로 관광 수입이 급격하게 감소했고 많은 상점이 문을 닫았으며 다양한 사회활동이 중단되었다.

최근 등장한 H1N1 변종의 실제 사례는 독감 바이러스가 어떻게 스스로를 재구성하고 전 세계의 생활양식이 새로 마련해준 기회를 활용해 이용 가능한 숙주들 안에서 재결합하는지를 아주 완벽하게 보여준다. 로리 개릿(2009)은 H1N1의 전염경로를 추적하면서 그 시발점을 2005년 위스콘신의 한 도축장으로 잡았다. 거기서 한 10대 소년은 매형이 31마리의 돼지를 도축하는 일을 도왔다. 일주일 뒤 그 소년은 매형이 돼지의 창자를 제거하는 동안 돼지를 붙잡고 있었다. 그들 가족은 추수감사절 음식

〔표 8-4〕 2009년 H1N1 감염자 중 병원치료자와 사망자에 대한 연령대별 CDC 추정치
(2009년 3월에서 2010년 2월 13일까지)

2009년 H1N1	평균치*	추정치*
감염자 수		
0~17세	~1,900만 명	1,400만~2,800만 명
18~64세	~3,400만 명	2,400만~5,000만 명
65세 이상	~600만 명	400만~800만 명
합계	~5,900만 명	4,200만~8,600만 명
병원치료자 수		
0~17세	~8만 5,000명	6만~12만 5,000명
18~64세	~15만 4,000명	10만 9,000~22만 6,000명
65세 이상	~2만 6,000명	1만 9,000~3만 8,000명
합계	~26만 5,000명	18만 8,000~38만 9,000명
사망자 수		
0~17세	~1,250명	890~1,840명
18~64세	~9,200명	6,530~1만 3,500명
65세 이상	~1,550명	1,100~2,280명
합계	~1만 2,000명	8,520~1만 7,620명

* 사망자 수는 10자리, 병원치료자 수는 1,000자리, 감염자 수는 100만 자리에서 반올림했다.
출처: 미국 질병통제센터(http://www.cdc.gov/h1n1flu/estimates_2009_h1n1.htm).

을 마련하느라 닭 한 마리를 사서 집으로 가져왔다. 12월 7일 소년은 독감에 걸렸다. 그러나 동네 병원에 다녀온 뒤 금방 다 나았다. 개릿은 그 사례를 설명하면서 소년이 감염된 독감 바이러스는 지금까지 발견된 것과는 전혀 다른 것으로 야생조류에 의해 인간에게 전염된 특수형 바이러스와 돼지에게서 발견된 변종이 결합한 형태라는 사실에 주목했다. 2009년 멕시코의 라글로리아에서 다섯 살짜리 아이가 걸린 독감은 위스콘신에서 처음 발견된 돼지-조류-인간으로 이어지는 독감 바이러스와 유사한 것으로 밝혀졌다. 미국 질병통제센터의 과학자들은 독감 바이러스가 어떻게 전 세계로 전파되는지를 밝히는 과정에서 H1N1이 1999년 뉴칼레도니아에서 처음으로 확인된 인간독감 바이러스와 일치하는 유전물질들을 가지고 있음을 발견했다. 더불어 아시아와 위스콘신에서 확인된 두 종류의 돼지독감 바이러스와 아직까지 알려지지 않은 조류독감 바이러스 한 종도 발견했다. 게다가 과학자들은 거기에 1987년까지 거슬러 올라가 인디애나의 한 돼지 농장에서 발견된 바이러스의 유전자 요소들도 들어 있다고 생각한다. 다시 말해 위스콘신의 그 소년은 조류, 돼지, 인간 세 종류의 유전자가 결합된 새로운 바이러스에 감염된 것이었다.

또한 그 바이러스는 사람에게서 돼지에게로 감염된다. 2006년 중서부 지역의 돼지 무리가 위스콘신에서 발생한 H1N1의 변종과 매우 유사한 H1N1의 또 다른 변종에 감염되었다.

2009년 등장한 H1N1의 변종이 지닌 가장 중요한 특징은 인간이 자신들에게 전염될 수 있는 새로운 질병들을 혼합하고 만들어내는 `질병의 온상 역할을 하는 돼지, 소, 닭 같은 가축을 사육하기 위한 산업환경을 무지막지하게 조성한 결과로 그런 변종이 생겨났다는 사실이다.

더군다나 중국, 인도, 브라질 같은 신흥 국가들에서 고기의 수요가 급증하면서 대규모 가축 사육사업은 지금도 끊임없이 커지고 있다. **1980년 중국의 1인당 고기 소비는 1년에 약 20킬로그램이었다. 그러나 지금은 50킬로그램이 넘는다. 1983년 세계는 1년에 1억 5,200만 톤의 고기를 소비했다.**

그러나 1997년에는 2억 3,300만 톤으로 증가했다. 유엔의 식량농업기구FAO는 2020년 전 세계의 돼지고기, 닭고기, 소고기, 양어장 물고기의 소비가 3억 8,600만 톤에 이를 것으로 추산한다. 이것은 대규모 가축사업이 점점 더 늘어나면서 다양한 돼지, 조류, 인간의 독감 바이러스들이 서로 재결합해 새로운 변종들을 만들어낼 가능성이 더욱 커진다는 것을 의미한다. 따라서 1918년의 유행성 독감에 맞먹는 여태껏 겪어본 적 없는 더 치명적인 독감 바이러스가 출몰할 위험성도 덩달아 커진 셈이다.

에이즈와 자본주의 문화

앞서 언급했듯이 에이즈는 우리 시대를 대표하는 으뜸 질병이다. 이 말은 에이즈가 발생하고 확산되는 조건을 만들어낸 것이 바로 우리 인간의 신념과 태도, 행동양식이라는 뜻이다. 에이즈는 1981년에 세상에 갑자기 나타났다. 당시 샌프란시스코와 뉴욕의 의사들이 이전의 나이 든 사람에게서 거의 또는 전혀 보지 못했던 증상들이 젊은이들에게 나타나는 것을 목격하기 시작했을 때, 다른 지역의 의사들 대다수는 그것에 대해 전혀 알지 못했다. 나중에 그 증상은 폐렴이나 암처럼 인체의 면역체계가 파괴되었을 때 침입하는 기회감염인 것으로 밝혀졌다. 처음에 사람들은 이 새로운 질병을 **동성애와 관련된 면역부전증**GRID이라고 불렀다. 초기에 남성 동성애자들 사이에서 증상이 발견되었기 때문이다. 그러나 나중에 이성애자들 사이에서도 증상이 나타난다는 사실이 인정되면서 1982년에 그 명칭을 **후천성면역결핍증**AIDS으로 바꿨다. 1983년 자이르(지금의 콩고민주공화국 — 옮긴이)에서 에이즈가 나타났는데, 유럽의 일부 연구자는 자신들이 이미 1959년과 1967년에 유럽의 병원에서 발병 사례들을 발견했다고 생각했다.

　1980년대 초는 에이즈가 폭풍우처럼 휘몰아치던 시기였다. 연구자들은 가장 먼저 그 바이러스를 격리시키고 확인하는 사람이 되기 위해 경쟁하듯 연구에 몰입했다. 유럽과 아프리카의 연구자들은 그들의 논문을 저명한 의학저널에 게재할 수가 없었다. 논문을 사전 심사하는 동료 과학자들은 에이즈가 이성애자들 사이에서도 전염된다는 사실을 믿지 않았고, 유럽과 아프리카의 연구자들이 무엇인가 어떤 다른 전달양식을 간과했다고 주장했다. 레이건 행정부는 재향군인병(레지오넬라균이 일으키는 악성 폐렴—옮긴이) 연구를 위해 수백만 달러의 자금을 조달했으면서도 에이즈 관련 연구와 교육, 공공서비스를 위한 기금 마련에는 주저했다. 에이즈 치료를 위한 연방기금 사용에 반대하는 미국 종교계 지도자들은 에이즈가 인간의 부도덕과 부패에 대한 하느님의 심판이라고 주장했다. 기독교방송네트워크의 설립자이며 1988년 대통령 선거에 출마한 침례교 목사 팻 로버트슨은 과학자들이 에이즈가 이성애를 통해서도 전염될 수 있으며 콘돔을 사용하면 막을 수 있다는 '생거짓말'을 하고 있다고 비난했다. 그러는 동안 에이즈는 이성애자, 남성 동성애자, 정맥에 마약을 주사하는 마약 상습 투여자, 에이즈에 감염된 피를 수혈받은 혈우병 환자들 사이에서 계속 퍼져나가고 있었다(Garrett, 1994, 469쪽).

2008년 현재 에이즈가 등장한 이래로 약 2,800만 명이 에이즈에 걸려 죽었다. 유엔에이즈계획UNAIDS과 세계보건기구는 오늘날 전 세계에서 에이즈에 걸린 사람은 3,400만~4,000만 명에 이른다고 추산한다([표 8-5] 참조).

아프리카 사하라 사막 이남 지역은 에이즈 감염률이 가장 높은 곳으로 에이즈 감염자가 2,200만 명이 넘는데 이는 전체 인구의 5퍼센트가 넘는 규모다. 반면에 동유럽과 남아시아, 동남아시아는 현재 감염 속도가 가장 빠른 지역이다. 북아메리카는 에이즈에 걸린 사례가 140만 건이 넘는다. 전체적으로 가난한 사람들이 주로 걸리는데 백인 감염자와 비교해 흑인 감염자가 6.5배 더 많고 라틴계 감염자는 4배 더 많다.

우리는 보통 에이즈가 처음 인간에게 전염된 것이 2차 세계대전이 끝나

〔표 8-5〕 지역별 에이즈 통계(2001년과 2008년)

	에이즈에 걸려 사는 성인과 어린이	새로 감염된 성인과 어린이	성인 감염률(%)	에이즈로 죽은 성인과 어린이
아프리카 사하라 사막 이남				
2008년	2,240만 명	190만 명	5.2	140만 명
2001년	1,970만 명	230만 명	5.8	140만 명
중동과 북아프리카				
2008년	31만 명	3만 5,000명	0.2	2만 명
2001년	20만 명	3만 명	0.2	1만 1,000명
남아시아와 동남아시아				
2008년	380만 명	28만 명	0.3	27만 명
2001년	560만 명	31만 명	0.3	26만 명
동아프리카				
2008년	85만 명	7만 5,000명	〈0.1	5만 9,000명
2001년	56만 명	9만 9,000명	〈0.1	2만 2,000명
오세아니아				
2008년	5만 9,000명	3,900명	0.3	2,000명
2001년	3만 6,000명	5,900명	0.2	〈1,000명
라틴아메리카				
2008년	200만 명	17만 명	0.6	7만 7,000명
2001년	160만 명	15만 명	0.5	6만 6,000명
카리브 해				
2008년	24만 명	2만 명	1.0	1만 2,000명
2001년	22만 명	2만 1,000명	1.1	2만 명
동유럽과 중앙아시아				
2008년	150만 명	11만 명	0.7	8만 7,000명
2001년	90만 명	28만 명	0.5	2만 6,000명
서유럽과 중유럽				
2008년	85만 명	3만 명	0.3	1만 3,000명
2001년	66만 명	4만 명	0.2	7,900명
북아메리카				
2008년	140만 명	5만 5,000명	0.6	2만 5,000명
2001년	120만 명	5만 2,000명	0.6	1만 9,000명
합계				
2008년	3,340만 명	270만 명	0.8	200만 명
2001년	2,900만 명	320만 명	0.8	190만 명

출처: UNAIDS 2009(http://www.unaids.org/en/media/unaids/contentassets/dataimport/pub/report/2009/jc1700_epi_update_2009_en.pdf).

고 중앙아프리카와 서아프리카의 영장류 동물로부터이며, 1970년대 말까지는 아주 소수만 걸렸지만 그 이후에 전 세계로 퍼졌다고 알고 있다. 그러나 거기에는 많은 의문이 있다. 따라서 인간의 문화가 에이즈 발병에 어떤 영향을 끼쳤는지 알아볼 필요가 있다. 예컨대 **세계문화의 어떤 특징이 에이즈 확산에 영향을 끼쳤는가? 에이즈에 걸리기 쉬운 사람은 누구이며, 그들은 우리 문화의 어떤 특징 때문에 그렇게 되었는가? 우리 문화는 사람들이 에이즈와 에이즈에 걸린 사람들에게 반응하는 방식에 어떤 영향을 끼쳤는가?**

에이즈는 어떻게 퍼졌나

에이즈는 우리가 지구의 구석구석과 어떤 식으로 연결되어 있는지를 보여준다. 지리학자 피터 굴드(1993, 66~69쪽)가 자세히 설명한 것처럼, 우리는 지금 뉴욕과 300킬로미터 떨어진 작은 도시보다는 샌프란시스코와 더 가까운 세계에서 살고 있다. 거기서 로스앤젤레스는 네바다 주의 작은 도시들보다 마이애미나 휴스턴과 더 가깝다. 또한 자이르의 킨샤사는 그 나라 중앙에 있는 마을들보다 파리와 더 가깝다. 굴드가 말하고자 한 것은 자본주의 세계체계의 중심, 즉 비행기를 타고 금방 왕래할 수 있는 그런 대도시들에 사는 사람들은 물리적으로 그들과 훨씬 더 가까운 거리에 있는 사람들과 만나는 것보다 서로 접촉이 더 잦다는 것이다. 이것을 굴드가 표현한 또 다른 방식으로 말한다면 오늘날 인간들 사이의 접촉 형태의 특징은 '인접 공간을 통한 확산'이 아니라 '계층별 확산'이라고 할 수 있다. 에이즈의 특징을 잘 드러내는 계층별 확산 형태에서, 즉 굴드식 표현으로 말하면 '에이즈 공간'이라는 곳에서 에이즈는 하나의 여행 중심축에서 또 다른 여행 중심축으로 빠르게 이동한다.

지구 공간이 교역과 여행 형태의 급격한 변화로 재편성된 것은 이번이 처음은 아니다. 옛날 해상교역과 여행이 활발하던 시대에는 항구가 경제 중심지이자 질병을 전파하는 요충지였다. 그러나 오늘날 항공 여행이 크게 늘면서 도쿄, 뉴욕, 파리, 자카르타, 샌프란시스코, 런던, 상파울루,

봄베이, 요하네스버그, 모스크바 같은 경제 중심지가 세계체계의 지리적 핵심축이 되었고, 그 결과 에이즈 전파를 선도하는 발원지로 바뀌었다.

에이즈는 감염된 혈액을 수혈받는 경우를 제외하면 사람이 이동하면서 직접 사람에게 전염시키는 경우가 대부분이다. 에이즈는 흑사병이나 말라리아, 뎅기열처럼 병원체를 옮기는 곤충이나 동물이 없다. 그러나 사람들이 여행하는 것은 질병을 옮기는 아주 효과적인 방법이다. 따라서 에이즈의 확산을 이해하기 위해서는 자본주의 문화에서 사람들이 왜 여행하는지를 살펴볼 필요가 있다. 대개 사람들이 여행하는 이유는 관광, 사업, 일자리를 찾기 위한 이주, 전쟁 이 네 가지 중 하나다. 따라서 이것들은 에이즈를 전 세계로 전파하는 데 중요한 구실을 한다.

관광은 19세기 산업자본주의의 산물이다. 유럽의 부자들이 수세기 동안 농촌에 별장과 땅을 소유하고 살았던 반면에 여행과 관광은 상대적으로 신흥 중류계급에서 나타난 새로운 현상이었다(Hobsbawm, 1975, 203쪽). 증기선과 철도의 발전으로 가능해진 관광산업은 19세기와 20세기 초에 성장하기 시작했다. 1860년대와 1870년대에 영국의 중류계급에게 휴가여행은 매우 중요한 일이었다. 이런 이유로 영국의 해안선에는 산책길과 잔교가 즐비하게 들어섰다. 유럽에서는 비아리츠 같은 산악 휴양지들이 유행했다. 유럽 전역을 여행하는 것이 인기를 얻으면서 여행이 하나의 독립된 산업이 되었다. 가난한 사람들은 대개 당일치기 여행을 했다. 뉴욕의 코니 아일랜드 같은 휴양지는 미국에 새로 이민 온 사람들에게 인기였다. 20세기에 들어서면서 관광은 주요 산업으로 발전했다. 특히 중심부 국가의 사람들 대다수는 적어도 한 번 이상 관광을 다녀왔다. 관광은 해마다 엄청난 성장률을 기록하는 세계에서 가장 큰 산업 가운데 하나다. 1998년 미국의 관광 수입은 4,390억 달러로 성장했다(Pera and McLaren, 1999).

관광은 언제나 질병과 관련이 있었다. 여행지에 가서 면역이 안 되는 박테리아가 잠복한 음식과 물을 먹어보지 않은 사람은 없다. 여행자들은 이미 수세기 동안 그런 위험에 직면했다. 그러나 에이즈 시대에는 그런 위

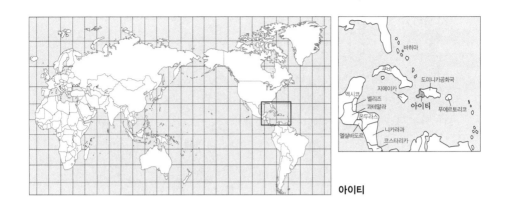

아이티

험에 직면하는 사람이 여행자뿐만이 아니다. 여행지에 사는 그 나라 사람들도 똑같이 에이즈에 걸릴 수 있다.

관광 여행의 결과로 에이즈에 걸린 사람이 몇 명이나 되는지 알지는 못하지만 일부 연구자의 조사에 따르면 적어도 에이즈로 가장 큰 타격을 받은 나라는 아이티와 태국이라고 한다. 이 두 나라에서 에이즈에 걸리기 쉬운 이유는 두 나라 모두 '섹스 관광'의 중심지이기 때문이다.

인류학자이자 의사인 폴 파머(1992)는 아이티의 에이즈 역사는 그 나라가 관광지로 이름을 떨치기 시작한 것과 깊은 연관이 있다고 주장했다. 1970년대 아이티는 서반구에서 가장 가난한 나라였지만 쿠바가 봉쇄되면서 미국 관광객들에게 매력적인 대안 관광지로 떠올랐다. 1970년 아이티를 찾은 관광객 방문 횟수는 10만 회에서 1979년 14만 3,538회로 증가했다(나중에 아이티에서 에이즈 환자가 발생하면서 관광산업은 큰 피해를 보았다. 1981년과 1982년 사이 겨울에 관광객 방문 횟수가 7만 5,000회로 떨어지더니 그다음 해 겨울에는 1만 회 아래로 더 떨어졌다).

아이티에서는 관광객이 늘면서 매춘이 성행했다. 60~80퍼센트에 이르는 실업률과 가난은 남녀를 불문하고 매춘을 유일한 경제대안으로 만들었다. 특히 수도 포르토프랭스의 까르푸 지역은 싼값에 섹스를 할 수 있는 곳으로 명성을 얻었다. 남성 동성애자들을 위한 관광 안내서들에는 아이티가 좋은 관광지로 나왔다.

일부 연구자가 주장하는 것처럼 에이즈가 아이티에 퍼진 것이 미국인 관광객들 때문인지는 일부 논란이 있지만 관광객이 많아지면서 아이티 사람들과 관광객들 사이에 에이즈가 급속하게 번진 것은 사실이다. 1980년 대 말 관광객들에게 음식과 서비스를 제공하는 호텔노동자들 가운데 에이즈 감염자 비율은 12퍼센트였다. 아이티는 세계에서 에이즈 감염률이 가장 높은 나라가 되었지만, 아이티 노동자들은 에이즈가 어떤 병인지 알게된 뒤에도 그것을 단순히 어쩔 수 없는 '직업재해'라고 생각했다(Farmer, 1992, 145쪽).

태국에서도 관광은 에이즈 확산의 주범이었다. 에이즈는 상대적으로 아시아에 늦게 상륙했다. 1984년 미국에 다녀온 태국의 한 남성 동성애자가 에이즈에 걸려 죽은 것이 최초의 발병 사례였다. 1987년 정맥 주사를 맞는 마약 중독자들 가운데 에이즈 감염률은 불과 몇 달 사이에 15퍼센트에서 43퍼센트로 급증했다. 가장 심하게 에이즈 피해를 입은 집단은 매춘을 직업으로 하는 사람들이었다. 치앙마이 매춘부들의 에이즈 감염률은 1989년 0.04퍼센트에서 20개월 뒤 70퍼센트로 급상승했다(Garrett, 1994, 489쪽).

태국은 베트남전쟁 기간에 미군의 휴식과 오락을 위한 주요 휴양지 역할을 하던 몇 년 동안 마약거래와 매춘이 활발하게 이루어졌다. 마약과 매춘은 태국 경제를 위한 외환거래의 중요한 원천이었는데 그것은 지금도 마찬가지다. 1990년 태국을 방문한 관광객 수는 530만 명에 이르렀다. 말레이시아, 일본, 타이완에서는 남성 혼자서 태국 관광을 오는 경우가 많았고, 특별한 '섹스 관광'을 즐기기 위해 태국을 찾는 일본, 중동, 유럽, 특히 독일 관광객이 많았다. 섹스산업이 발전하면서 15세에서 24세 사이에 있는 태국 여성 전체 인구의 10퍼센트에 해당하는 50만~80만 명의 여성들이 매춘업에 종사했다. 1990년대 초 방콕 일부 지역의 에이즈 감염률은 90퍼센트에 이르렀다.

태국 정부 당국은 섹스산업이 태국 경제에서 차지하는 비중, 특히 관광객 유치의 중요성 때문에 에이즈가 국민의 생명을 위협하는 전염병임에도 신속하게 대처하지 않는다. 태국 정부는 에이즈 발병 사례가 1987년에 늘어나기 시작했는데도 국민의 '공황 유발'을 이유로 에이즈퇴치운동을 전개하지 않기로 결정했다. 1989년 임신한 여성 전체의 0.5퍼센트가 에이즈 양성반응을 보였다. 일부 북부 주에서는 3퍼센트까지 양성반응을 보인 곳도 있었다. 1991년 태국 정부는 에이즈 관련 정책을 재평가했지만 결국 국민이 공황에 빠지는 것을 원치 않는다고 재천명했다. 방콕의 한 신문은 에이즈가 항문 성교와 정맥 주사를 통해서만 전염된다고 보도했지만, 실제로 동성애자보다는 이성애자가 에이즈에 걸리는 경우가 40배 더 많았다. 1992년 세계보건기구는 태국에서 45만 명이 에이즈에 감염되었다고 추정했다.

자본주의 문화를 특징짓는 또 다른 형태의 여행은 일자리를 찾아 다른 나라로 이주하는 경우다. 적어도 17세기와 18세기에 노예무역이 증가한 이래로 세계 경제는 한 지역에서 다른 지역으로의 대규모 노동력 이동을 요구했다. 이주노동자들이 전 세계에 에이즈를 확산시킨 비율이 어느 정도인지 정확하게 알 수는 없지만 아프리카에서 에이즈가 전파된 중요한 원인 가운데 하나가 바로 이런 여행 형태 때문이라는 것은 상당한 근거가 있다. 남성노동자들은 일자리를 찾아서 농촌 지역에서 도시 지역으로 떠났다. 그들은 때때로 에이즈 감염률이 90퍼센트에 육박하는 지역의 매춘부들을 찾았고, 결국 에이즈에 걸려 다시 고향으로 돌아가는 경우도 많았다.

장사나 사업을 위한 여행도 에이즈 확산에 영향을 끼쳤다. 아프리카에서 에이즈 감염경로는 이동이 많은 트럭과 상업 운송로를 따라 지나간다. 북쪽에서 남쪽으로의 에이즈 확산은 에티오피아의 수도 아디스아바바까지 상품과 함께 에이즈도 실어 나른 홍해 어귀에 있는 항구도시이자 철도 종착역인 지부티에서 시작했다. 1991년 매춘부의 50~60퍼센트가 에이즈에 걸렸고 일반인도 1퍼센트가 에이즈 감염자라는 보고가 있었다. 수단에서는 '술집에 드나드는 매춘부'의 80퍼센트가 에이즈-1형에 양성반응을 보였다. 우간다에서 모잠비크까지 운행하는 트럭 운전사들을 표본 조사한 결과, 최소 30퍼센트에서 최대 80퍼센트까지 에이즈에 걸린 것으로 나왔다. 또한 탄자니아는 전체 인구 1,800만 명 가운데 140만 명, 짐바브웨는 150만 명, 케냐는 160만 명이 에이즈에 걸린 것으로 추산되었다. 남아프리카공화국의 경우 '죽음의 하이웨이'로 알려진 말라위에서 더반까지의 간선도로를 달리는 트럭 운전사들 가운데 90퍼센트가 에이즈에 걸린 것으로 보았다(Gould, 1993, 75쪽).

북아메리카에서도 에이즈가 퍼지는 형태는 아프리카와 마찬가지로 상업 교역로를 따르는 것으로 보인다. 폴 파머(1992, 149쪽)는 카리브 해 지역의 에이즈 발생이 그 나라의 경제가 '서대서양 경제체제'에 어느 정도 통합된 상태인지와 상관관계가 있다고 주장했다. 독립국가가 아닌 푸에르토리코를 빼고 도미니카공화국, 바하마, 트리니다드토바고, 멕시코, 아이티같이 에이즈 감염률이 높은 나라들은 하나같이 미국에 대한 무역의 존도가 매우 높아서 미국 경제와 아주 밀접하게 연결된 나라들이다. 에이즈 감염률이 세계에서 가장 높은 아이티는 국가경제에서 대미 수출이 차지하는 비중이 가장 높았다.

끝으로 전쟁으로 인한 병사와 피난민의 이동은 에이즈 확산에 중요한 역할을 했다. 에이즈의 기원과 중앙아프리카와 동아프리카에서의 에이즈 확산에 영향을 준 요소들을 연구하는 학자들은 에이즈 출현을 야기한 극적인 사건이 1975년 무렵에 일어난 것이 틀림없다고 주장했다. 1970~1975년은 게릴라전, 내전, 부족갈등, 피난민의 대규모 이주, 독재자의 잔혹한 학살행위가 난무하던 시기였다. 로리 개릿은 그런 사회적 대변동이 에이즈 확산에 직·간접적으로 영향을 끼쳤을 것이라고 주장했다. 예컨대 아프리카에서 일어난 분쟁 대부분은 경제, 정치, 사회, 종교, 군사 전반에 걸쳐 경쟁세력이 서로 상대방을 무력하게 만들기 위해 일으킨 것들이었다. 그런 분쟁에서는 일반 국민이 큰 피해를 입기 마련이다. 지난 20~30년 동안 중앙아프리카에서 일어난 수많은 군사작전은 하나같이 적을 철저하게 공포에 몰아넣고 정복하기 위해 (보스니아에서 목격한 것처럼) 부녀자들을 강간했다. 어떤 군대는 병사의 절반이 에이즈 양성반응을 나타냈다. 이 밖에도 다수의 상대방과 하는 성교행위의 증가, 인체의 면역체계를 더욱 약화시키는 기근과 영양실조, 대량이주와 피난민의 집단수용 같은 사회붕괴로 초래되는 여러 가지 인간활동도 에이즈의 확산을 더욱 촉진했을 수 있다(Garrett, 1994, 367~368쪽).

누가 에이즈에 걸리나

르네 뒤보(1968)는 1950년대와 1960년대에 가난한 사람들이 특히 전염병에 걸리기 쉽다고 썼다. 영양결핍, 수준 이하의 주거시설, 조밀한 인구, 건강보험 부재와 같은 상황은 전염병의 확산을 촉진시킨다. 폴 파머는 『감염과 불평등』*Infections and Inequality*(1999)에서 경제적 불평등과 전염병 감염률 사이에는 깊은 관련이 있다고 썼다. 확실히 가난은 결핵, 콜레라, 매독의 확산에 큰 역할을 했다. 그러나 에이즈는 경제적으로 소외된 사람들뿐 아니라 정치적·사회적으로 소외된 사람들, 즉 동성애자나 여성, 아이에게도 영향을 끼쳤다.

에이즈에 대한 정부의 공식적인 대처는 특히 미국의 경우 그 질병이 남성 동성애자들을 통해 전파된다는 잘못된 가설에 크게 영향을 받았다. 에이즈가 이성애자들을 통해 전파되었다는 명백한 증거가 있는데도 그렇다. 유럽과 특히 아프리카에서는 거의 이성 간의 섹스를 통해서만 에이즈가 전염되었다. 미국 사회에서 사회적으로 소외된 사람들과 에이즈의 관계가 어느 정도까지 에이즈에 대한 연구와 교육 노력을 지연시켰는지는 알지 못하지만, 그것이 도움이 되지 않았다는 것만은 틀림없는 사실이다.

미국을 비롯해 전 세계적으로 가난한 사람들이 에이즈의 최대 피해자였다는 것도 분명한 사실이다. 세계에서 가장 가난한 지역인 아프리카는 지금까지 에이즈 발병률이 가장 높은 곳이었다. 그러나 최근 들어 사회주의 경제의 붕괴와 더불어 경제가 파탄 나고 공중보건체계가 무너진 동유럽에서 에이즈가 가장 빠르게 확산되고 있다. 그 밖에 다른 지역에 있는 가난한 나라들도 에이즈가 급속하게 퍼지고 있다. 에이즈로 엄청난 고통을 받고 있는 가난하고 사회적으로 변경지대에 속한 나라의 아주 좋은 예가 바로 앞서 말한 아이티다.

아이티는 자본주의 세계체계의 산물이다. 16세기와 17세기에 아이티에서는 원주민(타이노족)이 멸종되고 유럽의 엘리트들이 지배하는 아프리카 노예들이 그곳에 정착했다. 아이티는 1697년에 스페인에서 프랑스로 지배권이 넘어갔고 생도미니크라는 이름으로 바뀌었다. 1804년 투생 루베르튀르가 이끄는 노예 반란군이 프랑스인들을 무찌르고, 폴 파머의 표현에 따르면 최초의 제3세계 국가인 아이티를 건국했다.

이 새로운 나라는 세계가 자신을 적대시한다는 것을 알았다. 당시에 노예제가 여전히 지속되고 있는 모든 나라, 특히 미국이 보기에 흑인들이 스스로 나라를 다스린다는 것은 아주 끔찍한 악몽이었다. 그들 국가는 흑인들이 아이티를 지배하는 것을 막기 위한 온갖 노력을 쏟아부었다. 프랑스인들은 기존의 프랑스인 플랜테이션 농장주들에게 토지 손실에 대한 보상을 하라고 요구했다. 19세기에 유럽 함대들은 보상을 요구하며 아이티의 항구들에 주기적으로 출몰했다. 1900년 아이티 국가 수입의 80퍼센트가 외채를 갚는 데 쓰였다. 1920년대 말에 『파이낸셜 아메리카』는 하루에 3달러를 주어야 하는 파나마와 비교해 아이티를 소개하면서 '고분고분한' 노동자들을 하루에 단돈 20센트로 고용할 수 있는 나라라고 광고했다.

미국은 끊임없이 아이티의 독재자들을 지원하면서 20세기 내내 아이티를 지배했다. 그 결과, 아이티는 1983년에 1인당 국민소득이 315달러에 불과했다. 농촌의 경우는 그보다 적은 100달러였다. 농업 상황은 매우 나빠서 거의 모든 식량을 수입해야 했다. 수입품에는 심지어 설탕도 있었다. 아이티는 북아메리카 사람들의 놀이터가 되기로 작정했지만 에이즈의 발원지라는 오명 때문에 관광산업마저 붕괴되었다. 60퍼센트에 이르는 실업률과 극심한 대미 경제의존도는 아이티를 파머(1992, 189~190쪽)가 말하는 '서대서양 전염병'의 무대로 만들었다.

에이즈는 가난의 상징일 뿐 아니라 성별과 나이를 가리키는 이정표가 되고 있다. 우리는 앞에서 빈곤과 기아에 대해 살펴보면서 여성과 어린이가 특히 취약한 위치에 있다는 것을 알았다. 에이즈의 경우에도 전 세계에서 보고된 감염 사례 가운데 대부분이 여성이다. 1980년대 중반까지만 해도 에이즈의 가장자리에 있던 여성들이 감염자의 대부분을 차지하게 된 사실은 세계 자본주의 문화에서 여성의 역할이 어떤지를 잘 반영하고 있다. 여성들이 에이즈에 감염되는 나이는 남성보다 더 어리다. 많은 나라에서 새로 에이즈에 걸리는 사람의 60퍼센트가 15~24세의 젊은 여성들이다. 아프리카와 아시아 여러 나라에 대한 연구에 따르면 25세 미만의 젊은 여성들이 새로 에이즈에 걸린 사람의 30퍼센트를 차지하는 데 비해 25세 미만의 젊은 남성들이 차지하는 비율은 15퍼센트에 불과하다.

여성들은 대개 이성과의 섹스를 통해 에이즈에 걸린다. 여성 대다수는 일부일처제의 속박을 받지만 남성들은 그렇지 않다. 이런 일이 벌어지는 것은 섹스의 주도권이 남성에게 있고 여성, 특히 아내는 발언권이 없는 많은 나라에서 여성을 성적 지배 대상으로 보기 때문이다. 많은 나라에서는 여성과 섹스에 대한 이런 태도 때문에 섹스문제에 대해 대화하는 것을 금지한다. 실제로 여성들에게 섹스와 관련된 교육을 하는 것은 더더욱 힘들다. 게다가 많은 나라에서 여성들의 문맹률이 높기 때문에 그들을 대상으로 교육하는 일 자체가 어렵다. 심지어 여성들에게 에이즈의 위험을 알리는 계몽운동이 잘 조직된 나라에서도 남성들은 여전히 콘돔 쓰기를 싫어한다. 콘돔 사용법을 잘 모르기 때문이기도 하지만 콘돔을 썼을 때 성적 자극이 약해지거나 불임을 유발할지도 모른다고 두려워하기 때문이다.

또한 여성들은 매춘을 통해 에이즈에 걸리는데 특히 가난한 나라의 여성들은 먹고살기 위한 방편으로 어쩔 수 없이 매춘을 하는 경우가 많다. 로리 개릿(1994, 368쪽)은 우간다의 에이즈와 매춘에 대해 다음과 같이 말했다.

매춘은 암시장에 버금가는 사업이다. 여성들 대다수가 사는 방법은 두 가지 선택밖에 없다. 남성의 도움 없이 아기를 갖고 가축이나 도구의 도움 없이 먹을 것을 키우거나 암시장 시세로 돈을 받고 몸을 파는 것이다.

끝으로 에이즈에 감염되는 여성들이 늘어날수록 에이즈에 감염되는 아이도 많아진다. 아이들은 태어날 때 에이즈에 걸려 나올 위험에 처해 있다. 에이즈는 감염된 피하주사기를 통해 옮을 수 있다. 그러나 정맥 주사에 의존하는 많은 나라는 너무 가난해서 일회용 주삿바늘을 쓰지 않는다. 일부 아프리카 국가들은 쓰던 주삿바늘을 다시 쓴다. 정맥 주사를 통해 아이들에게 에이즈가 전염되는 일은 주변부 국가만의 문제가 아니다. 러시아에서도 공산주의 붕괴와 그에 다른 사회적·경제적 혼란은 국가의 보건체계를 완전히 무너뜨렸다. 특히 농촌 지역의 병원에서는 새 주사기가 없어 썼던 주사기를 여러 차례 반복해서 쓸 수밖에 없었다. 어떤 경우에는 한 주사기로 400번을 재사용하기도 했다. 1988년 카스피 해 서쪽에 있는 칼미크공화국의 수도 엘리스타에 에이즈 환자가 나타났다. 엄마 때문에 에이즈에 감염된 아기가 태어났는데, 그 아기를 보살핀 간호사는 3개월 동안 동일한 주사기 하나로 병원 육아실에 있는 모든 아기의 피를 뽑고 아기들에게 약을 투여했다. 아무도 모르는 사이 그 병동에 있는 모든 아기와 일부 산모에게 에이즈 바이러스가 주입된 것이다(Garrett, 1994, 501쪽).

자본주의 세계체계에서 사회적으로 소외된 사람들은 또 다른 위험에 직면해 있다. 그들은 에이즈 바이러스에 감염된 뒤에도 아무런 치료도 받지 못하거나 에이즈의 발병을 피하기 위해 무슨 조치를 취해야 하는지 어떤 정보도 받지 못한다. 에이즈 연구자 르네 사바티에(Garrett, 1994, 475쪽 인용)는 에이즈계몽운동에 대해 다음과 같이 설명했다.

나는 우리 〔세계〕 사회가 마침내 처음부터 정보를 받을 수 있는 사람들과 나중에 정보를 받을 수 있는 사람들로 나뉠 위기에 직면했다고 생각한다. 에이즈에 대한 정보와 건강보험의 수혜를 받을 수 있는 사람들과 그렇지 못한 사람들, 상황을 바꿀 수 있는 사람들과 그럴 수 없는 사람들. 나는 우리 가운데 절반이 에이즈로 죽어가는 다른 사람들을 그저 우두커니 서서 지켜보기만 하는 에이즈 관음증 환자가 될 위험에 처해 있다고 생각한다.

1996년 여름, 인체의 면역체계를 회복시키고 에이즈 바이러스를 궁지에 몰아넣을 신약 치료제 공표는 에이즈를 가난한 사람들에게 더욱 한정시키는 결과를 초래했다. 그 신약 발표는 열렬한 찬사를 받았고 미국에서는 그 약을 써서 에이즈 사망률을 75퍼센트로 낮췄지만 치료약값이 1년에 최소 1만~2만 달러나 들기 때문에 전 세계의 가난한 사람들은 그 약을 구입할 엄두도 내지 못한다. 남아프리카공화국이 새로 개발된 에이즈 치료제의 모방약을 제조하거나 가장 낮은 가격을 제시하는 나라에서 수입하는 방식으로 그 약값을 50~90퍼센트까지 낮추려 하자 미국이 반대하고 나섰다. 제약회사들은 소송을 제기했지만 대중의 강력한 반발로 소를 취하했다. 어쨌든 에이즈 치료제는 가난한 사람들에게는 여전히 그림의 떡이다. 말라위에서 에이즈 바이러스에 양성반응을 보이는 100만 명의 사람들 가운데 겨우 30명만이 신약으로 치료를 받고 있다.

과연 누구 책임인가

우리는 앞에서 인구증가, 빈곤, 기아, 환경파괴와 관련된 문제를 살펴볼 때 피해자들이 오히려 책임을 추궁당하는 현상을 목격했다. 중심부 국가가 주변부 국가를 착취해서 발생한 문제들이 오히려 주변부 국가의 잘못으로 돌려지고 있는 것이다. 그러나 에이즈의 경우보다 피해자가 더 책임을 추궁당하는 현상은 그 어디에도 없다. 그중에서도 아이티의 사례는 그런 현상을 가장 명확하게 보여준다. 1980년대 초에 에이즈가 세계적인 전염병으로 처음 확인되었을 때, 에이즈에 감염된 아이티 사람들은 '예측할 수 없는 요소'였다. 그들은 동성애자나 혈우병 환자나 헤로인 복용자 범주에 속하지 않았다. 그래서 하나의 새로운 범주로 추가되어 옛날 4H클럽(homosexuals, hemophiliacs, heroin users, Haitians)을 완성했다. 그러나 이것은 명백한 인종차별적 모독이었다. 약 34건의 에이즈 발병 사례를 가지고 모든 아이티 사람을 위험집단으로 분류하는 것은 말도 안 되는 짓이었다. 이것은 모든 샌프란시스코 주민이나 뉴욕 주민들이 에이즈에 걸리고 그것을 전염시킬 특별한 위험분자라고 말하는 것과 마찬가지다. 위험분자라고 이름 붙이는 것은 에이즈 보균자라고 낙인찍는 것과 같다. 그때 아이티 사람들이 놀랄 새도 없이 단번에 아이티는 에이즈의 발원지가 되고 말았다.

미국 국립암연구소의 브루스 채브너는 1982년 "뉴욕의 동성애자들은 아이티로 휴가여행을 많이 간다. 우리는 그들이 아이티의 유행성 바이러스를 미국에 가져와서 동성애집단 사이에 퍼뜨렸을 수 있다고 생각한다"(Farmer, 1992, 201쪽 인용)라고 말했으며, 이 말은 여러 사람 사이에서 회자되었다. 에이즈에 대한 이런 책임 전가는 아이티 사람에 대한 고용차별을 확산시켰고, 아이티 관광산업의 몰락을 가져왔다.

아이티 정부는 미국 질병통제센터에 분노했다. 카리브 제도의 다른 지역들과 미국 도시 대부분이 아이티보다 에이즈 감염률이 더 높다는 것이 명백해졌는데도 질병통제센터는 아이티 사람들을 위험분자집단으로 지정한 것을 폐기하지 않았기 때문이다. 1985년 질병통제센터는 마침내 아무런 설명도 없이 그런 지정을 취소했다. 자신들의 잘못을 인정하지 않은 것은 물론이다. 그런데 1990년 미국 식품의약국은 아이티 사람들은 헌혈할 수 없다고 결정했다. 그것은 터무니없는 결정이었다. 보스턴의 한 신문 사설이 지적한 것처럼 식품의약국의 결정이 모순되지 않으려면 아이티 사람들보다 에이즈 감염률이 10배는 더 높은 샌프란시스코와 뉴욕, 보스턴에 사는 사람들 그리고 카리브 제도에서 이주해온 사람들의 헌혈을 모두 받지 말아야 할 것이다(Farmer, 1992, 220쪽 참조).

왜 아이티가 표적이 되었을까? 폴 파머의 주장에 따르면 미국 대중에게 아이티 사람들에 대한 이미지가 에이즈와 관련된 부류, 다시 말해 몸을 파는 원주민이나 흑인, 이민자를 연상시키기 때문이었다. 그런 이미지가 확산된 것은 어느 정도 언론매체의 영향이 컸다. 『뉴욕타임스』는 "아이티의 부두교도들은 오염된 제례의식 물질을 섭취, 흡입, 접촉하거나 성적 행위를 통해 무심결에 에이즈에 감염될 수 있다"(Farmer, 1992, 3쪽 인용)고 썼다. 이런 견해는 의학계를 통해 더 힘을 얻었다. 아이티 사람들이 위험하다고 주장한 논문의 주 저자인 제프리 비에라는 언론이 아이티 사람들을 낙인찍는 것을 비난했지만 그 자신은 부두교도들이 제례의식에서 여성들이 월경한 피를 마신다는 것과 같은 이야기를 했다. 『미국의학협회 저널』에 실린 「살아 있는 시체의 밤」이라는 제목의 한 논설은 에이즈에 대한 이런 부두교 기원설을 고찰하면서 죽었다 되살아난 좀비들이 에이즈를 전염시키는 것이 아닌가 하고 반문했다(Farmer, 1992, 3쪽). 아이티를 에이즈의 발원지로 비난하는 것은 오히려 피해자에게 책임을 전가하는 전형적인 사례 중 하나였다.

에이즈의 기원에 관한 주변부 국가의 견해는 중심부 국가의 견해와 크게 다르다. 기존의 연구자들이 에이즈의 기원으로 아프리카를 주목하자 아프리카 국가들은 서양에서 자기 나라들을 에이즈의 주범으로 비난하는 것에 민감하게 반응했다. 그 결과, 아프리카 국가들은 공식적으로 자기 나라에 어떤 에이즈 환자도 없다고 주장했다. 한 아프리카 국가의 보건부장관은 자기 나라에 에이즈 환자가 있다는 사실을 국제보건기관 관계자들 앞에서 인정한 뒤 파면되었다. 당연하게도 각종 음모론이 차고 넘쳤다. 미국 중앙정보부가 에이즈를 퍼뜨렸다는 설도 있고, 중심부 국가에서 인기를 끄는 설로 미국의 세균전이 실패한 결과라는 소문도 있었다.

아이티 사람들은 에이즈를 성난 미국인들이 자신들에게 전염시킨 질병이라고 생각했다. 아이티의 한 교사(Farmer, 1992, 232쪽 인용)는 이렇게 말했다. "1804년 이후로 미국인들은 언제나 아이티에 대해 분노했어요. 그들은 강하기 때문에 우리를 혼내줄 수도 있고 모욕할 수도 있죠. 에이즈는 바로 그렇게 하기에 아주 알맞은 도구였어요."

미국에 사는 아이티 출신 10대들에게 미국이 일부러 그랬다고 생각하느냐고 물었을 때 대다수가 그렇다고 대답했다. 에이즈가 미국 실험실에서 만들어졌다고 말하는 아이들도 있었다.

폴 파머(1992, 58쪽)는 『에이즈와 고발』*AIDS and Accusation*에서 아이티인들과 미국인들이 했던 다음과 같은 질문으로 끝을 맺었다.

> 에이즈는 북아메리카 제국주의의 산물인가? 어떤 사람이 악령의 힘을 빌려 다른 사람을 에이즈로 죽게 만들 수 있는가? 아이티 사람들은 아주 특별한 에이즈 위험집단인가? '보트 피플'은 에이즈 보균자들이며 미국 시민의 건강을 위협하는 사람들인가? (……) 이런 질문들은 오늘날 에이즈와 새로운 바이러스 전염병에 대한 반응을 만들어낸 서대서양 전염병에 숨어 있는 몇 가지 중요한 역학관계, 즉 비난과 책임 추궁, 고발, 인종차별을 분명하게 보여준다.

결론

우리가 이 장에서 살펴본 질병과 관련된 요소들은 현실에서 실제로 영향을 준다. 예컨대 특정한 문화가 규정하는 특정한 인간 행동이 어떤 결과를 초래하는지 안다면 질병의 예방과 치료에 도움을 줄 수 있을 것이다. 이런 원리를 좀더 신중하게 적용했다면 뭔가 더 좋아지지 않았을까? 많은 의료인류학자들이 한때 긍정적으로 생각했던 것처럼 에이즈의 출현을 미리 예견할 수 있지 않았을까? 다중약제 내성 결핵이 걷잡을 수 없이 널리 퍼지는 것은 아닐까? 수많은 항생제 내성 질병이 발생하거나 항생제에 대한 의존이 날로 커지는 세상이 되는 것은 아닐까? 앞으로 약도 듣지 않아 말라리아를 통제할 수 없는 시기가 도래하는 것은 아닐까? 라임병과 같은 새로운 질병들이 급속도로 퍼져나가지는 않을까?

일부 과학자처럼 항생제 같은 약물의 남용에 따른 위험을 예견할 수 있었다면 우리는 과연 정말로 그것에 대해 무엇인가 대처를 했을까? 미국 정부는 에이즈의 위험에 대해 알고 있었지만 에이즈 치료와 관련된 연구기금을 마련하는 데는 늦장을 부렸다. 항문 섹스가 에이즈를 전염시킬 수 있다는 것을 알았을 때도 동성애자 사회에서는 에이즈가 단순히 자신들의 생활을 불신하기 위해 만들어낸 술책에 불과하다고 믿은 채 안전한 섹스를 경고하는 목소리에 귀를 기울이지 않았다.

우리는 끊임없이 '질병의 소굴'을 만들어낸다. 그곳에는 전염성 병원체가 번식하고 새로운 질병의 온상 구실을 하는 가난하고 소외된 사람들이 살고 있다. 모든 전염성 병원체의 생존과 번식을 총괄하는 전지전능한 어떤 세균이 있었다고 해도 그것이 자본주의 문화 안에서 일어나는 인간의 행동을 능가할 수는 없었을 것이다. 자본주의 문화 안에서 인간이 선택한 행동들이 쌓이면서 그들 가운데 일부는 이런 소굴로 떨어진다.

우리는 어떤 행동이 어떻게 사람들을 병에 걸리게 하는지 잘 알아야 하지만 그것 말고도 병에 걸릴 위험을 낮추고 병을 치료하고 더 치명적인 새로운 질병의 출현을 막는 데 필요한 최적의 치료법의 채택이나 거부를 촉진하는 요소가 무엇인지도 잘 알아야 한다. 생물학자 파울 에발트의 말대로 쉽게 전염되는 질병일수록 더욱 치명적이라면 오늘날 여행의 증가, 가난한 사람들의 증가, 구조조정 정책에 따른 의료와 공중보건 서비스의 축소, 열대우림과 같은 서식지의 생태파괴, 약제에 내성이 있는 치명적인 신·구 질병의 출현 같은 현상을 놓고 볼 때 우리는 진실로 16세기와 17세기 북아메리카와 남아메리카의 원주민들을 강타했던 정도로 심각한 규모의 전염병에 걸릴 위기에 직면해 있다.

그렇다면 우리는 이제 무엇을 할 수 있을까? 대답하기 쉽지 않지만 우리가 정치적·종교적·사회적 연대를 통해 대개 가공의 사회적·정치적·종교적인 적들에 맞서 힘을 결집시킬 수 있다면, 우리를 압도하며 위협하는 병원체들에 대항하도록 사람들을 규합하는 일은 분명 가능해 보인다.

9

원주민집단과 인종갈등

오늘날 사람들은 자기 친척들이나 자기보다 살기 어려운 사람들과 자기가 소유한 것을 나누지 않는다면 부도덕한 일이라고 믿는 원주민 사회를 (……) 후진적이라고 생각한다. 그것이 자본 축적을 저해하고 그에 따라 현대 사회가 말하는 이른바 '진보'를 가로막기 때문이다.
　　　　　　　　—데이비드 메이버리루이스, 『원주민, 인종집단, 국가』*Indigenous Peoples, Ethnic Groups, and the State*

정부의 공식 성명은 정부가 원주민 부족집단에 대한 지배를 확대하는 것이 대개 그들에게 평화와 건강, 행복, 그 밖의 문명의 혜택을 가져다주기 위한 노력이라고 정당화한다. (……) 그러나 정부의 지배 확대가 실상 지난날 원주민 부족들이 독립해 살던 지역으로 이주하는 비원주민들의 경제적 이익을 보호하기 위한 것과 직접적인 관련이 있었다는 사실은 부인할 수 없다.
　　　　　　　　—존 보들리, 『진보의 희생자』*Victims of Progress*

　　　　❖　❖　❖

인도네시아 자카르타에는 자바인들의 결혼과 관련된 전시를 하는 박물
관이 있다. 인도네시아에 있는 수백 개의 소수민족을 대표하는 전통복장
을 한 하객들이 신부와 신랑 주변에 가지런히 서 있다. 이 전시물은 앞서
언급한 영국 화가 데이비드 윌키가 19세기 초에 그린 〈워털루 전투 승리
를 알리는 관보를 읽고 있는 첼시의 연금생활자들〉을 연상시킨다. 그 그
림에는 영국 국민국가와 제국을 구성하는 다양한 인종집단인 웨일스인
과 스코틀랜드인, 아일랜드인, 흑인 등이 함께 모여서 웰링턴이 나폴레옹
을 이겼다는 승전보를 읽고 있는 모습이 그려져 있다. 인도네시아는 세계
에서 가장 다양한 문화가 있는 나라다. 또한 인종의 다양성을 가장 공식
적으로 관대하게 대하는 나라이기도 하다. 인종문제에 대한 관대함은 국
가교육 과정에 통합되어 있고 '인종적 차별 발언'은 법으로 금지되어 있
다. 그러나 그런 관대함에는 명백한 한계가 있다. 자바는 인도네시아를
지배하는 가장 큰 섬이다. 그리고 안나 로벤하우프트 칭(1993, 24쪽)이 말
한 것처럼 그 박물관의 전시물은 소수민족들이 자바인들의 규범을 공경
하는 한에서만 오직 국가에 '초대받은' 손님으로 대접받는다는 것을 상
징적으로 보여준다.

　자본주의 문화의 확대로 희생되는 것 가운데 하나가 문화적 다양성이
다. 4장에서 설명한 것처럼 국민국가의 기능 가운데 하나가 될 수 있으면
평화적으로, 하지만 필요하다면 폭력을 써서라도 국경 안에 있는 다양한
사람들을 공통된 문화로 통합하는 일이다. 소수민족의 문화는 기껏해야
피상적으로나마 더 큰 문화에 포섭된다. 다시 말해 소수민족의 전통의
상, 미술, 춤, 음악, 음식이 명목상 유지되고 그들의 문화 자체를 대표하
는 형태로 남는다. 그러나 최악의 경우에는 국민국가의 정책에 따라 특정
민족집단의 전통문화를 파괴하고, 더 극단적인 경우에는 민족집단 자체
를 말살하는 집단대학살까지 자행될 수 있다.

인도네시아는 공식적으로 문화적 다양성을 인정하고 자랑하지만 그들의 중심 문화는 여전히 자바 문화다. 이 사진은 인도네시아 전 대통령 수하르토(맨 왼쪽)의 아들 후토모 '토미' 만달라 푸트라(왼쪽에서 세 번째)와 그의 신부 아르디아 '타타' 프라메스티 리지타 카히아니(왼쪽에서 네 번째)의 결혼식 장면이다.

근대 국민국가에서 소수민족을 둘러싼 딜레마는 인도네시아에서 매우 적나라하게 그 모습을 드러낸다. 인도네시아 정부는 공식적으로 소수민족의 다양성을 인정하고 자랑하지만 다른 한편으로는 원주민 문화를 철저하게 파괴하는 행위를 멈추지 않기 때문이다. 칭은 『다이아몬드 퀸의 왕국에서』*In the Realm of the Diamond Queen*(1993)를 통해 화전을 일구고 수렵채취생활을 하며 사는 메라투스디야크족의 운명을 그렸다. 그들은 메라투스 산맥에서 비교적 고립된 생활을 하지만 다른 소수민족과 빈번하게 교역을 한다. 그들은 새로운 밭을 일구기 위해 이곳저곳으로 자주 이동하는 문화를 가지고 있다. 개인도 다른 메라투스 집단과 정치적 관계를 유지하기 위해 여행을 하는데, 그것은 자신의 위세를 키우는 일이었다.

그러나 칭(1993, 41쪽)에 따르면 인도네시아 정부는 메라투스족을 근대사의 바깥에서 시간을 잊고 원시적 환경을 고수하는 미개한 민족으로 본다. 게다가 인도네시아 정부는 메라투스족이 삼림지대를 이동하고 옮겨

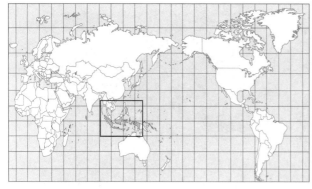

인도네시아

다니는 것이 그들의 환경 때문이라고 생각한다. 정부가 볼 때, 메라투스족의 이동은 '준유목생활'이며 국가질서로부터의 이탈을 의미한다. 따라서 그들은 국가안보를 위협하는 존재인 것이다. 그러나 메라투스족에게 이동은 자기 민족의 개별적 자치를 의미한다.

인도네시아에는 정부가 '외딴곳에 사는 주민'이라고 부르는 사람들이 150만 명이 넘는다. 그들 가운데 대다수는 메라투스족처럼 산악지대에 소규모로 분산되어 살고 있다. 인도네시아 정부는 이런 소규모 사회를 국가가 용납할 수 있는 형태로 바꾸기 위해 외딴곳에 사는 주민들의 관리계획을 수립했다. 한 공식 문서에 따르면 "인도네시아 국민을 대상으로 시행되는 규범에 따라 그들의 사회, 경제, 문화, 종교를 포괄하는 제도의 방향"(Tsing, 1993, 92쪽)을 바꾸는 것이다. 이런 계획의 목적을 달성하기 위해 인도네시아 정부는 원주민들을 강제로 훈육해서 정부의 통제 아래 두려는 다양한 전략을 개발했다. 그중 하나가 소수민족의 거주지를 새롭게 지정하는 정책이다.

정부는 집단 주거단지를 지어 외딴곳에 사는 주민들을 그곳으로 이주시켰다. 국가는 이런 주택단지를 현대적 주거시설이라고 주장하지만 사실은 모든 원주민을 한곳에 모아 감시하기 쉽게 해서 정부의 통제 아래 두려는 것이 실제 목적이다. 어떤 경우에는 군사안보를 목적으로 주거시설을 특별히 설계하기도 한다. 메라투스족은 정부의 의도를 금방 간파했다. 그들은 마을들을 "정부가 방문하면 마음에 들어 할" 집단 주거지로 새롭게 단장했다(Tsing, 1993, 93쪽). 인도네시아 정부도 외딴곳에 사는 주민들의 식습관을 개조하는 영양 프로그램을 실시했다. 정부는 메라투스족에게 그 지역에서 구할 수 없는 고기와 채소들을 '올바르게' 조리하는 방법을 가르쳤다. 메라투스족의 식습관이 무질서하다고 생각했기 때문이다. 한 마을의 지도자는 이렇게 설명했다. "[인도네시아 사람들은] 아침에 차를 마시죠." 보통 아침으로 커피나 차를 마시며 과자빵 같은 밀가루 반죽 음식을 먹는 것을 표현한 말이다. "그리고 낮에 두 번 밥을 먹어요. 우리[메라투스족]는 하루에 다섯 끼를 먹기도 하고 한 끼만 먹을 때도 있어요. 식사 끼니가 정해져 있지 않아요."(Tsing, 1993, 93쪽 인용) 농업이나 수렵사회에서 식습관은 작업일정의 지배를 받기 때문에 밥 먹을 때가 일정하게 정해져 있지 않다. 정부 당국이 보기에는 음식을 조리하는 방식도 국가의 표준을 따라야 한다. 따라서 한 정부 관리는 메라투스족이 닭을 잡아서 시큼한 향신료나 고추를 넣지 않고 요리하는 것도 불만이었다. 그래서 메라투스족의 지도자들은 정부 당국자들을 만족시키기 위해 "당국자들이 방문할 때 그들이 좋아하는 방식대로 적당히" 닭을 요리하는 것을 보여준다.

또한 정부는 외딴곳에 사는 주민들을 통제하기 위해 가족계획 프로그램을 실시했다. 가족계획에 대해 정부가 생각하는 것과 메라투스족이 생각하는 것에는 다시 한번 큰 차이가 있었다. 가족계획은 근본적으로 국민국가가 주민들을 국가가 요구하는 가족 형태와 출산 양상의 틀에 끼워맞추려고 실시하는 것이었다. 1980년대 초 국가는 여성들에게 자궁 내 피임기구를 쓰거나 피임약을 복용하도록 권장하는 프로그램을 시행했다. 정부는 가족계획을 확산시키기 위해 지역의 남성 지도자인 파안 티니토를 내세워 여성들이 그 프로그램에 적극 참여하도록 유도했다. 그는 여성들을 불러 모았다. 그러나 여성들은 그것이 무엇에 대한 것인지 전혀 몰랐고 티니토가 남성들에게 산아제한을 목적으로 하는 것이라고 설명하자 큰 충격을 받았다. 남성들은 흥분했다. 정부가 어떻게 자신들의 자녀 수를 제한하려고 할 수 있는가? 그들의 공동체는 이미 왜소할 만큼 왜소해지지 않았는가? 가족계획 프로그램은 말도 안 되는 짓이었다. 뭔가 실수가 있는 게 분명했다. 티니토는 정부가 원하는 것은 그저 여성들 명부라고 설명했다. 산아제한과 관련된 말은 한 마디도 하지 않았다. 몇 달 뒤 피임약이 마을에 도착하자 티니토는 그것을 자기 집으로 가져와 서까래에 매달아놓았다. 그 피임약은 거기에 그냥 방치된 채로 있었다 (Tsing, 1993, 109쪽).

국민국가는 주거지 재배치, 영양, 가족계획 프로그램을 통해 국민에게 사회구조와 가족의 권위에 대한 기준을 효과적으로 제시하고 있었다. 거기에는 주로 남성이 가족의 '수장'을 맡는 개별 가정으로 구성된 확고하게 안정된 '마을'이 있게 마련이다. 정부에서는 여성에게 가는 것은 무조건 남성을 거쳐야 한다고 생각했다. 그러나 그것은 메라투스족이 구성된 방식이 아니며 그들이 세상을 바라보는 방식도 아니었다. 그들의 세계관은 그들 국가의 세계관과 크게 달랐다. 다른 원주민이나 민족집단과 마찬가지로 메라투스족이 직면한 딜레마는 그들이 국민국가의 외부와 내부에 동시에 존재할 수 있느냐 없느냐 하는 문제다. 다음은 칭(1993, 26쪽)의 말이다.

주변인은 스스로를 국가에 구속시키지만 또한 국가의 바깥에 있다. 그들은 국가로부터 도망치려고 하지만 결국 지역에서 국가를 구성한다. 그들은 문화적으로 '다른' 국민이기 때문에 결코 시민이 될 수 없다. 반면에 또한 문화적으로 다른 '국민'이기 때문에 시민권의 굴레를 벗어날 수도 없다.

한편 국민국가가 원주민 문화를 철저하게 말살하기도 했지만 동시에 민족집단 사이에서도 점점 거센 분화가 지속되었다. 이 문제는 이런저런 이유로 한 민족집단이 다른 민족집단에 대해 경제적 이익을 누리는 경우에 아주 심각한 상황을 초래한다. 나중에 살펴보겠지만 그 결과는 대량학살로 이어지는 서로 다른 민족이나 인종 사이의 폭력사태를 불러왔다.

이 장에서 우리는 민족국가 안에서 서로 다른 문화와 인종문제에 따른 딜레마를 살펴볼 것이다. 따라서 **원주민 문화는 왜 파괴되었으며, 아직까지 전 세계에 남아 있는 원주민 문화의 운명은 어떻게 될까? 인종갈등과 대량학살 시도의 원인은 무엇일까?** 이런 문제들을 하나하나 짚어볼 생각이다.

원주민의 운명

원주민 또는 부족민이란 누구를 말하는가? 그들은 오스트레일리아의 토착민과 북아메리카, 남아메리카, 중앙아메리카의 원주민, 아프리카 대륙에 살던 대다수 사람들이다. 세계원주민위원회 2차 총회는 원주민을 다음과 같이 정의했다(Bodley, 1990, 153쪽).

> 원주민은 서로 다른 민족 또는 인종으로 구성된 인구집단들이 있는 나라에 살고 있으면서 초창기부터 그 지역에 살았던 사람들의 후손으로 하나의 집단을 이루고, 현재 그들이 사는 나라의 중앙정부의 지배를 받지 않는 사람들이다.

이 정의에 대해 데이비드 메이버리루이스(1997, 7쪽)는 원주민이 정부의 지배를 받으면 더는 원주민일 수 없다는 것은 문제가 좀 있다고 말한다. 그러나 그들이 처음부터 자기들이 살고 있는 나라에서 살았고, 따라서 그들의 땅에 대해 누구보다 우선해서 소유권이 있다고 주장하는 것은 당연하다. 또한 그들은 자신들과 인종, 민족 또는 문화가 다른 사람들에게 정복당했다. 그들은 대개 자기네 고유의 언어가 있으며 무엇보다 중요한 것은 "원주민들에 대한 사법권을 주장하는 국가의 주변부에 있거나 그들의 지배를 받는다." 그러므로 원주민은 대개 국가와의 관계 속에서 정의된다. 메이버리루이스(1997, 55쪽)는 이렇게 끝맺었다.

> 많은 사람이 '부족민'으로 낙인찍힌다. (……) 그들이 국가의 권위를 거부하고 국가를 대표하는 주류 사회 주민들의 문화를 채택하지 않기 때문이다. 실제로 보면 그들이 스스로 주변인이 되기를 자처하기 때문에 '부족민'으로 낙인찍히는 셈이다.

메이버리루이스는 세계 인구의 약 5퍼센트가 그런 원주민의 정의에 해당한다고 추산했다. 이들은 지금까지 세계 자본주의 경제의 바깥에 있었던 사람들의 후손이다.

오늘날 원주민들이 직면한 문제들 중 하나는 메라투스족의 사례에서 본 것처럼 그들의 문화가 자본주의 문화와 자주 충돌한다는 것이다. 그렇다면 원주민 문화는 어째서 자본주의 문화와 양립할 수 없는 것일까?

원주민의 특징

원주민 문화는 자본주의 확대가 초래하는 파괴력에 쉽게 무너져 내린다. 원주민 문화의 생활양식과 자본주의 문화의 생활양식이 판이하게 다르기 때문이다. 원주민 문화들 사이에는 큰 차이가 있을 수 있지만 서로 공통된 특징도 몇 가지 있다. 예컨대 그 가운데 하나가 이동성이다. 그들은 유목민의 특성이 있어서 나라 간 경계를 넘나들거나 넓은 토지를 옮겨 다니며 이동 경작을 하기 때문에 국가 통합을 위협한다. 또한 국가는 빈번한 이동 때문에 그들을 통제하기가 어렵다.

소규모 원주민 사회의 두 번째 특징은 귀중한 자원을 공동 소유하는 것이다. 이것은 자본주의 문화 앞에서 쉽게 붕괴되는 특징 가운데 하나다. 이런 공동체의 특징은 자본주의 문화에서는 모든 문제의 근원이다. 예컨대 공동 소유한 땅은 집단의 동의 없이 팔거나 살 수 없다. 금융기관들은 공동 소유의 땅을 개인 부채의 담보물로 잡을 수 없다. 그 땅은 부채를 못 갚아도 회수할 수 없기 때문이다. 게다가 일부 학자의 견해와 반대로(Hardin, 1968; Hardin and Baden, 1977 참조) 공동 소유의 땅은 대개 넓은 면적으로 보존해야 할 가능성이 더 많으며 단기적으로도 개발 이익을 내기가 쉽지 않다. 끝으로 법적으로 구체화되지 않은 공동의 자원이나 발견은 자본주의의 개발 앞에서 보호받을 수 없다. 예컨대 아마존의 우루에우-와우-와우족은 머크 사가 '발견'해서 개발 중에 있는 혈액 응고를 막는 물질을 이미 식물에서 뽑아내 쓰고 있었다. 그러나 머크 사가 그 물질을 개발하면서 정작 멸종의 위협에 처한 우루에우-와우-와우족은 거기에서 아무런 이익도 얻지 못한다. 따라서 데럴 포지(1996, 7쪽)가 지적한 것처럼 재산권으로 인정받을 수 있는 전통지식이나 공동체의 지식을 개인이나 법적으로 지정된 '자연인'이 보유하고 있다면 자본주의 문화에서 기업처럼 마음대로 재산권을 행사할 수 있어야 한다.

자본주의 문화와 양립할 수 없는 소규모 원주민집단의 세 번째 특징은 친족관계를 기반으로 하는 사회구조다. 소규모 사회에서 인간관계 대부분은 개인의 친족관계로 규정되며 주요 사회적 단위는 대가족이다. 개인이 도움을 요청할 수 있는 더 큰 관계망은 자원 공유를 촉진하는 반면에 소비하고 돈을 벌기 위해 일해야 할 필요성을 줄인다. 핵가족처럼 사회적으로 고립된 작은 가족 단위의 특징은 국가의 통제와 질서에 더욱 의존적이라는 것이다. 앞으로 살펴보겠지만 원주민 사회가 공격받는 첫 번째 특징 가운데 하나가 친족관계의 형태다. 그렇다고 친족관계가 국가 통제와 자본 축적의 기반이 될 수 없다고 말하는 것은 아니다. 3장에서 이미 살펴본 것처럼 초기 기업은 가족을 기반으로 했으며, 오늘날도 소규모 가족 기업이 번창하고 있다. 그러나 유동적이고 사회적으로 구속되지 않은 노동력의 필요성 때문에 아마도 오늘날 대가족 단위는 자본주의 문화에 적합하지 않은 듯하다.

넷째, 아주 작은 소규모 원주민 사회는 상대적으로 평등주의를 추구한다. 존 보들리(1990, 4쪽)가 설명하는 것처럼 평등한 사회관계는 아무래도 동기를 부여하는 힘이 약하며 소비 욕구를 낮춘다. 사람들이 물질을 소유해 자기 신분을 드러낼 필요가 별로 없기 때문이다. 하지만 국민국가는 효과적으로 나라를 다스리기 위해 정치적 위계질서를 필요로 한다. 예컨대 의사결정권을 가진 공인된 지역의 지도자가 없다면 도대체 누가 세금을 걷겠는가? 누가 정부의 명령을 집행할 것인가? 국민국가의 법이 집행되는 것을 보장할 사람이 누구란 말인가? 앞으로 보겠지만 국민국가가 원주민을 통제하기 위해 취하는 첫 번째 조치는 새로운 권위 형태를 강제하는 것이다.

끝으로 아마도 가장 중요한 것은 자본주의 국민국가의 구성원이나 국민국가 자체가 원하는 자원 또는 땅을 대개 원주민들이 지배하고 소유하고 있다는 사실이다. 다음은 존 보들리(1990, 4쪽)가 쓴 내용이다.

> 부족민과 국가 사이의 투쟁은 자원 관리, 내부의 사회조직과 관련된 갈등체계 문제였다. 부족민은 분권화된 공동체로서 장기적인 자원 관리 전략을 추구하는 소규모의 무계급사회를 주장하지만, 국가는 특정한 이익집단의 단기적인 이익을 위해 자원을 뽑아내는 중앙집권적 관리체제를 추구하는 계급 기반의 사회다. 당연하게도 국민국가의 부족민에 대한 정치적 지배는 대개 급격한 환경파괴를 초래하고 부족민을 피폐하게 한다.

민족문화 말살과정

보들리는 『진보의 희생자』*Victims of Progress*에서 국민국가가 자원에 대한 권리를 원주민에게서 빼앗아 개인의 이익을 위해 자원을 개발하고자 하는 이주민에게 넘겨주려고 취했던 다양한 방법을 기술했다. 그 과정은 대개 단계를 밟아서 진행되었는데, 우선 원주민과의 변경 지역에 자리를 잡은 뒤 군사 개입을 통해 점점 영토를 확장하고 정부 통제를 확대하면서 토지 탈취와 문화 개조, 경제개발을 통해 서서히 원주민 문화를 파괴하는 방식을 취했다. 보들리의 분석은 원주민들이 왜 사라졌는지 꿰뚫어 볼 수 있게 하며 그들이 현대 세계로 '통합'된 것이 자발적이지도, 그들에게 이익이 되지도 않았다는 사실을 잘 보여준다.

변경 지역　　대개 원주민 문화의 파괴는 변경 지역에 이주민들이 정착하면서 시작된다. 그곳은 쉽게 개발할 수 있는 천연자원이 풍부한 곳으로 알려져 있으며 국민국가의 통제 손길이 아직 미치지 못하는 곳으로 보이는 미개척지다. 국민국가와 외부에서 침입한 이주민들은 원주민들의 이전 소유권과 이익을 무의미하다고 생각한다. 예컨대 1990년 런던에서 발행된 잡지『트루스』*Truth*는 젊은 미국인 기술자 월터 하덴버그와 관련된 기사를 게재했다. 그것은 페루와 콜롬비아를 가르는 푸투마요 강에 있는 영국-페루 합작의 고무회사에서 일하는 관리자들의 만행을 고발하는 내용이었다(Taussig, 1987 참조). 인디언 고무채취 노동자들을 노예처럼 부리고 고문하고 살해하는 내용의 기사는 영국인들에게 충격을 안겨주었다. 영국 정부는 진상을 조사하기 위해 브라질 리우데자네이루에 있는 영국 영사 로저 케이스먼트를 파견했다. 케이스먼트는 이미 이전에 고무 무역업자들이 콩고의 원주민 노동자들에게 가한 끔찍한 공포를 알리는 보고서를 쓴 적이 있었다. 조지프 콘래드가 쓴『어둠의 심연』*Heart of Darkness*(1972〔1902〕)이라는 소설에 나오는 그런 공포였다.

　케이스먼트는 영국 외무부장관 에드워드 그레이 경에게 보낸 보고서에서 푸투마요 지역의 원주민들에게 가해진 끔찍한 일들을 반복해서 서술했다. 그는 바베이도스의 고무회사들에 고용된 흑인 노동자들에게서 그들이 당한 일들을 청취했다. 그들은 죽음의 위협을 느끼며 끔찍한 공포 속에서 일했다. 예컨대 그는 그레이에게 보낸 보고서에 자신의 고무채취 할당량을 채우지 못한 인디언들의 운명이 어떻게 되는지를 다음과 같이 썼다(Taussig, 1987, 35쪽 인용).

인디언은 매우 보잘것없는 존재로 취급받는다. 그래서 그는 저울 바늘
이 10킬로그램을 넘지 못하는 것을 보면 곧바로 벌을 받기 위해 스스로
두 손을 뻗고 땅바닥에 몸을 던진다. 그러면 [고무농장의] 작업반장이나
그 하급자가 나와 몸을 구부리고는 그 인디언의 머리채를 잡고 때린 다
음 머리를 들어 올렸다가 땅바닥에 내려치기를 거듭한다. 인디언의 얼
굴이 주먹에 맞고 발로 채여 피투성이가 된 뒤에도 채찍질은 계속된다.
그래도 그것은 가장 재수가 좋은 경우다. 대개는 나무를 벌채할 때 쓰
는 만도로 난도질을 당하기 일쑤이기 때문이다.

케이스먼트는 자신이 본 인디언들 가운데 90퍼센트가 몸에 채찍질로
생긴 흉터가 있었다고 했다. 그는 고무회사의 감독관들이 인디언 노동자
들을 길들이고 통제하는 또 다른 방식들도 기술했는데, 교묘하게 굶겨
죽인다거나 도망치는 사람들을 산 채로 불태우거나 어린아이들까지 죽
이는 등 실제로 상상할 수 있는 모든 형태의 고문을 자행했다. 케이스먼
트의 보고서는 영국 하원선별위원회의 중심 의제가 되었다. 위원회는 푸
투마요 지역에 있는 영국 소유의 고무회사들에 대한 혐의들을 조사할 것
을 요청했다. 그러나 실제로 바뀐 것은 아무것도 없었다. 영국인들이 그
지역에 정치적 지배력을 행사할 수 없었기 때문이다. 실제로 그 회사의
감독관들 가운데 가장 잔인한 인물이 나중에 그 나라의 우두머리가 되
었다.

하덴버그와 케이스먼트가 거의 한 세기 전에 기술했던 변경 지역들은
대부분 주변부 국가의 현실이며 오늘날에도 상황은 여전히 바뀌지 않았
다. 예컨대 브라질의 야노마미 인디언들에게 무슨 일이 일어났는지 생각
해보라. 야노마미는 브라질과 베네수엘라 접경 지역을 따라 살고 있는
인디언 부족을 말한다. 1980년에 그들의 수는 1만 명이었다. 그들은 브

라질 군사정부가 야노마미 영토를 가로지르는 도로를 건설하기 시작한 1970년대까지만 해도 외딴곳에 고립된 상태로 생활하면서 스스로를 지킬 수 있었다. 도로 건설은 끝나지 않았지만 그때까지 건설된 도로만으로도 야노마미 인디언들은 질병과 기아, 죽음의 공포에 시달려야 했다. 그 도로를 통해 야노마미 마을에 침입한 금광 개발업자들은 야노마미 인디언들을 마을에서 강제로 추방하고 저항하는 사람들을 무참히 학살했다. 브라질 연방 경찰들도 그 금광 개발업자들을 쫓아내지 못했고 그럴 의지도 별로 보이지 않았다. 그 지역을 관할하는 주지사는 살인자들을 재판에 회부하는 것을 거부했다. 심지어 광산업자들이 고용한 제복을 입은 총잡이들이 브라질인디언국FUNAI을 공격하는 일까지 벌어졌다.

1986년 브라질 군부는 FUNAI와 선교사들이 썼던 작은 가설 활주로를 확장했다. 표면상으로는 마약 밀매와 정부 전복활동에 맞서서 국경선을 보호한다는 명목이었지만 실제로는 야노마미 영토에 금광 개발자들만 더욱 쇄도하는 결과를 초래했다. 그 결과, 1988년 적어도 야노마미 인디언 가운데 4분의 1이 죽었고 나머지 생존자들 대다수는 병에 걸리거나 기아에 시달렸다. 전 세계에서 항의가 들끓는 상황이 전개되었지만 브라질 대통령은 광산업자들을 그 지역에서 강제로 추방할 수 없다고 선언했다. 오히려 거꾸로 야노마미 인디언을 위해서가 아니라 광산업자들을 위한 보호구역을 세 군데 지정할 것을 제안하기까지 했다(Maybury-Lewis, 1997, 27쪽). 알시다 라모스(1995, 312쪽)는 최근에 발간한 책에서 야노마미 인디언집단의 한 부족인 사누마족이 처한 상황을 다음과 같이 기록하고 끝맺었다.

지난날 나를 사로잡았던 사누마족에게서 발견했던 것 같은 자치적이고 건강한 문화가 단 10년 만에 브라질 인디언의 역사에서 가장 최악의 문화파괴 사례 중 하나가 될 것이라고는 상상도 하지 못했다.

군사 개입　무력은 원주민을 말살하는 또 다른 수단 가운데 하나였다. 막강한 군사력을 보유한 유럽은 원주민 문화와의 대결에서 때로는 그야말로 보잘것없는 무장을 한 원주민들에게 꽤 심각한 타격과 인명손실을 당하기도 했지만 대개는 막강한 위력을 발휘했다. 1860년 뉴질랜드의 마오리족이 자신들이 차지하고 있는 거대한 땅을 분할하려고 측량 중이던 토지조사팀에게 저항하자 총독은 계엄령을 선포하고 원주민들을 제압하기 위해 군대를 파견했다. 하지만 마오리족은 한때 2만 2,000명을 헤아리던 병사들로 구성된 군대에 맞서 자그마치 12년 동안이나 싸웠다. 그들은 그 대가로 식민지 주민 500명의 목숨과 130만 파운드의 손실을 감당해야 했다(Bodley, 1990, 50쪽).

　물론 1850~1880년 미국 정부가 미국의 대초원 지역에 있던 아메리카 원주민들을 마침내 정복한 것은 군사 개입 덕분이었다. 대초원 지역에 살던 부족은 유럽계 미국인들이 자기네 땅과 자원을 차지하려고 하자 거세게 저항했다. 그러자 미국 정부는 원주민들을 제압하기 위해 군대를 보냈지만 7장에서 본 것처럼 군대가 아메리카 원주민 부족들의 식량원이었던 버펄로 떼를 몰살시킨 뒤에야 비로소 소기의 목적을 달성할 수 있었다.

정부 통제의 확대　원주민 부족을 무력으로 제압한 뒤 곧이어 진행된 문화파괴의 다음 단계는 정부 통제의 확대였다. 국민국가가 권한을 확대할 수 있을 때 원주민 사회는 자치 '부족'의 힘을 잃고 국가에 통합된다. 국민국가의 지배자들은 대개의 경우 원주민들에 대한 통제가 오히려 그들에게 문명의 혜택을 안겨주었다고 주장하며 자신들의 지배를 정당화한다. 그러나 존 보들리(1990, 58쪽)가 지적한 것처럼 국민국가의 원주민에 대한 통제는 원주민이 살던 영토로 이주해온 비원주민들의 경제적 이익을 보호하는 것과 직접적인 관련이 있었다.

　원주민들을 정치적으로 통제하기 위해 다양한 방법이 활용되었다. 그중 하나는 단순한 직할 통치였다. 무력으로 원주민들을 제압한 뒤 복속된 주민들을 다스리기 위해 지배집단 출신 가운데 한 사람을 임명했다. 프랑스인들은 아프리카의 식민지에서 프랑스 판무관을 임명하여 그런 임무를 수행하게 했다. 그러나 영국이 아프리카에서 써먹은 방식인 **간접 통치**가 더 일반적이고 효과적인 통치방식이었다. 전통적인 원주민 지도자들의 역할을 유지하고 강화하거나 그런 사람들이 없을 때는 새로운 원주민 지도자들을 뽑아서 그들을 통해 원주민을 통치하는 방식이 바로 그것이었다(Bodley, 1990, 71쪽).

오스트레일리아가 파푸아뉴기니에 대한 정부 통제를 확대하기 위해 활용했던 베이스캠프 계획은 매우 효과가 좋았던 것으로 밝혀졌다. 파푸아뉴기니의 영토는 상대적으로 멀리 떨어져 있었다. 1940년대에도 외부 지역과 직접적인 접촉이 전혀 없었던 원주민집단이 그곳에 살았다. 오스트레일리아 정부는 그들을 지배하기 위해 이미 정부의 영향력 아래 있던 지역에 교역물품과 함께 무장경비대를 파견하고 베이스캠프를 세웠다. 경비대는 베이스캠프에 있는 동안 주변 마을 사람들과의 관계를 정립하기 위해 캠프를 찾는 원주민 방문객들에게 소금, 철제연장, 옷감 등 매우 중요한 교역물품을 제공했다. 그런 뒤 그들은 캠프 밖으로 나와 마을들을 다니며 경비대가 더 오랫동안 이 지역을 방문할 수 있도록 숙박시설을 지을 수 있게 허락해달라고 요청했다. 마을 사람들이 그 요청을 언제나 수락한 것은 아니지만 경비대는 통역사들을 통해 마을 사람들을 꾸준히 설득했다. 더 먼 지역의 마을에서 사람들이 교역물품을 얻으러 베이스캠프를 찾아왔고, 경비대는 마을 사람들이 경비대까지 오는 길에 도로를 놓을 때만 그들에게 교역물품을 주었다. 새로 방문한 마을 사람들에게 선물을 나눠주고 정부가 후원하는 잔치도 베풀었다. 평화협정을 맺고 원주민 경찰이 요충지에 배치된 뒤 원주민 마을과 오스트레일리아 정부 사이를 중재하는 부족장들이 선출되었다. 그 뒤로 경비대는 해마다 그 마을들을 순찰했다. 파푸아뉴기니 해안의 플랜테이션 농장에서 일할 노동자를 찾던 사람들이 한 마을에서 자유롭게 인력을 구할 수 있게 되자 오스트레

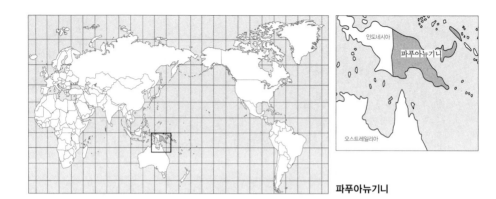

파푸아뉴기니

일리아 정부는 그 강화 전략이 매우 성공적이라고 평가했다. 그러나 경비대가 지역을 순찰할 때 집을 비우고 저항하는 지역에 대해서는 저항자들과 연락이 닿을 때까지 마을에 남아 있던 노인들을 납치하기도 했다.

이런 평화적 침투과정은 1920년대에 시작해서 2차 세계대전 기간을 빼고는 오늘날까지 끊임없이 이어지고 있다. 예컨대 1950년에 아직 정부의 통제권 안에 들어와 있지 않은 지역의 면적이 16만 8,350제곱킬로미터였는데, 1970년에는 그 면적이 1,735제곱킬로미터에 불과했다.

토지정책　　국민국가의 토지소유권 정책은 원주민과 원주민이 지배하는 자원을 국민국가로 통합해나가는 과정에서 매우 미묘한 문제들 가운데 하나다. 국제법과 대다수 정부는 대개 원주민들이 그들이 거주하고 있는 땅에 대한 소유권이 있다는 것을 인정한다. 예컨대 1787년 미국 정부는 북서부 영토 정부를 위한 조례에서 다음과 같이 선언했다(Fey and McNickle, 1970, 56쪽).

　　우리는 언제나 인디언을 최대한 성실하게 대할 것이다. 인디언의 땅과 재산은 그들의 동의 없이 절대로 빼앗을 수 없다. 의회가 승인한 공정하고 합법적인 전쟁이 아니라면 그들의 재산권과 자유는 절대로 침해당하거나 방해받지 않을 것이다.

그러나 그 정책은 아메리카 원주민들이 앞으로 성장할 만한 정치세력을 가졌을 때, 유럽계 미국인들이 탐하지 않는 땅을 가졌을 때만 존중되었다. 초기에 맺은 협정 대부분은 아메리카 원주민들의 토지소유권을 인정해서 서부의 넓은 지역을 아메리카 원주민의 영토로 지정했다. 그러나 유럽에서 이주하는 사람들이 늘어나고 그들이 아메리카 원주민들의 땅을 탐내기 시작하면서 미국 정부는 옛 협정들을 재협상하자고 압박했고, 정부는 그런 협정에 서명할 협상 대상자를 물색했다. 3장에서 이미 살펴본 것처럼 그런 협정들조차도 미국 의회로부터 아메리카 원주민의 땅을 보호할 수 없었다. 1887년 미국 의회는 아메리카 원주민 일반토지할당법('도스법')을 통과시켰다. 이로써 아메리카 원주민의 땅 1억 에이커(40만 5,000제곱킬로미터)가 정부 소유로 넘어갔다(Jaimes, 1992, 126쪽).

문화개조 정책　원주민의 자치권을 파괴하고 그들의 땅과 자원에 대한 지배권을 확보한 뒤 국민국가가 취한 다음 단계 조치는 원주민 문화를 개조하는 일이었다. 비도덕적이고 공격적이며 위협이 된다고 생각되는 원주민들의 관습은 무조건 폐기되었다. 원주민들의 친족관계와 사회조직은 식민지 침략자들을 특히 위협하는 문화였다. 신부를 돈을 주고 사오는 매매혼, 유아 약혼, 일부다처제, 역연혼(형이나 아우 미망인과의 결혼), 비밀결사, 전통적인 친족관계의 의무 같은 풍습은 대부분 비난받거나 금지되었다. 1960년대까지도 대가족제도는 국제 경제개발기구들로부터 "경제개발을 지연시키는 경제발전의 심각한 걸림돌"이라며 큰 비난을 받았다(Bodley, 1990, 96쪽 인용).

지난 역사를 되돌아볼 때 불행하게도 인류학자들은 알고 했든 모르고 했든 원주민 문화를 개조하고 그들을 국민국가로 통합시키는 데 중요한 역할을 했다. 원주민에 대한 관용과 이해를 대변한 훌륭한 인류학자들 가운데 한 명인 마거릿 미드(1961, 19~20쪽)조차도 자신이 연구했던 부족민들이 '근대화'되어야 한다는 말에 동의했다. 그녀는 "우리는 사람들을 강제로 바꾸려고 해서는 안 된다고 생각한다. 그들이 불빛을 보고 자유롭게 그것을 따라오게 해야 한다"고 말했다.

개발론자들(Goulet, 1971, 25~26쪽)은 "전통적인 원주민들은 자신들이 비정상적이고 비인간적인 환경에서 살고 있다는 것을 깨닫고 충격을 받아야 한다. 그것은 근대화로 가는 심리적 준비과정이다"라고 주장했다.

인류학계에서 가장 존경받는 학자들 중 한 사람인 워드 구디너프(1963, 219쪽)는 『함께 바꾸기』*Cooperation in Change*에서 다음과 같이 지적했다.

> 개발기구들이 직면하는 문제는 (……) 외부에서 더 밀어붙이는 변화의 방식이 아니라 스스로 변화하고 싶은 욕구를 갖도록 자극할 수 있는 방식들을 찾는 것이다. 다시 말해 문제는 자신의 현재 상황에 대해 충분히 불만족을 느낌으로써 그것을 바꾸고 싶어하게 만드는 것이다. 이것은 스스로 자기 이미지를 재정립하고 다시 자부심을 느끼도록 이끌어주는 그런 종류의 경험을 요구한다.

발전을 위한 교육　　원주민 문화를 개조하는 가장 효과적인 방법들 가운데 하나는 4장에서 이미 본 것처럼 학교교육을 통해서다. 프랑스, 영국, 독일, 미국 정부는 교육을 통해 자기 국민을 통합시켰던 것과 마찬가지로 식민지 원주민들도 교육을 통해 통합시키려고 했다. 다음은 존 보들리(1990, 103쪽)의 말이다.

> 많은 나라에서 학교교육은 문화개조를 위한 가장 핵심적인 수단이었다. 또한 그것은 자존심을 무너뜨리고 새로운 욕구를 키우고 불만을 야기하고 전통문화를 총체적으로 붕괴시키는 매우 효과적인 수단임을 입증해주었다.

서양식 복장으로 잘 차려입은 원주민 학생들이 칼라일 인디언 학교의 수업에 참석한 모습이다. 1900년에 찍은 이 수업에서 학생들은 "남부 흑인들의 시민권을 부인하지 말아야 한다"는 결의문에 대해 토론하고 있다. 미국 정부는 1924년까지 원주민에게 완전한 시민권을 부여하지 않았다.

    학교교육은 대개 원주민의 교육방식들과 갈등을 일으키고 그것들을 무너뜨리는 구실을 했다. 프랑스인들이 아프리카 식민지에 세운 학교에서는 두 가지 과목을 가르쳤다. 하나는 프랑스어였고 나머지 하나는 질서, 공손, 존경, 복종과 같은 '좋은 습관'의 이상을 의미하는 '도덕'이었다. 이탈리아령 동아프리카에서 사내아이들은 농사를 짓고 공예품을 만드는 기술을 배운 반면에 여자아이들은 원주민 전통음식을 요리하는 법을 배웠다. 당시 그들이 배우던 교과서(Bodley, 1990, 104쪽 참조)에는 다음과 같은 문구가 있었다.

    나는 이탈리아 정부의 국민이 된 것이 행복해요. 나는 자식을 사랑하는 마음으로 이탈리아를 사랑해요.

    오, 신이시여. 제가 훌륭한 이탈리아인이 되도록 도와주소서.

    원주민을 최초로 교육한 사람은 대개 선교사였다. 그것은 교회나 국민국가 모두에 유익한 일이었다. 선교사들은 원주민 어린이들을 국민국가가 원하는 방식으로 교육하는 동시에 자신들의 종교로 개종시켰다. 따라서 1611년 프랑스 예수회 선교사들은 "인디언들을 프랑스 방식으로 교육"(Noriega, 1992, 371쪽 인용)하라는 정부 칙령에 따라 세인트로렌스 강 주변에 학교들을 세웠다.

미국에서 선교사와 교회단체들은 원주민 교육에서 중요한 역할을 했다. 기독교 학교의 최초 모델 가운데 하나가 1839년 캔자스 주 레번워스에 세워진 메소디스트 에피스코팔 소사이어티(감리회)였다. 그 학교는 엄격한 군대식 교육방식을 채택했다. 아메리카 원주민 학생들은 교육비를 조달하기 위해 400에이커(16만 2,000제곱미터)에 달하는 농장에서 일했다. 학교는 학생들에게 노동대가를 지불하지 않아도 되기 때문에 노작활동을 병행하는 수백 개의 더 많은 기독교 학교의 모델이 되었다. 분리파 교회 학교들은 곧바로 여학교를 세웠다. 이들 학교는 19세기 말까지 선교사들의 감독 아래 있었다.

1860년대 말, 많은 아메리카 원주민 보호구역에서는 이들 학교에 다니는 것이 의무사항이었다. 그러나 미국 정부는 보호구역 안의 주간학교들이 학생들을 그들의 가족과 문화에 너무 가깝게 놔둔다는 사실을 깨달았다. 그 결과, 정부는 아메리카 원주민 학생들이 그들의 문화에 '오염되는' 것을 막기 위해 인디언 기숙학교 프로그램을 시행했다. 사실 기숙학교는 정부에 저항하는 원주민 지도자들의 의지를 꺾기 위한 처벌과정에서 나온 아이디어로, 그것을 처음 제안한 사람은 리처드 H. 프랫이었다. 프랫은 아메리카 원주민을 백인으로 개조할 수 있다고 믿었던 육군 대위였다. 그는 정부를 설득해 플로리다 주 세인트오거스틴에 있는 감옥 한 군데에서 교육 프로그램을 운영했다. 그곳에는 샤이엔족 지도자들이 갇혀 있었다. 그는 첫 번째 인디언 기숙학교를 펜실베이니아 주 칼라일에 세웠다. 그 학교는 선교사들이 완성한 노작활동을 겸비한 교육 모델과 프랫 자신이 세인트오거스틴에서 완성한 기숙교육 모델을 결합한 것이었다.

그 뒤로 칼라일은 미국 전역에 걸친 인디언 기숙학교망의 모델이 되었다.

　기숙학교의 아메리카 원주민 아이들은 격리된 채 머리를 짧게 깎고 군인 복장을 하고 식사하는 동안 아무 말도 하지 말아야 하고 원주민 말을 하지 못하게 강요받았다. 가족 방문은 제한되었고 아이들은 심지어 방학에도 집에 갈 수 없었다. 여섯 살에 학교에 들어간 아이들이 열일곱 살이나 열여덟 살이 될 때까지 자기 부모와 가족들을 만나지 못하는 것이 보통이었다. 기숙학교 프로그램은 자기 문화와 언어를 박탈당한 상태에서 원주민의 기원이 되는 문화와 어울리지 못하도록 하는 동시에 더 큰 사회에서 인정받지도 못하는 개인들을 창조해냈다.

　원주민들은 저항했다. 예컨대 호피족은 마을을 배회하며 원주민 아이들을 모아서 유타 주에 있는 인터마운틴 학교에 보내려는 모르몬교도들의 눈에 안 띄게 아이들을 숨겼다. 결국 그 지역의 인디언 관리관들은 아이들을 잡기 위해 군대에 지원 요청을 했다. 그러나 호피족은 암구지대 꼭대기에서 돌을 던지며 격렬하게 저항했고 인디언 관리관들은 잠시 후퇴할 수밖에 없었다. 기숙학교가 점차 사라지기는 했지만 1973년 말에 인디언사무국의 관리 아래 있던 아메리카 인디언 어린이 5만 2,000명 가운데 3만 5,000명은 여전히 기숙학교에 있었다. 호르헤 노리에가(1992, 381쪽)는 다음과 같이 지적했다.

　　전체 과정은 하나의 기준, 즉 목표 대상인 인종, 민족, 부족이나 종교집단에 속한 아이들을 실질적인 지배집단에 강제로 길들이고 동화시키는 것을 따른다. 그 기준은 1948년 유엔이 대량학살의 처벌과 방지에 관한 협약에서 인류에 대한 범죄로 규정한 것이다.

경제개발　　원주민 문화를 파괴하는 다음 단계는 그들을 국민경제로 통합하는 것이다. 이것은 때로는 노예제나 강제노동과 같은 폭력을 통해 이루어지기도 하고 때로는 더욱 정교한 방식으로 '경제개발'이라는 미명

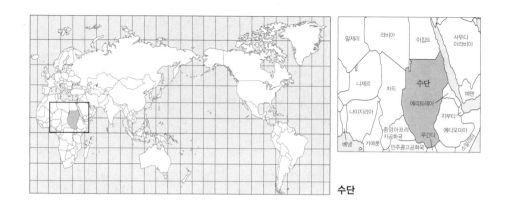

수단

아래 진행되기도 했다. 보들리(1990, 114쪽)가 지적한 것처럼 **개발**은 성장, 불가피성, 발전을 의미하는 고도의 자민족중심주의적 용어다. 여기서는 오히려 **전환**이라는 말이 훨씬 더 적합한 용어라고 할 수 있다.

처음에 원주민을 자본주의 경제로 통합하는 가장 일반적인 방식은 강제노동을 통해서였다. 외부 세계에서 온 이주민들과 식민지 정부는 많은 원주민들이 대가를 받고 일하고 싶어하지 않으며, 그럴 필요도 느끼지 않는다는 것을 알았다. 그들의 소비 욕구는 매우 낮았다. 그들은 스스로 농작물을 키우거나 친족이나 이웃들과 생산물들을 나눔으로써 자신들이 기본적으로 필요로 하는 것들을 만족시켰다. 프랑스령 서아프리카에서는 강제로 징용된 노동자들이 도로와 철도, 관개시설 등을 건설하는 데 3년 동안 동원되었다. 어떤 강제노동 지역에서는 사망률이 1년에 60퍼센트까지 증가했다(Bodley, 1990, 116쪽). 식민지 지역의 공통적 현상이었던 강제노동은 1957년이 되어서야 비로소 국제적으로 금지되었다.

원주민을 자본주의 경제로 통합하는 또 다른 방법은 세금을 부과하는 것이었다. 원주민들은 반드시 현금으로 세금(인두세 등)을 내야 하는 조세제도 때문에 백인이 운영하는 플랜테이션 농장이나 광산에서 일하거나 환금작물을 키울 수밖에 없었다. 백인들은 이런 조치들이 '야만인을 문명화시키기' 위해 필요한 것이라고 적극 옹호했다. 1921년 미국 법조계의 권위자 알페우스 스노(Bodley, 1990, 118쪽 인용)는 "원주민들은 무엇인가 획득하려고 하는 본능이 부족하기 때문에 그런 정신적 결함을 고치기 위해 조치를 취하는 것은 필요한 일이며, 그것은 국가가 감당해야 할 도덕적 의무이기도 하다"라고 썼다.

또한 경제변화는 기술발전을 통해 촉진되었다. 그 좋은 예가 잔데개발계획이다. 아잔데족은 수단의 남서쪽 모퉁이에서 여기저기 흩어져 살면서 사냥과 이동경작을 하는 대규모 부족집단이었다. 1905년에 영국인들은 행정력을 동원해 자신들을 위협한다고 생각되는 아잔데족의 문화요소, 즉 방패를 만들고 전사들을 조직하고 심지어 철을 제련하는 것까지 불법으로 규정했다. 1911년 영국인들은 아잔데족 전체 인구의 거주지를 강제 징용된 아잔데족 노동자들이 건설한 도로를 따라 재배치했다. 또한 숲이나 개울 주변의 좋은 자리에 농지를 일구지 못하게 했다. 1920년대에는 인두세가 도입되면서 원주민들이 임금노동을 하지 않을 수 없게 되었고, 영국산 교역물품 수입도 늘어났다. 그러나 워낙 외진 곳에 있고 주민들이 자급자족하는 가운데 다른 나라에서 필요로 하는 어떤 자원도 없는 까닭에 아잔데족을 경제적으로 국민국가에 통합시키는 일은 실패하고 말았다. 그 뒤 1930년대에 들어 정부는 '경제개발'을 추진하기로 하고 환금작물로 면화를 도입했다. 경제개발계획의 실행가능성을 연구하기 위해 뽑힌 농업개발 전문가는 아잔데족을 "면화 재배와 곧바로 수출할 수 있는 제품을 생산하는 공장 건립을 통해 문명의 혜택을 받을 수 있는 (……) 행복하고 부유하고 교양 있는 공동체"(Bodley, 1990, 123쪽)로 전환시킬 것을 요구했다.

1944년 정부는 "우리는 그 [남부 수단의] 거주민들을 무지와 미신, 가난, 영양 부족과 같은 것에서 구해낼 도덕적 의무가 있다"(Bodley, 1990, 123쪽 인용)고 주장하면서 경제개발계획을 정당화했다. 1946년 유럽인의 감독 아래 1,500명의 아잔데족 노동자들이 베틀을 돌리고 직물을 짜고 비누를 만드는 시설을 갖춘 소규모 복합단지를 건설하는 사업이 진행되고 있었다. 아잔데족 사람들은 누구나 거기서 적어도 1년에 한 달은 무조건 일해야 했다. 그들이 한 달에 받는 임금은 85센트에서 1달러 30센트였다. 게다가 정부는 경제개발을 촉진하기 위해 30년 전에 강제로 재배치된 도로변의 가옥들을 기하학적으로 배열된 거주지로 임의대로 재배치했다. 친족들과 이웃에서 살고 싶어하는 사람들의 의사는 전혀 반영되지 않았다. 그렇게 재배치된 사람들이 5만 가구, 약 17만 명에 달했다.

경제개발의 핵심은 면화 재배였지만 아잔데족은 아무도 면화를 심고 싶어하지 않았다. 좌절한 정부 관리들은 아잔데족이 "그들에게 돈이 왜 필요한지 전혀 알지" 못한다고 말했다. 정부는 이 문제를 해결하기 위해 면화를 재배하지 않는 사람은 한 달 동안 도로 건설 현장에서 강제노역을 시키는 처벌을 내렸다. 그럼에도 보들리(1990, 124~125쪽)는 정부에서 보기에 "아잔데족에게 발전과 번영, 분별 있는 태도, 인간에 대한 예의를 안겨주고자" 했던 자신들의 의도가 아주 잘 먹혀들고 있는 것처럼 보였다고 했다. 한 지역 판무관에 따르면 "처음부터 끝까지 될 수 있는 대로 원주민들 고유의 생활양식과 충돌하지 않는 것이 목적이었다." 1965년 잔데개발계획이 시작된 지 20년 뒤 수단의 한 기자는 매우 흥분된 논조로 아잔데족의 생활수준이 더 높아졌다고 보도했다.

> 설탕 소비는 9년 만에 2배로 늘었다. 벌거벗고 다니는 사람도 사라졌다. 아잔데 여성들은 북부 수단에서 최신 유행하는 옷을 입었다. 그리고 모든 사람이 자전거를 소유하고 침대와 매트리스가 있는 깨끗한 집에서 살았다. (……) 무엇보다도 이제는 어디서나 많은 아이들을 볼 수 있었다!(Bodley, 1990, 125쪽 인용)

그러나 1980년대 면화시장의 쇠퇴와 수단의 내전 때문에 아잔데 경제는 완전히 무너져 내렸다.

물론 이런 종류의 개발계획은 오늘날에도 여전하다. 주변부 국가들의 정부는 1970년대와 1980년대에 쌓인 외채를 갚기 위한 현금을 조달하고자 그나마 얼마 남지 않은 원주민 문화가 차지하고 있는 지역들에 눈을 돌리고 있다. 앞으로 살펴보겠지만, 그 결과 원주민 문화의 붕괴는 끊임없이 이어지고 있다.

과라니족: 민족문화 말살의 경제학

자본주의 문화의 구성원 가운데서 원주민을 편향된 시각으로, 즉 그들이 후진적이고 미개하고 경제적으로 궁핍하며 개명시킬 필요가 있는 사람으로 바라보지 않고 공정하게 평가하는 사람을 찾기란 쉽지 않다. 원주민들은 수세기 동안 언제나 그런 식으로 묘사되었다. 자연보호운동으로 유명한 시어도어 루스벨트(Maybury-Lewis, 1997, 4쪽 인용)는 "이주정착민과 개척자들은 근본적으로 정의로운 사람들이었다. 이 거대한 대륙을 단순히 비루한 야만족들을 위한 사냥 금지 구역으로 내버려둘 수는 없었을 것이다"라고 말했다.

19세기에 들어 진화나 인종 우월성과 관련한 '과학적' 이론들은 원주민을 노예화하고 유폐시키고 말살하는 행위를 합리화하는 도구가 되었다. 1940년대 말, 나중에 영국 왕립인류학회 회장이 된 인류학자 피츠로이 래글런(Bodley, 1990, 11쪽 인용)은 원주민들의 미신 숭배는 어리석음과 불행의 근원이라고 주장했다. 현존하는 부족들은 모든 폐습의 발원지였다. "우리는 그들에게 우리의 정의, 교육, 과학을 안겨주어야 한다. 이것들이 야만족에게 있는 그 어떤 것보다 더 좋다는 것을 부인할 사람은 아무도 없다." 원주민을 대하는 이런 태도들이 많이 바뀌긴 했지만 여전히 원주민을 대개 자립할 줄 모르고 도움이 필요한 가난한 사람들이라거나 피해자로 보는 시각이 남아 있다. 또한 원주민들의 파멸이 자본주의 문화가 초래한 행동양식과 약탈 때문이 아니라 그들 자신의 결점 때문이라고 믿는 사람이 많다.

원주민을 시대에 뒤떨어진 생활방식으로 살고 있는 도움이 필요한 가난한 사람들로 볼 것이 아니라 오늘날 사회적 책임의식이 있는 기업이 자원을 잘 관리하고 노동자들에게 충분한 대가를 제공하고 단기적 관점이 아니라 장기적 관점에서 계획을 세우려고 애쓴다는 점에서 원주민들도 그들과 다름없다고 본다면 앞서의 편협한 생각들을 바꿔야 한다. 원주민 사회를 이런 식으로 바라본다면 우리는 오늘날 원주민들이 왜 살아남지 못하는지 더 잘 이해할 수 있을 것이다. 환경과 사회에 대한 책임의식을 가진 기업들은 오늘날 자본주의 세계에서 크게 성공하지 못한다. 그들이 실패하는 까닭은 어떤 근본적인 결함이 있어서가 아니라 그 기업을 탈취한 뒤 기업이 망하든 말든, 노동자들이 일자리를 잃든 말든 상관도 하지 않은 채 눈앞의 이익만을 좇아 그동안 정성스레 관리되었던 자원들을 팔아 치우는 개인이나 집단들의 야욕 때문이다.

퍼시픽럼버 컴퍼니의 운명을 예로 들어보자. 그 가족 소유 기업은 미국에서 환경문제와 경제문제에서 아주 모범이 되는 회사로 널리 알려져 있었다. 그 회사는 자신들이 보유한 거대한 아메리카삼나무 조림지에서 지속가능한 벌목을 처음으로 시행했으며 종업원들에게도 관대했다. 기업이 추구하는 목적을 지속적으로 이어나가기 위해 기업연금에 지나칠 정도로 많은 돈을 적립하기도 했다. 게다가 종업원들의 안정된 일자리 보장을 위해 무해고 정책까지 실시했다. 하지만 불행하게도 그 회사를 환경과 사회적 책임성의 모델로 만든 바로 그런 특징 때문에 기업사냥꾼들의 주된 목표물이 되었다. 1980년대 말 맥샘 사가 그 기업을 인수한 뒤 아메리카삼나무의 벌목량은 2배로 늘었다. 그리고 9,300만 달러에 달하던 기업연금액 가운데 5,500만 달러는 쓰고 나머지 3,800만 달러는 생명보험회사에 투자했는데, 그것도 결국 망하고 말았다(Korten, 1995, 210쪽). 2007년 퍼시픽럼버 컴퍼니는 마침내 파산 신청을 했다.

퍼시픽럼버 컴퍼니의 운명은 특이한 것이 아니다. 원주민들도 퍼시픽럼버 컴퍼니의 사례처럼 자신들을 탈취의 주된 목표물로 만드는 그 모든 특징을 가지고 있다. 그들도 사회적 책임의식이 있는 기업들처럼 자신들이 보유한 자원을 잘 관리했다. 그러나 자기 자원들(예컨대 목재나 동물, 농지)을 모두 소모한 사람들이나 단기적 이익에 눈먼 사람들에게 원주민들이 잘 관리하고 있는 자원들은 탐욕의 대상인 것이다. 원주민들은 이제 희생물이 되거나 약탈의 대상이 된다. 리처드 리드(1997)가 묘사한 과라니족의 예를 살펴보자.

역사와 배경

1만 5,000명의 과라니족 대다수는 파라과이 동부에 있는 열대우림에서 살고 있다. 그들은 114개의 공동체로 이루어져 있는데 3~4가구가 모인 공동체에서 100가구 이상이 모여 사는 공동체까지 다양하다. 그들은 소수 인종으로 대개 과라니족과 결혼한 유럽인의 후손인 **메스티소**나 **크리오요**들이다.

유럽인들이 그곳에 처음 도착했을 때, 100만 명이 넘는 과라니족과 동족집단이 안데스 산맥에서 대서양 연안까지 뻗어나간 지역에서 살고 있었다. 안데스 산맥에 이르는 교역로를 개척하는 가운데 과라니족을 만난 최초의 신세계 정복자들은 과라니족의 환영을 받았다. 초창기 여행자들의 기록에 따르면 과라니족의 생산체계와 생활수준은 꽤 높았다고 한다. 1541년 그 지역의 초대 총독이었던 카베사 데 바카(Reed, 1997, 8쪽 인용)는 과라니족에 대해 다음과 같이 설명했다.

> 그들은 그 지역 전체에서 농업과 목축으로 가장 부유하다. 그들은 많은 닭이나 거위와 같은 가금류들을 기른다. 멧돼지, 사슴, 고라니, 자고새, 메추라기, 꿩 같은 사냥감도 풍부하다. 또한 강에 커다란 양어장도 있다. 그들은 옥수수, 감자, 카사바, 땅콩과 각종 과일도 많이 재배한다. 그리고 나무에서 꿀도 많이 딴다.

과라니족은 경제적으로 풍족했을 뿐 아니라 개인의 사회적 지위가 친족관계로 결정되는 상대적으로 평등한 사회였다. 지도자는 대개 나이가 많은 순으로 돌아가며 맡았다. 하지만 정치 지도자들은 다른 사람들을 강제로 지배할 수 없었다.

과라니족은 유럽인들과 접촉한 뒤 곧바로 유럽 시장에 편입되었다. 그들은 화전농업과 수렵채취 같은 전통적인 생계활동과 천연 마테차, 모피, 꿀처럼 삼림에서 나오는 돈이 되는 산물들의 채집활동을 적절하게 잘 조화시켜나가려고 애썼다. 인류학자들은 장기적인 관점에서 생산을 조절하기 위해 삼림자원을 적극적으로 관리하는 이런 생산활동의 조합을 **혼농임업**이라고 부른다.

과라니족이 준수한 **혼농임업**을 이해하기 위해서는 열대우림의 특성에 대해 조금 알 필요가 있다. 열대우림은 지구상에서 가장 다양한 **생태계**를 이루고 있다. 전 세계에 알려진 생물 종 가운데 절반이 그곳에 있다. 그 가운데 인간이 지금까지 발견한 종은 겨우 15퍼센트밖에 안 된다. 또한 열대우림은 가장 붕괴되기 쉬운 생태계이기도 하다. 열대우림은 여러 개의 층으로 이루어져 있는데, 맨 꼭대기 층에는 키 큰 나무들이 있어 그 아래에 있는 층들을 보호한다. 나무 아래층에는 서로 의존관계에 있는 식물 종과 동물 종이 있고 그 아래에는 얇은 토양층 속에 사는 각종 생물 종이 있다. 과라니족의 혼농임업은 원예, 수렵채취, 상업용 조림, 이 세 가지 활동에 초점을 맞춘다. 그들의 농사법은 **이동경작** 또는 **화전농업**이다. 숲의 일부 지역에서 나무를 베고 불을 지르고 남은 재는 토양에 영양을 공급한다. 거기서 농사를 짓다가 잡초가 많이 자라고 곡식 생산량이 떨어지면 새로운 화전을 일군다. 옛 화전은 그냥 방치하는 것이 아니라 바나나나무나 카사바처럼 별로 관리하지 않아도 최대 4년 동안 수확할 수 있는 작물들을 심는다. 열대우림은 이런 식으로 서서히 토지 순환을 거듭한다. 게다가 이 농지들은 사슴이나 멧돼지 같은 야생동물들을 유인할 수 있는 장소로서의 역할도 하므로 과라니족은 거기에 덫을 놓거나 숨어서 활을 쏠 수 있다.

물고기는 과라니족에게 또 다른 단백질 공급원이다. 그들은 대개 독을 이용해 물고기를 잡는다. 띰보나무의 껍질을 으깨 물에 넣고 씻으면 수면에 얇은 막이 생긴다. 물가에 서서 물속에 산소가 없어지기를 기다리면 기절한 물고기들이 수면 위로 떠오른다. 또한 과라니족은 갈고리가 달린 줄로 고기를 잡기도 한다. 그 밖에 꿀, 과일, 야자나무 고갱이, 임상에서 얻는 뿌리들도 과라니족의 식량원이다.

끝으로 과라니족은 돈을 벌기 위해 마테나무 잎을 따고 모피와 식용 기름과 식량을 모은다. 이 과정에서 과라니족은 삼림을 광범위하게 이용하지만 과도하게 수탈하지는 않는다. 예컨대 그들은 모든 마테나무에서 잎을 따지만 3년에 한 번씩 다 자란 잎만 따기 때문에 나무의 생장을 촉진한다. 또한 과라니족은 수많은 생태적 지위(어떤 생물 고유의 생식 장소뿐 아니라 음식물, 식생, 천적, 경쟁자 관계를 포함하는 장소를 이르는 동물생태학 용어—옮긴이)를 감안해 수확하고 소비 욕구도 낮기 때문에 돈을 벌기 위해 지나치게 자원을 약탈하는 일은 절대로 하지 않는다.

따라서 과라니족은 삼림을 자신들의 생계활동을 보충해주는 수단으로 이용해 이런 삼림자원을 자신들의 생산체계 가운데 하나로 통합한다. 그들의 생산체계는 열대우림 자체의 생산체계를 그대로 따랐다. 열대우림의 생산체계는 나무를 자라게 하고 보존하게 해서 삼림의 지붕이 되는 수관樹冠을 형성하고 그 밑에서 동물과 식물이 살아갈 수 있게 한다. 농작물도 나무의 그늘 아래서 자란다. 농작물과 동물의 다양성은 서로의 생존에 필요한 영양소의 재순환을 보장한다. 리처드 리드(1997, 15쪽)가 언급한 것처럼 실제로 "혼농임업은 대개 생태계의 다양성을 증진시킨다."

혼농임업은 공장 생산을 모방한 집약적인 농사, 벌채, 가축 사육처럼 자본주의 문화에서 전형적으로 나타나는 착취적 삼림활동과 크게 다르다. 첫째, 원주민 생산체계는 다양해서 삼림에 거주하는 생물들이 어느한 생태적 지위를 지나치게 개발하지 않으면서 다양한 생태적 지위를 개

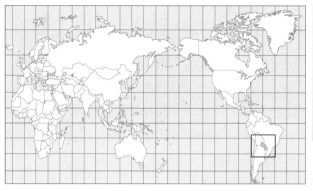

파라과이

발할 수 있게 한다. 둘째, 과라니족의 생산체계는 집약적인 농사와 벌채, 가축 사육과 달리 열대우림의 토양이 제공하는 영양소보다는 식물과 동물 그 자체가 제공하는 자원들에 더 의존한다. 따라서 과라니족은 삼림의 생태계를 구성하는 토양, 물, 수관, 동물들을 적당히 이용함으로써 전체 생태계가 끊임없이 융성하게 한다.

셋째, 과라니족의 생산기술은 개인의 자율성을 존중하는 사회관계를 형성하는 데 이바지한다. 따라서 결국 신분제로 이어지는 분업과 같은 생산활동은 필요하지 않다. 기본 노동 단위는 가족이다. 남자와 여자가 모두 생산 노동(농사, 식량채취, 상업용 산물 채집)과 재생산 노동(육아, 음식 준비, 주거지 마련과 관리)을 함께한다.

넷째, 과라니족의 생산양식은 자본주의 문화의 생산활동과 달리 기술적이지도 노동집약적이지도 않다. 과라니족이 생산활동에 쓰는 시간은 하루 중 18퍼센트밖에 안 된다. 그 시간 가운데 3분의 1은 원예 일을 하고 생계를 위한 활동에는 그보다 약간 적은 시간을 쓰며 약 40퍼센트는 상업활동에 쓴다. 그들은 가사노동에도 27퍼센트의 시간을 쓴다. 모두 해서 낮 시간의 절반을 일하는 데 쓴다. 나머지 시간은 여가와 사교활동에 쓴다. 리드는 과라니족의 하루 노동시간이 유럽 노동자의 절반 수준이라고 말했다.

끝으로 과라니족의 생산은 세계체계와 긴밀하게 통합되어 있는 자본주의 생산과 달리 외부의 더 큰 사회로부터 별다른 제약을 받지 않는 매우 자율적인 경제체계를 허용한다. 과라니족은 그들이 생산한 물품의 가격이 너무 낮으면 팔지 않는다. 반대로 상점에서 파는 물건의 가격이 지나치게 높으면 사지 않는다. 따라서 그들은 상업적인 시장에 의존할 필요가 없다. 그들이 안정된 경제생활을 하는 것은 죽어라 열심히 일해서가 아니라 그들의 생산방식 덕분이다.

이런 자율성은 과라니족의 낮은 소비 욕구가 초래한 결과일 수 있다. 과라니족 가정이 한 달에 평균 쓰는 돈의 40퍼센트가 식량 구매를 위해서다. 쌀과 파스타, 밀가루 2킬로그램, 고기 1킬로그램, 식용유 0.5리터, 소금 약간이 전부다. 두 번째로 돈이 많이 들어가는 것이 직물과 옷이다. 1년에 셔츠 한 벌이나 팬티 몇 벌(둘 다 함께 사는 경우는 없다)을 사는 게 고작이다. 가계 지출의 또 다른 5분의 1이 벌채할 때 쓰는 만도와 도끼 같은 도구를 사는 데 들어가고 가끔 담배, 술, 녹음기 등 사치품을 살 때도 있다. 따라서 리드(1997, 75쪽)가 말한 것처럼 과라니족은 세계 경제체제에 종속되지 않으면서 거기에 참여하고 있는 셈이다.

오늘날의 발전과 과라니 공동체

그러나 오늘날 과라니족 문화와 그들의 사회 순응 체계는 위협받고 있다. 1970년대 이래로 파라과이의 삼림은 단일 경작과 가축 방목을 위한 길을 내기 위해 나무를 마구 베어내면서 급격하게 파괴되고 있다. 그 결과, 과라니족의 가옥은 허허벌판이 된 대지에 덩그러니 나앉고 가족들은 메스티소들이 사는 도시의 변두리로 강제 이주되고 있다. 리드는 과라니족을 말살하고 있는 것은 시장 접촉이나 이민족 간의 관계가 아니라고 주장했다. 그들은 이미 시장에 참여해왔고 수세기 동안 도시의 메스티소들과 교류를 해왔기 때문이다. 오히려 그들을 위협하고 있는 것은 세계 경제의 욕구가 낳은 새로운 종류의 경제개발이다.

아무런 경제성장 없이 수십 년이 흐른 뒤 1970년대에 들어 파라과이 경제는 연간 10퍼센트씩 성장하기 시작했다. 특히 면화, 콩, 밀 등 농산물 생산이 크게 늘어나면서 성장에 가속도가 붙었다. 이런 성장의 대부분은 새로운 경작방식의 도입으로 수많은 나무를 베어낸 열대우림의 희생을 대가로 이루어졌다. 리드가 말한 것처럼 1970년부터 파라과이 정부는 동부 지역의 땅을 1차 상품의 생산지로 바꾸기 위해 온 힘을 쏟아부었다. 온갖 수단을 다 동원해 열대우림을 파괴했던 것이다.

첫째, 브라질에 맞서 열대우림 지역에 군사 방위 목적의 도로를 건설하면서 수많은 이주민이 그곳으로 흘러들어왔다. 둘째, 대규모 에너지집약적 농업이 도입되면서 소농들은 대도시로 일자리를 찾아 떠나지 않을 수 없었다. 따라서 과라니족은 새로운 일자리나 땅을 찾아야 하는 압박에 직면했다. 그러나 정부는 부유한 목장주들이 소유한 엄청나게 넓은 개간지를 소농들에게 재분배하지 않고 열대우림의 땅을 가난한 농민들에게 분배해서 그들을 삼림 지역으로 유인하는 정책을 썼다. 1963~1973년에 4만 2,000가구에게 땅이 분배되었는데, 1973~1976년에는 4만 8,000가구에게 총 400만 헥타르의 땅이 분배되었다.

세 번째 요소는 국제 금융이었다. 1970년대 중심부 국가는 석유 경기 호황과 통화 변경으로 그들의 이익을 재투자할 방법을 찾다가 결국 가난한 나라에 돈을 빌려주는 쪽으로 방향을 잡았다. 파라과이는 1970년대에 다른 주변부 국가들 대부분이 그렇듯 도로나 수력발전소 같은 산업 경제 건설을 위해 필요한 시설들을 구축하느라 많은 돈을 해외에서 빌렸다. 세계은행과 같은 국제 금융기관들에서 파라과이로 유입된 돈은 파라과이의 자본가들을 거쳐 재투자되어야 했다. 그들 가운데 일부는 열대우림에 있는 농장이나 방목장에 투자했다. 끝으로 정부는 차관을 갚기 위해 자금을 조달해야 했고 그 방법 가운데 하나가 수출용 농산물 증대였다. 이로써 농지를 넓히기 위한 열대우림의 파괴는 더욱 가속화되었다.

곧바로 환경을 파괴하는 과정이 잇따랐다. 예컨대 리드가 연구한 과라니족 집단(이타나라미족)은 정부가 열대우림 사이로 도로를 낸 1972년에 처음으로 외부의 대규모 침입을 받았다. 그 도로는 브라질과의 국경선을 감시하기 위해 건설되었지만 과거에 뚫고 들어갈 수 없었던 열대우림에서 벌목을 할 수 있게 하는 구실을 했다. 벌목업자들은 불도저를 이용해 활엽수들이 무성한 곳까지 바로 길을 냈다. 도로를 따라서 제재소들이 늘어섰고 잘라낸 목재는 트럭에 실려 수도로 간 뒤 거기서 다시 배에 실려 미국, 아르헨티나, 일본으로 갔다. 리드(1997, 85쪽)가 말한 것처럼 그동안 과라니족에게 살 곳과 먹을 것을 제공했던 열대우림의 나무들은 이제 미국과 유럽, 일본의 소비자들이 즐겨 쓰는 가구와 마룻바닥으로 바뀌었다.

또한 피폐해진 파라과이 가족들은 새로운 땅을 찾아서 그 도로를 따라 과라니족이 사는 열대우림으로 들어왔다. 그들은 불법으로 나무를 베고 농지를 일구어 단기간만 농사를 짓고 지력이 떨어지면 곧바로 다른 곳으로 이동했다. 설상가상으로 대규모 농업계획으로 고향을 등지게 된 브라질의 소농들도 살아남기 위해 새로운 땅을 찾아 국경선을 넘어왔다. 심지어 외부 세계의 압력과 문제들에서 벗어나고자 탈출구를 찾고 있던 메노파(네덜란드 종교개혁가 메노 시몬스가 창설한 기독교 재세례파 중 최대 교파로 농업 공동체를 이루고 생활한다 ─ 옮긴이) 신도들도 그 지역으로 몰려왔다.

이런 식민지 이주민들에 이어서 농업 기업은 콩과 면화를 재배하기 위해 더 많은 삼림을 벌채할 생각을 했다. 그들이 도착하고 몇 달 지나지 않아 수천 헥타르의 열대우림이 베어져 나갔고 환금작물을 경작하기 위한 밭으로 바뀌었다. 군대와 벌목업자, 식민지 이주농민들을 열대우림 안으로 끌어들였던 도로는 이제 해외 시장으로 나가는 농산물을 운송하고 남아메리카와 북아메리카 전역에 걸쳐 소비자들에게 고기를 배달하는 통로가 되었다.

따라서 기업사냥꾼들이 단기적 이익을 위해 사회적 책임의식이 있는 기업들을 인수하고 대개 파괴하는 것과 같은 방식으로 과라니족의 땅에서 이익을 얻고자 했던 사람들은 열대우림을 순식간에 파괴했다. 벌목기업들은 숲의 지붕을 이루는 거대한 나무들과 난초와 덩굴식물이 타고 오르는 나무줄기들을 가차 없이 베어냈다. 열대우림의 지붕 역할을 하던 거대한 나무들의 보호막이 사라지자 그 밑에서 번성하던 수많은 생명체들은 더는 살아남을 수 없게 되었다. 동물들도 서식지가 파괴되고 새로운 이주민들의 씨를 말리는 사냥이 지속되자 순식간에 숲에서 하나둘 사라지기 시작했다. 열대우림의 동식물상이 격감했고 이제 남은 것은 연약한 표토층이었는데 그것마저 열대의 뜨거운 햇살과 마구 쏟아지는 비를 가려주던 나무들이 사라지자 금방 점토 성분으로 바뀌었다. 열대우림의 파괴 속도는 엄청나게 빨랐다. 1970~1976년 파라과이의 열대우림은 680만 헥타르에서 420만 헥타르로 줄었다. 남아 있던 열대우림의 절반이 1984년에 베어져 나갔다. 그 이후로도 해마다 15만~20만 헥타르씩 도끼와 불도저로 삼림을 파괴했다. 이런 속도로 간다면 파라과이의 열대우림은 2025년쯤 이 세상에서 완전히 사라지게 될 것이다.

이런 논의의 핵심은 열대우림과 과라니족의 생활양식 문제로 더욱 확대되었다. 1981년 리드가 이타나라미족을 연구하기 시작했을 때, 그들은 수세기 동안 열대우림에 외따로 고립된 채 살고 있었다. 그러나 1995년 그들은 거대한 '농토의 대양'에 홀로 떠 있는 한 자그마한 섬에 있었다.

과라니족은 수백 년 동안 자신들이 살아온 땅에 대해 국민국가가 주장하는 것과 같은 법적 권리가 아무것도 없었다. 정부로부터 땅을 산 사람들은 법적으로나 도덕적으로나 그 땅을 점유한 사람들을 내쫓을 권리가 있다고 생각한다. 심지어 과라니족은 예전부터 살던 곳에서 계속 살 수 있게 되었어도 오랫동안 전해져 내려온 혼농임업방식의 생활은 할 수 없었다. 그들의 숲은 파괴되고 있었고 그들은 전보다 더 작은 농지를 새로 찾아 나설 수밖에 없었기 때문이다. 게다가 외부에서 온 이주자들은 과라니족의 사냥감들을 말살했다. 따라서 과라니족은 때때로 목장주들이 도축한 소고기를 도시에서 돈을 주고 사 먹지 않을 수 없었다. 목장주들은 과라니족이 수백 년 동안 환금작물로 재배했던 마테나무들도 파괴했다.

과라니족은 전통적인 생산체계가 파괴되면서 자신들이 수백 년 동안 유지해왔던 땅에서 면화나 담배를 재배하거나 아니면 단순 임금노동자로서 어쩔 수 없이 시장경제로 진입하게 되었다. 농업 부문에 진입한 과라니족 사람들은 새로운 농업체계가 자본집약적이며 화학비료, 제초제, 살충제의 투입을 요구한다는 사실을 알았다. 과라니족 가족들은 메스티소계의 상인과 대부업자들에게 빚을 지지 않을 수 없었다. 반면에 농사가 아닌 다른 일자리를 찾은 부족민들은 한 사람 임금으로는 가족을 부양할 수 없다는 것을 알았다. 자연히 그들은 가족 구성원 전체나 여러 명이 함께 일해 돈을 벌어야 했다. 게다가 사람들은 대개 자기 공동체를 떠나 외지로 나가 임금노동을 하는 경우가 많았기 때문에 작은 농사를 지을 수 있는 땅이 있더라도 거기에 시간을 쓸 여유가 없었다. 또한 임금노동은 건장한 노동자들을 요구했기 때문에 마을에서 가장 젊고 건장한 사람들은 대개 공동체를 떠나기 마련이었다.

또 다른 악영향도 있었다. 질병과 질환이 더욱 널리 퍼졌다. 지난날 과라니족 공동체에서 볼 수 없었던 자살이 1989년에 총 6건에서 1995년 상반기에는 달마다 3건으로 늘었다. 부족의 지도체제는 붕괴되었다. 분쟁이 발생했을 때 중재하는 능력을 통해 권위를 얻었던 종교 지도자들은 이제 과라니족과 메스티소 또는 정부 관료들 사이에 발생한 새로운 문제들을 중재하지 못했다. 오늘날 정부는 과라니족 공동체와의 협상과 통제를 원활하게 매개할 수 있는 사람을 그들 공동체의 지도자로 임명한다. 이렇게 임명된 지도자들은 과라니족에게 자원을 쏟아붓는 원조계획을 이용해 자신들의 권력을 유지하는데, 많은 지도자가 가까운 친구나 친족들에게는 상을 주고 친척이 아니거나 정적에게는 벌을 내리는 수단으로 원조계획을 악용했다.

요약하면 1980년대에 파라과이 정부가 경제발전을 위해 자본집약적 농업과 가축 방목을 확대하는 과정에서 축적된 외채는 지난 400년 동안 외부와의 접촉을 통해 과라니족 사회가 받았던 피해보다 훨씬 더 큰 붕괴를 안겨주었다. 그 결과, 부족민들은 뿔뿔이 흩어지고 주류 사회로 동화되고 있다. 파라과이 정부처럼 원주민들을 말살시키고 있는 여러 나라의 정부들을 단순히 비난하기는 쉽다. 그러나 국민국가의 입장에서 보면 그것은 당연히 해야 할 일을 한 것뿐이다. 정부는 언제나 국가에 당장 가장 큰 경제적 이익을 가져다줄 생산양식과 생활방식을 선택하기 때문이다.

혜택받지 못한 다수와 그들의 복수

오늘날 소수민족에 속하는 원주민들이 대개 자본주의 문화의 팽창으로 위험에 빠져 있다는 것은 이미 잘 알고 있지만 시장의 확대가 다수민족에 속하던 원주민들에게 피해를 입히고 때로는 치명적인 영향을 주기도 한다는 것 역시 주지의 사실이다.

지난 20~30년 동안 소프트웨어 산업은 미국 역사에서 가장 거대한 억만장자와 갑부집단을 창출했다. 예일대 법학대학원 교수 에이미 추아 (2003, 19쪽)가 주장하는 것처럼 모든 억만장자와 갑부들이 중국계 소수민족이었다는 것을 상상해보라. 미국 전체 인구의 2퍼센트밖에 안 되는 중국계 미국인이 타임워너, 제너럴일렉트릭, 체이스맨해튼, 엑슨, 모빌, 유나이티드에어라인, 마이크로소프트 같은 미국의 대기업들과 대부분의 은행, 록펠러센터, 그리고 미국에서 가장 비싼 부동산 가운데 3분의 2를 지배했다는 것을 상상해보라. 게다가 스스로 '백인'이라고 생각하는 미국인 가운데 3분의 2가 찢어지게 가난하고 자기 땅이 없으며 아주 오래전부터 경제적으로 부유했던 적이 없는 사람들이라는 사실을 생각해보라. 당신이 이런 것을 생각하고 있다면, 추아가 말하는 것처럼 당신은 오늘날 비서구 세계의 많은 것을 특징지은 중심부의 사회 역동성이 무엇인지 잘 이해한 것이다. (······) 〔비서구 세계에서〕 자유시장 덕분에 '아웃사이더' 또는 '원주민이 아닌' 소수민족의 구성원들은 엄청나게 놀랄 정도로 큰 부를 순식간에 축적할 수 있었다(2003, 19쪽).

추아는 『불타는 세계』*World on Fire*(2003)에서 혜택받지 못한 사람들이 인구의 다수를 구성하고 있는 반면에 아주 작은 소수민족이 부의 대부분을 지배하고 있는 상황을 살펴본다. 추아는 시장을 지배하는 소수민족이 있을 때 자본주의와 민주주의는 일시적으로 불안하게 결합한다고 주장한다.

추아의 주장에 따르면 시장은 대개 시장을 지배하는 소수민족에게 엄청난 부를 집중시키는 반면에 민주주의는 가난한 다수민족의 힘을 강화한다. 그녀는 이것이 오늘날 전 세계 국가의 소수민족들이 처한 상황이라고 말한다. 동남아시아의 중국인, 남아프리카의 백인, 서아프리카의 레바논인, 나이지리아의 이보족, 동아프리카의 인도인, 옛 유고슬로비아의 크로아티아족, 구소련의 유대인들이 바로 그런 소수민족이다. 이런 상황에서 유권자의 표만 좇는 기회주의적 정치인들은 다수민족에 속한 좌절한 '원주민'들을 부추겨 부유하고 괘씸한 소수민족을 공격하게 한다. 그 때문에 발생하는 폭력은 소수민족의 부를 표적으로 삼는 방식과 같은 시장에 대한 반동의 형태를 띠거나, 시장을 지배하는 소수민족에게 유리한 세력에 의해 민주주의에 대한 반동의 형태를 띠거나, 시장을 지배하는 소수민족 자체를 대상으로 자행되는 대량학살의 형태를 띠기도 한다(Chua, 2003, 10쪽). 따라서 1989년 이래로 세계는 민족갈등의 확산, 전투적 이슬람의 성장, 집단 혐오와 민족주의의 격화, 추방, 대량학살, 재산 몰수, 국유화 요구, 나치의 유대인 대학살 이후 볼 수 없었던 두 차례에 걸친 대규모 민족말살을 경험했다.

추아는 필리핀에 살았던 자기 이모의 사례를 설명하면서 이야기를 시작한다. 이모는 자기 운전사에게 목이 베어져 살해당했다. 추아는 다른 가족 구성원들과 마찬가지로 잔혹한 살해방식에 충격을 받았다. 이모는 혼자 살았고 58세로 키가 150센티미터도 안 되었다. 살해범은 189센티미터였다. 살해범이 누구이고 살해 동기가 무엇인지는 명확했다. 경찰 보고서에는 범인을 알고 살해를 도운 가정부들의 자백이 자세하게 기록되어 있었다. 보석과 각종 귀중품들이 분실된 것도 확인되었다. 추아는 장례식장에서 삼촌들 가운데 한 명에게 범죄 수사가 어떻게 진행되고 있는지 물었다. 삼촌은 살해범을 아직도 잡지 못했다고 대답했다. 숙모는 필리핀 경찰이 그 사건을 종결 처리했다고 덧붙였다. 나중에 추아는 경찰 보고서를 보았다. '살해 동기' 항목 아래에 '강도'라는 말은 없고 '복수'라는 한 단어만 쓰여 있었다.

추아의 이모는 필리핀에서 상대적으로 부자였고 시장을 지배하는 중국계 소수민족이었다. 필리핀에서는 수백만 명의 필리핀 원주민이 중국인들을 위해 일한다. 실제로 필리핀 원주민들을 위해 일하는 중국인은 한 명도 없다. 세계 시장에서 산업과 통상에 대한 중국의 지배력은 날로 커지고 있다. 필리핀에서 사업하기를 바라는 투자자들이 있다면 그들은 대개 중국인들과 거래를 해야 한다. 스페인계 후손인 귀족 가문이 필리핀에 일부 있지만 필리핀의 억만장자는 모두 중국계 후손이다. 반면에 필리핀 원주민들은 모두가 육체노동을 한다. 소농과 하인, 도시의 불법 거주자들은 모두 필리핀 원주민이다. 마닐라에는 '약속의 땅'이라고 알려진 열두 블록 넓이의 썩은 냄새를 풍기는 거대한 쓰레기 산이 있다. 그 쓰레기 더미 주변에는 임시로 가설한 빈민촌이 있는데 약 10만 명의 빈민이 썩은 음식과 죽은 동물 시체들을 헤집고 다니며 겨우겨우 생계를 이어나간다. 2000년 7월, 쌓여 있던 메탄가스가 폭발하면서 쓰레기 산이 무너져 내렸고 100명이 넘는 사람이 죽었다. 추아가 삼촌에게 그 일에 대해 묻자 그는 곤혹스러워하는 반응을 보이며 "왜 모든 사람이 그것에 대해 알려고 하지? 그것은 투자 유치에 가장 안 좋은 사건이야"라고 했다

(Chua, 2003, 4쪽).

　동남아시아 전역에서 중국인들은 시장을 지배하는 소수민족을 이루고 있다. 미얀마에서는 전체 인구의 5퍼센트도 안 되는 중국계 소수민족이 미얀마 원주민의 69퍼센트보다도 경제적으로 훨씬 더 잘산다. 1950년대 베트남에서는 1퍼센트의 중국계 소수민족이 비유럽 민간 경제의 90퍼센트를 지배했다. IMF와 세계은행의 지원을 받아 약 160억 달러의 사재를 축재한 원주민 정권 수하르토 가문이 이끌었던 인도네시아에서는 인구의 3퍼센트를 구성하는 중국계 소수민족이 민간 경제의 70퍼센트를 장악했다. 중국인 대다수가 어떤 정치적 관계도 없는 근면한 중산층임에도 1998년 다수민족에 속한 인도네시아 원주민들의 분노가 폭발했다. 폭도로 변한 원주민들은 이웃에 있는 중국인들을 약탈하고 불태우고 강간했다. 한 여성은 불타는 중국인 상점에서 약탈해온 다양한 가정용품을 이웃끼리 나누던 이야기를 하면서 "그날은 마치 크리스마스 같았어요. 자카르타 상가 거리에 누워 있는 수백 구의 불탄 시체들 때문에 명절 분위기를 낼 수는 없었지만 말이에요"라고 말했다(Chua, 2003, 153쪽). 폭동이 끝나고 난 뒤 약 400억~1,000억 달러에 이르는 중국인 자본이 국외로 빠져나갔다. 그러나 대다수 인도네시아의 중국계 소수민족은 그들의 유일한 고향인 그곳을 떠날 수 없었다. 대신 여성들은 중국인 사업가가 개발한 스테인리스 금속으로 만든 '강간 방지용 코르셋'을 구매했다.

　1990년대 러시아에서는 IMF가 강요한 민영화 계획으로 극히 일부 사람들이 국가의 부를 독점하는 상황이 초래되었다. 러시아에서 가장 부유한 사람들은 7개의 과두 정치집단이었다. 그들 가운데 한 집단을 빼고는 모두가 유대인이었다. 그러나 약 1억 4,700만 명의 러시아 전체 인구 가운데 유대인은 겨우 1퍼센트밖에 안 되었다. 이렇게 유대인에게 부가 집중되자 러시아에서는 반유대주의가 기승을 부리기 시작했고, 그 결과 수천 명의 유대인 중산층과 하층민들이 희생양이 되었다. 1998년 러시아의 금융붕괴와 더불어 유대 교회에서 여러 차례 폭탄테러가 일어나고 유대교 랍비 두 명이 구타를 당하고 모스크바에서 신나치주의자들이 행진하고 여러 유대 교회들이 신성모독을 당하는 사건이 일어났다. 2002년 러시아 민족을 더 잘 대우할 것을 요구하고 국부를 훔쳐가고 있는 유대인들을 비난하는 새로운 정당이 만들어졌다(Chua, 2003, 94쪽).

폭동을 일으키는 군중

가난과 폭력이 서로 연관이 있다거나 자본주의와 민주주의가 결합해서 폭발을 일으킬 수 있다고 주장한 사람은 추아가 처음이 아니다. 에릭 홉스봄(1964)은 혁명 시기 프랑스에서 폭동이 일어나게 된 가장 큰 원인이 식량가격이었다는 것을 잘 보여주었다. 알렉산더 해밀턴, 제임스 매디슨, 존 제이 등 미국 공화국의 건국자들은 『연방주의자 논고』*Federalist Papers*에서 적개심의 자유로운 표현을 허용하는 '자유의 원칙'은 통제가 불가능하기 때문에 실패할 수밖에 없을지도 모른다고 의문을 제기했다. 매디슨은 그것을 인간의 본성으로 생각하는 것 같다.

> 인간은 본질적으로 서로를 너무 쉽게 증오한다. (……) 이런 분란을 일으키는 가장 일반적이고 지속적인 원천은 여러 가지 불평등한 재산 분배였다(Beard, 1959, 13쪽 인용).

스탠리 J. 탐비아(1996)는 남아시아에서 발생한 폭동과 인종 폭력의 사례들을 연구했다. 스리랑카 싱할리족의 타밀족 공격, 인도 힌두교도의 시크교도에 대한 폭력 행사, 파키스탄 신디족의 무하지르족 공격처럼 지배적인 인종집단이 소수의 인종집단을 공격하는 이런 폭동들은 모두 에이미 추아가 주장하는 행동방식을 따른다. 공민권을 박탈당하거나 억압받고 있다고 느끼는 다수의 인종집단이 경제적으로 성공한 소수의 인종집단을 공격하는 것이 일반적이다. 1983년 스리랑카 수도 콜롬보에서는 성난 군중이 타밀족의 거주지와 상점들을 공격했다. 타밀족의 반란과 내전으로 폭발했다가 2008년에 가서야 비로소 끝난 이런 긴장관계는 타밀족이 13명의 싱할리족 병사를 살해하면서 고조되었다. 장례식에 모인 싱할리족 군중은 갑자기 흩어지면서 타밀족의 상점과 공장, 은행들을 불태우고 타밀족 사람들을 공격하기 시작했다. 탐비아는 그 뒤에 이어진 폭력사태들이 의도적이었다고 지적한다. 폭도들은 쇠몽둥이나 칼 같은 무기들과 방화용 석유를 들고 거리로 나왔다. 그들은 정부 관리들이 제공한 유권자 명부와 타밀족 지주들의 주소를 지니고 있었다. 폭도들은 정부 소유의 트럭과 버스를 타고 타밀족 지역에 도착했다(Tambiah, 1996, 96쪽). 탐비아는 당시에 폭도들이 이른바 '폭도의 우두머리'라고 하는 사람들의 적극적인 지원을 받았을 수 있다고 지적한다. 타밀족 경쟁 사업자들을 제거하고 싶었던 싱할리족 기업가나 상점 주인들과 경쟁자를 제거하기 위해 폭동을 이용한 밀수업자, 범죄자, 정치인들이 바로 그들이었다. 공식적인 사망자 집계는 400명이지만 탐비아의 주장에 따르면 2,000~3,000명이 그날 폭동으로 죽었다. 그것은 스리랑카 역사에서 가장 최악의 공동체 간 분쟁이었다. 그 결과, 약 15만 명의 타밀족이 스리랑카를 떠났다.

1984년 당시 인도 총리였던 인디라 간디가 자신의 경호원이었던 시크교도에게 암살된 뒤 힌두교도들은 델리에서 시크교도들을 공격했다. 폭력사태가 며칠 동안 계속되었고 마구잡이 방화와 강간, 살해사건은 날마다 늘어났다. 델리행 열차는 시크교도들이 공격받을 것을 우려해 진입을 금지했다. 수백 명이 의식이 아직 남아 있는 상태로, 또는 죽은 채로 불태워졌다. 당시 2,500~4,000명이 살해당했다. 군중은 시크교도의 집과 상점, 종교기관과 교육기관을 파괴했다. 시크교도는 스리랑카의 타밀족과 같이 파키스탄에서 경제적으로 성공한 사람으로 인정받고 있었다. 그리고 여기서도 콜롬보에서 일어난 폭동과 마찬가지로 사회의 저명인사들이 배후에서 폭력사태를 지휘했다. 폭도들이 공격할 시크교도의 집과 상점, 기업, 종교단체, 학교들의 위치를 알려준 사람들은 바로 유력 정당과 지역의 지도자들이었다(Tambiah, 1996, 113쪽).

탐비아는 자신이 살펴본 모든 사례에 등장하는 폭도들이 사실은 그 사회를 대표하는 사람들, 즉 교사, 상점 주인, 공무원 등이었다고 지적한다. 폭동은 대개 순간적으로 격앙된 어떤 사건 때문에 시작되었지만 폭도들은 곧바로 단순히 무질서한 폭력행위에서 벗어나 특정한 목적을 가진 조직적 행동을 취하는 집단으로 바뀌었다. 때로는 언론이 폭동을 촉발하기도 하고, 정치인들이나 사회의 저명인사들이 직접 폭동을 이끄는 때도 있다. 폭동은 대부분 공격 대상이 되는 집단에 비해 상대적으로 경제적 혜택을 받지 못한다고 생각하는 인종집단을 수반하기 마련이다. 탐비아는 다음과 같이 결론짓는다.

집단의 이익을 위해 일어난 특정한 종류의 폭도들은 본질적으로 '공평하게 수준을 맞추는 사람들'이다. 그들은 공적인 대의를 위해 재산과 생명을 파괴하기 때문에 자신이 범죄행위를 저지르고 있다고 생각하지 않는다. 한 인종집단을 지나친 특권을 가진 적이며 탐욕스러운 타자, 자기 집단의 번영을 가로막는 장애물로 여기고 그냥 억누르려고만 하는 것은 법석거리기만 하는 일시적 행위에 불과하다. 피해를 입은 인종집단이 여전히 특수한 지식과 물질자본이나 상징자본, 자원에 접근할 수 있는 네트워크를 보유하고 있다면 그들은 금방 이전의 지위를 되찾고 복귀할 수 있다. 따라서 그들이 가진 것을 철저하게 조직적으로 억누르고 파괴하는 또 다른 행동이 나오게 마련이다(Tambiah, 1996, 279쪽).

탐비아는 폭동과 폭력이 마치 격식화되고 의식화된 행위들처럼 대중의 승인을 얻고 행위자에게 신망과 합법성을 부여하는 공연의 요소를 담고 있다고 주장한다. 폭력이 집단의 가치와 동기를 공적으로 표현할 때 그 안에는 '대중문화'의 의미가 있다(Tambiah, 1996, 223쪽).

탐비아는 이런 의미에서 갈등은 일시적으로 나타났다 사라지는 폭력이 아니라 날마다 영원히 지속되는 상태가 된다고 말한다. 국가안보를 위한 폭력이든, 무장 반란군이나 적군의 폭력행위든 그것은 탐비아(1996, 223쪽)의 말에 따르면 "방법만 다를 뿐 정형화된 또 다른 정치 형태"인 것이다.

시장 외부효과로서의 대량학살

탐비아는 언제나 폭동을 일으키는 것은 다양한 경제혼란이라고 주장한다. 예컨대 스리랑카에서 IMF와 세계은행의 압력을 받은 집권당이 정부규제와 복지, 보호주의 정책을 자본주의의 시장경제 자유무역 정책으로 바꿨을 때 가장 큰 고통을 받은 이들은 싱할리족 사람들이었다. 추아가 주장하는 것처럼 이것은 종족 간의 폭력이 단순히 민주주의와 시장이 서로 양립할 수 없음을 보여주는 상징적 사건이 아니라 급격한 시장개혁으로 갑자기 경제적으로 소외당한 집단이 반발하는 가운데 발생한 것임을 말해준다.

특히 신자유주의 시각에서 보면 시장은 횡포를 부린다. 사람들이 원하는 상품과 필수품을 오직 시장을 통해서만 얻을 수 있는 한 모든 개개인의 삶은 돈벌이에 집중될 수밖에 없다. 다시 말해 대대적으로 상품을 공유하거나 재분배를 통해 상품을 얻을 수 없다면 오직 돈을 벌어야 생활할 수 있다는 말이다. 돈 벌기를 거부하는 사람이나 어떤 이유에서건 돈을 벌 수 없게 된 사람들은 삶에 필요한 것을 손에 넣지 못한 채 비참한 가난 속에서 생을 마감한다. 오늘날 시장자본주의에는 그 밖의 어떤 대안도 남아 있지 않다.

지난 20년 동안 인종 간 폭력사태를 경험한 나라들의 인종집단들은 대개 경제적 혼란이 오기 전까지만 해도 평화로운 관계를 유지했다. 그때는 편중된 재산 증가에 따른 빈부격차나 돈 자체의 가치가 없었다. 이것의 가장 널리 알려진 사례 가운데 하나가 지난 20년 동안 최악의 종족 간 대량학살 사태를 목격한 유고슬라비아다. 그것은 우리가 어떻게 불쾌한 시장의 외부효과를 감추는지 아주 극적으로 보여주는 사례다.

유고슬로비아의 '인종청소'   유고슬로비아는 1차 세계대전이 끝나고 6개 공화국, 즉 세르비아와 크로아티아, 보스니아-헤르체고비나, 몬테네그로, 슬로베니아, 마케도니아를 합쳐서 만든 나라였다. 그 나라는 어느 정도 구소련의 사회주의 경제모델을 본떠서 발전했다. 그러나 1991년 소련이 붕괴한 뒤 하나의 국민국가였던 유고슬로비아는 해체되었다. 가장 먼저 떨어져나간 나라는 가장 부유한 공화국인 슬로베니아였다. 크로아티아도 동시에 독립을 선포했지만 세르비아 소수민족이 많이 살고 해안선을 끼고 있어 경제적으로 유리한 지역이었기 때문에 유고슬로비아 연방군은 크로아티아의 분리 독립을 반대했다. 그 결과, 7개월 동안 지속된 전쟁으로 1만 명이 죽었다. 이것은 이슬람교도가 43퍼센트, 세르비아 정교회 신자가 35퍼센트, 로마가톨릭 신자가 18퍼센트인 보스니아-헤르체고비나를 곤경에 빠뜨렸다. 보스니아-헤르체고비나가 연방에 그대로 남는다면 유고슬로비아 연방의 최대 민족집단인 세르비아인들에게는 유리하겠지만 이슬람교도와 크로아티아인들은 주변부로 밀려날 것이 뻔했다. 마침내 보스니아-헤르체고비나는 서방 외교관들의 입회 아래 분리 독립을 위한 국민투표를 실시한 결과, 99.4퍼센트가 분리 독립에 찬성했다. 그러나 연방에서 분리되기를 바라지만 보스니아가 '더 큰 세르비아'의 일부가 되기를 바라는 세르비아인들은 선거를 전면 거부했다. 유고슬로비아 연방군은 보스니아계 세르비아인들과 합세해 약 8만 명에 이르는 보스니아계 세르비아 군대를 창설했다. 보스니아의 이슬람교도들과 크로아티아인들은 유엔이 유고슬로비아 전역에 걸쳐 무기소유 금지조치를 취했기 때문에 무력으로 대응할 수 없었다. 이로써 대량학살을 위한 준비가 끝났다.

보스니아계 세르비아인들은 우월한 무력을 앞세워 이슬람과 크로아티아 지식인, 음악가, 교수들을 잡아가 고문하고 처형하기 시작했다. 세르비아인들은 무력을 앞세워 세르비아인이 아닌 사람들이 구직활동이나

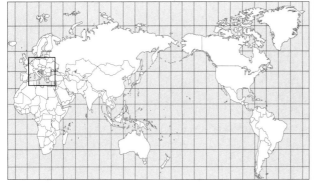

**보스니아-헤르체고비나와
크로아티아**

카페에서 만나는 것을 막았고 사냥이나 낚시를 금지하고 세 명 이상이 모이는 것도 막았으며 부동산을 팔거나 집을 교환하는 것도 금지했다. 때로는 이슬람교도들과 크로아티아인들에게 24시간 안에 짐을 싸라고 명령하기도 했다. 그러나 그것은 시작에 불과했다. 총기를 소지한 세르비아인들은 보스니아의 이슬람교도들이나 세르비아인이 아닌 다른 인종들을 강제 추방하거나 죽이는 것만으로는 자신들의 순수 혈통을 유지하기에 부족하다고 생각하고 '인종청소' 작전을 시작했다. 그들은 아버지에게 아들을 강제로 거세하게 하거나 딸을 강간하게 했다. 또한 젊은 여성들을 강간해서 임신시키는 작전을 전개하고(Power, 2002, 231쪽) 대량학살에 착수했다. 보스니아계 세르비아인들이 저지른 '인종청소'로 말미암아 약 20만 명에 이르는 보스니아의 이슬람교도들이 죽었고 200만 명이 강제로 추방당했다. 하나의 다민족 유럽 공화국이 세 개의 단일 민족 소국가로 분할된 것이다.

유고슬로비아는 1997년까지 폭력사태가 계속되었지만 보스니아-헤르체고비나의 분쟁은 크로아티아군이 세르비아 세력을 제압한 뒤 미국 대통령 빌 클린턴의 중재로 오하이오 주 데이턴에서 평화협정을 맺은 1995년에 종결되었다.

유고슬로비아의 인종 간 폭력사태는 다수의 민족집단이 시장을 지배하는 소수의 민족집단을 공격한다는 에이미 추아의 주장과 여러 면에서 일치한다. 유고슬로비아는 북쪽에 있는 슬로베니아, 크로아티아(1997년 1인당 소득 6,737달러)와 남쪽에 있는 세르비아, 보스니아-헤르체고비나, 마케도니아, 몬테네그로(1997년 1인당 소득 1,403달러) 사이에 경제적 격차가 매우 컸다. 그중에서도 전체 인구의 다수를 차지하는 세르비아인들은 더 가난했다. 게다가 크로아티아와 세르비아의 민족주의를 발판으로 선거운동을 벌여 민주적으로 선출된 지도자들인 크로아티아의 프라뇨 투지만과 세르비아의 슬로보단 밀로셰비치가 전쟁과 학살을 조장했다. 따라서 추아는 기회주의적 정치가들이 경제적 불평등을 이용해 권력을 잡을 수 있었다고 결론을 내린다. 그러나 추아가 유고슬로비아의 인종 간 폭력에 대해 설명하면서 빠뜨린 것은 그 이전에 국제 금융기구들이 야기한 유고슬로비아의 경제파탄이었다.

정치 지도자들은 대개 인종 대량학살을 얘기할 때 그것이 경제적 문제와 전혀 상관이 없는 것처럼 말한다. 전 유고슬로비아 주재 미국 대사였던 로버트 짐머만은 발칸 반도의 비참한 상황이 '호전적 민족주의' 때문에 발생한 것이라고 설명했다. 어떤 사람들은 그곳의 폭력사태가 정치 지도자들의 충돌 때문이라고 주장했다. "투지만과 밀로셰비치가 보스니아-헤르체고비나를 갈기갈기 찢어놓고 있다." 또 다른 사람들은 '예로부터 이어져온 증오'에 대해 얘기하기도 한다. 그러나 국제 금융기구들이 유고슬로비아에 강요한 신자유주의 경제개혁이 사람들에게 끼친 파괴적 영향에 대해 얘기하는 사람은 거의 없다. 경제학자 미셸 초서도브스키 (1996)의 주장에 따르면 유고슬로비아의 경제개혁에 따른 사회적·정치적 충격은 다음과 같다.

'실제로 일어난 일'을 우리의 사회적 의식과 집단적 이해로부터 조심스레 지워버렸다. 문화와 인종, 종교 간의 갈등이 마치 위기의 유일한 원인인 것처럼 집중 조명되고 정설로 제시되었다. 하지만 실제로 그것들은 훨씬 더 근본적인 경제와 정치의 균열에 따른 결과일 뿐이다.

유고슬로비아에서 신자유주의 개혁, 즉 민영화와 화폐 재평가, 은행개
혁 등이 시작된 것은 1980년이었다. 그 결과, 경제성장률이 1980∼1987년
2.8퍼센트에서 1990년에 −10.6퍼센트로 주저앉았다. 1989년에 248개
회사가 파산했고 8만 9,400명에 이르는 노동자들이 일자리를 잃었다.
1990년에는 IMF와 세계은행이 추진하는 새로운 개혁과 구조조정이 실
시되었는데, 그때 국내총생산은 −7.5퍼센트였다. 다음 해인 1991년에
는 국내총생산이 또다시 15퍼센트 하락했다. 이런 개혁조치가 시행된
뒤 889개 기업이 다시 파산하면서 전체 노동자 270만 명 가운데 52만
5,000명에 이르는 노동자들이 길바닥에 나앉을 수밖에 없었다. 일자리
를 잃은 사람이 가장 많은 지역은 세르비아와 보스니아-헤르체고비나,
마케도니아, 코소보 지역이었다. 세계은행은 남아 있는 7,531개 기업 가
운데 또다시 2,435개 기업을 '적자 기업'으로 분류했다. 이미 해고된 60만
명 말고도 또다시 130만 명의 노동자들이 해고될 처지에 놓인 것이다. 잉
여노동자의 해고는 내전이 벌어지는 내내 끊이지 않았다(Chossudovsky,
1996).

돌이켜보건대, 초서도브스키는 경제개혁 이전의 유고슬로비아가 2차
세계대전이 끝나고 1980년까지 GDP 성장률이 연간 평균 6.1퍼센트였으
며 인구 550명당 의사 1명으로 무상 의료보험을 실시했고 전체 국민의
91퍼센트가 글을 읽고 쓸 줄 알았으며 평균수명이 72세였다는 사실을
기억할 필요가 있다고 말한다.

요약하면 실제로 집단폭력의 근원은 인종집단 사이에 만연해 있는 거
대한 경제적 불평등이다. 그러나 인종의 차이나 경제적 불평등만으로 그
런 끔찍한 폭력사태가 발생하지 않는다는 것을 보여주는 증거들이 있다.
지난 수백 년 동안 기독교계 세르비아인들과 이슬람계 세르비아인들은
평화롭게 잘 살아왔다. 그들이 서로 싸우게 된 것은 나중 일이었다. 그들

집단 사이에 있을 수 있는 경제적 격차가 신자유주의 정책의 확대 때문에 비정상적으로 커질 때 문제가 발생한다. 이것과 관련해서는 1990년대 가장 악명 높은 종족 간 대량학살의 사례로 기록된 약 80만 명의 르완다 투치족 대학살이 있다.

르완다의 대량학살　　아마 식민지 역사와 세계 경제통합이 결합해 대량학살을 초래한 국가살인의 사례로 르완다보다 더 좋은 사례를 찾기 어려울 것이다. 또한 르완다 사태는 서방의 정부와 언론들이 학살의 진짜 원인은 철저히 감추고 오히려 피해자들과 '옛날부터 지속된 부족 간의 증오'만을 탓한 사례이기도 하다.

벨기에 크기에 인구 700만 명(대다수 보고서에는 인구과잉이라고 하지만 벨기에 인구는 1,000만 명 이상이다)인 나라 르완다는 1994년에 20세기 최악의 대량학살 가운데 하나를 경험했다. 약 80만 명에 이르는 투치족 사람들(물론 투치족이 아닌 사람들도 일부 있었다)이 후투족이 지배하는 르완다 정부에 의해 대량학살을 당했다. 언론과 많은 정부의 보고서들과는 반대로, 투치족에 대한 대량학살은 르완다가 자본주의 세계체계에서 차지하는 정치적·경제적 위상이 초래한 결과였다. 그것은 르완다의 식민지 역사, 커피가격, 세계은행과 국제통화기금의 정책, 서방 국가들(특히 프랑스)의 국제적 이해관계, 국제 원조기구들의 이해관계, 아프리카를 대하는 서양의 태도와 같은 국제적 요소들을 수반했다(Shalom, 1996).

고고학 자료에 따르면 지금의 르완다 지역은 처음에 수렵채취생활을 하던 트와족이 살았는데 1000년경까지 그 지역을 지배했다. 그 뒤 농토를 일구고 씨족을 기반으로 하는 군주체제의 후투족이 그 지역으로 이주하면서 트와족을 지배했다. 16세기경 가축을 기르는 투치족이 아프리카의 뿔 지역(아프리카 북동부, 지금의 소말리아 인근 지역―옮긴이)에서 새로 이주해와서 르완다에 독자적인 군주체제를 세웠다. 거기서 후투족은 경제적으로 투치족과 '피후원자' 대 '후원자'의 관계를 맺었다. 그러나 실

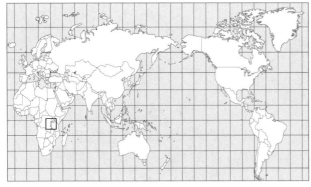

르완다

제로 후투족과 투치족을 구분할 수 있는 육체적 특징은 찾아볼 수 없었다. 다만 투치는 소를 많이 가지고 있는 부자들을 일컫는 말이 된 반면에 후투는 재산도 없고 세력가와 연계도 없는 가난한 사람들을 일컫는 말이 되었다. 정치체제는 아프리카의 다른 많은 국가와 크게 다르지 않았고 오늘날에도 일부 국가에 여전히 남아 있다. 후투족은 자기네 족장이 있고 근친혼이 일반적이었다. 또한 후투족도 실제로는 많은 사람이 투치족의 족장들과 맞먹는 권력과 영향력을 가질 수 있었다. 가난한 투치족은 후투족으로 밀려날 수 있었고 부자 후투족은 투치족이 될 수도 있었다(Maybury-Lewis, 1997, 101쪽). 1884년 베를린회의 이후 독일이 그 지역을 지배하게 되자 독일인들은 그들 특유의 인종차별주의를 응용해 대개 키가 크고 피부색이 덜 검은 투치족이 '당연히' 지배자로 더 적합하기 때문에 후투족은 투치족을 섬겨야 한다고 생각했다. 따라서 독일은 투치족의 영향력을 더 키워주었다.

1차 세계대전에서 독일이 패배한 뒤 벨기에가 르완다에 대한 식민 지배권을 차지했다. 그들은 인종차별주의를 제도화함으로써 투치족과 후투족 사이의 균열을 더욱 심화시켰다. 그들은 후투족의 족장들을 모두 투치족으로 바꾸고 종족을 확인하는 신분증을 발급했다. 그 결과, 후투족과 투치족의 분열은 식민통치 이전보다 훨씬 더 견고해졌다. 또한 투치족 엘리트에게 세금을 징수하고 사법제도를 관리하는 책임을 부여했다. 투치족은 벨기에의 통치로 자신들에게 부여된 이 새로운 권력을 이용해 후투족의 땅을 빼앗았다. 그러나 투치족 족장들의 부와 지위가 상승된 것을 빼고는 보통의 후투족과 투치족 사람들의 경제사정은 대개 비슷했다.

두 부족집단은 벨기에의 가혹한 식민통치에 예속되었다. 강제노동은 늘 있는 일이었고 세금은 계속 늘어났다. 벨기에 식민 지배자들이 농민들을 학대하는 모습은 어디서든 흔히 볼 수 있는 광경이었다. 게다가 식민지 당국은 르완다의 경제를 완전히 바꾸었다. 그들은 자급용 식량 생산에 주력하던 르완다 농민들에게 커피 같은 수출용 작물을 생산하도록 강요했다. 커피 생산은 경작지를 넓히는 효과가 있었다. 커피나무를 재배하기 위해서는 일반 작물, 특히 곡물 생산에는 부적합한 화산 토양이 필요했기 때문이다. 앞으로 살펴보겠지만, 이것은 나중에 매우 큰 영향을 끼치는 결과를 초래했으며 종족 간 대량학살을 촉진하는 여건을 조성하는 데 기여했다.

1950년대 투치족은 식민통치에서 벗어나기 위한 독립운동을 전개했다. 벨기에는 후투족이 투치족보다 지배하기 쉬운 종족이라고 생각하고 후투족을 지원하면서 투치족의 족장들을 후투족으로 바꾸기 시작했다. 1959년 후투족과 투치족 사이에 충돌이 발생하자 벨기에 식민지 당국은 후투족이 투치족의 가옥을 불태우는 것을 허용했다. 그 뒤 벨기에는 후투족 엘리트들이 쿠데타를 꾀할 수 있게 도왔다. 1962년 7월 1일 마침내 르완다는 독립을 얻었다. 독립에 앞서 얼마나 많은 투치족이 죽었는지 명확히 알 수 없지만 사망자가 1만~10만 명에 이른다는 다양한 추측이 있다. 게다가 12만~50만 명에 이르는 투치족 사람들이 부룬디와 자이레 같은 이웃 나라로 도망갔다. 그들은 거기서 게릴라를 조직해 르완다를 습격할 계획을 세웠다. 한편 르완다 국내에서는 후투족 지배자들이 투치족이 교육을 받거나 공직에 들어올 수 있는 기회를 제한하는 법을 만들었다.

1973년 '국민통합'을 내세운 주베날 하비아리마나가 군사쿠데타로 정권을 잡았다. 그는 이 목적을 달성하기 위해 새로운 정당 국가개발혁명운동MRND을 창당하고 르완다를 일당 독재국가로 만들었다. 따라서 르완다 정부는 근본적으로 독재국가였지만 외국의 열강들은 하비아리마나가 "국가를 강력하게 잘 운영한다"고 평가했다. 심지어 토요일에도 모든 르완다 국민을 집단노동에 동원했다. 실제로 하비아리마나는 당시 필요했던 많은 개혁을 성공적으로 이루어냈다. 국가의 행정을 현대화하고 실제로 모든 사람이 깨끗한 물을 마실 수 있게 했으며 1인당 소득도 증가하고 서방 원조로 외화도 국내로 많이 유입되었다. 그러나 다자간 국제기구들이 르완다에 부과한 일부 사업이 대실패로 끝나면서 후투족과 투치족의 원한관계는 더욱 커졌다. 예컨대 1974년 세계은행은 5만 1,000헥타르의 면적에 소 방목장을 만드는 계획에 자금을 제공했다. 세계은행은 벨기에 인류학자 르네 르마르샹을 고용해 그 계획을 평가하게 했다. 그는 후투족이 그 계획을 이용해 투치족의 소 떼와 방목 지역을 축소하고 따라서 투치족이 후투족에게 경제적·정치적으로 점점 더 의존할 수밖에 없게 하는 자기 종족 보호와 약탈체제를 구축하려 한다고 경고했다. 또한 그는 그 계획이 후투족과 투치족의 갈등을 격화시킬 것이라고 주장했다. 그러나 세계은행은 르마르샹의 경고를 무시했다(Rich, 1994, 93쪽).

곧이어 르완다가 식민지 과거를 청산하고 그 구렁텅이에서 벗어나려고 몸부림쳤던 모든 노력이 수출용 1차 상품인 주석과 특히 커피가격 붕괴로 순식간에 무너져 내렸다. 커피가격이 붕괴된 1989년까지만 해도 커피는 석유 다음으로 세계에서 가장 많이 거래되는 1차 상품이었다. 1989년 커피 생산자에게 지불되는 가격을 안정화하기 위한 다국적 시도인 국제 커피협정의 연장협상에서 대형 무역회사들의 압력을 받은 미국이 뒤로 빠지고 커피가격을 시장에 맡기자고 주장함으로써 협정이 파기되었다. 그 결과, 커피 생산자들은 시장에 커피를 과잉공급하게 되었고 커피가격은 1930년대 이래로 최저 수준까지 떨어졌다. 부자 나라에서는 이것이 소비자나 판매자에게 전혀 영향을 주지 않았지만 르완다처럼 커피 생산국이나 커피를 직접 경작하는 소농들에게는 파국을 안겨주었다.

당신이 커피 소비자이고, 특히 새로 나온 갓 볶은 고급 커피를 좋아하는 사람이라면 450그램에 보통 8~10달러를 주고 살 것이다. 그 가운데 50~70센트가 세계 시장가격이고 30~50센트가 커피 생산자에게 돌아간다. 나머지는 커피를 시장에서 매매하는 중개상, 수출업자, 수입업자, 가공회사의 몫이다. 르완다는 커피가격의 붕괴로 1989~1991년 수출액이 50퍼센트나 급락했다. 게다가 커피를 경작하던 땅은 (코카인의 원료인 코카를 빼고) 다른 작물에는 적합하지 않기 때문에 커피 생산 농민들은 다른 작물 생산으로 전환할 수도 없었다.

소농들은 갑자기 소득이 급격히 줄면서 많은 사람이 기아 상태에 빠졌다. 식량을 살 수 있는 돈을 더는 벌 수 없었기 때문이다. 르완다 정부 엘리트들의 상황도 마찬가지였다. 지배자의 자리를 유지하기 위해서는 돈이 필요했는데, 그 돈은 모두 커피와 주석, 외국 원조를 통해 마련된 것이었다. 이제 커피와 주석을 통한 자금 마련은 어려워지고 외국 원조만이 유일한 자금 통로였다. 따라서 르완다의 엘리트집단은 외국 원조를 확보하기 위해 과거보다 더 강력한 국가권력을 유지할 필요가 있었다.

그러나 해외 원조를 지속적으로 받기 위해서는 특히 다자간 국제기구들이 요구하는 각종 금융개혁에 동의해야 했다. 1990년 9월, IMF는 르완다 정부에 국가 통화인 르완다 프랑의 평가절하를 요구하고 이미 망한 르완다 농민들과 노동자들을 더 가난하게 만드는 구조조정 정책을 실시하게 했다. 연료와 소비자 생필품의 가격도 오르고 IMF가 요구한 긴축정책은 교육제도와 보건제도의 붕괴를 초래했다. 심각한 '영양실조'에 걸린 아이들이 급증하고 말라리아 환자도 21퍼센트나 늘었다. 보건소에서 말라리아 예방약을 구할 수 없었기 때문이다. 1992년 IMF는 또다시 통화 평가절하를 실시했는데, 이로 말미암아 르완다의 생필품 물가는 더욱 상승했다. 농민들은 농작물을 재배하고 일부는 돈을 마련하기 위해 커피나무 30만 그루를 뽑았다. 그러나 국내 농작물가격도 부자 나라에서 수입한 값싼 농작물과 원조 농산물 때문에 크게 하락한 상태였다.

경제가 붕괴되는 가운데 우간다로 망명한 투치족이 결성한 르완다애국전선RPF이 하비아리마나 정권을 무너뜨리기 위해 르완다를 침공했다. 따라서 르완다는 두 가지 위기에 직면했다. 하나는 커피가격의 폭락으로 촉진된 경제붕괴였고, 다른 하나는 식민지 통치자들이 부추긴 종족갈등으로 어쩔 수 없이 나라를 떠나야 했던 투치족의 군사공격이었다. 이에 하비아리마나 정권은 RPF의 침입에 맞서 외국에 더 많은 원조를 요구하며 협상했다. 아프리카에서 지속적인 영향력을 유지하기를 간절히 바라던 프랑스는 르완다 정부에 무기와 물자를 지원하기 시작했다. 르완다 정부군은 1990년 10월 5,000명에서 1992년 중반에는 4만 명으로 급증했다. 한 프랑스군 장교가 대對반란작전을 지휘했다. 하비아리마나는 RPF의 침입을 빌미로 1만 명의 정적을 체포하고 농촌에서 투치족 350명을 학살했다.

정부의 압박이 증가하고 프랑스가 지원하는 군사력 증강에도 약 5만 명의 르완다 국민은 1월에 수도 키갈리에서 민주주의를 촉구하는 시위를 벌이며 행진했다. 하비아리마나 정부의 후투족 극단주의자들은 저항세력을 대대적으로 진압해야 한다고 주장했다. 그러나 하비아리마나는 민주적 개혁조치들을 시도하고 국무총리를 비롯한 정부 요직에 정적을 앉혔다. 그러나 그는 다른 한편으로 군대 내에 투치족에 대한 증오심으로 불타오르는 훈련된 무장 암살부대인 인테라함웨Interahamwe('함께 공격하는 사람들')와 임푸자무감비Impuzamugambi('목적이 단 하나뿐인 사람들')의 창설을 승인했다. 이들은 이후 전개된 학살의 대부분을 수행할 집단이었다.

이제 위기의 도래는 점점 더 명백해지고 있었다. 인권단체들은 암살부대의 존재에 우려를 표명하기 시작했다. 하비아리마나의 측근세력은 문맹률이 60퍼센트인 나라에서 강력한 권력의 원천인 라디오 방송국 한

1994년 5월 5일, 르완다 루카라에 있는 가톨릭 선교회 마당이 온통 유해들로 뒤덮여 있다. 투치족 수백 명이 이곳에서 살해당했는데, 르완다에서 자행된 가장 잔혹한 대량학살 사건 가운데 하나였다.

곳을 신설하고 그것을 이용해 정부와 RPF가 평화협정을 진척시키는 것을 비난하면서 종족 간의 증오심을 부추겼다. 투치족 군 장교들이 일으켰다 미수로 끝난 쿠데타로 이웃 나라 부룬디 대통령이 살해된 뒤, 투치족에 대한 폭력행위가 증가했다. 정부는 후투족에게 투치족을 죽이라고 선동했고 RPF는 후투족을 살해하는 것으로 응답했다. 그 결과 약 5만 명의 농민이 살해되었다고 알려졌는데, 후투족보다 투치족이 좀더 많이 죽었다. 하비아리마나는 국제사회의 분쟁해결 압력 때문에 저항세력과 협상을 계속했지만 결국 그가 타고 가던 (프랑스 미테랑 대통령이 선사한) 전용비행기가 격추되면서 그를 비롯해 승선한 모든 사람이 죽고 말았다. 하비아리마나가 죽고 한 시간도 지나지 않아 키갈리 전역의 도로가 봉쇄되었고 민병대와 암살부대는 국무총리를 비롯해 사전에 준비된 명단에 있던 후투족 온건파들을 죽이기 시작했다. 그런 다음 암살부대는 투치족을 보이는 대로 쫓아가 죽이고 모든 공무원이 투치족 학살에 나서도록 선동했다. 후투족 극단주의자들은 임시정부를 구성하고 대량학살을 주도했다. 그러나 르완다의 대량학살이 당시 독재 정권의 지휘 아래 자행되었다는 사실이 명백해진 상황에서도 많은 기자와 당시 유엔 사무총장 부트로스 부트로스갈리는 그 대학살극을 "후투족과 투치족이 서로 죽인 사건이다"라고 규정했다. 뉴욕 시의 에드 코흐 시장은 아프리카 야만족이라는 서양의 고정관념을 바탕으로 르완다 대량학살이 "서양 문명의 혜택을 받지 못한 사람들이 벌인 부족 전쟁이다"라고 주장했다.

그 학살극을 종족 간 폭력으로 규정하는 한 그런 학살사태가 일어날 상황을 만들어낸 이전 조치들과 폭력사태를 촉진한 경제정책의 주체인 중심부 국가들은 그런 분쟁과는 전혀 무관한 것이 된다. 실제로 미국과 유럽의 지도자들은 **대량학살**이라는 말을 쓰지 **않으려고** 기를 썼다. 그것을 대량학살이라고 인정하는 순간 1948년에 맺은 유엔 대량학살 협정에 따라 르완다에 군사개입을 해야 하기 때문이다. 약 80만 명의 투치족이 살해되고 몇 달이 지나서야 비로소 서방 국가의 지도자들은 대량학살을 인정하기 시작했다.

대학살은 RPF가 르완다 정부군을 무찌르고 정권을 잡을 때까지 계속되었다. 그러나 죽음의 행렬은 끝나지 않았다. 도망간 후투족 엘리트들은 라디오 방송을 통해 후투족 민중에게 르완다에 남아 있으면 투치족 생존자들과 RPF가 틀림없이 보복을 가할 것이라고 공포심을 불어넣었다. 결국 수백만 명의 후투족이 르완다를 탈출해 이웃 나라들의 난민촌으로 모여들었고 함께 탈출한 후투족 극단주의자들은 그곳에 망명정부를 세웠다. 그들은 탈출한 군대를 장악하고 난민촌에 있는 후투족에 대한 지배력을 유지했다. 후투족 난민을 다룬 언론매체의 보도들은 외국 원조단체들에 기금 모금의 보고로서 역할을 했다. 그럼에도 난민촌에서는 약 8만 명의 후투족이 콜레라에 걸려 죽었다. 이런 현상은 1996년 RPF가 화해 정부를 수립하고 후투족 난민이 르완다로 돌아가기 시작할 때까지 끊이지 않았다.

요약하면 르완다가 겪은 대재앙은 단순히 부족 간 전쟁이나 오래된 증오심의 문제라고 말할 수 없다. 그것은 과거 식민지 침략자인 중심부 국가의 지원을 받은 지도자가 중심부 국가에서 시작된 경제붕괴와 국내외의 분쟁으로 위협받는 가운데 저항세력, 여기서는 투치족과 후투족 온건파를 제거하기 위해 대량학살을 자행한 사례였다.

결론

이 장을 시작하면서 우리는 자본주의 문화의 확대로 희생된 것 가운데 하나가 문화적 다양성이라고 했다. 이유는 여러 가지가 있다. 첫째는 원주민의 문화와 자본주의 문화가 서로 양립하기 어려울 정도로 크게 다르고, 둘째는 국민국가가 정치권력을 확보하기 위해, 셋째는 기업이나 국민국가 자체가 바라는 경제적 자원들을 지배하기 위해 문화적 다양성의 파괴는 불가피한 것이다. 또한 우리는 사회적 책임의식이 있는 기업들의 사례에서 본 것처럼, 원주민들을 훌륭한 환경의 보호자로 만드는 바로 그 요소들 때문에 오히려 그들이 남들의 지배와 파괴의 목표가 되기 쉽다는 사실도 살펴보았다. 존 보들리(1990, 138~139쪽)는 원주민들이 세계 시장 경제에 통합되기 전과 후의 그들의 조건을 면밀히 살펴보았다.

> 그들의 생활수준은 경제발전으로 더 높아지는 것이 아니라 낮아지며 대개는 급격하게 퇴보한다는 결론에 이른다. 이것은 아마도 많은 인류학자들이 문화변동과 근대화에 대해 오랫동안 연구해 얻은 가장 두드러진 사실일 것이다.

더 나아가 우리는 한 국민국가 안에 있는 집단들 사이의 갈등이 대개는 종족 간의 폭력으로 나타나지만 사실은 소비자본주의의 팽창과 국민국가가 취하는 여러 가지 조치에 따른 경제적 영향력과 더 관계가 깊다는 것을 알았다. 따라서 이런 갈등의 실체는 싱할리족과 타밀족, 후투족과 투치족, 세르비아인과 크로아티아인이라는 종족 간의 갈등이 아니라 언제든지 시장에 접근할 수 있는 사람들과 그렇지 못한 사람들 사이의 갈등이다. 다자간 국제기구들이 자본 축적의 욕구를 충족할 수 있도록 시장규칙을 바꾸는 순간 원주민의 삶은 붕괴되고 증오와 폭력을 부추기는 환경이 조성되었다. 어떤 경우에는 혜택을 받지 못한 집단의 분노가 그들을 억누르는 것과는 별로 관련이 없는 사람들에게 향할 때도 있다. 그러나 또 어떤 경우에는 3부에서 나오는 것처럼 그들의 분노가 반란과 같은 격렬한 저항의 형태를 띠기도 한다.

Global Problems and
the Culture of Capitalism

3

자본주의 문화의 팽창이 초래한 결과 가운데 하나는 공간의 재구성이다. 사람들은 이제 전과 달리 세계를 자유롭게 이동한다. 전 세계 많은 나라들이 '자유무역'을 위해 공간의 장벽을 해체했다. 오늘날 운송과 통신기술이라면 당장이라도 세계 어디든 갈 수 있다. 물론 그중에서도 가장 이동성이 높은 것은 자본이다. 수십억 달러가 날마다 이 나라 저 나라를 자유자재로 들락거리며 전 세계를 돌아다닌다. 그러나 모든 사람이 이동할 수 있는 것은 아니다. 여기에는 수많은 문제가 있다. 첫째, 시장은 공간의 장벽을 해체하고 세계 시민을 창출해냄으로써 특정한 지역성과 공동체에 대한 구속이나 의무를 제거한다. 앨버트 J. 던랩(기업계에서는 '체인소 알'로 알려짐[체인소는 휴대용 동력 사슬톱을 말한다 — 옮긴이])은 자서전에서 "기업은 투자자의 것이다. 종업원이나 공급업자의 것도 아니며 기업이 위치한 지역의 소유도 아니다"라고 말했다.

던랩은 자기가 소유한 여러 기업의 노동자들을 단칼에 날려버린 최고경영자로 유명해졌다. 그는 스콧페이퍼라는 제지회사의 최고경영자로서 전체 종업원의 20퍼센트에 해당하는 1만 1,200명을 해고했다. 또한 가전제품회사 선빔에서는 1만 2,000명의 종업원 가운데 절반을 해고했다. 이런 원가절감 조치는 주가상승과 함께 투자자들을 만족시켰지만 반면에 해고된 종업원들의 삶과 공동체를 철저히 파괴했다. 그러나 던랩은 기업이 그들의 충성에 은혜를 갚아야 할 대상으로 투자자들을 규정함으로써 자본이 사람이나 공동체보다 더 중요하다고 인정했다. 따라서 시장은 어떤 지역과 아무 상관이 없으며 그 지역에 대한 어떤 의무도 없다. 다시 말해 시장은 기업에 고용된 종업원뿐 아니라 그들보다 더 어리고 약한 사람들, 아직 태어나지 않은 세대 그리고 공동체의 일상과 연속성을 지켜나갈 필요성과도 전혀 무관한 존재인 것이다. 지그문트 바우만(1998, 9쪽)은 이렇게 말한다. "결과에 대한 책임을 지지 않는 것은 자유롭게 떠다니며 지역에 구속되지 않는 자본에 새로운 이동성을 부여하는 가장 탐스럽고 귀중한 소득이다."

새롭게 조성된 '세계화된 공간'의 두 번째 문제는 그것 때문에 두 종류의 시민이 탄생한다는 것이다. 하나는 이 새로운 공간에서 자유롭게 이동할 수 있는 사람들이고, 다른 하나는 그렇지 못한 사람들이다. 다시 말해 시장은 공간을 압축해서 일부 사람만 그곳으로 이동할 수 있게 하고 나머지 사람들은 주변만 떠돌게 한다. 바우만(1998, 92~93쪽)은 이 새로운 범주의 사람들을 각각 '여행자'와 '방랑자'라고 부른다. 여행자들은 '자기 마음대로' 이동한다. 그들은 자본처럼 새로운 기회나 경험이 그 밖의 다른 곳에서 손짓하면 언제라도 지금의 자리를 버릴 수 있다. 반면 이주노동자 같은 방랑자들은 그들이 원하든 말든 한곳에 오랫동안 머물 수 없다는 것을 안다. 또한 그들은 자기들이 어디를 가든 환영받지 못한다는 사실도 안다. 여행자들은 세상이 '거부할 수 없을 정도로 매력적'이라고 생각하기 때문에 이동한다. 반면에 방랑자들은 자기가 가닿는 세상이 견딜 수 없을 정도로 야박하다는 것을 알기 때문에 끊임없이 이동할 수밖에 없다. 방랑자들은 어쩔 수 없이 이동하는 동안 점점 더 사회의 주변으로 밀려난다.

실질적인 차별의 상징들에는 전 세계 도시의 중심부에서 부자와 가난한 사람, 즉 여행자와 방랑자를 가르는 보이지 않는 장벽들이 포함된다. 그 차별의 상징들은 부자들이 자기 마음대로 오가는 여행자 구역 안에 있는 반면에 주변부에서 일하는 사람들인 가정부, 하인, 웨이터, 택시 운전사, 점원이나 일자리조차 구하지 못한 불행한 사람들은 제자리에서 옴짝달싹도 하지 못한다. 쇼핑객들은 입국비자 없이 통행하게 하면서 그 밖의 다른 사람들에게는 출입국 관리와 신원확인 절차를 강화하는 것이 바로 차별을 나타내는 상징들이다.

전 세계 기업가, 소비자, 문화 관리자, 학자들에게는 국경선이 해체된다. 세계의 상품과 자본, 금융 앞에서 국경선은 의미가 없기 때문이다. 그러나 그들과 다른 세계에 사는 사람들에게는 그러지 않는다.

> 출입국 관리와 거류지법, '범죄 없는 깨끗한 거리', '무관용' 정책으로 쌓은 장벽들은 점점 더 높아간다. 그들이 바라고 꿈꿨던 구원의 장소와 그들을 격리하는 해자는 점점 더 깊어진다. 해자를 가로지르는 다리들이 있지만 그것을 건너려고 하면 다리는 모두 위로 올라간다(Bauman, 1998, 89쪽).

세상이 소비자, 노동자, 자본가로서 참여할 수 있는 사람들과 그렇지 못한 사람들로 나뉘고, 여행자와 방랑자로 분리되는 것은 모든 사람에게 문제를 낳는다. 부자들에게 문제는 그 남아도는 사람들과 관련된 것이다. 그 문제를 푸는 방법은 여러 가지가 있다. 하나는 그들을 감옥에 넣는 것이다. 미국에서는 인구의 2퍼센트가 형법의 제재를 받고 있다. 1979년에는 인구 10만 명당 죄수가 230명이던 것이 1997년에는 649명으로 늘었다. 2008년에 죄수는 모두 220만 명으로 성인 100명당 1명이 감옥에 있는 셈이다. 워싱턴에서 가장 가난한 사람들이 사는 애너코스티아 구역 같은 일부 지역은 16~35세까지 남성 거주자의 절반이 현재 재판 중이거나 감옥에 있거나 보호관찰 대상이다. 미국뿐 아니라 모든 부자 나라도 감옥에 수감되는 사람이 점점 더 늘고 있다. 부자들은 자기들끼리 따로 주거단지를 조성하거나, 이민법을 더욱 엄격하게 적용하거나, 신원확인을 강화하거나, 먼 옛날의 강제거주 지역 같은 빈민촌에 나머지 다른 사람들을 가둬두고 가장 큰 이익을 좇아 자유롭게 이동하는 자본이 세운 조립공장들이 노동력을 요구할 때만 밖으로 나갈 수 있게 함으로써 그들과 거리를 유지하려고 애쓴다.

그러나 방랑자들이 선택할 수 있는 길은 별로 없다. 개인이 할 수 있는 유일한 선택이 소비자나 노동자나 자본가 중 하나가 되는 문화의 확산 속에서 그 밖의 다른 것을 선택할 여지는 전혀 없다. 시장의 확대는 원주민들에게 그들의 문화가 '후진적'이라고 설득하거나 대개는 그들에게 선택의 여지를 남기지 않음으로써 수많은 원주민의 생활양식을 철저하게 파괴했다. 오늘날 우리는 다른 '문명'에 대해서도 똑같은 짓을 자행하고 있다. 2003년 미국이 이라크를 침공한 뒤 한 미군 하사관은 문명의 요람인 이라크에서 "우리는 이곳을 강제로 텍사스처럼 만들 생각이 없어요. (……) 우리는 그들이 자기네 방식대로 하기를 바랍니다"라고 말했다. 그의 임무가 무엇인지 묻자 그는 잠시 생각하더니 이렇게 덧붙였다. "우리는 그들이 발전하고 개명할 수 있도록 도와주려고 합니다. 그것이 우리 임무죠."(Cohen, 2003)

끝으로 새로운 공간 개념 때문에 떠오른 세 번째 문제가 있다. 한곳에 붙박인 사람들이 사는 곳에 자유롭게 이동하는 사람들이 침입하는 문제가 바로 그것이다. '주택 고급화'에 발맞추어 부동산 개발업자들이 가난한 사람들을 내쫓고 부자들이 사는 고가주택을 지을 때의 침입자들은 사람이지만, 기업이 운영하는 공장식 농장이 소농들의 땅을 탈취할 때의 침입자는 사람이 아닌 자본이다. 여하튼 세계화된 세상의 또 다른 특징은 실질적으로든 상징적으로든 서로 다른 개인이나 집단들이 서로 소유권을 주장하는 '경합 공간'이 늘고 있다는 것이다.

지역적 속박에서 자본의 해방, 여행자와 방랑자의 분리, 경합 공간의 증가는 갈등의 가능성을 높인다. 그에 따라 자본의 버림을 받고 자기 마음대로 이동할 수 없는 사람들, 자신들의 공간을 빼앗긴 사람들의 저항은 더욱 거세진다. 예컨대 자기 땅을 빼앗긴 농민들은 안정된 수입 없이 산발적으로 발생하는 임금노동에 생계를 의존해야 하는 현실에 저항한다. 또한 원주민들은 식민지 이주자들이 자꾸만 자신들을 주변으로 몰아내는 식민지 정책에 저항한다. 노동자들은 자본가의 착취에 저항한다. 환경을 파괴하는 것에 맞서고, 종교나 종교적 폭력의 위협으로부터 문화를 지키려고 저항하는 사람들도 있다. 필립 부르주아(1995)가 뉴욕 시 어퍼이스트사이드에서의 마약 복용에 관한 연구에서 주장하고, 폴 윌리스(1981)가 영국의 노동자계급 자녀들에 관한 연구에서 상세히 기록한 것처럼, 범죄와 마약 복용은 가난한 사람들의 사회적 소외와 배제를 상징적으로 보여주는 하나의 저항 형태로 볼 수 있다.

대부분의 저항은 지역적이다. 다시 말해 특정한 집단을 대상으로 특정한 목적을 위해 저항한다는 의미다. 농민은 지주에게 대항해 반란을 일으키고, 노동자는 고용주에게 맞서고, 환경운동가는 특정한 정부 정책이나 기업 관행에 반대한다. 그러나 여기서 문제란 저항은 지역적인데 갈등의 근원은 세계적이라는 것이며, 이런 분쟁을 풀 수 있는 세계적 장치가 없다는 사실이다. 전 세계 누구든 인정하는 공인된 국제 사법기관이 없으며 법적으로 '시장'이라고 하는 어떤 실체도 존재하지 않는다. 따라서 그런 분쟁들을 해결하기 위해 대개는 '테러리즘'의 형태로 폭력에 호소하는 경우가 늘고 있다. 분쟁을 해결하기 위한 폭력 사용은 수백 년의 전쟁 역사가 증언하듯이 새로운 현상이 아니다. 그러나 대부분의 전쟁도 국가라고 부르는 법적 실체들 사이의 싸움이었고, 전쟁을 하더라도 어떤 것은 되고 어떤 것은 안 된다는 것에 관해 서로 합의할 수도 있었다. 아마도 내란들이 대개 그렇게 잔혹했던 것은 바로 이런 까닭인지 모른다. 한 편이 다른 편에게 가할 수 있는 폭력과 파괴의 규모에 대해 서로 합의된 어떤 제한도 없었다. 제네바협약은 전쟁에서 지켜야 할 내용이지 테러리즘에 대한 것은 아니다.

폭력저항을 '테러리즘'으로 낙인찍는 것은 약간의 문제가 있다. 2001년

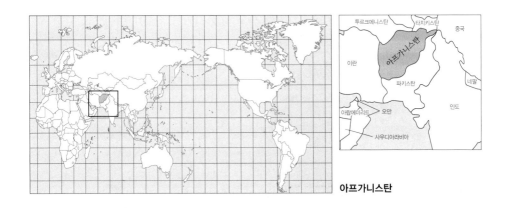

아프가니스탄

9월 11일, 세계무역센터와 미 국방부 건물이 공격당한 이래로 미국 정부와 언론은 어떤 형태의 폭력저항이든 무조건 '테러리즘'이라고 규정한다. 그러나 그들은 그렇게 함으로써 정치적 폭력행위들 사이에 있는 중요한 차이를 명료하지 않게 만들고 그들 문제의 근원이 경제적이며 전 세계와 관련이 있다는 사실을 감춘다. 따라서 우리는 저항 형태에 어떤 종류가 있는지 살펴보기 전에 '테러리즘'이 정확하게 무엇을 의미하는지, 어째서 폭력저항이라는 말보다 의미가 더 모호한 '테러리즘'이라는 용어를 쓰는지에 대해 먼저 검토해볼 필요가 있다.

테러리즘의 기본 개념

1983년 3월 21일, 미국 대통령 로널드 레이건은 아프가니스탄의 날을 선포했다. 레이건은 "아프가니스탄의 비극은 끝나지 않고 계속되고 있으며 영웅적이고 용맹스러운 아프가니스탄 자유의 전사들은 잔인한 소련군의 침략과 점령에 맞서 끈질기게 저항하고 있습니다"라고 말했다. 미국의 지원을 받는 '자유의 전사들' 가운데는 **마카브 알 키드마트 릴 무자헤딘 알 아랍**MAK이라는 아프가니스탄 사령부를 공동 창설한 압둘라 아잠이 있었다. 그곳은 1984년 소련에 저항하는 아프가니스탄 지하드 대원들을 모아 훈련시키고 전투자금을 지원하기 위해 세워졌다. 아잠은 **알카에다 알술바**(단단한 토대)를 창설한 인물이자 오사마 빈 라덴의 스승이기도 했다(Coll, 2004; Cooley, 2002; Gunaratna, 2003 참조).

미국은 파키스탄 정보부를 통해 이슬람 전사들이라는 뜻의 무장단체인 **무자헤딘**에 자금과 무기를 공급했다. 미국은 그들을 이용해 (1979년에 아프가니스탄을 침공한) 소련군을 몰아낼 작정이었다. 게다가 미국은 1992년에 무자헤딘이 보스니아의 세르비아인들에게 희생당하고 있던 보스니아의 이슬람교도들을 지원하러 보스니아로 떠나는 것도 지원했다.

마흐무드 맘다니(2004)는 오늘날 테러리즘이 대개 미국을 비롯한 중심부 국가들이 결정한 정책들 때문에 발생한다고 주장한다. 서방 국가들은 자기들의 이익에 반하는 적대국들을 무너뜨리기 위해 국가가 아닌 무장단체에 전쟁자금과 무기, 정보를 제공하여 '대리전쟁'을 치른다. 따라서 미국과 여러 서방 국가는 소련에 맞서 싸우는 아프가니스탄의 무자헤딘을 지원할 뿐 아니라 니카라과의 사회주의 정부에 대항하는 니카라과 반군, 마르크스-레닌주의를 추종하는 모잠비크와 앙골라 정부에 반기를 든 모잠비크민족저항운동RENAMO과 앙골라완전독립동맹UNITA도 지원했다. 그 결과, 맘다니는 국가나 가족에 속박되지 않은 뿌리 뽑힌 개인들로 구성된 국적 없는 민간 저항세력이 탄생했다고 주장한다.

나중에 '테러리스트'라는 낙인이 찍히고 2001년 9월 11일 대재앙의 도구가 된 집단과 개인들을 미국이 지원하고 육성했다는 사실은 여러 가지 중대한 문제를 제기한다. 첫째, **테러리즘이 무엇이며 그것은 다른 형태의 집단폭력과 어떻게 다른가? 이편에서는 테러리스트라고 부르는데 어떻게 저편에서는 자유의 전사란 말인가? 둘째, 무엇이 변했는가?** 세계무역센터와 미 국방부 건물에 대한 공격이 전 세계에서 소집단들이 정부와 민간을 대상으로 자행하는 수많은 폭력행위와 어떻게 다른가? 예컨대 알카에다는 지난 수백 년 동안 정치적 목적을 달성하기 위해 폭력을 동원한 수많은 집단과 무엇이 다르단 말인가? 끝으로 **테러와의 '전쟁'을 수행한다는 말은 무엇을 뜻하는가?**

미국과 영국 그리고 그들의 동맹국들이 테러와의 전쟁을 선포한 것은 크게 보면 9·11 테러의 결과다. **테러와의 전쟁**이라는 용어는 의도했든 안 했든, 그것의 수사학적 이점이 무엇이든지 간에 오늘날 정치폭력의 본질을 크게 훼손시키려는 중요한 전제를 내포하고 있다.

에드먼드 버크는 18세기 말에 프랑스혁명을 언급하면서 공포 확산을 유도하고 정치적 목적을 달성하기 위해 의도적으로 폭력을 사용하는 것을 겨냥해 **테러**라는 용어를 처음 썼다. 테러가 현대적 의미를 띠게 된 것은 1983년 베이루트의 미 해병대 막사가 폭탄 공격을 당한 뒤였다. 따라서 미국과 이스라엘의 정치적 논의에서 테러는 어떤 응징이나 보복수단도 용납될 수 있고 비난받지 않을 정도로 극악한 반국가폭력 형태를 연상시켰다(Falk, 2003 참조). 리처드 포크(2003, xviii~xix쪽)가 설명하는 바에 따르면 국민국가는 언론매체의 도움을 받아 자기네가 국민에게 가하는 폭력에 대해서는 '테러리즘'이라는 딱지를 붙이지 않고 대신에 '무력 사용', '보복', '정당방위', '경계조치'라는 용어를 쓰는 말장난에서 승리를 거뒀다.

그러나 앞서 말한 것처럼 실제로 국가가 아닌 집단이나 개인의 정치적 폭력행위를 모두 '테러리즘'이라고 부르는 것은 폭력의 근원과 본질을 감추려는 짓에 불과하다.

첫째, 우리는 테러리즘이라고 딱지를 붙인 것이 사실은 어떤 이데올로기나 국가를 의미하는 것이 아니라 하나의 수법이라는 것을 올바르게 인식할 필요가 있다(Steele, 2003 참조). 폭력적 저항은 수천 년 전에도 있었다. 오늘날 세계 경제의 주류에서 밀려난 세계에 사는 수십억 명의 사람들을 생각할 때 그런 저항은 앞으로도 끊이지 않을 것처럼 보인다. 미국이 아프가니스탄에서 한 것처럼 국민국가들은 대개 폭력을 국제 외교의 수단으로 이용한다. 한 가지 예로, 미국은 50년이 넘게 소련과의 군비경쟁 일환으로 국가가 아닌 무장세력의 폭력을 지원했다.

둘째, 하나의 수법으로서 테러리즘은 그 나름의 고유한 전략이 있다 (Merari, 1993; Pape, 2003 참조). 그것은 갈등의 한편이 다른 한편에 비해 군사력이 월등한 상황에서 벌어지는 비대칭적 투쟁 형태다. 힘이 약한 쪽이 상대방을 무력으로 물리칠 수 없기 때문에 그들은 정치적 목적을 달성하기 위해 폭력을 사용하려고 한다. 여러 가지 점에서 어느 미 육군 중령은 2003년 바그다드 공격에 대해 "테러리즘은 대극장이다"라고 말했다(Danner, 2003). 최근 세계무역센터, 미 국방부 건물, 오클라호마 연방청사가 공격 대상이 된 것은 그것의 상징적 중요성 때문인데 국민국가가 얼마나 취약한지, 즉 국가도 국민을 보호할 수 없다는 것을 보여주고 공격자들의 불만이 무엇인지 주목하게 하며 자신들의 폭력 사용을 정당화하려는 의도가 담겨 있다. 티모시 맥베이가 오클라호마 연방청사를 폭파하지 않고 퇴근하는 사람들에게 기관총을 난사했다면 그가 노리는 소기의 목적을 달성하지 못했을 것이다(Juergensmeyer, 2000, 123쪽 참조).

셋째, 정치폭력은 어떤 특정한 이데올로기와 무관하다. 지금까지 우파도 좌파도 모두 자신들의 이데올로기를 내세워 정치폭력을 자행했기 때문이다. 종교적 신념, 도덕적 불만, 환경문제, 동물보호, 낙태 등의 문제들도 정치폭력과 관련이 있었다(Merari, 1993 참조).

넷째, 대부분의 정치폭력은 특정한 국민국가나 그 대리인들을 향해 국지적으로 발생한다. 그리고 국제법과 국내법에 의해 확실한 정당성이 부여된다. 예컨대 제네바협약은 외국의 점령에 대해 저항할 국민의 권리를 인정한다. 또한 독재국가에서 국민이 무장하고 폭력적으로 저항할 수 있는 권리도 미국 수정헌법 2조에 명시되어 있다(Ahmad, 2003).

그러나 21세기 들어 정치폭력은 그 의미가 바뀐 것처럼 보인다. 실제로 정치적 폭력은 이제 '세계화'되었다. 알카에다와 같은 국제 테러조직은 최근의 국제협약의 기반을 송두리째 파괴하려고 한다. 리처드 포크(2003, 39쪽)는 그것을 '메가테러리즘'이라고 하는데 중요성이나 범위, 이데올로기 측면에서 이전의 정치적 폭력 형태와 다르다. 단순히 일개 국민국가의 권력에 대항하는 것이 아니라 세계질서를 바꾸려고 한다. 예컨대 알카에다는 미국과 소련 사이에 존재했던 세계적 갈등과정에서 생겨났다. 그들은 우선 미국을 무찌르는 것이 목표지만 궁극적으로는 전 세계를 이슬람으로 통일하는 것이 목표다. 그들은 세계적으로 세포조직처럼 소단위로 나뉘어 있는데 국제 마약조직과 비슷한 조직망을 갖추었다. 알카에다는 실제로 세계 모든 지역에 행동조직원이 있는, 존 그레이(2003, 76쪽)가 말하는 '세계적인 다국적' 조직이다. 또한 알카에다 조직은 다양한 이른바 테러집단들처럼 세계적인 범죄와 서로 뒤엉켜 있다. 그들은 특히 불법 마약거래와 국제 신용카드 사기를 통해 조직자금의 대부분을 충당하고 있다(Gray, 2003, 91쪽 참조).

그럼에도 어떤 의미에서 알카에다와 같은 테러집단들은 전통적인 저항운동과 닮아 있다. 대개의 경우 그들의 공격 목표는 특정한 국민국가, 특히 미국이다. 1968년 이후로 미국은 국가 재산과 국민이 가장 빈번하게 정치폭력의 표적이 되는 나라들 가운데 선두를 차지했다. 1990년대에 전 세계에서 발생한 모든 테러행위 가운데 40퍼센트가 미국 국민과 시설을 대상으로 한 것이었다(Juergensmeyer, 2000, 178~179쪽 참조).

미국이 그토록 증오의 대상이 된 데는 여러 가지 이유가 있다. 부패하거나 전쟁이 지속되는 정부에 대한 지원, 미국 문화의 확산, 세계화, 기업의 영향력 확대 같은 것이 그런 이유다.

에이미 추아(2003, 231쪽)는 미국에 대한 공격을 전 세계의 시장을 지배하는 소수 특권층들에 대한 대중의 분노가 '민중 지도자들의 선동으로' 표출된 것으로 본다. 그녀의 주장에 따르면 이런 대중의 분노는 다음과 같이 표현된다.

수준 낮은 영화와 형편없는 음식에 대한 프랑스 관리들의 가벼운 불만에서 테러리즘에 대한 러시아와 중국의 전략적 동맹에 이르기까지 그 강렬함의 차이는 천차만별이다. 미국 땅에서 무고한 3,000명을 대량학살한 자기파멸적 사건은 르완다의 투치족에 대한 인종청소와 같이 궁극적으로 집단증오의 표현이었다. 미국에 대한 공격은 짐바브웨에서 발생한 피로 얼룩진 백인 농장 몰수 사건이나 인도네시아에서 일어난 반중 폭동, 약탈과 비슷하다. 그 모두가 시기심, 불만, 열등감, 무기력, 모욕과 같은 감정으로 촉발된 일종의 복수행위였다.

알카에다는 수백 년 전으로 거슬러 올라가 억압과 착취의 결과로 탄생한 비밀결사조직들을 닮았다. 예컨대 피터 슈나이더와 제인 슈나이더(2002)는 마피아와 알카에다 사이의 유사점을 보여준다. 마피아는 19세기에 이탈리아에서 시장개혁의 결과로 등장했다. 공유지가 사유지로 바뀌고 봉건제가 폐지되면서 수많은 농민이 자기 땅을 강제로 빼앗기자 그들 가운데 많은 사람이 미국을 비롯한 다른 나라로 대거 이주하기 시작했다. 이주민들 가운데 일부가 지주들을 공격하고 납치하는 강도질에 몰두하자 지주들은 다른 이주민을 고용해서 그런 강도질을 하는 이주민들을 막게 했다. 마피아는 부자와 세력가들의 보호자로서 권력을 얻게 된 이런 상황에서 등장했다. 이들은 1930년대에 파시스트 정권이 들어설 때까지 여러 이탈리아 정부의 묵인 아래 왕성하게 활동했다. 그러다 2차 세계대전이 끝나면서 다시 등장했다.

마피아는 알카에다나 니카라과 반군 같은 집단과 비슷하게 국민국가의 필요에 따라 도구로 쓰였다. 처음에는 농민들의 저항을 막는 역할을 하다가(농민 지도자들을 살해하고도 아무런 처벌도 받지 않았다) 그 뒤 기독민주당이 집권하고 나서는 당시에 유럽에서 가장 강력한 공산당이었던 이탈리아 공산당을 탄압하는 데 동원되었다. 이탈리아 정부는 마피아 단원들이 이탈리아 토지개혁 행정 당국에 참여하고 도시의 농산물시장에 관여하는 것을 허용했다. 그리고 1970년대에 마피아가 전 세계 헤로인 무역을 지배하기 시작했을 때 모른 척 외면했다. 미국은 이탈리아 기독민주당을 지지함으로써(만일 이탈리아 공산당이 선거에서 이긴다면 마셜 펀드를 회수하겠다고 위협했다) 이탈리아 집권당과 마피아 사이의 이런 암묵적 거래를 간접적으로 지원했다.

그러나 1980년대 부동산, 건설, 마약 밀매를 금지하는 것에 불만을 품은 이탈리아 도시 코를레오네 출신의 한 마피아집단이 경쟁 상대인 마피아집단에 대해 공격을 개시했다. 그들은 상대방 마피아집단에 동조하는 사람들과 부자들을 납치했다. 1990년대 그들은 유명인사들도 공격하기 시작했다. 그들은 이탈리아에서 마피아들을 가장 괴롭히는 유명한 검사두 명을 잔인한 폭탄테러로 죽이고 예술 기념물들을 폭파시켰다.

슈나이더 부부는 마피아의 폭력 행사가 어떻게 정부의 탄압으로 이어졌는지를 설명한다. 정부는 마피아를 공격하기 위해 자금 흐름을 추적하고 (전체 5,000명 가운데) 약 200명의 마피아 조직원들을 '사법부의 협력자'로 전환시켰다. 또한 그들은 마피아와 공모한 정치계 인사나 정부 요원들을 조사하고 그들의 제거를 요구했다. 그 결과, 마피아의 지배력은 크게 약화되었고 조직이 점차 와해되기 시작했다. 그러나 슈나이더 부부는 마피아가 왕성하게 활동할 수 있게 했던 제반조건들, 즉 가난과 실업이 오늘날 마피아조직을 다시 소생시킬 우려가 있다고 지적한다. '마피아 만세'가 가난한 이웃들 사이에서 다시 나타났다.

슈나이더 부부는 마피아의 등장, 마피아와 국가의 관계, 마피아를 제거하기 위해 국가가 취한 조치들을 알카에다의 등장, '테러와의 전쟁'과 비교한다. 이탈리아 정부가 마피아에 맞서 취한 행동들은 국제 첩보수집과 치안활동, 국제 사법재판소의 기소를 강조하는 '투쟁'이라고 할 수 있는 것이지 전쟁의 개념은 아니었다.

미국과 동맹국들은 전쟁이라는 은유를 써서 각종 전쟁수단, 즉 국가에 대한 무력침략이나 고문과 심문, 암살, 폭파 등을 정당화한다. 이런 행동은 더욱 폭력적인 반발을 불러일으키고 '파탄' 국가들을 양산할 뿐이다. 그러는 사이에 전 세계는 테러리즘으로 더욱 고통받는다. 게다가 이런 테러와의 전쟁에서는 패배를 인정할 정부도 없고 점령할 영토도 없다.

전쟁이 일어날 가능성이 없다고 자신할 수 있는 확실한 방법도 없으며 그 위협이 소멸되었음을 입증할 방법도 전혀 없다(Falk, 2003, 8쪽).

다음에 나올 세 장에서는 시장 외부효과들에 맞서는 다양한 형태의 항의와 저항운동들을 살펴볼 것이다. 오늘날 흔히 말하는 방식에 따르면 그런 저항운동 가운데 많은 것은 '테러리즘'이라는 낙인이 찍힐 것이다. 그러나 그럴 경우 우리는 그런 저항운동들이 일어나게 된 제반조건들에 대해 심각하게 오해할 수 있으며, 따라서 그 문제들을 해결하는 데 잘못된 방법을 쓸 가능성이 커질 것이다.

10

Global Problems and the Culture of Capitalism

농민항의, 반란과 저항

전체를 끊임없이 급격하게 변화시키지 않고는 존재할 수 없다.
—마르크스와 엥겔스, 『공산당 선언』*Manifesto of the Communist Party*

소유 본능과 특권의 잔인성은 가난과 억압이 초래하는 복수보다 언제나 더 지독하다.
—C. L. R. 제임스, 『블랙 자코뱅』*The Black Jacobins*

❖ ❖ ❖

1994년 1월 1일 사파티스타해방군EZLN은 멕시코 치아파스 주에 있는 고지 마을들을 잠시 점령함으로써 그들의 건재를 알렸다. 사파티스타는 정부에 대항해 전쟁을 선포하면서 자신들이 멕시코 원주민을 대표한다고 선언했다. 가난한 농민들의 무장단체인 사파티스타가 미국이 제공한 현대식 무기로 무장한 멕시코 군대에 맞서 싸워 혁명을 완수할 거라고 기대하기는 어려웠을 것 같다. 하지만 그들은 멕시코 정부군이 가장 접근하기 어려운 지역들 가운데 한 곳에서 게릴라전을 벌였다.

이 장에서는 농민들의 항의에 초점을 맞춘다. 소농들은 지금까지 자본주의의 팽창으로 가장 큰 영향을 입은 집단들 가운데 하나였다. 농업이 점점 더 기계화되고 농지 소유가 소수의 지주들에게 집중되면서 땅을 잃은 소농이 점점 더 많아졌고 그들은 먹고살기 위해서는 대규모 농장이나 도시에서 임금을 받고 일할 수 있는 자리를 찾아 나서지 않을 수 없었다. 많은 사람이 자신들의 생활조건이 이렇게 바뀌는 것에 저항한다. 그렇다면 우리는 무엇으로 보나 자신보다 전력이 훨씬 우세한 중무장한 상대세력에 맞서 저항하거나 무기를 들고 싸우려는 농민들의 행동을 어떻게 이해해야 할까? 그들은 과연 이길 수 있을까?

물론 역사적으로 농민혁명이 성공한 경우도 있고 실패한 경우도 있다. 에릭 울프(1969)는 멕시코, 러시아, 중국, 알제리, 베트남에서 성공한 농민혁명들을 연구했다. 중국과 러시아, 영국에서는 20세기 이후로 수많은 농민봉기가 일어났다. 그러나 그런 반란의 대부분은 실패로 끝났다. 그런데 우리는 농민의 이익을 보호하고 지나친 착취를 막는 구실을 하는 더욱 포착하기 어려운 일상의 저항 형태들은 거의 보지 못한다. 예컨대 많은 사회에서 농민들은 단순히 새로운 토지로 이동하거나 농사를 포기함으로써 저항하기도 했다.

농민사회는 지금까지 인류학자들의 중요한 연구 대상이었다. 역사적으로 전 세계 어디든 산업화가 이루어지기 전에는 대개가 소규모로 농사를 짓는 농민사회였다. 오늘날 농민사회는 자본주의 세계화의 영향으로 끊임없이 변화하고 있다. 지금도 전 세계 수십억 명이 자급자족으로 생존해 나가고 있지만 그들의 삶은 대개 불안하다. 여기서 중세 시대 독일의 전형적인 농지의 모습을 살펴봄으로써 오늘날 농민들이 농지를 어떻게 운영하는지 어느 정도 이해할 수 있을 것이다. 1400년 독일 북동부 지역에서는 40에이커의 농지에서 약 4,600킬로그램의 농작물을 생산했다. 이 가운데 약 1,500킬로그램은 다음 해에 뿌릴 종자로 남겨두었고 1,300킬로그램은 가축 사료로 썼다. 우리는 이것을 **대체기금**replacement fund이라고 부르는데 농업 생산의 순환을 지속하기 위해 필요한 산출물을 의미한다. 나머지 1,800킬로그램 가운데 1,200킬로그램은 토지 소유자인 지주에게 소작료로 지불했다. 이것을 **지대기금**fund of rent이라고 부른다. 따라서 생산된 농작물 4,600킬로그램 가운데 농민 가족을 위해 남겨진 것은 겨우 600킬로그램밖에 안 되었다. 그 정도의 농작물은 당시 보통 규모의 가족에게 하루에 1,600칼로리밖에 제공하지 못하는 양이었다(Wolf, 1967, 9쪽). 결국 농민 가족들은 텃밭이나 식용 가축 사육과 같은 또 다른 식량원을 찾아야 했다. 게다가 그들이 생산하는 것 가운데 일부는 에릭 울프가 말하는 **의식기금**ceremonial fund으로 가는데, 지역사회가 공동으로 치르는 의식에 쓰이는 농작물을 말한다. 대개 공동체가 함께 축하하는 만찬이나 축제를 열기 위해 구성원들이 각자 생산한 농작물의 일부를 내놓았다.

농민사회의 구조는 시대와 지역에 따라 크게 다르지만 중세 독일의 농지에서 생산된 농작물을 대체기금, 의식기금, 지대기금으로 구분해서 설명하는 것은 오늘날 농지에서 생산되는 농산물이 어떤 식으로 구성되는지에 대한 이해를 돕기 위해서다. 또한 이것은 토지가 농민들의 삶에서 얼마나 중요한지도 보여준다. 농민들이 생산하는 농작물은 무엇보다도 경작할 수 있는 땅의 면적과 비옥도에 따라 크게 달라진다. 이런 이유 때문에 실제로 모든 농민의 항의는 토지문제를 두고 벌어지는 투쟁에 초점이 맞춰져 있다. 항의하는 방식과 형태 그리고 그것이 집단적인지 또는 폭력을 동반하는지 여부는 여러 가지 요인에 따라 달라질 수 있다.

그럼 이제 20세기에 일어난 농민항의운동의 대표적인 세 가지 사례를 살펴보자. 이것들은 모두 토지와 관련이 있으며, 농민들과 토지 사이의 관계에 어떤 변화가 일어났는지를 주목한다. 먼저 말레이시아에서 일어난 농민항의운동의 사례에서는 가난한 농민들이 녹색혁명으로 받은 영향에 대처하기 위해 애쓴 방식들과 비폭력 저항운동을 살펴본다. 그다음에는 20세기 전반기에 영국의 식민지 정책으로 촉발된 케냐 폭력반란의 사례를 살펴본다. 끝으로 치아파스의 농민항의운동 사례에서는 세계 경제의 세계화가 농민들의 삶에 어떻게 영향을 끼치고 혁명을 불러일으켰는지 살펴볼 것이다. 이 세 가지 사례에 나타난 농민들의 항의는 모두 세계적인 원인들과 관련이 있었다. 말레이시아 농민들의 항의는 첨단기술을 이용한 농업 때문에 발생했으며, 케냐 마우마우 무장단체의 반란은 19세기 말 영국 제국주의 확장에 따른 결과였다. 그리고 치아파스에서의 항의 역시 오늘날 경제의 세계화가 직접적인 도화선이었다.

말레이시아와 약자의 무기

제임스 스콧(1985)은 곤궁에 빠진 가난한 말레이시아 농민에 대한 연구에서 우리가 너무 오랫동안 농민들의 폭력적인 항의 형태에 대해서만 주목한 나머지 그들이 자신들에게 가해지는 억압이나 지나친 요구에 맞서 일상적으로 저항하는 형태에 대해서는 연구를 게을리 했다고 지적했다. **아무 힘도 없는 사람들은 아주 강력한 힘을 가진 사람들의 억압에 맞서 어떻게 저항할까?** 공개적으로 반기를 들거나 저항하는 것은 무모한 짓일 수 있기 때문에 대개는 억압하는 사람들이 잘 포착해내기 어려운 교묘한 저

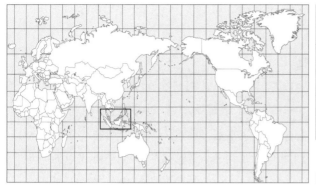

말레이시아

항방식을 찾는다. 우리는 이것을 일상행동에서 볼 수 있다. 초등학교와 대학의 교실문화를 연구한 인류학자들은 학생들이 교실의 질서에 저항하는 여러 가지 방법에 주목했다. 예컨대 그들은 똑바로 앉도록 되어 있는 의자에 비스듬히 기대 앉기도 하고 수업 참여를 거부하기도 하고 다른 학생들과 잡담을 주고받거나 수업시간에 다른 책을 읽거나 잠을 자기도 한다. 학생들은 이런 저항 형태를 통해 자신들의 문화를 억압하려는 시도에 반발하는 것이다(Alpert, 1991).

맞서지 않는 것처럼 교묘하게 포장된 항의 형태들은 힘 없는 사람들이 자신들에게 가해지는 억압에 저항의 몸짓을 보이고 싶어할 때 드러내는 일반적 모습이다. 스콧(1985, 29쪽)은 농민사회 차원에서 이런 종류의 행동을 '약자의 무기'라고 말했다. 이런 저항은 완강한 집단적 항거까지 나아가지 않고 끝난다. 일부러 꾸물거리거나, 시치미를 떼거나, 거짓으로 순종하거나, 슬쩍 훔치거나, 무시하는 척하거나, 허위선전을 하거나, 불을 지르거나, 고의로 파괴행위를 하는 것과 같은 행동이 그런 저항 형태다. 이런 행동은 불손하고 단정치 못한 학생들의 행동과 마찬가지로 어떤 계획적이거나 집단적인 노력을 요구하지 않으며 권력과 직접 충돌하는 것을 피한다. 그러나 스콧은 우리가 농민의 저항을 이해하고 어떤 조건 아래서 이런 저항 형태가 노골적인 반란으로 전환되는지 이해하고자 한다면 이런 약자의 무기에 대해 먼저 알 필요가 있다고 주장한다.

말레이시아 농민과 녹색혁명

1990년대 말레이시아는 1997년과 1998년 아시아 경제가 붕괴된 상황에서도 경제발전을 이룬 나라로 널리 알려져 있다. 열대우림의 단단한 활엽수 목재와 석유, 주석, 고무, 야자유를 수출해서 벌어들이는 수입으로 1960~1976년 연간 3.9퍼센트의 경제성장률을 이루었고 1인당 국민소득도 다른 동남아시아 나라보다 2배는 높았다. 그러나 아시아 국가들 대부분은 소득의 양극화가 매우 심해 농업소득이 계속 감소하고 생계를 위협받는 농민이 점점 늘어났다. 역설적이지만 소득 불평등의 증가를 초래한 원인 가운데 하나가 녹색혁명으로 야기된 농업환경의 변화 때문이었다. 1966년 세계은행의 지원을 받고 있던 말레이시아는 케다 주의 평야지대에 물을 대는 무드라 관개사업을 시작했다. 농민들이 이모작을 할 수 있도록 물의 공급을 늘리기 위해서는 두 개의 커다란 댐을 건설해야 했다. 이모작을 하는 논을 26만 에이커까지 늘렸다. 1974년 세계은행은 그 사업이 엄청난 성공을 거두었다고 선언했다. 케다 주의 평야지대는 이모작이 아니라 그 이상으로 쌀을 생산했다. 실업자도 줄어들고 투자회수율도 10퍼센트에서 18퍼센트로 증가했다. 말레이시아 농민들이 전체적으로 전보다 더 잘살게 되었다는 것은 의심할 나위가 없다. 동남아시아에서 벼농사를 짓고 싶다면 케다 주의 평야지대가 바로 그 꿈을 이룰 수 있는 최적의 장소였다.

스콧은 새로운 번영이 찾아온 농촌이 눈에 띄게 달라졌다고 말했다. 상점들이 들어서고 새로 난 도로에는 오토바이들이 다녔으며 이슬람 사원들이 세워졌다. 주름 잡힌 양철과 판자가 야자 잎으로 엮은 지붕과 벽을 대체했다. 농민들은 아주 작은 논만 있어도 가족이 충분히 먹고살 수 있는 쌀을 생산했다. 유아사망률과 영양 부족에 시달리는 사람들도 반으로 줄었다. 소득이 안정을 찾으면서 토지를 잃는 농민들도 점점 줄어들고 소유권도 안정화되었다. 말레이시아는 녹색혁명으로 좋은 소식만 잇따라 들리는 듯했다.

그러나 토지 소유와 소득 불평등이 심화되면서 나쁜 소식들이 들리기 시작했다. (말레이시아 전체 기준으로 보면 대다수가 여전히 가난한) 농촌 부자들은 점점 더 부자가 되고 가난한 사람들은 더 가난해졌다. **농촌에서 가난해지고 다른 사람들의 존경을 받지 못한다는 것은 무엇을 의미할까?** 라자크는 세다카에 사는 가장 가난한 사람들 가운데 한 명이었다. 그의 집은 너무 낡아서 다른 사람을 집 안으로 들이지 않았다. 자식들을 제대로 먹이지 못해서 한 아이는 스콧이 그 마을에 머무는 동안 죽었다. 마을 사람들은 라자크를 피하고 조롱했다. 라자크는 염치 없이 구걸하러 다니고 사기를 친(예컨대 나무 한 다발을 두 사람에게 판) 이야기를 스콧에게 줄줄이 털어놓았다. 마을 사람들이 자신에 대해 뭐라고 말하든 별로 상관하지 않는 눈치였다.

라자크 같은 가난한 농촌 사람들은 녹색혁명으로 부자와 가난한 사람들 사이의 전통적인 상호 의존관계가 파괴되면서 점점 더 곤궁에 빠졌다. 옛날부터 토지를 소유한 농민들도 자기 땅을 모두 경작할 수 있었던 것은 아니다. 그래서 그들은 소작인들에게 지대를 받고 땅을 빌려주었다. 지대는 매우 높았지만 수확이 끝나면 다시 협상할 수 있었다. 흉작일 경우에는 지대가 더 낮아질 수 있고 풍작일 경우에는 지대가 높아질 수 있었다.

또한 전통적으로 지주들은 가난한 농민들을 고용해 논을 갈고 모내기를 하고 추수하고 탈곡을 했다. 임금은 낮았지만 가난한 소작인들은 자기네 땅에서 수확하는 것으로는 모자라는 소득을 소작료로 보충할 수 있었다.

끝으로 부자 지주들과 가난한 소작농들은 선물을 주거나 의식을 통해 서로 단합했다. 부자들이 가난한 사람들에게 은혜나 자선을 베푸는 것은 당연한 일이었다. 예로부터 세다카에서 거행하는 의식에는 세 가지 형태가 있었다. 먼저 이슬람 의식인 **자카트**zakat는 부자들이 가난한 사람들에게 자발적으로 베푸는 자선행사였다. 다음으로 부자와 가난한 사람이 부를 나누는 것인데, 이것은 가난한 사람들의 시기심과 증오, 분노를 누그러뜨리기 위한 것이었다. 마지막으로 **데르마**derma라는 기부행위와 의례적인 축전행사가 있었다. 선물을 주는 것은 호혜적 제도였다. 선물을 받은 사람은 나중에 언젠가 보답을 해야 했다. 가난한 사람들은 자선을 베풀 수 없었기 때문에 부자들에게 복종하거나 씨를 뿌리고 수확을 할 때 노동력을 대주는 식으로 은혜에 보답했다.

옛날에 농촌 부자들은 가난한 사람들이 자기들 덕으로 먹고산다고 주장하면서 자신들의 우월한 지위를 정당화했다. 부자들은 가난한 사람들에게 땅도 빌려주고 일한 대가를 지불하고 선물을 나눠주고 마을 전체를 위한 잔치도 열어주었다. 실제로 그들은 가난한 사람들을 위해 한 일들을 열거하며 자신들이 당연히 가난한 사람들보다 우위에 있다고 주장했다. 그리고 그 대가로 가난한 사람들의 감사와 존경, 복종을 요구했다. 이런 전통적 의존관계는 세다카에서 일어난 농업의 변화로 무너졌다. 가난한 농민들은 그런 농업의 변화로 이제 농촌사회에서 더는 필요하지 않은 존재가 되었다.

첫째, 이모작 도입과 농업 생산량 증가로 땅값이 더 올랐다. 그에 따라 토지 임대와 소작조건이 크게 바뀌었다. 땅값이 오르면서 공동체 외부에서 온 사람들이 기존의 소작농들보다 더 높은 지대를 내고 토지를 빌리겠다고 제안했다. 게다가 동일한 땅에서 더 높은 수익을 올리면서 부자 지주들은 소작을 주지 않고 자신들이 직접 농사를 짓거나 가족들에게 땅을 주었다. 지주들이 수확이 끝나기 전에 지대를 선불로 받기 시작하면서 상황은 더 안 좋아졌다. 따라서 흉작일 경우에도 지대 조정은 없었다. 그 결과, 세다카의 가난한 농민들은 이모작을 하기 시작한 다음부터 농사지을 땅이 더욱 줄어들었다.

둘째, 부자 농민들은 땅값 상승과 더불어 신기술을 이용할 수 있었다. 특히 씨를 뿌리고 추수할 때 기계를 썼다. 추수를 더 빨리 할 수 있고 인간 노동력을 쓸 때와 비교해 비용도 별로 증가하지 않는 수확기의 사용으로 가난한 농민들과 그 가족들이 할 수 있는 일이 크게 줄어들었다.

셋째, 가난한 사람들은 농지와 일자리의 상실 말고도 지역공동체의 부자들이 전통적으로 베풀었던 선물과 자선행위가 점점 사라지고 있다는 것을 알았다. 부자들이 가난한 사람들에게 자선을 베푼 것은 필요할 때 언제든지 가난한 사람들의 노동력을 이용할 수 있도록 가난한 사람들에게 의무감을 심어주기 위한 것이었다. 신기술을 이용한 수확기가 그런 일을 대부분 처리할 수 있게 되면서 부자 지주들은 더는 지역의 노동력에 의존할 필요가 없어졌다. 따라서 세다카의 가난한 농민들은 불과 몇 년 사이에 농지와 일자리와 자선의 수혜가 순식간에 감소하는 상황에 처해졌다. 서로 다른 차원에 있던 공동체의 구성원들을 하나로 묶었던 사회적·경제적 결합이 풀어지기 시작한 것이다. 그와 더불어 가난한 사람들이 부자에게 묶여 있던 속박도 벗겨졌다. 이는 스콧(1985, 77쪽)이 지적한 것처럼 "이것은 실직자들과 잉여노동자들이 쏟아져 나왔다는 것을 의미한다."

더 부유해진 농민들은 이제 오늘날 전 세계가 몰두하고 있는 것과 같은 경제놀음에 빠져 있었다. 그들은 땅값 상승을 이유로 지대를 올리고 수확기를 활용해 돈과 시간을 절약한 반면에 자선이나 선물, 마을 축제와 같이 지역민들에게 자신의 이익을 나눠주는 행위는 줄였다. 문제는 새롭게 바뀐 그들의 행동이 그동안 사회를 지탱해왔던 전통규범을 파괴했다는 것이다. 옛날에는 부자들이 가난한 농민들이 감당할 수 있는 가격으로 농지를 빌려주고, 파종이나 수확, 탈곡을 할 때 가난한 농민들을 고용하고, 자선과 선물을 나누며 마을 축제를 열었다. 부자들이 가난한 사람들의 비난에 대해 변명해야 하는 것들 가운데 하나는 자신들이 지켜야 할 전통적 의무를 저버렸다는 것이다.

요약하면 벼 이모작이 초래한 농업 생산의 발전은 녹색혁명과 세계은행의 작품이었다. 그러나 그것은 부자와 가난한 사람의 격차를 벌리고 무엇보다도 농촌에 사는 다양한 계급 사이의 사회적·경제적 유대를 약화시켰다. 결국 가난한 소농들이 택할 수 있는 해결책은 농촌을 떠나는 것이었다. 그들은 마을을 떠나 다른 마을로 가거나 더 많은 경우는 새로운 일자리를 찾아서 도시로 이주했다. 하지만 그곳을 떠날 수 없는 사람들에게는 선택의 여지가 별로 없었다.

그렇다면 **가난한 사람들은 자신들의 열악한 조건을 완화하기 위해 무엇을 할 수 있었을까? 잃은 것을 되찾을 방법은 있었을까?**

저항

우리는 먼저 이런 질문을 던질 수 있다. **저항이란 무엇인가?** 제임스 C. 스콧(1985, 290쪽)은 그것을 다음과 같이 정의했다.

> 저항이란 지배계급(예컨대 지주, 부농, 국가)이 피지배계급에게 요구하는 것들(예컨대 지대, 세금, 특권)을 낮추거나 반대하기 위해 또는 피지배계급이 지배계급에게 자신들의 요구사항(예컨대 일, 토지, 자선, 존경)을 알리기 위해 피지배계급의 구성원들이 취하는 행동이다.

전통적으로 농민들은 자신들이 착취당하고 있다는 감정을 표현하고 지주나 국가가 자신들에게 부과하는 지나친 요구들에 직접 저항하기 위해 다양한 방법을 찾았다. 스콧(1985, 300쪽)이 지적한 것처럼 농민사회의 민속문화 가운데는 저항을 정당화하는 것이 많다. 예컨대 농민사회에 전승되는 민담들은 모호하고 교묘한 이야기들로 가득하다. 그 가운데 오직 재치와 잔꾀만을 이용해 자기보다 힘센 것들을 이기고 살아남는 작고 약한 존재인 상 칸칠Sang Kancil이라는 쥐사슴이 주인공으로 나오는 이야기는 말레이시아를 대표하는 민담이다. 미국에도 브레어래빗(작고 연약한 토끼를 의미한다―옮긴이)이라는 비슷한 민담 인물이 있다. 실제로 모든 농민사회의 신화와 민담에는 지배자한테서 농민들을 지키거나 지배자에게 기꺼이 저항할 수 있는 농민을 상징하는 지역사회의 영웅인 로빈 후드 같은 인물이 나온다. 에릭 J. 홉스봄(1959)이 지적한 것처럼 그런 도적은 대부분 언제나 억압자로부터 농민들을 보호하려다 부당하게 고발당하고 범죄자로 낙인찍힌 사람이다. 농민문화는 이런 식으로 저항을 승인하고 정당화한다.

그러나 스콧(1985, 301쪽)이 지적한 대로 농민저항의 목표는 대개 소박하다.

> 저항의 목표 대부분은 반드시 억압이나 지배체제를 무너뜨리는 것이 아니라 오히려 살아남는 것이다. 홉스봄이 아주 적절히 지적했듯 농민들이 일반적으로 바라는 것은 "그런 체제가 자신들에게 최소한의 피해를 주는 범위 안에서 작동하는 것"이다.

세다카의 가난한 사람들이 지배체제로부터 '최소한의 불이익'을 당하며 살아가는 방식들 가운데 하나가 험담이나 중상모략이었다. 그러나 그 험담은 좀 특별난 것으로 지난날 자신들의 사회적 지위를 정당화하기 위해 써먹었던 행동규칙들을 따르지 않는 부자들에 대한 비난이었다. 그것은 1950년대와 1960년대 미국의 민권운동이 자유사회라고 생각했던 나라에서의 인종차별이라는 도덕적 모순을 만천하에 밝힌 것처럼, 그리고 1970년대 폴란드 자유노조운동이 노동자의 천국이라고 알려진 나라에서 오히려 노동자가 억압당하고 있었다는 사실을 알린 것처럼, 부자들의 위선을 명백하게 세상에 드러내려는 시도였다.

세다카의 가난한 농민들은 부자들이 자기들보다 가난한 사람들에게 해야 할 의무를 이행하도록 압박을 가하기 위해 부자와 가난한 사람들 사이의 전통적 관계와 이슬람법을 이용했다. 예컨대 하지 브룸은 소문에 따르면 수상한 사업거래로 많은 돈을 벌고 방대한 토지를 소유한 구두쇠로 악명이 높았다. 세다카의 가난한 사람들에게 그의 이름은 탐욕과 오만 그리고 멸시의 대명사였다. 사람들은 은연중에 (결코 드러내놓고 언급하지는 않으면서) 부자 농민들이 절대 해서는 안 될 행동을 하는 사람의 본보기로서 그를 뽑았다. 다시 말해 험담은 이모작 경작방식이 도입되기 전만 해도 당연하게 여겼던 소작관계, 관용, 자선, 일자리, 마을 잔치와 같은 옛 규범들이 사라진 것에 대한 가난한 사람들의 항의 표시였다(Scott, 1985, 282쪽). 험담은 부자 농민들의 명예를 조금씩 깎아내렸다. 그것은 도둑을 맞아 부자들의 재산이 조금씩 축나는 것과 마찬가지였다. 부자들은 대개 라자크 같은 사람을 가난한 사람들의 본보기로 들면서 자신들이 처한 곤경을 가난한 이들의 탓으로 돌리고 자신들에게 가해진 공격에 맞섰다. 스콧(1985, 22~23쪽)은 험담이 선전선동과 같은 구실을 하며 모든 이야기를 구체화한다고 주장했다. 부자들은 라자크의 이름을 말하면서 욕심 많고 부정직한 가난한 사람의 모습을 그렸다. 가난한 사람들은 하지 브룸의 이름을 말하면서 '탐욕스럽고 지독하게 인색한 부자'의 모습을 떠올렸다. 부자들이 전자를 통해 가난한 사람들의 저항을 생각했다면 가난한 사람들은 후자를 통해 부자들이 마을의 규범을 점점 파괴하고 있다고 생각했다.

험담과 전통에 대한 호소 말고도 세다카의 가난한 사람들이 자신들의 열악한 조건에 저항하는 또 하나의 방법은 도둑질이었다. 옛날에는 가축 도둑들이 가끔씩 물소를 훔쳐가는 경우가 있었던 것에 비하면 이제 도둑질은 매우 일상화되었다. 정부의 급수 트럭에서 물을 채우기 위해 내놓은 물병들에서 자전거, 오토바이, 나무에 매달린 과일, 무엇보다도 들판에 쌓아둔 쌀자루까지 훔쳐가기 일쑤였다. 사람들은 대개 동네의 가난한 사람들이 도둑질한 거라고 믿었다. 피해자들은 대부분 예외 없이 지역에서 잘사는 사람들이었다.

가난한 사람들이 도둑질, 특히 쌀을 훔치는 행위를 지난날 부자들이 베풀었던 자선을 대체하는 행위로 생각했다는 증거가 있다. 그것으로 부자들이 큰 피해를 입지는 않았지만 가난한 사람들에게는 큰 도움이 되었다. 부자 농민들은 그런 도둑질에 대해 두려움과 분노가 뒤섞인 반응을 보였다. 하지만 쌀을 훔친 사람을 경찰에 신고한 사람은 없었다. 사람들은 이웃에 사는 도둑이 누구인지 알아도 신고하지 않았다. 자기네 쌀이 보복으로 도둑맞을까 봐 두려웠기 때문이다. 가난한 사람들의 또 다른 저항행위는 부자들이 기르는 가축을 죽이는 것이었다. 특히 가축이 귀찮은 문제를 일으킬 때, 예컨대 가축이 쌀자루를 열어 쌀을 먹었을 때 죽여버렸다.

기계를 파괴하는 행위 역시 세다카의 가난한 사람들이 활용한 무기였다. 특히 그들의 일자리를 빼앗아간 콤바인을 파괴하는 사건이 빈번하게 일어났다. 콤바인의 부품을 부수거나 연료탱크에 모래와 흙을 집어넣기도 했다. 때로는 나무들을 쓰러뜨려 수확기가 앞으로 나아가는 것을 막기도 했다. 콤바인 주인은 대개 도시에 사는 중국계 사업가였는데 그들은 가끔 들판에서 자리를 비울 때 콤바인을 지키기 위해 경비들을 배치했다. 그러나 가끔 경비가 어쩔 수 없이 자리를 비울 때면 불만을 가진 농민들이 거기에 불을 질렀다. 세다카에서 농민들의 저항은 대부분 개인들이 한 행동이었지만 집단적으로 항의하는 경우도 가끔 있었다. 대개 집단행동을 하는 사람들은 농촌 여성들이었다. 세다카의 여성들은 콤바인으로 할 수 없는 일인 모종을 심거나 모내기를 할 때 집단으로 고용되어 무리지어 일하는 경우가 많았다. 그들은 자기를 고용하는 부자 농민이 추수할 때 콤바인을 쓴다면 자신들이 모내기 작업을 하지 않을 것이라고 노골적으로 얘기하지는 않았다. 하지만 자신들의 일거리가 줄어드는 것을 싫어한다는 사실을 고용주에게 '경고할' 줄 알았다. 그들은 자기네 뜻을 무시하는 부자 농민의 '일을 거부'할 경우, 그에게 그냥 먼저 끝내야 할 다른 일이 있어서 당신 일을 하지 못한다고 말하곤 했다. 여성들은 자신들의 일자리를 잃게 할 수도 있는 부자들과의 공개적인 대립은 피하면서 이런 식으로 그들에게 콤바인 사용을 포기하도록 압력을 넣었다. 부자들은 외부에서 노동자들을 데려다가 모내기를 하겠다고 위협하며 대응하기도 했지만(실제로 일부는 그렇게 했다), 그것으로 세다카 여성들의 작업 거부를 막을 수는 없었다. 다른 마을에서도 그런 작업 거부 행위가 발생해서 노동력이 부족한 경우가 많았기 때문에 세다카의 여성들은 그 마을로 가서 모내기를 할 수 있었다. 부자들의 '파업 파괴' 행위는 여성들의 저항력이 더 커지는 것을 막았지만 결국 여성들의 파업이 효과가 있다는 것이 입증된 셈이다.

따라서 세다카 사람들은 자신들의 삶에 영향을 끼치는 변화에 적극적으로 항의하려고 했다. 그렇다면 **그들의 항의는 효과가 있었을까?** 어느 정도는 있었다. 일부 부자 농민은 콤바인으로 수확하면 훨씬 빨리 일을 끝낼 수 있었지만 기계를 쓰지 않고 사람을 고용했다. 또 어떤 부자는 외부인들에게 농지를 빌려주거나 자기네가 직접 지으면 더 많은 돈을 벌 수 있는데도 전처럼 자기 동네의 가난한 사람들에게 땅을 빌려주었다. 그리고 돈벌이에 혈안이 되기보다는 예로부터 지내오던 마을 의례를 주재해서 동네의 전통규범을 존중하는 부자들도 있었다.

저항의 걸림돌

세다카의 농민들은 농업의 변화로 소득이 점점 줄어들었지만 약자의 무기를 쓰는 것 말고는 딱히 할 수 있는 일이 없었다. 좀더 공개적으로 저항하기에는 걸림돌이 많았다. 그나마 조금 남은 것마저 잃을지도 모른다는 두려움이 적지 않았기 때문이다. 부자들의 힘이 여전히 강력했기 때문에 그들에 대한 험담은 몰래 뒤에서 할 수밖에 없었다. 게다가 부자들은 가난한 사람들에게 실제로 위협을 가할 수 있을 정도로 여전히 노동에 대한 지배력이 컸다. 따라서 여성들이 임금을 올려주지 않을 경우에는 추수하는 일을 하지 않겠다는 뜻을 '경고'하면 부자 농민들은 거꾸로 외부에서 인력을 데려올 거라고 '경고'하며 맞대응했다.

게다가 녹색혁명이 몰고 온 변화는 상대적으로 느렸다. 소작방식과 농업기술의 변화로 가난한 농민들이 일거에 모두 큰 타격을 입은 것은 아니었다. 예컨대 지주들은 추수 후에 받던 지대를 서서히 추수 전에 받기 시작했는데 완전히 바뀌기까지 여러 해가 걸렸다. 지주 한 사람이 여러 소작인을 대상으로 그렇게 했다면 공개적인 항의가 있었을 것이다. 농지를 외부인에게 빌려주거나 자신이 직접 경작하거나 자식에게 물려주고 싶어 하는 지주들이 늘어나는 데 비해 소작지는 서서히 감소했기 때문에 지대는 당연히 올라갔다. 유일하게 빠른 변화는 수확을 위한 콤바인의 사용이었다. 그러나 그것은 성격이 좀 모호한 변화였다. 많은 중산층 농민뿐 아니라 심지어 가난한 농민들 가운데도 콤바인을 이용하는 사람들이 있었다. 그들은 빠른 속도로 농작물을 수확할 것인지, 그것 때문에 임금을 받고 일할 수 있는 자리가 일부 줄어드는 것을 감수할 것인지 사이에서 갈팡질팡했다.

더군다나 그 변화는 가난한 농민들을 더 많이 착취하는 것이 아니었다. 그것은 가난한 농민들과의 관계가 끊어지는 것을 의미했다. 따라서 그들의 임금이 줄어든 것이 아니라 그들이 하는 일 자체가 모두 사라진 것이다. 가난한 농민들은 이제 직접적인 수탈의 대상이 아니라 생산과정에서 완전히 제거되었다. 실제로 그것은 충돌지점을 없애버렸다. 더는 지대를 놓고 옥신각신하거나 추수나 모내기를 한 대가를 놓고 입씨름할 필요가 없었다. 생산 영역에서 투쟁이 격심해지면 종교의식 영역에서도 갈등이 커지기 마련이다. 스콧(1985, 243쪽)이 주장한 것처럼 부자들이 소작인들을 그냥 쫓아내지 않고 더 많이 착취해 자기 이익을 늘리려고 했다면 그들의 항의는 훨씬 더 강력했을 것이다. 역사적으로 계급투쟁이 발생했던 곳들은 완전히 파괴되었다. 말레이시아 농민들이 처한 곤경은 "착취당하는 것보다 더 나쁜 것이 있다면 그것은 착취당할 처지도 못 된다는 것이다"라고 말한, 최근에 해고된 미국인 공장노동자의 상황과 유사하다.

끝으로 가난한 사람들이 공개적으로 항의하거나 저항하지 못하게 제약하는 요소에는 보통 일자리 또는 소작지를 잃거나 부자들이 베푸는 자선에서 소외될지도 모른다는 두려움 말고도 구속과 박해 같은 일상적인 억압이 있다. 준군사조직이 수시로 사람들을 살해하고 구속하고 억압하는 이웃 나라 인도네시아처럼 열악한 것은 아니지만 말레이시아에도 여전히 지방의 정치 지도자들이 자행하는 구속과 박해의 위협이 실제로 상존한다.

항의와 변화

현대 자본주의 경제가 지닌 두드러진 장점 가운데 하나가 적응성으로 자본 축적의 원천, 즉 돈 버는 방법을 찾아내는 능력이다. 그러나 이것이 국가경제를 강하게 하고 어떤 사람들에게는 더 나은 삶을 제공할 수 있을지 모르지만 또 어떤 사람들에게는 파탄을 가져다줄 수도 있다. 우리는 그런 현상을 미국에서 볼 수 있는데, 다른 나라에 있는 값싼 노동력을 이용하는 기업들이 늘어나면서 국내의 수많은 노동자가 공장 폐쇄로 일자리를 잃고 있다. 이 같은 상황은 다른 나라 사람들에게 일자리를 제공하고 미국 소비자들에게 값싼 상품을 제공하지만, 국내에서 일자리를 잃은 사람들을 곤경에 빠지게 한다. 우리는 이와 똑같은 상황을 세다카의 가난한 농촌 사람들에게서도 본다. 자본주의 농업은 더 많은 쌀을 생산하고 일부 지주와 농민에게 더 많은 이익을 안겨줄 수 있는 반면에, 그 밖의 다른 사람들의 경제적 기반을 허물어뜨리기도 한다. 물론 그 결과로 그들과 자식들의 삶이 더 좋아질지는 또 다른 문제다. 가난한 사람들이 저항하고 있는 것은 당장 그들의 삶에 들이닥친 파탄 상황이다. 따라서 가난한 사람들의 입장에서는 지난날 자신들이 전통적인 소작과 노동, 자선과 관련된 제도 아래서 착취를 당했다고 하더라도 지금처럼 불확실한 세상을 정처 없이 떠도는 삶보다는 좋았다고 생각할지도 모른다.

자본주의 시대 이전 농촌의 규범은 이른바 '덕망의 정치'라고 할 수 있는 부자와 가난한 사람 사이의 관계를 중요하게 생각했다. 부자들은 가난한 사람들을 고용하고 농지를 빌려주고 자선을 베풀고 선물을 주었다.

그 보답으로 가난한 사람들은 부자들에게 노동력을 제공하고 존경을 표했다. 이런 체제에서 부자들은 가난한 사람들보다 더 많은 이익을 얻고 중요한 영향력을 발휘했다. 그러나 이것은 부자들이 새로운 기회를 잡기 위해 반드시 파괴해야 하는 바로 그 체제이기도 하다. 다시 말해 세다카의 삶을 급격하게 바꿔놓은 것은 바로 농업의 자본화였다. 가난한 사람들은 혁명적으로 저항하기보다는 오히려 혁명적으로 바뀐 사회·경제 질서에 저항하고 있었던 것이다. 다음에 나온 스콧(1985, 346쪽)의 주장처럼 말이다.

> 역사적으로 사회를 바꾸고 기존의 생산관계를 파괴한 것은 자본주의였다. 자본주의 역사를 슬쩍 훑어보기만 해도 자본주의가 발전하기 위해서는 대개의 경우 지난날 사회를 창조하고 유지시킨 이전의 '사회계약'을 끊임없이 위배할 수밖에 없다는 것을 알 수 있을 것이다. (……) 실제로 자본주의 역사는 바로 그런 방향을 따라 발전했다. 인클로저운동, 기계농업의 도입, 공장체제의 개발, 증기력 사용, 조립라인 개발 그리고 오늘날의 컴퓨터혁명과 로봇공학은 모두 이전에 우리가 노동, 공평, 안전, 의무, 권리에 대해 이해했던 것을 완전히 허물어뜨리는 강력한 물질적·사회적 결과를 초래했다.

우리는 세다카의 사례에서 가난한 농민들이 체제를 바꾸려 하지 않고 오히려 기존의 사회질서를 유지하고 지키려는 모습을 보았다. 그들은 기존의 사회질서가 비록 착취적이었지만 녹색혁명으로 초래된 사회보다는 좋다고 생각했다. 그들이 옳은지 그른지는 또 다른 문제다. 어쩌면 이제 그들은 땅과 일자리를 잃었지만 앞으로 더 좋은 어떤 것을 발견할지도 모른다. 그러나 여기서 중요한 것은 그들의 저항이 대개 과거의 의존 형태를 보존하거나 복원하려는 매우 보수적인 모습이었다는 것이다. 세다카의 가난한 사람들은 부자들이 지나치게 이익을 독점한다고 비난한 것이 아니라 오히려 지난날 자신들을 착취하기 위해 부자들이 써먹은 바로 그 행동양식을 저버렸다고 비난했다.

키쿠유족과 마우마우단의 반란

말레이시아 농민들이 점점 악화되는 경제 상황에 맞서 벌였던 일상적인 저항은 대개 개인적 차원에서의 저항이었고 대부분이 비폭력적이었다. 그러나 때로는 농민들의 항의가 집단행동을 수반하기도 하고 그 결과 폭력적 충돌을 초래하기도 했다. 그렇다면 **어느 시점에 저항이 더욱 집단적 형태를 띠며, 또 어떤 조건 아래서 농민항의가 폭력으로 돌변하는 것일까? 더 나아가 지배층은 농민들의 항의에 어떻게 대응할까?** 케냐의 키쿠유족 사례에서 그 답을 찾아보자.

1952~1956년 영국은 키쿠유족 농민들의 반란을 진압하느라 여념이 없었다. 반란을 진압했을 때 영국군이 죽인 반란 농민의 수는 1만 1,000명이 넘었고 감옥에 가둔 농민들도 10만 명 가까이 되었다. 반면에 반란군이 죽인 유럽인은 200명 정도였고 영국에 부역한 아프리카인 약 2,000명도 반란군의 손에 죽었다. 마우마우단의 반란은 유럽인들이 아프리카와 아시아, 아메리카 대륙에 대한 식민지 지배를 강력하게 추진하면서 발생한 수많은 반란 가운데 하나일 뿐이다. 그러나 이 사건은 한 집단이 소극적 저항에서 적극적이며 심지어 폭력을 동반하는 저항으로 전환하거나 돌변할 수 있는 조건이 무엇인지를 잘 보여주는 사례이기도 하다. 또한 마우마우단의 반란은 억압자들의 심리를 보여준다. 그들은 왜 자신들이 투쟁의 대상이 되었는지 잘 이해하지 못한다. 끝으로 이는 아프리카에서 일어난 최초의 대규모 해방운동이고 로버트 B. 에저턴(1989)에 따르면 영국의 아프리카 식민지 지배에 가장 큰 타격을 준 심각한 위기 상황이었다는 점에서 중요한 의미를 지닌다.

동아프리카의 영국

19세기 말 동아프리카의 대부분 지역은 자원의 지배권을 두고 서로 다투고 있던 독일과 영국의 경제 전쟁터였다. 두 나라는 충돌을 피하기 위해 1884년 베를린에서 만나 동아프리카의 상당 부분을 자기들끼리 분할 통치하기로 했다. 케냐는 그렇게 대영제국의 '세력권' 안에 들어가게 되었다. 물론 동아프리카의 경제를 지배하려는 그들의 노력은 대개 아프리카인들의 저항에 부딪혔는데 때로는 폭력이 수반되기도 했다. 그러나 영국군은 대부분 곧바로 무자비하게 그들의 저항을 진압했다(Edgerton, 1989, 4쪽). 케냐인들은 영국인의 침략에 대처해야 할 뿐 아니라 메뚜기 떼, 오랜 가뭄, 우질牛疾(소나 양에 생기는 급성 접촉감염성 바이러스 질환—옮긴이), 천연두로 많은 사람을 잃었다. 그 기간에 죽은 케냐인의 수는 당시 인구의 50~95퍼센트까지로 추산된다. 영국 정부의 장려로 1902년에 백인 이주민들이 케냐에 도착했을 때 많은 땅이 주인 없는 땅인 것처럼 보였다. 그들은 자기들이 정착한 땅에 대한 소유권을 주장했다.

케냐에서 가장 큰 문화집단인 키쿠유족은 백인 이주민의 침입에 맞서 그들을 공격했다. 영국은 즉각 진압군을 파견했고, 키쿠유족은 더 많은 사람을 잃었다. 1902년 9월 초, 분노한 키쿠유족은 백인 이주민 한 명을 사로잡아 그를 묶어 땅바닥에 눕혀놓고 입을 벌려 쐐기로 고정시켰다. 그러고는 그가 숨이 막혀 죽을 때까지 온 동네 사람들이 그 입안에다 오줌을 누었다(Edgerton, 1989, 5쪽). 그들은 백인 시신의 성기를 자르고 배를 갈라 내장을 끄집어냈다. 그러자 영국인들은 한밤중에 그 마을을 포위하고는 모든 마을 사람을 학살했다. 노인과 부녀자, 숲 속에 숨어 있던 어린아이들까지 모두 죽였다.

키쿠유족은 영국에 점령되면서 가지고 있던 대부분을 잃었다. 그들은 부족이 공동으로 소유한 땅에서 원예와 가축 사육을 병행하며 살고 있었다. 전통적으로 원로회가 중심이 되어 마을을 다스렸던 키쿠유족은 영국인들이 임명한 부족장들을 거느린 영국의 지배로 넘어갔다. 하지만

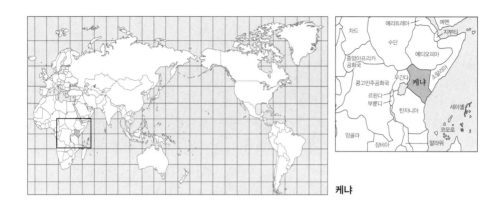

케냐

키쿠유족은 창과 독화살을 이용해 영국과 싸움을 계속했다. 그들의 용기는 영국군 장교들에게 큰 인상을 남겼지만 결국 1904년에 저항은 끝이 났다. 루오족, 캄바족, 난디족 등 케냐의 다른 부족들도 영국군과 싸웠지만 키쿠유족만큼 잘 싸우지는 못했다. 아프리카에서 가장 위대한 전사라고 알려진 유목 부족인 마시족은 영국 편에 서서 키쿠유족과 싸웠다.

영국 관리들은 아프리카 대륙을 장악해 아프리카인을 보호구역에 가두고 그들의 노동력을 값싸게 쓰려는 속내를 굳이 감추려 하지 않았다. 영국 안에서도 동아프리카에서 영국이 취한 조치와 그들의 의도에 저항하는 움직임이 일부 있었다. 국제법 교수를 역임한 윌리엄 하코트 경(Edgerton, 1989, 3쪽 인용)은 "세력권 안에 있는 원주민들에게 당신들이 자행한 모든 무력행위는 불법 공격입니다. 당신들이 차지한 모든 땅도 도둑질한 것이며, 당신들이 죽인 모든 원주민도 살해당한 것입니다"라고 비난했다.

그러나 케냐로의 이주는 끊이지 않았다. 영국 국내 신문뿐 아니라 영국 식민지에서도 케냐로의 이주가 가져다주는 경제적 이득을 홍보하는 광고가 등장했다. 이주민들 가운데 상당수가 서아프리카 사람들이었다. 영국에서 직접 배를 타고 몸바사로 와서 새로 건설된 우간다 철도를 따라 나이로비까지 달려온 영국인들도 있었다. 그들은 거기서 가족들과 함께 달구지를 타고 자기네 땅이라고 주장하는 농장까지 갔다. 이주민들 가운데 많은 사람이 돈을 벌기 위해 케냐로 온 부유한 영국 귀족의 자손들이었다. 그들 중 일부는 10만 에이커가 넘는 토지소유권을 인정받았다. 영국 작가이자 여류 비행가였던 베릴 마크햄의 아버지처럼 재산이 얼마 없는 사람들도 부자 밑에서 일하고 번 돈을 모아서 1,000에이커의 농장을 살 수 있었다. 특히 '해피 밸리'라고 부르는 고지대에 살던 백인 엘리트들의 생활은 대개 음주, 마약 파티, 폴로 시합, 문란한 성생활로 이어졌다. 당시 영국에서는 "당신 결혼했어? 아니면 케냐에서 왔어?"라는 농담이 유행했다(Edgerton, 1989, 17쪽 인용).

그러나 이주민이 성공적으로 케냐에 정착하기 위해서는 부자든 가난한 사람이든 아프리카인의 노동력이 필요했다. 아프리카인들은 돈을 준다고 무조건 일하지 않았다. 그들은 이주민들이 기대하는 노동윤리나 규율이 전혀 없는 사람들이었다. 그러나 키쿠유족은 곧 돈의 가치를 알았고 몸바사까지 480여 킬로미터를 걸어 일하러 갔지만 이주민들은 몸바사에서 생활할 수 있을 정도의 임금을 지불할 의사가 없었다.

정부는 아프리카인들이 이주민들을 위해 일하게 하려고 인두세를 도입했다. 인두세를 내기 위해서는 일을 해서 돈을 벌 수밖에 없다는 것을 노린 것이다. 동시에 정부는 아프리카인들이 커피, 사이잘삼, 옥수수 등 환금작물을 재배하지 못하게 했다. 또한 아프리카인들은 자기 이름과 부족관계, 지문, 직업 경력 그리고 나중에는 사진까지 기재된 신분증(**키판데** kipande)을 소지하고 다녀야만 했다. 케냐 정부는 키판데를 금속용기 안에 넣어 목에 매달고 다니게 했다(Edgerton, 1989, 15쪽). 백인들은 자기가 부리던 아프리카인의 신분증에 '게으르다'거나 '거만하다'라고 써넣음으로써 그 사람이 다른 곳에서 일자리를 얻지 못하게 할 수도 있었다.

영국은 식민지를 효율적으로 지배하기 위해 **간접 통치**라는 식민지 통치체제를 개발했다. 그들은 아프리카의 부족들마다 부족민을 다스리는 부족장이 한 명씩 있다고 잘못 생각했다. 그래서 식민지 총독과 부족집단을 중재하는 구실을 하는 최고 권력을 가진 부족장을 부족마다 한 명씩 임명했다. 하지만 키쿠유족은 최고 권력을 가진 부족장이 없었다. 키쿠유족을 지배하는 주요 조직체는 나이 든 존경받는 사람들의 모임인 **시아마**ciama라는 원로회로, 분쟁 해결에서 (남자아이, 여자아이 모두에게 요구되는) 할례, 결혼, 각종 의식들까지 키쿠유족 삶의 모든 측면을 다루었다. 그들은 나쁜 짓을 한 사람들에게 벌금을 물리고 피해자에게 보상하도록 명령할 수 있었다. 대개 가해자는 벌금으로 염소를 바쳤는데 원로회원들이 그것을 먹었다. 영국이 임명한 부족장들은 식민지 정부가 하사한 부와 특권을 누릴 수 있는 케냐의 지배 엘리트가 되었다. 따라서 부족장들의 권력은 모두 영국의 군사력에서 나왔고 그것에 전적으로 의존했다. 부족장들은 이런 권력을 이용해 가능하다면 언제라도 모든 사람에게서 돈을 갈취하고 가축을 빼앗고 땅을 착복하고 여성들을 강제로 능욕했다. 부족장의 행동에 저항하는 사람은 누구든 죽였다. 어떤 부족장은 자기를 보고도 모자를 벗고 인사하지 않았다고 매질을 하거나 회의 중에 자기가 말하고 있는데 누가 기침을 했다고 그를 가두기도 했다. 또한 영국은 백인 장교, 경찰, 또 그들이 지휘하는 아프리카 군대에서 일할 아프리카인들을 선발하고 훈련시켰다. 이들은 대개 영국에 충성하는 아프리카 엘리트집단의 일원이 되었다.

1952년 시작된 마우마우단 반란은 대개 자기가 농사짓던 땅에서 쫓겨난 가난한 농민들이 주축이 되어 공민권을 박탈당한 도시 사람들과 곧 넘쳐나는 사람들을 수용할 수 없게 될 보호구역에 갇힌 사람들이 함께 영국에 저항한 사건이다. 이 반란에서 가장 큰 역할을 한 집단은 영국인 이주민들에게 빼앗긴 비옥한 농경지대인 화이트 하이랜드에서 오래전부터 농사짓고 살았던 농민들이었다.

화이트 하이랜드

영국은 케냐에서 가장 기름진 지역으로 키쿠유족이 농사를 짓고 있던 화이트 하이랜드의 농지를 식민지 지배를 이용해 강제로 몰수한 뒤 영국인 이주민들에게 나누어주었다. 이주민들은 키쿠유족이 소유하고 있던 땅을 1에이커에 3루피(약 1달러)를 주고 차지할 수 있었다. 이주민들은 새로 생긴 땅을 경작할 사람이 필요했고, 강제로 자기 땅을 빼앗긴 키쿠유족 농민들은 신설된 세금을 내려면 돈이 필요했기 때문에 하이랜드를 떠나지 못하고 그곳에 눌러앉아 이주민들을 위해 일해야 했다. 모든 농가는 1년에 석 달에서 다섯 달 동안 일하는 대가로 (과거에 자신들이 소유했던 것보다 넓은) 6~7에이커의 땅에서 자급할 농작물을 키우고 소와 양을 방목할 수 있었다(Kanogo, 1987). 또한 그들은 약간의 임금도 받았는데, 한 달에 14실링(당시 미화로 약 14센트)을 넘지 않았다. 인두세가 20실링이고 싸구려 셔츠 한 장이 4실링이었던 것과 비교하면 푼돈에 불과했다.

처음에 화이트 하이랜드에 남아 이주민들을 위해 일했던 키쿠유족 사람들은 바뀐 환경에 빠르게 적응했다. 이주민들이 무단 점거자라고 불렀던 키쿠유족 사람들은 자유롭게 농작물을 재배하고 소와 양을 기르며 가족을 부양했는데, 그 가족들 가운데 이주민에게 고용되어 일하는 사람은 많지 않았다. 무단 점거자들은 이주민들이 농사짓는 땅을 제한하거나 정식으로 고용되지 않은 일가친척을 쫓아내면 다른 이주민의 땅으로 옮겨갔다. 노동 수요는 비교적 그리 많지 않았고 부녀자, 아이들, 친족들로 충족시킬 수 있었다. 게다가 무단 점거자들은 이주민의 땅에서 임금을 받고 일하는 다른 아프리카 사람들의 삶과 비교할 때 부족하지 않은 생활을 했다.

키쿠유족에게 더 중요한 것은 소, 염소, 양과 같은 가축 사육이었다. 소와 염소는 특히 더 중요했다. 그것들은 부를 상징했으며 모든 종류의 의식과 경제적 교환수단으로 쓰였다. 결혼식 때 신랑 집에서 신부 집으로 보내는 선물, 즉 신부를 데려오는 대가로 소와 염소가 쓰이기도 했다. 또한 종교의식에서도 중요한 제물이었고 세금이나 학비를 마련하고 각종 소비재를 사기 위해 현금으로 즉시 바꿀 수 있는 금융자산이었다.

또한 무단 점거자들은 유럽 대륙에서 온 이주민들을 위해서도 일했다. 유럽 이주민들은 대개가 부유했지만 품삯을 줄 정도의 자본이 있지는 않았다. 그러나 그들은 필요한 노동력과 교환할 수 있을 정도로 싸게 땅을 구할 수 있었다. 많은 이주민들은 아프리카인들에게 현금이나 농산물의 일부를 대가로 지불하고 자기 땅에서 농사짓게 했으며, 따라서 직접 재배하기 어려웠을 농작물들을 안전하게 키울 수 있었다. 결국 영국이 화이트 하이랜드를 지배한 지 20년이 채 안 되는 사이에 키쿠유족은 지난날 자기 땅이었던 곳에서 대가를 받고, 때로는 자기가 생산한 농작물의 일부를 품삯으로 받고 일하는 무단 점거자로 바뀌었다. 하지만 그들은 잉여 생산된 농작물을 팔 수 있었고 꽤 많은 소나 양을 기를 수도 있었다.

　그러나 이주민들은 이런 상황에 만족하지 않았다. 그들은 무단 점거자들이 생계를 유지하기 위해 필요한 만큼 농사를 짓거나 가축을 사육하는 것을 제한하고 싶어했다. 실제로 이주민들은 키쿠유족이 농민이 아니라 순수하게 임금을 받고 일하는 노동자가 되기를 바랐다. 따라서 1920~1950년 여러 차례에 걸쳐 키쿠유족의 무단 점거자들이 농사지을 수 있는 땅과 기를 수 있는 가축의 수를 줄이려고 했다. 예컨대 1920년 이주민들은 식민지 정부를 설득해서 무단 점거자들이 유럽 이주민들을 위해 1년에 180일을 일하게 하고 농번기에는 여성과 아이들까지 동원할 수 있게 하는 법안을 통과시켰다. 1930년 정부는 이주민의 압박에 쫓겨 키쿠유족이 **키파지오**kifagio, '일소하다'라고 부르는 조치를 단행했다. 그에 따라 키쿠유족 노동자 한 가구가 기를 수 있는 가축 수는 이전에 수백 마리에서 약 다섯 마리로 대폭 줄었지만 그에 상응하는 임금 상승은 전혀 없었다. 무단 점거자들이 입은 재산 손실은 엄청나게 컸다. 그런 조치 전까지만 해도 염소를 1,000마리나 기르던 사람이 여럿 있었다.

　1937년 식민지 정부는 무단 점거자들이 기르는 가축을 줄이거나 금지하고 그들의 노동일수를 정하는 권한을 아예 이주민들에게 넘기는 법안을 통과시켰다. 이주민들은 이 새로운 권한에 힘입어 노동일수를 1년에

240일로 늘렸고 나중에는 270일로 더 늘렸다. 그들은 무단 점거자들이 기를 수 있는 가축 수도 규제했다. 소와 염소는 전혀 기를 수 없고 양만 한 가구당 15~20마리까지 기를 수 있었다. 이주민들은 (한 달에 14실링 정도밖에 안 되는) 임금도 그대로 두고 식민지 정부의 조언도 무시한 채 이런 규제들을 실시했다(Kanogo, 1987, 63쪽).

무단 점거자들을 억압하는 조치는 그들이 보유할 수 있는 농지와 가축을 제한하는 것 말고도 여러 가지가 있었다. 이주민들이 기르는 가축은 아프리카인들의 밭에서 방목할 수 있고 그곳에서 자라는 작물들을 망쳐도 그만이었다. 또한 이주민들은 무단 점거자들이 경작하던 농작물을 차지하기 위해 농작물을 수확하기 전에 그들을 내쫓기도 했다. 게다가 무단 점거자들이 경제적으로 독립해서 살기 위해 분투하자 이주민들은 그들을 종속적인 임금노동자로 전환시키려고 할 수 있는 모든 조치를 다 취했다.

키쿠유족은 끊임없이 자신들이 경작할 수 있는 농지와 기를 수 있는 가축 수를 제한하려는 이주민들의 조치에 저항했고, 마침내 농민들이 억압에 맞서 언제나 저항했던 방식으로 싸웠다. 그들은 일자리를 얻을 수 없었다. 따라서 쓰지 않는 땅을 불법으로 점유하거나 파업을 조직하거나 이주민들의 가축을 죽이거나 상해를 입히고는 숲이나 보호구역, 도시로 도망쳤다. 그러나 키쿠유족을 땅에서 축출하려던 이주민들의 시도는 큰 성공을 거두었다. 1948년 유럽 이주민 3,000명이 하이랜드에서 보유한 경작지는 보호구역에 갇힌 100만 명이 넘는 키쿠유족이 경작할 수 있는 땅보다 훨씬 더 넓었다.

반란의 뿌리

케냐에서 영국의 식민지 정책에 맞서 조직화된 정치적 저항이 시작된 것은 1922년이었다. 해리 투쿠라는 키쿠유족 사람이 청년키쿠유연합을 결성해 인두세와 키판데라는 신분증제도에 저항하고 영국이 키쿠유족의 땅을 빼앗아갔다고 성토했다. 식민지 정부가 그를 긴급 체포하자 나중에 케냐의 초대 대통령이 된 조모 케냐타를 포함한 군중이 감옥을 둘러쌌다. 메리 니안지라라는 여성이 치마를 치켜들고 군중을 막고 서 있는 교도관들을 성적으로 모욕하자 그들은 갑자기 총을 쏘기 시작했고 결국 그녀를 포함해 많은 사람이 죽었다. 설명하는 사람에 따라 당시 사망자는 25명에서 250명까지 크게 달랐다. 감옥 건너편 베란다에 앉아서 저녁 식사를 하던 유럽인들도 도망가는 군중을 향해 총을 난사했다고 한다. 투쿠는 재판도 받지 않고 9년 동안 외국으로 추방되었다.

1925년 키쿠유중앙연합KCA이 결성되고 조모 케냐타가 초대 사무총장이 되었다. KCA는 케냐타를 장차 케냐를 이끌 지도자로 보고 영국으로 보내 고등교육을 받게 했다. 그는 러시아를 여행했고 영어로 능통하게 연설할 수 있게 되었다. 그는 (결코 유럽인과 결혼하지 않겠다고 KCA에 서약하고서도) 영국 여성과 결혼하고 저명한 인류학자 브로니슬라브 말리놉스키 밑에서 인류학을 공부하면서 훌륭한 민족학 저서인 『케냐 산을 마주보며』*Facing Mount Kenya*(1962)를 썼다. 책 표지에는 그가 창을 들고 서 있는 모습이 실렸다.

독립운동이 성공하려면 키쿠유족만의 힘으로는 불가능하다고 생각한 케냐타는 케냐아프리카동맹KAU을 결성했다. 그는 조직원들의 충성을 확고히 하고 연대감과 목표의식을 확립하기 위해 키쿠유족의 전통적 수단인 맹세를 활용했다. 키쿠유족 사람들 사이에서 맹세는 아주 흔히 볼 수 있는 일이었다. 키쿠유족은 법정에서 자신의 무죄를 입증하거나, 전쟁에 나가기 전에 충성을 서약하거나, 종교의식을 진행하는 동안 헌신적 신앙심을 보여주거나, 어떤 여성을 임신시키지 않았다는 것을 증명하기 위해 맹세를 했다. 키쿠유족은 맹세를 깨뜨리면 성경 앞에서 거짓말하는 것처럼 목숨을 잃을 수 있다고 믿었다. KAU 맹세(Edgerton, 1989, 48쪽 인용)는 다음과 같이 간단했다.

당신에게 지시가 떨어질 때 이의를 제기한다면
당신의 지도자에게 불복한다면
한밤중에 불렀는데 당신이 나타나지 않는다면
맹세컨대 당신은 죽을 것이다.

식민지 정권들이 다 그렇듯 영국도 아프리카의 식민지 백성이 영국인들을 몰아내고 싶어한다는 사실을 알지 못했거나 부인했다. 심지어 1952년 마우마우단 반란이 일어나기 전날까지도 퇴임하는 케냐의 영국인 총독 필립 미첼 경은 케냐에서 모든 일이 순조롭게 잘 진행되고 있다고 발표했다.

그러나 현실은 그렇지 않았다. 첫째, 무단 점거 농민들은 이주자들에게 끊임없이 수탈을 당하고 있었다. 식민지 정부는 하이랜드에서 쫓겨났거나 마시족 땅에 정착한, 때로는 마시족 사람들과 결혼한 키쿠유족 사람들을 위해 **올레구로네**Olegurone라는 재정착 지역을 마련하고 그들을 도우려 했다. 그런데 정부는 그 땅이 정부 소유이므로 키쿠유족은 그 땅에서 농사만 지을 수 있지 땅을 소유할 수 없다고 주장했다. 그리고 그 땅에 대한 소작권을 양도할 때도 키쿠유족 전통에 따라 자식들에게 고루 나누어주지 못하게 하고 가장 나이 많은 아내가 낳은 장자에게만 물려주도록 제한을 두었다. 또한 정부는 무슨 작물을 어디에 심고 어떻게 농장을 경영할지를 일일이 엄격하게 규제했다. 토지와 농사일에 대한 영국의 규제를 거부한 대다수 키쿠유족은 그곳에서 쫓겨나 다시 보호구역으로 방출되었다.

그러나 보호구역은 또 다른 반란의 발화지점이었다. 이주민들이 실제로 들어간 경험도 없고 거들떠보지도 않았던 보호구역은 인구과잉에다 부족한 농지에 지나치게 농작물을 많이 심는 바람에 농지 대부분이 침식되었다. 기아가 널리 확산되었지만 영국인들은 2차 세계대전이 일어나면서 키쿠유족의 영국군 지원자 가운데 90퍼센트가 영양실조로 탈락하고 나서야 비로소 그런 사실을 알았다. 정부는 보호구역에 현대적인 농사법을 소개하면서, 일부러 키쿠유족과 만나 조언하는 일도 마다하지 않았다. 그중에서도 식민지 정부가 좋아하는 사업이 토양침식을 막기 위해 땅에 축대를 쌓는 것이었다. 이 작업을 위해 부족장들은 일꾼들을 동원해야 했는데 주로 여성들이었다. 그러나 키쿠유족 사람들은 왜 축대를 쌓아야 하는지 이해하지 못했다. 사람들 대다수는 그 일이 영국 이주민들을 위해 마련된 것이라고 생각했다.

보호구역의 상황이 이렇게 돌아가면서 자기 땅이 없는 아프리카인 수천 명이 일자리를 찾아 도시로 떠났다. 그러나 도시에도 일자리는 거의 없었고, 도시는 수많은 실업자의 고향이 되었다. 나이로비에서 일부 잘 곳을 찾은 행운아들도 방 하나에 14명이 기거했고 침대 하나에서 4명이 잤다. 그렇지 못한 사람들은 버스나 자동차 밑처럼 몸을 누일 수 있는 곳이면 어디든지 찾아가 잤다. 나이로비에 있는 키쿠유족 사람들은 스스로 강도단을 조직해 거리를 배회하며 다른 아프리카 부족들이나 아시아인들을 갈취했다. 가장 힘이 센 키쿠유족 강도단은 포티그룹으로, 조직원들이 1940년에 할례를 받은 뒤 가입했다고 해서 그렇게 불렀는데 매춘조직도 지배했다. 그들은 한편으로 모든 유럽인을 케냐에서 몰아내기로 비밀맹세를 하고 명령에 따라 필요하면 죽이기도 했다. 가장 널리 알려진 강도단 두목은 프레드 쿠바이로, 마우마우단으로 발전하는 데 중요한 역할을 했는데 나중에 자기가 마우마우단을 창설했다고 주장했다 (Edgerton, 1989, 35쪽).

키쿠유족은 가난에 시달리고 이주민들에게 토지를 빼앗겼을 뿐 아니라 내부적으로는 식민지 지배로 혜택을 받는 사람들과 고통을 받는 사람들로 나뉘었다. 실제로 여러 면에서 마우마우단의 반란은 키쿠유족의 내전이라고 볼 수 있었다. 반도叛徒들은 영국에 충성을 바쳐 잔존하면서 영국인들의 보호 아래 끊임없이 이익을 추구했던 같은 키쿠유족 부족민들을 향해 그들의 분노를 퍼부었다.

끝으로 또 다른 반란의 원인은 극심한 흑백의 피부색 장벽과 인종차별이었다. 특히 영국 이주민들은 아프리카인들이 야만인보다 약간 나은 수준에 불과하기 때문에 영국이 그들에게 문명을 맛볼 수 있게 해주어야만 비로소 야만의 세계에서 빠져나올 수 있다고 생각했다. 이주민들은 아프리카인들이 12세 아이의 지능 수준이라고 생각했다. 그리고 유럽인들처럼 고통을 느끼지 못한다고 주장하며 심지어 스스로 죽으려고 할 수도 있다고 믿었다. 그동안 백인들이 아프리카인들을 때리고 죽이는 일이 비일비재했지만, 반란이 끝난 뒤 한 백인이 아프리카인을 죽인 죄로 유죄 판결을 받아 백인사회를 충격에 빠뜨리며 격분시킨 1959년 사건 이후로는 그런 일은 수그러들었다.

반란

아프리카인들은 그들이 할 수 있는 한 최대로 이런 상황에 저항했다. 예컨대 여성들은 식민지 정부가 부과한 새로운 농업계획에 참여하기를 거부했다. 도시의 노동조합들은 파업을 선언했다. 점점 더 많은 사람이 마우마우단 맹세를 하며 가세하기 시작했다. 해가 갈수록 맹세 내용이 더 많아지고 정성스러운 의식이 함께 거행되었다. 프레드 쿠바이는 그 맹세를 관리하고 그것을 깨뜨린 사람은 누구라도 처형할 권한이 있었다 (Edgerton, 1989, 52~53쪽 인용).

> 당신 부족과 의견이 맞지 않거나 부족을 판다면, 맹세컨대 당신은 죽을 것이다. 우리 조직원 가운데 한 명이 한밤중에 당신 집을 찾아갔는데 문을 열어주지 않는다면, 맹세컨대 당신은 죽을 것이다. 키쿠유족 여성을 외국인에게 판다면, 맹세컨대 당신은 죽을 것이다. 우리 조직원을 위험 속에 남겨두고 떠난다면, 맹세컨대 당신은 죽을 것이다. 우리 조직원을 정부에 밀고한다면, 맹세컨대 당신은 죽을 것이다.

맹세의식은 키쿠유족 남성이 조직에 입단할 때 거행되었다. 되도록 단색의 수컷 염소를 도살해 피를 바가지에 담고 심장을 도려내는 의식을 치른다. 맹세한 사람들은 칼로 일곱 차례 베어 자기 피를 염소 피와 섞었다(칼로 베는 이 의식은 나중에 중단되었는데, 식민지 당국이 그 칼자국을 보고 마우마우단 조직원 여부를 확인했기 때문이다). 조직에 입단하는 사람에게 "당신은 누구인가?"라고 물으면 "나는 키쿠유족 사람입니다"라고 대답했다. 그다음 피를 찍어 그 사람의 이마에 키쿠유족의 신화 속 시조인 키쿠유와 뭄비를 상징하는 십자가를 그렸다. 그러고 나서 신입단원은 일곱 차례 피에 적신 염소고기를 먹었다. 이런 의식이 끝나면 신입단원은 오두막에 들어가서 맹세와 '운동'에 대한 교육을 받았다(Edgerton, 1989, 53쪽).

나중에 폭력활동이 본격화하면서 그 의식은 더욱 철저하게 진행되었으며, 백인을 살해하고 총과 귀중품을 강탈하고 운동을 반대하는 사람은 누구든 죽인다는 맹세도 추가되었다. 영국인들은 마우마우단의 맹세를 듣고 공포에 떨어야 했다. 영국의 국무대신(Edgerton, 1989, 61쪽 인용)은 그 소식을 듣고 이렇게 말했다.

마우마우단의 맹세는 정신 나간 미치광이들이 지금까지 일으킬 수 있었던 가장 야만적이고 추악하고 욕지기 나는 주문입니다. 나는 그다지 비위가 나쁜 편이 아닌데, 그 맹세를 처음 읽었을 때 너무 불쾌해서 밥맛을 잃을 정도였어요. (……) 내가 악의 세력을 그렇게 가깝게, 강하게 느껴본 적은 한 번도 없었습니다.

영국 정부는 마우마우단에 대해 알고 있었지만 그냥 종교운동으로만 생각했다. 그러나 그들의 맹세는 케냐의 백인들을 공포에 떨게 했다. 백인들은 그 조직이 전체 반란을 주도한 세력이라고 믿거나 믿고 싶어했다.

반란이 일어날 때쯤 해서 수천 명의 키쿠유족은 보호구역을 떠나 반란 기지가 될 케냐의 삼림 속으로 이주했다. 키쿠유족 수십만 명이 맹세를 했지만, 조모 케냐타는 마우마우단의 계획에 무관심으로 일관했다. 마우마우단의 지도자들이 다수 포함된 KAU의 민병대는 케냐타를 신뢰하지 않았다. 그들은 케냐타가 폭력에 반대한다는 것을 사전에 알았고 영국이 케냐타에게 마우마우단을 공개적으로 비난하지 않으면 그를 감금할 거라고 협박했다는 사실도 알고 있었다. 그러나 케냐의 백인들은 케냐타가 마우마우단의 배후에 있는 '악령', 작가 엘스페스 헉슬리의 표현에 따르면 마우마우단의 '꼭두각시 대장'이라는 의심을 푼 적이 없었다(Edgerton, 1989, 55쪽 인용).

독립운동에 가담한 조직원들은 자신을 마우마우단이라고 부르지 않았다. 그 용어가 어디서 기원했는지는 주장하는 사람마다 다르다. 그들은 스스로 '운동', '아프리카운동'이나 다른 원주민들이 쓰는 용어로 불렀다. 그 가운데 '토지와 자유를 위한 군대'라는 용어는 반란이 끝날 때까지 가장 널리 쓰이며 남아 있었다. 아마도 '마우마우단'이라는 용어를 많이 쓴 사람은 영국인들이었을 것이다. 그 용어가 은근히 비밀결사의 이미지를 연상시키면서 그들이 토지와 자유를 찾기 위해 싸우는 이성적인 정치조직이라는 사실을 감출 수 있었기 때문이다. 영국 정부와 경찰은 마우마우단이 법과 질서에 맞서 비이성적인 공격을 감행하는 범죄집단이라고 전 세계 언론에 알리기 위해 할 수 있는 모든 노력을 다 기울였다.

그러나 반란은 아주 신중하게 계획되었다. 중앙계획위원회는 12명의 위원으로 구성되었다. 30명으로 구성된 또 다른 집단은 맹세의식을 지도하고 중앙위원회를 경찰에게서 보호했다. 중앙위원회는 영국이 무슨 계획을 짜는지 정보를 제공해줄 수 있는 공무원을 포섭하고 숲에 있는 반란군에게 식량을 공급할 조직을 구성하고 무기를 입수하는 임무를 맡았다. 그 가운데 무기조달은 특히 어려웠다. 영국은 아프리카인들의 무기소지를 오랫동안 금지했고 백인 소유 무기들도 쓰지 않을 때는 '안전장치'로 잠가놓았다. 무기를 얻을 수 있는 유일한 방법은 경찰관을 공격해 그들이 소지한 무기를 빼앗고 그들의 시신을 절단해서 숨기는 것이었다. 이 방법은 매우 성공적이었다. 영국인들은 장화를 신은 채 잘린 한 피해자

의 다리 하나를 발견할 때까지 실종된 경찰관들이 그냥 고향으로 돌아
간 것으로 생각하고 있었다. 나중에 반란군들은 경찰서와 아프리카 정부
군의 기지를 급습해 무기를 확보했다. 반란을 진압하기 위해 파견된 중
무장한 영국군을 공격하는 경우는 거의 없었다.

키쿠유족의 여성들도 반란에서 중요한 역할을 했다. 여성들은 오래전
부터 토지문제로 투쟁하는 지역위원회를 조직하고 정치활동에 적극적
으로 참여했다. 키쿠유족 여성들은 전통적으로 맹세의식을 시행한 적이
없지만 반란이 일어나기 전과 반란기간 중에 맹세에 참여했다(Presley,
1992, 129쪽). 숲에 숨어 있는 반란군에게 식량, 의약품, 총, 탄약, 정보를
제공하는 조직망을 구축하고 운영한 사람들은 대개 여성이었다. 숲에 있
는 반란군 가운데 여성은 겨우 5퍼센트 정도밖에 안 되었지만 군사작전
에서 그들의 역할은 매우 컸다.

'비상사태'

백인과 영국에 충성하는 아프리카인에 대한 단절된 공격은 1952년 9월
에 시작되었다. 그러나 영국이 서둘러 '비상사태'를 선포한 것은 1952년
10월로, 수석 부족장 와루히우가 원주민 법정에서 재판을 마치고 가다
가 암살당하는 사건이 일어난 뒤였다. 62세의 부족장은 친구 2명과 함
께 허드슨 세단에 타고 있었다. 그때 경찰관 복장을 한 3명의 남자가 차
를 세웠다. 그중 한 명이 다가와서 수석 부족장 와루히우가 차 안에 있는
지 물었다. 와루히우가 자신이라고 말하자 그는 와루히우의 입안에다 총
구를 들이밀고 한 발을 쏜 다음, 몸에다 세 발을 더 쐈다. 같이 차에 타고
있던 친구 2명과 운전사는 해치지 않았다. 정부가 비상사태를 선포하고
처음으로 취한 조치는 조모 케냐타를 체포하는 것이었다. 케냐타를 주모
자로 생각해 그를 체포하면 반란이 끝날 거라고 믿었던 것이다.

운동의 지도자들은 영국에 협조하거나 부역한 대가로 큰 혜택을 받은
부족장 와루히우 같은 키쿠유족 사람들을 공격 목표로 삼았다. 또한 그

들은 이주민들도 공격했는데, 로저 럭과 그의 아내인 의사 에스미, 그리고 여섯 살짜리 아들 마이클을 살해하면서 공분을 불러일으켰다. 케냐와 해외 신문들은 그 살해사건의 전모에 큰 관심을 기울였다. 케냐인들은 죄를 자백한 범인이 럭의 집에서 마이클을 돌보던 키쿠유족 하인들 가운데 한 명이었다는 사실을 알고는 특히 공포에 떨었다. 이주민과 정부에 충성하는 키쿠유족에 대한 반군의 공격을 보도하는 해외 언론들은 '광신적인', '야만적인', '타락한', '악마 같은' 강도단이나 테러리스트들이 '무력한' 또는 '용맹스러운' 백인들을 살육했다는 식으로 대서특필했다. 그러나 백인 장교들이 지켜보는 가운데 키쿠유족 포로들이 발가벗겨진 채 소지품들을 다 빼앗기고 기관총에 맞아 죽었다는 소식은 전혀 보도되지 않았다(Edgerton, 1989, 80쪽).

1953년 키쿠유족 젊은 남녀 3만 명과 행동대원 3,000명이 숲 속에서 집회를 가졌다. 마우마우단의 작전과는 거의 연관성이 없었다. 그들은 1년 전에 엘리자베스 여왕이 케냐를 방문했을 때 머물렀던 로열 사가나 롯지 같은 상징적 장소들을 표적으로 치고 빠지는 공격을 주로 했다. 반군은 중무장된 영국군 진지를 대대적으로 공격할 만큼 충분한 무기가 없었다. 반군 지도자들 가운데 제대로 교육을 받은 사람도 거의 없었다. 그들은 영국식 직위를 부여한 만평에 나오는 것처럼 스스로 치나(차이나) 장군이나 러시아 장군, 히틀러 장군이라고 불렀다. 숲 속의 반군 지도자 데단 키마티가 체포되면서 반란은 실제로 막을 내렸는데, 그 역시 자칭 육군 원수 데단 키마티 경이라고 했고 나중에 수상이라는 직함을 추가했다. 반군 대다수는 영국인들을 케냐에서 몰아내고 자신들이 농사지을 땅을 되찾겠다는 열의를 가지고 숲 속의 반군에 가담한 젊은 남녀들이었다.

1953년 말 마우마우단 조직원 3,064명이 죽고 1,000명이 사로잡혔다. 10만 명 가까운 사람들이 마우마우단을 지원한 혐의로 체포되었고 그 가운데 6만 4,000명이 재판에 넘겨졌다. 그럼에도 그 싸움은 영국군에 유리하지 않았다. 영국군은 숲 속 전투에 능숙하지 않았다. 그들은 작전

중에 소음을 냈고 환영을 보고 총을 쐈으며 코끼리와 코뿔소가 나타나 공격할까 봐 두려워했다. 그리고 산악지대의 높은 고도를 잘 견뎌내지 못했다. 따라서 숲 속 전투에 파견된 영국군 병사들은 숲의 주변부만 순찰을 돌았을 뿐 실제로 숲 속 전투에 투입된 병사들은 비상사태 선포 후 '국방시민군'이라는 이름으로 징집된 아프리카인들이었다.

마우마우단의 활약은 이웃의 우간다와 탕가니카로 퍼져나갔다. 나이로비에서 마우마우단의 교란활동은 점점 더 확대되었다. 돈과 총을 도난당하는 사건도 증가했다. 키쿠유족 강도단들은 여러 도시에서 아프리카인들이 유럽인들처럼 유럽산 담배를 피우거나 유럽산 맥주를 마시거나 모자를 쓰거나 버스를 타지 못하게 했다. 그들은 스스로 재판을 열고 나이로비를 실질적으로 통제하고 있었다.

영국은 나이로비에서의 저항을 종식시키기 위해 도시를 포위하고 한 구역 한 구역 차례로 장악해 들어갔다. 키쿠유족을 비롯해서 수상해 보이는 아프리카인들을 검거해 강제수용소나 보호구역으로 보냈다. 3,000명의 여성과 6,000명의 어린이가 검거되어 보호구역으로 보내지기 위해 기차에 탔을 때, 여성들은 역무원이 제공한 음식을 창밖으로 집어던지며 마우마우단 노래를 불렀다. 그 뒤로 영국은 '역무원을 보호'하기 위해 기차 창문에 차폐물을 설치했다.

마침내 영국군은 반군을 격퇴했다. 그들은 반군의 도시거점을 파괴하고 숲과 보호구역 사이에 80여 킬로미터에 이르는 긴 참호를 파서 반군에 동조하는 키쿠유족 사람들이 반군과 소통하는 것을 차단했다. 깊이약 3미터, 너비 약 5미터의 대형 참호 안에는 가시철망과 날카로운 대나무 막대들을 설치했다. 그 참호는 강제 동원된 키쿠유족 사람들이 건설했다. 식민지 정부에 충성하는 부족장들의 명령 아래 오전 6시에서 오후 6시까지 여성, 어린이, 노인까지 작업에 동원되었다. 영국군은 파이퍼와 세스나 같은 경비행기를 이용해 약 9킬로그램의 폭탄을 숲에다 투하했다. 그들은 비상사태를 해제하기 전까지 숲에 5만 톤의 폭탄을 떨어뜨렸고 200만 발의 탄약을 기총 소사했다. 결국 영국군은 여기저기 농장에 흩어져 살던 100만 명의 키쿠유족 사람을 가시철망이 쳐진 마을들로 강제 이주시켰다. 거기서 수천 명이 기아와 질병으로 죽었다. 1956년 10월 데단 키마티가 사로잡히면서 조직적인 저항운동은 막을 내렸다.

마우마우단 반란은 영국을 충격에 빠뜨렸는데, 당시 흥미로웠던 것은 마우마우단의 폭력에 대한 반응이었다. 반군들이 영국에 충성하는 아프리카인들에게 잔학한 보복을 저질렀다는 것은 틀림없는 사실이다. 그러나 반군들이 저지른 잔학한 행위가 지독했다고 한다면 이주민들과 아프리카 경찰들이 저지른 잔학한 행위는 훨씬 더 악랄했다. 감옥에 갇힌 사람들은 날마다 고문을 당했고 요주의 인물들은 재판도 없이 처형되었다. 이주민들은 키쿠유족을 모두 죽여야 한다면서 심지어 핵폭탄 사용도 불사해야 한다고 주장했다. 재판은 형식적이었다. 케냐타가 마우마우단의 우두머리라는 혐의로 재판에 넘겨지자 식민지 총독이 선임한 영국인 재판관은 유죄 판결을 내리는 조건으로 2만 파운드를 받고 영국으로 퇴임할 수 있었다. 케냐타에게 불리한 증언을 한 유일한 목격자는 나중에 영국에서 대학교육을 받게 해준다는 약속을 받고 거짓 증언을 했다고 밝히고 나서 위증죄로 즉각 체포되었다. 이주민들은 키쿠유족을 공개적으로 '사냥했다.' 어떤 사람들은 자기들이 수백 명을 죽였다고 자랑하기까지 했다. 에저턴은 마우마우단의 지역 내 활동에 대한 정보를 빼내려는 이주민들에게 붙잡힌 2명의 키쿠유족 소년에 관한 아주 생생한 설명을 전했다. 이주민들은 자신들이 알고 싶어하는 것을 소년들이 말하지 못하자 그들의 발목을 랜드로버 차 뒤에 묶어 얼굴이 다 벗겨질 때까지 끌고 다녔다. 그 이주민 남성들은 아이들을 도로에 버리고 집으로 돌아가 웃으며 브랜디를 마셨다. 또한 경찰들은 한 키쿠유족 집단을 습격해 그곳 사람들을 모두 죽였다. 나중에 알고 보니 그들은 반군의 공격에 대비해 함께 모여 있던 친정부 성향의 키쿠유족이었다. 그러나 무엇보다도 끔찍한 범죄행위는 나중에 강제수용소에서 벌어진 키쿠유족에 대한 잔학한 학살사건이었다.

맹세와 강제수용소

마우마우단 반란 사례에 대한 논의를 시작하면서 우리는 저항의 대상이 되는 사람들이 어떻게 대응하는지 궁금해했다. 영국과 이주민들은 말할 것도 없이 잔인하게 대응했다. 에저턴(1989, 242쪽)은 그들의 대응이 노예 반란에 맞선 백인 노예주들의 가혹한 복수에 비견할 만하다고 주장했다. 케냐의 백인들은 언제나 폭력을 동반한 봉기를 두려워했지만, 겉으로는 아프리카인들이 충직하고 온순하며 겁이 많다고 자신하면서 그들에 대한 두려움을 감추었다. 하지만 백인들은 이런 환상이 산산이 부서지자 배신감을 느낀 나머지 아프리카인들에게 저항해봐야 소용없다는 것을 보여주기 위해 할 수 있는 모든 것, 즉 고문이나 대량학살, 손발 절단과 같은 잔혹한 보복행위를 통해 자신들의 자부심, 부, 특권을 되찾으려고 했다.

영국 정부와 이주민들은 반란이 일어난 이유를 이해할 수가 없었다. 그래서 그들은 그 모든 책임을 마우마우단의 맹세 탓으로 돌렸다. 왜 성실했던 충복들이 폭력에 가담하게 되었는지, 왜 '예의 바르고 믿음직했던 하인들'이 비인간적인 괴물로 돌변했는지 그것 말고는 달리 이해할 방도가 없었기 때문이다. 그들은 마우마우단의 맹세를 매우 두려워했다. 비상사태 기간에 처음으로 교수형에 처해진 1,015명의 마우마우단 조직원들 가운데 222명은 그저 맹세의식을 관장한 것 말고는 다른 범죄가 없는 것으로 나중에 밝혀졌다(Edgerton, 1989, 174쪽). 따라서 그들은 자신들이 저지른 키쿠유족의 토지 몰수와 인종차별 그리고 아프리카인들에게 강제로 신분증을 소지하도록 한 법규 같은 문제들은 고려하지도 않고, 또 보호구역의 열악한 환경, 가난, 도시의 궁핍한 상황, 키쿠유족 가축 사육 금지조치 등은 무시한 채로 마우마우단의 맹세가 끼친 영향력만 말끔히 제거한다면 이 야만족을 다시 한번 충직한 노동자와 하인으로 바꿀 수 있다고 생각했다. 케냐에서 태어난 31세의 이주민은 다음과 같이 자기 마음을 표현했다(Edgerton, 1989, 241쪽 인용).

당신도 알다시피 나는 아프리카인들과 함께 자랐어요. 나는 그들이 누구인지 안다고 생각했어요. 하지만 마우마우단의 테러리즘이 시작되었을 때 내가 그들을 전혀 알지 못한다는 것을 깨달았어요. 그들은 우리와 같지 않았어요. 심지어 그들은 동물과도 달랐어요. 동물들은 그래도 이해할 수 있으니까요. 자연 상태 그대로죠. 그러나 마우마우단은 (……) 뭐라고 할까? 악령에 휩싸였다고 할까. 여기 그들의 맹세를 보세요. 그들은 맹세를 하는 순간 생명을 아무렇지도 않게 생각하죠. 죄를 자백하도록 해서 그들에게서 [마우마우단의] 독을 몰아낼 수 없다면 우리가 할 수 있는 일은 그들을 죽이는 것밖에 없었어요.

이와 같은 말은 15~17세기 유럽을 휩쓸었던 마녀재판을 연상시킨다. 당시에는 마녀를 치유할 수 있는 방법이 마녀임을 자백하는 것뿐이라고 믿었다.

영국은 케냐의 영국인 정신과 의사들의 권고에 따라 아프리카인들의 저항을 해결하는 방법으로 키쿠유족을 재교육하기로 하고 그 장소로 강제수용소를 택했다. 1959년 마우마우단 조직원이나 동조자로 의심되거나 단순히 맹세만 한 사람 8만 명은 감옥에 갇히거나 기독교 학교에 보내지는 것에서 구타, 신체 절단, 고문에 이르기까지 온갖 고초를 당했다. 다시 말해 기아 수준의 급식이나 전기충격, 고문, 거세, 강간 등 강제수용소의 끔찍한 환경들이 세상에 알려지기도 했지만 변한 것은 아무것도 없었다. 그러다 마침내 한 선임 교도감독관의 지시로 야기된 교도관들의 야만적 공격으로 11명이 살해되는 사건이 터졌다.

영국인들은 마우마우단의 맹세 때문에 조직원들이 유럽인들을 위해 일하지 않는다고 믿었다. 따라서 그 교도감독관은 마우마우단의 지도자들을 강제로라도 일을 시킬 수 있다면 결국 맹세를 깨뜨리는 결과를 가져와 다른 조직원들이 맹세의 속박에서 벗어날 수 있을 거라고 생각했다. 1959년 그는 홀라 수용소를 책임지고 있는 한 장교에게 111명의 아프리카인 경비병들이 포위하고 있는 밭으로 85명의 남자 죄수들을 데리고 가서 강제노역을 시키게 했다. 죄수들이 기꺼이 일할 의향이 있었음에도 경비병들은 몇 번이고 되풀이해서 그들을 공격했고 그러다 마침내 11명의 죄수가 맞아 죽었다.

당시 책임자였던 장교는 나중에 그들이 오염된 물을 마시고 죽었다고 주장했지만 검시 결과 거짓임이 밝혀졌다. 강제수용소의 열악한 환경에 대한 명백한 증거들이 속속 드러나면서 특히 영국을 중심으로 전개된 강력한 항의운동은 마침내 케냐에서 비상사태를 해제하고 모든 억류자를 석방하는 계기가 되는 정치적 사건을 초래했다. 또한 그것은 4년 뒤 케냐의 독립으로 이어지는 시발점이 되었다. 1만 1,000명이 넘는 마우마우단 반군의 죽음으로도 이룰 수 없었던 일을 11명 억류자들의 죽음으로 이루어낸 것이다.

독립

마우마우단의 반란이 일어나자 아프리카의 다른 지역도 식민지 지배가 위협받기 시작했다. 프랑스는 알제리에서 큰 희생을 치르면서 오랜 반란의 소용돌이에 휩싸였고, 가나는 1960년에 독립을 이루었으며, 벨기에는 콩고를 떠나고 있었다. 케냐의 백인 이주민들은 케냐의 독립과 흑인 통치는 앞으로 적어도 10~20년은 더 지나야 할 거라고 생각했다. 그러나 경기침체 때문에 경제적으로 식민지들을 방어할 형편이 안 되었던 영국 본토의 정부는 케냐를 의회 민주주의 국가로 바꾸고 아프리카인들을 전면적으로 정부에 참여시킬 계획을 세웠다.

영국 정부는 케냐타를 석방했고 그는 곧 케냐아프리카민족동맹KANU의 대표가 되었다. 영국은 케냐에서의 각종 선거와 투표를 허용했다.

1963년 12월 12일 드디어 조모 케냐타와 영국 왕실을 대표한 필립 황태자가 나란히 선 가운데 영국 국기를 내리고 새로운 케냐 국기를 게양하는 행사가 거행되었다.

백인들은 케냐를 떠나기 시작했다. 떠나지 못하고 남은 백인도 상당수 되었는데 땅을 팔 수 없었기 때문이다. 그러나 케냐타는 그들의 두려움을 완화시켜주기 위해 최선의 노력을 다했다. 그는 아프리카인과 백인이 과거의 원한을 서로 '용서하고 잊자'고 선포하는 동시에 콩고에서 폭발했던 것 같은 아프리카 종족 간의 내전 공포를 벗어나게 하려고 애썼다. 우리는 유럽이 아프리카를 국가 단위로 분할하면서 아프리카인들이 기존에 지켜온 문화와 종족의 경계를 전혀 고려하지 않았다는 것을 기억해야 한다. 따라서 아프리카의 종족집단들은 억압적인 식민통치 아래서 정치적으로 서로 연합하거나 조정할 기회와 필요성을 거의 갖지 못했다. 케냐타는 이런 상황에서 다양한 종족집단, 즉 루오족과 키쿠유족, 라오족, 캉가족, 마시족을 유럽의 국가 형태를 본뜬 하나의 정부로 통합해야 했다. 단 두 개의 언어집단인 영어와 프랑스어를 수용하는 데도 수백 년 동안 성패가 엇갈리며 애써온 캐나다 같은 나라를 생각해보면 그것보다 훨씬 더 광범위한 문화와 언어의 차이가 있는 아프리카 국가들의 문제는 얼마나 더 복잡할지 이해할 수 있을 것이다.

케냐타는 한때 자기를 죽이려 했지만 함께 감옥에 있었던 한 사람에게 공직을 부여하고 자신을 구금하도록 명령을 내린 재판관들도 다시 임명했다. 그러나 그는 마우마우단 반군들이 독립운동에 바친 희생은 무시하고 영국에 충성한 부역자들에게 너무 관대했다. 예컨대 1954년 치나 장군을 체포한 뒤 그를 심문하고 고문한 키쿠유족 경찰관 이안 헨더슨은 케냐 경찰 장교로 그 지위를 유지했다. 반면에 치나 장군은 케냐 군대에서 직위를 인정받지 못하고 졸병으로 다시 입대하여 케냐군을 훈련시키기 위해 복귀한 영국군 장교의 지휘 아래 기본 군사훈련을 강제로 받아야 했다.

실제로 마우마우단에 맞서 영국군과 함께 싸운 아프리카인들이 영국군에 맞서 싸운 아프리카인들보다 훨씬 좋은 대우를 받았다. 마우마우단 출신 사람들은 자신들이 무상으로 토지를 받을 자격이 있으며 자신들의 희생을 인정해줘야 한다고 주장했다. 그들은 그런 요구를 관철하기 위해 정당까지 만들었지만 별로 효과가 없었다. 이런 이유로 케냐타는 심한 비난을 받았다. 또한 케냐타 자신과 가족, 그의 후원자들이 축적한 부 때문에 공격을 받았다. 사람들은 그들을 '황족'이라고 불렀다.

식민지 정부 아래서 10년 동안 감옥에 갇혀 있었던 완조히 뭉가우의 경우처럼 비통한 사례들도 나타났다. 그는 석방된 뒤 유럽인들을 내쫓기 위해 과거 마우마우단 조직원들을 모아 협동조합을 조직하려고 했다. 그러나 케냐타 정부는 그를 다시 감옥에 7년 동안 가두었다. 과거 마우마우단 조직원으로 나이로비의 빈민가에 살고 있는 솔로몬 메미아(Edgerton, 1989, 234쪽 인용)는 이렇게 말했다.

> 우리처럼 자유를 위해 싸웠던 사람들에게 현 정부에 참여할 기회가 전혀 주어지지 않았다고 말해야 한다니 섭섭할 따름입니다. 지난날 자유의 투사들이 대다수 이런 빈민촌에 살고 있어요. 여기 말고 달리 갈 곳이 없기 때문입니다. 우리는 무식하다고 알려져 있기 때문에 일자리를 구할 수 없었어요. 우리가 자유를 위해 싸우는 동안 학교에서 공부했던 젊은이들이 지금 정부를 지배하고 있습니다. 그들은 우리 문제에는 관심이 없어요.

그러나 결과를 놓고 보면 케냐는 경제적으로 발전했다. 많은 백인이 케냐를 떠나지 않았고 미국의 백인까지 합세했다. 관광산업이 호황을 이루었고 경제는 상대적으로 번성했다. 그러나 케냐인 대다수는 여전히 가난하고 인구는 영국인들이 처음 케냐에 왔을 때보다 5배나 늘었다. 따라서 땅도 모자란다.

1988년 아프리카인 엘리트집단과 케냐의 일반 국민 사이에 큰 격차가 벌어졌다. 에저턴(1989, 231쪽)은 그것을 이렇게 요약한다.

오늘날 케냐의 엘리트들은 한때 백인들을 위해 남겨두었던 바로 그 이웃 땅에서 호화롭게 산다. 그들은 값비싼 승용차를 몰고 유럽으로 휴가를 떠나고 자녀들을 사립학교에 보내며 하인들을 두고 필요한 것들을 시킨다. 그들의 생활양식은 똑같이 커다란 집에 사는 백인 부자들의 생활양식과 닮았다. 다만 백인 부자들은 그들보다 더 많은 경비원을 고용하고 자기 사유지를 둘러싼 담벼락 꼭대기에 깨진 유리조각을 더 많이 박고 전자보안 시스템에 더 많은 돈을 쓴다는 것이 다를 뿐이다. 오늘날 나이로비에는 그 어느 때보다도 지독하게 가난한 사람이 많다. 그들은 대개 도둑질을 하는데 가끔 부유한 '검은 유럽인'(또는 '벤지'라고 하는데 그들이 몰고 다니는 메르세데스-벤츠를 따서 그렇게 부른다)을 죽일 때도 있다. 농촌 지역에는 그보다 훨씬 더 가난한 사람들이 있다. 그들 가운데 많은 사람이 땅이 없다. 케냐 국토의 약 25퍼센트만이 농사를 지을 수 있는 땅이다. 한때 600만 명을 먹여 살릴 수 있을 정도로 풍족했던 기름진 땅은 이제 그 4배를 먹여 살려야 한다. 지난날 불의와 탈취의 상징이었던 거대한 '화이트 하이랜드'는 이제 대부분 아프리카인의 수중으로 돌아왔다. 오늘날 부유한 아프리카인은 새로운 불만의 표적이다.

치아파스의 반란

우리는 말레이시아와 케냐의 사례에서 세계 경제의 발전, 즉 말레이시아의 경우는 녹색혁명, 케냐의 경우는 19세기 제국주의의 팽창이 어떻게 농민의 저항을 불러일으켰는지 살펴보았다. 멕시코 사파티스타 민족해방군의 경우는 반란이 경제 세계화와 관련이 깊다는 것을 잘 보여준다.

사파티스타가 반란을 선포한 날, 1994년 1월 1일이 바로 멕시코가 북미자유무역협정NAFTA에 가입한 날, 다시 말해 멕시코와 미국, 캐나다 3국이 서서히 상호 보호관세를 없애기로 자유무역협정을 맺은 날이라는 사실은 우연이 아니었다. 사파티스타의 시선으로 볼 때 그 사건들이 반란봉기와 무관하지 않다는 것은 마스크를 쓴 사파티스타 지도자 마르코스 부사령관이 "나프타는 멕시코 원주민에게 사망신고서였다"라고 한 말에서 명백하게 드러났다.

사파티스타 해방군은 1910년 멕시코혁명의 영웅 가운데 한 명인 에밀리아노 사파타의 이름을 딴 것이다. 사파타는 자기 땅이 없는 농민들에게 땅을 주기 위해 사탕수수 플랜테이션 소유주들에 맞서 모렐로스 주에서 반란군을 지휘했다. 1860년 이전까지 멕시코에서는 토지 대부분을 마을 공동체가 집단으로 소유했다. 그러나 멕시코 초대 대통령 베니토 후아레스는 마을 공동의 땅을 개인에게 분배하고 소유권을 넘겨주는 법안을 통과시켰다. 그 법안을 만든 의도는 원주민과 농민들을 공동체의 영토에서 자유롭게 풀어주어 그들 스스로 자기 재산을 관리하게 하려는 것이었다. 그러나 소유권은 달리 말하면 팔 수 있는 권리도 있다는 것을 의미했다. 따라서 이후 50년 사이에 공동체가 소유했던 토지 200만 에이커가 대농장주나 대지주들의 소유로 넘어갔다. 많은 농민이 생계비를 마련하고 종교행사들을 후원하기 위해 자기 소유의 땅을 저당 잡혀야 했다. 종교행사에 후원금을 내는 것은 전통적으로 동네 사람들에게 존경과 신망을 받는 행위였다(Wolf, 1969, 17쪽).

1876~1910년 멕시코를 통치했던 포르피로 디아스의 후속 정부는 외자를 유치하기 위해 국토의 상당 부분을 미국 기업에 팔았다. 이런 토지 소유의 변화로 1910년 멕시코 국민 대다수는 자기 땅이 없는 상황이 되었다. 예컨대 멕시코혁명이 일어난 1910년 판초 비야가 혁명군을 이끌고 봉기한 치와와 주의 북부 지역은 겨우 17명의 지주가 주 전체 면적 가운데 5분의 2를 차지하고 있었다. 반면 그 주에 사는 가장의 95.5퍼센트는

전혀 땅이 없었다(Wolf, 1969, 33쪽).

1910년 멕시코혁명은 잃어버린 땅을 되찾기 위한 싸움이었다. 반란에 성공한 혁명군이 세운 정부는 국가와 민간 소유의 토지를 땅이 없는 농민들에게 재분배하도록 규정한 1917년 혁명헌법(27조)을 신속하게 제정했다. 토지 재분배와 관련된 주요 조항은 최소 20명이 정부에 청원서를 제출해 집단으로 인접한 토지소유권(에지도ejido[공동 경작지를 뜻한다 — 옮긴이])을 인계받을 수 있도록 했다. 하지만 그들은 공동으로 토지를 경작해야 하며 그것을 팔거나 저당 잡힐 수는 없었다. 따라서 1917년 혁명헌법은 멕시코 정부가 19세기 중반에 폐지한 토지의 공동소유권을 부분적으로 되살렸다.

1994년 사파티스타 민족해방군 반란이 일어난 곳이 바로 토지 재분배를 헌법조항에 규정한 나라라는 사실은 역설이 아닐 수 없다. 이런 명백한 모순을 이해하기 위해서는 치아파스와 마야 원주민, 세계 경제의 글로벌화, 멕시코 정부의 1992년 헌법 27조 개정에 대해 더 많이 알 필요가 있다.

치아파스의 빈곤과 불평등

치아파스는 멕시코 남단에 있는 주로 남쪽으로는 과테말라와 경계를 이루고 서쪽으로는 태평양과 맞대고 있다. 치아파스는 멕시코에서 가장 가난한 주이며 영양실조에 걸린 사람이 가장 많고 문맹률도 가장 높다. 주민의 28퍼센트가 마야 원주민들이다. 마야족은 서반구에서 케추아 말을 하는 잉카족의 후예 다음으로 두 번째로 큰 원주민집단이다.

치아파스는 고도로 계층화된 사회로 최상층에 극소수의 부유한 지주들이 있다. 상인, 소농, 커피 재배자, 정부 관리, 정치 지도자들은 소수의 중간층을 이루고 있다. 나머지 대다수는 가난한 주민으로 조그마한 땅을 소유한 사람과 임금노동자, 장인, 실업자들이다. 1994년 약 20퍼센트의 주민은 소득이 전혀 없었고, 또 다른 40퍼센트 주민은 최저임금에도 못 미치는 소득을 올렸다.

치아파스의 사회집단은 언제나 어느 정도 계층화되어 있었다. 마야족 사회는 자기네 엘리트집단이 있었다. 스페인은 멕시코를 정복하고 사회를 두 계층으로 나누었는데, 그들 자신과 나중에 자신들과 원주민 사이에서 태어난 혼혈인종 라디노Ladino가 상층을 이루고 원주민이 하층을 이루었다. 그 잔재는 오늘날까지 그대로 남아 있다. 이런 차별은 치아파스의 열대우림지대에서 특히 심하다. 이곳은 사파티스타 해방군이 가장 적극적인 지원을 받는 지역이다.

19세기 초 사파타와 판초 비야가 북쪽에서 농민들에게 토지를 되찾아주기 위해 싸우고 있는 동안, 치아파스의 대농장주들은 원주민들이 토지개혁운동을 일으키지 못하도록 **마파체스**mapaches('너구리들'이라는 말로 원주민의 옥수수밭을 불시에 습격한다고 해서 붙여진 이름)라는 민병대를 조직했다. 이 농장주들은 엄청난 토지를 소유하고 있었으며 지역 주민들을 공포의 도가니로 몰아넣었다. 그들은 실제로 자신들의 힘을 과시하기 위해 멕시코혁명 기간에 지역의 한 교회에서 남자 주민 전체(500명)를 목매달아 죽였다. 마파체 장교들은 그 대가로 토지소유권을 받았다. 1916년 연방군이 토지개혁에 착수하려고 치아파스로 이동했다. 그러나 그들 자신이 토지를 차지하지 못한 연방군 장교와 병사들은 마파체스에게 패퇴했다. 치아파스의 농장주들은 지금까지도 그날의 활약을 기념한다. 1916년 8,000명의 민간 지주들이 300만 헥타르(740만 에이커)의 땅을 소유했는데, 실제로 치아파스에 있는 좋은 토지는 다 차지한 셈이었다. 1993년 민간 지주의 수는 6,000명으로 줄었지만 원주민 수는 10배가 늘어나 200만 명에 달했다(Nigh, 1994, 9쪽).

사파티스타 해방군의 저항은 말레이시아나 케냐의 경우처럼 지역 공동체 내부의 관계 그리고 권력과 부의 분배문제와 관련이 있었다. 치아파스에는 심지어 마야족의 공동체에도 경제적·정치적으로 명백한 위계구조가 있다. 상층부는 정부와 집권당인 제도혁명당PRI을 지지하고 하층부는 사파티스타 해방군을 지지하거나 적어도 동조한다. 치아파스에 있는 농촌 마을과 크고 작은 도시들은 대개 집권당에서 한 자리씩 차지하고 있는 정치 거물들(커시크cacique)의 지배 아래에 있다. 이 커시크들은 음료수와 맥주 유통업이나 트럭과 운송업 같은 부의 원천들을 대부분 차지하고 있다. 마야족 공동체 내부에서의 이런 분열현상은 사파티스타 반란이 시작되고 해방군이 그 지역을 점령하기 위해 진입한 뒤 분명하게 드러났다. 인권단체 대표들은 해방군의 점령을 지지한다는 것을 표시하는 백기를 내건 집들이 보이는 반면에 깃발이 없는 텅 빈 집도 많다고 소식을 전했다. 게다가 일부 마야인은 지역 자경단을 조직해 농장주들이 조직한 민병대인 **과르디아스 블랑카스**guardias blancas('백색 근위대')와 함께 사파티스타 지지자와 동조자들을 공격하고 괴롭혔다. 따라서 치아파스에서도 말레이시아 농촌 마을들과 키쿠유족 거주지나 보호구역에서와 마찬가지로 부자와 가난한 사람들 사이의 구분이 분명했다. 마우마우단의 반란에서 보는 것처럼 같은 공동체 안에서도 반군에 동조하는 사람들과 정부에 충성하는 사람들로 나뉘었다. 그렇다면 **이런 불평등은 어떻게 발전했을까?**

사파티스타 해방군의 기지는 대개 치아파스 동부 지역에 있다. 그곳은 중앙에 고원이 있고 과테말라와 경계를 이루는 랑칸돈 열대우림으로 구성된 구릉지다. 1950년대까지 그 밀림 지역은 대부분 사람이 살지 않았다. 16세기와 17세기 그 지역에 살았던 마야의 촐족과 촐티족은 군대와 선교원정대에게 살해당하거나 스페인 식민지 지배자의 대농장에서 강제노역을 위해 재배치되었다(Nations, 1994, 31쪽). 1950년대 정부는 중앙 고원지대에서 인구과잉 상태에 있던 마야의 첼탈족과 촐칠족에게 열대우림 지역으로 내려와 살 것을 장려했다. 거기로 이주해온 마야족은 벌목꾼이나 농장주들과 토지 확보 경쟁을 벌였다. 그러다가 벌목꾼들이 밀림으로 들어가는 도로를 건설하고 그들이 원하는 목재를 가져가면 그다음에 마야족 사람들이 와서 화전을 일구는 방식으로 발전했다. 그러나 정부의 제한된 지원과 허술한 계획 그리고 새로 밀림지대로 이주해온 마야족의 미숙한 화전농법 탓에 토양이 곧 메말라버렸다. 그러면 마야족 사람들은 밀림의 다른 지역을 찾아 이동했고 그곳에서도 똑같은 과정이 계속해서 되풀이되었다(Earle, 1994, 28쪽).

게다가 정부는 마야족 농민들에게 빈 땅의 소유권을 인정하지 않고 개간한 숲에서 목장주들이 가축을 방목할 수 있도록 도로를 포장했다. 이런 식으로 결국 셀바 랑칸도나 가운데 3분의 2가 벌목되고 몬테스 아술레스 생물권 보호구역만 원시림 지역으로 남았다. 더군다나 그 지역의 주민 수는 1960년 6,000명에서 1994년 30만 명 이상으로 급증했다. 열대우림의 마야족 사람들 가운데 일부는 토지소유권을 받았지만(그리고 그들 공동체의 지도자들은 재빠르게 정부에 대한 충성을 선언했지만), 나머지 대다수는 토지 소유를 인정받지 못한 채 끊임없이 백색근위대로부터 땅에서 떠나라는 압박을 받았다. 또 한 부류의 사파티스타 해방군 지지자들은 1970년대와 1980년대에 자기 마을에서 쫓겨난 개신교 개종자들이었다. 표면상으로 그들 대부분은 가톨릭을 믿는 전통적인 종교관습을 훼손했기 때문에 추방되었다. 하지만 사실은 그들이 지역의 정계 거물이 지배하는 전통적인 정치체계에 도전하고, 전통적인 종교의식을 지원하기 위한 분담금 납부를 거부하고, 마을 관리들의 중요한 소득원인 술이나 맥주 소비를 사절했기 때문에 강제로 쫓겨난 것이었다(Gossen, 1994, 19쪽).

치아파스에는 1950년대와 1960년대에 그곳으로 이주해온 마야족들과 종교적·정치적 난민 말고도 과테말라 군대를 탈출해 국경을 넘어온 사람들이 있는데, 멕시코 정부는 이들을 과테말라의 마야족을 막는 방패로 활용하기 위해 열대우림 지역에 정착하도록 장려했다.

멕시코에서 경제불평등은 1960년대와 1970년대 경제호황기에 더욱 심화되었다. 그 시기에 멕시코는 에너지산업에 투자하기 위해 국제 금융기관들에서 많은 돈을 빌렸다. 치아파스에서의 석유 탐사와 시추, 수력발전소 건설에 많은 자금이 투입되었다. 오늘날 치아파스가 멕시코에 공급하

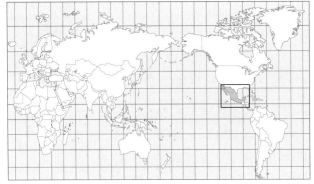

멕시코의 치아파스 지역

는 전력량은 전체의 50퍼센트에 이르지만 아직도 치아파스에서 전기가 들어오지 않는 집이 35퍼센트나 된다. 1960년대와 1970년대에 치아파스로 유입된 일자리와 부는 균등하게 분배되지 않았다. 그 결과, 마을에 분쟁이 늘었다. 게다가 어떤 주민들은 정부의 개발사업으로 큰돈을 벌어들인 반면에 어떤 주민들은 가축 사육과 낙농을 하는 목장주들에게 땅을 빼앗기거나 수력발전을 위한 댐 건설로 농지가 수몰되는 피해를 입었다. 1960년대에 치아파스의 한 농촌 마을에서 현지조사를 했던 준 내시(1994)는 가난한 농민들 가운데 부자들이 마술을 부려 부를 축적한다고 생각하는 사람들도 있고, 동굴에 사는 사람들에게 자기 영혼을 팔아 부를 얻는다고 믿는 사람들도 있다고 기록했다. 또한 그녀는 마술을 부렸다고 비난하거나 사악한 눈을 가졌다고 질시하는 형태로 나타나는 개인 간의 다툼이 살인으로 이어지기도 했다고 전한다.

따라서 사파티스타 해방군들은 다양한 마야 부족집단의 대표자들을 중심으로 부유한 마야족 가운데 일부 종교적·정치적 피해자들과 혼혈 라디노로 구성되었다. 그렇다면 **왜 그들은 반란에 가담하거나 반란을 지원했을까?**

반란과 세계 경제

가난한 치아파스 농민들이 곤경에 빠진 중요한 이유 가운데 하나는 멕시코 정부의 소농에 대한 지원이 점점 줄어들었기 때문이다. 멕시코에서 소농을 육성해야 할 필요가 있는지에 대한 논쟁은 멕시코가 (당시 9,600만 달러 상당의) 외채위기를 극복하기 위해 채무상환 조정을 받는 조건으로 긴축재정을 채택할 수밖에 없었던 1982년에 활발하게 이루어졌다. 멕시코 정부가 취한 조치들 가운데 치아파스의 소농들에게 큰 영향을 끼친 것이 비료 구매 보조금 지급의 중단이었다(Collier, 1994, 16쪽). 치아파스의 소농들은 협동조합을 만들고 정치·경제 개혁운동을 전개하기 시작했다. 그러자 백색근위대가 그들을 무자비하게 탄압했다. 다음으로 멕시코 정부는 세계 커피시장이 안정되었다고 생각하고 농민들에 대한 커피 생산 보조금제도를 폐지했다. 커피는 치아파스 농민들에게 주요한 환금작물이었다. 멕시코 정부가 커피 생산 보조금 지급을 중단하자 세계 커피 시장가격이 곧바로 추락했다. 치아파스 저지대 농민들의 생계는 더욱 궁핍해지고 많은 농가가 파산의 나락으로 떨어졌다(Nations, 1994, 33쪽).

1917년 멕시코 정부는 혁명헌법 27조를 개정해 지주들이 동의하면 공동경작지인 **에히도**를 팔 수 있게 함으로써 국가가 소농에 대한 지원을 철회하겠다는 것을 명확히 했다. 또한 정부는 이제 재분배할 토지가 없음을 선포했고 토지 재분배 계획도 종료되었다. 아예 땅이 없거나 토지소유권이 없는 치아파스 농민들은 무단 점거자로 남을 수밖에 없는 상황이었다.

마침내 나프타가 협상 타결되고 승인되었다. 자유무역 그 자체로는 치아파스 농민들의 경제적 전망을 가로막지 않았을 수도 있다. 그들은 자신들이 생산하는 농산물과 임산물, 수공예품만으로도 잘살 수 있었다. 그러나 중요한 것은 그들에 대한 정부의 지원이 거의 끊겼다는 사실이다. 게다가 나프타가 발효되면서 미국의 소고기 수입이 증가할 거라는 기대에 부풀어 치아파스의 목장주들은 축우 사육을 늘려야 한다고 공개적으로 주장하기 시작했다. 그것은 방목지를 늘리기 위해 소농들의 토지를 빼앗아야 한다는 것을 의미했다. 따라서 소농들과 백색근위대의 대립은 더욱 격화되었다. 실제로 치아파스의 많은 농민들은 반란이 일어나기 전부터 이미 목장주들의 민병대에 대항하기 위해 스스로 무장하기 시작했다.

제임스 D. 네이션스(1994, 33쪽)가 말한 것처럼 일부 치아파스 농민이 스스로 음모의 희생자, 즉 자신들이 생산한 농작물을 팔 시장도 없고 그것을 경작할 땅도 없는 신세라고 생각하기 시작했다는 것은 당연하다.

마야의 후손인 첼탈족이나 토홀발족 농민이 어떤 선택을 했을지는 깊이 생각해보지 않아도 금방 알 수 있다. 그들은 산 크리스토발 데 라스 카사스(치아파스 고원지대에 있는 도시―옮긴이)로 가서 손수레를 끌고 다니며 아이스캔디를 팔 수도 있고, 소를 끌고 가는 목동으로 일할 수도 있고, 자신을 함정에 몰아넣은 상황에 맞서 반항할 수도 있다. 수많은 농민이 반란군이 되었다는 것은 결코 놀라운 일이 아니다.

반란과 멕시코 정부의 대응

제임스 C. 스콧(1985)은 앞서 말레이시아의 가난한 농민들이 농촌의 전통적 신분질서에 대해서는 그다지 항의하지 않고 오히려 기술변화로 그런 신분질서가 깨진 것에 항의했다고 지적했다. 케냐의 키쿠유족도 처음에는 영국인들이 토지를 몰수한 것에 항의하지 않았다. 그들은 강제로 무단 점거자로 신분이 바뀐 상황에서도 꽤 잘 적응했다. 키쿠유족은 영국인 이주민들이 점점 더 경제적 지배를 강화하면서 자신들의 경제적 지위가 끊임없이 위협받게 되자 비로소 항의하기 시작했다. 그러다 반란이 일어난 것은 이주민들이 아프리카인들의 가축 사육을 금지하고 농민들을 집단으로 농지에서 내쫓고 나서였다. 치아파스의 농민들도 마찬가지로 자의든 타의든 대대로 살아왔던 고지대 마을에서 치아파스 저지대에 있는 열대우림 지역으로 땅을 찾아서 떠나지 않을 수 없었다. 멕시코 정부가 세계 경제의 변화에 순응하려고 애쓰면서 취한 일련의 모든 조치, 특히 그중에서도 완결판이라고 할 수 있는 혁명헌법 27조의 개정과 북미자유무역협정 체결은 곧바로 농민들의 거센 저항을 불러왔다.

치아파스의 반란은 세다카와 케냐에서 일어난 저항들에서 나타난 것과는 또 다른 특징을 보여준다. 억압에 저항하는 사람들이 지난날의 이상적 목표와 억압자들이 썼던 논리를 구사하는 것이 그것이다. 치아파스의 사파티스타 해방군은 멕시코 정부와 집권당 PRI에 최초의 정통성을 부여한 논리와 원칙들을 그대로 활용했다. 말레이시아 농민들이 부자들과 싸우면서 과거에 부자들이 전통적 사회질서 속에서 자신들의 정통성을 정당화하기 위해 썼던 이데올로기를 그대로 차용한 것과 비슷한 현상이다. 사파티스타 해방군은 정부가 처음에 정통성을 얻을 수 있었던 바로 그 원칙들을 저버렸다는 점을 분명히 했다. 그들은 심지어 멕시코혁명이 투쟁의 목표로 삼았던 바로 그 법과 대의를 헌신짝처럼 내팽개치고 멕시코혁명이 일어나게 된 원인이었던 토지 양도를 재도입하려 한다고 강력하게 비난했다.

이런 저항에 대한 멕시코 정부의 대응은 두 가지 측면에서 주목할 만한 가치가 있다. 첫째, 정부의 대응은 상대적으로 제한되었던 것처럼 보인다. 사파티스타 해방군이 언론매체와 인터넷을 다루는 기술은 매우 능숙했다. 그들의 지지자들은 웹사이트 www.ezln.org를 운영하면서 각종 사건들에 대한 사파티스타의 입장을 세상에 알렸다. 멕시코 정부는 반란이 세계 언론에 대서특필되고 사파티스타 해방군이 멕시코혁명의 영웅들과 비교되는 상황에서 반란을 무력으로 진압하기가 어려웠다. 과테말라에서 자행된 마야족에 대한 대량학살의 기억이 아직도 남아 있는 가운데 과테말라 군대만큼이나 중무장한 멕시코군이 그와 똑같은 상황을 초래하지 못할 까닭이 전혀 없었다. 그러나 사파티스타 해방군은 자신들의 공식 성명서를 배포하고 멕시코군과 백색근위대의 움직임을 세상에 널리 전하기 위해 인터넷을 능수능란하게 활용했다. 이 반란이 보여주는 두 번째 특징은 세계 금융계의 반응이다. 사파티스타 해방군의 반란이 일으키는 공포 가운데 하나는 멕시코 정부에 대한 투자자들의 신뢰붕괴로 국내외 투자자들이 멕시코에서 돈을 빼내거나 더는 투자하는 것을 꺼림으로써 멕시코 경제가 더욱 어려워질지도 모른다는 것이다. 이런 우려는 체이스 은행의 고문이 한 말에서 잘 드러났다. 은행의 내부문서에서 리오던 로엣은 멕시코 정부가 신뢰를 회복하려면 '사파티스타 해방군을 제거'해야 한다고 조언했다(Silverstein and Cockburn, 1995). 우연인지 아닌지, 그 문서가 돌고 난 지 3주도 지나지 않아서 멕시코군은 사파티스타 해방군에게 공세를 취하기 시작했다.

제임스 D. 네이션스(1994)는 멕시코 정부에 몇 가지 심각한 문제가 있다고 주장했다. 그것은 농민저항에 직면한 정부라면 어느 나라든 겪는 그런 문제들이다. 첫째, 정부가 돈으로 문제를 해결하려 한다면 그것은 더욱 정치적인 문제로 변질되고 PRI에 충성하는 사람들에게만 지원금이 돌아갈 것이다. 둘째, 정부의 폭력적 대응을 제한하고 과테말라에서 벌어진 것 같은 대량학살을 막는 구실을 해온 언론매체가 더는 관심을 갖지 않는다면 엄청난 폭압이 초래될 수 있다. 치아파스에 여전히 남아 있는 약 5만 명의 과테말라 난민들이 폭력의 표적이 될 수도 있다. 셋째, 지금까지 많은 분파가 스스로 무장을 해왔다. 무기거래가 증가했고 전통적 권리와 권력을 방어하기 위해 여러 집단이 만들어지고 있다. 이들은 치아파스 동부 지역의 목장주들이 조직한 암살단들을 연상케 한다. 이런 분파들 사이의 갈등은 1997년 12월 22일 사파티스타 해방군에 동조하는 비무장 원주민 45명을 대량학살한 사건에서 폭발했다. 희생자 가운데는 임신한 여성 4명과 어린이 18명도 포함되어 있었다. 그렇게 참혹한 살인을 저지른 자들은 지역 PRI의 한 임원이 제공한 AK-47 자동소총으로 무장한 친정부 성향을 가진 총잡이들이었다(Preston, 1998). 끝으로 정부가 소득과 고용을 늘릴 방법을 찾아야 하는 것은 당연한 일이다. 하지만 그렇게 하기 위해 경작지를 늘리려면 방목지를 줄이거나 열대우림에서 마야족이 일궈놓은 땅을 빼앗을 수밖에 없다. 멕시코 정부가 이런 상황을 어떻게 극복할지는 두고 볼 일이다. 지금까지 정부의 대응은 그 지역을 무력으로 점령하는 것이었다. 그러나 사파티스타 반란의 근본 원인인 자본주의 농업의 세계적 확장, 무역협정의 확대, 소농의 전반적인 역할 축소는 아마도 그대로 남아 있을 것이다. 따라서 앞으로 농민들이 세계 경제에서 어떤 역할을 할지에 대한 문제가 남는다.

농민의 미래

던컨 얼(1994, 27쪽)에 따르면 팽창하는 자본주의 세계에서 농민들이 처한 심각한 딜레마는 오늘날 세계에서 소농이 있을 자리가 어디인가 하는 문제다. 마이클 키어니(1996, 3쪽)는 "농민들의 시대는 이제 끝났다. 세계의 상황은 남은 농민들을 영구히 보존할 형편이 안 된다"라고 결론짓는다. 이제 선택할 수 있는 것은 전체 인구의 2퍼센트가 나머지 98퍼센트의 식량을 공급하는 미국 시스템뿐이다. 그러나 던컨은 소농들도 돈을 벌 수 있으며, 소농 경작은 훨씬 더 지속가능한 생산 형태로 열대우림을 황폐화하지 않는다고 지적했다. 특히 커피나무가 열대우림의 지붕을 이루는 거대한 활엽수들 아래 덤불 역할을 하는 방식으로 커피를 생산하는 소농 경작이 그것의 아주 좋은 사례다. 하지만 오늘날 커피 생산도 공장방식으로 바뀌고 있어 밀림의 지붕이 없는 확 트인 드넓은 들판에서 커피나무가 자란다.

오늘날 주변부 국가의 농민들이 직면한 또 하나의 새로운 상황 전개는 이른바 **비전통상품**nontraditional commodities(NTCs)이라고 부르는 것에 대한 중심부 국가의 요구다. 다시 말해 과거에는 주변부 국가에서 생산되지 않았지만 오늘날 중심부 국가에서 수요가 있는 상품들이 등장한 것이다. 따라서 감비아에서는 농민들이 유럽과 아시아의 상인들에게 판매할 각종 꽃과 아시아산 채소, 가지를 생산한다. 그러나 이런 상품조차도 시장은 극히 소수의 손에 집중되어 있고 임금은 낮다(1994년 기준으로 하루에 11센트). 따라서 이런 상품들을 대량으로 생산하는 사람들은 대개 소 농들과 도급계약을 맺고 일을 시킨다(Little and Dolan, 2000).

그러나 전체적으로 볼 때 멕시코를 비롯해 전 세계의 정부들은 지금까지 해답이 아닌, 즉 농민들이 있을 자리가 없는 조치들을 취했다. 그들은 농민들이 이미 수백만 명의 무단 점거자로 가득 찬 도시로 이주하는 것이 최선인지 아니면 그들을 농촌노동자로서 그대로 유지하는 것이 최선인지 아직 정하지 못했다.

결론

우리가 세계문제들에 대해 물을 때 흔히 하는 주요 질문들 가운데 하나는 이것이다. **그럼 우린 그것들에 대해 무엇을 할 수 있는가?** 한 가지 대답은 저항하는 것이다. 말레이시아, 케냐, 멕시코의 농민이 보여주었던 그런 세 종류의 행동이 바로 그 생생한 예다.

이 세 가지 농민저항과 반란의 사례는 무엇이 농민의 불만을 유발하는 요소들인지 잘 보여준다. 그러나 농민저항도 소농에 대한 필요성과 그들을 위한 기회가 사라지면 힘을 잃을 수 있다. 오늘날 존재하는 농업에서의 부의 집중현상을 뒤집기 위해서는 세계 경제에 대한 철저한 분석이 필요하다. 그러나 또 다른 불만의 근원들이 여전히 남아 있다. 지난 세대에 소농이었던 사람들과 그들의 후손들에게서 그런 불만이 많이 터져 나온다.

11

반체제운동

사회가 바뀔 때 희생양을 찾으려고 유난히 집착하는 것은 인간사에서 아주 흔히 일어나는 일이다. 사람들은 평소에는 일상생활에서 기존의 도덕적 의무를 내버리며 살다가도 사회가 바뀔 때면 늘 그것에 따라 살아야 하는 것처럼 강박관념에 시달린다. 그런 행동은 결국 많은 사회운동을 수반하며, 그러다 법과 질서가 작동하지 않게 되면 더욱 광분한다.

—앤서니 F. C. 월러스, 『세인트클레어』 *St. Clair*

저기 있는 남자는 여자들이 차를 탈 때 도와주고 웅덩이를 건너도록 손을 잡아 올려주고 어디서나 가장 좋은 자리를 앉게 해주어야 한다고 말하죠. 그런데 내가 차를 타거나 진흙탕을 건널 때 도와주거나 좋은 자리를 양보하는 사람은 아무도 없어요! 난 여자가 아닌가요? 나를 보세요! 내 팔을 보라고요! 나는 지금까지 밭을 갈고 씨를 뿌리고 농작물을 수확해서 헛간에 쌓았어요. 어떤 남자도 나를 막을 수 없었어요! 그래서 내가 여자가 아닌가요? 나는 남자들만큼 많은 일을 하고 많이 먹고(그만큼 먹을 것이 있다면) 그리고 채찍질도 견뎌낼 수 있었죠! 그래서 내가 여자가 아닌가요? 나는 아이를 열셋이나 낳았지만 대부분이 노예로 팔리는 것을 보았죠. 어머니가 돌아가시고 울부짖을 때 내 통곡에 귀 기울인 사람은 예수님 말고 아무도 없었어요! 난 여자가 아닌가요? (……) 하느님이 만든 최초의 여자는 혼자서 세상을 뒤집어엎을 정도로 강했죠. 지금 우리 여성들이 힘을 합친다면 틀림없이 그것을 되돌려서 다시 똑바로 세워놓을 수 있을 거예요.

—소저너 트루스(실버블랫 인용), 「미국의 여성들」

❖ ❖ ❖

말레이시아, 케냐, 멕시코에서의 농민 반란은 수백 년 전 농민들의 땅을 지배하며 그들을 지나치게 수탈하고 생존을 위협한 영주와 귀족, 지배 엘리트에 맞서 일어났던 농민반란과 닮았다. 이 두 종류의 반란을 가르는 중대한 차이는 오늘날 농민이 항의하는 이유가 자본주의 경제의 세계화와 그것이 초래한 사회적·경제적 변화의 결과로 생겨났다는 것이다. 그러나 **노동조합과 파업, 민족해방, 시민권, 여권운동, 민병대, 환경운동, 근본주의 종교운동과 같은 종류의 저항운동은 어떻게 설명해야 할까? 이렇게 저항하는 다양한 인간집단들 사이에는 어떤 연관성이 있을까? 그것을 하나로 개념화할 수 있는 방법이 있을까? 말하자면 이런 다양한 운동을 어떤 세계적 관점에서 바라봐야 할까?**

이런 저항운동들이 자본주의 세계체계 팽창 때문에 발생했다고 생각하는 학파는 인류학·사회학·역사학·지리학·정치학에 두루 있다. 그들은 이 같은 이유로 그런 저항운동을 **반체제운동**이라고 부른다(Amin, 1990).

자본주의는 새로운 생산양식, 새로운 노동조직, 시장의 확대, 신기술과 같은 끊임없는 변화를 요구한다. 또한 자본주의는 끊임없이 성장하는 사회를 요구한다. 한편으로 이것은 자본주의 경제가 엄청난 적응력과 유연성이 있어야 함을 보여준다. 그래야 기업들이 신기술을 이용해 신상품을 만들고, 새로운 일자리를 창출하고, 새로운 시장을 만들고, 새로운 금융기법을 실험하고, 이득이 안 되는 제품이나 노동 형태, 시장을 버릴 수 있다. 다른 한편으로 대개 이런 유연성은 사회와 정치관계의 유형에 심대한 영향을 끼친다.

자동차 발명과 발전은 미국 사회를 혁명적으로 바꾸었다. 그것은 수많은 일자리와 새로운 산업들을 만들어냈고 사람들이 집과 가전제품, 더 많은 자동차를 살 수 있게 봉급을 주었다. 그러나 신기술이 불러온 혁명적 변화는 오염과 극심한 석유 의존을 초래했고 영리를 추구하는 수많은 공장이 처음에는 일자리와 번영을 창출하며 문을 열었다가 나중에는 실업과 경기침체만 남기고 문을 닫는 산업환경을 만들어냈다. 컴퓨터와 같은 혁신들은 일터를 급격하게 변화시켜 업무의 효율성을 높이고 새로운 통신 형태를 낳고 손가락 하나로 이용할 수 있는 거대한 정보저장소를 창조했다. 반면 컴퓨터는 수많은 일자리를 쓸모없게 만들었다. 농업의 변화가 농민들을 무용하게 만든 것처럼 말이다. 우리는 기술혁신이 가져온 변화에 놀라움을 금치 못하지만 대개 그것이 사람들의 생계를 얼마나 위험에 빠뜨리는지에 대해서는 눈을 감는다. 우리는 자동차가 주는 혜택에 흠뻑 빠져 마차를 끌며 생계를 꾸려나갔던 사람들에 대해서는 거의 생각하지 않는다.

우리는 많은 사람이 그러는 것처럼 이런 혁신들이 길게 보면 모든 사람에게 이익을 가져다줄 것이라고 주장할 수도 있다. 또한 일부 경제학자들이 주장하는 것처럼 경기변동은 장기적으로 결국 균형이 잡힌다고 설명할 수도 있다. 그러나 경제학자들이 그리는 성장곡선의 기복은 일반인들에게는 번영이냐 위기냐 하는 구체적인 삶의 국면으로만 다가온다 (Guttmann, 1994, 14쪽). 경제는 장기적으로 평형 상태를 찾을 수 있을지 모르지만 사람들은 그렇게 오랫동안 살 수 없다. 일자리를 구하고 돈을 버는 일은 일상의 문제다.

이 장에서 우리는 자본주의 문화가 그들의 삶이나 그 밖의 다른 사람들의 삶에 결정적 영향을 미쳤다고 주장하는 사람들이 항의하는 목소리를 들을 것이다. 이런 항의들은 세계체계론자들이 세계혁명이라고 인정한 1848년과 1968년 두 차례에 걸쳐 일어난 혁명에서 분명하게 드러났다. 우리는 1848년 혁명과 관련된 노동자들의 저항운동을 살펴볼 것이다. 여권운동의 기원이 바로 1848년 혁명에서 비롯되었다고 말할 수도 있다. 또한 19세기에 시작된 환경운동은 1968년 혁명의 결과로서 새로운 의미를 갖게 되었다.

반체제운동: 두 차례의 세계혁명

1848년 이매뉴얼 월러스틴(1990)은 첫 번째 세계혁명이 일어났다고 주장했다. 그해 유럽의 11개 나라에서 노동자와 농민이 중심이 되어 반란을 꾀했다. 프랑스에서 시작된 일련의 봉기들은 불과 몇 달 만에 진압되었지만 마침내 자신들이 주장하는 개혁의 대부분을 완수하게 한 항의내용을 세상에 알리는 데 성공했다. 두 번째 세계혁명은 1968년에 일어났는데 미국, 프랑스, 이탈리아, 체코슬로바키아, 일본, 멕시코의 노동자와 학생, 농민이 그 대중봉기에 참여했다. 이런 운동은 시위자들의 요구사항을 즉각적으로 관철시키는 데 실패했지만 지금까지 사회운동의 중심 주제였던 시민권, 동성애자의 권리, 여성의 권리, 원주민의 권리, 환경개선 등 개혁과제를 선명하게 부각시켰다.

1848년 혁명

1848년 혁명은 2월 24일 프랑스의 노동자들이 보통선거권에 기반을 둔 새로운 공화정을 선언하면서 시작되었다. 혁명의 불길은 한 달도 안 되어 독일 남서부 지역과 바바리아, 베를린 그리고 이탈리아 전역으로 번져나갔다. 유럽 대륙의 정부들은 대부분 몇 주 만에 전복되었다. 그 혁명은 심지어 브라질에서도 반란을 일으켰고 1년 후에는 콜롬비아에서 또 다른 혁명을 일으켰다(Hobsbawm, 1975, 10쪽). 그러나 1년 반 만에 혁명은 실패로 끝났고 프랑스를 제외하고는 모두 이전 정권이 다시 권력을 잡았다. 노동자들이 추구하던 혁명의 목표가 달성되지는 못했지만 1848년 혁명은 두 가지 사회운동의 바탕이 되었다. 하나는 산업혁명으로 심화된 노동자들에 대한 억압에 저항하는 노동운동이고, 다른 하나는 제국주의와 식민지 억압에서 해방된 주변부 국가들로부터 자극받은 민족해방운동이었다. 이 두 가지 유형의 운동은 1789년 프랑스대혁명을 본떠서 '자유, 평등, 우애'를 주창했다. 1848년은 물론 그런 운동의 시발점이 아니었다. 산업

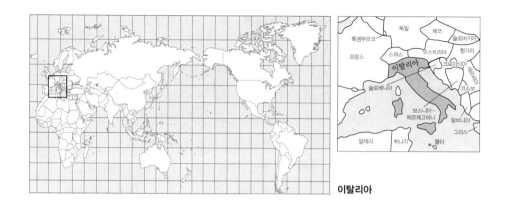

이탈리아

화의 폐해에 맞서 노동자들이 봉기한 것은 적어도 17세기 유럽으로 거슬러 올라간다. 민족해방운동도 미국 독립전쟁과 1802년 아이티 노예들이 프랑스에 맞서 성공한 봉기가 이전에 있었다. 그러나 1848년에 그런 저항이 지향하는 일반 정책과 과제가 마침내 명확하게 공식화되었다.

노동운동   1848년 혁명은 프롤레타리아 기반의 정치집단이 정치권력을 얻기 위해 등장한 최초의 사건이었다. 월러스틴(1990)에 따르면 그들은 비록 실패했지만 그 혁명은 노동권을 옹호하는 사람들 사이에서 점점 늘어나고 있는 산업노동자들의 열악한 상황을 개선하는 데 가장 좋은 방법이 무엇인지에 대한 격론을 유발했다. 그 가운데 한 가지 방법이 노동조합을 조직하고 파업권을 얻는 것이었다. 문제는 유럽의 국민국가들과 아메리카 대륙이 노동조합을 불법으로 인정하고 파업을 범죄행위로 몰아붙였다는 것이다. 또 다른 방법은 투표권을 얻기 위해 싸우고 노동자의 권리를 대변하는 정당을 결성하는 것이었다. 보통선거권이 더 많은 유권자에게 주어지고 노동자들이 인구의 다수를 점유한다면 그들은 단순히 투표함을 통해 권력을 제 것으로 만들 수 있었다. 하지만 지배 엘리트들이 결코 투표를 통해 권력을 잃으려고 하지 않을 것이기 때문에 유일한 해결책은 폭력혁명뿐이라고 주장하는 사람들도 생겨났다. 그 결과, 유럽과 미국에서 노동조건을 개선하기 위해 두 가지 전략이 서로 경쟁하며 부상했다. 하나는 투표를 통해 정치권력을 얻고자 하는 사회민주주의 정당들이 주도하는 전략이고, 다른 하나는 혁명을 지지하는 공산주의 조직들이 주도하는 전략이었다.

1945년 노동조합과 노동자가 주도하는 정당들이 미국과 영국, 프랑스 그리고 서유럽의 많은 국가에서 등장했다. 그 결과, 노동계급의 조건들은 크게 향상되었다. 중심부 국가들 대부분은 노동자들이 파업하고 단체협상을 할 권리를 인정하며 각종 사회보험(예컨대 사회보장제도, 고용대책, 노동자보상제도, 건강보험, 교육제도)을 개발하고 소수인종과 여성들에게 투표권을 확대했다. 19세기 중반에서 20세기 중반까지 미국과 서유럽의 빈민층 숫자는 크게 감소했다. 1949년 미국과 서유럽 노동자들 대다수는 1848년에는 꿈도 못 꿨던 풍족한 생활을 누렸다.

동시에 러시아나 대다수 동유럽 국가들과 같은 혁명국가들의 노동자들은 공산 정권 아래서 그들의 목적을 달성했다. 그들은 비록 서방의 노동자들만큼 풍요롭지는 못했지만 기본적인 생활(예컨대 일자리, 식량, 주택)을 영위하는 데서는 더 완벽한 보장을 받았다. 따라서 노동자들은 1848년 혁명으로 쟁취한 혜택을 100년 동안 넉넉하게 누렸다.

민족주의 반체제운동　　유럽과 미국에서 노동계급의 운동이 민중의 삶을 개선하기 위한 투쟁이었을 때, 주변부 국가에서는 민족해방운동이 일어나고 있었다. 중심부에서는 산업 프롤레타리아계급이 사회민주주의운동과 공산주의운동을 주도한 반면에 주변부의 민족해방운동은 중산층과 지식인 계층이 자국의 반자본주의 세력들과 손을 잡고 주도했다. 그렇게 해서 실제로 라틴아메리카의 모든 나라는 19세기에 독립을 쟁취했다. 유럽의 식민지 통치 아래 있었던 아시아와 아프리카 국가들도 2차 세계대전이 끝나면서 독립을 얻었다. 1968년 끝없이 이어지던 베트남의 투쟁과 몇몇 아프리카 국가에서 지속된 식민지 지배를 제외한다면, 식민지 열강들은

19세기와 20세기 초에 자신들이 이룩한 제국들을 정치적으로 포기하고 명목상이나마 원주민 엘리트들에게 권력을 넘겨주지 않을 수 없었다.

2차 세계대전 뒤에 이어진 세계 경제의 엄청난 성장은 환상을 불러일으켰다. 서방 국가의 사람들은 자신들이 경기침체와 실업문제를 해결할 수 있는 방법을 찾아냈고, 자신들의 세계가 영원한 번영과 성장의 길로 접어들었다고 생각했다. 전 세계에서 기아가 사라지고 전염병이 근절되고 계급투쟁이 과거의 일로 기억되리라고 믿었다. 반면에 공산주의 국가의 사람들은 자신들이 경제를 안정시킬 수 있는 경제공식을 발견했다고 생각했다. 소련공산당 서기장이었던 니키타 흐루시초프는 1980년에 소련이 국민에게 공급하는 생필품에서 미국을 앞질렀다고 자랑했다. 그러나 앞서 케냐에서 살펴본 것처럼 제3세계의 민족해방운동 지도자들은 사회주의와 자본주의를 혼합한 모델이 자신들을 경제적으로 발전시켜 서양처럼 번영할 수 있을 거라고 생각했다. 요약하면 사미르 아민(1990, 96쪽)이 주장한 것처럼 1945년 이후 대다수 국가에서 노동운동이나 민중운동들이 주요 국민국가들을 장악하면서 19세기 반체제운동의 구체적 목표들이 실현되었다(Wallerstein, 1990, 33쪽).

월러스틴에 따르면 1848년 혁명에서 시작된 운동들은 모두 한 가지 근본적인 개혁으로 그 공로를 인정받을 수 있다. 서양의 사회민주주의자들은 사회보험과 월러스틴이 '포드주의'라고 불렀던 절충안인 실질임금의 상승으로 중심부 국가들이 복지국가로 전환되었다고 주장했다. 보수세력은 이런 개혁에 동의했다. 자본 축적을 방해받지 않고 저항을 억누를 수 있었기 때문이다. 게다가 사회민주주의자들은 경제를 잘 이해하고 있었다. 그러나 보수세력은 복지국가 건설과 개혁에 들어가는 비용을 계속 줄이려고 애썼다. 반면 공산주의 국가에서 생산수단의 국유화는 대개혁이었다. 그와 함께 사회보험과 복지제도도 갖추었는데, 서방 국가들보다는 수준이 낮았지만 국민의 생계나 고용은 더 확실하게 보장했다. 민족해방운동이 이룬 위대한 업적은 임금 상승이나 사회보장, 생산수단의 국유화가 아니라 앞서 케냐, 멕시코, 말레이시아에서 본 것처럼 정부에 원주민 참여가 늘어나고 원주민 엘리트들이 탄생했다는 사실이다.

1968년 우리는 또 한 차례의 세계혁명이 일어나는 것을 보았다. 그러나 이번에는 1848년 혁명을 일으켰던 다양한 집단이 지배하거나 그들이 정부에 참여한 바로 그 국가들에 맞서 일어난 혁명이었다. 당시 미국은 노동자 편에 서 있다는 민주당이 집권하고 있었으며 영국은 노동당, 프랑스와 이탈리아는 사회주의자들이 국가를 통치하고 있었다. 또한 동유럽 국가들도 명목상으로는 민족공산주의 정당들을 통해 노동자들이 권력을 잡았다. 그렇다면 **첫 번째 세계혁명이 추구했던 많은 목표가 이미 실현되었는데도 왜 또 다른 세계혁명이 일어났을까** 하는 의문을 제기하지 않을 수 없다.

1968년 혁명

1968년 혁명은 미국 시카고에서 열린 민주당 전당대회에서 베트남전쟁에 반대하는 학생들의 시위로 촉발되었다. 대학교 구내로 번진 시위들은 결국 잭슨 주립대학과 켄트 주립대학 학생들에 대한 주 민병대의 공격으로 학생들이 사망하는 사건을 초래했다. 프랑스에서는 노동자와 학생들이 파리 중심가에 바리케이드를 설치했다. 일본과 멕시코 등 여러 나라에서 이와 비슷한 시위가 일어났다.

세계체계 관점에서 보면 1968년은 1848년과 마찬가지로 거대한 전환점을 맞은 해였다. '구'舊 운동세력이 국가권력을 잡거나 최소한 국가에 영향력을 끼칠 수 있는 위치에 있었기 때문에 1968년 미국과 프랑스, 이탈리아, 체코슬로바키아, 일본, 멕시코에서 일어난 대중봉기는 기존의 세계체계에 맞선 봉기라기보다는 세계체계에서 권력을 잡은 '구' 반체제운동에 맞선 저항이었다. 1968년 혁명은 과거의 운동세력들이 본디 목적을 달성하지 못했다는 확신에서 시작되었다. 그들은 오히려 '문제의 일부'가 되고 말았다. 그러나 1968년 혁명은 체제를 공유하고 있지 못하다고 생각하는 집단의 반발이라고도 볼 수 있었다(Wallerstein, 1990, 27쪽).

미국에서는 베트남 민중의 민족적 열망을 잔인하게 억압하려는 정부의 시도에 맞서 저항했다. 러시아와 동유럽 사람들은 스탈린이 얼마나 무자비한 만행을 저질렀는지 깨달았고 헝가리와 체코슬로바키아의 자유운동이 탄압당하는 것을 목격했다. 주변부 국가에서는 경제발전의 꿈이 가난과 정부의 억압, 부패라는 악몽으로 바뀌었다. 이런 상황 전개는 돌아갈 곳조차 없는 구제받지 못한 사람들을 남겨놓았다. 따라서 베트남전쟁에 대한 여론의 악화, 소비주의에 반대하는 '반문화'운동의 증가, 중심부와 주변부 사이에 부의 격차가 점점 벌어지는 가운데 체제에 반대하는 사람들은 이제 자신들의 불만을 표현하기 위해 사회민주주의자나 공산주의자들에게 기댈 수 없었다. 대신에 시민권, 여성의 권리, 동성애자의 권리, 원주민의 권리, 장애인의 권리 등 '정체성과 관련된 문제'에 주목하는 새로운 사회운동이 탄생했다(Wallerstein, 1990, 41쪽). 이런 운동들 사이에 서로 연대감을 표시하는 것으로 '무지개 연합'이라는 개념이 한동안 유행했다.

서유럽에서의 주제가 잊힌 사람들, 즉 소수자와 여성, 동성애자였던 반면에 동유럽에서의 투쟁은 공산주의 국가들의 관료주의자들에게 맞선 것이었다. 그것의 정점을 이룬 사건이 동유럽의 공산주의 정권들을 무너뜨린 1989년 세계혁명이었다고 주장하는 사람들도 있다(Wagar, 1991, 102쪽). 주변부 국가의 사회적·경제적 개혁들이 국민에게 거의 도움을 주지 못하거나 새로운 특권층을 양산한 것은 아니었다. 다만 권력자들이 기존의 경제조건의 지속(대개는 악화)과 신식민주의적 종속, 새로운 엘리트층의 등장을 초래한 경제개혁과 관행을 장려하거나 적어도 채택하는 것을 묵인했다는 것은 사실이다.

따라서 1848년에 탄생한 반체제운동은 1968년에 탄생한 새로운 반체제운동을 만났다. 그러나 이매뉴얼 월러스틴(1990, 45쪽)은 이렇게 주장했다.

요컨대 이 모든 운동은 (운동으로서) 기존의 세계-체계, 자본주의 세계-경제의 불공평을 거부하는 것에서 비롯되었다. 그것들은 각자의 방식으로 프랑스대혁명이 내걸었던 기치를 완수할 길을 찾고 있었다. 더 자유롭고, 더 평등하고, 더 우애로운 세상을 만들기 위해.

반체제운동은 두 차례의 세계혁명에서 나왔다. 우리는 이 장에서 검토하는 반체제운동들이 자본주의 문화의 다양한 특징에 반발하는 것이라고 생각한다. 하지만 모든 운동이 다 그런 방식으로 자신들의 항의를 개념화한 것은 아니다. 대개는 아니었다. 예컨대 미국에서 민병대운동을 하는 사람들은 자본주의에 맞서 저항하는 것이 아니다. 그들의 공격 목표는 유엔, 유대인, 흑인, 세계무역기구처럼 자신들을 경제적 도탄에 빠뜨린 원인이라고 믿는 각종 기구나 집단들이다. 그러나 좀더 자세히 살펴보면 그들에게 경제적 피해를 입힌 것은 다름 아닌 무역의 세계화, 조립공장의 해외 이전에 따른 제조업의 일자리 상실, 소농과 소목장주의 몰락이었다(Beeman, 1997 참조; Junas, 1995).

노동자의 항의: 19세기 펜실베이니아의 광산노동자

앤서니 F. C. 월러스(1987)는 『세인트클레어』에서 19세기 펜실베이니아주의 광산도시, 세인트클레어에 사는 사람들 삶의 한 단면, 즉 탄광노동자들의 시위를 초래한 열악한 노동조건과 그것을 억누르려는 탄광 소유주와 경영자들의 모습을 상세하게 보여주었다. 여러 가지 이유로 펜실베이니아의 여러 곳에서 석탄 채굴은 경제적으로 효용성이 떨어졌다. 하지만 탄광경영자들은 노동자의 안전과 임금을 담보로 이익을 올리기 위한 노력을 멈추지 않았고 탄광 경영이 어려움에 처할 때면 그 원인을 노동자들 탓으로 돌렸다. 노동자들은 조직적인 억압에 맞서 노동자 시위로 대응했다.

석탄산업과 노동자의 삶

1820년대와 1830년대 필라델피아와 뉴욕의 투자자들은 펜실베이니아의 탄전에 주목하기 시작했다. 그들은 석탄에서 큰 이익을 올릴 거라고 생각하고 탄광에 많은 투자를 했다. 탄광 소유주들은 대개 직접 탄광을 운영하지 않고 탄광을 전문으로 경영하는 사람에게 땅을 빌려주었다. 탄광 경영자들은 가정 난방과 번창할 것으로 기대되는 미국 철강산업의 용광로를 데울 연료로 석탄이 필요하기 때문에 큰 수익을 얻을 거라고 생각했다. 탄광에서 일할 인부들은 영국, 독일, 아일랜드, 웨일스에서 왔다.

펜실베이니아 남동부의 탄광지대에 매장된 무연탄을 채탄하기 위해서는 탄맥을 따라서 지하에 갱도를 파고 지상으로 무연탄과 광부들을 실어 나를 궤도와 승강기를 건설하고 갱도의 물을 끌어올릴 양수기를 설치해야 했다. 지상에는 쇄탄기라고 부르는 컨베이어 벨트가 늘어서 있는데 커다란 석탄 덩어리를 적당한 크기로 부수어 최종 목적지로 싣고 갈 열차나 운하용 바지선에 선적하는 구실을 했다. 세인트클레어가 속한 펜실베이니아 남동부 지역의 탄광들은 저마다 대개 200~300명에 이르는 광부들이 있었다. 대부분의 산업과 마찬가지로 탄광의 작업조직은 계층구조를 이루고 지하에서 일하는 사람들과 지상에서 일하는 사람들로 나뉘어 있었다. 탄광에서 가장 낮은 단계의 노동자는 8~12세의 사내아이들로 광부와 노새, 장비들이 갱도를 들락날락할 때 공기를 유통시키는 환기장치를 조작하는 일을 했다. 그다음으로 높은 단계의 노동자는 10대 소년들로 수레에 석탄을 가득 담은 노새를 모는 일을 했다. 지하에서 일하는 그다음 단계의 노동자는 광부 조수이고 그 위에 채굴한 석탄량에 따라 임금을 받는 계약직 광부들이 있었다. 노동자 서열의 맨 위에는 지하에서 일하는 기술자들, 즉 석공과 목수, 대장장이, 양수기 담당자가 있었다. 탄광 작업반장과 폭파반장이 이 집단을 맡았는데 그들의 주된 임무는 석탄, 낙석, 지하수 범람으로 메탄가스가 발생하는지 여부를 아침마다 검사하는 일이었다.

지상에서 일하는 사람들 가운데 가장 낮은 직위의 노동자는 석탄을 선적하기 전에 석탄 부스러기들을 골라내는 일을 하는 이들이었다. 그들은 4세짜리 어린아이부터 이런저런 선적 잡일을 하는 비숙련 노동자들까지 다양했다. 지상에서 일하는 노동자들 가운데 상위계층은 공학기사, 기계 작동자, 목수, 트럭 운전사 같은 고도의 숙련 노동자였다.

또한 탄광 인력은 인종집단으로 나뉘었다. 가장 좋은 일자리는 예로부터 탄광 일을 했던 지역에서 이주해온 영국인, 독일인, 웨일스인이 차지했다. 가장 하찮은 일자리는 주로 아일랜드인들이 맡았는데 그들은 탄광에서 일해본 적이 거의 없었다. 아일랜드 사람들이 가장 서열이 낮은 일을 하게 된 것은 그것 말고도 그들이 난폭하고 술을 좋아하며 탄광에서 안전을 무시하기로 악명이 높기 때문이기도 했다.

1840년대부터 1870년대까지 세인트클레어의 탄광산업은 비록 돈을 번 사람은 별로 없고 오히려 많은 사람이 손해를 보았지만 그런대로 꽤 성장했다. 석탄 1톤을 채굴하는 데 들어가는 비용은 1달러 56센트에서 3달러 16센트까지 다양했다. 여기에는 주민세, 운하나 철도 운송비용, 중개상 수수료, 고정자산 상각비용, 대출이자 같은 비용은 포함되지 않았다. 철도 운송비용은 1톤에 평균 1달러 60센트를 중심으로 오르락내리락했다. 따라서 실제로 석탄 1톤을 채굴하는 데 드는 비용은 최소 3달러 16센트에서 4달러 16센트에 이르렀다. 당시에 정확한 회계방식이 정해지지 않은 상태에서 광산업자들은 총생산원가가 얼마인지 잘 알지 못했던 것 같다. 그러나 경쟁이나 당해 연도 석탄 공급량 등 여러 요소에 따라 석탄의 소비자가격은 1톤에 평균 2달러 75센트밖에 안 되었다. 게다가 각종 사고, 갱도붕괴, 과잉생산, 지하수 범람 때문에 채굴이 중단되는 경우가 종종 있었다.

월러스는 사람들이 손해를 보는데도 계속해서 탄광사업을 하는 이유 가운데 하나가 부정확한 회계절차 때문이라고 주장했다. 당시에 그들은 자기들이 손해를 보고 있다는 것을 알았지만, 그것에 대해 어떤 조치를 취하기에는 너무 늦었다. 월러스(1987, 25쪽)는 1820~1875년 탄광의 95퍼센트가 망했으며, 탄광회사의 평균 생존기간도 1년이 채 안 된다고 추산했다.

그러면 **세인트클레어와 그 주변 지역의 탄광업은 왜 이익을 내지 못했을까?** 거기에는 명백한 두 가지 이유가 있었다. 하나는 그 지역의 지리적 조건이고, 다른 하나는 각종 사고로 채굴 작업이 자주 중단되었다는 것이다.

석탄 광맥은 지하의 압력과 열 때문에 탄소물질 덩어리로 바뀐 분해된 유기물질이 층층이 쌓여서 형성된 것이다. 지각운동 때문에 때때로 이런 광맥이 지표면으로 올라와 수직 또는 대각선으로 광상鑛床을 형성하기도 한다. 이런 광상의 크기와 방향은 석탄 채굴을 쉽게 할 수 있는지 여부를 결정한다. 지표면으로 올라온 광맥은 당연히 채굴하기가 쉽기 때문에 가장 먼저 개발된다. 하지만 다른 광상들은 지하로 땅을 파야만 닿을 수 있다. 이런 경우에는 광맥의 크기와 갱도의 깊이에 따라 채굴의 용이성이 판가름 난다. 세인트클레어의 문제는 석탄의 품질이 낮은 데다가 갱도를 깊이 파야 하는 광상 지형이라는 것이었다.

탄광 경영자들이 그 지역의 탄광이 수익성이 없다고 결론을 내린 지질학자들의 보고서를 진지하게 받아들였다면 그런 손해는 보지 않을 수도 있었다. 그러나 땅 소유주와 탄광 경영자들은 보고서를 무시하고 오히려 과학적 근거들을 공격하며 이미 이루어진 투자들이 바로 수익성을 입증하는 것이라고 주장하는 사람들의 말을 믿었다.

세인트클레어의 탄광이 실패하게 된 두 번째 이유, 즉 잦은 사고로 채굴 작업이 수시로 중단되는 사태는 첫 번째 이유와 관련이 있다. 탄광 경영자들은 채굴된 석탄 자체가 수익성이 낮다는 것을 감안해 운영비를 줄일 수밖에 없었다. 그 가운데 한 가지 방법이 작업안전을 위해 들어가는 비용을 절약하는 것이었다. 석탄 채굴은 매우 위험한 일이다. 갱도붕괴와 지하수 범람, 컨베이어 벨트로 된 쇄탄기에서 이루어지는 위험한 작업 말고도 끊임없는 폭발의 위험이 상존했다. 또한 석탄은 메탄가스를 내뿜는다. 산소와 섞이는 메탄의 양이 5~12퍼센트에 이르면 자연스럽게 불꽃이 점화될 수 있다. 당시 광부들이 쓰는 헬멧에는 덮개가 없는 백열전구가 부착되어 있어 폭발이 일어날 가능성이 매우 높았다.

치명적인 메탄가스의 발생을 막을 한 가지 방법은 갱도를 통해 꾸준하게 공기가 흐를 수 있도록 환기시설을 구축하는 것이었다. 그러나 그런 설비는 비용이 많이 들었다. 탄광 경영자들 대부분은 수익이 별로 없었기 때문에 그런 설비를 구축하는 데 최소한의 비용만 투자했다. 게다가 탄광 경영자들이 반드시 따라야 하는 국가나 연방 차원의 안전기준도 없었다. 작업안전을 무시한 대가는 광부와 탄광 경영자 모두에게 매우 컸다. 광부들은 잦은 사고와 폭발로 생명을 잃었고 탄광 경영자들은 탄광 시설의 파괴로 큰 피해를 입었다. 그럼에도 탄광 소유주들은 탄전의 지형 자체가 석탄 채굴에 비경제적이라는 사실을 전혀 인정하지 않았다. 그들은 자신들의 경제적 실패가 탄전의 지형이나 자신들의 사업관행 때문이라는 것을 부인하고 영국산 철강에 대한 수입관세를 너무 낮게 부과한 탓이라고 주장했다. 탄광산업의 수익성은 미국 철강산업의 성쇠와 밀접한 관련이 있었기 때문이다. 철강산업이 성장하지 못하면 탄광산업도 성장할 수 없었다. 그러나 영국산 철강은 미국산 철강보다 더 싸고 품질도 좋았다. 영국산 철강이 높은 수입관세로 가격이 올라가면 미국의 철강산업과 석탄산업이 성장하면서 이익도 늘어날 거라고 생각했던 것이다.

그러나 잦은 사고와 채굴 중단은 영국이나 정부를 탓할 문제가 아니었다. 탄광 경영자와 소유주들은 자신들의 과실은 인정하지 않고 노동자들의 경솔한 실수만을 탓했다. 월러스가 당시의 사고 보고서들을 살펴본 결과에 따르면 사고의 원인은 거의 모두 광부들의 태만 때문이었다. 따라서 탄광 소유주는 경제적 손실에 대한 비난을 모면할 수 있었고, 탄광 경영자는 사고에 대한 어떤 경제적 책임도 지지 않았다.

부실한 환기시설과 폭발이나 붕괴사고가 났을 때 광부들이 피할 수 있는 비상터널의 부재로 발생한 사고와 사망률은 소름 끼칠 정도로 높았다. 1850~1880년 세인트클레어 지역의 탄광에서 발생한 사상자 수가 얼마인지 정확하게 알 수는 없다. 월러스는 1870~1884년 사망률을 검토한 결과, 그 지역 탄광에서 일하는 사람들의 2.3~6.8퍼센트가 해마다 죽었다고 추산했다. 그나마 이것은 1869년에 펜실베이니아 주의회에서 광산안전법이 통과된 뒤의 수치였다. 펜실베이니아 탄광에서 죽은 사람의 수가 영국의 탄광에서 죽은 사람들보다 훨씬 많았다. 펜실베이니아에서는 석탄 채굴량 3만 3,433톤당 한 명이 죽은 반면에 영국에서는 10만 3,000톤당 한 명이 죽었다.

1869년 광산안전법이 통과되기 전 상황에 대해 일관된 기록은 없지만 『광부 저널』(광산업계의 주요 잡지)에 게재된 기사들을 검토한 결과, 월러스는 지상에서 일하는 사람들을 포함해 해마다 탄광에서 일하는 사람들의 6퍼센트가 죽었고, 다른 6퍼센트는 평생 불구가 되었으며, 또 다른 6퍼센트는 중상을 입었다고 결론지었다. 따라서 탄광에서 일하는 사람은 12년 동안 살아 있을 확률이 절반도 안 되었으며 6년 안에 죽거나 평생 불구가 될 가능성이 컸다(Wallace, 1987, 253쪽). 탄광 경영자들은 사고의 원인을 여전히 주의가 산만한 광부들 탓으로 돌렸고 법원은 탄광사고와 광부의 죽음에 대해 탄광 경영자들의 책임을 부인했기 때문에 그들이 지금까지의 사업관행을 바꿀 까닭은 전혀 없었다.

탄광 경영자들은 석탄 채굴로 이익을 내기가 어렵자 안전시설에 들어가는 비용을 줄이고 광부에게 지급하는 임금을 최소화했다. 그것은 구매자가 주도하는 노동시장이었다. 앞서 2장에서 본 것처럼 유럽에서 농업의 변화는 수백만 명의 땅 없는 농민들을 탄생시켰다. 반면에 직물, 철강, 석탄 같은 제품에 대한 수요의 급격한 변동은 그런 분야에서 일하며 생계를 꾸려가던 사람들에게 심각한 경제적 불안을 초래했다.

한 달에 24일 동안 4주간 일한다고 할 때 탄광 관리자들은 하루에 1달러 95센트, 현장주임은 1달러 25센트, 대장장이는 1달러 8센트, 광부는

1달러 16센트를 받았다(한 달에 약 28달러). 그러나 계약직 광부들은 이들과 다른 대우를 받았다. 그들이 터널 뚫는 일을 하면 얼마나 많은 수레로 흙을 실어 날랐는지에 따라, 얼마나 깊이 터널을 뚫었는지 그 길이(야드)에 따라 대가를 받았다. 그러나 계약직 광부들은 여기서 일부를 조수들에게 급여로 지급하고 전구나 양초심지 비용도 내야 했다. 광부 조수들은 하루에 85~95센트를 받았는데 계약직 광부들이 조수들에게 급여를 주고도 생활할 수 있으려면 한 달에 약 50달러를 벌어야 했다.

그런 소득은 당시의 최저생계비 수준을 넘었지만 도중에 작업이 중단되거나 병에 걸리거나 해고를 당하지 않는다는 가정(이 세 가지 경우는 대개 동시에 일어난다) 아래서 그렇다는 것이었다. 따라서 그런 경우에 대비해 한 집에서 여러 사람이 돈벌이에 나서는 경우도 있었다. 한 사람이 1년에 버는 돈은 기껏해야 150~200달러에 불과했다. 그래서 어떤 집에서는 하숙을 치기도 하고 일부 여성은 침모나 식모, 가정부로 일해야 했다.

반면에 식비는 쌌다. 옥수수는 1부셸에 50센트, 달걀은 12개에 11센트, 밀가루 1배럴에 5달러, 버터 1파운드에 18센트, 베이컨 1파운드에 7센트, 소고기 1파운드에 8센트였다. 주거비도 쌌다. 따라서 아내와 자녀 둘을 둔 노동자는 한 달에 평균 20달러만 벌면 먹고살면서 약간의 저축까지 할 정도가 되었다. 자녀가 둘 이상인 집은 가족 중 일부가 더 돈벌이에 나서야 했다. 당시 아이들은 여덟아홉 살이면 일을 시킬 수 있었다. 문제는 대개 일을 꾸준하게 할 수 없었다는 것이다. 파업이나 지하수 범람, 각종 사고들로 탄광이 자주 문을 닫았고 광부들도 불구가 되는 경우가 많았기 때문이다.

게다가 탄광 작업은 광부들의 건강에 치명적인 해를 입혔다. 석탄 채굴로 발생한 메탄가스와 미세한 석탄 분진은 광부의 폐 속에 쌓여 서서히 건강을 악화시켰다. '광부천식' 또는 탄진폐증에 걸리면 불구가 되거나 사망하는 비율이 매우 높았다. 다음 내용은 당시의 한 탄광 감독관(Wallace, 1987, 257쪽 인용)이 기록한 것이다.

몇 년 동안 습관적으로 날마다 일할 수 있는 건강한 체력을 가진 남자가 환기시설이 부실한 탄광에서 6년을 일하면 그의 폐는 푸르스름한 색깔로 바뀌기 시작한다. 12년이 지나면 짙은 검은색이 되어 본래의 색깔은 완전히 사라진다. 그것은 탄소 덩어리 자체다. 그렇게 해서 35년이 지나면 광부로서 수명을 다하고 죽는다.

노동자 저항과 항의

노동자들은 어떻게 자신들의 이익을 지킬 수 있었을까? 그들이 탄광에서 직면하는 각종 위험과 저임금, 해고, 채굴 중단으로 야기된 경제적 불안에 대해 공식적으로든 비공식적으로든 어떻게 항의할 수 있었을까?

광부들은 다양한 방식으로 저임금과 위험한 노동조건에 대해 항의했다. 일시에 작업을 중단하기도 하고 광업소에 맞서 파괴행위도 하고 시위와 행진, 태업도 했다. 이런 저항행위들은 대개 경찰이나 주 민병대와 무력 충돌을 일으켰다. 최초의 지역파업은 1858년에 일어났는데 석탄가격이 떨어지면서 광부들의 임금을 삭감했기 때문이다. 광부들은 탄광을 폐쇄하고 북을 두드리고 깃발을 흔들며 거리를 행진했다. 지역보안관이 민병대를 소집했고 많은 사람이 폭동죄로 체포되었다.

실질적인 최초의 파업은 1868년에 일어났다. 펜실베이니아 주의회가 법정 하루 노동시간을 8시간으로 정하는 법률을 통과시키면서 노동자들의 실질임금이 삭감되는 상황이 발생한 것이다. 광부들은 임금 삭감이 없는 8시간 노동을 요구하며 파업을 시작했다. 그럴 경우 광부들의 임금은 실제로 20퍼센트 인상되는 셈이었다. 결국 광부들이 탄광을 폐쇄한 뒤 10퍼센트 임금 인상을 하는 수준에서 분쟁이 해결되었다. 1868년 당시에 노조는 불법이었지만 광부들은 세인트클레어 노동자공제협회를 결성했다. 이것은 나중에 미국 탄광노동조합의 효시가 되었다. 광산 소유주와 경영자들은 협회를 탄광노동자들의 협상대표로 인정하지 않았지만 협회는 파업을 조직하는 것은 물론이고 노동안전과 관련된 입법 로비와 생활조건 향상에도 기여했다.

또한 작업장 안팎에서 극심한 차별을 당하는 아일랜드계 광부들의 항의의 중심에는 몰리머과이어Molly Maguires라는 비밀조직이 있었다. 몰리머과이어라는 용어는 본디 아일랜드 남부 지역에서 생겨났는데 지주와 치안판사처럼 가난한 아일랜드 가정을 못살게 구는 사람들에게 보복하기 위해 조직된 농민집단을 일컫는 말이었다. 그 이름은 여자 옷을 입고 시커멓게 탄 코르크로 얼굴을 검게 칠한 젊은 남성들의 모습에서 연상되어 나왔다. 그들은 이렇게 변장하고 아일랜드계 가정을 억압하는 사냥터 관리인이나 퇴거영장 송달인, 가옥 철거반원과 같은 사람들을 구타하거나 살해했다. 아일랜드 가톨릭과 몰리머과이어의 사상을 서로 유기적으로 연결하기 시작한 사람은 『광부 저널』의 발행인 벤저민 배넌이었다. 그는 몰리머과이어를 정치적 진행과정과 민주당에 압력을 넣기 위해 조직된 로마가톨릭 비밀결사대라고 불렀다.

몰리머과이어가 어느 정도까지 치밀한 정식 비밀결사조직인지 아니면 꾸며낸 음모인지는 잘 모른다. 그러나 아일랜드 가톨릭이 스스로를 보호하고 차별이나 불의하다고 생각하는 것에 대항하며 때로는 폭력으로 보복하기 위해 조직을 만들었다는 것은 틀림없는 사실이다. 실효성 있는 공공질서가 없는 사회 상황과 국가권력이 자신들을 적대적으로 대한다고 보는 집단들 사이에서 몰리머과이어 같은 조직이 생겨난 것은 당연한 일이었다. 이런 집단들은 공식적인 법과 정부 테두리 바깥의 법과 정부가 되었다. 에릭 홉스봄(1959, 6월)은 그런 집단들을 **마피아**라고 부르며 적대적인 집단이나 공공권력에 맞선 조직된 반란 형태라고 보았다.

아일랜드계 탄광노동자와 탄광 소유주 또는 경영자들 사이의 투쟁에서 탄광 소유주와 경영자들이 광부들의 조직을 파괴하고, 다른 노동자 조직들에 했던 것과 마찬가지로 그것을 국제적 음모와 연결시키려는 시도의 초점이 몰리머과이어에 맞춰져 있었다는 것은 당시에 그 조직이 얼마나 중요한 위치를 차지하고 있었는지를 단적으로 보여준다. 탄광 소유주들에게 몰리머과이어는 마우마우단의 맹세가 케냐의 영국인들에게 상징했던 것과 여러모로 닮았다. 국민국가와 자본주의 기업들은 몰리머과이어 같은 조직의 활동을 불법으로 규정하거나 그런 항의를 범죄나 테러행위로 낙인찍었다.

펜실베이니아 탄전에서 활동하는 비밀결사조직이 실제로 있었는지, 또는 몰리머과이어라는 이름이 보복으로 정의를 구현하는 집단들에 붙여진 일반적 명칭이었는지는 분명하지 않다. 그러나 아일랜드계 광부들을 부당하게 대하거나 자신들에게 불법을 저지르고도 법정에서 벌을 받지 않는 사람들에게 폭력 사용도 주저하지 않는 사람들이 있었다는 것은 사실이다. 게다가 노동자들의 폭력 사용은 매우 광범위했다. 파업 방해자들을 공격하기도 하고 탄광 안에서 파괴행위는 물론 탄광 소유주나 대리인들에 대한 신체적 공격도 있었다. 또한 노동자 단체는 대개 폭력적인 언어를 썼다. 많은 사람들은 몰리머과이어의 모체가 고대아일랜드인회Ancient Order of Hibernians라고 믿었다. 그것은 아일랜드인을 배제한 콜럼버스 기사단과 같은 박애단체를 본떠 만든 아일랜드 가톨릭공제협회였다.

1875년 9월 살인과 살인미수 사건들이 여기저기서 발생했다. 희생자들은 대개가 과거에 아일랜드인을 공격했거나 아일랜드계 노동자들을 해고하거나 취업을 막은 사람들이었다. 월러스(1987, 374쪽)가 말한 것처럼 몰리머과이어에 속한 사람들은 "정부 당국이 인종차별을 하는 분위기에서 보복을 통해서라도 정의를 구현하고자 하는 요구와 자신들의 권리를 철저하게 거부당했다고 생각하는 사람들의 증오에 찬 분노"에 따라 행동했다.

몰리머과이어가 내리는 징벌은 범죄의 경중에 따라 달랐다. 아일랜드인을 살해했지만 법원에서 무죄를 받았거나, 아일랜드인을 죽이려고 했지만 체포되지 않았거나, 아일랜드인의 생계를 빼앗아간 경우에는 죽였다. 아일랜드인을 말로 협박한 경우에는 아주 호되게 때렸다. 몰리머과이어는 아무나 마구잡이로 공격하는 일이 절대 없었으며, 아일랜드인에게 위해를 가한 가해자들만 골라서 징벌했다. 여성과 아이들은 비록 그들이 징벌 현장을 목격했다고 하더라도 절대로 해치지 않았다(Wallace, 1987, 359쪽). 아일랜드인은 자신들이 냉대당하고 있으며 법원이나 경찰로부터 정의를 기대할 수 없다고 믿었기 때문에 몰리머과이어를 위한 방위자금을 모았다.

따라서 아일랜드계 광부들은 탄광 소유주와 경영자들, 자신들을 차별하는 다른 광부들, 주 당국이나 지역 권력층이 억누르는 것에 맞설 다양한 저항수단이 있었다. 그것들은 비공식적이고 충동적인 행동에서 공식적인 노동조직화, 계획된 폭력에 이르기까지 광범위했다. 그중에서 많은 것이 노동쟁의뿐 아니라 인종차별로 발생했다. 그러나 탄광 소유주와 경영자들은 노동자 조직들을 파괴하는 과정에서 노동쟁의와 인종차별을 다 하나로 보았다.

노동자 저항의 파괴

탄광 소유주와 경영자들은 탄광의 작업안전 기준을 높이거나 노동자들의 단체교섭권을 인정하는 어떤 법률 제정에도 격렬하게 반대했다. 그들은 작업안전 기준을 더 높이면 경제적으로 탄광 운영이 어려워지며, 단체교섭을 인정할 경우 탄광 경영에 대한 노동자들의 발언권이 지나치게 커질 것이라고 주장했다. 펜실베이니아 주의회가 1869년 작업안전 기준을 높이는 법률을 통과시켰지만 겨우 다섯 달 만에 펜실베이니아 애본데일에 있는 한 탄광 폭발로 108명이 죽었다. 탄광에 비상터널이 전혀 없어 구조를 기다리는 동안 사람들 대부분이 가스에 질식되어 죽은 것이다.

또한 탄광 소유주들은 고대아일랜드인회를 파괴하려고 했다. 그들은 그 단체를 몰리머과이어의 위장단체에 불과하다고 주장했다. 그러나 탄광 경영자들의 최종 목표는 노동조합과 같은 광부단체들을 없애는 것이었다. 그 공격의 선봉에는 1885년 무연탄 탄광지대를 지배하게 된 필라

델피아 리딩석탄강철회사의 전 경영자이자 변호사인 존 고웬이 있었다.

고웬은 노동자공제협회와 고대아일랜드인회를 몰리머과이어의 일부 조직이라고 몰아붙여 몰리머과이어가 저지른 실제 또는 꾸며진 범죄행위의 희생양으로 삼는 전략을 썼다. 그는 먼저 노동자공제협회와 고대아일랜드인회 그리고 몰리머과이어 사이의 관계를 밝히기 위해 핑커턴 사립탐정소와 계약을 맺고 노동자공제협회에 탐정을 잠입시켰다. 그러나 첩자로 잠입한 탐정은 그들 조직 사이에 아무런 연관성도 발견할 수 없었다.

그 뒤 고웬은 또 다른 첩자를 고용해 고대아일랜드인회에 침투시켰다. 그 첩자는 고대아일랜드인회의 많은 사람이 그 조직을 몰리머과이어와 연결시키려는 기도 때문에 조직을 떠나고 있다고 보고했다. 실제로 고대아일랜드인회에 대한 비방운동은 효과가 나타났는데, 아일랜드 성직자들은 그 단체를 비난하고 심지어 그 단체에 남아 있는 가톨릭 신자들은 누구든 교회에서 쫓아내겠다고 협박했다.

고웬은 마침내 웨일스인 M. '불리(깡패) 빌' 토머스의 살인미수 혐의로 고대아일랜드인회를 와해시킬 기회를 잡았다. 직업 권투선수인 토머스는 한 화재 현장에 불을 끄기 위해 동시에 도착한 웨일스 소방대와 아일랜드 소방대 사이의 난투극에 연루되었다. 총알이 발사되었고 한 남자가 죽었다. 젊은 아일랜드인 대니얼 도어티가 살인 혐의로 기소되었다. 그러나 도어티는 무죄로 풀려났고 이번에 복수를 계획한 사람은 아일랜드인이 아니라 웨일스인이었다. 불리 빌 토머스와 몇 사람이 도어티를 살해하려고 하자 고대아일랜드인회의 조직원들이 보복할 계획을 짰다. 결국 토머스는 공격을 받고 총에 맞았지만 죽지는 않았다. 토머스의 고소와 핑커턴에서 침투시킨 첩자가 제시한 증거를 근거로 범인 체포에 들어갔다. 고웬은 고대아일랜드인회와 노동자공제협회를 재판에 붙였다. 따라서 그 조직들의 회원이라는 것 자체가 오명이라는 식으로 음모를 꾸몄다. 이어지는 재판으로 20명이 살해를 공모한 혐의로 교수형에 처해졌다. 결국 그 재판은 탄전의 경제적 실패를 광부들과 그들의 조직 탓으로 돌리며 광부들을 희생양으로 만드는 데 결정적 역할을 했다.

실제로 월러스(1987)에 따르면 아일랜드 가톨릭이 자신들을 적대시하는 세계에 대해 보복으로 정의를 구현하는 도구로서 몰리머과이어가 일정 부분 역할을 한 것은 맞지만, 노동자공제협회와 고대아일랜드인회 사이에는 아무런 관련이 없었다. 더 흥미로운 것은 고웬의 대응이 마우마우단에 대한 영국인들의 대응을 연상시킨다는 것이다. 앞서 살펴본 것처럼 영국인들은 자신들이 케냐의 원주민들에게 저지른 실질적 억압은 어느 것 하나 인정하지 않고 대신에 마우마우단의 맹세서약과 비밀의식에 대해서만 비난했다. 고웬은 마침내 사람들이 이미 붕괴된 노동조합을 더는 신뢰하지 않도록 만들었으며 석탄업계 자체의 문제들에 대한 비난을 업계 바깥의 영향력들, 즉 영국 철강에 대한 수입관세의 부재와 노동자들 탓으로 돌리는 데 성공했다.

월러스가 기록한 세인트클레어의 이야기는 오늘날 전 세계 산업 현장에서도 반복해서 일어나고 있는 노동분쟁의 문제를 어떻게 바라보아야 하는지에 대한 통찰을 제공한다. 우리는 세인트클레어에서 수익성이 별로 없는 기업들이 억지로 이익을 짜내기 위해 하는 일이 노동자들의 임금을 낮추고, 작업안전과 관련된 조치를 최소화하고, 노동쟁의를 유발할 정도로 열악한 조건들을 창출하는 것임을 알았다. 오늘날 우리는 직물, 전자, 장난감처럼 수익률은 낮으면서 경쟁이 심한 산업의 경우 노동비용을 줄이기 위해 19세기 펜실베이니아와 같이 노동조건이 열악한 나라들로 공장을 옮기는 모습을 본다. 이런 나라들의 노동자들은 19세기 펜실베이니아 탄전의 광부들이 직면했던 것과 똑같은 저임금, 위험한 노동조건 같은 문제들과 마주한다. 노동자들이 이런 열악한 조건을 극복하기 위해 노동조합을 조직하려고 하면 기업주나 경영자, 국가는 대개 그들을 합법적으로 진압하거나 폭력으로 대응한다.

국제자유노조연맹ICFTU은 2006년에 펴낸 연차보고서(International

Confederation of Free Trade Unions, 2003)에서 2005년 전 세계에서 노동자의 권리를 지키기 위해 싸우다 살해된 노동자가 115명이나 되고 급습을 당한 노동자는 1,600명이 넘으며 경찰에 체포된 노동자는 9,000명에 이른다고 전했다. 또한 노동조합에 가입했다는 이유로 해고된 노동자가 1만 명 가까이 되며 감금된 노동자도 1,700명에 이른다. 콜롬비아에서는 70명이 넘는 노동조합원이 암살당했고 260명은 살해 협박을 받았다. 에콰도르에서는 한 플랜테이션 농장에서 일하는 노동자 44명이 단순히 노동조합을 결성했다는 이유로 해고되었고, 필리핀에서도 한 통신회사의 노동자 23명이 같은 이유로 해고되었다. 네슬레 필리핀 공장 노조위원장 디오스다도 포루투나는 신원이 밝혀지지 않은 두 사람이 쏜 총에 맞아 숨졌다. 그는 파업을 이끌고 있었는데 그날 시위를 끝내고 집으로 가다 총에 맞아 쓰러졌다. 노동권이 전혀 없는 미얀마에서는 노동조합을 결성하려던 노동운동가 10명이 징역 25년형을 선고받고 감옥에 갇혀 있다가 다섯 달 뒤 그중 한 명이 옥사했다.

전 세계 여성해방운동

1995년 9월, 중국 베이징에 전 세계 비정부기구의 대표들이 모였다. 그들은 4차 세계여성대회에서 대회 참가자들이 '전략적 자매관계'라고 부른, 주변부 국가의 여성운동과 중심부 국가의 여성운동을 통합하는 국제단체를 만들기로 했다. 오늘날 여권운동의 모델은 1848년 세계혁명으로 거슬러 올라간다. 그해 뉴욕의 세니커폴스에 모인 400명의 참가자들은 노예제 폐지를 위한 투쟁 전략을 짰다. 그 모임에서 19세기를 이끈 사회운동가 중 한 명인 엘리자베스 캐디 스탠턴은 여성들에게 투표권을 주는 것이 해법이라고 주장했다. 당시만 해도 그런 제안은 매우 급진적이어서 19세기의 가장 저명한 아프리카계 미국인 프레더릭 더글러스가 그 결의안을 지지한 뒤에야 겨우 통과되었다. 미국인들 대다수는 그 결의안에 모멸감을 느꼈다. 한 신문은 그것을 반란이라고 불렀다. 또 다른 신문은 그 대회에 참가한 여성들을 여전사들이라고 비난했다. 1869년 흑인들은 투표권을 부여받았지만 와이오밍, 콜로라도, 아이다호, 유타 같은 서부의 몇몇 주를 빼고는 1920년까지 여성들에게 투표권이 주어지지 않았다. 1848년 혁명 이후 여성이 투표권을 얻기까지 무려 70년이 넘게 걸렸지만 어쨌든 그것은 당시 혁명의 분위기에서 분출된 변화 가운데 하나였다.

오늘날 여성운동은 적어도 서양에서는 여성의 신분 상승에 도움을 주었지만 나머지 세계의 여성들은 여전히 경제적·정치적·사회적으로 주변부에 머물고 있다. 마사 워드가 『여자로 가득한 세계』*A World Full of Women*(1996, 221쪽)에서 특별히 언급한 것처럼 전 세계 여성들은 주로 "가판, 공장 조립라인, 삯일, 환금작물 재배와 상업농사, 매춘, 가사노동, 호텔의 침대시트를 갈아주는 청소부 같은" 일을 하고 있다.

여성들은 전 세계 농작물의 75~90퍼센트까지 생산하는 동시에 가사를 책임지고 있다. 유엔 자료에 따르면 전 세계 어느 나라도 남성이 가사에 소비하는 시간이 여성의 가사활동 시간과 비슷한 나라는 없다. 게다가 중심부 국가에서 여성운동이 큰 진전을 이루었음에도 그곳 여성들도 여전히 불평등을 경험하고 있다. 사회학자들이 '빈곤의 여성화'라고 부를 정도로 가난한 성인 3명 중 2명이 여성이다. 여성을 위한 10년(1975년 12월 유엔총회에서 전 세계 여성의 사회참여, 남녀평등 촉진, 권익 향상을 위해 1976~1985년을 여성을 위한 10년으로 지정하고 각종 지원과 회의를 개최했다—옮긴이)의 비공식 표어는 "여성은 전 세계 노동의 3분의 2를 감당하지만 소득은 전체의 10퍼센트밖에 차지하지 못하고, 생산수단 소유는 1퍼센트에 불과하다"(Ward, 1996, 224쪽 인용)였다.

이런 상황은 실제로 전 세계 모든 국가에서 여성들의 항의를 불러왔다. 인도에서는 1970년대에 한 어린 신부가 신랑 집의 과도한 지참금 요구를 충족시키지 못했다는 이유로 신랑의 인척들에게 살해되는 사건이 발생하면서 신부의 결혼지참금이 여성들의 항의 대상이 되었다. 그러나 이런 사건은 흔히 있는 일이었다. 신랑 인척들이 며느리에게 등유를 끼얹고 불을 지른 사례도 있었다. 정부 당국은 대개 이런 사건들을 자살로 처리했으며 국가와는 아무 상관이 없는 가족사로 흘려버렸다(Kumar, 1995). 방글라데시에서는 여성들이 고용 기회와 공정한 임금을 요구하고 남성들에게 유리한 상속법의 개정을 촉구하기 위해 단체를 조직했다(Jahan, 1995). 필리핀에서는 1972년 페르디난드 마르코스 대통령이 계엄령을 선포한 뒤 여성들이 노동권 쟁취를 위해 조직적으로 단결했다. 이 운동은 나중에 코라손 아키노가 필리핀 최초의 여성 대통령으로 선출되는 데 큰 역할을 했다. 남아프리카공화국에서는 여성들이 성적 학대와 경제적 불평등, 여성이 배제된 공공정책 결정과정에 항의하기 위해 조직화했다(Kemp 외, 1995). 케냐에서는 여성들이 기업 운영과 지역사회 개발, 회전대출제도에 참여하는 것을 지지하는 여성단체들이 급증했다(Oduol and Kabira, 1995).

1970년대에 급성장한 여성운동은 일부 지역에서 큰 영향력을 발휘했다. 예컨대 20년 전 페루에서는 지금처럼 여성이 국립 심포니 오케스트라를 지휘하거나, 정치활동을 하거나, 기업을 운영하는 것을 거의 볼 수 없었다. 20년 전 페루의 여성들은 가족과 집이 삶의 중심이었다(Blondet, 1995).

그러나 오늘날 지구촌 여성의 경제적 지위는 어느 정도 향상되었음에도 전체적으로 볼 때 여전히 남성들의 주변에 머물러 있다. 예컨대 하루 수입이 1달러 이하인 10억 명 정도의 극빈층 가운데 60퍼센트가 여성이다. 그렇다면 **전 세계 여성들의 지위를 열악하게 만든 요인들은 무엇일까? 그들의 지위를 높이기 위해 쓸 수 있는 방법에는 무엇이 있을까?**

자본주의 문화에서 성의 관계

전 세계 여성들을 대상으로 자본주의에서 그들의 역할이 무엇인지 연구해온 엘리너 리콕은 여성들 가운데 어느 정도 영향력과 권력을 가진 사람이 일부 있다고 했다(1986, 107쪽). 그러나 그들이 잡은 권력은 남성과 여성의 성과 관련된 그들의 문화체계에 따라 정도의 차이가 있다. 말하자면 그들이 속한 인종, 종교집단, 계급의 지위에 따라, 그들이 살고 있는 정치체제에 따라, 그들 개인의 특성과 인생사에 따라 다양하게 나타난다. 리콕은 자본주의가 여성들을 가사에 얽매이게 만들어 결국 여성이 억압당할 수밖에 없게 만드는 매우 가부장적인 생산양식이라고 주장한 카를 마르크스와 프리드리히 엥겔스의 논리에 동의했다. 그렇다면 **여성의 주변화와 그것이 유발하는, 특히 주변부 국가에서의 저항이 자본주의 문화의 팽창에 따른 결과라는 증거가 있는가?**

자본주의 문화의 팽창이 수반한 네 가지 상황 변화는 자본주의에서 남성과 여성의 관계를 확립하는 데 영향을 끼쳤다. 가치 있는 생산자원에 대한 여성의 지배 감소, 대가족제에서 남성 중심 핵가족제로의 변화, 주변부 국가로의 산업 확대, 다자간 국제기구들의 주변부 국가에 대한 구조조정 강요가 바로 그것이다. 이제 그것들을 하나씩 차례로 살펴보자.

18세기와 19세기 자본주의의 팽창은 그것이 확산된 사회들의 두 가지 사회관계를 바꾸었다. 첫째, 자본주의는 대부분의 사회 구성원에게서 생산수단을 빼앗아갔다. 그래서 그들은 자신의 노동력에 의지해 살 수밖에 없게 되었다. 둘째, 자본주의는 대가족집단을 무너뜨리고 사람들을 개인이나 핵가족 단위로 분리했다. 그렇게 분리된 각 경제 단위는 남성 가장의 지배를 받았다. 리콕(1983, 268쪽)은 이런 상황 전개가 결국 오늘날 여성들이 남성들에게 억압받게 된 배경이라고 주장한다. 예컨대 북아메리카의 체로키족과 이로쿼이족 여성들의 신분은 남성과 동등하거나 거의 비슷했다. 농작물을 생산하는 것도 주로 여성들의 몫이고 공적인 의사결정을 할 때도 여성들이 중요한 역할을 했다. 이로쿼이족 여성들은 정치 지도자를 뽑기도 하고 스스로 이혼을 결정할 수 있었다. 그러나 식민지 지배자들은 남성들과만 협상하고 거래하거나 원예와 사냥 대신에 유럽식 경제모델을 도입함으로써 그런 남녀평등의 상황을 바꾸려고 했다. 이 것은 여성들이 중요한 역할을 했던 대가족집단의 권위를 무너뜨리고 남성 중심의 농업을 기반으로 하는 사회를 낳았다. 캐나다 래브라도의 몽타네-나스카피족은 여성들이 모피 사냥을 하는 남편들에게 의존하게 되고 대가족이 핵가족으로 바뀌기 전만 해도 요리와 청소 같은 집안일을 여성들의 전유물처럼 인식하지 않았다. 리콕(1986, 117쪽)은 이런 식으로 여성의 생산활동이 들판에서 가사 영역으로 넘어갔고 의사결정권은 대규모 친족집단으로 넘어갔으며 여성들의 지위는 남성 가부장에 종속되고 의존하는 수준으로 격하되었다고 주장한다.

선교사들은 여성을 무시하고 권력을 이용해서 전통적인 가족관계를 무너뜨림으로써, 특히 여성이 전통의식에서 중요한 역할을 하는 사회에서 여성의 권위를 더욱 무력화시켰다. 선교사들은 가부장 중심의 핵가족이 하느님의 섭리라고 믿었으며 여성의 역할은 남편과 자식들을 잘 돌보는 것이라고 가르쳤다. 그 결과, 여성의 무보수 가사노동은 그녀들의 남편과 아들들의 노동을 통해 이익을 실현하는 플랜테이션 농장주나 탄광 소유주, 제조업자, 무역업자들에게는 사실상 선물이나 다름없었다(Leacock, 1983, 271쪽).

이스터 보스럽(1970, 277쪽)은 아프리카에 대한 연구에서 거의 같은 과정에 주목했다. 영국, 독일, 네덜란드, 포르투갈, 프랑스 식민지 지배자들의 경제·사회정책은 대가족 또는 씨족의 권력을 훼손하고, 토지에 대한 여성의 권리를 빼앗고, 여성들을 가사노동이나 저임금노동으로 내쫓음으로써 여성들이 전통적으로 해왔던 농사꾼, 상인 그리고 가족 정치과정의 참여자 역할을 약화시켰다. 6장에서 우리는 말라위의 기근 사례에서 그것이 초래한 결과가 무엇인지 이미 보았다.

캐런 색스(1979)는 아프리카에서 '자매들'의 역할과 '아내들'의 역할을 비교함으로써 아프리카에 불어닥친 이런 변화들을 요약한다. 색스는 '자매 신분'이란 여성이 형제와 자매로 구성된 대규모 친족집단의 일원으로서 귀중한 자원(토지, 가축, 돈)에 접근할 수 있는 관계를 의미한다고 주장했다. 자매관계는 자치, 성인 자격, 양성평등의 가능성을 암시한다. 그러나 아내 또는 '아내 신분'은 의존관계를 의미한다. 색스에 따르면 자본주의 문화에서 국민국가의 발전은 '자매'관계의 바탕이 된 대가족제도를 해체하고 여성을 의존적인 아내로 전락시킴으로써 여성의 지위를 무너뜨렸다.

리콕, 보스럽, 색스 같은 학자들의 연구는 한 가지 흥미로운 문제를 제기한다(Silverblatt, 1988). 근대화가 가져다준 이익과 그 불가피성을 주장하는 근대화론자들은 대개 사회의 기본 단위로서 대가족이 쇠퇴하고 핵가족이 부상한 것을 사회진보의 중요한 예로 든다. 하지만 여성운동가 대다수는 여성의 지위가 낮아지게 된 것이 어느 정도 핵가족제도 때문이라고 주장한다. 우리는 이런 변화가 '근대화'와는 아무 상관이 없고 오히려 자본주의 문화의 등장 그리고 팽창과 깊은 관련이 있다고 생각한다. 그렇다면 이제 **대가족은 왜 자본주의 문화를 구성하는 요소들과 양립할 수 없었을까** 하는 질문을 던지지 않을 수 없다.

우리는 1장에서 핵가족이 대가족이라면 쉽게 공유했을 상품들을 각각의 핵가족 단위로 따로 구매하고 소비하게 함으로써 소비를 촉진하는 이유를 살펴보았다. 9장에서는 대가족이 공유한 재산권이 자본주의의 경제와 법 관계에서 왜 문제가 되는지도 검토했다. 그러나 그것 말고도 자본주의 문화에서 작은 핵가족 단위를 더 선호하는 이유가 또 있다. 예컨대 정치적 존재로서의 대가족은 국민을 교육하고 통제해야 하는 국민국가의 요구와 충돌한다. 대가족 구성원은 따로 떨어진 작은 핵가족 구성원보다 통제하기가 더 어렵다. 게다가 유연하고 이동성 높은 노동력의 공급이라는 측면에서 보면 대가족은 실용성이 떨어진다. 자본주의 관점에서는 사람들 사이의 사회적·정서적 유대를 축소하고 노동력이 필요할 때 어디든 쉽게 재배치할 수 있다면 여러모로 편하다. **자본주의 문화가 더 선호하는 가족 단위가 핵가족이라고 한다면 핵가족은 어떻게 해서 여성의 지**

위를 열등한 수준으로 떨어뜨릴까?

첫째, 핵가족의 등장으로 남성들은 대가족의 굴레에서 벗어나 좀더 자율적인 존재가 되었고 각종 자원과 자기 가족 구성원들에 대한 지배력이 높아졌다. 여성들이 가족과 긴밀한 관계를 유지하고 있는 사회에서는 그런 남성들의 지배가 거의 존재하지 않는다. 게다가 남성을 가장으로 인정하는 순간, 가족이 소유한 자원에 대한 지배권은 남성 가장에게 넘어간다.

둘째, 핵가족과 시집살이의 고단한 노동은 성인 여성을 동료 여성과 분리시켜 다른 여성과의 사회적 연대가능성을 차단하고 여성 사이에 계급의식이 싹트는 것을 막는다. 그 전형적인 사례가 집안일 외에는 전혀 밖에서 일을 하지 않는 어머니와 함께 사는 핵가족이다(Tétreault, 1994, 10쪽). 때로는 일본이나 중국처럼 어린 신부가 가부장 중심의 집으로 시집을 오게 되면 외부 세계와 완전히 단절되는 경우도 있다.

여성의 종속적 지위를 유지시키는 핵가족의 세 번째 특징은 결혼 형태에서 볼 수 있다. 핵가족제도에서는 전통적으로 신부보다 더 크고 나이 많고 고학력이고 부자이며 성적으로 노련하고 대개 법적으로 우위에 있는 남성이 신랑보다 더 작고 어리고 저학력이고 가진 것이 적으며 미숙하고 사회적 약자인 여성과 결혼한다. 이런 형태의 결혼이 자본주의 문화에 국한된 것은 아니지만 유럽 문화에서 역사적으로 그런 결혼 형태가 널리 보급되었고 그것이 경제 식민화와 선교활동을 통해 주변부 국가로 확산되면서 여성이 종속된 남성 우위의 가정이 탄생하고 유지될 수 있었던 것은 틀림없다(Tétreault, 1994, 9~10쪽).

산업 생산이 중심부 국가에서 주변부 국가로 확대되면서 여성들이 생산수단에 접근할 수 있는 길이 차단되고 남성 중심의 핵가족이 사회를 구성하는 기본 단위가 되었으며 여성들은 결국 경제의 주변부로 밀려났다. 1960년대와 1970년대 초 멕시코, 아이티, 과테말라, 인도네시아 등에 조립공장이 크게 늘어난 것은 아주 낮은 임금을 받는 여성노동자 덕분이었다. 그나마 그런 일이라도 있는 것이 여성의 경제적 선택권을 늘렸다고 주장하는 사람도 있지만 세계 자본이 확산되면서 집 안팎에서든 조립공장에서든 여성이 점점 더 고된 노동에 시달리게 되었다는 것은 부인할 수 없는 사실이다. 그러나 여성의 노동은 경제적으로 보잘것없거나 일시적이고 대개 임금이 낮은 일자리에 국한되어 있다. 전 세계를 통틀어 모든 시간제 노동자의 3분의 2와 모든 임시직 노동자의 60퍼센트가 여성이다. 게다가 여성들은 한 시간에 몇 푼이라도 벌기 위해 애쓰면서 동시에 가족들을 부양하기 위한 가사노동의 대부분 또는 전부를 책임지고 있다(Eisenstein, 1997).

1990년대 세계 경제는 여성의 지위를 더욱 허물어뜨리는 방향으로 흘렀다. 국제통화기금과 세계은행은 국민국가들에 대개 여성과 아이로 구성된 가난한 사람들의 삶을 향상시키려는 사회적 서비스의 종료를 강요했다(Basu, 1995, 6쪽). 따라서 정부는 작업장 규제와 사회보장제도, 고용제도, 보건제도, 교육제도에 대한 지원을 철회하거나 축소시켰고 그것은 여성들의 사회적 지위에 악영향을 미쳤다(Eisenstein, 1997).

요약하면 여성운동이 일어나는 이유는 여성을 개인 또는 가정 영역으로 격하시키고, 여성에게는 기껏해야 저임금 일자리만 제공하고, 주변부 국가들에 광범위하게 존재하는 빈곤으로부터 여성과 아이를 보호하기 위한 공공정책을 훼손하는 제반조건 때문이다. 그렇다면 **전 세계 사람들이 여성의 주변화와 종속에 맞서 저항할 수 있는 방법은 무엇일까?**

저항방식

여성의 열등한 지위가 경제, 가족, 국민국가의 특징과 긴밀한 관련이 있다는 점에서 그렇게 세상을 바꾸는 일이 아주 불가능하지는 않지만 점점 어려워지고 있다는 것은 분명하다. 이런 까닭에 자본주의 국민국가를 혁명으로 뒤집어엎는 것만이 여성에 대한 억압을 풀 수 있는 유일한 방법이라고 주장하는 사람들도 있다. 이것은 역사적으로 여러 혁명적 사건에서 나타난 여성들의 중요한 역할을 보면 잘 이해할 수 있다. 우리는 10장에서 말레이시아의 농민항의, 케냐의 마우마우단 반란, 멕시코 치아파스의 반란에서 여성들이 얼마나 중요한 역할을 했는지 보았다. 러시아, 중국, 쿠바의 공산주의혁명에서 적어도 처음에는 여성들이 중요한 자리를 차지했다. 그러나 이들 혁명이 여성의 지위를 얼마나 많이 향상시켰는지는 논란의 여지가 있다.

1949년 중국에서 공산혁명이 성공을 거둔 뒤 그들이 취한 첫 번째 조치는 여성들의 지위를 높이기 위한 중화전국부녀연합회의 설립이었다. 중국공산당 정부는 전통적인 여성들의 전족을 금지하고 누구나 의료혜택을 받을 수 있는 보건체계를 수립함으로써 중국 여성의 지위를 급속도로 향상시켰다. 그러나 오늘날 가장 심각한 여성노동 착취 사례들 가운데 일부가 중국에서 발견되고 있다. 1911년 뉴욕 시에서 봉제노동자 145명의 목숨을 앗아가고 새로운 노동법 제정을 촉구한 악명 높은 트라이앵글셔 트웨이스트 공장 화재사고를 연상시키는 화재사고가 1993년 11월 중국 남부의 선전에 있는 한 장난감 공장에서 일어나 84명의 노동자가 죽었다. 그들은 출입문이나 창문으로 도망칠 수 없었는데 노동자들이 장난감을 훔쳐가는 것을 막고자 그곳에 모두 빗장을 쳤기 때문이다. 게다가 중국 정부는 특별히 여성들의 노동조건을 개선할 목적은 아니지만 여성노동자에게 크게 보탬이 될 독자적인 노동조합의 결성을 계속해서 막았다.

피델 카스트로 정부는 1959년 쿠바에서 사회주의혁명에 성공한 뒤 여성을 정부와 노동의 공공영역으로 더욱 긴밀하게 통합시켜나갔다. 정부는 1960년 쿠바여성연맹FMC을 결성해 혁명을 지지하는 기존의 여성단체들을 통합하고 여성들을 국가 노동력으로 흡수하는 정책을 썼다. 1953년 잠재 여성 노동인구의 13.7퍼센트만이 일자리를 얻었던 반면 1990년에는 일할 수 있는 나이의 여성 인구 중 45퍼센트가 고용되었다. 그러나 그런 명백한 발전에도 쿠바에서 여성을 바라보는 공식적인 견해의 중심에는 '모성'이라는 것이 자리잡고 있었다. 보육과 가사 의무는 여성이 해야 할 가장 중요한 일이라는 생각이 남아 있었던 것이다. 그러나 쿠바 여성은 집안일과 보육이라는 가사노동에 정면으로 맞서는 싸움을 멈추지 않았다(Lutjens, 1994).

여성의 지위를 향상시키기 위한 사회주의혁명의 목표가 기대한 만큼 성과를 거두지는 못했지만 동구권 공산주의의 몰락은 여성의 조건을 더욱 악화시켰다. 러시아 실업자의 73퍼센트가 여성이고 그들 가운데 절반이 대학을 나왔다. 모스크바 거리에서 행상을 하는 사람들의 절대 다수가 늙은 여성과 젊은 엄마다. 사회주의 국민국가의 보호가 사라진 상황에서 여성을 가정주부로 보는 전통적인 견해가 다시 등장했다. 러시아 노동부장관이었던 겐나디 멜리키안은 "남성도 일자리가 없는데 우리가 왜 여성을 고용해야 하지요?"라고 말함으로써 그런 견해를 분명하게 확인시켜주었다(Eisenstein, 1997).

서양 국가들에서 여성운동은 주로 남녀차별 철폐, 출산과 낙태에 대한 선택권, 여성의 교육 기회 확대에 초점을 맞췄다. 베이징에서 열린 4차 세계여성대회에서는 주변부 국가의 여성들이 중심부 국가의 여성운동가들이 이미 썼던 전략을 채택하려는 강력한 움직임이 있었다. 그러나 주변부 국가의 여성단체들 가운데는 서양식 여성운동에 의심의 눈초리를 보내는 사람이 많았다. 주변부 국가의 많은 여성단체와 과거 동유럽의 공산주의 국가들은 서양의 여성운동을 보급하려는 시도를 새로운 형태의 식민주의나 제국주의로 본다. 특히 이슬람 국가의 여성들은 서양의 여성운동 가운데 '남성혐오'운동으로 생각되는 것은 거부한다.

인류학자 아이화 옹(1997)은 서양의 여성운동가들이 개인의 자율성이라는 그들의 가치체계를 주변부 국가의 여성운동에 강요하려는 경향에 대해 경고했다. 옹은 중국, 인도네시아, 말레이시아 같은 아시아 국가의 남성 지도자들이 여성의 권리는 단순히 개인의 권리에 대한 것이 아니라 문화와 공동체, 국민국가에 대한 것이라고 주장해왔다는 사실에 주목했다. 이 지도자들은 남성들이 여성들의 노동을 착취하고 있다는 비난에 맞서 공동체가 경제적으로 발전하기 위해서는 공동체나 국가의 모든 구성원이 할 수 있는 모든 방법을 동원해 그 발전에 기여할 의무가 있다고 주장했다. 그들은 공동체가 경제적으로 발전할 권리도 '인권'이라고 단언한다. 아시아의 지도자들은 발전의 기본 단위는 가족, 정부 또는 국가이지 개인이 아니라고 주장한다. 옹이 생각하는 문제는 주변부 국가의 여성운동이 그들의 문화적 배경 아래서 매우 설득력 있는 이런 주장들에 어떻게 맞설 수 있는가 하는 것이다.

지금까지 여성의 역할과 정치적 항의 장소에 대해 말할 때 중심부 국가와 주변부 국가 사이에 문화적·종교적 차이가 있다는 것에 크게 주목하지 않았다(Ong, 1997). 여성운동가들은 '다른 것'에 대해 신중하게 생각해야 한다. 서양인들은 다른 사람, 특히 주변부 국가의 여성들을 후진적이고 억압받는 사람들로 규정함으로써 자신들은 그런 것에서 해방된 사람이라고 느낀다. 예컨대 가톨릭이나 이슬람 국가에서 온 대표단이 여성의 '분리 평등'(남녀의 차이는 인정하되 교육이나 고용 같은 다른 권리는 동등하다는 주장—옮긴이)한 지위를 인정하는 전략을 주장하면 서양 국가의 대표자들은 그것을 시대에 뒤떨어지고 고립된 생각이라고 비난했다.

옹(1997)은 여성의 지위를 향상시키기 위한 전략을 짤 때 서로 아이디어를 교환하고 사회마다 문화적 차이가 있으며, 권력관계의 특징이 다르다는 점을 적극적으로 수용하는 것이 여성운동에 더욱 유익할 거라고 주장했다. 옹은 우리가 "여성과 남성이 사회마다 다르게 그들의 삶을 구성하는 문화적 의미들에 대해 고심하는 방식을 분석해야" 한다고 말했다. 예컨대 옹은 말레이시아에서 여성들의 지위를 향상시키기 위해 애쓰고 있는 서양식 교육을 받은 여성운동가들의 단체인 이슬람의 자매들SIS을 사례로 들어 설명했다. 그들은 서양 여성운동가들의 방식을 채용하지 않고 이슬람 경전을 재해석하는 작업을 통해 자기네 문화를 배경으로 운동을 전개한다. 이슬람교, 특히 이슬람 근본주의는 서양 여성운동가들과 인권단체로부터 여성을 억압하는 주범이라는 비난을 받았다. 이슬람교는 일부다처제를 인정하고 여성의 상속권을 남성의 절반으로 한정하고 여성의 거동도 제한한다. 극단의 경우에는 여성이 학교에 다니거나 집 밖에서 어떤 지위를 부여받는 것도 용납하지 않는다.

이슬람의 자매들은 이슬람 신앙을 비난하는 대신에 여성들도 남성들과 똑같이 종교교육을 받을 수 있어야 하며, 그런 교육을 통해 쿠란과 같은 성전에 나오는 말씀의 의미와 여성의 사회적 역할에 대한 쿠란의 해석을 그동안 남성 성직자만 독점했던 것에서 남녀가 함께 토론하는 것으로 바꾸어야 한다고 주장한다. 이슬람의 자매들은 신문 칼럼을 통해 대중에게 성전에 나오는 말씀을 당시의 역사적 배경을 바탕으로 해석해야 한다고 주장한다. 예컨대 이슬람 남성 성직자들은 남성의 성적 충동은 남성들을 '본능적으로 불륜에 빠지게' 하기 때문에 쿠란이 일부다처제를 인정했다고 주장하면서 이슬람교의 일부다처제 인정을 정당화한다. 그러나 이슬람의 자매들은 쿠란이 언제나 남성들에게 아내를 한 명 이상 취할 수 있는 권한을 준 것은 아니라고 지적하면서 그런 해석을 반대한다. 쿠란에서 일부다처제의 인정은 당시에 많은 남성이 전쟁에서 죽으면서 남성의 보호를 받지 못하는 여성과 아이들이 많이 생겨났다는 역사적 배경을 깔고 이해해야 한다. 따라서 알라신이 일부다처제를 인정한 것은 남성과 여성의 타고난 성적 충동의 차이 때문이 아니라 미망인이 기혼남과 재혼할 수 있게 함으로써 전쟁고아와 미망인들의 고통을 덜어줄 수 있었기 때문이다.

또한 이슬람의 자매들은 남성 성직자들이 주장하는 것처럼 쿠란에서 요구하는 엄격한 복장규정에 반대한다. 이슬람의 자매들은 성전에 나오는 구절을 인용해 "강압은 〔이슬람〕 종교에는 어떤 강제도 없으며 권위를 이용해 강제로 믿게 하는 것은 옳지 않다고 말하는 쿠란의 정신에 위배된다"(Ong, 1997 인용)고 주장한다. 그들은 여성을 예의 바르고 공손하게 대우하는 것이 여성을 보호하는 올바른 방법이라고 말한다. "강압적인 복장정책은 실제로 이성과 자유를 인간 도덕성의 기본으로 중요하게 여기는 이슬람의 해방정신과 어긋난다."(Ong, 1997 인용)

이슬람의 자매들과 같은 단체의 노력은 열매를 맺었다. 나중에 유엔인 권위원회 위원장이 된 한 말레이시아 관리(Ong, 1997, 89쪽 인용)는 다음과 같이 말했다.

> 말레이시아는 남성이 지배하는 사회였습니다. (……) 옛날에는 여성의 권리에 대해 전혀 논의한 적이 없었습니다. 그러나 여성들이 점점 정치에 관심을 가지면서 (……) 자기주장을 내세울 줄 알게 되었습니다. 10년 전과는 비교가 안 될 정도로 여권에 관한 문제들이 널리 공론화되면서 중요하고 민감한 문제로 인식되고 있습니다.

말레이시아는 지금도 여전히 남성이 지배하는 사회다. 그러나 이슬람의 자매들은 자신들의 방식으로 이슬람 성직자들과 대화를 나눔으로써 옹이 '여성해방 공산사회주의'라고 부르는 것을 낳았다. 그것은 쿠란에서도 확실하게 인정하는, 권위에 대해 자유롭게 문제를 제기할 수 있는 권리에다 그들 공동체의 문화규범을 결합한 운동이다. 옹은 서양의 여성운동가들이 이런 종류의 운동을 무시해서는 안 된다고 주장했다. 오히려 여권이라는 개념은 특정한 문화 공동체의 맥락에서만 이해되어야 한다고 말했다.

생태저항운동

앞서 살펴본 것처럼 자본주의 문화가 환경을 파괴하고 끊임없는 경제성장의 욕구가 지속적인 환경착취를 낳는다는 데는 의문의 여지가 없다. 그러나 농업, 기술, 가족구조처럼 서로 다른 삶의 영역에서 모든 사람이 똑같은 변화를 겪지는 않는다. 모든 사람이 지구온난화와 산성비의 증가에 따른 영향을 받을 수 있다는 것은 사실이지만 그렇다고 모든 사람이 농지나 사냥 지역의 홍수로 말미암은 범람이나 폐기물 처리, 식수오염의 영향을 받는 것은 아니다. 이런 문제들은 자본주의 문화의 가장자리와 주변부에 사는 사람들에게 집중적으로 일어난다. 거대한 수력발전계획으로 댐이 강물을 막고 논밭이 물에 잠길 때, 목재 수요 때문에 삼림이 파괴될 때, 핵폐기물 같은 쓰레기가 가난한 지역 공동체에 버려지거나 주변부 국가들로 수송될 때 먹고살기가 어려워지는 사람은 대개 농민이거나 수렵, 채취를 해서 사는 가난한 이들이다. 게다가 어떤 사람들은 환경에 영향을 주는 경제활동을 통해 남들보다 훨씬 더 많은 이득을 챙긴다. 따라서 그들이 환경파괴에 반대하거나 항의하는 일이 거의 없다. 그러나 어느 시점에 이르면 환경파괴는 모든 사람에게 영향을 주고 미래에도 악영향을 끼친다.

어스 퍼스트!

19세기부터 환경변화에 대한 우려가 있었던 것은 사실이지만, 오늘날 브론 테일러(1995)가 말하는 이른바 생태저항운동은 1960년대부터 시작되었다. 이런 운동은 대부분의 농민·노동·여성운동들과 마찬가지로 대개 자본주의 경제의 팽창으로 발생하는 악영향을 어느 정도 제한하려고 애쓴다. 또한 환경파괴의 원인이라고 생각되는 문화를 급격하게 바꾸는 것도 이 운동의 또 다른 목적이다. 이런 운동을 하는 활동가들은 환경파괴의 원인을 인간이 자연을 지배하고 '길들여야' 한다는 자본주의와 관련된 이데올로기 탓으로 돌린다. 더 나아가 그들은 이런 믿음은 바로 인간이 다른 인간을 지배할 수 있다는 생각에서 나온 것이라고 주장한다. 따라서 인간이 다른 인간을 지배하려고 하는 한 자연을 지배하고자 하는 인간의 노력은 계속될 것이고, 마침내 지구를 파괴할 것이다. 이런 생태저항운동 가운데 하나가 '어스 퍼스트!'earth first!('지구 우선'이라는 뜻으로 미국의 환경보호운동 단체를 가리킨다 — 옮긴이)다.

어스 퍼스트!는 대개 1980년대 초에 콜로라도 강을 가로막은 글렌 캐니언 댐 표면에 플라스틱으로 만든 '틈이 갈라진 모형'을 굴려 막힌 강을 다시 튼다는 것을 상징하는 익살스러운 시위에서 시작되었다. 시위가 더욱 격화되면서 어스 퍼스트!의 회원들은 벌목 도로를 봉쇄하고, '나무 위에 앉기' 시위를 벌이고, 환경을 해치는 시설들을 직접 파괴하는 '에코타지'운동과 벌목을 방해해서 손실을 보게 하려고 금속이나 사기 막대기를 나무에 박는 '장애물설치'운동을 전개했다. "나는 최근 스스로 지켜야 한다는 것을 깨달은 열대우림이다"라는 표어에 나타난 것처럼 어스 퍼스트!는 비인간세계에 생명력을 주는 이데올로기를 널리 퍼뜨린다. 어스 퍼스트! 회원들에게 일부 사건은 신화적 중요성이 있다. 예컨대 생물학자 알도 레오폴드가 자기가 쏜 총에 맞아 죽어가는 늑대의 눈에서 '푸른 불빛'이 사그라지는 것을 지켜보며 깨달음에 이른 이야기나 폴 왓슨이 살리려고 애썼던 작살에 맞은 고래의 눈에서 본 지성, "말없이 연민을 나타내고 (……) 우리가 무엇을 하려고 했는지 안다고 말하는 듯한 (……) 총명함"(Taylor, 1995, 15쪽 인용)을 기술한 글이 바로 그런 것들이다.

어스 퍼스트!는 원주민의 사회적 저항운동과 매우 긴밀한 관계가 있다. 그들이 처음에 한 상징적 행동 가운데 하나는 아파치족 추장 빅토리오를 추모하는 일이었다. 유럽인의 정복에 맞선 빅토리오의 무장항쟁은 그들에게 환경을 보존하려는 노력으로 보였다(Taylor, 1995, 18쪽). 그들은 아마존의 원주민들이 삼림을 보호하고 석유를 시추하려는 파괴행위를 막기 위해 싸우는 투쟁을 지원하고 그에 동참했다. 그들은 에콰도르의 후아오라니족이 아마존 열대우림을 관통하는 회랑지대를 개간해서 거기다 야자나무를 심는 것을 지원하기 위해 기금을 모았다. 정부가 그들에게 할당한 구역에 경계를 분명히 해서 그들 땅에 대한 '우연한' 식민화를 막기 위한 조치였다. 또한 어스 퍼스트!는 브루나이의 페낭족과 이반족의 저항을 지원하기 위해 사라와크 밀림에서 생산된 목재 사용을 거부하는 운동을 벌였다. 그들은 필리핀의 칼링가와 본톡 지방 주민들이 사는 마을들과 묘지를 물에 잠기게 할 댐 건설을 막기 위해 주민들과 연대했다. 그리고 그들은 북아메리카에서 아파치생존연합과 사냥터 수천 에이커를 물에 잠기게 할 하이드로퀘벡의 수력발전댐 건설을 막으려고 하는 이누족과 크리족 등 인디언으로 구성된 니타시안연합 같은 원주민단체와도 연대했다.

생태저항운동과 원주민저항운동의 결합은 대개 농민, 원주민, 여성 등 사회의 약자들을 하나의 공통된 대의로 묶어주면서 반체제운동들이 서로 어느 정도까지 긴밀하게 연결되는지를 보여준다. 서로 다른 형태의 다양한 저항운동의 요소를 담고 있는 더욱 흥미로운 저항운동 가운데 하나가 인도의 삼림을 보호하기 위해 일어난 칩코운동이다. 이 운동은 공유지를 국가 통제와 민간 개발로 전환하는 것에 대한 농민들의 저항으로 시작해 환경파괴에 대한 문제제기로 중심 의제가 확대되면서 '공유지의 비극'이라는 개념을 낳았다는 점에서 특별히 흥미롭다.

칩코운동과 공유지의 비극

1968년 개릿 하딘은 「공유지의 비극」이라는 널리 알려진 논문에서 공유지가 사유지보다 더 남용되고 부당하게 이용될 가능성이 높다고 암시했다. 하딘의 주장은 개인이 저마다 자기 목적을 위해 공유지를 이용해서 개별적으로 얻는 것이 잃는 것보다 훨씬 더 크다는 전제를 기반으로 했다. 예컨대 하딘은 어떤 목초지를 공동체가 공유하고 있다면 각 개인이 자기네 양을 한 마리씩 더 방목해서 얻는 개별적 이익은 목초지의 지나친 이용으로 각 개인이 손해를 보는 것보다 크다고 말했다. 따라서 사람들은 되도록 공유지를 이용할 생각을 한다. 그래서 각 개인이 저마다 더 많은 양을 방목해 사적 이익을 도모한다면 공유지는 머지않아 황폐해질 것이다. 그러나 사람들에게 조금씩 땅을 나눠주고 관리하게 한다면 거기서 지나친 이익을 내려고 할 때 그만큼 잃는 것이 생긴다는 것을 금방 깨닫기 때문에 자기 땅을 쉽사리 훼손하려고 하지 않을 것이다. 이것을 오늘날의 경우로 바꿔 예를 들면, 우리가 저마다 자동차를 구매했을 때 그것 때문에 발생하는 환경오염에 반해 우리가 얻는 이득이 무엇인지를 생각해볼 수 있다. 사람들이 자동차를·소유해서 누릴 수 있는 혜택은 많은 반면에 그 차가 개별적으로 일으키는 오염은 조금밖에 안 된다고 생각해 모두 자동차를 사고 싶어한다.

하딘의 주장은 논리가 정연하지만 실제로는 허점이 있다. 인류학자들은 대개 주변부 국가에서 특히 공유지가 개인이 소유한 자원들보다 더 잘 보존되고 관리된다고 주장한다(Fratkin, 1997a, 240~242쪽; McCay and Fortmann, 1996 참조). 그와 관련된 좋은 예가 인도 북부의 삼림운동과 칩코운동이다.

칩코('껴안다'라는 뜻)운동은 영국 식민지 관리가 한때 '무진장하다'고 말한 인도 북부의 삼림을 파괴하는 것에 맞선 19세기 인도 농민들의 저항에서 비롯되었다. 그 지역의 농민들은 대개 소규모 경작과 가축 사육, 주변 삼림에서 수렵채집생활을 하며 살았다. 그들 사회는 카스트라는 신분제로 구성되었는데 대개가 대대로 이어받은 동종의 직업집단끼리 결혼을 통해서 친척관계가 되었다.

대부분의 마을에서 농지는 경작자들이 공동으로 소유했는데 각자가 생산한 것의 일부를 지역 지배자나 영국 식민지 당국에 바칠 공물 또는 세금으로 내놓았다. 주변의 삼림도 마을 주민들이 공동으로 관리했다. 삼림은 가축을 방목하고, 약초를 채집하고, 먹을 것을 구하는 장소로 그들의 경제생활에서 중요한 역할을 했다. 게다가 삼림은 신들과 성소가 있는 장소로 정신적으로도 중요한 곳이었다. 거기에는 특별히 받들어 모시는 나무 종들이 있었다. 국가에서 정식으로 삼림을 관리하지는 않았지만 지역의 제례의식이나 관습에 따라 삼림을 훼손하는 사람들은 출입을 금지시킴으로써 삼림을 보호할 수 있었다(Guha, 1990, 33~34쪽).

식민지 정부가 농민들의 일부 삼림 지역 이용을 금지하고, 어떤 지역은 민간 개발업자들에게 빌려주는 법안을 통과시킨 1878년까지 외딴곳에 있는 삼림 지역은 대부분 사람들의 손길이 닿지 않은 채로 남아 있었다.

정부는 인도 내륙으로 철도를 확장하기 위해 침대열차의 건설에 적합한 특정한 나무들에 특히 관심이 많았다. 영국 식민지 당국은 농민들이 쓸 수 있는 목재의 양을 정하고 마을에서 반경 약 8킬로미터 안에 있는 특정한 형태의 삼림에서는 가축 방목을 제한하며 심지어 건초를 모을 수 있는 곳도 지정했다. 또한 정부는 농민들이 그동안 야생식물을 키우고 채집했던 화전경작을 금지시켰다.

농민들은 삼림의 일부를 이용할 수 없게 한 정부 조치에 반발했다. 그들은 정부의 규제를 무시하고 예전처럼 가축을 방목하고 나무를 벴다. 또한 목재상들이 다음번 수확을 위해 새로 묘목을 심어놓은 삼림 지역에서 화전을 일구려고 덤불을 태우기도 했다. 그러나 무엇보다도 가장 폭력적인 형태의 저항은 일부러 삼림에 불을 지르는 방화였다. 1919~1920년 인도 북부의 한 지역에서만 크고 작은 방화사건이 1만 3,457건이나 일어났다.

1947년 인도가 영국에서 독립한 뒤에도 농민의 삼림 이용 제한, 목재 남벌, 농민저항은 계속되었다. 새로 독립한 인도 정부는 재정 수입을 올려야 하는 문제에 직면해 영국 식민지 정부가 시행했던 삼림정책을 그대로 유지할 수밖에 없었다. 그 결과, 삼림파괴는 멈추지 않았고 수백 년 동안 보호해왔던 삼림에서 배제된 농민들의 저항도 끊이지 않았다. 1962년 세계은행의 자금 지원으로 새로운 도로가 인도의 삼림지대를 관통하면서 삼림개발은 더욱 가속화되었다. 위성사진을 보면 과거에 삼림지대였던 3만 4,042제곱킬로미터의 땅 가운데 6.6퍼센트만이 숲이 온존하게 보존되어 있고 22.5퍼센트는 중간 정도, 13.8퍼센트는 보잘것없는 상태로 남아 있음을 알 수 있다. 삼림지대로 분류된 지역 가운데 절반 이상의 면적에는 나무가 전혀 없다(Guha, 1990, 146쪽).

인도에서 조직적인 환경저항운동이 일어나는 데 결정적 계기가 된 두 가지 중요한 사건이 있다. 첫 번째 사건은 1970년 산기슭에서 발생한 홍수로 많은 생명과 재산 손실을 초래했다. 주민들은 삼림파괴로 저지대에 있던 농촌 마을들이 큰 피해를 입었다고 인정했다. 칩코운동을 촉발시킨 두 번째 사건은 한 농민협동조합이 농기구를 만들기 위해 벌목허가를 신청했다가 거부당한 뒤 한 크리켓 배트 제조업자가 똑같은 장소에 대해 벌목허가를 받은 사건이다. 그러자 환경운동가들은 그 제조업자가 벌목하는 것을 막기 위해 나무들을 감싸 안는(껴안는) 저항방법을 생각해냈다. 이 운동으로 그 지역의 여성들이 큰 주목을 받았다. 정부는 한 마을의 남성들을 회의를 빙자해 소집하고는 그사이에 벌목꾼들을 숲으로 보내는 속임수를 썼지만, 한 어린 소녀의 기민한 대처로 그 마을 여성들이 나무들을 막고 나서면서 결국 벌목꾼을 내쫓는 사건이 벌어졌기 때문이다. 또 다른 지역에서도 5,000그루의 나무가 벌목될 상황에 놓이자 마을 사람들이 숲에서 야영하며 벌목을 막았다. 한 민간 업체가 고용한 벌목꾼들은 마침내 벌목을 포기할 수밖에 없었다.

칩코운동은 히말라야 산기슭의 삼림파괴에 맞선 많은 저항운동 가운데 하나에 불과했지만 지금까지 전 세계에서 일어난 환경운동과 여성운동 가운데 가장 널리 알려지면서 곧바로 광범위한 국제적 지지를 얻었다. 그러나 사람들은 대개 농민들이 그처럼 저항하게 된 근본 원인에 대해서는 금방 잊어버린다. 칩코운동은 처음에 환경보존운동으로 부상하기 전에 생계문제를 다투는 투쟁에서 시작되었다. 라마찬드라 구하는 『불온한 숲』*The Unquiet Woods*(1990)에서 칩코운동이 크게 보면 사회저항운동, 좀더 좁혀 보면 농민저항운동과 관련이 있다는 좀 색다른 의미에 주목했다. 칩코운동은 케냐와 멕시코의 경우처럼 국가의 상층부, 기업, 국제 금융기구들이 입안한 '경제개발'이나 '근대화' 정책들이 어떻게 농민이나 여성, 노동자들 같은 하층민들에게 착취의 형태로 나타나는지를 잘 보여준다. 원주민, 땅 없는 농민, 여성들은 경제개발과정에서 산업화가 초래하는 여러 가지 충격, 즉 질병이나 사회불안, 식량 부족, 토지 소유욕과 같은 문제에 가장 직접적으로 노출되는 사람들이다(Guha, 1990, 195쪽). 게다가 경제개발계획이 주변부 국가의 가난한 사람들에게 끼치는 사회적·경제적 악영향에 대해서는 잘 알려진 반면 그 뒤에 일어나는 환경운동과 사회운동에 대한 영향은 대개 무시된다. 구하(1990, 195~196쪽)는 이를 다음과 같이 마무리했다.

> 따라서 생태적 관점으로 볼 때 칩코운동 같은 농민운동은 단순히 한 작은 지역 공동체와 그들의 가치를 지키기 위한 것뿐 아니라 생활방식을 자연의 순리에 좀더 조화롭게 맞춰나가는 것에 대한 지지를 의미한다. 한편으로 그들은 상업 경제와 권력이 중앙에 집중된 국가의 촉수에서 벗어나기 위해 방어 자세를 취한다. 그러나 다른 한편으로는 균일화된 도시-산업문화라는 지배계급의 시각에 적극적으로 맞설 정도로 주체성이 강하다. (……) 칩코운동의 외침은 역사의 저편으로 추락하려는 한 계급의 마지막 울부짖음과는 거리가 먼 현대 사회의 생태적·문화적 위기에 맞선 가장 혁신적인 대응 가운데 하나를 나타낸다. 이것은 매우 중요하지만 쉽게 흘려버릴 수 있는 메시지다.

결론

우리는 이 장에서 자본주의 문화에 만연한 것처럼 보이는 반란과 저항이 대부분 반체제적이라고 주장했다. 그것들은 어느 시점에 사회적 또는 경제적으로 소외되었거나, 자본주의가 주변부 국가로 확대되면서 커다란 고통을 겪은 집단들이 보여준 대응방식이었다. 그러나 자본주의 문화 자체를 상대로 정면으로 저항한 경우는 그다지 많지 않다는 사실에 주목할 필요가 있다. 오히려 시위대들은 책임을 져야 한다고 생각하는 대상을 자기네 집단이나 개인들 가운데서 고른다. 우리는 이런 현상을 가난한 말레이시아 농민들의 시위에서 이미 보았다. 그들이 분노하는 대상은 궁극적으로 그들을 가난의 고통에 빠뜨린 녹색혁명이나 세계은행과 같은 국제기구가 아니라 자기들보다 잘사는 같은 농민들이었다. 펜실베이니아의 탄광노동자들도 마찬가지로 자신들을 혹사시킨 체제와 망해가는 산업에서 악착같이 자본을 축적하려고 안달이었던 탄광 경영자들보다는 오히려 아무 이익도 남기지 못하고 발버둥만 친 탄광 경영자들을 비난했다. 다시 말하면 그들을 빈곤에 빠뜨린 근원인 체제 자체를 공격하는 사회저항운동은 거의 없다. 대신에 그들은 자신들에 대한 억압을 구체적으로 보여주는 실제 또는 상징적 인물들에게 초점을 맞춘다.

12

종교와 반체제운동

종교적 고통은 현실의 고통에 대한 표현인 동시에 현실의 고통에 맞선 항의다. 종교는 억압받는 피조물의 탄식이며 무정한 세상의 마음이다. 그것은 정신이 없는 상황에서의 정신과도 같다.

—카를 마르크스, 『헤겔 법철학 비판』*Critique of Hogel's "Philosophy of Right"*

우리의 목표가 화합이 아니라 폭력을 사용해 권력을 강화하는 것이라면, 전쟁 상황에 있는 것이 우리에게 유리하다. 그런 경우 전쟁은 폭력 사용의 배경일 뿐 아니라 구실이 되기도 한다. 전쟁은 폭력을 사용할 근거를 제공한다. 분쟁 중에 있는 세속적인 문제들이 비록 실제로는 그런 잔인한 상태를 용납하지 않는 것처럼 보일지 모르지만 이것은 사실이다.

—마크 위르겐스마이어, 『신의 마음속의 테러』*Terror in the Mind of God*

❖ ❖ ❖

10장과 11장에서 살펴본 반란과 운동은 모두 민중이 생각하는 자본주의의 폭압에 맞서 자기 나름의 방식으로 그것을 개혁하기 위해 일어선 것이었다. 그러나 그 가운데 근본적인 문화적 대안을 제시한 운동은 거의 없다. 그들은 끊임없는 경제적·사회적 변화와 불평등한 부의 분배, 특정 집단에 대한 착취와 주변화, 자본주의 문화가 촉진한 환경파괴를 비난했지만 그것을 다른 것으로 대체할 방법을 적극적으로 찾지 않았다. 농민들은 자신들을 내쫓은 사회를 뒤집어엎으려 하기보다는 농사지을 땅을 되찾는 것이 우선이다. 노동자들은 자본주의 문화 안에서 더 높은 임금과 더 좋은 노동조건을 확보하면 그만이다. 거기서 그들은 소비자나 자본가 같은 다른 역할로서 이익을 얻기 때문이다. 여성과 소수자들은 기존 사회 안에서 지위 향상을 꾀할 뿐이고, 원주민집단은 정부의 간섭에서 벗어나기 위해 싸울 뿐이다. 그리고 환경운동가들은 대개 막연하게 정신적 변화를 부르짖는 일부 사람을 제외하면 환경보호장치가 더 확대되기만 바랄 뿐이다.

공산주의는 보통 자본주의를 가장 위협하는 존재로 묘사되었다. 그러나 공산주의와 그 창시자들인 레닌과 스탈린, 마오쩌둥은 19세기 산업자본주의 문화를 거부한 적이 없다. 그들은 대개 노동자들에게 더 큰 지배력을 주고 자본주의와 별로 다르지 않은 생산, 분배, 소비의 체제 안에서 부를 더 평등하게 분배하기 위해 국민국가를 수정하려고 했을 뿐이다. 그들은 그저 사적 자본주의를 국가자본주의로 바꾸고 싶어했다. 심지어 마르크스와 엥겔스도 당시의 산업질서를 전복하라고 요구하지 않았다. 그들의 해법은 국민국가를 장악해서 노동계급의 권력을 자본계급의 권력보다 우위에 놓거나 적어도 같은 수준에 이르게 하는 것(민중권력이 자본권력을 지배하는 사회)이었다. 마르크스와 엥겔스의 견해는 (19세기 초 기업가들의 견해와 비슷한) 이상향을 추구했다. 그들은 사유재산 폐지,

남녀평등 인정, 가부장적 핵가족 해체, 조직화된 종교의 폐기 그리고 무엇보다도 계급차별의 종식을 요구했다. 그러나 그와 같은 요구에 부응한 집단은 뉴하모니, 오나이더 공동체, 아마나 그리고 1968년 이후 정치적 불안이 이어지면서 1960년대 말과 1970년대 초에 번창했다가 그 가운데 일부는 지금까지도 남아 있는 트윈오크스와 수많은 소규모 공동생활을 하는 집단처럼 19세기 상반기에 급증한 소수의 이상주의자들이나 계획 공동체뿐이었다(Erasmus, 1972; Kanter, 1972; Oved, 1988).

지금까지 수많은 농민, 노동, 여성, 원주민 그리고 환경운동과 반란은 자본주의 문화의 근본 원리를 바꾸려고 애쓰지 않았다. 하지만 자본주의 문화를 근본적으로 전복하고 대체하려 시도한 운동은 과거에도 있었고 지금도 있다. 그 가운데 대부분이 종교적 색채를 띠고 있다. 이들 집단은 특정한 종교적 힘을 통해 자신들이 부도덕한 문화라고 생각하는 것을 제거 또는 파괴하거나 추방하고, 새로운 생활방식을 강제로 또는 자발적으로 수용한다.

종교는 언제나 혁명적 요소들이 있었다. 대부분의 종교는 이래저래 기존 질서에 맞선 반란으로 시작되었다. 기독교는 하느님의 말씀에 위배되는 행동과 믿음에 맞선 한 유대인의 저항으로 탄생했다. 신약성서의 복음서들에는 명백하게 혁명적 의미가 담겨 있지만 구약성서는 그들이 정통성 없는 권위라고 믿는 것에 대한 민중의 투쟁이 기록되어 있다.

그러나 종교가 대개 반체제운동의 수원지인 것은 맞지만 자본주의 문화의 기본 전제들 가운데 일부를 정당화하는 구실을 하는 것도 종교라는 것을 간과해서는 안 된다. 세계체계가 확장하던 초기에 교회와 국가가 아주 긴밀한 협력관계였다는 것은 틀림없는 사실이다. 선교사들은 정복자와 탐험가들과 함께 다니며 원주민을 달래서 기독교의 여러 교파로 개종시키고 세계 경제의 충실한 노동자로 전환시키는 역할을 했다. 선교사들은 자본주의의 전위대로서 기독교로 개종시킨 원주민에게 자본주의 문화의 바탕이 되는 시간과 공간, 인간에 대한 서양식 개념을 전파했다. 진 코마로프(1985, 27쪽)는 이렇게 주장했다.

> 선교는 식민지 통합의 필수적인 수단이며 선구자였다. 그것은 지역체제
> 와 세계 자본주의 세력 사이의 대립에서 맨 먼저 이데올로기를 혁신하
> 는 중요한 대리인이었다. 선교의 일관된 문화적 구조, 즉 문명과 인간,
> 소유, 노동, 시간이라는 개념은 프롤레타리아화 과정의 근거가 될 범주
> 들로 구성되었다.

막스 베버(1958)는 『프로테스탄트 윤리와 자본주의 정신』에서 프로테
스탄트 개혁이 자본주의의 이념적 기반을 제공했을 뿐 아니라 물질적 성
공을 개인의 구원과 하느님의 축복을 나타내는 신호와 결부시킴으로써
사람들에게 돈벌이에 대한 동기를 부여했다고 주장했다. 역사가들은 지
난날 가족과 지역사회가 그 역할을 수행했지만, 나중에 도시의 폭발적
증가와 노동력의 이동으로 파괴된 도덕적 속박이 19세기 종교에서 다시
등장하는 것을 보았다. 예컨대 앤서니 F. C. 월러스(1987)는 펜실베이니
아의 아일랜드 이주민들이 아일랜드에 있었을 때의 대가족제도가 제약
했던 행동의 규제를 펜실베이니아의 가톨릭교회에서 어떻게 다시 대면
하게 되었는지를 지적했다. 그것은 펜실베이니아 탄광 소유주와 경영자
같은 사람들이 환영해 마지않는 도덕적 속박이었다. 폴 E. 존슨(1978)은
1830년대와 1840년대 미국에서의 종교 부활을 추적했다. 자그마한 농촌
공동체에서는 가족이 규정하는 도덕적 지침과 사회적 제약이 있었지만
새롭게 형성된 북동부 지방의 산업도시들에는 그런 것이 없었기 때문에
그것을 대체할 무엇인가가 필요했다. 그것이 바로 종교였다. 앞서 1장에
서 본 것처럼 20세기 초 종교 지도자 대다수는 자기부인self-denial의 이
데올로기에서 자아실현과 자유의 이데올로기로 바뀌는 것을 수용하는
것이 그다지 어렵지 않았다. 어쨌든 종교는 지금까지 자본주의 문화의 전
제가 되는 요소들을 지지하는 버팀목 구실을 한 반면에 어떤 형태로는

그것에 저항하는 역할도 했다.

이 장에서는 다음과 같은 문제를 제기한다. 종교운동은 과연 어느 정도까지 반체제적 성향을 보였을까? 다시 말해 종교운동은 그곳이 중심부든, 주변부든 자본주의 문화의 확장에 맞선 저항의 수단으로서 어떤 역할을 했을까? 그리고 어째서 종교적 항의는 때때로 엄청난 폭력 형태로 모습을 드러낼까? 이 질문에 대답하기 전에 우리는 먼저 주변부 국가에서 발생하는 종교운동들을 일부 살펴보고 나서 다음으로 세계의 주요 종교에서 나타나는 대규모 저항들에 주목할 것이다.

원주민의 반체제 종교운동

인류학에서 종교의 변화에 대해 말할 때 중심 개념은 앤서니 F. C. 월러스가 말한 부흥운동이다. 월러스(1966, 30쪽)는 종교적 믿음과 실천이 "더욱 만족스러운 문화를 구축하기 위한 사회 구성원들의 의식적이고 조직적인 노력"이라는 사회적·문화적 압박의 상황에서 시작된다고 주장했다. 그는 모든 종교가 부흥과정에서 시작된다고 말했다. 따라서 모든 주요 종교의 기원은 기존의 사회·문화체계에 대한 불만에서 비롯된 것이다. 결론적으로 인류학자와 역사학자, 사회학자들은 전 세계의 수많은 종교운동의 사례가 당시 사람들이 살던 사회환경에 대한 저항에서 시작되었다고 기록했다. 또한 그들은 멜라네시아의 화물숭배(조상의 영혼이 배나 비행기를 타고 돌아와 자신들을 백인들에게서 해방시켜준다고 믿는 신앙―옮긴이)에서 미국의 민병대운동에 이르기까지 모든 것을 개념화하기 위해 부흥이라는 개념을 썼다.

그러나 부흥이라는 개념은 종교의 변화와 저항에 대한 이해를 넓히는 데 유용한 역할을 하는 반면에 기본적으로 한 가지 약점이 있다. 지난 200년 동안 일어난 종교운동들을 살펴볼 때, 실제로 그 모든 운동이 단

하나의 현상, 즉 산업자본주의 또는 소비자본주의의 발전과 팽창에 대한 반발이었다는 사실을 생각하지 못했다. 일반적으로 멜라네시아와 뉴기니의 화물숭배, 아메리카 대초원의 아메리카 원주민들이 추는 교령交靈춤(죽은 사람의 영혼과 소통하기 위해 추는 종교의식의 춤—옮긴이), 이슬람, 기독교, 유대교 같은 주요 종교의 대규모 종교운동과 같은 부흥운동은 그것들이 부흥한 정도만큼이나 반체제운동의 성격도 컸다. 월러스가 지적한 것처럼 더 '만족스러운 문화'를 구축하려는 시도는 대개가 자본주의의 팽창에 따른 부정적 효과에 대한 저항으로 나타났다. 이런 이유 때문에 이런 운동들을 단순히 부흥운동으로 보기보다는 반체제운동으로 보는 것이 더 합당할 수 있다.

이제 우리는 주변부 국가 민중의 종교운동 가운데 교령춤, 화물숭배, 남아프리카공화국의 시온주의를 예로 들어 차례로 살펴볼 것이다. 이는 모두 자본주의의 팽창으로 조성된 경제적·사회적 환경에 맞선 지역민들의 저항을 보여준 것이지만 서로 중요한 차이점이 있다. 그것은 원주민의 신앙과 제례의식에 대립되는 것으로서, 주요 종교들의 장신구들을 사용하는 정도가 서로 달랐다. 게다가 그런 종교운동마다 국민국가에 대해 노골적으로 적의를 나타내는 정도도 서로 달라서, 결국 가혹한 폭력으로 보복하는 정도에서도 차이가 났다.

교령춤

1889년 어느 날 선교사의 전도를 받아 기독교로 개종한 파이우트족 인디언인 워보카는 환상을 보았다(Mooney, 1965). 그는 자기가 천국으로 올라가서 하느님을 만났다고 했다. 또한 거기서 죽은 인디언들도 만났는데 그들이 옛날과 같은 모습으로 살고 있다고 전했다. 그는 하느님이 자기에게 지상으로 돌아가서 사람들에게 백인들과 평화롭게 어울려 살아야 한다고 전하라 했다고 말했다. 또한 제례의식 때 추는 춤을 한 가지 전수받았는데, 그 춤을 닷새 동안 밤낮으로 춘다면 이승의 사람들이 저승에 있는 친구와 친족들을 다시 만날 수 있다고 했다. 기독교로 개종한 인디언들은 네바다에서 미국과 캐나다 전역에 이르기까지 원주민 부족들에게 워보카의 말을 전달했다. 그 말은 대개 가는 곳마다 다양한 방식으로 윤색되었다. 어떤 경우에는 백인과 아메리카 원주민이 화목하게 잘 어울려 살 거라고 했고, 또 어떤 경우에는 세계는 멸망할 것이며 원주민만 다시 살아날 거라고 했다. 또 다른 경우에는 버펄로가 다시 돌아올 것이며, 사람들은 유럽인들의 침입이 있기 전처럼 살게 될 것이라고 했다.

이미 알다시피 교령춤이 전하는 메시지를 널리 퍼뜨린 사람들은 워보카를 만나고 돌아온 부족 대표자들이었다. 그들은 아메리카 대초원 전역에 흩어져 사는 부족들과 자본주의의 팽창으로 붕괴된 생활방식의 부흥을 꿈꾸는 사람들에게 워보카가 한 말을 퍼뜨렸다. 교령춤이 전하는 메시지는 특히 협정과 사기를 통해 대부분의 땅을 송두리째 빼앗기고 보호구역 안에 갇혀서 그나마 자주 배급되지도 않는 정부의 식량에 의존해 살아야 했던 라코타족과 같은 원주민들의 마음을 사로잡았다. 그러나 라코타족에게 전통문화의 부흥을 약속했던 교령춤은 미국 역사상 가장 비극적인 사건 가운데 하나가 터지면서 끝을 맺었다.

교령춤이 라코타족의 노골적인 반역을 일으킬지도 모른다는 걱정에 라코타족이 수용된 보호구역들 가운데 한 곳의 인디언 관리가 군대의 투입을 요청했다. 일부 라코타 부족민들은 백인들의 습격을 두려워한 나머지 도망쳤다. 1876년 라코타족과 샤이엔족의 연합군에게 패퇴하고 죽은 조지 암스트롱 커스터가 이끌었던 제7기병대가 그들의 뒤를 추격해왔다. 기병대는 운디드니라는 곳에서 라코타족을 따라잡은 뒤 대포와 소총으로 무장하고 그들을 포위했다. 라코타족이 항복하자 기병대원들이 숨겨놓은 총을 찾기 위해 라코타족의 야영지를 샅샅이 수색했다. 그때 총알이 한 발 발사되었다. 그러자 기병대는 대포와 소총으로 야영지를 집중 공격했고, 그 결과 수백 명의 라코타족 남녀 어른들과 아이들이 죽었다. 심지어 수백 킬로미터 멀리 도망친 사람들에게도 집중 포화를 쏟아부었다.

교령춤은 여러 면에서 앞서 10장에서 거론된 '약자의 무기'와 비견되는 종교적 저항운동의 전형 가운데 하나다. 그것은 비록 상징적이기는 하지만 경제적·사회적·정치적 억압에 항의하는 종교운동이다. 이런 종교운동이 폭력적으로 변질되는 경우에 폭력을 도발하는 쪽은 대개가 국민국가나 그 대변인들이다. 운디드니의 대학살에서 보는 것처럼 국민국가를 관리하는 지배층들은 어떤 집단이나 운동 지도자들이 전면적으로 반란을 일으킬지도 모르며 이미 반란이 진행되고 있다는 우려 때문에 그들 집단 전체나 지도자들을 대상으로 폭력을 자행한다. 운디드니에서 대학살이 있기 며칠 전에 라코타족의 정신적 지도자였던 시팅불Sitting Bull(앉아 있는 소)이 그를 사로잡으려던 라코타족 경찰에게 암살당한 것은 우연히 일어난 돌발적 사건이 아니었다.

화물숭배

원주민의 종교적 항의운동 중에서 가장 극적인 것 가운데 하나가 멜라네시아와 뉴기니의 화물숭배다. 이 운동은 중심부 국가들이 태평양제도에서 자원을 착취하려고 애쓰던 19세기 말과 20세기 초에 일어났다. 화물숭배는 한 예언자가 세상의 멸망이 임박했다고 선포하면서 그때 조상이나 신처럼 자신들을 해방시켜줄 권력자가 화물, 즉 유럽인이 소유한 상품을 가지고 나타나 영원한 행복의 시대를 열 것이라고 예언한 것에서 비롯되었다. 원주민은 창고와 부두, 활주로를 건설하고 때로는 농사도 포기하고 기르던 가축도 죽이고 음식물도 모두 먹어 치우고 가지고 있던 돈도 모두 버리면서 화물 받을 준비를 했다. 화물숭배는 자본주의의 팽창에 대한 역설적 반응이다. 이것은 한편으로 원주민이 지배문화에 풍족하게 있다고 믿는 상품을 자신들도 정말 갖고 싶어한다는 것을 보여준다. 그러나 다른 한편으로 원주민은 화물을 싣고 오는 서양인들의 군사력과 영향력을 거부한다.

유럽인들이 태평양 섬들에 사는 원주민들을 착취하고 그들에게 남긴 결과들은 우리가 9장에서 본 유형을 매우 충실하게 따랐다. 피터 워슬리 (1968)는 『나팔소리 울리면』*The Trumpets Shall Sound*(천국의 나팔소리가 울려 퍼지면서 메시아가 나타나는 것을 의미한다—옮긴이)에서 화물숭배를 지나친 식민지 착취에 대한 원주민들의 반발이라고 기록했다.

예컨대 18세기에 유럽인들이 중국 시장에 내다 팔 제례용 선향과 향료의 원재료인 백단을 구하러 오면서 자본주의의 물결이 피지 섬에까지 이르렀다. 1813년 피지 섬의 삼림은 완전히 파괴되었다.

1860년대 유럽인이 피지로 대거 이주하면서 피지 원주민들의 땅은 상당 부분 유럽인들의 손에 넘어갔고, 유럽인들이 거주하는 지역은 지방정부들이 통제할 수 없을 정도로 무법지대로 바뀌었다. 또한 유럽인이 운영하는 코코넛 플랜테이션 농장이 점점 늘어나면서 원주민 노동자들에 대한 수요도 증가했다. 식민지 세력들은 원주민들이 스스로 농사를 지어 충분히 먹고살 수 있었기 때문에 굳이 플랜테이션 농장에서 일하려고 하지 않는다는 것을 알고 세금을 현금으로 내게 하는 법을 만들어 강제함으로써 농장에서 일하지 않을 수 없도록 만들었다. 원주민 노동자들에 대한 대우는 다른 지역에서와 마찬가지로 가혹했다. 뉴기니에서 식민지 정부는 노동자 감독관들이 마음에 안 드는 노동자들을 채찍질하거나 손목을 묶어 매다는 것과 같은 다양한 체벌을 가한다는 것을 인정했다. 원주민은 잘 이해할 수 없는 일이었지만 당시 세계 경제의 혼란은 원주민에게 또 다른 가혹함을 안겨주었다. 코코넛, 석유, 기타 환금작물의 가격이 시장의 불규칙한 변동에 따라 등락을 거듭하면서 어떤 때는 노동력이 부족하기도 하고 어떤 때는 광범위한 실업문제가 발생하기도 했다.

선교활동도 화물숭배의 확산에 중요한 역할을 했다. 선교사들은 남태평양 지역에 이주한 유럽인 가운데 15퍼센트를 차지할 정도로 식민지 개척과정에서 주역을 맡았다. 선교사들은 자기들끼리 영토를 분할했다. 원주민은 같은 선교사들이 왜 교파별로 서로 경쟁하는지 의문을 나타냈다.

종교는 유럽인의 생활 영역 중에서 원주민이 거부하지 않은 한 부분이었다. 실제로 화물숭배를 하는 원주민들은 상품을 만들어내는 신비한 능력의 원천이 종교라고 생각했다. 원주민들은 유럽 사회의 물질적 현실과 상품을 만들어내는 생산과정에 대해 전혀 알지 못했다. 그들이 아는 유럽인은 자신들이 소유하고 있는 상품을 만들기 위해 어떤 일도 전혀 하지 않았다. 원주민들은 선교사들의 전도를 통해 유럽인이 이룩한 부의 열쇠가 바로 그 비밀스럽고 신비한 능력이라고 결론짓더니 그 능력을 갖고 싶어했다(Worsley, 1968).

화물숭배의 번창은 바로 이런 환경에서 일어났다. 가장 좋은 사례가 1919년 뉴기니에서 처음으로 알려진 '바일랄라 광신'이었다. 바일랄라 광신자들이 보이는 가장 명백한 징후는 무아지경이나 귀신에 홀린 것 같은 상태에 빠지는 것이었다. 이런 운동은 식민지 착취의 환경에서 일어났다. 석유가 발견되고 플랜테이션 농장이 세워지고 있었다. 바일랄라 광신자들은 대다수가 계약노동자로 대개 가혹한 징벌과 질병에 시달리고 있었다. 예컨대 1910년 6월 레이크카무 금광에서 일하던 1,100명의 노동자 가운데 225명이 이질에 걸리거나 이런저런 이유로 죽었다.

바일랄라 광신의 창시자는 무아지경에 빠져 나흘 동안 어디론가 사라졌다 나타난 에바라라는 노인이라고 알려졌다. 그는 어떤 마법사가 "자기 배를 찢었다"고 했다. 그는 죽은 조상의 영혼들이 기선에 화물을 싣고 올 것이라고 예언했다. 그 화물 가운데는 소총도 있었다. 그 화물을 담은 나무상자마다 어느 마을로 배송될지 표시가 되어 있었다. 에바라의 예언에 따르면 조상의 영혼이 배에 싣고 오는 밀가루와 쌀, 담배 등 모든 화물은 백인의 것이 아니라 파푸아 사람들의 것이며 백인은 곧 쫓겨날 것이라고 알려주었다고 했다(Worsley, 1968, 81쪽).

파푸아뉴기니에서 백인에 대한 적개심은 당연한 일이었다. 어떤 플랜테이션 관리자는 죽은 친구를 애도하는 노래를 부르고 있던 일부 '소년들'을 조용하게 만들기 위해 채찍을 휘둘렀다. 또 다른 관리자는 "나를 위해 일하는 깜둥이를 원해. 그래야 빨리 돈을 벌어서 이 지긋지긋한 나라를 뜨지"라고 말했다(Worsley, 1968, 82쪽 인용). 이 운동은 백인들에 대한 적개심을 분명하게 보여주고 있었다. 그러나 원주민은 자신들의 조상이 백인일 거라고 믿었다. 실제로 백인들이 자기들의 죽은 친족이라고 믿었던 원주민은 일부 백인을 따라다녔다.

종교의식과 제례에는 언제나 화물숭배운동이 따랐다. 원주민은 먹을 것이 풍족하고 사람들이 길게 늘어뜨린 예복을 입은 천국의 환영을 보았다. 많은 사람은 예수 그리스도나 하느님으로부터 말씀을 들었다고 주장했다. 마을 사람들은 식탁을 차리고 맥주병과 밥공기, 구장나무 잎, 코코넛 껍질에다 꽃을 담아 장식했다. 화물을 싣고 돌아오고 있다고 생각되는 죽은 조상들의 친족들은 잘 차려진 식탁 주변에 둘러앉는 반면에 나머지 마을 사람들은 식탁을 뒤로하고 화물이 도착할 때까지 기다리며 조용히 앉아 있었다. 원주민은 교회를 닮은 사원을 짓고 죽은 조상들과 소통할 수 있는 매개체라고 생각하는 깃대를 세웠다. 거기에는 조상에게 진수성찬을 대접하고 간음과 도적질을 근절하고 안식일을 지킨다는 엄격한 도덕률의 의미가 담겨 있었다. 또한 모든 토착 도구들을 파괴하고 농사를 포기한다는 의미도 있었다.

화물숭배운동은 12년 동안 확산되다가 끝났다. 1930년대 들어 그 운동이 끝났을 때 사람들은 화물을 싣고 오는 기선을 보고 깃대를 통해 하느님의 말씀을 듣고 죽은 사람들의 자취를 해변에서 보았다고 하면서 모든 예언이 성취되었다고 주장했다. 게다가 그들이 그렇게나 바랐던 유럽의 상품을 소유하게 된 사람들이 점점 더 많아지면서 원주민에게 화물이 전달된다는 예언도 실현된 셈이었다.

남아프리카공화국의 시온주의

교령춤과 화물숭배운동은 둘 다 선교활동의 영향이 컸다. 그것은 당연한 일이었다. 성경 말씀, 특히 복음서는 그 운동에 참여하는 사람들에게

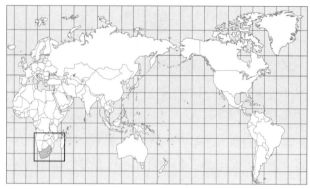

남아프리카공화국

매우 호소력 있는 내용을 담고 있었다. 하느님 아래 모든 인간의 평등, 더 신성한 약자들의 신분, 지상천국 건설이라는 공동의 책무는 모두 억압받는 민중의 마음을 사로잡는 말이었다. 더 나아가 적어도 부분적이나마 원주민의 종교운동과 관련된 내용을 선교사의 가르침에서 가져온다면 식민 정권이 그들의 운동을 인정할지도 모른다고 기대할 수도 있었을 것이다. 유럽과 미국의 식민지 지배자들은 실제로 선교활동을 허용하고 환영했지만 그것이 원주민을 통제하고 종속시키는 데 기여하는 범위 안에서만 그랬다. 따라서 원주민의 종교운동이 수반하는 항의와 저항의 정도는 정부의 보복가능성에 맞춰 신중하게 조절되었다.

자본주의 문화에서 부상한 가장 억압적인 국민국가 가운데 하나가 인종차별 정책으로 유명한 남아프리카공화국이었다. 그들은 군사력으로 아프리카인들이 공개적으로 반란을 일으키지 못하게 했다. 이런 상황에서 저항을 표현할 수 있는 유일한 방법은 종교적 항의운동이었다. 그런 운동 사례를 한 가지 살펴보자. 진 코마로프(1985)는 남아프리카공화국의 치디족에 대한 연구서 『권력의 몸, 저항의 정신』*Body of Power, Spirit of Resistance*에서 시온 참증인 사도교회를 예로 들었다.

치디족은 주로 농업과 목축으로 생계를 유지하고 살았던 남아프리카공화국 원주민을 대표하는 부족이다. 영국이 남아프리카공화국을 지배하면서 아프리카 사람들은 형식적으로만 자치가 허용된 보호령이나 자치구에 갇히는 신세가 되었다. 농업과 목축 생산은 우질이나 가뭄과 같은 요인뿐 아니라 다이아몬드 광산이나 금광, 공장, 백인들의 농장에 노동력을 빼앗겨 농업 인력이 고갈되면서 점점 줄어들었다.

결국 치디족 같은 원주민은 그동안 자신들의 생활 기반이었던 농촌이 저개발의 늪에 빠지면서 자기 노동력을 팔아 생계를 유지할 수밖에 없는 경제체제를 맞게 되었다. 1970년 치디족 여성의 절반 이상이 오랜 기간 집 밖에서 일자리를 찾아야 했고 남성들의 4분의 3 이상은 적어도 1년에 9개월을 집에서 멀리 떨어진 곳에서 일해야 했다. 농사일은 남아 있는 여성과 아이들의 몫이 되었다. 그들은 아프리카 법으로 남편이나 아버지를 따라 산업 중심지로 함께 갈 수 없었다. 게다가 흑인들이 도시와 농촌 사이를 오가는 것도 정부의 인종차별 정책으로 규제가 심했다. 원주민이 자치구를 벗어나려면 통행증이 필요했는데 야간 통행금지 규정도 엄격하게 시행되었다. 또한 정복경찰과 관리들은 아프리카 주민들을 철저히 감시했다. 따라서 치디족은 광산지대의 야만적 횡포와 모욕적 인종차별의 상황 속에서 자신들이 얼마나 억압받고 있는지 서서히 깨닫기 시작했다.

아프리카인들의 저항에 대한 억압은 남아프리카공화국의 특징을 이루는 풍경이 된 지 이미 오래였다. 남아프리카공화국의 백인 정부가 반대자들을 억압하기 위해 얼마나 많은 암살, 납치, 고문 같은 폭력을 휘둘렀는지 세상에 밝혀지기 시작한 것은 불과 몇 년 되지 않는다. 결국 저항은 더욱 정교해질 필요가 있었다. 인종차별을 하는 남아프리카공화국 정부의 정치적·사회적·경제적 지배장치에 직접 대놓고 도전할 수는 없었다. 대신에 그들은 정부가 기반으로 삼고 있으며 자신들이 소속된 체제의 논리에 대해 문제를 제기하는 방식을 택했다. 따라서 저항은 상징적일 수밖에 없었다.

우리는 이런 저항방식을 평가하기 위해 말레이시아 농민들이 활용했던 저항수단을 다시 떠올릴 수도 있다. 제임스 C. 스콧(1985)이 그것을

'약자의 무기'라고 부른 것은 이미 아는 얘기다. 또는 미국의 젊은이들이 했던 저항과 독립의 상징인 옷차림이나 음악, 그 밖에 학교와 부모, 사회가 강요하는 규율에 반발하는 각종 행위를 떠올릴 수도 있다. 치디족은 중심부 국가에서 유입된 종교운동, 즉 시온 참증인 사도교회를 그들의 저항수단으로 삼았다. 코마로프는 시온주의운동을 치디족이 자신들의 소외에 항의하고 자본주의 세계체계가 끼친 영향에 반발하는 수단이라고 보았다. 그들의 반발은 복장과 의식, 이데올로기로 표현된다.

1888년 북아메리카에 온 스코틀랜드 사람 알렉산더 도위가 시온 기독천주 사도교회CCACZ를 세운 때는 1847년이었다. 1899년 그는 시카고에서 북쪽으로 68킬로미터가량 떨어진 미시건 호 근처 6,500에이커의 땅에 시온시티를 건설했다. 그 '시티'는 1년 만에 인구수가 수천 명으로 늘었고 은행 한 곳, 벽돌공장 한 곳, 상점과 작은 공장들, 여러 군데의 학교, 인쇄소 한 곳이 생겨났다.

시온시티는 시카고라는 도시로 대표되는 사악한 환경으로부터의 피난처가 되었다. 그곳에는 성직자, 자영 수공업자, 힘겹게 사는 소상인 등 대개 가난한 노동계급들이 살았다. 이들은 19세기 자본주의의 주변으로 밀려난 사람들로 신흥 자본주의 문화의 많은 것을 거부했다. 그들은 자신들이 현실에서 점점 소외되고 있음을 발견했다(Comaroff, 1985, 179쪽). 시온주의자들은 그들이 느낀 소외감을 인간과 하느님의 분리로 해석했다. 그들은 그것을 질병과 건강의 관계로 은유화해서 표현했다. 그것은 기존의 천벌과 구원이라는 교리를 대체했다. 시온주의자들은 치유라는 은유를 통해 몸과 영혼, 정신을 재통합함으로써 질병과 악마의 영향력을 퇴치하려고 했다. 한편 주변부 국가로 유입된 시온주의는 식민화와 임금노동의 경험이 내몰았던 모든 것을 한데 모으는 것처럼 보였다. 이는 자본주의 문화를 견뎌낼 수 있는 전체론에 입각한 상호의존적 공동체를 재건할 수 있다는 가능성을 보여주었다.

1904년 CCACZ의 남아프리카공화국 대표가 한 네덜란드 개혁교회 선

남아프리카공화국의 시온교회 신도들이 입은 길게 늘어뜨린 흰색 예복은 노동자들이 입는 칙칙한 황갈색 또는 검은색의 꼭 끼는 제복과 뚜렷하게 대비된다.

교사의 초청으로 요하네스버그에 처음으로 도착했다. 시온주의는 이주노동자들이나 자신을 추종할 사람들을 찾아 이리저리 돌아다니는 예언자들을 귀향시키는 과정에서 치디족과 만났다. 당시에 치디족은 그 지역에서 지배적인 식민지 종교였던 감리교로 개종한 상태였으며, 백인과 흑인이 다니는 교회는 철저하게 분리되어 있었다. 그러나 1970년대 CCACZ의 영향력은 점점 더 커졌다. 코마로프(1985)에 따르면 정통 교파의 교인으로 남아 있던 4,750명의 치디족 가운데 적어도 3,750명이 시온주의로 개종했고 나머지 1,000명은 다른 독립교회들에 다녔다.

1956년 요하네스버그 광산에서 일하던 줄루족 계약노동자 비숍 엔이시온 참증인 사도교회를 세웠다. 교회 건물은 약 22제곱미터의 면적에 진흙벽돌로 지은 것이었다. 신도들은 독특하게도 긴 흰색 예복과 초록색 가운을 입고 빨갛고 검고 흰 끈으로 꽉 조인 흰색 두건을 썼다.

일요일 예배는 보통 식사를 함께하는 것으로 시작한다. 모두 식사가 끝나고 감독의 첫째 부인이 신호를 보내면 찬송가를 부르고 손뼉을 치며 북을 두드리기 시작한다. 신도들은 춤을 추고 남자들은 해가 뜨는 동쪽을 향해 무릎을 꿇는다. 몇몇 여성에게 성령이 내리면 사람들이 고해하기 시작한다. 고해의 내용은 대개 외부 세계(임금노동, 도시, 외지인)와 내부 세계(가정과 신도들)를 비교하며 자신들이 억압받는 상황에 대한 것들이다. 고해행위를 통해 치유를 받는 것이다(Comaroff, 1985, 210쪽).

또한 시온교회는 그런 예배의식을 통해 치디족이 반드시 사야 하는 부정한 상품들을 정화하는 동시에 그 상품들의 근원이 되는 자본주의 문화를 거부하는 구실을 했다. 신도들은 자신들이 산 물건들, 즉 식품이나 신발, 담요들을 모두 가져와서 교회 중앙에 있는 탁자 위에 올려놓는다. 예배가 진행되는 동안 그 물건들 위에 성수를 뿌린다. 따라서 자신들이 거부하는 체제에서 온 화물이지만 무조건 거부되는 것이 아니라 오히려 그런 예배행위를 통해 거듭나고 정화되는 것이다. 코마로프(1985, 219~219쪽)가 말한 것처럼 "외딴곳에서 온 상품들에 새로운 사회적·정신적 정체성이 부여될 때, 그들이 겪는 소외의식은 역전된다."

시온교회 신도들은 예배를 통해 상품들을 새로 거듭나게 하는 것처럼 복장으로 자신들의 몸을 거듭나게 한다. 신도들은 자신들의 삶을 지배하는 질서를 거부하는 새로운 질서를 재창조하기 위해 개신교도의 복장과 원주민 복장이 혼합된 옷을 입는다. 그들이 입는 긴 흰색 예복과 길게 늘어뜨린 머리, 알록달록한 가운은 농촌의 치디족 사람들이 보통 입는 칙칙한 황갈색의 초라한 옷과 뚜렷하게 대조를 이룬다. 그런 복장은 기독교 선교의 세계라는 성서적 현실과 식민지 이전 치디족의 과거에 대한 암시를 혼합한 옷차림으로 그들이 남들과 '다르다는 것'을 전달하는 방식이다. 또한 그런 옷차림은 군인, 광부, 사절단, 가정부가 입는 단조로운 황갈색 또는 검은색의 꼭 끼는 제복과는 색상과 모양에서 판이하게 다르다.

코마로프는 주변부 국가에서의 저항운동들이 이런 신앙치료나 신비요법과 같은 서양 문화의 '곁길'을 채택하는 것 같다고 지적했다. 그러나 이런 상징적 의식들은 대개가 서로 기원이 다르면서도 자본주의 문화에 반대하고 식민지 사회구조를 전복시키려는 의도를 공유하고 있다. 시온교회는 다른 소규모 종교운동과 마찬가지로 자본주의 문화의 팽창으로 주변으로 밀려난 사람들에게 안식처이자 귀감으로서 구실을 한다. 코마로프(1985, 254쪽)는 이렇게 말했다.

> 시온주의는 세계 지배문화의 그늘 아래에 있는 하부문화의 일부다. 시온주의의 독특하지만 비슷한 상징적 의식은 세계체계에 저항하는 주변부 국가의 상상 속에서 생겨난 구조물이다.

전 세계가 직면한 반체제 종교적 저항운동

아마도 오늘날 전 세계에서 일어나고 있는 수많은 시온주의 저항운동을 비롯한 종교운동들이 세계 자본주의의 지배에 도전할 거라고 기대하기는 어려울 것이다. 대신에 그런 종교운동들은 자본주의 문화의 경제적 주변부에 있는 사람들이 느끼는 절망과 소외를 일시적으로 벗어날 수 있게 해줄 것이다. 각종 종교적 의식과 예배, 집회는 신도들이 체제에서 벗어나는 시간을 의미한다. 그동안 그들은 집단적으로 자신들의 고결함과 정체성을 되찾을 수 있다. 그런 운동들은 1848년 혁명과 1968년 혁명 이후 번성했던 다양한 이상향이나 대안 공동체들과 다르지 않다. 그들은 아주 단합된, 가끔은 현실적으로 고립된 공동체 안에서 새로운 대안의 세계를 창조하려고 애썼지만 실제로는 공동체 구성원들이 불법을 저지르거나 비이성적인 행동을 할 때만 일반 대중의 주목을 받았을 뿐이다.

이에 비해 '근본주의운동'으로 대표되는 대규모 종교적 저항운동은 지난 40년 동안 일반 대중의 주목을 받으며 세상에 널리 알려졌다. 이런 운동들은 소규모 고립된 종교운동의 사례들과 달리 모두 세계 주요 종교의 분파이며 수백만 명의 추종자를 거느리고 있다. 또한 그것들은 국민국가의 통제에 맞서는 중대한 계획도 있다. 이런 운동이 상징하는 문화는 오늘날 자본주의 문화의 세계 지배를 거부하는 하나밖에 없는 진정한 도전자로 남아 있다.

이런 운동은 여러 가지 측면에서 특징을 말하기가 어렵다. 언론매체와 정부 분석가, 많은 종교학자가 그것을 근본주의운동이라고 부르지만 일부 학자들은 그 말이 담고 있는 경멸적 의미 때문에 그렇게 부르는 의도에 대해 비판해왔다. 그래서 마크 위르겐스마이어(1993, 1996)는 그 운동을 '민족주의 종교운동'으로 부르자고 제안했다. 그런 용어는 그 운동이 근본적으로 정치적이라는 것을 암시한다. 하지만 그 운동은 그보다 훨씬 더 큰 영역의 문화적 특성에 맞서 항의하는 것으로 보인다. 따라서 **반체제**라는 말이 훨씬 더 적합한 용어일지도 모른다. 그렇지만 **근본주의**라는 말이 널리 쓰이고 있기 때문에 여기서는 근본주의라는 용어를 그대로 쓸 것이다.

이제부터 대규모 종교적 저항운동이 어느 정도까지 반체제운동을 의미하는지 살펴보기 위해 중동에서의 이슬람 근본주의의 발흥과 미국에서의 개신교 근본주의의 역할에 대해 검토할 것이다. 이들 근본주의는 각각 산업혁명과 오늘날 삶을 규정하는 특성에 대한 불만에서 생겨났다. 따라서 오늘날의 문화와 사회를 바꿀 만한 방법을 자신들이 알고 있다고 주장한다. 이 근본주의운동들은 저마다 특별한 문화적 전통과 지역적 조건에 뿌리를 박고 있지만 서로 공유할 만한 공통된 특징도 일부 있다.

1. 근본주의운동들이 마치 최근에 일어난 것처럼 대중매체가 사람들에게 인상을 남긴 것과는 달리, 사실은 대개가 근대 들어 종교의 세속화 또는 세계 경제의 팽창과 식민지 열강의 지배에 대한 반발로부터 비롯된 것으로 그 뿌리가 19세기에 있다.
2. 근본주의운동은 역사적으로 오늘날의 세계적 사건들(외채위기, 전쟁이나 인종분쟁, 질병)을 자신들의 중심 교의를 합리화하는 신성한 조짐으로 판단하고 해석한다. 게다가 국가가 세계문제에서 차지하는

위상이 상대적으로 하락하거나 부재하는 원인을 그 나라가 신봉하는 교리가 무엇이든 상관없이 모두 신앙의 부재나 부족으로 돌린다.

3. 오늘날 근본주의운동은 모두 국가권력을 잡고자 하는 의도가 있다. 따라서 그 목적을 달성하기 위해 다양한 방식으로 오늘날의 정치구조(예컨대 정당, 청년단체, 현대적 소통기법)를 수용한다. 어떤 경우에는 기존의 국민국가를 장악하려 하기도 하고, 또 어떤 경우에는 그들 자신의 독립국가를 세우려고도 한다.

4. 근본주의운동의 추종자들은 최종 목표가 다른 사람들을 자신들의 세계관으로 전향시키는 것이지만 먼저 비신자들과 자신을 철저하게 분리시킬 것을 주장한다.

5. 근본주의운동은 젊은 층, 특히 대학생들에게 호소력이 커서 그들을 포섭하기 위한 조직을 발전시켜왔다.

6. 근본주의운동은 대부분 사회적으로 인정된 방법을 통해 목적을 달성하려고 했지만 레바논의 헤즈볼라, 미국의 낙태수술구조대, 이스라엘의 구쉬에무님 같은 호전적 조직도 갖추고 있다. 이들 조직은 세속의 법보다 더 높은, 신의 소명에 따라 폭력 또는 비폭력 수단을 써서 세속의 법에 불복종함으로써 세속 국가의 권력에 도전한다.

7. 대부분의 종교적 근본주의는 사회생활에서 가족의 중요성을 강조한다. 그들은 세속의 국민국가가 가족제도를 무너뜨렸다고 주장한다. 일부는 전통을 중시하며 여성들의 의무를 특별히 강조하기도 하는데, 집은 일터에서 돌아온 남자들을 위한 신성한 공간으로 거기서 남자들은 휴식을 취하고 자신의 권위를 주장할 수 있다.

8. 이슬람교를 제외하고 근본주의운동들 가운데 어느 것도 자본주의의 기업 자유지상주의를 대체할 정교한 경제적 의제를 제시하지 못하지만 그것을 비판한다는 점에서는 모두 같은 생각이다. 근본주의운동은 자본주의가 근대 이전의 우애로운 경제환경을 냉혹한 경제적 경쟁과 공공자원에 대한 격심한 경쟁으로 바꾸어놓았다고 생각

한다(Kuran, 1993, 290~291쪽). 또한 오늘날 일어나는 경제문제는 모두 도덕이 땅에 떨어졌기 때문이라고 믿는다. 그들은 현대 경제학이 인간의 욕망과 그에 따른 상품에 대한 수요를 억제할 수 없는 것으로 본다고 말한다. 공급은 결코 수요를 따라잡을 수 없다. 대부분의 근본주의운동은 이런 도덕과 무관한 접근방식을 거부한다. 인간의 욕망을 억제할 수 없는 것으로 보지 않고 현대 문명이 개인의 욕심을 통제할 수 있느냐 없느냐의 문제로 생각한다. 그들은 설득을 통해 사람들이 비도덕적인 생활양식을 버릴 수 있다고 믿는다(Kuran, 1993, 295쪽). 그러나 이슬람교는 이슬람식 은행과 금융이라는 새로운 금융체계를 제시하는데, 그것 자체가 반체제적 요소들을 지니고 있다(예컨대 Maurer, 2005, 37쪽 참조). 다음 장에서 그에 대해 살펴볼 것이다.

9. 부의 분배는 종교적 근본주의가 다루는 공통된 주제다. 물론 그것을 다루는 방식은 종교마다 서로 다르다. 모든 종교는 부자들에게 가난한 사람들을 도우라고 권한다. 그러나 아무도 완전한 평등을 주장하지는 않는다. 이슬람 근본주의자들은 국가가 세금을 징수할 때 가난한 사람들에게 도움을 줄 수 있도록 쿠란에서 말하는 전통적 방식을 쓰라고 요구한다. 반면에 개신교 근본주의자들은 하느님의 말씀에 복종하는 것만이 가난과 불평등을 완화시킬 것이라고 주장하면서 대개 경제적 재분배를 반대한다.

이슬람 근본주의

이슬람 근본주의는 1979년 이란이 이슬람 국가로 바뀌고 국외로 추방당했던 아야톨라 호메이니가 귀국한 이란혁명으로 세계적인 명성을 얻었다. 언론은 이슬람 인구가 많은 국민국가들의 지도자들을 주목하면서 근본주의자들의 부활에 큰 관심을 보였다. 또한 언론은 이른바 이슬람 테러단체들에 대해서도 주목했지만 대개가 편견에 가까운 내용이었다. 따라서 1995년 미국의 민병대 지지자들이 오클라호마 연방건물을 폭파했을 때도 언론이 맨 먼저 보도한 것은 폭파 지역에 '중동 사람처럼 생긴' 남자들이 있었는가 하는 것이었다. 서양 언론은 지금까지 이슬람 근본주의자들의 신앙, 목표, 조직방식이 전 세계 어디나 다 똑같다고 생각했다. 따라서 지역마다 그들 사이에 중대한 차이가 있다는 사실을 무시해왔다.

이슬람 근본주의가 일반적으로 오늘날의 이슬람 신앙을 비판하는 내용은 이슬람 사람들이 쿠란이 지시하는 도덕적 삶에서 벗어났다는 것이며, 따라서 진정한 이슬람 사람이라면 경건한 신앙의 삶으로 돌아와야 한다는 것이다. 근본주의자들은 이슬람 문명 초기의 성공이 자신들의 신앙 덕분이라며 지난 몇 세기 동안 이슬람의 영향력이 쇠퇴한 것은 올바른 신앙의 길에서 벗어났기 때문이라고 믿는다. 그들은 이슬람 사람들이 과거의 종교적 이상주의로 복귀할 수 있다면 이슬람 사람들을 괴롭히는 사회적·정치적·경제적·도덕적 문제를 해결하고 지상에 도덕국가의 질서를 창조할 수 있다고 생각한다(Sachedina, 1991, 406쪽).

이슬람 사람들은 이슬람의 신앙심이 붕괴된 이유를 총체적으로는 그들 사회에 대한 서양의 영향력 탓으로 돌리는데, 좀더 자세히 말하면 서양의 식민지 경제 지배와 세속적 영향력이 증가했기 때문이라고 믿는다. 이슬람 근본주의자들은 근대화를 반대하지 않는다. 오히려 오늘날과 같은 기술 시대에 적합한 사회제도와 윤리의 기반을 쿠란이 제공할 수 있다고 주장한다. 이슬람 근본주의자들은 신이 명령한 종교와 신이 지배하는 세계의 역사적 발전 사이에 갈등이 존재한다는 것을 안다. 따라서 그들은 진정한 신앙이라고 생각하는 것이 무너져 내리는 것을 막으면서 동시에 어떤 형태로든 이슬람 사회를 지배하려는 외세에 저항하려고 애쓴다.

이슬람 근본주의자들은 어느 이슬람 국가든 가난, 세력 약화, 갈등 등 자기 나라의 불행을 진정한 이슬람 신앙과 행동에서 벗어났기 때문이라고 여긴다. 또한 정치적·경제적·사회적 문제들에 대해서도 어느 정도 서양에 책임이 있다고 생각하며 대개는 근대화 탓으로 돌린다. 예컨대 이집트의 근본주의자들은 이슬람 사회의 건설을 통해 사람들이 마을을 떠나 점점 가족들로부터 독립적인 생활을 하면서 야기된 가족관계의 상실을 보완할 수 있다고 믿는다. 안드레아 B. 루(1993)는 이런 이유로 대다수 민병대가 젊은 사람들, 특히 대학교육을 받았는데도 일자리를 찾지 못하고 이슬람교에서 비서구적 대안을 찾을 수밖에 없는 청년들로 구성된다고 주장했다.

한편 말레이시아 이슬람 근본주의를 지배하는 특징이 **다크와**dakwah (말레이시아 말로 전도를 뜻하는 이슬람부흥운동 —옮긴이)운동이다. 다크와는 쿠란에서 정한 이슬람 율법을 따르는 삶을 살기 위해 외부 사회와 분리된 소규모 종교집단 또는 생활 공동체를 말한다. 매닝 내시는 그것이 대개 대학교육을 받은 남녀들로 구성된 청년운동이라고 지적했다. 다크와 회원들은 현대 도시의 다원적 세속 세계에 대한 불만을 표시한다. 그들은 그것을 음탕하고 부도덕하고 신경과민에 걸린 보잘것없는 세상으로 본다(Nash, 1991, 695쪽). 또한 이슬람 서적을 읽고 쿠란에 나오는 구절에 따라 자신들의 행위를 신중하게 평가한다. 여성들은 발목을 덮는 옷을 입고 사람들 앞에서는 차도르 같은 망토를 두른다. 다크와 회원들은 소규모 장사와 가게를 유지하려고 하며 빵이나 과자를 구워 지역 내에서 판다. 말레이시아 이슬람 근본주의의 또 다른 고유한 특징은 인도인과 중국인 같은 다른 인종집단들에 대한 말레이 사람들의 의미 있는 인종적 대립이다. 그것은 어느 정도 영국의 식민지 지배기에 말레이시아에서 돈을 많이 번 인도인과 중국인들에 대한 민족주의적 저항인 셈이다. 또한 이는 서양과 근대화에 반대하는 것과도 관련이 있다. 내시(1991, 731쪽)는 이렇게 말했다.

서양은 주로 미국과 서유럽이 다양한 형태로 구체화한, 즉 혼돈 세력이나 규율과 윤리의 부재 그리고 무엇보다 순수한 인간 예의의 부재 등 위험한 '타자'로서 비춰진다. 따라서 대부분의 다크와 조직들에게 서양은 각종 교육제도와 우월한 과학을 통해 말레이시아 이슬람교의 한복판에 무신론과 유물론, 도덕적 타락을 이식하는 데 성공한 침략자이자 주적으로 남는다.

이란의 이슬람 근본주의

이란의 이슬람혁명은 반체제운동이 갖춰야 할 모든 것을 구비하고 있다. 이란은 한 세기가 넘는 동안 러시아, 영국, 미국 등 중심부 국가의 지배를 받았다. 이란의 국왕 샤의 세속 정부는 1953년 선거로 뽑힌 정부를 미국 CIA가 꾸민 쿠데타로 무너뜨리고 집권에 성공했으며 풍부한 석유자원을 중심부 국가에 팔아 신속하게 산업화를 추진했다. 이슬람혁명 정부는 외국 문화가 자신들의 전통문화를 억누르고 있던 상황을 되돌려놓기 위해 재빠르게 행동했다. 따라서 이 혁명의 사회적·역사적 배경을 이해하는 것은 매우 중요하다.

이란은 16세기 중동에서 세력을 떨치기 시작한 오스만 제국의 중심지였다. 19세기 오스만 정치체제가 쇠약해지기 시작하면서 영국과 러시아는 이란에 군사적 패배를 안기고 담배 같은 다양한 자원을 착취할 수 있는 특허권을 얻었다. 그러나 담배특허권은 이란의 상인들과 이슬람 종교 지도자들인 **울라마**ulama를 분노케 했다. 울라마들은 정부가 영국에 양허한 담배특허권을 취소하라고 강력하게 촉구했다. 이런 반발을 이끈 사람은 자말 알딘 알아프가니로 서양의 제국주의를 비난하는 설교를 하면서 20세기 초 이란과 이집트에서 이슬람교 부활을 주도한 중심인물 가운데 한 사람이 되었다. 따라서 서양 세력에 맞선 저항은 1979년 샤의 폐위와 함께 시작된 것이 아니라 19세기로 훌쩍 거슬러 올라간다.

영국은 러시아가 1917년 볼셰비키혁명 이후 이란에서 철수하자 이란의 경제를 장악했다. 이란은 중앙정부가 힘을 잃자 여기저기서 반란이 일어났다. 그 가운데 가장 큰 반란은 1917~1921년에 쿠칙 칸이 이끈 장갈리(이란 북동부에 있는 도시—옮긴이) 반란이었다. 그는 부유한 지주들의 재물을 훔쳐 반란자금을 조달했는데, 한 영국 작가는 그를 일컬어 카스피 습지대의 로빈 후드라고 했다(Munson, 1988). 레자 칸은 상인들과 군대의 지원을 받아 장갈리 반란을 진압했다. 레자는 공화국을 세우려고 했지만 울라마들의 거부로 스스로 샤라고 선포하고 팔레비 왕조를 세웠다. 그는 영국의 지원으로 이란을 신속하게 세속화하고 서구화하려고 애썼다. 그는 남자들에게 강제로 유럽식 옷을 입고 테두리가 있는 모자를 쓰게 했다. 여자들은 유럽 여성들이 가슴을 드러내놓고 다니는 것과 같은 의미로 차도르나 베일을 두르지 못하게 했다. 그러자 일반 대중의 반발이 잇따랐다. 당시 무엇보다 중요한 것은 샤의 지배 아래 유럽인들이 이란의 무역과 상업을 독점했다는 사실이다.

2차 세계대전이 끝난 뒤 영국이 이란에서 서서히 철수하면서 울라마의 권위가 일부 회복되기 시작하더니 1951년 실시된 민주선거에서 모하마드 모사데크가 총리로 선출되었다. 모사데크가 처음으로 취한 조치는 앵글로-이란 오일 컴퍼니를 국유화하는 것이었다. 또한 그는 아야톨라 카샤니가 이끄는 파다이얀-에 이슬람Fada'iyan-e Islam(이슬람교 광신도라는 의미—옮긴이)이라는 호전적 종교집단의 활동도 금지했다. 그는 이두 가지 조치 때문에 미국 CIA가 레자 칸의 아들을 국왕으로 앉히기 위해 꾸민 쿠데타로 실각하고 말았다. 쿠데타가 끝난 뒤 샤는 자신의 집권을 도왔던 정당들을 금지하고 미국의 이란 지배 시대를 열면서 이란의 서구화를 지속적으로 추진했다. 샤가 여성의 투표권을 인정한다고 선언하자 이란의 종교 중심지인 쿰에서 시위가 일어났고 샤는 신학교를 공격하는 것으로 대응했다. 샤는 CIA의 도움으로 국내 반대파를 억누르기 위해 사바크SAVAK라는 비밀경찰조직을 창설했다.

샤를 전복하고 아야톨라 호메이니가 권력을 잡은 1979년 혁명에서는 억압, 살해로 얼룩진 샤의 정책에 반대하는 울라마와 상인, 지식인들이 하나로 뭉쳤다. 1979년 2월 1일, 마침내 프랑스에 망명해 있던 호메이니가 비행기를 타고 이란으로 복귀할 준비를 마쳤다.

우리는 여기서 거대한 유전과 관련된 이란의 정치적 사건들을 지배하려는 영국과 미국의 시도와 영국에서 시작해 미국으로 이어지며 영향을 끼친 이란의 세속화에 크게 반대하던 이슬람 지도자들 사이의 역사적 상호작용을 볼 수 있다. 그러나 이란의 이슬람 근본주의는 느닷없는 것도 아니며 놀랄 일도 아니었다. 이미 이란에서는 혁명과 관련된 많은 일이 일어나고 있었다. 오랫동안 가난에 시달려온 이란 농민들 대다수와 정부에 반대하는 사람들에 대한 사바크의 폭력적 억압, 서양에 석유를 팔아 자신들의 배만 불리고 부를 과시하는 데 혈안이 된 부패한 지도자들과 같은 사회요소들은 혁명의 불쏘시개 역할을 했다. 이란이 자본주의 문화로 동화되는 것에 대한 이란인들의 저항 역시 끊이지 않았다.

북아메리카의 개신교 근본주의

이슬람 근본주의가 아랍과 동남아시아 국가들에서 주목받은 것처럼 개신교 근본주의는 미국에서 큰 위세를 떨쳤다. 얼마나 많은 미국인이 근본주의를 추종하는지 정확히 알 수는 없지만 많은 사람이 그것에 동조하는 것은 틀림없는 사실이다. 예컨대 미국인의 72퍼센트가 성경을 하느님의 말씀이라고 믿고 있으며, 39퍼센트는 성경에 쓰인 글자 그대로가 진실이라고 말한다. 예수 그리스도가 죽음에서 부활했다고 말하는 사람도 전체 미국인 가운데 3분의 2나 되며 44퍼센트는 하느님이 세상을 오늘날과 같은 모습으로 창조한 것이 지금부터 1만 년도 안 된다고 믿는 창조론자들이다(Ammerman, 1991).

개신교 근본주의는 미국의 정치권에 강력한 영향을 끼쳤다. 그들은 선거에 출마한 후보자들에게 낙태 반대, 학교에서 기도행위 허용, 대중매체의 표현통제 법안 지지 같은 특정한 근본주의 원칙들을 견지할 것을 요구했다.

개신교 근본주의의 토대　　스스로 개신교 근본주의자라고 생각하는 사람들이 고수하는 세 가지 교의가 있다. 첫째, 그들은 복음주의자들이다. 다시 말해 자신들이 죄에서 구원을 받았다는 사실에서 시작한다. 모든 복음주의자가 근본주의자인 것은 아니지만 복음주의자와 근본주의자가 모두 동의하는 부분이 바로 이것이다. 둘째, 그들은 성경에는 한 자도 오류가 없다는 것을 믿는다. 그들이 좋아하지 않는 말이 성경에 있다고 해도 성경에 나오는 말은 모두 진리라고 믿는다. 게다가 성경이 인간에게 부여한 하느님의 윤리 지침일 뿐 아니라 역사와 과학에 대한 올바른 견해도 제공한다고 믿는다. 신학자들은 서로 다른 문구들이 의미하는 것들에 대해 논쟁할 수도 있지만 성경에 분명히 나타난 진리는 기도와 학습을 통해 밝혀질 거라고 믿는다. 셋째, 그들은 전천년설前千年說(천년왕국이 오기 전에 예수가 재림한다는 설―옮긴이)과 휴거(재림한 예수와 공중에서 만나는 황홀 체험―옮긴이)를 믿는다. 근본주의자들은 다른 기독교인들과 마찬가지로 세상의 멸망을 믿는다. 지금의 세상이 끝나고 지상에서 그리스도의 천년왕국이 시작되는 새로운 역사가 도래할 것이라고 확신한다. 한편 근본주의자들은 또한 그것에 앞서 예수 그리스도가 나타나서 천국의 나팔소리를 울리며 그의 신부인 (진정한) 교회를 천국으로 들어 올릴 거라고 믿는다. 이것이 바로 휴거다. 그런 다음 7년 동안 고난의 시기가 시작된다. 그동안 성경에서 예언한 것들 가운데 아직 실현되지 않은 것이 모두 실현되고 하느님, 사탄, 그리스도, 적그리스도가 이스라엘에서 만나 아마겟돈이라는 선과 악의 최후의 결전을 벌인다. 그리고 나서 그리스도는 믿는 자들의 군대를 데리고 지상으로 다시 내려와 천년왕국을 시작할 것이다. 이런 사건에서 기독교인들이 맡는 역할은 아무것도 없다. 누가 무엇을 해도 휴거 날짜를 바꿀 수는 없다. 그 날짜는 태초에 하느님이 정해놓았다(Harding, 1991, 61쪽). 그러나 세계에서 일어나는 사건들을 주의 깊게 살펴본다면 휴거가 언제 일어날지 예측할 수는 있다.

　개신교 근본주의자들의 신앙과 실천의 모습은 집단에 따라 일부 다른 점이 있다. 그러나 핵심이 되는 내용은 비교적 일관된 모습을 보인다. 그렇다면 **개신교 근본주의가 생겨나게 된 계기는 무엇일까? 최근에 그것이 다시 활기를 띠기 시작한 것에 대해 어떻게 생각해야 할까?**

북아메리카에서 근본주의의 등장   근본주의 신앙은 19세기 중반에 형성되기 시작했는데, 대개 근대화와 개신교 교회의 세속화에 대한 반발과 19세기 과학, 기술, 문화의 종교에 대한 도전에 직면해서 나왔다. 다윈의 진화론은 기독교를 가장 위협하는 과학의 발전 가운데 하나였지만 그것 말고도 사회학자 에밀 뒤르켐의 개인의 행동 형성에 영향을 주는 사회력에 대한 생각과 지그문트 프로이트의 성이론, 인류학자 프란츠 보애스의 자민족중심주의와 절대주의에 대한 비판 역시 성경의 기본 신앙과 진리에 어느 정도 충격을 주었다. 근본주의자들은 성경학자들이 성서를 과학적 잣대로 분석하면서 성경이 유일한 것도 아니며 '하느님의 말씀'도 아니라고 주장하거나 성경에 나오는 이야기를 다른 사회의 신화들과 비교할 때 특히 분노했다.

그러나 근본주의자들의 반발을 불러일으킨 것은 단순히 성경무오설을 위협하는 학계의 연구만이 아니라 미국 문화 자체의 변화였다. 농업사회에서 도시산업사회로 바뀌면서 새로운 사고방식과 가치관이 생겨났다. 남북전쟁이 끝나고 20세기 초까지 산업 노동력이 4배로 늘었고 전신, 전기, 전화 같은 발명품들이 미국을 변화시키고 있었다. 사람들은 과학과 기술을 통해 삶이 개선되기를 기대하기 시작했다.

게다가 이주와 도시화의 영향으로 그동안 살았던 곳과 함께 일하며 살았던 사람들이 바뀌고 있었다. 이 모든 변화는 종교적 반발을 부추겼다. 종교적 성향이 강한 사람들 가운데 일부는 도시의 인구밀집과 가난이 불러온 불행을 완화시키려는 사회복음운동에 참여했다. 또 어떤 신자들은 19세기 초에 세상의 종말이 올 거라고 예언한 윌리엄 밀러와 찰스 러셀을 추종하는 재림파와 여호와의 증인이 되었다. 또 다른 사람들은 성령에 사로잡혀 오순절교회의 신자가 되었다. 그러나 근본주의자들은 성경이 이제 더는 하느님의 말씀이 아니라고 주장하는 사람들과는 어떤 타협도 거부한다는 점에서 다른 개신교 신자들과 달랐다(Ammerman, 1991, 14쪽).

성경무오설은 20세기 초에 근본주의운동의 핵심 항목이 되었다. 신학자들은 성경이 여러 명의 저자가 작성한 하나의 역사기록물이라고 주장한 독일 학자들의 연구 결과를 공격했다. 근본주의자들은 성경이 당시에 하느님의 영감을 받아 쓴 것이라면 그것은 하느님 말씀이기 때문에 반드시 영감을 주어야 한다고 주장했다. 성경에 오류가 있다는 것을 보여주려는 사람들은 문제가 되는 사실이 필사나 전달과정에서 잘못이 없는 원문에 있는지, 그것이 비판자들이 말한 것과 같은 의미인지, 증명된 과학적 사실들과 정말 충돌하지 않는지를 '입증'해야 한다. 이런 기준을 적용하면 실제로 성경에 오류가 있음을 입증하는 것은 불가능했다.

1차 세계대전이 끝난 뒤 근본주의자들은 독일의 패망을 독일 학자들이 성경을 과학적으로 분석하려 하고 다윈의 진화론을 수용했기 때문에 벌을 받은 거라고 해석했다. 반면에 국제연맹은 휴거와 고난의 시기 직전에 나타날 세계 정부라고 보았다. 따라서 그들은 오늘날 기독교 근본주의자들처럼 세계 각지에서 일어나는 사건들을 자신들의 종교적 신앙에 따라 해석한다.

20세기 초 근본주의자들은 학교와 다윈의 진화론 교육문제를 집중적으로 공격했다. 근본주의자들이 다윈의 진화론을 반대하는 것과 관련해 몇 가지 오해가 있다. 신학자들 대다수는 다윈의 이론을 종교적 교의로 받아들이는 데 그다지 문제가 없었다(Robbins and Cohen, 2009년 참조). 문제는 다윈의 이론이 암시하는 두 가지 사실 때문에 발생했다. 첫째, 진화가 무작위 변이와 약자의 소멸을 통해 이루어진다면 다윈이 말하는 하느님은 변칙적이고 무자비하게 행동한다는 것을 의미했다. 다윈은 그것을 인정할 수 없었고 결국 불가지론자가 되었다(Larson, 1997, 17쪽). 둘째는 인간사회가 자연계와 동일한 원리에 따라 움직이며, 이런 원리(예컨대 자연선택)가 자유방임자본주의, 제국주의, 유물론을 정당화하는 데 이용될 수 있다는 것을 의미했다. 더 나아가 다윈의 이론을 사회작동 문제에 적용하면 당시 매우 유행하던 우생학 논리, 즉 국가는 오직 '적자'만 낳는 것을 보장하는 법을 제정해야 한다는 주장을 합리화하는 결과를 초래했다. 이것은 신이 인도하는 우주에 인간의 의지가 개입되는 것을 의미했다.

미국 학교에서 진화론을 가르치는 것에 대한 항의는 불법으로 진화론을 가르쳤다는 혐의를 받은 테네시의 한 고등학교 교사인 존 스코프스를 기소하기 위해 자발적으로 나선 윌리엄 제닝스 브라이언이 아니었다면 결코 주목받지 못했을지도 모른다(Robbins, 2009년 참조). 브라이언은 미국의 저명인사로 민주당 대통령 후보를 세 차례나 했고 여러 대통령을 자문하고 여권운동가에다 열렬한 성경옹호자였다. 미국시민자유연맹은 브라이언에 맞서 스코프스를 변호하기 위해 클레런스 대로가 이끄는 변호사단을 파견했다. 대로는 브라이언만큼이나 대중에게 널리 알려진 인물이었으며 당대에 가장 유명한 변호사였다. 또한 그는 브라이언이 대통령 후보였을 때 선거운동을 도왔고 사회에 대한 인식도 서로 공유하는 부분이 많았다.

스코프스의 재판은 많은 연극이나 영화, 소설에서 과학과 합리성 대 종교와 불합리한 맹신의 한판 대결로 묘사되었다. 그러나 무엇보다 브라이언의 입장에서 볼 때, 그 대결의 묘사에서 놓친 것은 진정한 반체제적 정서였다. 1904년 초 브라이언은 다윈에 대한 반대를 천명했다. 그는 한 연설에서 다음과 같이 말했다.

다윈의 이론은 강자가 약자를 밀어내고 멸종시키는 무자비한 법칙, 즉 증오의 법칙이 작용한다고 보기 때문에 현재 살아남은 인간을 이미 완벽함에 도달한 존재로 생각합니다(Larson, 1997, 39쪽 인용).

자본주의와 군사주의의 지나친 횡포를 비난하는 것으로 명성이 높은 브라이언에게 다윈의 이론은 결코 용납할 수 없는 주장이었다.

그러나 대로는 이 소송사건을 과학 대 종교의 대결로 바꾸는 데 성공했고 브라이언은 어쩔 수 없이 성경의 문자해석을 변호해야 했다. 사회 역사와 인간 행동을 진화론으로 해석하는 문제는 전혀 심리를 받지 않았다. 결국 브라이언이 소송에서 이기고 스코프스는 유죄를 선고받았다. 그러나 성경무오설에 대한 근본주의의 주장이 공개적으로 조롱을 당하면서 미국 여론은 스코프스를 지지하는 쪽으로 돌아섰다.

스코프스의 재판과 그것에 대한 대중의 반발 이후 개신교 근본주의자들은 미국 문화가 나중에 '세속적 인간주의'라고 부르는 것의 지배를 받게 되었다고 확신했다. 그것은 인간의 행위와 지혜로 신의 행위와 인도를 대체한 무신론적 세계관이 미국 사회를 지배하고 있음을 말했다. 그들은 자신들이 사회를 바꿀 수 없었기 때문에 개인의 영혼을 구원하는 쪽으로 선회했다.

근본주의 교회들 대부분은 모교회로부터 떨어져 나와 1941년에 칼 매킨타이어가 설립한 미국기독교협의회와 같은 독립된 단체들을 조직했다. 근본주의자들은 선교단체들에 합류했다. 성경대학과 연구기관도 엄청나게 늘었고 출판, 라디오, 텔레비전 방송으로도 영역을 확대했다. 1934년에 등장한 찰스 풀러의 〈복고 부흥회 시간〉Old Fashioned Revival Hour 은 가장 인기 있는 라디오쇼 가운데 하나가 되었고, 이후에는 텔레비전에서도 인기 절정에 있던 오럴 로버츠와 렉스 험버드가 그 프로그램을 진행했다.

정치적 급진주의도 크게 성장했다. 제럴드 윈로드는 일기에다 유대인의 적그리스도, 세계를 지배하려는 유대인의 음모가 도사리고 있는 종말의 시대를 보고 있다고 썼다. 1950년대 근본주의자들은 반공주의의 기치를 들었다. 매킨타이어는 개정표준역 성경이 공산주의자의 음모이며 유대인과 흑인들이 백인의 기독교 문명을 위협하는 중심세력이라고 주장했다. 그러나 근본주의자들에게 사회가 붕괴되고 휴거의 날이 가까워지고 있음을 증명하는 것처럼 보였던 것은 '권위에 도전하라'는 구호와 함께 민권운동, 여권운동, 반전운동이 들불처럼 일어난 1968년 혁명이었다.

기력을 상실한 히피들과 환멸감에 빠진 자유주의자들 그리고 사회를 바꾸려다 실패한 1968년 혁명 세대들이 근본주의 교회로 모여들기 시작했다. 히피에서 근본주의자로 변신한 어떤 사람은 다음과 같이 말했다 (Ammerman, 1991, 39쪽 인용).

> 어떤 사람은 이렇게 하라고 하고 그 옆 사람은 반대로 하라고 합니다. "일을 하라, 머리를 깎아라"든가 "TV를 켜라, 채널을 맞춰라, 손을 떼라"든가 "대통령을 지지하라"라고 하죠. 그리고 또 어떤 사람들은 "닉슨을 탄핵하라"거나 "전쟁을 멈춰라"라고 해요. 머리가 돌 지경입니다. 도대체 어떻게 하라는 말인가요? 세상일이 다 그래요. 모든 게 뒤죽박죽이죠. 하느님의 말씀은 당신이 어떻게 해야 할지 보여줍니다. 당신은 그 안에서 편히 쉴 수 있어요. 울적해할 필요가 없습니다.

또한 근본주의자들은 세계에서 미국의 역할을 걱정했다. 그들은 미국 문화에 일어나고 있는 현상들을 비난하지만 그럼에도 미국은 여전히 '언덕 위의 도시'(마태복음에서 예수가 연설한 산상수훈에 나오는 구절로 예루살렘을 일컬으며 세상의 중심이라는 의미다─옮긴이)였다. 더 나아가 미국의 군사력과 경제적 영향력은 다른 나라에 근본주의를 전파하는 수단을 제공했다. 거기에는 "복음의 빛을 떠받칠 위대한 선민이 없기 때문에 그 빛이 꺼질지도 모른다"는 두려움이 있었다(Ammerman, 1991, 40쪽).

끝으로 근본주의자들이 정치적 고립에서 벗어날 것을 촉구하는 것처럼 보이는 일련의 변화가 있었다. 그런 변화들 가운데 남녀평등 헌법 수정조항ERA이 있었다. 근본주의자들은 그것이 성경에서 말하는 복종하는 아내로서 여성의 역할을 소멸시킬지도 모른다고 두려워했다. 그들은 정부와 민간 사회기구들이 부모들이 자식을 벌할 수 있는 권리를 제한하는 법안을 제정하려고 하는 것을 성경이 규정한 부모의 권리에 대한 침해로 보았다. 그들은 민권운동이 근본주의 입장에서 추잡하고 부도덕한 삶으로 규정하는 동성애를 인정하는 방향으로 확대되는 것을 보고 성경의 명령에 대한 노골적인 도발이라고 생각했다. 그들은 학교에서 기도하는 행위를 금지하는 것에 맞서 싸웠다. 그리고 마침내 낙태 합법화와 관련된 **로 대 웨이드**Roe v. Wade **소송사건**을 경험하면서 그 뒤에 숨어 있는 가족과 기독교 윤리를 파괴하려는 모든 세력을 보았다.

성경무오설을 과학의 공격으로부터 막아내는 일은 아직 끝나지 않았다. 그것은 과학적 창조론에서 다시 수면 위로 떠올랐는데, 세계가 기원전 4004년에 실제로 창조되었다는 것을 과학적 도구와 용어를 써서 입증하는 것이었다. 그러나 100년 전에 성경무오설이 중요한 문제였던 곳에서 오늘날 근본주의가 주목하는 것은 사회의 기본 단위로서 전통적인 가족 형태, 즉 합법적으로 결혼한 남녀가 자녀들과 함께 살면서 남편이 부양하는 형태를 보호하는 것이다(Ammerman, 1991, 45쪽). 근본주의자들이 동성애자의 권리와 남녀평등 헌법 수정조항, 학대받는 아내와 아이들을 보호하는 법률에 반대하는 것은 바로 여기에서 비롯된 것이다. 그리고 이런 의제의 중심에는 낙태 반대가 자리잡고 있다.

이런 의제를 가지고 개신교 근본주의자들이 정치에 적극 참여하면서 미국인의 삶에 근본주의가 끼치는 영향력은 다시 커지기 시작했다. 이런 사실을 입증하는 가장 명확한 증거 가운데 하나는 교회 부속학교와 홈스쿨링이 크게 늘어나고 있다는 것이다. 1965~1983년 복음주의 학교의 학생 수가 6배나 늘었고 학교 수는 1만여 개에 이르렀다. 학교에 다니지 않고 집에서 교육을 받는 근본주의를 신봉하는 가정의 아이 수도 10만 명에 가까웠다. 이런 현상은 대학 차원에서도 마찬가지였다. 예컨대 미국 기독교대학협의회의 발표에 따르면 1990~2000년 미국의 복음주의 대학교 98곳의 재학생 수가 50퍼센트 가까이 늘어난 데 비해 나머지 다른 기독교 대학교는 10퍼센트 증가에 머물렀다(Council for Christian College and Universities, 2001).

이런 태도의 변화로 근본주의자들은 그동안 서로 격렬하게 대립되는 입장에 있던 집단들과 협력하기 시작했다. 낙태 반대에 대해서는 가톨릭, 포르노 반대에 대해서는 여권운동, ERA 반대에 대해서는 모르몬교, 이스라엘 지원에 대해서는 유대인들과 하나가 되었다. 그러나 그것은 반대로 그런 동맹관계를 비난하는 집단들과는 멀어지는 결과를 초래했다.

다양한 교의　　개신교 근본주의의 신앙에도 새로운 변종들이 있다. 그 가운데 가장 두드러진 것이 기독교부흥운동으로, 아마도 가장 반체제적인 근본주의 집단일 것이다. 기독교부흥운동은 '현대 관료국가'를 성경의 말씀을 따르는 기독교 국가로 바꾸고자 한다. 그들이 꿈꾸는 이상은 17세기 매사추세츠에 도착한 청교도였다. 그들은 만민이 하느님의 지배에 복종해야 하며 '신정'이라는 교의를 따라야 한다고 주장한다.

기독교부흥운동이 지향하는 경제는 일반적으로 알고 있는 것보다 더 복잡하고 다양하다(Iannaccone, 1993; Kuran, 1993). 사람들 대다수는 기독교 근본주의자들이 자유시장경제를 지지하고, 정부의 복지정책에 반대하며, 사유재산 보호를 중시하고, 어떤 형태의 사회주의도 반대한다고 생각한다. 그러나 기독교 근본주의자들의 저술에서는 경제학을 그다지 중요하게 다루지 않는다. 심지어 근본주의 성향의 대학들 가운데는 경제학과가 없는 대학도 많다. 제리 폴웰은 기독교 근본주의 지도자들 가운데 가장 노골적으로 자유시장을 지지하는 사람이었다. 하지만 기독교부흥운동 조직은 성경 말씀에 따라 사유재산을 규제할 수 있는 것은 국가가 아니라 가족과 종교 공동체뿐이라고 주장하면서 전통적인 경제 의제를 조직화하는 유일한 집단이다. 그들은 성경 말씀에 따라 누구든 10퍼센트의 소득세를 십일조 명목으로 일률 과세하며 중앙의 계획경제는 어떤 형태도 반대한다고 주장한다. 그들은 경화만 화폐로 인정하며 소득 재분배는 십계명의 여덟 번째 계명인 '도둑질하지 말라'를 어기는 행위로 제도화된 도둑질에 불과하다고 주장한다.

근본주의자들 가운데는 성경에서 하느님이 가난한 자의 편이라고 가르친다고 주장하는 복음주의 좌파들도 있다. 그들 가운데 가장 대표적인 인물인 짐 월리스는 1984년에 펴낸 『부러진 십자가』*Agenda for Biblical People*에서 현대 사회에 만연한 부의 극심한 불평등에 주목하면서 "과잉 소비는 가난한 자들의 재산을 도둑질을 하는 행위"이며 중심부 국가의 부는 오직 저개발 세계의 가난한 사람들의 희생을 담보로 나온다고 주장한다. 그러면서 성경에서 제시하는 해법은 바로 재분배라고 말한다. 따라서 기독교인들은 지금보다 소비를 더 줄이고 가난한 사람들에게 더 많이 기부해야 한다. 로렌스 R. 이아나코네(1993, 350쪽)는 세속적 좌파, 1960년대의 반문화, 아미시 공동체나 메노파 교회, 후터파 교회와 같은 기독교 생활 공동체 집단들의 영향을 받은 복음주의 좌파들의 주장을 다음과 같이 정리했다.

> 오늘날 전 세계에 가난, 저개발과 같은 사회적 불행을 만들어내고 유지하는 체제가 바로 자본주의다. 자본주의는 본디 태생적으로 개인주의와 경쟁을 조장하고 사회적 비용을 불문하고 이익만을 좇는 체제다. 자본주의는 사회적 공익과 인간의 필요보다 이윤과 사적 수익을 앞세운다. 그 자체로 자본주의는 불공평한 체제이며 반드시 바뀌어야 한다.

"신의 마음속의 테러"

앞서 말했듯이 종교는 언제나 혁명적 특성이 있었다. 전부는 아니지만 대부분의 종교운동은 절망은 아닐지라도 불만의 순간에 시작되었고, 구성원들이 바라는 세상으로 재창조하고 부흥시키려고 했다. 게다가 실제로 세계의 주요 종교들에는 모두 선의 세력과 악의 세력이 서로 폭력적으로 싸우는 내용이 들어 있다. 주요 종교들에는 마크 위르겐스마이어(2000, 158쪽)가 '음험한 원수들', '그들', '이방인들'이라고 말하는 적이 있다. 그들이 사는 곳은 이런 곳이다.

> 누구나 아는 문명의 그늘진 구석. (……) 그들은 무엇인가로 분류되는 것을 절대 거부하는 것들을 포함해서 세상의 혼란과 불확실성을 상징한다.

사탄세력과 선과 악의 최후 전투를 묘사하는 신약성서의 요한계시록은 서양 문학의 전쟁과 구원을 가장 상징적으로 (또 가장 폭력적으로) 나타낸 문서다.

일레인 페이절스(1995, xix쪽)가 『사탄의 탄생』*The Origin of Satan*에서 지적한 것처럼 서로 다투고 있는 상대방을 '사탄 같다'고 말하는 것은 그 다툼에서 '우리'는 하느님의 백성이고 '그들'은 하느님의 적이라는 윤리적·종교적 의미를 부여하는 거라고 지적한다. 페이절스는 그런 해석이 지금까지 증오와 대량학살을 정당화하는 논리로서 큰 성공을 거두었다고 설명한다.

따라서 종교가 폭력행위를 정당화하는 수단으로 이용되는 것은 지극히 당연한 일이다. 2001년 9월 11일 세계무역센터와 미 국방부 건물이 공격을 받은 뒤로 이제 종교와 폭력을 함께 연상하는 일이 더욱 흔해졌고, 사람들은 과격한 종교집단에 더 주목하기 시작했다. 그러나 그동안 종교적 폭력의 동기와 원리를 이해하려는 시도들은 대개 종교집단 구성원들의 내면에 간직한 종교적 확신을 과소평가하는 경향이 있었다. 그들을 단순히 '사교집단'이나 '비이성적' 또는 '고립된' 집단으로 치부하는 것은 잘못된 일이다. 그런 폭력적 종교운동의 추종자들은 그들이 추종하는 종교 형태에 깊은 역사적 뿌리가 있다고 믿는다. 그것들이 바로 '진정한'

기독교이고, '진정한' 유대교이며, '진정한' 이슬람교인 것이다.

또한 종교적 폭력에 내재된 정치적 요소들을 무시해서는 안 된다. 종교는 사건들을 바라보고 그 경험들을 해석하는 틀을 제공한다. 기독교, 유대교, 시크교, 불교, 이슬람교의 추종자들이 신의 이름으로 또는 어떤 영적 소명을 빙자해 폭력행위를 저지르는 까닭은 기존의 사회나 정치, 경제에 불만이 있기 때문이다. 마이클 브레이 목사가 하늘의 명령을 빙자해서 낙태시술 병원에 불을 지른 것은 미국 정부가 개인의 자유와 도덕적 가치를 훼손하고 있다고 확신했기 때문이다. 그의 행동은 낙태시술 병원들뿐 아니라 국민국가를 겨냥한 것이었다. 오사마 빈 라덴은 이슬람 국가 건설을 목표로 했지만 그의 행동은 분명 종교적일 뿐 아니라 대단히 정치적이었다. 이스라엘의 팔레스타인 영토 점령, 미군의 사우디아라비아 주둔, 중동의 독재국가에 대한 미국의 지원은 모두 어떤 종교적 이유 못지않게 오사마 빈 라덴이 테러를 자행하게 된 주요 원인이었다 (Guardian-Observer, 2002 참조).

언론은 이른바 '자살 폭탄테러'를 보통 종교적인 (대개 이슬람의) '광신적 행위'로만 단정한다. 그러나 로버트 A. 페이프(2003)의 자살 폭탄테러를 자행한 사람들에 대한 연구에 따르면 1980~2002년 자신이 분석한 자료 188건의 자살 폭탄테러 가운데 75건이 스리랑카의 타밀 타이거스라는 마르크스-레닌주의 집단이 일으킨 사건으로 그들은 어떤 종교도 단호하게 반대하는 반군세력이었다. 따라서 종교가 정치폭력의 동기를 제공하는지 또는 단순히 그것을 정당화하는 보조수단으로 쓰이는지는 아직 확답할 수 없다.

그러나 어쨌든 모든 사회의 많은 구성원에게 공통적 특성인 깊은 종교적 확신을 고려할 때, 그들의 사회적·정치적·경제적 불만이 종교 또는 정신적 구조로 투사될 수 있음을 간과해서는 안 된다. 그렇다면 **사람들은 그들의 종교가 폭력행위를 정당화하는 수단으로 이용되는 것을 어떻게 설명해왔을까? 또한 우리는 그런 정당화가 발생하는 조건들을 어떻게 설명해야 할까?**

종교적 폭력의 사례

개신교 근본주의의 민병대　　개신교 근본주의의 대표적 민병대 조직으로 낙태수술구조대와 하느님의 군대가 있는데 그들은 무엇보다도 낙태반대운동에 헌신한다. 랜들 테리는 1988년 뉴욕 주 빙엄턴에서 낙태수술구조대를 조직했다. 그 조직의 목표는 합법적 낙태에 반대하는 것으로 낙태시술 병원에 바리케이드를 만들어 낙태하려는 여성들이 병원에 접근하는 것을 막고 병원을 출입하는 여성들을 막아서서 말이나 물리력으로 괴롭히고 심지어 그들을 따라가거나 자동차 번호판을 추적해 그들 집에 전화를 걸기까지 했다. 수술구조대는 병원이나 병원 의사의 집 앞에서 피켓시위를 하고 협박편지를 보내거나 협박전화를 걸었다. 1990년 수술구조대는 시위를 벌인 회원들 가운데 3만 5,000명이 체포되었고 1만 6,000명은 체포를 무릅쓰고 '구조'를 감행했다고 발표했다(Ginsburg, 1993).

그러나 그들의 최종 목표는 단순히 낙태를 막는 것이 아니었다. 복음주의 개신교 지도자 프랜시스 섀퍼의 말처럼, 오히려 그들은 낙태 반대를 "국가가 종교적 뿌리를 회복해서 공공장소에서의 기도와 종교교육 같은 문제를 해결할 때까지 충성을 보류하면서 복음주의자들이 세속적인 현 정부의 모든 정통성에 이의를 제기하는 하나의 수단으로" 이용하려고 했다. 페이 긴즈버그(1993, 558쪽)가 지적한 것처럼 낙태 반대는 시위자들이 미국을 '전통적인 기독교 가치관'의 국가로 돌리기 위해 이용하는 수단이다.

낙태수술구조대가 낙태 반대를 위해 폭력을 사용한 첫 번째 집단은 아니었다. 낙태에 반대하는 운동은 1973년 한 여성의 낙태권을 인정한 로 대 웨이드 소송의 대법원 판결로 거슬러 올라간다. 일부 집단은 이미 여성들의 낙태시술 병원 출입구를 막고 낙태시술자를 괴롭히는 대치전술을 썼다. 전미낙태연합은 병원 침입, 공공시설물 파괴, 살해, 살해 협박, 폭파 위협, 폭탄 투척, 폭행, 방화 시도, 방화, 납치 시도를 포함해 낙태시술자에 대한 '폭력사건'을 저지른 전력이 있다. 전미낙태연합은 1977년부터 2009년

4월까지 6,143건의 폭력사건을 저질렀다. 그중 살해가 8건, 살해 시도가 17건, 폭탄 투척이 41건, 방화가 175건, 공공시설물 파괴가 1,400건, 폭행과 구타가 179건이었다(National Abortion Federation, 2009 참조).

이런 폭력에 대한 정부의 공식 대응은 불명확했다. 낙태 반대자인 로널드 레이건 대통령은 1983년에 한 영향력 있는 낙태 반대 소론에서 낙태시술 병원에 대한 공격이 늘어나는 것은 테러행위라고 할 수 없다고 주장했다. 조직된 집단이 공격하는 것이 아니기 때문이라는 이유였다. 그러나 1985년에는 그것을 '무정부주의적 폭력행위'라고 비난하면서 자기 말을 뒤집었다.

랜들 테리의 의제는 자기가 생각하는 기독교 근본주의의 신앙과 가치관에 따라 신이 없다고 생각하는 사회를 개조하는 것이다. 따라서 긴즈버그(1993, 579쪽)가 말한 것처럼, 낙태수술구조대를 단순히 낙태 논쟁의 맥락에서만 보아서는 안 된다. 오히려 미국 사회를 기독교 문화가 지배하는 사회로 바꾸고자 하는 의도를 간파해야 한다. "'낙태 구조대원들'에게 낙태 반대 투쟁은 미국의 '도덕적 타락'을 역전시키기 위한 첫 번째 단계일 뿐이다. 그것은 1920년대에 진화론을 가르치는 것에 반대하는 것이 세속화 반대를 위한 투쟁이었던 것과 같다."

이들보다 더욱 호전적인 기독교 근본주의 단체로는 하느님의 군대가 있다. 그들이 내세우는 교의는 마이클 브레이 목사가 쓴 것으로 추측되는 반체제적 소책자 『하느님의 군대』Army of God에 대강의 내용이 나와 있다(Juergensmeyer, 2000, 21쪽 참조). 브레이는 자신이 그 소책자의 저자 여부에 상관없이 거기서 말하는 취지에 적극 공감한다. 1985년에 그는 낙태시술 병원 일곱 곳에 불을 지른 혐의로 유죄판결을 받았는데 일부 방화 장소에서는 하느님의 군대를 의미하는 AOG라는 머리글자가 발견되기도 했다. 또한 그는 『죽여야 할 때』A Time to Kill를 써서 자신의 행동과 낙태시술자 살해행위를 변호했다. 그는 의사 존 브리턴과 그의 경호원인 전역한 공군 중령 제임스 허먼 배릿을 살해한 혐의로 유죄 판결을 받고 교수형을 당한 폴 힐 목사의 친구이자 옹호자였다.

브레이에 따르면 미국인들은 나치 독일과 비견될 수 있는 '보이지 않는 전쟁' 상황 속에 살고 있으며, 경제붕괴와 같은 극적인 사건이 악마 같은 정부의 역할을 만천하에 드러내어 결국에는 민중이 무기를 들고 혁명적 투쟁에 나서서 성경의 율법에 따라 새로운 도덕적 질서를 세울 것이라고 한다. 브레이는 그때까지 사람들이 특히 낙태의 위기에 처한 아기들을 지키고 그 아기들을 위협하는 사람들을 죽여서라도 저항할 수 있는 도덕적 용기를 가져야 한다고 믿는다. 그는 무력을 쓸 수밖에 없을 때는 피하지 말아야 하며, 정의를 위해 무력을 쓰는 것은 정당하다고 주장하는 라인홀드 니버와 같은 신학자들의 주장에 기대어 자신의 행위를 정당화한다.

제시카 스턴(2003, 150쪽)은 하느님의 군대의 조직원인 한 젊은이에게 어떻게 해서 그 조직에 들어가게 되었는지 물었다. 그는 "전 기독교인이에요. 그래서 낙태를 반대하죠. 수백만 명의 아기들이 엄마 뱃속에서 죽어가고 있어요. 그 아기들을 돕지 않을 수 없어요"라고 말했다. 그들은 낙태시술자를 살해하는 것이 '정당한 살인'이라고 생각한다.

심지어 하느님의 군대는 미국 경찰의 전자 추적을 피할 수 있는 작전 전략까지 개발했다. 그들은 그것을 '군비'群飛(곤충들이 교미나 이주를 위해 떼 지어 나는 것—옮긴이)라고 불렀는데, 반독립적인 여러 개의 조직망들이 선택된 목표물을 향해 신속하고 은밀하게 모인다. 한 조직원은 군비 작전에 대한 자기 의견을 이렇게 말했다.

우리는 하느님의 군대가 있어서 앞으로 수백 년 동안 지하활동을 한 유럽 사람들처럼 사람들을 조직하고 연합할 겁니다. 낙태 지지자들뿐 아니라 상층의 대법원 판사 같은 사람들이 숨어 있는 낙태산업의 뒤를 좇는 숙련된 암살자와 파괴활동가들이 있을 겁니다. 오늘날 폴 힐은 대법원 판사들을 죽이라고 하면서 생화학무기도 쓰라고 말합니다. 우리는 그런 요구를 지지합니다. 적어도 나는 그렇습니다(Stern, 2003, 151~152쪽 인용).

성지 테러 이스라엘과 팔레스타인 영토는 세계의 주요 종교인 유대교, 기독교, 이슬람교 모두의 성지이면서 폭력이 끊이지 않는 지역으로 전 세계에서 가장 심각한 분쟁 지역 중 한 곳이다. 또한 알아크사 사원이 주위를 에워싼 바위의 돔 사원인 쿠바트 아스사크라보다 이런 분쟁 상황을 더 상징적으로 보여주는 곳은 없을 것이다. 이 바위의 돔 사원은 이슬람의 지배자 아브드 알말리크가 691년에 완성했다. 구전에 따르면 예언자 마호메트가 밤의 여행을 마치고 그 바위에서 하늘로 승천했다고 한다. 유대교 전통에서 이 바위는 세상이 창조된 상징적 기반인 주춧돌이며 아브라함이 아들 이삭을 희생양으로 하느님에게 바치기 위해 죽이려고 할 때 천사가 나타나 멈추게 한 곳이기도 하다. 또한 그곳은 70년에 로마가 파괴한 야훼의 집(예루살렘 성전)이 있던 곳으로 유대교에서 가장 신성한 숭배 장소다.

이슬람교와 유대교가 이렇게 성지의 지배권을 놓고 싸운 것은 물론 수백 년 전의 일이다. 그러나 그것은 오늘날 아랍 국가들과 이스라엘 사이의 분쟁으로 발전해 최근까지 종교적 폭력에 불을 붙여왔다. 이런 이유 때문에 그 갈등의 역사를 아는 것이 오늘날 상황을 이해하는 데 무엇보다 필요하다(Cohn-Sherbok and el-Alami, 2002; Smith, 2000 참조).

19세기 들어 유럽에서 매우 악의적인 반유대주의의 급속한 확산은 많은 유대인에게 성경에서 말하는 유대교의 기원이자 이스라엘이라는 유대인의 조국 건설에 대한 필요성을 간절히 느끼게 했다. 그에 따라 팔레스타인에 유대인 정착촌을 건설하기 위해 (예컨대 로스차일드 가와 같은) 부유한 후원자들에게서 자금을 모집하는 시온주의운동이 등장했다. 19세기 중반 팔레스타인에는 이미 시온주의자가 아닌 유대인들이 1만 명 정도 살고 있었다. 그러나 1914년 시온주의자들이 쇄도하면서 50만 명의 아랍인들이 사는 팔레스타인에 유대인 거주자는 9만 명 정도로 늘었다. 당시에 팔레스타인은 터키가 지배하는 오스만 제국의 일부였다. 그러나 1차 세계대전에서 터키를 포함해 독일과 동맹국들이 패하고 난 뒤 오스만 제국

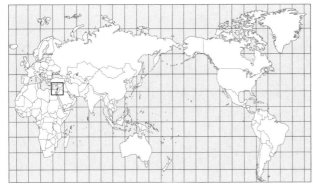

**가자와 서안 지구의
이스라엘·팔레스타인 영토**

은 해체되고 팔레스타인은 영국의 보호령이 되었다. 유대인 조국을 건설하려는 유럽 유대인들의 로비를 받은 영국 내각은 시온주의 지도자들의 자문을 받아 1917년에 당시 외무장관이던 아서 제임스 밸푸어 경의 이름으로 팔레스타인에 유대인 조국 건설을 지지한다는 의향서를 로스차일드 경에게 보냈다. 밸푸어 선언으로 알려진 이 문서의 해석을 둘러싸고 이후 40년 동안 논쟁이 끊이지 않았다.

1918년 게르만족과 투르크족이 패망했을 때 팔레스타인의 인구 구성은 유대인 6만 6,000명, 이슬람인 51만 2,000명, 기독교인 6만 1,000명이었다. 쇄도하는 유대인 이주민들에게 적개심을 갖고 주시하던 아랍인들은 1920년과 1921년에 폭동을 일으켜 유대인 47명을 살해했다. 그러나 1920년대와 1930년대에 러시아가 더 많은 유대인의 출국을 허가하고 나치의 박해를 피해 독일을 탈출하는 유대인이 늘어나면서 팔레스타인으로 유입되는 유대인 이주민의 수는 점점 증가했다. 유대인과 팔레스타인인의 충돌이 격화되면서 유대인들은 **하가나**Haganah라는 최초의 유대인 민병대와 같은 무장집단을 결성하기 시작했다. 영국은 하가나보다 더 호전적인 군사집단인 **이르군**Irgun(이르군 츠바이레우미 또는 '국민군사단')을 테러단체로 여겼다. 팔레스타인과 영국 모두를 겨냥한 유대인의 저항은 1930년대 말에 극심해졌는데 영국은 아랍인들이 타고 가던 버스를 공격한 유대인 한 명을 교수형에 처했다. 그러자 이르군은 하이파에서 지뢰를 폭발시켜 74명을 죽였다. 1937년 영국은 마침내 팔레스타인 보호령을 유대인 영토와 아랍인 영토로 분할할 것을 제안하는 백서(필 위원회)를 발표했다. 그리고 나서 1939년에 또다시 그 보호령을 팔레스타인 독립국가로 선포하되 유대인의 권리는 보호받도록 권고하는 백서를 발표했다. 그러나 이것은 팔레스타인인과 유대인 모두의 기대에 어긋난 제안이었다.

2차 세계대전의 발발은 영국이 지배하는 팔레스타인을 더욱 복잡한 상황으로 몰아넣었다. 팔레스타인에 자신들의 조국을 건설하려는 유대인도, 그곳에 팔레스타인 독립국가를 건설하려는 아랍계 팔레스타인인도 영국의 팔레스타인 통치에 대한 정통성을 인정하지 않았기 때문이다. 전쟁이 끝나고 한동안 유대인은 영국, 아랍인은 독일과 동맹관계를 맺었다. 그러나 나치가 자행한 대학살의 전모가 밝혀지면서 영국은 팔레스타인 독립국가 건설을 선언한 1939년 백서의 실행을 주장했고, 그 결과 유대인들은 영국에 맞서 무장봉기를 일으켰다. 불법 라디오 방송인 이스라엘의 소리가 유대인들을 선동한 것이 일부 영향을 끼쳤다. 하가나는 팔레스타인 철도시설을 폭파했고 이르군은 영국 공관들이 있는 킹데이비드 호텔에 폭탄을 투척해 100명 가까운 사람이 죽었다. 1948년 이르군과 또 다른 유대인 무장단체 **레히**Lehi는 데이르야신 마을을 습격해 수많은 남녀와 어린이를 학살했다. 이후 모든 팔레스타인 마을 사람들이 마을을 떠났다(Cohn-Sherbok and el-Alami, 2002). 이런 사건들이 일어난 뒤 영국이 팔레스타인에 대한 위임 통치를 철회하고, 이스라엘의 초대 수상 다비드 벤구리온이 이스라엘의 독립을 선포하자 미국과 소련은 이스라엘을 즉각 독립국가로 인정했다. 그러자 유엔은 팔레스타인을 아랍 영토(서안지구)와 유대인 영토로 분할할 것을 요구했고 이에 아랍 연합군이 이스라엘을 침공했지만 석 달도 안 되어 이스라엘군의 반격을 받고 퇴각했다.

1948년부터 이스라엘과 이웃의 아랍 국가들 사이에 드문드문 교전이 있었다(1957년, 1967년, 1973년 전쟁). 그 결과, 이스라엘은 지난날 팔레스타인 영토였던 지역을 차지하고 각종 유엔 결의안을 위배한 채 그곳에 유대인 정착촌을 건설해나갔다. 그리고 팔레스타인해방기구PLO, 검은 구월단, 하마스, 팔레스타인 이슬람 지하드와 같은 팔레스타인 무장단체들이 아랍인에 대한 이스라엘의 착취와 억압에 맞서 그들의 민족적 염원을 담아 등장했다. 검은 구월단은 1972년 독일 뮌헨올림픽에서 이스라엘 선수들을 납치해 살해했다. 하마스와 이슬람 지하드는 이스라엘 시민과 군사시설을 끊임없이 공격했다. 이에 맞서 이스라엘은 점점 더 폭력적으로 팔레스타인인들을 억압했다. 특히 1987년 팔레스타인 봉기(**인티파다**) 이후에 더욱 심해졌다.

1993년 양측 대표가 노르웨이 오슬로에 모였다. 이스라엘 수상 이츠하크 라빈과 PLO 수반 야세르 아라파트가 그동안의 적대행위를 종식하기 위한 평화협정에 서명했다. 오슬로협정은 팔레스타인 당국을 지배집단으로 인정하고 팔레스타인 점령 지역(서안과 가자 지구)에 대한 행정권을 부여했다. 그러나 양측의 과격파들은 평화협정을 인정하지 않았다. 1995년 11월 우파 유대인 이갈 아미르는 라빈을 암살했다. 그는 "나는 하느님의 명령에 따라 행동했으며 아무런 후회도 없다"고 말하며 자신을 변호했다. 오슬로협정이 교착 상태에 빠지면서 서안 지구의 이스라엘 정착촌이 늘어나자 양측의 폭력행위도 따라서 증가했다. 이스라엘의 리쿠드당이 2000년 선거에 승리하면서 협정이 파기되자 2차 아랍 인티파다가 시작되었다. 2002년과 2003년에 이스라엘이 지난날 팔레스타인 영토였던 곳으로 유대인 정착민을 점점 더 많이 이주시키고 점령지 내에서의 군사작전을 늘리면서 팔레스타인의 공격도 날로 거세졌다. 또한 이스라엘은 유대인과 팔레스타인인을 갈라놓기 위한 장벽을 건설하기 시작했다. 동시에 이스라엘 정치인들은 심지어 팔레스타인 주민에 대한 '인종청소'도 서슴지 않고 떠들고 다녔다.

종교가 분쟁에서 중요한 역할을 하는 것은 틀림없다. 정치적·경제적 요소들도 분쟁과정에 개입할 수 있지만 이스라엘의 팔레스타인 영토 합병의 경우는 그런 것과는 전혀 무관하다. 유대인 정착민들은 그들이 어디 출신이건 상관없이 팔레스타인이 구약에 나오는 이스라엘 땅이라고 주장하면서 자신들의 팔레스타인 영토 점령을 정당화한다. 반면 팔레스타인 사람들은 쿠란과 이스라엘의 팔레스타인 점령을 비난하는 유엔 결의안들을 근거로 자신들의 저항이 정당하다고 주장한다.

1990년 성전산 신도단Temple Mount Faithful이라는 구세주를 기다리는 유대교집단이 고대 예루살렘 성전이 있던 자리인 하람 알샤리프에 4.5톤짜리 주춧돌을 하나 놓겠다고 선언했다. 팔레스타인 사람들은 대규모 폭동으로 그런 위협에 맞섰다. 성전산 신도단에 소속된 브루클린 태생의 MIT 출신 수학자 요엘 러너는 예루살렘 성전의 재건을 위한 공간을 마련하기 위해 바위 돔 사원을 폭파시킬 모의를 한 혐의로 투옥되었다(Stern, 2003, 86쪽). 러너가 보기에 고대 이스라엘 국가를 이루었던 영토를 포기할 도덕적 권리를 가진 사람들은 아무도 없다. 게다가 성전 재건은 사람들이 그들의 종교를 실천하기 위해 필요한 것이다. 그는 유대교의 경전인 토라(구약에 나오는 모세 오경인 창세기, 출애굽기, 레위기, 민수기, 신명기를 말한다 — 옮긴이)에는 613개의 계명이 있으며, 그 가운데 240개 계명이 성전에서의 예배와 관련이 있다고 주장한다. 따라서 러너는 거의 2,000년 동안 유대인들이 종교를 실천할 수 없었다고 말한다. 또한 라빈이 오슬로협정에 서명함으로써 유대인들의 재산을 강탈하려고 했기 때문에 그가 암살당한 것은 당연한 일이라고 주장한다. 그는 라빈을 살해한 아미르의 결단을 정당화하면서 "그 땅은 신성한 것이다"라고 말한다(Stern, 2003, 91쪽). 제시카 스턴(2003, 92쪽)은 그것을 다음과 같이 말했다.

성경에서 하느님의 선민에게 에레츠 이스라엘, 즉 이스라엘의 땅을 약속함으로써 근본주의 유대인들에게 땅은 유대교 교의를 구성하는 핵심 요소가 되었다. 그들은 이스라엘의 땅을 차지하는 것이 유대인이 하느님과 맺은 계약의 일부라고 믿는다. 따라서 하느님이 이스라엘의 자손들에게 약속한 땅을 일부라도 포기하거나 분할하는 것은 성경의 약속을 위반하는 것이다.

또한 러너는 1990년 뉴욕 시에서 한 이슬람교도에게 암살당한 랍비 메이어 카하네의 추종자였다. 카하네는 과격한 반아랍주의자로 1994년 이스라엘 내각조차 테러단체로 선언한 유대방위연맹과 카하, 카하네 하이 등 극우 폭력단체들을 조직했다. 그들 단체의 조직원으로 브루클린 태생의 의사인 유대교 근본주의자 바루크 골드스타인은 1994년 헤브론의 한 이슬람 사원에 들어가서 기도 중이던 팔레스타인 사람들을 30명 넘게 대량학살했다. 오늘날 골드스타인은 우파 이스라엘 사람들에게 영웅이다.

유대인들이 자기 조상들의 땅을 다시 찾겠다는 명목으로 폭력을 자행하는 동안 팔레스타인인들은 이슬람교의 이름으로 팔레스타인 독립국가를 건설하겠다는 것을 빙자해 사람들을 죽인다. 널리 알려진 팔레스타인 저항단체로 하마스가 있다. 1999년에 마크 위르겐스마이어는 2004년 3월 하마스의 창설자 아메드 야신이 이스라엘 측에 암살당한 뒤 하마스 지도자로 선출된 압둘 아지즈 란티시를 인터뷰했다. 그 역시 같은 해 이스라엘 측에 암살당했다. 위르겐스마이어는 란티시에게 자살 폭탄테러의 의미와 중요성에 대해 물었다. 란티시는 그것을 '자발적 순교'라고 부른다고 설명했는데, 어떤 개인이 충동적으로 또는 정신이 나간 상태에서 그런 일을 벌이는 것이 아니기 때문이라고 했다. 하마스가 왜 무고한 시민들까지 표적으로 삼는지에 대해 묻자 란티시는 폭탄테러는 윤리적 교훈이라고 대답했다. 그는 "우리는 이스라엘이 우리에게 했던 것과 똑같이 그들에게 해주고자 합니다"라고 말했다. 그는 팔레스타인 사람들이 지금까지 어떤 고통을 당했는지 이스라엘 사람들이 이해하려면 먼저 그들이 그런 폭력을 실제로 겪어봐야 한다고 덧붙였다(Juergensmeyer, 2000, 74쪽).

유대교 근본주의자들이 유대교와 관련해 자신들의 폭력과 팔레스타인 영토 점령을 정당화하는 것처럼 이슬람 근본주의자들도 자신들이 저지르는 폭력을 이슬람교를 지키기 위한 것으로 정당화한다. 이슬람 근본주의자들 사이에 막강한 영향력을 끼치는 이집트 작가 아브드 알살람 파라즈는 쿠란에서 **지하드**, 즉 '성전'의 개념은 비유적 의미가 아니라 문자그대로의 의미라고 주장했다. 파라즈는 이슬람인들이 지하드를 위해 이슬람의 적들과 이슬람 공동체 내부의 배신자들을 지속적으로 색출하고표적으로 삼는 신성한 의무를 게을리 했다고 썼다. 그는 진정한 이슬람전사라면 정의로운 목표를 달성하기 위해 어떤 수단도 활용할 줄 알아야한다고 주장했다(Juergensmeyer, 2000, 81쪽). 다른 작가들도 이런 비슷한 생각들을 양산하는데, 중요한 것은 이런 생각이 이슬람 대학들과 성직자들 사이에 널리 퍼져 있다는 사실이다. 따라서 이스라엘에서 아랍인과 유대인 사이의 분쟁은 이슬람교의 보전이라는 더 큰 맥락에서 이해해야 한다.

도쿄 지하철의 아마겟돈　　1995년 3월 20일 과학적 훈련을 받은 옴진리교운동단체의 조직원 다섯 명이 도쿄 지하철 안으로 걸어 들어가서 날카로운 우산으로 맹독성 사린가스가 들어 있는 비닐봉지들을 터뜨려 12명이 죽고 5,500명 넘게 신경장애를 입었으며 일부는 영구적 장애에 시달려야 하는 사건이 일어났다. 마크 위르겐스마이어가 그 조직원들에게 옴진리교에 대해 묻자 그들은 옴진리교가 정의, 공정, 자유의 원칙을 보여주지 못하는 일본 종교와 일본의 계층사회에 대한 비판을 상징한다고 설명했다(Juergensmeyer, 2000, 105쪽). 이 종교단체를 만든 사람은 아사하라 쇼코로, 곧 세계의 종말이 올 것이며 그것은 선과 악의 세력이 서로대결하는 '아마겟돈'이나 3차 세계대전의 형태로 나타나지만 옴진리교 신도들은 살아남을 거라고 했다. 그렇다면 **불교에서는 사람을 죽이는 행위를 어떻게 정당화할까?** 위르겐스마이어는 불교도 다른 종교와 마찬가지로대개 이교도들을 내쫓는다는 명목으로 다른 나라를 정복하고 제국을 이룬 전통이 있다고 지적했다. 그는 티베트 불교에서 아사하라가 저지른 행위의 정당성을 발견했다.

티베트 불교의 교의는 살인행위가 살인자의 도덕적 순결에 끼치는 영향에 주목하는 것이 아니라 살해당한 사람과 죽음 뒤의 가치에 주목한다. 위르겐스마이어는 그것을 다음과 같이 설명한다.

> 아사하라는 **포아**phoa라는 개념, 즉 의식이 산 자에게서 죽은 자로 이전되어 그들의 정신적 가치를 드높일 수 있다는 생각을 확장해 어떤 경우에 사람은 살았을 때보다 죽었을 때가 더 좋다는 것을 넌지시 암시한다. 이런 티베트인들의 원리에 대한 아사하라의 해석에 따르면 살해당한 사람이 악당이거나 사악한 사회체제에 깊이 매몰된 사람이라 이생에서의 삶이 훨씬 더 큰 업보만 낳을 뿐인 경우 그 사람을 죽인 사람은 그를 일찍 죽게 함으로써 오히려 그에게 보시를 베푼 것이 된다. 그의 영혼은 살해되지 않았다면 결코 도달할 수 없었을 더 높은 차원으로 옮겨갈 것이므로 일종의 자비로운 살해인 셈이다(Juergensmeyer, 2000, 114쪽).

종교적 폭력의 이해

앞서 말한 것처럼 종교적 폭력을 비이성적인 광신이나 그보다 더 나쁜 것의 결과로 예단하고 단순화하는 경향이 있다. 그러나 그것은 마이클 브레이 목사, 의사 바루크 골드스타인, 아사하라 쇼코, 오사마 빈 라덴, 티모시 멕베이, 압둘 아지즈 란티시 같은 사람들이 종교적 폭력을 행사하게 된 다양한 배경과 동기를 간과하는 것이다. 또한 폭력행위는 어떤 경우에도 아무런 이유 없이 일어나지 않는다. 어떤 경우든 폭력을 행사할 때는 그것을 통해 말하고자 하는 어떤 불만들이 반드시 있기 마련이다. **그렇다면 사람들은 어떤 조건 아래서 종교적 수단을 통해 폭력을 정당화하려고 할까?**

마크 위르겐스마이어(2000, 146쪽)는 어떤 싸움을 우주적 차원에서 보는 것은 지역적 관심을 넘어서서 그 싸움의 중요성을 지나치게 강조하고 심지어는 선과 악의 대결이라는 신화적 전쟁으로 비약되기도 한다고 주장한다. 마이클 브레이는 낙태문제 때문에 남을 죽일 수도 있고 필요하면 자신이 죽을 수도 있다고 강변했다. 그는 오늘날 선과 악이 대결하는 거대한 우주적 전쟁이 일어나고 있지만 적들이 통제하고 있기 때문에 사람들이 그것을 볼 수 없다고 주장했다. 오사마 빈 라덴은 자신들의 투쟁을 이슬람 세력과 그것을 파괴하려는 세력 사이의 싸움으로 투영해 폭력을 정당화한다. 선과 악의 전쟁이라는 화려한 수사는 심지어 **악의 축**이라는 용어를 쓰는 미국 정계 주류들의 머릿속에도 깊이 박혔다.

위르겐스마이어는 일개 정치적 다툼을 우주적 전쟁으로 비약시키는 데는 그 나름대로 진짜 중요한 이유가 있다고 주장한다. 다음은 위르겐스마이어의 주장이다.

전쟁 상태에서 산다는 것은 사람들이 자기가 누구인지, 자신이 왜 고통을 받았는지, 그들이 누구에게 모욕을 당했는지, 자기가 어떤 대가를 치르고 살아남았는지를 아는 세상에서 사는 것이다. 전쟁이라는 개념은 우주론, 역사, 종말론의 자양분이 되고 정치적 지배의 통제권을 제공한다. 무엇보다 중요한 것은 그것이 승리할 수 있다는 희망과 승리를 이루기 위한 수단을 제공한다는 사실이다. 우주적 전쟁이라는 상징 속에서 이런 승리는 모든 세속의 한계를 뛰어넘는 사회적·개인적 변화의 위대한 순간이다. 따라서 사람들은 그런 기대를 쉽게 포기하지 않는다. 그런 전쟁의 이미지가 없는 것은 그 자체로 희망이 없는 것이나 마찬가지다(2000, 154~155쪽).

그렇다면 **폭력이 종교적으로 정당화되는 때는 언제일까? 왜 현실 세계의 투쟁은 종교를 필요로 할까?** 위르겐스마이어(2000)는 세 가지 논거를 제시한다. 첫째, 사람들이 자신의 기본적인 정체성과 위엄을 지키기 위한 수단으로 투쟁을 생각할 때, 종교가 그것을 정당화시킬 필요가 생긴다. 압둘 아지즈 란티시가 "자살 폭탄테러로 죽는 것이 날마다 좌절과 굴욕 속에서 죽는 것보다 낫다"고 말한 것처럼 말이다. 바루크 골드스타인은 자신이 이슬람인들을 살해하는 것을 정당하다고 생각했다. 이스라엘 정부가 아랍의 이슬람인들을 보호하는 것은 유대인들을 모욕하는 것이라고 믿었기 때문이다. 종교운동을 하는 사람들이 투쟁을 개인의 방어가 아니라 문화 전체를 지키기 위한 것으로 보는 순간, 그 투쟁은 정신적 의미를 함축한 문화전쟁이 된다. 예컨대 북아일랜드의 개신교와 가톨릭의 싸움은 이언 페이즐리 목사가 영국으로부터 독립하자는 가톨릭의 요구를 개신교에 대한 공격으로 해석하는 순간 종교분쟁으로 돌변했다. 팔레스타인 사람들의 투쟁은 수많은 이슬람 교주들과 율법학자들이 그것을 이슬람교를 지키기 위한 싸움으로 해석하는 순간 종교적 색채를 띤 투쟁으로 바뀌었다. 둘째, 위르겐스마이어는 정치적으로 서로 질 수 없다고 생각하는 대결을 벌일 경우 종교적 정당성을 필요로 한다고 주장한다. 요엘 러너가 생각할 때, 예루살렘 성전을 재건할 수 없다는 것은 유대교의 근간을 위협하는 것이나 마찬가지였다. 끝으로 투쟁이 봉쇄되고 곧바로 승리할 수 없다면 그것은 신성한 단계에서 새롭게 인식될 가능성이 크다. 그래서 승리는 결국 신의 손안에 있는 것이 된다(Juergensmeyer, 2000).

결론

이 장을 시작하면서 우리는 종교운동들이 어느 정도까지 반체제적 성향을 보였는지, 그것들이 중심부와 주변부에서 자본주의 문화의 팽창에 맞선 저항수단으로서 어떤 역할을 수행했는지 문제를 제기했다. 교령춤, 화물숭배, 시온주의처럼 서양 종교운동의 유입과 같은 소규모 종교적 저항은 모두 자본주의 문화의 팽창에 따른 반발에서 비롯된 게 틀림없다는 것이 우리의 결론이다. 그러나 20세기 후반에 득세하기 시작한 다양한 근본주의는 그것들이 모두 반체제운동인지 아닌지 불분명하다. 이런 문화운동들은 자본주의와 거의 같은 의미를 지닌 이른바 **근대화, 세속적 인간주의**, 혹은 주변부의 경우 **서구화**라고 부르는 것과 상반된다. 그러나 그런 문화운동들에서 특히 여성과 가족에 대한 견해나 대안적 생활양식에 반대하는 것을 볼 때, 그것들이 정작 자본주의에 대한 저항보다는 1968년의 반체제적 혁명에 더 크게 반발하고 있음을 보여주는 요소들이 있다.

종교적 저항, 특히 폭력 시위의 사례들을 사회·정치자본의 감소나 다양한 사회계약과 소외감 그리고 상징적·지리적 고립에 대한 항의로 바라볼 수도 있다. 우리가 검토한 종교적 폭력이라는 말에는 확실히 서로 다른 공간과 문화가 충돌하고 있는 이미지들로 가득 차 있다. 테러리스트의 폭력 대상이 시장을 상징하는 것들이라는 점은 결코 우연이 아니다.

근본주의는 저항의 대상과 무관하게 쿠란, 구약성서, 신약성서, 불경과 같은 문화적 대안을 이용해 자본주의를 바꾸려고 할 때, 소규모 세속적 종교운동을 제외하고 자본주의 문화를 실제로 대체할 수 있는 유일한 대안이다. 또한 세계 경제붕괴의 상황에서도 정치적으로나 이념적으로나 자본주의 문화를 대체할 준비가 되어 있는 유일한 문화를 상징한다(저자가 여기서 말하는 근본주의는 오늘날 우리에게 익숙한 정치적·경제적으로 왜곡된 폭력적 근본주의를 의미하는 것이 아니라 자본주의 문화와 시장질서에 저항하는 공동체적 근본주의를 의미하는 것으로 보인다. 이를테면 다음 장에서 나올 이슬람의 금융제도 같은 것을 염두에 둔 주장이라고 볼 수 있다―옮긴이).

시민운동가 육성

반문화를 창조하거나, 정치적 시위에 참여하거나, 새로운 경제적 대안을 찾는 일은 이제 우리의 과제가 아니다. 공정하고 지속가능하며 인정 많은 후기 기업세계를 만들기 위해서는 새로운 핵심 문화, 새로운 정치 중심지, 새로운 경제 주류를 창조해야 한다. 그런 담대한 의제를 수행하기 위해서는 여러 사회적 차원, 즉 개인이나 가정, 지역사회, 국가, 세계에서 활동하는 다양한 분야의 전문가들이 필요하다. 또한 우리에게 소외감을 유발하는 개별적 고립의 굴레에서 벗어나야 한다. 그렇게 할 때 우리는 실제로 이미 새로운 다수의 일부가 되어 있을지도 모른다.

—데이비드 코튼, 『후기 기업세계: 자본주의 이후의 삶』*The Post-Corporate World: Life After Capitalism*

(……) 또한 [금융]위기는 도덕적 실패, 즉 금전적 가치관 위에 세워진 시스템의 실패를 상징한다. 도덕적 실패의 중심에는 경제성장을 '올바른 삶'을 위한 하나의 수단으로서가 아니라 그 자체로 숭배했다는 잘못이 있다. 그 결과, 경제성장을 위한 수단이 된 경제적 효율성이 우리의 사고와 정책에서 절대적인 우선순위를 차지했다. 오늘날 우리의 주된 도덕적 한계는 경제복지를 상품의 양으로 평가하는 천박하고 속된 생각이다. 이런 도덕적 공백은 마침내 세계화와 금융혁신을 아무런 비판 없이 수용하고 어떤 인간적 관심사보다도 부를 우선으로 생각하는 행태들을 신성시하는 결과를 초래했다.

—로버트 스키델스키, 『케인스: 거장의 귀환』*Keynes: The Return of the Master*

❖ ❖ ❖

정말로 위험한 것은 무엇인가

자본주의가 팽창하면서 그에 맞선 저항도 점점 거세지는 것을 볼 때 무엇인가 문제가 있음을 알 수 있다. 물론 그 문제를 따로 떼어내서 고치는 것은 쉽지 않은 일이다. **노동의 착취가 문제인가? 또는 여성과 소수자에 대한 경제적·사회적 소외와 억압이 문제인가? 아니면 기업의 지나친 권력 집중이나 치명적인 무기의 광범위한 확산이 문제인가? 아니면 환경파괴나 공동체와 종교적 가치관의 쇠퇴가 문제인가?**

인류학은 심지어 우리가 직면하는 위기나 위험에 대한 인식조차도 문화적·사회적으로 결정될 수 있다고 주장한다. 다시 말해 사람들이 세계를 경험하고 느끼는 것을 사회나 문화가 어떻게 걸러주느냐에 따라 우리 대다수가 무엇을 두려워하는지도 정해질 수 있다는 것이다. 그러므로 우리가 가장 걱정하는 것이 환경파괴든 금융붕괴든, 핵무기 참사든 질병이든, 마녀의 권능이든 신의 저주든, 범죄든 사회분열이든 그것을 어떤 '진정한' 또는 '객관적인' 위험이라고 생각한다면 그것은 바로 우리 사회와 문화, 개인의 경험에서 비롯된 것일 수 있다(Douglas and Wildavsky, 1983).

물론 그렇다고 이런 위협들 가운데 전부는 아닐지라도 일부가 비현실적이라는 것은 아니다. 하지만 그런 위협들이 절박한 문제인지 아닌지를 결정하는 것이 바로 우리의 세계관이라는 사실은 부인할 수 없다. 그렇다면 **우리는 세계문제들이 어디서 시작되는지를 명료하게 설명하고 그런 문제들이 얼마나 절박한지에 대해 어떤 합의를 이끌어낼 수 있을까? 그럴 수 있다면, 변화를 이끌어낼 의지는 얼마나 될까? 그리고 끝으로 변화시킬 의지가 있다면 구체적으로 무엇을 바꿔야 할까?**

오늘날 기아와 빈곤, 질병 확산, 환경파괴, 여성과 어린이, 소수자들에 대한 착취, 국제 분쟁과 군비경쟁은 상상 속의 위험이나 문제가 아니다.

전 세계 수십억 명의 사람들은 날마다 그런 문제들이 초래하는 위협을 피부로 느낀다. 우리의 판단에 따르면 이런 문제들의 근원은 바로 자본주의 문화라는 중심 교의, 즉 끊임없는 경제성장에 대한 요구와 갈망이다. 자본주의 문화의 모든 주요 요소, 즉 소비자, 노동자, 자본가, 국민국가는 더 많은 상품과 서비스를 생산하고 소비하기를 바란다. 앞서 처음 4개의 장에서 살펴보고 언급한 것처럼 이것은 '당연한' 것이 아니다. 물질적인 것들의 소유가 인간의 타고난 본능이거나 중요한 가치라면, 생산자들이 굳이 물건이나 도구를 사도록 설득하기 위해 사람들의 심성에 호소하여 구매 욕구를 불러일으키는 이미지들을 광고하는 데 1년에 5,000억 달러나 되는 큰돈을 낭비할 이유가 없다.

그러나 지속적인 경제성장을 거부하는 것은 많은 친구들의 마음에 들지 않을 것이다. 자본가는 이윤을 위해, 노동자는 임금을 위해, 소비자는 스스로 필요하다고 확신하는 '물건'을 위해, 국민국가는 권력과 재정수입, 정당성을 위해 지속적인 경제성장을 필요로 한다. 사람들은 비록 자본주의 팽창에 저항하는 조직을 만들기도 하고, 대안적 통치방식을 요구하기도 하고, 새로운 자원 배분방식을 제안하기도 하지만, 성장 그 자체를 거부하는 경우는 거의 없다. 경제가 발전해야 한다는 생각이 우리 문화 안에 굳건히 자리잡고 있기 때문이다.

그러나 지속적인 경제성장을 위해서는 우리 환경과 자기 자신의 삶에 대한 지배력, 우리를 지탱하는 사회적 관계의 형태들을 상당 부분 희생하지 않을 수 없다. 경제성장을 보장한다는 것은 우리 삶에 엄청나게 복잡한 방식으로 영향을 끼치는 많은 규칙과 규제들을 제정하고 집행한다는 것을 의미한다. 그것은 사람들을 소외시키고 폭력적인 저항을 불러올 수 있다. 따라서 세계문제들을 다루는 방법들을 살펴보기 전에 경제성장이 어떻게 우리 사회에서 현재와 같은 역할을 하게 되었는지 확인해야 한다. 그리고 지속적인 경제성장이 어떻게 달성되는지, 그것이 우리 삶에 직접적으로 어떤 영향을 끼치는지도 비판적으로 검토해야 한다. 그렇다면 이제 이런 중요한 문제를 던진다. **경제와 정치, 사회의 쇠퇴 없이 그런 성장을 완화시킬 수 있는 방법은 과연 있을까?**

GNP와 성장지상주의의 완성

어느 주요 산업국의 지도자가 연두교서를 발표하는 장면을 상상해보라. 그는 "지난해는 멋진 한 해였습니다. 동부 지방의 홍수로 수천 채의 가옥이 파괴되었고 그것을 재건하는 데 수백만 달러가 들어갔습니다. 수질오염으로 모든 사람이 생수를 사 먹어야 했습니다. 범죄 증가 때문에 보안 시스템의 판매는 하늘을 치솟았습니다. 또한 이혼율도 사상 최대를 기록했습니다. 사회적·경제적 불안이 고조되면서 의사들은 기록적으로 많은 양의 신경안정제를 처방했습니다. 독감 환자들이 병원에 가득 찼고 수백만 명이 독감 예방주사를 맞았습니다. 국제 분쟁의 증가로 무기 판매는 호경기를 맞고 있습니다"라고 말한다.

여기서 당신은 도대체 그 나라의 지도자는 지난해에 일어난 일들 가운데 무엇이 멋지다고 말하는 걸까 하고 물을지도 모른다. 대답은 국민총생산GNP의 증가다. 이 모든 활동을 하기 위해서는 점점 더 많은 돈을 지출해야 한다. GNP는 자본주의 문화에서 국부를 가리키는 기본 지표인 것이다.

이 책을 시작하면서 논의한 것처럼 GNP(또는 GDP)*는 우리 문화에서 유일하게도 가장 중요한 통계치다. GNP는 가구, 정부, 기업들이 상품과

---

* 1991년에 GNP가 GDP(국내총생산)로 바뀌었다. GNP의 경우는 다국적 기업의 수입이 그 회사의 본사가 있는 나라로 귀속되어 결국 이익 대부분이 본국으로 돌아간다. 그러나 GDP의 경우는 이익의 대부분이 본국으로 가더라도 공장이나 광산, 기타 기업자산이 실제로 위치한 나라로 이익이 귀속된다. 따라서 GDP는 미국 기업들이 해외에서 번 이익을 배제하지만 외국 기업들이 미국에서 번 이익은 포함시킨다. 이런 경제성장 지표의 변화가 부자 나라에서는 큰 변화를 주지 않지만 가난한 주변부 국가에서는 경제가 크게 성장한 것처럼 보이게 한다. 따라서 주변부 국가에서 수탈된 이익이 중심부 국가로 이전되는 사실을 감추는 효과가 있다.

서비스에 소비하고 투자한 돈을 단순하게 합한 수치다. GNP는 중앙정부들이 국가의 경제발전을 수량으로 나타내기 위해 오랫동안 노력한 결과 개발해낸 지표다. 예컨대 17세기와 18세기에 각국 정부들은 과세 대상이 되는 부에 관심이 있었다. 당시에는 대개가 농산물이었다. 19세기 들어 제조업자들을 중요한 국부에 포함시키기 위해 그 측정 단위로 마침내 물건가격을 채택했다. 이것은 매우 중요한 도약이었다. 그것은 어떤 것이 가치가 있기 위해서는 반드시 가격이 있어야 한다는 것을 의미했다. 따라서 가족이나 공동체의 활동, 자연의 서식지 같은 것들은 가격체계의 밖에 있기 때문에 가치가 없는 것들이었다(Cobb 외, 1999 참조).

그 뒤 1932년 미국이 한창 대공황에 허덕이고 있을 때, 미국 상무부는 젊은 경제학자 사이먼 쿠즈네츠에게 일정하게 국민경제를 계산할 수 있는 방식을 개발해달라고 요청했다. 그렇게 해서 나온 것이 GNP다. 이는 경제발전을 국민이 얼마나 많은 돈을 썼는지로 평가했다. GNP의 개발은 두 가지 중요한 결과를 초래했다. 하나는 경제학자들이 오늘날처럼 공공정책 현안들에 대해 절대적 권위자로 군림하게 되었다는 것이고, 다른 하나는 정부의 입장에서 소비자는 경제발전의 동력이 되었다는 것이다.

에릭 A. 데이비슨(2000)이 말했듯 문제는 "GNP는 먹을 수 없다"는 것이다. 다시 말해 GNP를 계산할 때 포함되는 것이 국민생활에 반드시 긍정적으로 기여하는 것을 나타낼 필요는 없다. 결혼비용도 GNP에 포함되지만 이혼소송을 위한 변호사비나 이혼으로 주택을 분할하는 것도 GNP 계산에 들어간다. 식품비가 GNP에 들어가는 반면에 다이어트 약값이나 비만치료를 위한 프로그램과 의료비도 GNP에 합산된다. 무기를 생산하는 비용도, 무기 때문에 발생한 피해를 복구하는 비용도 GNP에 들어간다. 숲에서 나무를 베어 목재를 생산하는 것은 그에 따른 환경파괴는 전혀 고려하지 않은 채 온전히 경제성장으로 간주된다. 우리가 야기한 환경파괴를 처리하는 비용도 그것이 누군가에게 이익이 된다면 성장으로 본다. 생수 판매가 공공 상수도사업을 낙후시킬 위험이 있다고 해도

GNP에 포함되는 것처럼, 수자원을 오염시키는 제조행위도 GNP에 반영된다. 숲을 조성하는 것은 그것이 재정 수입을 발생시키지 않는 한 국민경제에 아무런 기여도 하지 않는다. 다음은 클리퍼드 코브와 테드 할스테드, 조너선 로(1995)의 말이다.

> GDP라는 기이한 기준으로 볼 때, 국민경제의 영웅은 값비싼 죽음과정을 겪고 있는 말기암 환자다. 가장 행복한 사건은 지진이나 태풍이다. 또 가장 바람직한 거주지는 공해방지를 위해 대형 자금이 투입되는 오염 지역이다. 이 모든 것은 돈이 들어가기 때문에 GDP에 반영된다. 그것은 마치 수입과 비용 또는 자산과 부채의 구분 없이 모든 '거래'를 단순히 합산하는 기업의 대차대조표와 같다.

경제학자 허먼 E. 데일리(1996, 41쪽)는 어느 결핵병원에서 환자들의 병세가 얼마나 호전되었는지 측정하는 방법을 도입했다가 일어난 일을 그 병원의 한 의사로부터 전해 듣고 소개한다. 그들은 환자들이 얼마나 많이 기침을 하는지 측정하기 위해 침대 맡에 마이크 장치를 했다. 병원에서는 환자가 기침을 적게 할수록 병세가 호전된 것으로 판단했다. 그러자 환자의 호전 상태에 따라 근무성적을 평가받고 있던 간호사들은 자기가 맡은 환자의 기침횟수를 줄이기 위해 진통제인 코데인을 더 많이 투약했다. 유감스럽게도 환자들은 이제 조금만 울혈이 생겨도 기침을 심하게 했고 결국 예전보다 더 많은 환자가 죽었다. 그 뒤 기침횟수로 환자의 병세를 측정하는 방식은 폐기되었다. 사람들이 기침횟수라는 지표로 판단할 조건에 신경을 쓰기보다는 그 지표 자체를 조작했기 때문이다. 댈리는 GNP도 기침횟수라는 지표와 마찬가지로 그것이 본디 측정하려고 하는 것을 제대로 측정하지 못하고 오히려 왜곡시킨다고 주장한다. 우리는 GNP로 평가되는 경제성장이 좋은 것이라고 가정한 상태에서 GNP를 올리기 위해 자유무역 정책을 촉진하고 기업에 세금혜택을 주고 소비를 늘림으로써 "생명을 지탱해주는 지구의 수용력을 축소시키고, 따라서 말 그대로 세계를 죽이고 있다."(Daly, 1996, 145쪽)

그러나 경제성장이 어떻게 해로울 수 있단 말인가? 경제성장은 일자리와 제품, 이익, 배당금을 창출한다. 또한 그것은 민주주의를 촉진하고 가난을 종식시키고 더 평등한 사회로 이끈다. 하지만 우리는 GNP 증가가 무에서 나오는 것이 아니라는 사실을 잘 인식하지 못하는 것 같다.

1부 머리말에서 지적한 것처럼, 지속적인 경제성장을 위해서는 비화폐자본이 화폐자본으로 끊임없이 전환되어야 한다([그림 13-1] 참조).

달리 말하면 경제자본(또는 권력이나 부)의 증가는 자연자본, 정치자본, 사회자본과 같은 비화폐적 형태의 자본이 화폐자본과 경제성장으로 전환될 때만 일어날 수 있다. 은행 예금이 화폐 저축을 의미하는 것과 마찬가지로 비화폐적 형태의 자본도 (비록 비화폐적 형태지만) 저축을 의미한다. 이런 식으로 보면, 경제성장은 결국 우리가 저축한 것을 꺼내 쓰면서 그것을 소득으로 계산하고 있는 것이나 다름없다. 또한 자본을 탕진하면서 그것을 성장이라고 부르는 셈인 것이다. 그렇다면 **이런 전환은 어떻게**

[그림 13-1] 국내총생산GDP 대 참진보지표GPI(1950~2004년, 2000년 달러 기준)

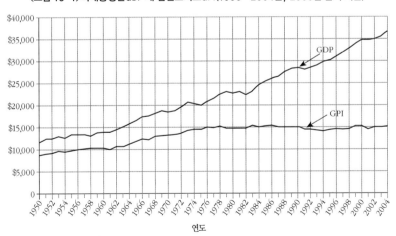

출처: The Genuine Progress Indicator, 2006(www.rprogress.org/publications/2007/GPI%202006.pdf).

일어날까? 우리는 지금 경제성장을 부풀리기 위해 자연자본과 정치자본, 사회자본을 어떻게 쓰고 있는가?

자연자본의 전환

은행에 있는 화폐처럼 자연자본도 인류와 모든 생명체가 자신들의 생명 유지와 생존을 위해 이용하는 자연세계에서 화폐와 같은 기능을 한다. 자본주의 문화에서 우리는 환경을 이용해 먹을 것을 얻고 집을 짓고 여행하고 도로를 건설하는 것과 같은 모든 인간활동을 한다. 따라서 GNP의 증가는 환경에 절대적으로 의존한다. 예컨대 담수는 우리의 자연자본 가운데 일부다. 우리가 물을 쓸 때마다 자원의 일부를 꺼내 쓰고 있는 셈이다. 전 세계적으로 볼 때, 그렇게 꺼내 쓰는 담수의 10퍼센트가 가정용인 반면에 90퍼센트는 산업용으로 쓰인다. 농업과 축산용으로 쓰는 물이 65퍼센트를 차지한다. 그러나 유엔의 조사 결과에 따르면 신선한 물을 마실 수 없는 사람이 전 세계에 10억 명이나 된다. 게다가 전 세계 기업들이 경제성장을 위해 앞으로 25년 동안 소비할 담수의 양은 지금까지보다 2배나 더 늘어날 것으로 예상되는 한편, 전 세계 인구 가운데 약 3분의 2는 심각한 물 부족에 시달릴 것이라고 한다. 미국만 따지고 보더라도 텍사스에서 사우스다코타까지 뻗어 있는 대초원지대의 오갈라라 대수층이 자연적으로 지하수가 채워지는 속도보다 8배나 빠르게 고갈되고 있다(Barlow, 1999).

깨끗한 물이 고갈되고 있다는 것은 의심의 여지가 없어 보인다. 유독폐기물을 처리할 장소를 찾는 일은 점점 더 어려워지고, 자원 고갈 속도는 대체자원을 찾는 속도보다 더 빨라지고 있다(Samat, 2000 참조). 미국인 한 사람이 한 해에 버리는 폐기물의 양이 25톤인 반면에 일본인 한 사람이 버리는 양은 11톤이다. 여기에다 생산과정에서 발생하는 폐기물, 예컨대 토양침식이나 광산폐기물 등까지 더한다면 미국인 한 사람이 버리는 폐기물의 양은 86톤, 일본인 한 사람이 버리는 양은 21톤으로 늘어난다

(Matthews, 2000, xi쪽).

그렇다면 **자연자본은 어떻게 GNP에서 경제자본과 성장으로 전환될까** 하는 의문이 생긴다. 해답은 회계장부를 작성할 때 계산에 넣는 것과 빼는 것을 교묘하게 조작하는 부기방식에 있다.

우리가 소비하는 모든 제품과 서비스, 즉 우리가 돈을 써서 얻는 모든 것에는 적어도 네 가지 비용이 들어 있다(하지만 대부분 우리의 국민경제계정체계는 이 가운데 한 가지만 고려한다). 먼저 제조업자가 제품을 생산하고 유통하기 위해 지불하는 비용으로 사람들이 지불하는 제품가격에 반영되는 비용이 있다. 그러나 제조업자나 소비자에게 직접 전가되지 않는 (소매가격에 포함되지 않는) 비용으로는 제품의 생산과 관련된 환경비용, 제품의 사용과 관련된 환경비용 그리고 제품의 폐기와 관련된 환경비용이 있다.

컴퓨터는 그런 비용들이 어떻게 외부로 떠넘겨지는지를 아주 잘 보여주는 좋은 사례다. 컴퓨터 제조업자는 컴퓨터를 제조하기 위해 컴퓨터 부품이나 원재료를 구매하고, 기계를 사고, 컴퓨터를 설계하고 만드는 노동자에게 임금을 지불하고, 대출이자와 배당금을 지불하고, 제품을 유통시키기 위해 트럭, 철도, 선박회사 등 운송업자에게 운송비를 지불하려면 돈을 써야 한다. 이런 비용들은 모두 컴퓨터가격에 반영되고 결국 GNP에 합산된다. 그러나 거기에는 외부로 떠넘겨지는, 즉 일반 대중이나 후손들에게 전가되는 각종 비용이 있다. 그 대부분이 환경과 관련된 비용이다. 이런 환경비용으로는 우선 컴퓨터의 가장 기본이 되는 부품인 실리콘칩과 관련된 비용이 있다. 해마다 2,200억 개의 칩이 만들어지는데, 그 안에는 매우 부식성이 높은 염산이 함유되어 있다. 또 비소, 카드뮴, 납 같은 금속과 메틸클로로포름, 벤젠, 아세톤, 트리클로로에틸렌TCE과 같은 휘발성 용제 그리고 수많은 맹독성 기체도 들어 있다. 한 묶음의 칩을 만드는 데 평균 12킬로그램의 화학물질과 4킬로그램의 유해폐기물, 대규모 화학처리를 요하는 1만 4,300리터 정도의 물이 발생한다. 캘리포니아의 실리콘밸리는 미국 환경보호청EPA이 공해 방지를 위해 대규모 자금을 투입하는 오염지대가 스물아홉 군데로 가장 많은 곳이다. 그 지역의 마시는 물에서는 100종이 넘는 오염물질이 발견되었다. 이런 오염물질이나 파괴된 자원을 정화하는 데 들어가는 환경비용(또는 그 문제 때문에 발생하는 보건비용)은 컴퓨터의 제품가격에 전혀 포함되어 있지 않다.

또한 컴퓨터를 폐기할 경우 발생하는 비용도 소비자 제품가격에 전혀 반영되지 않는다. 전문가들의 예측에 따르면 2007년 미국에서 폐기되는 컴퓨터는 5억만 대가 넘을 것으로 추산되었는데, 그 대부분이 주변부 국가의 쓰레기 매립지나 소각장, 또는 유해한 쓰레기 처리장에 버려졌다. 어떤 사람은 "모든 사람이 동시에 컴퓨터를 버리면 축구장 넓이만한 고물 컴퓨터 산이 1.6킬로미터 높이로 솟을 것이다"라고 말했다. 컴퓨터는 폐기되면 많은 유해물질을 배출한다. 5억만 대의 컴퓨터가 버려진다는 것은 납 54만 톤, 카드뮴 907톤, 수은 181톤, 6가 크롬 544톤, 또 그것들이 만들어내는 여러 가지 유독물질이 발생한다는 것을 의미한다. 그러나 이런 물질들을 정화하는 데 들어가는 비용은 제품의 원가나 가격에 반영되지 않는다. 따라서 소비자들도 그것을 당연하게 생각하고 있다. 하지만 합리적인 회계처리를 한다면 컴퓨터 판매가 경제에 기여하는 부분에서 이런 비용은 차감하는 것이 당연하며, 그 비용은 제품가격에 내재화시켜 소비자에게 부담시키는 것이 올바른 태도다. 그렇지만 현실에서는 컴퓨터 매출액은 GNP에 합산하면서 환경비용은 무시한다. 달리 말하면, 오늘날 우리의 국민경제 계산법에서는 자연자본을 다 쓴다고 해도 경제적 적자는 발생하지 않는다. 그것은 경제적이든 아니든 어떤 관점에서도 명백히 이해할 수 없는 논리다. 하지만 소비자, 자본가, 노동자의 편협한 시각에서 보면 당장은 그 비용을 계속해서 외부로 떠넘기는 것이 유리하다. 생산원가를 지속적으로 낮추면서 소비는 늘리고 임금은 올릴 수 있기 때문이다. 그러나 장기적으로 보면 그것은 자연자본이 지속적으로 경제자본(화폐)으로 전환되는 것을 촉진한다.

자연자본이 경제자본으로 전환되는 것을 가속화하는 또 다른 요소는 우리가 돈을 만들어내는 방식과 관련이 있다. 1부 머리말에서 살펴본 것처럼 화폐는 지난 세기 동안 바뀌었다. 화폐가 금의 가치에 구속되어 있을 때 발행할 수 있는 화폐의 양은 제한되었다. 그러나 화폐가 어떤 가치에도 얽매이지 않게 되고, 은행과 그 밖의 대출기관들이 부채 형식의 화폐를 거의 무한대로 자유롭게 만들어내면서 모든 제한이 풀렸다. 따라서 자원의 가치를 나타내는 화폐가 무한대로 늘어나는 것이 가능해졌는지는 모르지만 (그리고 지속적인 성장을 요구하는 사회에서 화폐는 무한대로 늘어나야 한다) 화폐로 가치를 표현할 수 있는 것들은 여전히 유한하다. 달리 말하면, 목재자원은 유한한데 목재를 살 수 있는 화폐는 끝없이 넘쳐난다는 것이다. 이것이 의미하는 바를 이해하기는 쉽지 않지만, 간단히 말하자면 만들어낼 수 있는 화폐의 양이 제한이 없다면 그 화폐로 가치를 표현할 수 있는 것들의 양도 제한이 없어야 한다는 것이다. 허먼 E. 데일리(1996, 38쪽)는 이렇게 말한다.

　　화폐의 지나친 축적으로 세계는 기하급수적으로 성장하는 방도를 찾고 있다. 경제의 물질적 규모는 이미 생태계에 비해 너무 비대해져 물질적 영역에서는 어떤 것도 성장을 위해 남겨진 공간이 별로 없다.

　전통적인 경제학은 자원이 희소해지면 자원의 가치를 높여 화폐와 GNP의 지속적 증가를 가능하게 함으로써 문제를 해결하거나 아니면 그런 문제 자체를 무시한다. 그러나 우리가 맑은 공기와 물 같은 자원의 가격을 얼마나 높일 수 있단 말인가? 더군다나 그런 자원들이 고갈되고 나면 그 가격은 또 무슨 소용이 있는가?

　우리가 부채 형식의 화폐를 생성하는 방식은 다른 방식으로 자연자본의 전환을 촉진한다. 3장에서 우리는 많은 나라들이 경제성장을 위해 얼마나 많은 돈을 빌리는지 세계의 외채문제에 대해 살펴보았다. 그러나 경제성장에 대한 대가를 지불하고 외채를 상환하기 위해 주변부 국가들은 삼림을 베어내고, 중심부 국가들이 버린 유독폐기물들을 받아들이고, 공해산업을 유치해야 하는 그런 성장을 촉진하지 않을 수 없었다. 그 나라들은 오늘날 실제로 외채를 상환하고 GNP를 높이기 위해 자연자본을 화폐로 전환하고 있다. 그러나 그 과정은 결국 국민의 미래를 저당 잡히고 삶의 공간을 황폐화시키는 일인 것이다.

정치자본의 전환

유엔은 『1991년 인간개발보고서』에서 전 세계 국가들이 시행하는 민주적 제도들의 존재와 효과를 평가하는 '자유도 지표'를 발표했다. 그 지표를 측정하는 약 39개 항목 가운데는 여행의 자유, 결사의 자유, 표현의 자유, 자의적 박해를 막는 다양한 자유의 척도, 정치적 자유를 평가하는 척도, 정보 접근에 대한 자유를 평가하는 척도 등이 있다. 자유도의 수준이 최고 40점인 그 조사에서 각국은 1점에서 40점까지 점수가 매겨졌다([표 13-1] 참조).

인간 자유 지표는 기준 연도(1985년도 자료를 기준으로 순위를 매겼다)에 정치자본의 가장 중요한 일부를 포착한다. 정치자본이 풍요로운 사회는 사회 구성원들이 자신들의 삶에 영향을 미치는 결정에 대해 의견을 표명할 수 있다. 정치자본은 개인이 처한 상황에 대한 만족 또는 불만족을 투표 같은 수단을 통해 얼마나 자유롭게 표시할 수 있는지에 따라 평가된다. 또한 사람들이 의사결정권자들에게 얼마나 가까이 다가갈 수 있는지에 따라서도 정치자본을 평가할 수 있다. 극단적으로 노예제 사회처럼 개인들이 자신의 운명에 대해 실제로 전혀 한 마디도 할 수 없는 사회도 있다. 반대로 모든 사람이 각자 집단적 의사결정에 영향을 미칠 수 있는 합의로 운영되는 또 다른 극단적 형태의 사회도 있다. 예컨대 소규모 수렵채취사회들이나 어떤 영화를 볼지 함께 결정하는 소규모 친구모임들이 그런 사회일 것이다. 정치자본은 줄어들지만 화폐자본은 늘어날 수 있는

자유도 최고 순위 10대 국가	점수	자유도 최저 순위 10대 국가	점수
스웨덴	38	자이레	5
덴마크	38	파키스탄	5
네덜란드	37	불가리아	4
핀란드	36	남아프리카공화국	3
뉴질랜드	36	구소련	3
오스트리아	36	중국	2
노르웨이	35	에티오피아	2
프랑스	35	루마니아	1
서독	35	리비아	1
벨기에	35	이라크	0

출처: Michael Wolff, Peter Rutten, and Albert Bayers III, 편집, 『우리가 서 있는 곳』*Where We Stand*(New York: Bantam Books, 1992).

것들을 예로 든다면 독재 정권, 치명적인 무력 사용, 민주적 제도의 훼손, 경제적 부채들이 있다.

그렇다면 **독재 정권은 어떻게 경제성장을 촉진시키는가?** 전체적으로 일치된 의견은 없다. 1970년대와 1980년대에 이루어진 연구들에 따르면 독재 정권은 민주 정권보다 경제성장률이 더 높았다는 것을 보여준다. 그러나 다른 연구들에 따르면 정권이 민주적일수록 경제성장률도 더 높아진다고 주장한다(예컨대 Scully, 1995 참조). 로버트 J. 배로(1996, 2쪽)는 최근 경제성장의 결정요소에 대한 비교문화적 실증연구에서 다음과 같은 결론을 내렸다.

정치적 권리의 수준이 낮을 때는 〔민주적〕 권리의 확대가 경제성장을 촉진한다. 그러나 민주주의가 어느 정도 수준에 오르면 권리를 더 신장할 경우 오히려 성장이 지체된다.

여기서 중요한 것은 **왜 민주화의 신장이 경제성장을 저해하는가** 하는 문제다. 배로는 민주화가 성장을 방해한다고 주장한다. 경제가 성장할수록 국민들은 경제불평등과 사회정의에 더욱 관심을 갖게 되고 사회복지와 소득 재분배를 요구하기 때문이다. 그것들 가운데 어느 것도 화폐자본의 무한 축적에 도움이 되지 않는다. 그러나 그 관계는 아마도 J. P. 모건의 한 통화전략가가 1998년 인도네시아 민주 정부의 수립과 관련해서 한 말에 가장 잘 표현되었을 것이다. "민주주의는 바람직한 정부 형태이기는 하지만 반드시 가장 효율적인 정부 형태라고 할 수는 없습니다."(Arnold, 1999) 물론 그가 의미한 것은 기업을 위해, 즉 경제성장을 위해서는 민주 정부보다 독재 정부가 더 낫다는 것이다. 다시 말해 권력의 중앙집중과 정치자본의 소모를 촉진하는 지배질서는 경제자본을 더 많이 축적할 수 있게 한다. 독재 정부는 노동운동을 탄압하고, 환경파괴에 대한 저항을 억누르고, 재산권을 몰수하고, 투자자들에게 세제혜택을 주고, 사회복지와 교육예산을 삭감하는 일을 더 잘한다. 이 모든 조치는 경제성장을 촉진한다.

다국적 기업들에 권력을 모아주는 오늘날 세계 경제의 지배질서는 정치자본이 어떻게 경제자본으로 전환될 수 있는지 또 다른 사례를 제공한다. 앞서 지적한 것처럼 세계의 100대 경제기구 가운데 절반이 기업이다. 미쓰비시 무역상사의 매출은 세계에서 네 번째로 인구가 많은 인도네시아의 GDP보다 더 크다. 세계 200대 기업의 매출합계는 전 세계 GDP를 모두 합한 것의 28퍼센트에 해당한다(Anderson and Cavanagh, 2000).

국민국가들은 지속적인 경제성장을 위해 기업들이 막대한 경제력과 정치권력을 축적할 수 있게 하고 촉진시켰다. 기업의 최고경영자들은 자기 마음대로 자원을 할당하거나 회수하고, 공장을 열고 닫고, 생산라인을 바꾸고, 개인과 공동체에 끼치는 영향을 고려하지 않고 노동자들을 마음대로 해고할 수 있다. 자본주의 문화는 GNP를 늘리기 위해 국가경제의 계획 기능을 국민을 책임지고 있는 정부에서 오직 주주들만 책임을 지는 기업으로 넘겼다.

권력과 돈이 점점 더 소수의 기업들에 집중되는 현상은 지금도 계속되고 있다. 세계 200대 기업의 절반이 소속된 산업은 무역, 자동차, 금융, 소매업, 전자 등 5개 경제 분야에 불과하다. 자동차 분야에서는 5대 기업이 전 세계 매출의 60퍼센트를 차지한다. 전자 분야에서는 5대 기업이 전 세계 매출에서 차지하는 비율이 절반을 넘는다. 항공 여행, 항공우주산업, 철강, 석유, 컴퓨터, 화학, 미디어산업에서 각각의 5대 기업이 전 세계 매출에서 차지하는 비율이 30퍼센트를 넘는다(Anderson and Cavanagh, 2000). 각 산업 분야에서 10대 기업들이 통신산업의 86퍼센트, 살충제산업의 85퍼센트, 컴퓨터산업의 70퍼센트, 의약산업의 35퍼센트, 상업용 종자산업의 32퍼센트를 지배한다. 우리는 경제성장을 위해 점점 더 막강해지는 이런 기업의 권력 집중을 향해 빠르게 이동하고 있다. 1992년 이래로 기업 합병의 총가치는 해마다 거의 50퍼센트씩 증가했으며, 대부분의 합병은 하나같이 대량해고를 수반했다.

미국도 선거자금의 규제나 규제 해제를 통해 정치자본을 침식시킨다. 기업들은 세력이 점점 더 커지면서 국가의 선출직 대표들에게 거액의 정치자금을 기부함으로써 자신들의 경제력을 정치권력으로 바꿀 수 있다. 아무튼 돈이 정부 관리들 앞에서 발언할 수 있는 기회를 주며, 많은 경우에 법률 제정에 영향을 미칠 수 있다는 사실을 부인하는 정치인들은 거의 없다. 시장의 교환행위는 노동조합, 자유무역, 환경과 관련된 수많은 법규로 둘러싸여 있다. 이런 법규들은 선거에 나간 후보자들에게 기부된 정치자금으로 만들어진 정치과정을 통해 제정된다.

우리는 전 세계적으로 비민주적인 WTO와 IMF 체제에서, 북미자유무역협정NAFTA과 미주자유무역지대FTAA 같은 무역협정 안에서 정치자본이 줄어들고 그것이 경제자본으로 전환되는 것을 볼 수 있다. 이런 협정들은 대개 국민을 책임진 민주적으로 선출된 정부로부터 주주들 말고는 아무도 책임지지 않는 다국적 기업들이 지배하는 비민주적 국제기구들로 권력이 이양되었음을 보여준다. 이런 협정을 통해 권력을 위임받은 각종 위원회는 각국의 입법기관이 제정한 환경, 보건, 노동, 사회보장과 관련된 규칙이나 규제들에 이의를 제기할 수 있다. 이런 위원회들은 항의할 기회도 주지 않고 회원국 국민의 바람과는 반대되는 의사결정을 은밀하게 내릴 수 있다. 따라서 미국 국민이 환경이나 개인의 건강을 보호하는 법규의 통과를 바랄지라도 WTO 심판관들은 그 법규가 무역을 제한한다고 여겨지면 곧바로 가혹한 경제적 제재를 가할 수 있다.

무기 생산과 유통의 확산은 정치자본에 또 다른 위험을 안겨주고 있다. 무기 생산은 막대한 부를 창출한다. 4장에서 이미 살펴본 것처럼 1999년에 전 세계 국민국가들이 무기 구매에 쓴 돈은 8,520억 달러에 이른다. 이렇게 막대한 부는 그런 무기들로 짓밟힌 정치적 자유를 희생해서 얻어진 것이다. 미국의 '안보원조'는 과테말라, 아이티, 칠레, 필리핀, 인도네시아, 이란, 콩고, 브라질, 아르헨티나, 니카라과 등 극히 일부 국가만 예로 들더라도 그들 나라에 독재 정부를 수립하고 유지하는 데 적어도 한 번 이상은 크게 영향을 끼쳤다. 그들 독재 정부는 주로 자국민들을 지배하는 데 이런 무기들을 활용한다. 그런 무기들은 국가폭력과 살인행위에 쓰인다.

앞서 3개의 장에서 살펴본 것과 같은 종류의 저항이 거세지고 그것이 경제성장 전반에 위협으로 비춰지면 국민국가는 더 가혹한 억압과 인권탄압을 자행한다. 따라서 9·11테러 공격 이후에 제정된 미국의 애국법은 비록 정부 감시가 심해지고 개인의 권리가 침해되는 희생이 뒤따르더라도 국가안보를 위해 필요한 조치로 생각하는 사람들도 있을 수 있다.

자연자본을 고갈시키는 외채도 채무국들이 자국의 자치권과 국민의 정치적 권리를 비민주적인 IMF와 WTO 체제에 바쳐야 하는 지배질서를 촉진하는 또 다른 요소다. 따라서 채무국들은 국민의 뜻과 달리 시급한 사회복지제도를 포기하고, 통화가치를 내리고, 기업이나 외국인 투자자들의 국내 서비스나 재산의 지배를 허용하지 않을 수 없게 된다.

테다 스카치폴(2003)과 동료들은 미국에서 시민의 참여가 줄어들고 있음을 상세하게 보여준다. 그것은 바로 시민행동을 유발하기 위해 필요한 국민집단인 민중의 쇠퇴를 반영하는 것이다. 사람들은 50년 전까지만 해도 자발적 결사를 통해 함께 참여했지만 이제는 계층집단으로 퇴보했다. 스카치폴(2003, 254쪽)은 이렇게 결론짓는다.

> 민주적 가치의 공유, 계층을 가로지르는 연대감, 소수의 엘리트들과 나란히 많은 사람이 조직화된 노력에 참여할 수 있는 기회들을 포함해, 한동안 사라진 전통적 시민사회였던 미국 고유의 비판적 특징들을 오늘날 되살릴 필요가 있다.

날이 갈수록 점점 더 소수의 손에 집중되는 언론매체에서 보는 것처럼 정치자본을 경제성장으로 전환시키는 또 다른 영역들이 있다. 언론은 우리가 어떤 종류의 정보를 취할지, 누구의 목소리에 귀 기울여야 할지를 통제할 수 있다. 미국에서 언론은 선거에서 어떤 후보를 뽑을지, 어느 정도까지 사람들의 정치적 지위를 노출시킬지 결정할 수 있는 막강한 힘이 있다. 그러나 무엇보다도 미국의 정치자본을 갉아먹을 수 있는 가장 큰 위험은 정치자본이 끊임없이 부로 전환되는 것에 어떤 저항도 할 수 없게 될 정도로 미국의 정치자본이 거의 고갈되는 지점까지 이를 수 있다는 사실이다.

사회자본의 전환

경제성장과 개발을 위해서는 사회자본을 지출해야 한다. 사회자본의 고갈은 사회학자 로버트 D. 퍼트넘(2000)의 연구를 통해 최근에 더욱 주목받기 시작했다. 퍼트넘은 『나 홀로 볼링』*Bowling Alone*에서 미국의 사회자본이 엄청나게 고갈되고 있음을 상세히 보여준다. 퍼트넘(2000, 19쪽)은 이렇게 말한다.

> 사회자본이란 개인들을 서로 연결시켜주는 것, 즉 사회적 네트워크와 상호 호혜의 규범 그리고 그것들 사이에서 발생하는 신뢰를 말한다. 그

런 의미에서 사회자본은 이른바 '시민적 덕성'이라고 부르는 것과 밀접한 관련이 있다.

　사회자본은 사람들이 사회적 네트워크에 합류함으로써 이익을 얻고 문제를 해결하고 집단적으로 의사결정을 할 수 있게 한다. 사회자본은 사람들을 집단으로 결속시켜 다른 사람들이 '옳은 일을 할' 것이라는 신뢰와 확신을 높인다. 사회자본은 인류학자들이 **일반화된 상호 호혜**라고 부르는 것, 즉 앞으로 언젠가 보답을 받을 것이라는 생각만으로 남에게 시혜를 베푸는 행위에서 확인된다.

　사회자본이 반드시 긍정적인 것은 아니다. 권력집단의 강력한 사회적 결속은 가난한 사람들이나 자기네 집단 구성원이 아닌 사람들에게 자원이 배분되는 것을 막는 요인이 될 수도 있다. 아마도 사회자본이 풍부한 남성들의 단체나 클럽은 여성들이 경제적 자원에 접근하는 것을 막을 수도 있을 것이다. 예컨대 KKK단(백인 우월주의자들이 모인 극단적인 인종차별주의자 집단—옮긴이)은 사회자본이 풍부한 집단이었을지 모르지만, 그들의 사회자본은 다른 사람들의 공민권을 빼앗는 데 이용되었다. 따라서 사회자본은 '음흉하고' '뒤틀어진' 측면이 있을 수 있다(Putzel, 1997; Rubio, 1997).

　그럼에도 사회자본은 사람들의 운명이 서로 어떻게 연결되어 있는지 깨닫게 하고 개인들의 목표 달성에 도움을 주는 사회적 네트워크를 구축함으로써 우리 삶을 향상시킬 수 있다. 사회자본이 풍부한 미국의 지역사회에서는 사람들이 지역단체에 가입하고, 공공모임에 참석하고, 투표를 하고, 공동체사업에 참여하고, 친구들과 자주 만나고, 가정생활을 즐기고, "사람들 대다수를 믿을 수 있다"고 생각하거나 "사람들 대다수가 정직하다"는 말에 동의한다.

　퍼트넘(2000, 287쪽)은 『나 홀로 볼링』에서 지난 100년 동안 미국에서 사회자본의 발전에 대해 평가하고 "실제로 생각할 수 있는 모든 분야에서 사회자본이 꾸준히 침식되어왔으며 지난 두 세대에 걸쳐 특히 급격하게 고갈되었다"라고 결론지었다.

퍼트넘은 사회자본이 감소하게 된 원인을 네 가지 요인 탓으로 돌린다. 그 원인의 절반 정도는 오랜 '시민활동 세대'가 구속을 싫어하는 자식과 손주 세대들로 서서히 그리고 지속적으로 대체된 결과이며 4분의 1 정도는 전자오락의 발달, 특히 텔레비전의 영향이 크다. 나머지 원인은 맞벌이 가정이 늘어나면서 시간과 돈에 대한 압박이 커지고, 불규칙하게 외곽으로 뻗어나가는 교외 지역이 늘어나면서 지역사회의 중심이 사라진 탓이라는 것이 퍼트넘의 주장이다.

퍼트넘이 사회자본이 감소하게 된 원인이라고 본 요인들 대부분이 경제발전의 요인이라는 사실은 의미가 깊다. 다시 말해 우리는 지금까지 인간관계를 줄이는 대신에 더 큰 평수의 새집을 짓고, 가사용품에 더 많은 돈을 쓰고, 도로와 다리를 더 많이 건설하는 반면에 자동차에 더 많이 의존하고 그에 따른 비용도 늘어나는 교외 지역의 확대를 촉진하는 규칙과 규제들을 만듦으로써 사회자본을 경제자본으로 전환해왔다. 맞벌이 가정은 가정활동을 위한 시간을 더 많은 금전거래와 소득과 교환한다. 반면에 가족들 사이의 접촉을 줄이는 텔레비전 시청은 사람들에게 새로운 소비 욕구를 불러일으키고 상품을 통한 행복을 끊임없이 자극하는 광고와 매체 영상에 그들의 넋을 잃게 만든다. 퍼트넘(1996)이 초기 연구에서 텔레비전을 미국의 사회자본을 갉아먹는 주범이라고 지칭한 것은 주목할 만하다.

그러나 사회자본을 경제자본으로 전환시키는 또 다른 방법들이 있다. 대개 지난 50년 동안 중심부 국가는 보육, 취사, 보건, 오락, 시설 보안유지 등 돈이 많이 들어가는 사회적 기능을 GNP에 합산되지 않는 가정이나 공동체에서 GNP에 합산되는 시장으로 이전함으로써 경제성장을 이룩할 수 있었다. 물론 이것은 전혀 새로운 현상이 아니다. 그 과정은 교역을 하면서부터 시작되었지만 지난 수백 년 동안 급진전되어 우리의 사회

환경을 완전히 바꿔놓았다. 가족들이 식량을 채집하거나 사냥한 동물이나 가축을 잡기 위해 모였던 때는 다양한 사회적 상호관계가 일어났다. 그러나 오늘날 경제에서는 그런 상호관계들이 식료품점의 계산대에서 단순히 돈을 지불하고 거슬러주는 관계로 바뀌었다.

또한 우리는 사회적 불평등을 초래하고 더 악화시키면서도 경제성장을 빙자해 사회자본을 탕진한다. 사회적 불평등은 사람들 사이에 불필요한 경계들을 만들어낸다. 따라서 불신과 증오가 늘어나고, 사회적 차별을 자연적 차이로 정당화하는 이데올로기가 필요해지고, 절대 빈곤 속에서 개인과 가족, 지역사회가 파괴되는 결과를 초래한다.

미국에서 GNP가 올라갔을 때 불평등도 그만큼 커졌다. 부자와 가난한 사람 사이의 격차는 점점 더 벌어져 미국에서 상위 1퍼센트에 해당하는 270만 명의 부자들이 벌어들이는 세후 소득은 하위 1억 명이 소비하는 금액과 맞먹는다. 이 비율은 1977년 이래로 2배 넘게 늘어서 상위 1퍼센트의 수입이 하위 4,900만 명의 수입만큼이나 많았다(Shapiro and Springer, 2000).

경제성장에 필수 요소라고 여겨지는 부채도 소수의 손에 부와 권력을 집중시키고 사회적 불평등을 더욱 가속화한다. 우리는 오늘날 대다수가 극소수에게 빚을 지는 사회와 세상, 즉 부채로 발생하는 이자가 급격하게 늘어나는 세상에서 살아가고 있다(예컨대 Kennedy and Kennedy, 1995, 26쪽 참조).

전 세계적으로 상황은 비슷하다. 오늘날 미국 경제는 역사상 가장 크게 확장하고 있지만, 1989년보다 1998년에 1인당 국민소득이 더 줄어든 나라가 80개국에 이른다. 전 세계에서 가장 부유한 20퍼센트에 해당하는 나라들과 가장 가난한 20퍼센트에 해당하는 나라들 사이의 평균 소득격차는 1960년에 30대 1에서 1990년에는 60대 1로 크게 늘어났다. 1999년에 그 격차는 훨씬 더 커져서 74대 1이 되었다. 이런 속도로 간다면, 그 차이는 2015년 이전에 100대 1로 늘어날 가능성이 크다(United

Nations Development Programme, 1997). 국내적으로나 세계적으로 앞으로 이런 불평등 추세가 더욱 심화될 것이라는 데는 이견이 있을 수 없다. 공공정책 담당자들은 국내뿐 아니라 국제적 차원에서도 세금감면을 통해 부자들에게 더 많은 가처분소득을 보장하고 생산, 이윤, 소비 증가를 위해 임금을 낮추도록 설계된 규정을 만든다. 그런 의미에서 불평등은 그것이 사람과 사회에 어떤 영향을 끼치든 간에 GNP를 높이는 데 한몫을 한다.

경제성장과 개발이 사회자본을 어떻게 파괴하는지 가장 잘 보여주는 사례는 아마도 기업의 해외 이전일 것이다. 기업들이 더 많은 이익을 찾아서 다른 나라로 공장을 이전하면 뒤에 남는 것은 붕괴된 지역사회다. 그곳에서 사회자본은 고갈되고 가족들과 헤어져 멀리 떨어져 사는 저임금노동자들은 새롭게 빈민촌을 형성한다. 그러나 기업들은 의사결정자들이 GNP 증대를 위한다는 명목으로 자연·정치·사회자본을 기꺼이 희생시킬 의향이 있는 지역으로 언제든지 옮겨간다.

자본과 공공정책

우리가 자연·정치·사회자본을 훼손하는 과정은 비교적 투명하다. 정부, 다자간 기구 또는 대기업에서 지역학교에 이르기까지 어떤 조직이 정책을 결정할 때 비록 그것 때문에 자연·정치·사회자본을 탕진할 수밖에 없다고 해도 그 결정은 대개 경제성장을 촉진한다. 세계은행 같은 국제기구의 지원을 받은 정부가 대형 댐을 건설하기로 한 결정은 광범위한 환경파괴를 초래할 수도 있고, 독재 정부의 권력에 대한 종속을 강화할 수도 있으며, 수백 년 동안 세워진 수많은 공동체의 사회자본을 파괴할 수도 있다. 또한 그 결정은 소수에게만 부를 안겨주고 나머지 다수는 가난에 시달리게 할 것이다. 그러나 우리가 여태껏 되풀이해서 본 것처럼 결국 댐을 건설하는 쪽을 선택할 것이다.

공공정책이라고 해서 반드시 비경제자본의 고갈에 영향을 미치는 대형 건설사업을 수반해야 하는 것은 아니다. 예컨대 우리 도시에는 오라토리오 합창단이 있어서 해마다 대학에서 송년음악회를 연다. 과거에는 음악회가 끝나고 단원들과 친구들이 청중과 축하를 나누기 위해 케이크와 과자를 마련했다. 그것은 지역사회의 상호작용을 촉진하고 단원들에게 공동의 식사자리를 마련했다는 만족감을 준 멋진 행사 마무리였다. 축하연이 끝나고 청소를 함께하는 것도 참석자들에게 공동의 목적과 공동체 의식을 심어주었다. 그러나 몇 년 전 대학 당국은 구내급식을 담당하고 있는 주요 요식업체와 계약을 체결했다. 대학 구내에서 진행되는 모든 행사의 음식을 그 요식업체가 제공한다는 조항이 계약사항에 들어 있었다. 마침내 그런 정책 결정은 자발적으로 다과와 노동을 제공했던 사람들의 공동체 활동이 창출한 사회자본이 고갈되는 결과를 초래했다. 유감스럽게도 그 오라토리오 합창단은 음식비 마련을 위한 기금 조성에 실패하고 음악회 이후 다과회도 취소했다.

댐을 건설하거나 다과회를 대기업에 맡기는 정책 결정이 반드시 '나쁜' 결정은 아니었다. 댐은 기업과 가정에 전력을 공급하고, 몇몇 일자리를 만들기도 하고, 식량 생산을 위한 관개시설도 구축하게 했다. 요식업체가 대학 구내에 음식을 공급하기로 한 대학 당국의 결정도 '나쁜' 것은 아니었다. 학생들의 밥값을 낮추고 일부 학생에게 일자리를 제공해줄 수 있었기 때문이다. 또한 그것은 대기업의 이익에 부응하고 대개 이런 경우 인지되지 않지만 GNP를 높이는 데도 기여했다. 그러나 수많은 의사결정자들이 내리는 수백만 개의 정책 결정이 거의 모두 비화폐자본을 희생해 화폐자본의 축적을 촉진하는 것이라면, 그 결과로 남는 것은 돈만 많고 나머지는 보잘것없는 사회다.

따라서 우리는 건강한 경제의 필요성을 간과하지 말아야 한다. 이 문제는 국민국가와 자본주의 문화 자체가 경제성장을 지속하기 위해 만들어내는 규칙과 규제들, 다시 말해 우리 삶의 다른 영역을 거의 고려하지 않는 제도들과 관련이 있다. 그것은 앞서 6장에서 논의한 것처럼 점점 더 큰 금전적 부에 대한 강박관념을 만들어내고, 지금까지 합리적인 수준 이상의 소비 욕구를 창출해낸 일종의 경제환원주의인 것이다.

우리는 어떤 한 형태의 자본이 다른 형태의 자본으로 전환될 때 먼저 경제·자연·정치·사회자본들이 서로 복잡하게 상호작용하며, 현재 작동 중인 자본 전환의 규칙들이 무엇을 의미하는지 반드시 고려해야 한다는 것도 마음에 새길 필요가 있다. 예컨대 기업의 비용을 증가시키기 마련인 환경오염을 줄이기 위한 조치들은 본의 아니게 소규모 제조업체를 업계에서 퇴출시켜 대기업에 권력을 더욱 집중시키고 정치자본을 갉아먹는 결과를 초래할 수도 있다. 반면에 경제성장을 희생하는 대신에 사회자본을 증대시키는 것이 오히려 경제복지에 기여할 수도 있다. 예컨대 가난에 대한 인류학적 연구들에 따르면 가난을 야기하는 조건들이 사람들을 서로 긴밀하게 연결하고 협력하는 집단을 형성하게 해서 경제적·사회적으로 어려운 시기를 잘 견뎌낼 수 있게 한다고 한다(예컨대 Stack, 1974 참조). 게다가 경제자본을 자연·정치·사회자본으로 전환할 수도 있다. 예를 들어 선물을 주고받는 행위는 경제자본이 사회자본으로 전환되는 가장 단순한 방식이다. 공공정책에 대해 재고할 때는 반드시 여러 자본 형태들 사이의 변화와 상호관계의 범위를 신중하게 고려해야 한다.

경제적 요소가 중요하다는 것은 틀림없는 사실이다. 그러나 그것들이 삶의 질을 나타내는 유일한 지표는 아니다.

비영리 공공정책 연구소인 진보의 재정의Redefining Progress는 참진보지표GPI를 통해 한 사회의 상태를 평가할 것을 제안한다. GPI는 가구 소비를 기본 수치 자료로 삼아 거기에다 가사노동과 육아, 자원봉사 같은 요소들의 가치를 합산하고, 비록 GNP 증대에는 영향을 주지만 환경오염, 범죄, 소음, 가족 해체 때문에 발생하는 비용이나 여가시간 손실 같은 요소들을 모두 뺀 수치다. GNP에 합산되었던 삶의 질을 떨어뜨리는 항목들을 모두 뺄 경우, 지난 수십 년 동안 GNP는 상승한 것에 반해서 GPI는 하락한다(〔그림 13-1〕 참조).

문제는 그동안 실제로 지속적인 경제성장을 위해 그 밖의 모든 것을 희생시킨 우선순위에 대한 우리의 잘못된 인식을 바꿀 수 있는가 하는 것이다. 그것은 오늘날 이미 이 세상과 인간 삶의 일부에서 작용하고 있다. 예컨대 **오늘날 우리가 지닌 소비자, 노동자, 자본가의 품성에 비록 경제성장과 GNP를 희생해서라도 자연·정치·사회자본의 축적을 중시하는 시민행동가의 품성을 더하는 것이 과연 가능할까? 그럴 수 있다면 우리는 경제성장이 역전, 정체, 지연되더라도 기존의 사회와 경제에 심각한 파탄을 일으키지 않을 수 있는 정책과 제도들을 만들어낼 수 있을까?**

변화를 위한 수단과 전망

경제성장과 GNP에 대한 강박관념이 어떤 차원에서든 공공정책을 결정하는 데 최종적인 결정요소라면, 그리고 앞서 분석한 것이 정확하다면 우리는 조금의 변화도 기대할 수 없다. 우리는 그저 앞으로도 계속해서 자연·정치·사회자본을 갉아먹는 규칙과 규제들을 만들고 집행할 것이다. 모든 사람이 동시에 이런 자본 고갈이 끼치는 영향을 느낄 수는 없다. 실제로 그 영향으로 고통받고 있는 사람들이 많은 반면에 무엇이 문제인지조차 알지 못하는 사람들도 있기 때문이다. 그러나 조만간 모든 사람이 이런 정책 결정의 축적으로 야기된 결과에 직면하게 될 것이다. 따라서 어떤 유효한 조치를 취하기 위해서는 사회과학, 인문학, 자연과학 분야의 공공정책 분석가들이 함께 모여 되도록 기존의 경제·사회·정치의 혼란을 최소화하면서 서로 다른 형태의 자본을 일관되게 재배치하는 계획을 짜야 할 것이다. 그렇다면 **이런 형태의 변화를 효과적으로 수행하기 위해서는 어떤 종류의 수단이 필요할까?** 다음은 몇몇 사람들이 지금까지 제시한 고려할 만한 방법들이다. 다만 공공정책 담당자들은 이것들이 서로 어떻게 연관되는지 하나하나 면밀히 검토할 필요가 있다. 그럼에도 이

제안들은 우리가 지금까지 일으킨 여러 가지 문제를 치료할 수 있는 구체적 수단들이 없지는 않다는 것을 보여준다.

자연자본의 재구축과 유지

자연자본을 재구축하기 위해서는 적어도 생태계가 지탱할 수 있는 것 이상으로 생태계에 요구해서는 안 된다. 허먼 E. 데일리(1990)의 주장에 따르면 이것은 다음의 세 가지 조건이 충족될 때만 이루어질 수 있다.

1. 재생 가능한 자원의 소비 속도는 생태계가 그 자원을 재생할 수 있는 속도를 초과해서는 안 된다.
2. 재생 가능한 자원을 소비하거나 완전 폐기하는 속도는 그 자원을 대체할 수 있는 새로운 재생 가능한 자원을 개발해서 사용할 수 있는 속도를 초과해서는 안 된다.
3. 오염물질을 환경에 배출하는 속도는 생태계가 자연 정화할 수 있는 속도를 초과해서는 안 된다.

이 밖에도 환경운동가들이 주장하는 지속가능한 환경을 촉진할 수 있는 조치가 많다. 여기서는 그 가운데서 중요한 몇 가지만 예로 든다.

- 자연자본의 소비를 소득으로 계산하지 않는다. 소비를 소득으로 보려면 다음 해에 생산될 양만큼의 자원이 그대로 남아 있어야 한다. 또한 자연자본을 자유재(공기처럼 거의 무한으로 존재해 그 값을 치르지 않고도 원하는 만큼 소비할 수 있는 재화―옮긴이)로 취급하지 말아야 한다. 예컨대 목재의 판매와 수출은 현재의 소득을 발생시키지만 미래의 소득과 생산성이 줄어드는 자본자산의 판매로 보아야 한다.

- 노동과 소득에는 세금을 덜 부과하고 자원 처리에는 세금을 더 많이 부과한다. 현행 에너지 과세체계는 정부가 에너지, 물, 비료, 심지어 삼림 벌채까지도 보조금을 지급함으로써 에너지 사용을 장려한다. 따라서 우리는 생산자와 소비자가 해당 비용을 외부로 떠넘기지 못하게 관련 제품의 가격체계에 반영해야 한다.
- 단기적으로는 자연자본의 생산성을 극대화하고 장기적으로는 자연자본의 공급을 늘리는 데 투자한다. 예컨대 재생 불가능한 자원(예컨대 석유)의 가격을 재생 가능한 대체자원(예컨대 풍력)의 가격보다 비싸게 한다. 그렇게 하지 않으면 재생 불가능한 자원은 점점 더 고갈되고 재생 가능한 자원에 대한 투자와 개발은 더욱 어려워진다.
- 재생할 수 없는 쓰레기를 환경에 쏟아붓는 행위를 전면 금지하기 위해 '쓰레기 지표'(Korten, 1998, 47쪽 참조)를 만든다.
- 가상자산(예컨대 돈)보다 실질자산(예컨대 나무)을 보유하는 것을 장려하기 위해 돈에다 보유수수료를 물린다. 오늘날 우리 현실에서는 나무(또는 이자가 없는 상품)를 아무리 많이 보유해도 소득은 발생하지 않고 오히려 세금만 더 낼 수 있다. 따라서 한 말레이시아 정부 관리가 주장한 것처럼, 벌어들인 돈은 이자를 창출하지만 숲은 아무런 소득도 올리지 않는다고 볼 때 모든 숲을 벌목해서 팔아 치우는 것이 이치에 맞다.
- 국가나 지역사회가 자원에 대한 지배권을 행사하기 위해서는 자유무역, 자유로운 자본 이동, 수출 주도 성장을 통해 세계 경제를 통합한다는 이데올로기에서 벗어나야 한다. 내수시장을 위한 국내 생산을 우선으로 하고 자연자본을 훨씬 더 잘 보존할 수 있을 때만 국제무역을 발전시켜나가는 국내 중심의 제도를 수립한다.

허먼 E. 데일리(1996, 93쪽)가 지적했듯 우리는 국경선을 지움으로써 스스로 공익을 위한 정책을 충분히 고안해낼 수 있는 공동체들을 약화시킨다. 지역의 자원에 대한 지배권이 없는 국가와 지역사회는 그 자원을 지켜낼 수 없다.

정치자본의 복원

어떻게 사람들은 자기 삶에 대한 지배권을 되찾을 수 있을까? 어떤 사람에게는 그것이 다른 사람들보다 쉬운 일이다. 지금까지 살펴본 대로 주변부 국가들의 군사력을 감안할 때 사람들이 그들의 지배권을 거듭 주장하기는 어렵다. 그러나 10장에서 본 것처럼 치아파스의 원주민들 같은 상대적으로 작은 집단이 강력한 군사력을 보유한 국민국가로부터 더 많은 자유를 허용하는 협상을 이끌어내는 과정을 보고 용기를 얻은 사람도 있을 수 있다.

그러나 어떤 사람들은 민주주의를 진정으로 위협하는 것은 국민국가가 아니라 점점 증대하고 있는 기업의 영향력이라고 생각한다. 데이비드 C. 코튼(1998, 1999)이 볼 때 삼림을 파헤치고 유독화학물질을 판매함으로써 자연자본을 고갈시키는 것은 바로 기업들이다. 기업들은 노동조합을 파괴하고 임금을 낮추어 노동조건을 악화시키고, 공장을 이전하여 순식간에 지역사회를 초토화시킴으로써 사회자본을 고갈시킨다. 또한 자기들이 물어야 할 비용을 정부에 전가하고 환경·보건·노동 기준을 약화시킴으로써 정치자본도 고갈시킨다.

코튼(1999)은 기업권력과 영향력을 제한하는 구체적인 조치들을 다음과 같이 제시한다.

- 기업을 사람 취급하는 합법적 날조행위를 중단한다. 1886년 기업에 사람과 똑같은 권리를 부여한 (한 명의 재판관이 내린) 대법원 판결이 미국 역사를 바꾸었다.
- 기업의 정치 참여를 금지한다. 기업이 일반 국민에게는 개방되지 않은 방식으로 수십억 달러의 금융자원을 동원해서 법을 제정하는 의

원들에게 로비할 수 있게 하는 것은 전혀 공정하지 않다.

- 정치에 대한 자본의 영향력을 줄이기 위해 철저한 정치개혁을 단행한다.
- 직접적인 국가보조금을 없애고 각종 요금과 세금을 통해 외부로 전가한 비용을 회수함으로써 기업에 대한 지원을 중단한다.
- 국제 기업과 금융을 규제하는 제도를 시행한다. (노벨경제학상을 수상한 제임스 토빈의 이름을 딴) 토빈세는 국가 간 통화거래(하루에 1조 8,000억 달러 규모)에 판매세를 부과할 수 있다. 그것의 장점은 급격한 통화 유출로 나라를 파탄에 빠뜨릴 수 있는 단기 통화거래를 막는 대신에 부채탕감 같은 국제적으로 긴급한 부분에 공급할 자금을 1년에 1,000억~3,000억 달러 정도 조달할 수 있다는 것이다.
- 금융투기로 돈을 벌 수 없게 하고 인간적 척도를 가진 투자자가 소유한 기업에 유리한 회계정책과 규제정책을 쓴다.
- 소비자와 투자자들이 생산되는 제품과 생산환경들에 대해 어느 정도 영향력을 행사할 수 있는 책임 있는 소비와 투자를 장려한다. 되도록 많은 사람에게 노동력 착취 같은 억압을 야기하는 기업과 정부의 행태들을 알려 그런 곳에서 생산된 제품에 대한 소비와 투자를 재고할 수 있게 한다.

코튼은 또한 WTO와 IMF 같은 기구들을 해체해야 한다는 허먼 E. 데일리의 주장에 동조한다. 두 국제기구의 문화는 모든 문제가 경제성장 정책을 통해 해결될 수 있다는 가정으로 흠뻑 물들어 있다. 그러나 코튼은 경제권력을 각각의 지역사회로 돌려주는 정책을 수립해야 한다고 주장한다.

- 단기 자본소득은 기본적으로 근로소득보다 높은 세금을 부과한다. 이것은 금융투기꾼들이 갑작스러운 자금 인출을 통해 지역경제와

국가경제를 혼란에 빠뜨리지 못하게 할 것이다.

- 지역통화 사용을 장려한다. 이는 지역사업과 지역투자를 촉진한다.
- 은행이나 다른 금융기관들이 부채를 통해 통화 공급을 늘리게 하지 말고 정부가 직접 국가통화를 발행하고 관리한다.

결론적으로 코튼(1998, 20쪽)은 그동안 국제 금융기관들에 양도했던 권력을 이제 지역의 기관들과 공동체에 돌려줘야 한다고 주장한다.

사회자본의 보완

끝으로 우리는 사회자본을 재건할 정책 구상에 돌입해야 한다. 허먼 E. 데일리(1996, 203쪽)는 우선 최대와 최소 소득을 통해 부자와 가난한 사람 사이의 격차를 줄이는 것에서 시작할 것을 권고한다. 그는 최대와 최소 소득의 차이가 10배로 제한되어야 한다고 주장한다. 미국에서 이것은 1960년대 이전의 상황으로 돌아가는 것을 의미한다. 1960년 기업 최고경영자의 세후 평균소득은 공장노동자의 약 12배였다. 그러나 1974년에는 그 차이가 35배로 늘어났고 1990년대 말에는 최고경영자가 공장노동자의 (가장 낮은 소득이 아니라) 평균소득보다 135배나 더 벌었다.

데일리(1996, 206~207쪽)는 이제 성경에서 말하는 자본 축적의 한계를 다시 생각해야 할 시점이라고 말한다. 성경에서는 자본을 50년까지 축적할 수 있다고 제한을 두었다. 그 이후에는 자원을 재분배해야 한다. 데이비드 C. 코튼(1998, 30쪽)은 경제성장이 가난을 종식시킬 거라는 미몽에서 깨어나야 한다고 주장한다.

우리가 자연자본과 정치자본을 재건해야 하는 것처럼 사회자본을 재건하기 위해서는 지역사회들을 재건해야 한다. 코튼(1998, 57~58쪽)은 먼저 자기가 사는 지역사회가 사회자본이 얼마나 풍부한지 확인하는 것부터 시작할 수 있다고 주장한다. 이제 당신이 사는 지역사회와 관련해서 다음과 같은 질문들을 던져보라.

- 주민들은 잘 아는 상인이 운영하는 작은 지역 상점에서 장보기를 좋아하는가, 아니면 대형 쇼핑몰이나 대형 할인점에서 쇼핑하기를 좋아하는가? 그들은 농산물 직판장을 선호하는가, 슈퍼마켓을 선호하는가?

- 지역의 농장들은 소규모 개인농장으로 가족들이 운영하는가? 아니면 주로 자기 땅이 없는 이주노동자들을 고용해서 운영되는 대기업 소유의 농장인가?

- 지역 주민들이 인종과 사회, 정치, 문화에 대한 의견을 자유롭게 표현할 수 있고 그들의 견해를 지역사회 전반에 전달할 수 있는 비상업적인 신문·잡지와 라디오, 텔레비전 방송국이 있는가? 아니면 지역사회의 뉴스와 요구가 대부분 상업매체를 통해서 걸러지는가?

- 주민들은 여가시간을 소년야구대회나 지역 공원, 지역 극장, 지역 성가대, 시민문화회관, 학교 이사회에 할애하는가? 아니면 텔레비전이나 보면서 시간을 때우는가?

- 지역 기업을 지원하는 신용협동조합이나 지역 은행이 있는가? 아니면 지역민의 예금을 국제 금융사업으로 빼돌리는 데 몰두하는 도시의 대형 은행 지점들만 있는가?

- 주민들은 자기가 사는 곳을 영원한 고향으로 생각하는가? 아니면 대개가 일과 직업 때문에 일시적으로 와서 사는 곳으로 여기는가?

- 대다수 가구는 자신의 기본 생계를 안전하다고 생각하는가? 아니면 보잘것없는 임시직 봉급으로 겨우겨우 생계를 유지하는가?

- 생산 자산을 지역사회가 소유하고 있는가? 아니면 외부 기업들이 소유하고 있는가?

- 지역의 기업들이 역내에 필요한 만큼만 목재를 제공하기 위해 삼림을 지속가능하게 선별해서 벌목하는가? 아니면 해외로 원목을 수출하는 세계적 기업들이 4~5년마다 주기적으로 삼림을 발가벗겨놓는가?

이 질문들에 대한 대답을 들어보면, 당신이 사는 지역사회가 개인의 존엄성, 자유, 책임의식, 번영, 안전에 대해 어떻게 생각하는지, 그들이 얼마나 서로 신뢰하고 보살피고 협동하는 관계인지를 알 수 있다.

코튼(1998, 62~63쪽)은 사회자본을 재건할 때 여성들의 역할이 매우 중요하다고 말한다. 따라서 여성들에게 다양한 경제적·정치적·사회적 선택권을 주는 정책이 있어야 한다. 다음이 그런 것들의 예다.

- 한 가구가 한 명의 소득만으로 먹고살 수 있는 경제정책을 만든다. 그렇다고 여성들이 전통적인 역할로 돌아갈 필요는 없다. 오히려 그것은 가족들에게 전통적인 가사 분담에 대한 새로운 선택권을 제공한다.
- 세계은행과 IMF의 구조조정 정책을 파기하고 외채상환보다는 지역기업의 요구와 임금조건 개선에 우선순위를 둔다.
- 가사노동자와 자원봉사자에게도 임금노동자와 똑같은 혜택을 준다.
- 사회자본의 양과 무보수 노동의 기여도 측정 기준을 마련한다.
- 여성에게 토지와 주택에 대한 동등한 권리와 사용을 보장한다.
- 여성의 정치 참여를 장려한다.
- 지역사회의 언론체계를 지지한다.

이것들은 그동안 우리가 탐색해왔던 여러 문제의 일부를 완화할 수 있는 구체적인 정책 제안들이다. 우리에게 사람들 삶의 질을 향상시키고, 지역사회에 정치적 지배력을 되돌려주고, 환경을 지속가능하게 유지할 수 있는 수단이 있는 것은 틀림없다. 꽤 많은 사람, 어쩌면 사람들 대다수는 이런 정책수단을 전부는 아니더라도 일부나마 실행에 옮긴다면 환영할 것이다. **문제는 무엇이 그런 행동을 촉진시킬 것인가 하는 것이다.** 결국 우리가 말하고 있는 문화적 변화는 세계은행 같은 중심부 국가의 정부와 기관들이 주변부 국가에 장려했던 바로 그것들을 바꾸는 것이다. 여기에 제시된 정책수단들 대부분이 그동안 전혀 없었던 것은 아니지만 어느 나라든 결과에 상관없이 경제성장의 촉진을 가장 우선으로 생각하는 것에는 흔들림이 없었다. 비화폐자본의 복원이 중요한 것은 틀림없는 사실이지만 그런 정책수단들의 대부분이 어떤 식으로든 지속적인 경제성장이라는 우리의 기본적인 방향에 위협을 가한다는 것 역시 사실이다. **따라서 우리가 맨 먼저 해야 할 일은 더 많이 소비하고, 더 많이 일하고, 더 많이 버는 것이 좋은 거라고 생각하도록 하면서 그것들을 더욱 조장하도록 설계된 정부체제를 지지하도록 이끌어가는 금융체계를 개혁하는 일이다.** 더 나아가 지속적인 성장이 결국 부채로 유지된다는 것을 감안할 때, 우리는 반드시 부채와 이자 상환에 의존하지 않는 금융체계를 구축할 방법을 생각해내야 한다. 그러나 그것이 가능한가? 다행히도 오늘날 그런 개혁적인 금융체계의 모델이 될 만한 것들이 실제로 있다. 예컨대 이슬람 금융은 이미 수세기 전부터 있었지만 1960년대 말과 1970년대 초 범이슬람주의의 발생과 석유호황기에 발맞추어 부상했다. 이슬람 금융은 정의와 협력을 중시하는 이슬람 율법 또는 샤리아sharia의 지배를 받는다. 그들은 불확실한 세상에서 고정금리를 고수하기 때문에 투기(가라gharar)와 이자 부담(리바riba)을 금지한다. 쿠란에서 이자(고리대금)를 금지하는 관련 구절(Maurer, 2005, 27쪽 참조)은 다음과 같다.

> 하느님은 고리대금은 저주하고 이자를 기부하는 것을 축복한다. 하느님은 불경한 자와 죄인에게는 조금도 자비를 베풀지 않는다(2장 276절).

> 믿는 자들아, 여러 차례 되풀이해서 네 부를 곱절로 불리는 고리대금 행위를 하며 살지 마라. 그리고 하느님을 두려워하라. 그러면 너희가 번창하리라(3장 130절).

대개 이슬람의 금융계약에는 이익을 나누는 무다라바mudaraba 방식과 합작투자로 이익과 손실을 함께 나누는 무샤라카musharaka 방식이 있다. 은행 예금자는 이자를 받는 것이 아니라 은행의 이익을 배당받는 다. 예를 들어 내가 피자가게를 열고 싶으면 은행에 가서 돈을 빌리면 되 는데, 이슬람 은행은 내게 돈을 **빌려주어** 대출이자를 챙기는 것이 아니라 나와 사업 파트너가 되어 이익을 함께 나눈다. 이슬람 금융제도는 은행에 서 돈을 빌리면 사업의 성패에 상관없이 원금과 이자를 갚아야 하는 서 양의 금융대출제도와 개념이 완전히 다르다. '돈을 빌려준 상대', 더 적절 하게 말하면 사업 파트너는 이익이 발생할 때뿐 아니라 손실이 발생해도 그것을 함께 공유한다. 물론 경제는 성장할 수 있다. 다만 실물경제(피자 가게)가 성공할 때만 성장한다.

이슬람 금융에서 주택담보대출은 약간 더 복잡하다. 은행이 돈을 빌 리는 집주인에게서 집을 사고, 집주인이 그것을 훗날 어느 시점에 더 높 은 가격으로 되사는 경우(무라바하murabaha)도 있고, 은행이 집주인에게 '임대'하고 집주인은 합의한 금액에 도달할 때까지 임대료를 낸 뒤 명의 를 다시 집주인에게 돌려주는 경우(이자라ijara)도 있다. 주택담보대출의 경우 집주인이 이자에 해당하는 원금 이외에 추가로 더 지불해야 하는 금액은 물가상승분과 같을 수도 있고 그보다 더 많을 수도 있다.*

이슬람 금융은 단순히 율법에서 정한 이자 금지조항을 빠져나가기 위 해 이자라는 명칭을 그 밖의 다른 이름으로 바꾼 것(예컨대 더 높은 가격으 로 재구매)에 불과하다고 주장하는 사람들도 있다. 그러나 오늘날 이슬람 금융상품의 수는 점점 늘어나고 있으며, 앞으로도 더 성장할 가능성이 매우 높다. 2009년 샤리아를 따르는 금융자산은 8,220억 달러로 29퍼센 트가 증가했다(Economist, 2009). 그것은 비록 전 세계 금융상품 규모의 1퍼센트에 불과하지만 오늘날 이슬람 인구가 전 세계 인구의 20퍼센트를 차지하는 것을 감안할 때, 이자 없는 금융거래의 성장 가능성은 매우 크

---

* 물론 경제성장이 계속되지 않는다면 물가상승률의 형태도 바뀔 수 있다.

다고 하지 않을 수 없다. 또한 이슬람 금융은 다른 금융체계의 모델이 될 수도 있다.

이 밖에도 기존의 금융체계를 대체할 수 있는 대안 금융체계들이 있는데, 그 가운데 가장 주목할 만한 것으로 이자 부담을 없애고 돈이 계속해서 순환되게 하면서 지역사회에 돈이 머물게 하는 대안통화 또는 지역통화제도다(예컨대 Kennedy and Kennedy, 1995 참조). 그러나 우리가 이슬람 모델이나 다양한 지역통화제도를 채택하든 말든, 지속적인 성장을 단조롭게 되뇌는 것에서 벗어나기 위해서는 기존 금융체계가 극적으로 바뀌어야 하며, 심각한 부채에 시달리지 않는 새로운 금융체계를 창출해야 한다.

부채는 이중으로 문제를 만들어낸다. 그 문제는 3장에서 지적한 것처럼 지속적인 성장이 필요한 이유 가운데 하나인 이자의 회수 또는 배당금에 대한 기대다. 은행과 금융기관들은 부채를 사고팔 수 있는 상품으로 생각해 부채를 더 많이 만들어낸다. 게다가 부채는 앞서 말한 것처럼 부의 역분배다. 우리가 전체 인구를 순채무자(받는 이자와 배당금보다 지불하는 이자가 더 많은 사람)와 순채권자(지불하는 이자보다 받는 이자와 배당금이 더 많은 사람)로 나눈다면, 후자는 전체 인구의 10퍼센트도 안 된다(Kennedy and Kennedy, 1995, 25~29쪽). 달리 말하면, 부채 때문에 가난한 사람의 부가 부자에게로 간다. 이런 현상은 국내 경제뿐 아니라 세계 경제에서도 마찬가지다. 부채 때문에 가난한 나라의 돈도 부자 나라로 가는 것이다.

부자들은 부채와 지속적인 경제성장으로 이익을 얻기 때문에 자신들에게 유익한 현재의 금융체계를 개혁할 마음이 없을 것이다. **이런 상태에서 어떻게 의미 있는 개혁이 일어날 수 있겠는가?** 폭력혁명은 도덕적으로도 옳지 않고 오늘날 국가의 합법적인 폭력의 지배 상황을 감안할 때 현실적으로도 불가능하다. 교육과 공개토론을 통한 설득도 부자들이 지배하는 언론의 현실을 고려할 때 아무래도 어려울 것이다. 투표를 통한 변화도 자본이 미국 정치를 잠식한 상황을 볼 때(한 미국 상원의원에 따르면 "은행들은 여전히 미국 의회의 가장 강력한 압력단체다. 솔직히 말해 의회는 그들의 소유물이다") 거의 불가능하다(Greenwald, 2009 참조). 그렇다면 경제개혁을 촉진할 수 있는 비폭력적 시민행동은 과연 있을까? 우리는 오늘날 우리에게 필요한 개혁이 반시장적 개혁은 아니라는 것을 명확하게 유념해야 한다. 애덤 스미스, 존 스튜어트 밀, 존 메이너드 케인스 그리고 최근의 아마티아 센 등 고전경제학자들은 오히려 지속적인 경제성장을 목표로 그리지 않았다. 그들은 자연의 생명체들도 성장의 한계가 있듯이 경제도 어느 특정한 지점까지만 성장한다고 생각했고,* 경제학은 그런 성장을 도와주는 수단일 뿐이라고 보았다. 케인스의 말에 따르면 그럴 때 비로소 사람들은 '현명하고 기꺼이' 고르게 '잘'살 수 있다고 보았다(Skidalsky, 2009, xvii쪽; Jackson, 2009, 41~42쪽 참조). 그리고 경험적으로 볼 때도 그들의 생각은 대개 옳았다. 국민의 행복, 복지, 전반적인 건강에 대한 모든 연구 결과는 이런 척도들이 참진보지표GPI에서 본 것처럼 1인당 국민소득이 한 해 1만 5,000달러에서 2만 달러에 도달할 때까지 점점 증가하다가 그 뒤에는 정체되거나 하락한다는 것을 보여준다(Jackson, 2009; Kasser, 2002 참조). 따라서 어떤 개혁운동이든 그 목표는 시장경제를 파괴하거나 침식하는 것이 아니라 그것이 스스로 탐욕에 빠져 망하지 않도록 구하는 것이다. 그러나 무엇으로 시장경제를 구할 것인가?

시민, 특히 채무자계급은 그들이 마음대로 쓸 수 있는 유일한 무기가 있다. 그들의 대출이나 부채, 특히 주택담보대출과 신용카드, 자동차담보대출과 같은 금융파생상품으로 만들어지는 유동화 부채는 필요한 개혁이 이루어질 때까지 상환을 보류한다. 이런 개혁은 최소한 부채를 상품으로 매매하는 것을 금지하고, 외채가 많은 나라들은 탕감해주고, 이자율을 제한하는 조치가 포함되어야 한다. 바라건대 처음에 전체 채무

---

* 이것을 아주 훌륭하게 설명한 것으로 http://www.impossiblehamster.org를 참조하라.

자의 10~15퍼센트만 참여해도 이런 행동은 확실한 위협이 될 것이며, 의회는 금융체계 개혁을 위한 조치를 취하지 않을 수 없을 것이다. 그것은 2007년과 2008년 금융붕괴를 이끌었던 권리 남용을 바로잡을 것이며 더는 부채를 상품화하지 않고 지속적인 성장을 요구하지 않는 금융체계를 만들어낼 것이다.

결론

지속가능하고 공정한 시장경제를 재건하는 첫 단추는 당연히 금융체계의 개혁이지만 그것은 결국 가치관의 변화를 요구한다. 우리는 날마다 우리의 자연·정치·사회자원을 줄이거나 유지하거나 늘리는 결정을 한다. 대형 할인점에서 물건을 사면 개인적으로는 돈을 절약할 수 있지만 지역발전에 도움을 주는 동네 가게들을 망하게 할 수도 있다. 어쩌면 우리가 대형 할인점에서 물건을 사는 행위는 암묵적으로 값싼 노동력의 착취를 인정하고 지역과 국내 정부의 정책 결정과 입법을 조정하거나 지배하는 데 이용할지도 모를 다국적 기업의 경제적 영향력에 힘을 보태주는 것일 수 있다. 어떤 물건을 사고 말고 하는 것에 따라 우리는 자신도 모르는 사이에 환경을 오염시키거나 쓰레기를 배출하는 데 영향을 끼칠 수도 있고 그렇지 않을 수도 있다. 물론 개인의 결정 그 자체가 큰 영향을 주지는 않을 수 있다. 그러나 수많은 사람이 어떤 문화적 강박에 따라 똑같은 선택을 한다면 그 결과는 파괴적일 수도 있고 건설적일 수도 있다.

따라서 그런 선택을 지시하는 결정과 규칙들이 쌓이고 쌓여서 마침내 바뀌게 될 때 비로소 유의미한 변화가 일어날 것이다. 그러나 개인들이 세계와 타인을 바라보는 견해가 근본적으로 물질을 중시하는 거라면 그들이 이런 선택을 바꾸리라고 기대하기는 어렵다. 지난 300년 동안 우리는 우주의 탄생이 근본적으로 우연적이며 생명체의 진화가 수많은 불규칙한 발생으로 이루어진 것이라고 가정하는 우주론을 발전시켜왔다. 생명체의 탄생에 어떤 신성한 또는 영적인 개입도 없다고 주장하는 사람들은 인간을 비롯해 생명체에 어떤 특별한 중요성이 있다고 생각하기가 쉽지 않다. 이런 세계관은 생명체가 어려움에 빠졌을 때 사람들이 그것을 구하고 싶다는 생각을 품게 만들지 않기 때문에 우리를 곤혹스럽게 한다.

1990년 1월 모스크바에서 열린 세계 종교와 의회 지도자 포럼에서 칼 세이건이 조직한 한 저명한 과학자집단은 지구를 구하기 위한 공동의 목적을 촉진하자는 취지의 '종교 공동체에 보내는 공개서한*'을 발표했다. 그 내용은 다음과 같다.

> 우리 가운데 많은 사람들은 과학자로서 우주 앞에서 깊은 경외와 존경심을 느꼈다. 우리는 신성한 것이라고 생각하는 것을 다른 것보다 더 배려하고 존경하는 마음으로 대해야 한다고 믿는다. 우리가 사는 행성도 그렇게 대해야 한다. 환경을 지키고 소중히 하려는 노력이 신성한 일이라는 생각을 고취해야 한다. 동시에 과학과 기술에 대한 더 폭넓고 깊은 이해가 필요하다. 문제가 무엇인지 모른다면 그 문제를 고칠 수 없다. 따라서 종교와 과학은 모두 저마다 해야 할 중요한 역할이 있다.

이 서한은 1992년 5월 워싱턴에서 당시 미국 부통령이던 앨 고어가 주재한 한 회의를 이끌어냈다. 그 회의에는 세이건, 스티븐 제이 굴드, 에드워드 O. 윌슨 같은 과학자들과 많은 종교 지도자들이 환경의 지속가능성을 지지하는 합의문을 도출하기 위해 한자리에 모였다. 회의에 참석한 경제학자 허먼 E. 데일리는 과학자들이 종교 지도자들의 '왜곡된' 현실 인식을 비판하고 있는 마당에 과연 그들이 과학에 결여된 윤리적 책임을

---

* 이 서한은 http://earthrenewal.org/Open_letter_to_the_religious_.htm에서 찾아볼 수 있다.

보완하기 위해 종교 지도자들의 도움을 받으려고 할지 의문을 표했다. 과학은 노벨물리학상 수상자인 스티븐 와인버그(1999)가 "우주는 이해하면 할수록 점점 더 무의미해지는 것처럼 보인다"라고 말한 것처럼, 대개 우주가 불규칙하고 의미가 없다고 주장한다.

일부 종교 지도자들도 데일리와 같은 견해를 나타내며 어떻게 우주의 유의미성이나 우주가 '하느님이 하신 약속의 계시'라는 확신 없이 지속가능한 세계로의 변화가 일어날 수 있는지 의아해했다. 신학자 존 F. 호트(Daly, 1996, 19쪽에서 인용)는 다음과 같이 말했다.

> 나는 우주는 일련의 중요한 과정이며 우리가 '목적'이라고 부르는 것과 유사한 어떤 것을 밝혀준다고 하는 공통된 인식이 지구의 안녕을 지켜야 할 전 세계의 세대를 뛰어넘는 소명 가운데 가장 중요한 필수조건이라고 생각한다.

스티븐 제이 굴드(1991, 14쪽)는 이런 딜레마를 잘 표현했다.

> 우리는 자연과 서로 정서적으로 긴밀한 유대관계를 맺지 않고는 생물종과 환경을 구하기 위한 이 싸움에서 절대로 이길 수 없다. 우리는 자기가 사랑하지 않는 것을 구하기 위해 싸우지 않기 때문이다.

그러나 이 '사랑'은 어디에서 오는가? 이런 숭고한 정신은 어디서 비롯되는가? 과학자들이 그들에게 우연이고 무의미한 우주라고 하는 것을 구하는 도구로서 사랑을 활용할 수 있다는 생각은 데일리(1996, 21쪽)가 다음과 같이 말한 것처럼 앞뒤가 맞지 않는다.

> 생물학자들이 월요일, 수요일, 금요일에는 우리의 가치관과 이성을 포함해 모든 것이 어떤 목적도 없는 오직 유전적 가능성과 환경적 필연성만

있는 기계적 산물이라고 가르치면서 화요일, 목요일에는 대중에게 이 무의미한 우연의 수수께끼 조각을 사랑해야 하며 그것을 구하는 일이 충분히 싸우고 희생할 만하다고 설득하려고 한다면 그것은 정말 어리석은 짓이다.

환경운동가들이 원주민의 영성과 자연과의 신비한 유대를 이용하는 것은 지속가능성에 정당성을 부여하기 위해 종교적 가치를 이용하려는 죄를 저지르는 것이다. 그들은 과학자들이 흔히 하는 것처럼 근본적으로 물질적인 의제에 종교의 옷을 입혀 그 정당성을 입증하려고 하는 셈이다.

그러나 지금의 상황이 아무리 긴급하다고 하더라도 우리가 어떤 도덕적·종교적·영적 책임감 없이 지금까지 이 책에서 제기한 문제들을 해결하기 위해 필요한 그런 종류의 변화를 이루려고 하는 것은 불가능하다는 사실을 사람들이 깨닫기 시작한 것 같다. 미국의 사회운동 역사에서 노예제 폐지운동, 민권운동 등 극히 일부 운동만이 정치적 의제와 종교적 의제를 변화를 위한 하나의 대의로 묶어내는 데 성공했을 뿐이다. 그러나 그런 노력은 점점 줄어드는 자연·정치·사회자본을 재건하기 위해서는 반드시 그것을 뒷받침하는 철학적 또는 종교적 토대가 있어야 하는 것이 아닌지에 대한 문제를 새삼 주목하게 한다. 나는 데일리(1996, 201쪽)가 앞으로 세상을 바꿀 중대한 변화가 일어나기 위해서는 진정 무엇이 필요한지에 대해 다음과 같이 아주 잘 요약했다고 생각한다.

마음의 변화, 거듭난 정신, 참회라는 보약. 이런 것들이 모두 종교적인 용어인 것은 전혀 우연이 아니다. 우리 삶의 지침이 되는 근본 법칙의 변화는 우리가 그것을 무엇이라고 부르든 간에 종교적일 수밖에 없는 근원적 변화다.

감사의 말

이 책이 나오기까지 많은 사람이 도움을 주었다. 앞서 말한 동료 교수 제임스 암스트롱과 마크 코언을 비롯해 앨프리드 로빈스, 마이클 로빈스, 레이철 다우티, 톰 모랜, 필립 데비타, 글로리아 보비, 더글러스 스코프, 에드워드 샴페인, 빈센트 케어리, 래리 소로카, 엘렌 피츠패트릭, 앤 키메지, 마이클 미란다, 존 헤스, 얀 리날디, 티나 찰랜드, 팀 하넷, 대프니 쿠처, 모니카 반 베우세콤, 러셀 클라인바흐, 페기 런지, 댄과 메리 아벨 부부, 에이미 와이즈 프레드모어, 마크 화이트, 바버라 해리스, 아트 오름, 샘 볼드윈, 메리 터너, 그 밖에도 많은 학자들이 중요한 문제들을 유기적으로 연관 지어 설명할 수 있도록 도와주었다. 또한 세계사를 연구하는 학자들의 온라인 토론 게시판인 에이치월드H-World 회원들에게도 감사의 말을 전한다. 그 가운데 특히 게시판 운영자인 패트릭 매닝에게 감사한다. 또 액티브엘Activ-L 이메일 목록 운영자인 리처드 윈켈과 거기서 도움을 준 많은 사람에게도 고마운 마음을 전한다. 그리고 이 책의 개정판을 낼 때마다 그것을 보고 귀중한 조언을 제공한 많은 연구자들에게도 마찬가지로 감사하다.

존 L. 아길라르, 찰스 O. 엘렌바움, 신시아 마흐무드, 리처드 무어, 존 올슨, 데이브 윈더는 이 책의 초판을 세밀하게 검토해주었다. 또 스미스

762

칼리지의 엘리엇 프랫킨, 웨스턴워싱턴 대학의 제임스 루키, 버몬트 대학의 루이스 A. 비반코, 텍사스 A&M 대학의 본 브라이언트는 개정 2판을 검토해주었다. 이번 개정 5판을 검토해준 사람은 페어필드 대학의 에릭 밀란츠, 미들테네시 주립대학의 윌리엄 레깃, 벨로잇 칼리지의 낸시 맥도월, 제임스매디슨 대학의 벤저민 브루어다.

특별히 처음부터 이 연구 작업에 지원을 아끼지 않은 실비아 셰퍼드와 개정 5판에 이르기까지 지속적으로 조언을 해준 피어슨 출판사의 세라 켈보, 제니퍼 제이콥슨, 데이브 레페토, 낸시 로버츠, 바버라 라일리에게 고마운 마음을 전한다. 개정 5판의 관리를 맡아준 샤이니 라제시와 책을 더욱 읽기 쉽게 교열해준 제이타 멀릭에게도 마찬가지로 감사의 말을 전한다. 내가 스스로 두문불출하던 시기에도 깊은 이해로 인내하고 기다려준 에이미, 레베카, 조이에게도 특별히 고마운 마음을 전한다. 말할 것도 없지만 이 책은 최종적으로 좋든 나쁘든 모든 것이 내 책임이다.

옮긴이의 말

세계 인구가 70억 명을 넘었다. 2013년 유엔 식량농업기구와 국제농업개발기금, 세계식량계획이 공동으로 조사, 발표한 「세계 식량불안 상황」The State of Food Insecurity in the World 보고서에 따르면 전 세계에서 기아에 시달리는 사람이 8억 명도 넘는다. 대다수가 개발도상국 사람들이지만 선진국에서도 기아 수준의 빈곤층이 1,500만 명에 이른다. 전체 인구의 12퍼센트 가까운 사람들이 최근까지도 굶주리고 있다. 여덟 명 가운데 한 명꼴로 굶어 죽고 있는 셈이다. 이러한 기아의 원인은 단순히 식량생산이 모자라기 때문이 아니라 '식량을 살 수 있는 돈'이 없기 때문이라고 한다. 노벨경제학상 수상자인 아마티아 센의 말에 따른다면 기아는 '식량을 구할 수 있는 권리를 박탈'당하기 때문에 발생한다. 이것은 바꿔 말하면, 지금까지처럼 농작물 생산성 향상을 위한 기술 개발이나 경제성장에 의존하는 방식으로는 기아문제를 해결할 수 없다는 뜻이다.

한편 17~18세기 이후 아프리카와 아메리카 대륙, 아시아 식민지 지역의 인종·민족 차별문제는 2008년 세계 금융위기 이후 유럽 전역으로 확대되었다. 한때 사라지는 듯했던 자민족중심주의의 확산과 이민자와 유색인종에 대한 극우세력의 혐오와 테러가 유럽 대륙을 뒤덮고 있는 것이다. 오스트리아에서는 지난해 9월 총선에서 정부의 이민정책을 반대해오던 극우정당인 자유민주당이 크게 약진했다. 노르웨이에서도 2013년 총선에서 우파 4개당이 과반 의석을 확보함으로써 기존의 좌파 정권을 무너뜨리고 우파 연합정부를 이루었다. 그리스에서는 나치주의를 표방하는 황금새벽당, 프랑스에서는 극우정당 국민전선이 모두 이민자들에 대해서 노골적으로 적개심을 드러내고 있다. 또한 오스트레일리아에서도 기존 집권여당의 이민자정책 실패를 비판한 보수야당이 정권 탈환에 성공했다.

게다가 이러한 인종갈등문제에 당연히 수반되는 종교 간 대립의 문제는 대량학살과 테러리즘을 특정 지역의 문제가 아닌 전 세계에 걸친 문제로 확대시켰다. 신자유주의 경제체제의 확산에 따른 전 세계의 부의 집중과 사회의 양극화 그리고 지속적인 경제성장 추구에 따른 환경파괴문제는 주변부 지역과 계급의 빈곤을 가속화하고 이미 사라졌던 전염병이나 새로운 질병들을 빠른 속도로 전 세계에 퍼뜨릴 위험성을 높이고 있다. 이제 인구증가, 기아, 빈곤, 환경파괴, 인종차별, 종족갈등, 질병, 테러리즘, 종교분쟁과 같은 현상들은 특정 지역을 넘어서 전 세계가 골머리를 앓는 문제가 되었다.

이 책은 전 세계가 공동으로 안고 있는 이러한 고질적인 문제들이 어떻게 해서 생겨났는지 경제학과 역사학을 배경으로 인류학의 관점에서 밝히고자 한다. 결론부터 말하자면, 이 모든 문제는 소비자, 노동자, 자본가를 삼각 축으로 하는 국민국가의 성립과 더불어 자본주의 체제가 등장하면서 생겨났다. 자본가들이 끊임없이 자본을 축적하고 경제가 지속적으로 성장하려면 상품을 생산하는 노동자와 그것을 사서 쓰는 소비자가 있어야 한다. 소비자는 시장에서 상품을 사려면 돈이 있어야 한다. 따라서 소비자가 돈을 벌기 위해서는 자신의 노동력을 시장에 파는 임금노동자가 될 수밖에 없다. 결국 자본주의 체제가 유지되려면 소비가 지속적으로 늘고 돈도 끊임없이 생겨나야 한다. 이것이 바로 경제가 끊임없이 성장해야 하는 이유인 것이다. 국민국가는 바로 이러한 자본 축적과 소비자, 노동자, 자본가계급의 관계를 규정하는 정치적·경제적·사회적·문화적 틀인 셈이다. 이 책의 전반부는 자본주의 발전과 국민국가의 생성이라는 역사적 과정 속에서 국내외의 주변부와 중심부가 어떻게 구조화되고 오늘날의 세계문제들이 어떻게 싹트게 되었는지 세계체계론의 관점에서 하나하나 짚고 넘어간다. 후반부에서는 세계가 당면한 여러 가지 문제를 개별적으로 검토하면서 그것이 자본주의 문화의 확산과 어떤 관련이 있는지 살펴보고 그러한 문제들에 대응하는 원주민들과 피압박 민중의 반발과 저항 그리고 그것들의 성격을 상세히 살펴본다. 여기서 독자들은 필요에 따라 책을 처음부터 순서대로 읽지 않아도 되고 관심 있는 주제별로 따로 읽을 수도 있다. 이러한 문제를 다루는 기존의 경제학이나 역사학 관련 연구서들과 달리, 이 책은 인류학 연구에서 수행하는 매우 구체적인 사례 연구들을 통해 각종 현상을 분석한다. 대학 수업시간에 학생들에게 세계가 당면한 문제들을 폭넓게 바라볼 수 있도록 하기 위한 목적으로 엮었기 때문에 다루는 주제가 매우 방대하다. 하지만 각 주제별로 핵심이 되는 내용들을 세계체계의 관점에서 일관되게 설명하고 있어 대학생들과 일반인들이 오늘날 세계가 직면한 문제들을 냉철하게 꿰뚫어볼 수 있는 출발점으로서 매우 훌륭한 책이라고 할 수 있다.

이 책의 초판이 나온 것은 1998년이고 최근 2013년에 개정 6판이 나왔는데, 여기서 번역한 것은 2010년에 발간된 개정 5판이다. 세계체계론이라는 매우 견고한 이론적 토대를 바탕으로 구체적인 사례 연구를 통해 전 세계가 직면한 문제들의 본질을 파악하는 서술방식은 책이 처음 발간된 지 15년이 지난 지금까지도 독자들에게 매우 설득력이 있다. 특히 독자들의 이해를 돕기 위해 설명 내용과 관련된 해당 지역들을 지도로 표시하고 각종 사진과 그림, 도표들을 적절히 배치한 편집방식에서 독자에 대한 매우 세심한 배려도 느낄 수 있다. 게다가 뉴욕 주립대학 플래츠버그 캠퍼스의 리처드 로빈스의 웹사이트에는 이 책의 내용과 관련된 각종 동영상 자료와 주제별 인터넷 자료들이 링크되어 있어 좀더 깊이 있는 공부를 원하는 독자나 학생들에게 도움을 준다(http://faculty.plattsburgh.edu/richard.robbins/ 참조).

　오늘날 세계체계를 지배하고 있는 중심부 세력은 현재 직면한 문제들의 책임을 주변부 지역이나 집단에 돌리며 그것들의 근본 원인을 숨기려고 든다. 하지만 그 때문에 오히려 상황은 점점 더 악화되고 있다. 이 책은 바로 그러한 문제들의 본질이 자본주의 체제와 문화라는 것을 명확하게 보여준다. 오늘날 세계가 직면한 문제들을 해결하기 위해서는 얼마 전 방한한 알랭 바디우가 한 국내 신문사와 나눈 인터뷰에서 언급한 것처럼 "오직 소비자가 되는 것 말고는 다른 가치를 제공하지 못하는 자본주의를 탈피해 새로운 보편적 가치와 삶의 방식을 찾아야" 할지 모른다. 스위스에서는 모든 성인에게 취업 여부나 소득 수준에 상관없이 월 300만 원의 기본소득을 보장하는 법안이 조만간 국민투표에 붙여진다고 한다. 그 법이 통과되든 안 되든 그러한 생각의 전환이 바로 새로운 사회·경제체계를 구축하는 실마리가 되지 않을까 생각한다. 병의 뿌리를 그대로 두고 약만 먹어서는 병을 고칠 수 없듯이 모든 문제는 그 근본 원인을 찾아내어 제거해야 비로소 풀릴 수 있다. 이 책이 부디 독자들에게 세상을 바르게 볼 수 있는 밝은 눈이 되기를 바란다.

2014년 2월
김병순

참고문헌

Abu-Lughod, Janet L., 1989, *Before European Hegemony: The World-System A.D. 1250-1350*, New York: Oxford University Press.

Ahmad, Nik Nazmi Nik, 2003, The State Under Seige, *Asia Times*, December 25.

Allen, James(editor), 2000, *Without Sanctuary: Lynching Photography in America*, Santa Fe, NM: Twin Palms.

Alpert, Bracha, 1991, Student's Resistance in the Classroom, *Anthropology and Education Quarterly* 22:350~366.

Amin, Samir, Giovanni Arrighi, Andre Gunder Frank, and Immanuel Wallerstein, 1990, *Transforming the Revolution: Social Movements and the World-System*, New York: Monthly Review Pess.

Amin, Samir, 1990, The Social Movement in the Periphery: An End to National Liberation, In *Transforming the Revolution: Social Movements and the World-System*, edited by Samir Amin, Giovanni Arrighi, Andre Gunder Frank, and Immanuel Wallersein, New York, NY: Monthly Review Press.

Ammerman, Nancy T., 1991, North American Protestant Fundamentalism, In *Fundamentalisms Observed*, edited by Martin E. Marty and R. Scott Appleby (Fundamentalism Project, volume 1), Chicago: University of Chicago Press.

Amnesty International, 2000, *Annual Report* 2000, http://www.web.amnesty.org/web/ar2000web.nsf/

Anderson, Benedict R., O'G., 1991, *Imagined Communities: Reflections on the Origin and Spread of Nationalism*, New York: Verso.

Anderson, Sarah and John Cavanagh, 2000, *Top 200: The Rise of Global Corporate Power*, Corporate Watch, www.globalpolicy.org/socecon/tncs/top200.htm

Arnold, Wayne, 1999, Foreign Investors Express Concern about Indonesia's New President, *New York Times*, October 27.

Baker, Brenda J. and George Armelagos, 1988, The Origin and Antiquity of Syphilis, *Current Anthropology* 29:703~721.

Baker, Russell, 2003, The Awful Truth, *New York Review of Books*, November 6.

Bales, Kevin, 1999, *Disposable People: New Slavery in the Global Economy*, Berkeley: University of California Press.

Bamford, James, 2002, *Body of Secrets: Anatomy of the Ultra-Secret National Security*

Agency, New York: Anchor Books.

Barlow, Maude, 1999, *Blue Gold: The Global Water Crisis and the Commodification of the World's Water Supply*, International Forum on Globalization, www.ifg.org/bgsummary.html

Barnes, Barry, 1974, *Scientific Knowledge and Sociological Theory*, London: Routledge & Kegan Paul.

Barnes, Ethne, 2005, *Diseases and Human Evolution*, Albuquerque: University of New Mexico Press.

Barro, Robert J., 1996, *Determinants of Economic Growth: A Cross-Country Empirical Study*, NBER Working Paper 5698, Cambridge: National Bureau of Economic Research.

Basu, Amrita, 1995, Introduction, In *The Challenge of Local Feminisms: Women's Movements in Global Perspective*, edited by Amrita Basu, Boulder, CO: Westview Press.

Basu, Indrajit, 2003, India's Growing Urge to Splurge, *Asia Times*, August 22, 2003.

Bauman, Zygmunt, 1998, *Globalization: The Human Consequences*, New York: Columbia University Press.

BBC, 2009, Soap Operas Prompt India Divorce, November 17, http://news.bbc.co.uk/2/hi/south_asia/8363859.stm

Beal, Merrill D., 1963, *"I Will Fight No More Forever": Chief Joseph and the Nez Perce War*, Seattle: University of Washington Press.

Beard, Charles(editor), 1959, *The Enduring Federalist*, New York: Frederick Ungar.

Beaud, Michel, 1983, *A History of Capitalism 1500-1980*, Translated by Tom Dickman and Anny Lefebvre. New York: Monthly Review Press.

Beder, Sharon, 2002, *Global Spin: The Corporate Assault on Environmentalism*, Devon, UK: Green Books.

Beeman, William O., 1997, Revitalization Drives American Militias, In *Conformity and Conflict: Readings in Cultural Anthropology*, 9th ed., edited by James Spradley and David W. McCurdy, New York, NY: Longman.

Belk, R. W., 1988, Possession and the Extended Self, *Journal of Consumer Research* 15:140~158.

Berthelsen, John, 2003, Asia's Consumer Revolution Deepens, *Asia Times*, November 26.

BGH Bulletin, 2000, BHG Bulletin: News of Lawsuit Exosing Media Coverup of Suspected Dangers in Milk, www.foxbghsuit.com/

Bidwai, Praful, 2003, Editorial, *Daily Star*(Bangladesh), November 7, 2003.

Binswanger, Hans, 1994, *Money and Magic: A Critique of the Modern Economy in the*

Light of Goethe's Faust, Translated by J. E. Harrison, Chicago: University of Chicago Press.

Birdsall, Nancy, 1994, Government, Population, and Poverty: A Win-Win Tale, In *Population and Development: Old Debates, New Conclusions*, edited by Robert Cassen, New Brunswick, NJ: Transaction.

Bittman, Mark, 2008, Rethinking the Meat-Guzzler, *New York Times*, January 27, http://www.nytimes.com/2008/01/27/weekinreview/27bittman.html?ex=1202274000&en=8f4b924e4f931ff3&ei=5070&emc=etal

Blankenburg, Stephanie and José Gabriel Palma, 2009, Introduction: The Global Financial Crisis, *Cambridge Journal of Economics* 33:531~538.

Blondet, Cecilia, 1995, Out of the Kitchens and onto the Streets: Women's Activism in Peru, In *The Challenge of Local Feminisms: Women's Movements in Global Perspective*, edited by Amrita Basu. Boulder, CO: Westview Press.

Bodley, John H., 1990, *Victims of Progress*, 3rd ed., Mountain View, CA: Mayfield Publishing.

Bodman, Samuel, 2006, Energy Secretary on the Future of Oil and the Need for Alternatives, *Energy Bulletin*, U.S. Department of Energy, www.energybulletin.net/22364.html

Boserup, Ester, 1965, *The Conditions of Agricultural Growth*, Chicago: Aldine.

_____, 1970, *Women's Role in Economic Development*, New York: St. Martin's Press.

Bourdieu, Pierre, 1986, The Forms of Capital, In *Handbook of Theory and Research for the Sociology of Education*, edited by John G. Richardson, New York, NY: Greenwood Press.

Bourgois, Philippe, 1995, In *Search of Respect: Selling Crack in El Barrio*, Cambridge: University of Cambridge Press.

Boykoff, Jules and Matthew Boykoff, 2004, Journalistic Balance as Global Warming Bias, *Fairness and Accuracy in Reporting*, www.fair.org/index.php?page=1978

Braudel, Fernand, [1979] 1982, *Civilization and Capitalism 15th-18th Century: Vol. II, The Wheels of Commerce*, Translated by Siân Reynolds, New York: Harper & Row.

Bureau of Labor Statistics, 2008, Foreign-Born Workers: Labor Force Characteristics in 2008, http://www.bls.gov/news.release/pdf/forbrn.pdf

Business Week, 1997, Gen X Ads: Two for Me, None for You, August 11.

Calder, Lendol, 1999, *Financing the American Dream: A Cultural History of Consumer Credit*, Princeton, NJ: Princeton University Press.

Caldwell, John C., 1982, *Theory of Fertility Decline*, New York: Academic Press.

Carneiro, Robert, 1978, Political Expansion as an Expression of the Principle of

Competitive Exclusion, In *Origins of the State*, edited by Ronald Cohn and Elman Service, Philadelphia, PA: Institute for the Study of Human Issues.

Carr, Marilyn and Martha Alter Chen, 2001, Globalization and the Informal Economy: How Global Trade and Investment Impact on the Poor, Women in Informal Employment: Globalizing and Organizing (WIEGO), www.wiego.org/papers/carrchenglobalization.pdf

Carrier, James G., 1995, *Gifts and Commodities: Exchange and Western Capitalism Since 1700*, London: Routledge.

Caufield, Catherine. 1996, *Masters of Illusion: The World Bank and the Poverty of Nations*, New York: Henry Holt.

Chase, Allan, 1977, *The Legacy of Malthus: The Social Costs of the New Scientific Racism*, New York: Alfred A. Knopf.

Chen, Shaohua and Martin Ravallion, 2000, How Have the World's Poorest Fared Since the Early 1980s? *World Bank Research Observer* 19(2), 141~169, Oxford University Press, http://ideas.repec.org/p/wbk/wbrwps/3341.html

Chossudovsky, Michel, 1996, Dismantling Former Yugoslavia, Recolonizing Bosnia, http://groundwork.ucsd.edu/bosnia.html

_____, 1997, *The Globalisation of Poverty, Impacts of IMF and World Bank Reforms*, London: Zed Books.

_____, n.d., *Global Falsehoods: How the World Bank and the UNDP Distort the Figures on Global Poverty*, http://canadianliberty.bc.ca/relatedinfo/globalpoverty.html

Choudhury Santanu, 2009, India Car Sales Rise 22%, *Wall Street Journal*, March 9, http://online.wsj.com/article/SB123658079910068861.html

Chua, Amy, 2003, *World on Fire: How Exporting Free Market Democracy Breeds Ethnic Hatred and Global Instability*, New York: Doubleday.

Chua, Swee, 1999, Economic Growth, Liberalization, and the Environment: A Review of the Economic Evidence, *Annual Review of Energy and the Environment* 24:391~430.

CNN 2001, Congress Looks to Shield Economy, September 15, http://archives.cnn.com/2001/US/09/15/rec.congress.terror/

Coale, Ansley, 1974, The History of Human Population, *Science* 231:40~51.

Coalitional Provisional Authority ND. CPA Official Documents, http://www.cpa-iraq.org/regulations/#orders

Cobb, Clifford, Gary Sue Goodman, and Mathis Wackernagel, 1999, Why Bigger Is Not Better: The Genuine Progress Indicator, *Redefining Progress*, www.rprogress.org

Cobb, Clifford, Ted Halstead, and Jonathan Rowe, 1995, If the GDP Is Up, Why Is America Down? *Atlantic Monthly*, October.

Cohen, Joel, 1995, Population Growth and the Earth's Carrying Capacity, *Science* 269:341~346.

Cohen, Lizabeth, 2003, *A Consumer's Republic: The Politics of Mass Consumption in Postwar America*, New York: Alfred A. Knopf.

Cohen, Mark, 1977, *The Food Crisis in Prehistory: Overpopulation and the Origins of Agriculture*, New Heaven: Yale University Press.

_____, 1989, *Health and the Rise of Civilization*, New Haven: Yale University Press.

_____, 1994, Demographic Expansion: Causes and Consequences, In *Companion Encyclopedia of Anthropology*, edited by Tim Ingold, New York, NY: Routledge.

_____, 1998, *The Culture of Intolerance*, New Haven: Yale University Press.

Cohen, Mitchell, 2002, How Bush Sr. Sold the Bombing of Iraq, *CounterPunch*, December 28, 2002.

Cohen, Roger, 2003, Iraq and Its Patron, Growing Apart, *New York Times*, December 21.

Cohen, Ronald, and Elman R. Service(editors), 1978, *Origins of the State: The Anthropology of Political Evolution*, Philadelphia: Institute for the Study of Human Issues.

Cohn-Sherbok, Dan, and Dawoud el-Alami, 2002, *The Palestine-Israeli Conflict: A Beginners Guide*, Oxford: One World.

Coll, Steve, 2004, *Ghost Wars: The Secret History of the CIA, Afghanistan, and Bin Laden, from the Soviet Invasion to September 10, 2001*, New York: Penguin Press.

Colley, Linda, 1992, *Britons: Forging the Nation 1707-1837*, New Haven: Yale University Press.

Collier, George A., Jr., 1994, Roots of the Rebellion in Chiapas, *Cultural Survival Quarterly* 18:14~18.

Collins, Jane L., 2000, Tracing Social Relations in Commodity Chains: The Case of Grapes in Brazil, In *Commodities and Globalization: Anthropological Perspectives*, edited by Angelique Haugerud, M. Priscilla Stone, and Peter D. Little, New York, NY: Rowman & Littlefield.

Comaroff, Jean, 1985, *Body of Power, Spirit of Resistance: The Culture and History of a South African People*, Chicago: University of Chicago Press.

Connell, K. H., 1965, Land and Population in Ireland, 1780-1845, In *Population in History: Essays in Historical Demography*, edited by D. V. Glass and D. E. C. Eversley, Chicago, IL: Aldine.

Conrad, Joseph, [1902] 1972, *Heart of Darkness*, New York: W. W. Norton & Company.

Cook, Sherburne Friend, and Woodrow W. Borah, 1960, The Indian Population of Central Mexico, 1531-1610, *Ibero-Americana 44*, Berkeley: University of California

Press.

Cooley, John, 2002, *Unholy Wars: Afghanistan, America and International Terrorism*, London: Pluto Press.

Cordell, Dennis, 1994, Extracting People from Precapitalist Production: French Equatorial Africa from the 1890s to the 1930s, In *African Population and Capitalism: Historical Perspectives*, edited by Dennis Cordell and Joel W. Gregor, Madison, WI: University of Wisconsin Press.

Council for Christian Colleges and Universities, 2001, Enrollment Continues to Surge at Christian Colleges, www.cccu.org/news/newsID.84,parentNav.Archives/news_past_detail.asp

Courtwright, David T., 2001, *Forces of Habit: Drugs and the Making of the Modern World*, Cambirdge: Harvard University Press.

Crosby, Alfred, 1976, *America's Forgotten Pandemic: The Influenza of 1918*, Cambridge: Cambridge University Press.

_____, 1986, *Ecological Imperialism: The B Dobyns Biological Expansion of Europe, 900-1900*, Cambridge: Cambridge University Press.

Crotty, James, 2009, Structural Causes of the Global Financial Crisis: A Critical Assessment of the New Financial Architecture, *Cambridge Journal of Economics* 33:563~580.

Daly, Herman E., 1990, Towards Some Operational Principles of Sustainable Development, *Ecological Economics* 2:1~6.

_____, 1996, *Beyond Growth: The Economics of Sustainable Development*, Boston: Beacon Press.

Danner, Mark, 2003, Delusions in Baghdad, *New York Review of Books*, December 18.

Dargis, Manohla, 2009, The Camera Zooms in on Fashion's Empress, *New York Times*, August 28, 2009, http://movies.nytimes.com/2009/08/28/movies/28issue.html

Davidson, Eric A., 2000, *You Can't Eat GNP: Economics as if Ecology Mattered*, Cambridge, MA: Perseus.

De Vries, Jan, and Ad van der Woude, 1997, *The First Modern Economy: Success, Failure, and Perserverance of the Dutch Economy, 1500-1815*, Cambridge: Cambridge University Press.

Dettwyler, Katherine. A., 1994, *Dancing Skeletons: Life and Death in West Africa*, Prospect Heights, IL: Waveland Press.

Devore, Irven, and Richard Lee, 1968, *Man the Hunter*, Chicago: Aldine Publishers.

Dobyns, Henry F., 1983, *Their Number Become Thinned: Native American Population Dynamics in Eastern North America*, Knoxville: University of Tennessee Press.

Douglas, Mary, and Aaron B. Wildavsky, 1983, *Risk and Culture: An Essay on the Selection of Technical and Environmental Dangers*, Berkeley: University of California Press.

Drèze, Jean, and Amartya Sen, 1989, *Hunger and Public Action*, Oxford: Clarendon Press.

Driscoll, David D., 1992, *What Is the International Monetary Fund?* Washington, DC: International Monetary Fund.

Dubos, Rene, [1952] 1987, *The White Plague: Tuberculosis, Man, and Society*, New Brunswick, NJ: Rutgers University Press.

_____, 1968, *Man, Medicine, and Environment*, New York: Mentot.

Durning, Allan, 1992, *How Much Is Enough: The Consumer Society and the Future of the Earth*, New York: W. W. Norton & Company.

Earle, Duncan, 1994, Indigenous Identity at the Margin: Zapatismo and Nationalism, *Cultural Survival Quarterly* 18:26~30.

Economist, 2009, Sharia Calling, http://www.economist.com/world/europe/displaystory.cfm?story_id=14859353

Edgerton, Robert B., 1989, *Mau Mau: An African Crucible*, New York: The Free Press.

Ehrlich, Paul R., 1968, *The Population Bomb*, New York: Ballantine Books.

Ehrlich, Paul R., and Anne H. Ehrlich, 1990, *The Population Explosion*, New York: Simon & Schuster.

Eisenstein, Zillah, 1997, Stop Stomping on the Rest of Us: Retrieving Publicness from the Privatization of the Globe, In *Feminism and Globalization: The Impact of the Global Economy on Women and Feminist Theory*, edited by Alfred C. Aman, Jr., *Indiana Journal of Global Legal Studies*, Spring 1997(special issue).

Emanuel, Kerry, 2007, Phaeton's Reins, *Boston Review*, January/February, http://bostonreview.net/BR32.1/emanuel.html

Ember, Carol R., 1983, The Relative Decline in Women's Contribution to Agriculture with Intensification, *American Anthropologist* 85:285~304.

Endelmann, Mark, 1987, From Costa Rican Pasture to North American Hamburger, In *Food and Evolution: Toward a Theory of Human Food Habits*, eidted by Marvin Harris and Eric Ross, Philadelphia, PA: Temple University Press.

Energy Information Administration, 2007, Basic Petroleum Statistics.

Ensminger, Marion E., 1991, *Animal Science*, Danville, IL: Interstate Publishers.

Erasmus, Charles J., 1972, *In Search of the Common Good: Utopian Experiments Past and Future*, New York: The Free Press.

Esty, Daniel C., and Maria H. Ivanova, 2003, Toward a Global Environmental Mechanism, In *Worlds Apart: Globalization and the Environment*, edited by James Gustave Speth, Washington, DC: Island Press.

Evans-Pritchard, E. E., 1940, *The Nuer*, Oxford: Oxford University Press.

Ewald, Paul, 1993, The Evolution of Virulence, *Scientific American* 269:86~93.

Ewen, Stuart, 1996, *PR: A Social History of Spin*, New York: Basic Books.

Fabre, Guilhem, 2002, Criminal Prosperities, Financial Crisis and Money Laundering: The Case of Mexico in a Historical Perspective, In *Globalization, Drugs and Criminalization*, Final Research Report on Brazil, China, India and Mexico, UNESCO, http://unesdoc.unesco.org/images/0012/001276/127644e.pdf

Falk, Richard, 2003, *The Great Terror War*, New York: Olive Branch Press.

Farmer, Paul, 1992, *AIDS and Accusation: Haiti and the Geography of Blame*, Berkeley: University of California Press.

_____, 1999, *Infections and Inequality: The Modern Plagues*, Berkeley: University of California Press.

Ferguson, Niall, 2008, *The Ascent of Money*, New York: Penguin Press.

Fernandez-Armesto, Felipe, 2002, *Near a Thousand Tables: A History of Food*, Free Press.

Fernández-Kelly, María Patricia, 1983, *For We Are Sold, I and My People: Women and Industry in Mexico's Frontier*, Albany: State University of New York Press.

Fey, Harold, and D'Arcy McNickle, 1970, *Indians and Other Americans: Two Ways of Life Meet*, New York: Harper & Row.

Finkel, David, 2000, Few Drugs for the Neediest HIV Patients, *Washington Post*, November 2.

Fintan, O'Toole, 1998, The Masked Avenger, *New York Review of Books*, XLV, Number 131, p. 21.

Firth, Raymond, 1959, *Social Change in Tikopia: A Re-Study of a Polynesian Community after a Generation*, London: Allen & Unwin.

Fishman, Charles, 2003, The Wal-Mart You Don't Know, *FastCompany*, Issue 77, December, p. 68, www.fastcompany.com/magazine/77/walmart.html

Fjellman, Stephen M., 1992, *Vinyl Leaves: Walt Disney World and America*, Boulder: Westview Press.

Flannery, Kent V., 1972, The Cultural Evolution of Civilization, *Annual Review of Ecology and Systemics* 3:339~426.

_____, 1973, *The Origins of Agriculture*, In Siegel, Beals, and Tyler, eds., *Annual Review of Anthropology* 2:271~310.

_____, 2000, Global 500, www.fortune.com/

Foster, John Bellamy, 1993, "Let Them Eat Pollution": Capitalism and the World Environment, *Monthly Review* 44:10~20.

Frank, Andre Gunder, 1998, *ReOrient: Global Economy in the Asian Age*, Berkeley:

University of California Press.

Fratkin, Eliot, 1997a, Pastoralism: Governance and Development Issues, *Annual Review of Anthropology* 26:235~261.

_____, 1997b, Massa and Barabaig Herders Struggle for Land Rights in Kenya and Tanzania, *Cultural Survival Quarterly* 21:3.

French, Hilary, 2000, *Vanishing Borders: Protecting the Planet in the Age of Globalization*, New York: W. W. Norton&Company.

Fried, Morton H., 1967, *The Evolution of Political Society: An Essay in Political Anthropology*, New York: Random House.

Gallagher, Kelly Sims, 2006, China *Shifts Gears: Automakers, Oil, Pollution, and Development*, Cambridge: MIT Press.

Gardner, Gary, and Brian Halweil, 2000, *Overfed and Underfed: The Global Epidemic of Malnutrition*, Worldswatch Paper 150, Washington, DC: Worldwatch Institute.

Garrett, Laurie, 1994, *The Coming Plague*, New York: Farrar, Strauss & Giroux.

_____, 2005, The Next Pandemic, *Foreign Affairs* 84:3-23.

_____, 2009, The Path of a Pandemic, *Newsweek*, May 2, http://www.newsweek.com/id/195692

Geertz, Clifford, 1963, *Agricultural Involution: The Process of Ecological Change in Indonesia*, Berkeley: University of California Press.

Geffray, Christian, 2002, Social, Economic and Political Impacts of Drug Trafficking in the State of Rondonia, in the Brazilian Amazon, In *Globalization, Drugs and Criminalization*, Final Research Report on Brazil, China, India and Mexico, UNESCO, http://unesdoc.unesco.org/images/0012/001276/127644e.pdf

Gellner, Ernest, 1983, *Nations and Nationalism*, Ithaca: Cornell University Press.

George, Alexander, 1991, *Western State Terrorism*, New York: Routledge.

Ginsburg, Faye, 1993, Saving America's Souls: Operation Rescue's Crusade against Abortion, In *Fundamentalisms and the State: Remaking Polities, Economies, and Militance*, edited by Martin E. Marty and R. Scott Appleby(Fundamentalism Project, volume 3), Chicago: University of Chicago Press.

Glanz, James, 2007, Iraqi Factories, Aging and Shut, Now Give Hope. *New York Times*, January 18, http://www.nytimes.com/2007/01/18/world/middleeast/18factory.html

Gleick, James, 2000, *Faster: The Acceleration of Just about Everything*, New York: Vintage.

Gleissman, S. R., 1988, Local Resource Use Systems in the Tropics: Taking Pressure Off the Tropics, In *Tropical Rainforests: Diversity and Conservation*, edited by F. Alemeda and C. M. Pringle, San Francisco, CA: California Academy of Sciences.

Global Footprint Network, 2008, *Ecological Footprint and Biocapacity, 2006*, http://

www.footprintnetwork.org/en/index.php/GFN/page/ecological_footprint_atlas_2008/

Global Issues, 1998, *Arms Trade and Military Expenditure*, Global Issues that Affect Everyone, http://ww.globalissues.org/article/75/world-military-spending

Goodenough, Ward, 1963, *Cooperation in Change*, New York: Wiley.

Gossen, Gary H., 1994, Comments on the Zapatista Movement, *Cultural Survival Quarterly* 18:19~21.

Gould, Peter, 1993, *The Slow Plague: A Geography of the AIDS Pandemic*. Cambridge: Blackwell.

Gould, Stephen Jay, 1991, Unenchanted Evening, *Natural History*, September.

Goulet, Denis, 1971, *The Cruel Choice: A New Concept in the Theory of Development*, New York: Atheneum.

Graeber, David, 2001, *Toward an Anthropological Theory of Value: The False Coin of Our Own Dreams*, New York: Palgrave Macmillan.

Gray, John, 2003, *Al Qaeda and What It Means to Be Modern*, New York: The New Press.

Greenhouse, Steven, 2000, Foreign Workers at Highest Level in Seven Decades, *New York Times*, September 4.

Greenwald, Glenn, 2009, Top Senate Democrat: Bankers "Own" the U.S. Congress, http://www.salon.com/news/opinion/glenn_greenwald/2009/04/30/ownership

Guardian-Observer, 2002, Full Text: Bin Laden's "Letter to America", http://observer.guardian.co.uk/worldview/story/0,11581,845725,00.html

Guha, Ramachandra, 1990, *The Unquiet Woods: Ecological Change and Peasant Resistance in the Himalaya*, Berkeley: University of California Press.

Gunaratna, Rohan, 2003, *Inside Al Qaeda: Global Network of Terror*, New York: Berkley Books.

Guttmann, Myron, 1988, *Toward the Modern Economy: Early Industry in Europe, 1500-1800*, New York: Alfred A. Knopf.

Guttmann, Robert, 1994, How *Credit-Money Shapes the Economy: The United States in a Global System*, London: M. E. Sharpe.

Halweil, Brian, and Lisa Mastny, 2004, *State of the World, 2004: Special Focus, The Consumer Society*, Worldwatch Institute, New York: W. W. Norton & Company.

Handwerker, W. Penn, 1989, *Women's Power and Social Revolution: Fertility Transition in the West Indies* (Frontiers of Anthropology, volume 2), Newbury Park, CA: Sage.

Hanson, F. Allan, 1993, *Testing, Testing: Social Consequences of the Examined Life*, Berkeley: University of California Press.

Harbaugh, William, Arik Levinson, and David Molloy Wilson, 2002, Reexamining the

Empirical Evidence for an Environmental Kuznets Curve, *The Review of Economics and Statistics* 84:541~551.

Hardin, Garrett, and John Baden, 1977, *Managing the Commons*, New York: W. H. Freeman.

Hardin, Garrett, 1968, Tragedy of the Commons, *Science* 162:1243~1248.

Harding, Susan, 1991, Imagining the Last Days: The Politics of Apocalyptic Language, In *Accounting for Fundamentalisms*, edited by Martin E. Marty and R. Scott Appleby(Fundamentalism Project, volume 4), Chicago, IL: University of Chicago Press.

Harris, Marvin, and Eric B. Ross, 1987a, *Death, Sex, and Fertility: Population Regulation in Preindustrial and Developing Societies*, New York: Columbia University Press.

Harris, Marvin, and Eric B. Ross, 1987b, *Food and Evolution: Toward a Theory of Human Food Habits*, Philadelphia: Temple University Press.

Harris, Marvin, 1971, *Culture, Man, and Nature*, New York: Crowell.

_____, 1986, *Good to Eat: Riddles of Food and Culture*, New York: Simon & Schuster.

_____, 1987, *The Sacred Cow and the Abominable Pig*, New York: Touchstone.

Harris, Ron, 1989, Children Who Dress for Excess: Today's Youngsters Have Become Fixated with Fashion, The Right Look Isn't Enough—It Also Has to Be Expensive, *Los Angeles Times*, November 12, 1989.

Hart, Keith, 2000, *Money in an Unequal World: Keith Hart and His Memory Bank*, New York: Texere.

Hartmann, Thom, 2002, *Unequal Protection: The Rise of Corporate Dominance and the Theft of Human Rights*, New York: Rodale Press.

Hartwick Elaine, and Richard Peet, 2003, Neoliberalism and Nature: The Case of the WTO, *American Academy of Political and Social Science* 590, November.

Haugerud, Angelique, M. Priscilla Stone, and Peter D. Little(editors), 2000, *Commodities and Globalization: Anthropological Perspectives*, New York: Rowman & Ltitlefield.

Henson, Scott, 2005, Grits for Breakfast Blog, June 30, http://gritsforbreakfast.blogspot.com/2005/06/illegal-drugs-14-of-world-ag-exports.html

Herman, Edward S., and Noam Chomsky, 2002, *Manufacturing Consent: The Political Economy of the Mass Media*, New York: Pantheon.

Hobsbawm, Eric J., 1959, *Primitive Rebels: Studies in Archaic Forms of Social Movement in the 19th and 20th Centuries*, New York: Frederick A. Praeger.

_____, 1964, *Age of Revolution: Seventeen Eighty-Nine to Eighteen Forty-Eight*, New York: NAL/Dutton.

_____, 1975, *The Age of Capital: 1848-1875*, New York: Charles Scribner's Sons.

_____, 1990, *Nations and Nationalism Since 1780: Programme, Myth, Reality*, Cambridge: Cambridge University Press.

Hobsbawm, Eric J., and Terence Ranger, 1983, *Inventing Tradition*, Cambridge: Cambridge University Press.

Hodder, Kathryn, 1999, Annual Survey of Violations of Trade Union Rights, ICFTU International Confederation of Free Trade Unions, www.icftu.org

Hodges, Michael, 2009, America's Total Debt Report, http://mwhodges.home.att.net/nat-debt/debt-nat-a.htm

Howell, Nancy, 1979, *Demography of the Dobe! Kung*, New York: Academic Press.

Hudson, E. H., 1965, Treponematosis and Man's Social Evolution, *American Anthropologist* 76:885~901.

Iannaccone, Laurence R., 1993, The Economics of American Fundamentalists, In *Fundamentalisms and the State: Remaking Polities, Economies, and Militance*, edited by Martin E. Marty and R. Scott Appleby(Fundamentalism Project, volume 3), Chicago, IL: University of Chicago Press.

Ignatiev, Noel, 1995, *How the Irish Became White*, New York: Routledge.

International Bank for Reconstruction and Development, 1950, *The Basis of a Development Program for Colombia*, Baltimore: Johns Hopkins University Press.

International Bank for Reconstruction and Development/World Bank, 2000, *Global Economic Prospects and the Developing Countries*, Washington, DC: World Bank.

International Center for Technology Assessment(ICTA), n.d. The Real Price of Gasoline: Report No. 3, An Analysis of the Hidden External Costs Consumers Pay to Fuel Their Automobiles, http://www.icta.org/doc/Real%20Price%20of%20Gasoline.pdf

International Confederation of Free Trade Unions, 2003, *Annual Survey of Violations of Trade Union Rights*, www.icftu.org/

International Labor Organization, 2007, Global Employment Trends Brief: 2007, http://www.cinterfor.org.uy/public/english/region/ampro/cinterfor/news/trends07.htm

Jackson, Tim., 2009, *Prosperity Without Growth: Economics for a Finite Planet*, Earthscan.

Jahan, Roushan, 1995, Men in Seclusion, Women in Public: Rokeya's Dream and Women's Struggles in Bangladesh, In *The Challenge of Local Feminisms: Women's Movements in Global Perspective*, edited by Amrita Basu, Boulder, CO: Westview Press.

Jaimes, Annette M.(editor), 1992, Federal Indian Identification Policy: A Usurpation of Indigenous Sovereignty in North America, In *The State of Native America: Genocide, Colonization, and Resistance*, Boston, MA: South End Press.

James, C. L. R., 1963, *The Black Jacobins: Toussaint l' Ouverture and the San Domingo Revolution*, 2nd ed., New York: Random House.

Johnson, Chalmers, 2004, *The Sorrows of Empire: Militarism, Secrecy, and the End of the Republic*, New York: Henry Holt and Compnay.

Johnson, Paul E., 1978, *A Shopkeeper's Millennium: Society and Revivals in Rochester*, New York: Hill & Wang.

Jubilee, 2000, Jubilee USA Network, www.j2000usa.org/index.html

Juergensmeyer, Mark, 1993, *The New Cold War? Religious Nationalism Confronts the Secular State*, Berkeley: University of California Press.

_____, 1996, The Worldwide Rise of Religious Nationalism, *Journal of International Affairs* 50:1~20.

_____, 2000, *Terror in the Mind of God: The Global Rise of Religious Violence*, Berkeley: University of California Press.

Junas, Daniel, 1995, Rise of Citizen Militias: Angry White Guys with Guns, *Covert Action Quarterly* Spring: 22~25.

Kanogo, Tabitha, 1987, *Squatters and the Roots of Mau Mau 1905-1963*, Athens: Ohio University Press.

Kanter, Rosabeth Moss, 1972, *Commitment and Community: Communes and Utopias in Sociological Perspective*, Cambridge: Harvard University Press.

Kasser, Tim, 2002, *The High Price of Materialism*, The MIT Press.

Kearney, Michael, 1991, Borders and Boundaries of State and Self at the End of Empire, *Journal of Historical Sociology* 4:58~74.

_____, 1996, *Reconceptualizing the Peasantry: Anthropology in Global Perspective*, Boulder, CO: Westview Press.

Kemp, Amanda, Nozizwe Madlala, Asha Moodley, and Elaine Salo, 1995, The Dawn of a New Day: Redefining South African Feminism, In *The Challenge of Local Feminisms: Women's Movements in Global Perspective*, edited by Amrita Basu, Boulder, CO: Westview Press.

Kennedy, Paul, 1993, *Preparing for the Twenty-first Century*, New York: Random House.

Kennedy, Margrit and Declan Kennedy, 1995, *Interest and Inflation Free Money: Creating an Exchange Medium that Works for Everyone and Protects the Earth*, Philadelphia: New Society Publishers.

Kenyatta, Jomo, 1962, *Facing Mount Kenya*, New York: Random House.

Kincheloe, Joe L., 1997, McDonald's, Power, and Children: Ronald McDonald(aka Ray Kroc) Does It All for You, In *Kinderculture: The Corporate Construction of Childhood*, edited by Shirley R. Steinberg and Joe L. Kincheloe, Boulder, CO: Westview Press.

Kindleberger, Charles P., 1978, *Manias, Panics and Crashes: A History of Financial Crisis*,

4th ed., John Wiley and Sons.

Klare, Michael T., 2004, *Blood and Oil: The Dangers and Consequences of America's Growing Dependency on Imported Petroleum*, New York: Henry Hold and Company.

Klein, Naomi, 2004, Baghdad Year Zero: Pillaging Iraq in Pursuit of a Neocon Utopia, *Harper's Magazine*, September, http://harpers.org/BaghdadYearZero.html

Kopytoff, Igor, 1988, The Cultural Biography of Things: Commoditization as Process, In *The Social Life of Things: Commodities in Cultural Perspective*, edited by Arjun Appadurai, Cambridge: Cambridge University Press.

Korten David, 1995, *When Corporations Rule the World*, Hartford, CT: Kumarian Press.

_____, 1998, *Globalizing Civil Society: Reclaiming Our Right to Power*, New York: Seven Stories Press.

_____, 1999, *The Post-Corporate World: Life after Capitalism*, West Hartford, CT: Kumarian Press and San Francisco: Berrett-Koehler Publishers.

Kowinski, William Severini, 1985, *The Malling of America: An Inside Look at the Great Consumer Paradise*, New York: William Morrow.

Kroeber, Alfred L., 1939, *Culture and Natural Areas of Native North America*, University of California Publications in American Archeology and Ethnology, 38, Berkeley: University of California Press.

Kroll, Gary, and Richard H. Robbins, 2009, *Worlds in Motion: The Globalization and Environment Reader*, AltaMira Press.

Kumar, Radha, 1995, From Chipko to Sati: The Contemporary Indian Women's Movement, In *The Challenge of Local Feminisms: Women's Movements in Global Perspective*, edited by Amrita Basu, Boulder, CO: Westview Press.

Kuper, Leo, 1990, The Genocidal State: An Overview, In *State Violence and Ethnicity*, edited by Pierre L. van den Berghe, Boulder, CO: University of Colorado Press.

Kuran, Timur, 1993, Fundamentalisms and the Economy, In *Fundamentalisms and the State: Remaking Polities, Economies, and Militance*, edited by Martin E. Marty and R. Scott Appleby(Fundamentalism Project, volume 1), Chicago, IL: University of Chicago Press.

LaFeber, Walter, 1999, *Michael Jordan and the New Global Capitalism*, New York: W. W. Norton & Company.

Landes, David S., 1969, *The Unbound Prometheus: Technological Change and Industrial Development in Western Europe from 1750 to the Present*, Cambridge: Cambridge University Press.

_____, 1998, *The Wealth and Poverty of Nations: Why Some Are So Rich and Some Are So Poor*, New York: W. W. Norton & Company.

Lappé, Marc, 1994, *Evolutionary Medicine: Rethinking the Origins of Disease*, San Francisco: Sierra Club Books.

Larson, Edward J., 1997, *Summer for the Gods: The Scopes Trial and America's Continuing Debate over Science and Religion*, New York: Basic Books.

Lasch, Christopher, 1977, *Haven in a Heartless World: The Family Besieged*, New York: Basic Books.

Le Bon, Gustave, [1895] 2002, *The Crowd: A Study of the Popular Mind*, Mineola, NY: Dover Publications.

Leach, William, 1993, *Land of Desire: Merchants, Power, and the Rise of a New American Culture*, New York: Pantheon.

Leacock, Eleanor, 1983, Interpreting the Origins of Gender Inequality: Conceptual and Historical Problems, *Dialectical Anthropology* 7:263~283.

_____, 1986, Women, Power, and Authority, In *Visibility and Power: Essays on Women in Society and Development*, edited by Leela Dube, Eleanor Leacock, and Shirley Ardener, Delhi: Oxford University Press.

Lears, T. J. Jackson, 1983, From Salvation to Self-Realization: Advertising and the Therapeutic Roots of the Consumer Culture, 1880-1930, In *The Culture of Consumption: Critical Essays in American History, 1880-1930*, edited by Richard Wrightman Fox and T. J. Jackson Lears, New York: Pantheon.

Leslie, Jacques, 2007, The Last Empire: China's Pollution Problem Goes Global, *Mother Jones*, http://www.mother-jones.com/news/feature/2008/01/the-last-empire.html

Levine, Robert, 1997, *A Geography of Time*, New York: Basic Books.

Lewellen, Ted C., 1992, *Political Anthropology: An Introduction*, 2nd ed., Westport, CT: Bergin & Garvey.

Lincoln, Bruce, 1989, *Discourse and the Construction of Society: Comparative Studies of Myth, Ritual, and Classification*, Oxford: Oxford University Press.

Little, Peter D., and Catherine S. Dolan, 2000, What It Means to Be Restructured: Nontraditional Commodities and Structural Adjustment in Sub-Saharan Africa, In *Commodities and Globalization: Anthropological Perspectives*, edited by Angelique Haugerud, M. Priscilla Stone, and Peter D. Little, New York: Rowman & Littlefield.

Livi-Bacci, Massimi, 1992, *A Concise History of World Population*, Cambridge: Blackwell.

Lloyd, Cynthia B., 1994, High Fertility at the Level of the Family, In *Population and Development: Old Debates, New Conclusions*, edited by Robert Cassen, New Brunswick, NJ: Transaction.

Lohr, Steve, 2003, *Discount Nation: Is Walmart Good for America? New York Times*, December 7, http://query.nytimes.com/gst/abstract.html?res=F1071EF839590C748CD

Low, Patrick, 1993, *Trading Free: The GATT and US Trade Policy*, New York: Twentieth Century Fund Press.

Lutjens, Sheryl L., 1994, Remaking the Public Sphere: Women and Revolution in Cuba, In *Women and Revolution in Africa, Asia, and the New World*, edited by Mary Ann Tétreault, Columbia: University of South Carolina Press.

Maddison, Angus, 2003, *The World Economy: A Millennial Perspective*, Paris: Development Centre of the Organization for Economic Co-operation and Development.

Malthus, Thomas Robert, 1826, *Essay on the Principle of Population*, London: John Murray.

Mamdani, Mahmood, 1972, *The Myth of Population Control: Family, Caste, and Class in an Indian Village*, New York: Monthly Review Press.

_____, 2004, *Good Muslim, Bad Muslim: America, the Cold War and the Roots of Terrorism*, New York: Pantheon.

Manning, Patrick, 1990, *Slavery and African Life: Occidental, Oriental and African Slave Trades*, Cambridge: Cambridge University Press.

Manning, Richard, 2004, The Oil We Eat, *Harper's Magazine*, February 2004, www. harpers.org/TheOilWeEat.html

Market Research Portal, 2006, Teen Spending to Top $190 billion by 2006, www. marketresearchworld.net/index.php?option=content&task=view&id=615&Itemid=

Marx, Karl, and Frederick Engels, [1848] 1941, *Manifesto of the Communist Party*, New York: International Publishers.

Marx, Karl, [1844] 1970, *Critique of Hegel's "Philosophy of Right"*, Translated by Annette Jolin and Joseph O'Malley, Combridge: Cambridge University Press.

_____, 1972, *Ireland and the Irish Question: A Collection of Writings*, New York: International Publishers.

Matthews, Emily, 2000, *The Weight of Nations: Material Outflows from Industrial Economies*, Washington, DC: World Resources Institute.

Maurer, Bill, 2005, *Mutual Life, Limited: Islamic Banking, Alternative Currencies, Lateral Reason*, Princeton: Princeton University Press.

Maybury-Lewis, David, 1997, *Indigenous Peoples, Ethnic Groups, and the State*, Boston: Allyn & Bacon.

McCay, Bonnie J., and Louise Fortmann, 1996, Voices from the Commons. *Cultural Survival Quarterly* 20:24~25.

McCracken, Grant, 1988, *Culture and Consumption: New Approaches to the Symbolic Charactor of Consumer Goods and Actvities*, Bloomington: Indiana University Press.

McNeal, James, 1999, *The Kids' Market: Myths and Realities*, Ithaca: Paramount Market.

McNeil, Donald, Jr., 2000, Drug Companies and the Third World: A Case Study of Neglect, *New York Times*, May 21.

Mead, Margaret, 1961, *New Lives for Old*, New York: New American Library.

Meade, J. E., 1967, Population Explosion, the Standard of Living, and Social Conflict, *The Economic Journal* 77:233~255

Meggitt, Mervyn, 1962, *Desert People: A Study of the Aalbiri Aborigines of Central Australia*, London: Angus & Robertson.

Merair, Ariel, 1993, Terrorism as a Strategy of Insurgency, *Terrorism and Political Violence* 5:213~251.

Miller, Michael B., 1994, *Bon Marche: The Bourgeoise Culture and the Department Store 1869~1920*, Princeton, NJ: Princeton University Press.

Mintz, Sidney W., 1985, *Sweetness and Power: The Place of Sugar in World History*, New York: Viking.

Monbiot, George, 2009, We Cannot Change the World by Changing Our Buying Habits, *The Guardian*, November 6, http://www.guardian.co.uk/environment/georgemonbiot/2009/nov/06/green-consumerism

Mooney, James, 1965, *The Ghost-Dance Religon and the Sioux Outbreak of 1890*, Chicago: University of Chicago Press.

Mumford, Stephen D., 1996, *The Life and Death of NSSM: How the Destruction of Political Will Doomed a U.S. Population Policy*, http://www.population-security.org/28-APP2.html

Munson, Henry, Jr., 1988, *Islam and Revolution in the Middle East*, New Haven: Yale University Press.

Nag, Moni(editor), 1975, *Population and Social Organization*, The Hague: Mouton.

Nagengast, Carole, 1994, Violence, Terror, and the Crisis of the State, *Annual Review of Anthropology* 23:109~136.

Nash, George, 1988, *The Life of Herbert Hoover: The Humanitarian(1914-1917)*, New York: W. W. Norton & Company.

Nash, June, 1994, Global Integration and Subsistence Insecurity, *American Anthropologist* 96:7~30.

Nash, Manning, 1991, Islamic Resurgence in Malaysia and Indonesia, In *Fundamentalisms Observed*, edited by Marin E. Marty and R. Scott Appleby(Fundamentalism Project, volume 1), Chicago, IL: University of Chicago Press.

National Abortion Federation, 2009. NAF Violence and Disruption Statistics, http://www.prochoice.org/pubs_research/publications/downloads/about_abortion/violence_

stats.pdf

Nations, James D., 1994, The Ecology of the Zapatistia Revolt, *Cultural Survival Quarterly* 18:31~33.

Needleman, Jacob, 1991, *Money and the Meaning of Life*, New York: Doubleday.

Newman, Lucile F.(editor), 1990, *Hunger in History*, Oxford: Basil Blackwell.

Nigh, Ronald, 1994, Zapata Rose, *Cultural Survival Quarterly* 18:9~11.

_____, 1995, Animal Agriculture for the Reforestation of Degraded Tropical Rainforests, *Culture and Agriculture* 51~52:2~5.

Noriega, Jorge, 1992, American Indian Education in the United States, In *The State of Native America: Genocide, Colonization, and Resistance*, edited by M. Annette Jaimes, Boston, MA: South End Press.

NORML(National Organization for the Reform of Marijuana Laws), 2000, United States Marijuana Arrests, http://norml.org/index.cfm?Group_ID=7042

North, Douglass, and Robert Paul Thomas, 1976, *The Rise of the Western World: A New Economic History*, Cambridge University Press.

Nye, Joseph, 2003, *The Paradox of American Power: Why the World's Only Superpower Can't Go It Alone*, Oxford: Oxford University Press.

O'Brien, Jay, 1994, Differential High Fertility and Demographic Transitions: Peripheral Capitalism in Sudan, In *African Population and Capitalism: Historical Perspectives*, edited by Dennis Cordell and Joel W. Gregor, Madison: University of Wisconsin Press.

Oduol, Wihelmina, and Wanjiku Mukabi Kabira, 1995, The Mother of Warriors and Her Daughters: The Women's Movement in Kenya, In *The Challenge of Loal Feminisms: Women's Movements in Global Perspective*, edited by Amrita Basu, Boulder, CO: Westview Press.

Office of National Drug Control Policy, 2007, Druge Facts: Marijuana, www.whitehousedrugpolicy.gov/drugfact/marijuana/index.html

Omran, Abdel R., 1971, The Epidemiological Transition: A Theory of Epidemiology of Population Change, *Milbank Memorial Fund Quarterly* 49:509~538.

Ong, Aihwa, 1987, *Spirits of Resistance and Capitalistic Discipline: Factory Women in Malaysia*, Albany: State University of New York Press.

_____, 1990, Japanese Factories, Malay Workers: Class and Sexual Metaphors in West Malaysia, In *Power and Difference: Gender in Island Southeast Asia* edited by Jane Atkinson and S. Errington, Palo Alto, CA: Stanford University Press.

_____, 1997, Stategic Sisterhood or Sisters in Solidarity? Questions of Communitarianism and Citizenship in Asia, In *Feminism and Globalization: The Impact of the Global*

Economy on Women and Feminist Theory, edited by Alfred C. Aman, Jr., *Indiana Journal of Global Legal Studies*, Spring(special issue).

Open Secrets ND. WalMart Stores, http://www.opensecrets.org/pacs/lookup2. php?strID=C00093054&cycle=2008

Opensecrets.org. n.d. Retail Sales: Top Contributors, www.opensecrets.org/industries/contrib.asp?Ind=N03&Cycle=2004

Oreskes, Naomi, 2004, The Scientific Consensus on Climate Change, *Science* 306: 1686

Oved, Yaacov, 1988, *Two Hundred Years of American Communes*, New Brunswick, NJ: Transaction.

Paddock, William, and Paul Paddock, 1967, *Famine—1975*, Boston: Little, Brown.

Pagels, Elaine, 1995, *The Origin of Satan*, New York: Vintage Books.

Pape, Robert A., 2003, The Strategic Logic of Suicide Terrorism, *The American Political Science Review* 97:343~361.

Pera, Lee, and Deborah McLaren, 1999, *Globalization, Tourism, and Indigenous Peoples: What You Should Know about the World's Largest "Industry"*, Rethinking Tourism Project, www.planeta.com/ecotravel/resources/rtp/rtp.html.

Perlez, Jane, and Kirk Johnson, 2009, Behind Gold's Glitter: Torn Lands and Pointed Questions, In *Worlds in Motion: The Globalization and Environment Reader*, edited by Gary Kroll and Richard H. Robbits, AltaMira Press.

Pimentel, David, and Marcia Pimentel, 1979, *Food, Energy and Society*, New York: Wiley.

Pimentel, David, O. Bailey, P. Kim, E. Mullaney, J. Calabrese, L. Walman, E. Nelson, and X. Yao, 1999, *Will Limits of the Earth's Resources Control Human Numbers? Environment, Development, and Sustainability* 1:19~39.

Platt, Anne E., 1996, *Infecting Ourselves: How Environmental and Social Disruption Trigger Disease*, Washington, DC: Worldwatch Institute.

Polanyi, Karl, [1944] 1957, *The Great Transformation*, Beacon Press: Boston.

Polgar, Steven, 1972, Population History and Population Policies from an Anthropological Perspective, *Current Anthropology* 13:203~211.

Polgar, Steven, 1975, Birth Planning: Between Neglect and Coercion, In *Population and Social Organization*, edited by Moni Nag, The Hague: Mouton.

Pollan, Michael, 2002, Power Steer, *New York Times Magazine*, March 31.

Population Reference Bureau, 2009, World Population Data Sheet, http://www.prb.org/pdf09/09wpds_eng.pdf

Posey, Darrell A., 1996, Protecting Indigenouse People's Rights to Biodiversity, *Environment* 38:6~13.

Posey, Darrell A., John Frechione, and John Eddins, 1984, Ethnoecology as Applied

Anthropology in Amazonian Development, *Human Organization* 43:95~107.

Power, Samantha, 2002, *"A Problem from Hell": America and the Age of Genocide*, New York: Perennial Books.

Presley, Cora Ann, 1992, *Kikuyu Women, the Mau Mau Rebellion, and Social Change in Kenya*, Boulder, CO: Westview Press.

Preston, Julia, 1998, Feuding Villages Bring Mexican Region to Brink of War, *New York Times*, February 2, 1998, www.nytimes.com.

Putnam, Robert D., 1996, The Strange Disappearance of Civic America, *The American Prospect* no. 24, Winter.

_____, 2000, *Bowling Alone: The Collapse and Revival of American Community*, New York: Simon & Shuster.

Putzel, James, 1997, Accounting for the "Dark Side" of Social Capital: Reading Robert Putnam on Democracy, *Journal of International Development* 9(7):939~949.

Ramos, Alcida Rita, 1995, *Sanumá Memories: Yanomami Ethnography in Times of Crisis*, Madison: University of Wisconsin Press.

Reed, Richard, 1997, *Forest Dwellers, Forest Protectors: Indigenous Models for International Development*, Boston: Allyn & Bacon.

Regan, Tom, 2002, When Contemplating War, Beware of Babies in Incubators. *Christian Science Monitor*, September 6.

Reinhart, Carmen M. and Kenneth S. Rogoff, 2009, *This Time is Different: Eight Centuries of Financial Folly*, Princeton, NJ: Princeton University Press.

Restad, Penne L., 1995, *Christmas in America: A History*, Oxford: Oxford University Press.

Rich, Bruce, 1994, *Mortgaging the Earth*, Boston: Beacon Press.

Rifkin, Jeremy, 1992, *Beyond Beef: The Rise and Fall of the Cattle Culture*, New York: Dutton.

Robbins, Richard and Mark Cohen, 2009, *Darwin and the Bible: The Cultural Confrontation*, Boston: Penguin Academics.

Robbins, Richard H., 2000, The Political Economy of Twinkies: An Inquiry into the Real Cost of Things, In *Globalization and Community: Canadian Perspectives*, edited by J. L. Chodkiewicz and R. E. Wiest. University of Manitoba, Anthropology Papers 34.

_____, 2005, Technology in History: United States and Western Europe, In *Science, Technology, and Society: An Encyclopedia*, edited by Sal Restivo, Oxford: Oxford University Press.

_____, 2008, *Cultural Anthropology: A Problem-Based Approach*, 5th ed., Belmont, CA: Wadsworth Publishing.

_____, 2009, William Jennings Bryan and the Trial of John T. Scopes, In *Darwin and the Bible: The Cultural Confrontation*, edited by Richard Robbins and Mark Cohen, Boston, MA: Penguin Academics.

Rosenberg, Nathan, 1982, *Inside the Black Box: Technology and Economics*, Cambridge: Cambridge University Press.

Ross, Eric, 1980, *Beyond the Myths of Culture: Essays in Cultural Materialism*, New York: Academic Press.

Rowbotham, Michael, 1998, *The Grip of Death: A Study of Modern Money, Debt Slavery and Destructive Economics*, Charlbury, Oxfordshire: Jon Carpenter.

Roysdon, Keith, 2006, Shoppers and Experts Say This Season Will See Big Money Spent on Gifts. *The Star Press*, www.thestarpress.com/apps/pbcs.dll/article?AID=20061112/NEWS01/611120360

Rubio, Maruicio, 1997, Perverse Social Capital—Some Evidence from Colombia, *Journal of Economic Issues* 31(3):805~816.

Rugh, Andrea B., 1993, Reshaping personal Relations in Egypt, In *Fundamentalisms and Society: Reclaiming the Sciences, the Family, and Education*, edited by Martin E. Marty and R. Scott Appleby (Fundamentalism Project, volume 2), Chicago: University of Chicago Press.

Rummel, R. J., 1994, *Death by Government*, New Brunswick, NJ: Transaction.

Ruskin, Gary, 1999, Why They Whine: How Corporations Prey on Our Children, *Mothering Magazine*, www.mothering.com/SpecialArticles/Issue97/whine.htm

Ryan, John C., and Alan Thein Durnning, 1997, *Stuff: The Secret Lives of Everyday Things*, NEW Report No. 4, January, Northwest Environmental Watch, Seattle, Washington.

Sachedina, Abdulaziz A., 1991, Activist Shi'ism in Iran, Iraq, and Lebanon, In *Fundamentalisms Observed*, edited by Martin E. Marty and R. Scott Appleby (Fundamentalism Project, volume 1), Chicago: University of Chicago Press.

Sachs, Wolfgang, 1999, *Planet Dialectics: Exploratings in Environment and Development*, New York: Zed Books.

Sacks, Karen, 1979, *Sisters and Wives: The Past and Future of Sexual Equality*, Westport, CT: Greenwood.

Sale, Kirkpatrick, 1991, *The Conquest of Paradise: Christopher Columbus and the Columbian Legacy*, New York: Alfred A. Knopf.

Samat, Payal, 2000, *Deep Trouble: The Hidden Threat of Groundwater Pollution*, Worldwatch Paper 154, Washington, DC: Worldwatch Institute.

Sanderson, Stephen K., 1995, *Social Transformation: A General Theory of Historical Development*, Cambridge: Blackwell.

Sauvy, A., 1969, *General Theory of Population*, New York: Basic Books.

Scheper-Hughes, Nancy, 1992, *Death without Weeping: The Violence of Eeryday Life in Brazil*, Berkeley: University of California Press.

Schlosser, Eric, 2003, *Reefer Madness: Sex, Drugs, and Cheap Labor in the American Black Market*, Boston: Houghton Mifflin Company.

Schmidt, Leigh Eric, 1995, *Consumer Rites: The Buying and Selling of American Holidays*. Princeton, NJ: Princeton University Press.

Schneider, Jane, and Peter Schneider, 2002, The Mafia and al-Qaeda: Violent and Secretive Organizations in Comparative and Historical Perspective, *American Anthropologist* 104:776~782.

Schneider, Jane, 1989, Rumpelstilskin's Bargain: Folklore and the Merchant Capitalist Intensification of Linen Manufacture in Early Modern Europe, In *Cloth and Human Experience*, edited by Annette B. Weiner and Jane Schneider, Washington, DC: Smithsonian Institute Press.

Schor, Juliet, 1999, *The Overspent American: Why We Want What We Don't Need*, New York: Harper Perennial.

Schusky, Ernest L., 1989, *Culture and Agriculture: An Ecological Introduction to Traditional and Modern Farming Systems*, New York: Bergin & Garvey.

Scott, James C., 1985, *Weapons of the Weak: Everyday Forms of Peasant Resistance*, New Haven: Yale University Press.

_____ , 1998, *Seeing Like a State: How Human Schemes to Improve the Human Condition Have Failed*, New Haven and London: Yale University Press.

Scully, Gerald W., 1995, *Multiculturalism and Economic Growth*, National Study for Policy Analysis, Policy Report Number 196, http://www.heartland.org/policybot/results/17237/Multiculturalism_and_Economic_Growth.html

Sen, Amartya, 1990, Food Entitlements and Economic Chains, In *Hunger in History*, edited by Lucile F. Newman, Oxford: Basil Blackwell.

Service, Elman R., 1975, *Origins of the State and Civilization: The Process of Cultural Evolution*, New York: W. W. Norton & Company.

Shalom, Stephen R., 1996, The Rwanda Genocide: The Nightmare That Happened, *Z Magazine*, April, www.lbbs.org/zmag/article/april96shalom.htm

Shapiro, Issac, and John Springer, 2000, The Not-Rich Are Getting Not-Richer, *Los Angeles Times*, October 9.

Sherman, Irwin W., 2006, *The Power of Plagues*, New York: AMS Press.

Shiva, Vandana, 2000, Poverty and Globalization, *BBC Reith Lectures, 2000*, http://news.bbc.co.uk/hi/english/static/events/reith_2000/lecture5.stm

Siegfried, André, 1928, The Gulf Between, *The Atlantic Monthly*, March, 289~296.

Silverblatt, Irene, 1988, Women in States, *Annual Review of Anthropology* 17:427~460.

Silverstein, Ken, and Alexander Cockburn, 1995, Major U.S. Bank Urges Zapatista Wipe-Out: "A Litmus Test for Mexico's Stability", *Counterpunch* 2(3), February 1.

Sinclair, Upton, [1906] 1971, *The Jungle*, Cambridge: R. Bentley.

SIPRI, 2008, Military Expenditure: Yearbook 2008: Armaments, Disarmament and International Security(Oxford University Press: Oxford, 2008), Appendix 5A.

Sisci, Francesco, 2002, Risky Business: Exporting the American Dream, *Asia Times*, March 15.

Skaggs, Jimmy M., 1976, *Prime Cut*, College Station: Texas A&M University Press.

Skocpol, Theda, 2003, *Diminished Democracy: From Membership to Management in American Civic Life*, Norman: University of Oklahoma Press.

Sluka, Jeffery A.(editor), 2000, *Death Squad: The Anthropology of State Terror*, Philadelphia: University of Pennsylvania Press.

Smith, Adam, 1776 [1994], *The Wealth of Nations*, edited by Edwin Cannan, New York: Modern Library.

Smith, Charles D., 2000, *Palestine and the Arab-Israeli Conflict*, New York: St. Martin's Press.

Stack, Carole, 1974, *All Our Kin: Strategies for Survival in a Black Community*, New York: Harper & Row.

Steel, Billy, 2006, Billy's Money Laundering Information Website, www.laundryman.u-net.com/page2_wisml.html

Steele, Jonathan, 2003, A War That Can Never Be Won, *The Guardian*, November 22.

Stern, Jessica, 2003, *Terror in the Name of God: Why Religious Militants Kill*, New York: HarperCollins.

Stiffarm, Lenore A., and Phil Lane, Jr., 1992, The Demography of Native North America: A Question of American Indian Survival, In *The State of Native America: Genocide, Colonialism, and Resistance*, edited by Annette Jaimes, Boston: South End Press.

Stone, Lawrence, 1976, *The Family, Sex, and Marriage in England 1500-1800*, New York: Harper & Row.

Strauss, Samuel, 1924, Things are in the Saddle, *The Atlantic Monthly*, November, 577~588.

_____, 1927, Rich Men and Key Men, *The Atlantic Monthly*, December, 721~729.

Sutherland, Daniel, 1989, *The Expansion of Everyday Life: 1860-1876*, New York: Harper & Row.

Tambiah, Stanley J., 1996, *Leveling Crowds: Ethnonationalistic Conflicts and Collective*

Violence in South Asia, Berkeley: University of California Press.

Tardieu, Vincent, 1999, The Economics of Disease Remedies, *Le Monde Diplomatique*, September.

Taussig, Michael, 1977, The Genesis of Capitalism amongst a South American Peasantry: Devil's Labor and the Baptism of Money, *Comparative Studies in Society and History* 19:130~155.

_____, 1987, *Shamanism, Colonialism, and the Wild Man: A Study in Terror and Healing*, Chicago: University of Chicago Press.

Taylor, Bron(editor), 1995, Earth First! In *Ecological Resistance Movements: The Global Emergence of Radical and Popular Environmentalism*, Albany: State University of New York Press.

Tétreault, Mar Ann(editor), 1994, Women and Revolution: A Framework for Analysis. In *Women and Revolution in Africa, Asia, and the New World*, Columbia: University of South Carolina Press.

Tett, Gillian, 2009, *Fool's Gold: How the Bold Dream of a Small Tribe at J. P. Morgan was Corrupted by Wall Street Greed and Unleashed a Catastophe*, New York: Free Press.

The World Commission on Environment and Development, 1987, *Our Common Future*, Oxford: Oxford University Press.

Thomas, Landon, Jr., 2009, Dubai Debt Woes Raise Fear of Wider Problem, *New York Times*, November 28, http://www.nytimes.com/2009/11/28/business/global/28dubai. html

Thompson, E. P., 1967, Time, Work-Discipine and Industrial Capitalism, *Past and Present* 38:56~97.

Thoreau, Henry David, [1854] 1957, *Walden*, Boston: Houghton Mifflin.

Thornton, John, 1992, *Africa and Africans in the Making of the Atlantic World, 1400-1680*, Cambridge: Cambridge Universit Press.

Trocki, Carl A., 1999, *Opium, Empire and the Global Political Economy*, London: Routledge.

Tsing, Anna Lowenhaupt, 1993, *In the Realm of the Diamond Queen: Marginality in an Out-of-the-Way Place*, Princeton. NJ: Princeton University Press.

Twitchell, James B., 2002, *Living It Up: Our Love Affair with Luxury*, New York: Colombia University Press.

_____, 2004, A (Mild) Defense of Luxury, In *Talking Points on Global Issues: A Reader*, edited by Richard H. Robbins, Boston: Allyn and Bacon Publishers, pp. 9~17.

U.S. Bureau of the Census, 1993, *Statistical Abstract of the United States: 1993*, 113th ed., Washington, DC: U.S. Government Printing Office.

_____, 1990, *Statistical Abstract of the United States: 1990*, 110th ed., Washington, DC: U.S. Government Printing Office.

_____, 1994, *Statistical Abstract of the United States: 1994*, 114th ed., Washington, DC: U.S. Government Printing Office.

_____, 2000, *Agricultural Fact Book 2000*, U.S. Department of Agriculture, Office of Communications, www.usda.gov/news/pubs/fbook00/factbook2000.pdf

UNAIDS 2009, *2009* AIDS Epidemic Update, http://data.unaids.org/pub/Report/2009/2009_epidemic_update_en.pdf

UNODC, 2006, *World Drug Report, 2006*, http://www.unodc.org/unodc/en/data-and-analysis/WDR-2006.html

United Nations Population Fund (UNPF), 2000, *The State of the World's Population, 2000: Lives Together, Worlds Apart: Men and Women in a Time of Change*, www.unfpa.org/swp/swpmain.htm

USDA, 2009, Expenditures on Children by Families, 2008, Miscellaneous Publication Number 1528-2008, http://www.cnpp.usda.gov/Publications/CRC/crc2008.pdf

van den Berghe, Pierre, 1992, The Modern State: Nation-Builder or Nation-Killer? *International Journal of Group Tensions* 22:191~208.

Vaughn, Megan, 1987, *The Story of an African Famine: Gender and Famine in Twentieth-Century Malawi*, Cambridge: Cambridge University Press.

Wackernagel, Mathis, and William E. Rees, 1996, *Our Ecological Footprint: Reducing Human Impact on the Earth*, Gabriola Island, BC: New Society.

Wagar, W. Warren, 1991, *The Next Three Futures: Paradigms of Things to Come*, New York: Greenwood Press.

Waits, William, 1992, *The Modern Christmas in America: A Cultural History of Gift-Giving*, New York: New York University Press.

Wallace, Anthony F. C., 1966, *Religion: An Anthropological View*, New York: Random House.

_____, 1987, *St. Clair: A Nineteenth-Century Coal Town's Experience with a Disaster Prone Industry*, New York: Alfred A. Knopf.

Wallace, Ernest, and E. Adamson Hoebel, 1952, *The Comanches: Lords of the South Plains*, Norman: University of Oklahoma Press.

Wallace, Mike, 1985, Mickey Mouse History: Portraying the Past at Disney World, *Radical History Review* 32:35~57.

Wallerstein, Immanuel, 1989, *The Modern World-System III: The Second Era of Great Expansion of the Capitalist World-Economy, 1730-1840s*, New York: Academic Press.

_____, 1990, Antisystemic Movements: History and Dilemmas, In *Transforming the Revolution: Social Movements and the World-System*, edited by Samir Amin, Girovanni Arrighi, Andre Gunder Frank, and Immanuel Wallerstein, New York: Monthly Press.

_____, 1997, Ecology and Capitalist Costs of Production: No Exit. Keynote address at PEWS XXI, The Global Environment and the World-System, University of California, Santa Cruz, April 3-5, http://fbc.binghamton.edu/iwecol.htm

Wallis, Jim, 1984, *Agenda for Biblical People*, San Francisco: Harper San Francisco.

Ward, Martha C., 1996, *A World Full of Women*, Boston: Allyn & Bacon.

Warner, Jessica, 2002, *Craze: Gin and Debauchery in an Age of Reason*, New York: Four Walls Eight Windows.

Weatherford, Jack, 1988, *Indian Givers: How the Indians of the Americas Transformed the World*, New York: Fawcett Columbine.

_____, 1977, *The History of Money: From Sandstone to Cyberspace*, New York: Crown.

Weber, Eugen, 1976, *Peasants into Frenchmen: The Modernization of Rural France, 1870-1914*, Stanford: Stanford University Press.

Weber, Max, 1947, *The Theory of Social and Economic Organization*, Translated by A. M. Henderson and Talcott Parsons, edited by Talcott Parsons, Glencoe, IL: The Free Press.

_____, 1958, *The Protestant Ethic and the Spirit of Capitalism*, Translated by Talcott Parsons, New York: Scribner.

Weinberg, Steven, 1999, No to Cosmic Design, Presentation at the Cosmic Questions Conference, April 15, unpublished text.

Weisbrot, Mark, Robert, Naiman, and Joyce Kim, 2000, The Emperor Has No Growth: Declining Economic Growth Rates in the Era of Globalization, Center for Economic and Policy Research, Briefing Paper, www.cepr.net/images/IMF/the_emperor_has_no_growth.htm

White House Conference on Child Health and Protection, 1931, *The Home and the Child: Housing, Furnishing, Management, Income, and Clothing*, New York: Arno Press.

White, Benjamin, 1973, *Demand for Labor and Population Growth in Colonial Java*, Human Ecology 1:217~236.

Wilhite, Harold, 2008, *Consumption and the Transformation of Everday Life: A View from South India*, Palgrave Macmillan.

Williams, Jonathan(editor), 1997, *Money: A History*, New York: St. Martins Press.

Willis, Paul, [1977] 1981, *Learning to Labor: How Working Class Kids Get Working Class Jobs*, New York: Columbia University Press.

Wilson, Edmund, [1931] 1961, *The Shores of Light ("An Appeal to Progressives")*, New York:

Vintage Books.

Wittfogel, Karl A., 1957, *Oriental Despotism*, New Haven: Yale University Press.

Wolf, Eric. 1967, *Peasants*, Engelwood Cliffs: Prentice-Hall.

_____, 1969, *Peasant Wars of the Twentieth Century*, New York: Harper & Row.

_____, 1982, *Europe and the People without History*, Berkeley: University of California Press.

Wolff, Michael, Peter Rutten, and Albert Bayers III (editors), 1992, *Where We Stand*, New York: Bantam Books.

Woolf, Virginia, 1950, *The Captain's Death Bed and Other Essays*, New York: Harcourt.

World Bank, World Development Indicators—Last updated, November 11, 2009, http://datafinder.worldbank.org/life-expectancy-at-birth

World Commission on Environment and Development, 1987, *Our Common Future*, Oxford: Oxford University Press.

_____, 2002, *The Tobacco Atlas*, Judith Mackay and Michael Eriksen, http://www.who.int/tobacco/media/en/title.pdf

Worsley, Peter, 1968, *The Trumpets Shall Sound: A Study of "Cargo" Cults in Melanesia*, 2nd ed., New York: Schocken Books.

York, Geoffrey, 1999, A Deadly Strain of TB Races Toward the West, *Toronto Globe and Mail*, March 24.

Zakaria, Fareed, 2003, *The Future of Freedom. Illiberal Democracy at Home and Abroad*, New York: W. W. Norton & Company.

Zogby, 2006, U.S. Troops in Iraq: 72% Say End War in 2006, February 28, http://www.zogby.com/NEWS/readnews.cfm?ID=1075

Zollo, Peter, 1999, *Wise Up to Teens: Insights into Marketing and Advertising to Teenagers*, 2nd ed., Ithaca: New Strategist Publications.

찾아보기

|인명|